한국 농어촌공사 5·6급

NCS + 전공 + 모의고사 3회

시대에듀

2025 최신판 시대에듀 한국농어촌공사 5 · 6급
NCS + 전공 + 모의고사 3회 + 무료NCS특강

Always **with you**

사람의 인연은 길에서 우연하게 만나거나 함께 살아가는 것만을 의미하지는 않습니다.
책을 펴내는 출판사와 그 책을 읽는 독자의 만남도 소중한 인연입니다.
시대에듀는 항상 독자의 마음을 헤아리기 위해 노력하고 있습니다. 늘 독자와 함께하겠습니다.

머리말 PREFACE

농어민의 행복과 농어촌의 더 나은 미래를 위해 노력하는 한국농어촌공사는 2025년에 5 · 6급 신입사원을 채용할 예정이다. 한국농어촌공사의 채용절차는 「지원서 접수 → 서류전형 → 필기전형 → 면접전형 → 최종 합격자 발표」 순서로 이루어진다. 필기전형은 직업기초능력, 직무수행능력, 인성검사로 진행한다. 그중 직업기초능력은 의사소통능력, 문제해결능력, 수리능력, 정보능력을 공통으로 평가하고, 채용분야에 따라 자원관리능력 또는 기술능력을 평가하며, 직무수행능력은 채용분야의 전공지식을 평가한다. 또한, 필기전형 고득점자 순으로 채용예정인원의 2～5배수를 선발하여 면접전형을 진행하므로 필기전형에서 고득점을 받기 위해 다양한 유형에 대한 폭넓은 학습과 문제풀이능력을 높이는 등 철저한 준비가 필요하다.

한국농어촌공사 5 · 6급 필기전형 합격을 위해 시대에듀에서는 한국농어촌공사 5 · 6급 판매량 1위의 출간 경험을 토대로 다음과 같은 특징을 가진 도서를 출간하였다.

도서의 특징

❶ 기출복원문제를 통한 출제 유형 확인!

- 2024년 하반기 주요 공기업 NCS 및 2024～2023년 전공 기출복원문제를 수록하여 공기업별 출제 경향을 파악할 수 있도록 하였다.

❷ 출제 영역 맞춤 문제를 통한 실력 상승!

- 직업기초능력 대표기출유형&기출응용문제를 수록하여 유형별로 대비할 수 있도록 하였다.
- 직무수행능력(경영학 · 경제학 · 법학 · 행정학 · 토목학) 적중예상문제를 수록하여 전공까지 확실하게 대비할 수 있도록 하였다.

❸ 최종점검 모의고사를 통한 완벽한 실전 대비!

- 철저한 분석을 통해 실세 유형과 유사한 최종점검 모의고사를 수록하여 자신의 실력을 점검할 수 있도록 하였다.

❹ 다양한 콘텐츠로 최종 합격까지!

- 한국농어촌공사 채용 가이드와 면접 기출질문을 수록하여 채용 전반에 대비할 수 있도록 하였다.
- 온라인 모의고사를 무료로 제공하여 필기전형에 대비할 수 있도록 하였다.

끝으로 본 도서를 통해 한국농어촌공사 5 · 6급 채용을 준비하는 모든 수험생 여러분이 합격의 기쁨을 누리기를 진심으로 기원한다.

SDC(Sidae Data Center) 씀

한국농어촌공사 기업분석 INTRODUCE

◇ 미션

우리는 농어촌자원의 효율적 이용 · 관리와 가치 증진을 통해
농어업의 경쟁력 강화와 농어촌의 경제 · 사회 · 환경적 발전에 기여한다.

◇ 비전

행복한 농어촌, 함께하는 KRC

◇ 핵심가치

- 안전 Safety First
- 신뢰 Customer First
- 혁신 Innovation First

◇ 전략목표

트튼한 식량주권 기반 강화

풍요로운 물복지 실현

고객중심 농지플랫폼 구축

활기찬 농어촌 공간 조성

지속가능 경영 실현

◇ 인재상

유연한 혁신인재, 함께 성장하는 농어촌

열린사고 융합인	소통협력 공감인
미래지향 기획인	유연대응 변화인

신입 채용 안내 INFORMATION

◇ 지원자격(공통)

❶ 학력 · 전공 · 성별 · 연령 : 제한 없음
[단, 입사지원 마감일 기준 공사 정년(만 60세)에 해당하지 아니한 자]

❷ 병역 : 병역법 제76조에서 정한 병역의무 불이행 사실이 없는 자

❸ 한국농어촌공사 인사규정 제9조(결격사유)의 임용 결격사유가 없는 자

❹ 임용일 즉시 근무 가능한 자

◇ 필기전형

구분	채용분야		출제범위
직업기초능력 (50문항)	경상, 법정, 농학, 전산		의사소통능력, 문제해결능력, 수리능력, 정보능력, 자원관리능력
	토목일반, 조경, 도시계획, 기계, 전기, 건축, 지질, 환경		의사소통능력, 문제해결능력, 수리능력, 정보능력, 기술능력
직무수행능력 (40문항)	경상 (택 1)	경영학	경영학원론, 재무관리, 마케팅, 조직 및 인적자원관리, 재무회계, 관리회계
		경제학	경제학원론, 미시경제학, 거시경제학, 국제경제학
	법정 (택 1)	법학	헌법, 민법(가족법 제외), 민사소송법, 행정법
		행정학	행정학원론, 인사행정론, 재무행정론, 조직론
	토목일반	토목학	수리학, 농업수리학, 응용역학
인성검사	전 분야		태도, 직업윤리, 대인관계능력 등 인성 전반

※일부 채용분야의 전공과목은 생략하였음

◇ 면접전형

구분	평가내용
직무수행능력 면접	실무지식, 직무역량 등
직업기초능력 면접	직업윤리, 조직이해능력, 대인관계능력 등

❖ 위 채용 안내는 2024년 하반기 채용공고를 기준으로 작성하였으므로 세부사항은 확정된 채용공고를 확인하기 바랍니다.

2024년 하반기 기출분석 ANALYSIS

총평

한국농어촌공사 5 · 6급 필기전형은 피듈형으로 출제되었으며, 난이도는 평이한 편이었지만 문제를 푸는 데 시간이 부족했다는 후기가 많았다. 특히 의사소통능력의 경우 어휘와 관련된 문제가 출제되었으므로 평소 어휘 문제에 대한 대비가 필요해 보인다. 또한, 수리능력의 경우 응용 수리 문제와 자료 이해 문제가 골고루 출제되었으므로 다양한 문제를 풀어보는 연습을 해야 하며, 정보능력이나 자원관리능력, 기술능력의 경우 모듈이론을 활용한 문제가 출제되었으므로 영역별 모듈이론을 확실하게 학습하는 것이 좋겠다.

◇ 영역별 출제 비중

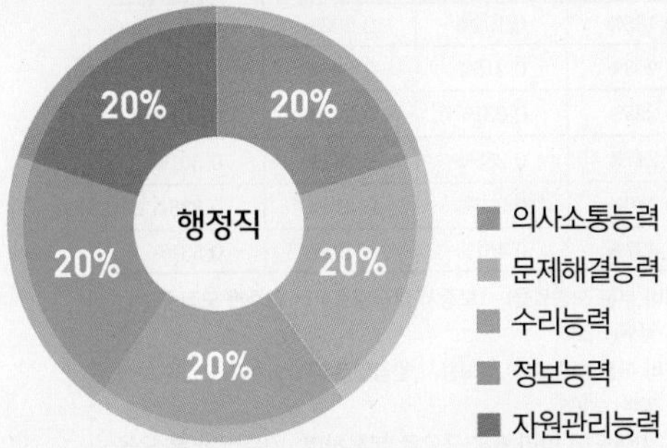

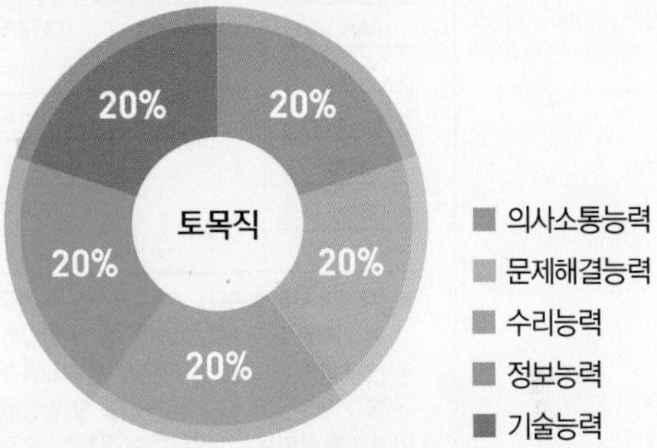

구분	출제 특징	출제 키워드
의사소통능력	• 어휘 문제가 출제됨 • 빈칸 삽입 문제가 출제됨	• 다리, 보석, 지급, 다의어 등
문제해결능력	• 명제 추론 문제가 출제됨	• 등산, 조건, 명제 등
수리능력	• 응용 수리 문제가 출제됨 • 자료 이해 문제가 출제됨	• 확률, 농도, 의자 등
정보능력	• 모듈형 문제가 출제됨	• 차트, 입력 등
자원관리능력	• 시간 계획 문제가 출제됨 • 모듈형 문제가 출제됨	• 시차, 직접비, 비품 등
기술능력	• 모듈형 문제가 출제됨	• 기술, 교양 등

PSAT형

| 수리능력

04 다음은 신용등급에 따른 아파트 보증률에 대한 사항이다. 자료와 상황에 근거할 때, 갑(甲)과 을(乙)의 보증료의 차이는 얼마인가?(단, 두 명 모두 대지비 보증금액은 5억 원, 건축비 보증금액은 3억 원이며, 보증서 발급일로부터 입주자 모집공고 안에 기재된 입주 예정 월의 다음 달 말일까지의 해당 일수는 365일이다)

- (신용등급별 보증료)=(대지비 부분 보증료)+(건축비 부분 보증료)
- 신용평가 등급별 보증료율

구분	대지비 부분	건축비 부분				
		1등급	2등급	3등급	4등급	5등급
AAA, AA	0.138%	0.178%	0.185%	0.192%	0.203%	0.221%
A^+		0.194%	0.208%	0.215%	0.226%	0.236%
A^-, BBB^+		0.216%	0.225%	0.231%	0.242%	0.261%
BBB^-		0.232%	0.247%	0.255%	0.267%	0.301%
BB^+ ~ CC		0.254%	0.276%	0.296%	0.314%	0.335%
C, D		0.404%	0.427%	0.461%	0.495%	0.531%

※ (대지비 부분 보증료)=(대지비 부분 보증금액)×(대지비 부분 보증료율)×(보증서 발급일로부터 입주자 모집공고 안에 기재된 입주 예정 월의 다음 달 말일까지의 해당 일수)÷365

※ (건축비 부분 보증료)=(건축비 부분 보증금액)×(건축비 부분 보증료율)×(보증서 발급일로부터 입주자 모집공고 안에 기재된 입주 예정 월의 다음 달 말일까지의 해당 일수)÷365

- 기여고객 할인율 : 보증료, 거래기간 등을 기준으로 기여도에 따라 6개 군으로 분류하며, 건축비 부분 요율에서 할인 가능

구분	1군	2군	3군	4군	5군	6군
차감률	0.058%	0.050%	0.042%	0.033%	0.025%	0.017%

〈상황〉

- 갑 : 신용등급은 A^+이며, 3등급 아파트 보증금을 내야 한다. 기여고객 할인율에서는 2군으로 선정되었다.
- 을 : 신용등급은 C이며, 1등급 아파트 보증금을 내야 한다. 기여고객 할인율은 3군으로 선정되었다.

① 554,000원
② 566,000원
③ 582,000원
④ 591,000원
⑤ 623,000원

특징
▸ 대부분 의사소통능력, 수리능력, 문제해결능력을 중심으로 출제(일부 기업의 경우 자원관리능력, 조직이해능력을 출제)
▸ 자료에 대한 추론 및 해석 능력을 요구

대행사
▸ 엑스퍼트컨설팅, 커리어넷, 태드솔루션, 한국행동과학연구소(행과연), 휴노 등

모듈형

| 문제해결능력

41 문제해결절차의 문제 도출 단계는 (가)와 (나)의 절차를 거쳐 수행된다. 다음 중 (가)에 대한 설명으로 적절하지 않은 것은?

(가)	→	(나)
전체 문제를 개별화된 이슈들로 세분화		문제에 영향력이 큰 핵심이슈를 선정

① 문제의 내용 및 영향 등을 파악하여 문제의 구조를 도출한다.
② 본래 문제가 발생한 배경이나 문제를 일으키는 메커니즘을 분명히 해야 한다.
③ 현상에 얽매이지 말고 문제의 본질과 실제를 봐야 한다.
④ 눈앞의 결과를 중심으로 문제를 바라봐야 한다.
⑤ 문제 구조 파악을 위해서 Logic Tree 방법이 주로 사용된다.

특징
- 이론 및 개념을 활용하여 푸는 유형
- 채용 기업 및 직무에 따라 NCS 직업기초능력평가 10개 영역 중 선발하여 출제
- 기업의 특성을 고려한 직무 관련 문제를 출제
- 주어진 상황에 대한 판단 및 이론 적용을 요구

대행사
- 인트로맨, 휴스테이션, ORP연구소 등

피듈형(PSAT형 + 모듈형)

| 자원관리능력

07 다음 자료를 근거로 판단할 때, 연구모임 A ~ E 중 세 번째로 많은 지원금을 받는 모임은?

〈지원계획〉

- 지원을 받기 위해서는 한 모임당 5명 이상 9명 미만으로 구성되어야 한다.
- 기본지원금은 모임당 1,500천 원을 기본으로 지원한다. 단, 상품개발을 위한 모임의 경우는 2,000천 원을 지원한다.
- 추가지원금

등급	상	중	하
추가지원금(천 원/명)	120	100	70

※ 추가지원금은 연구 계획 사전평가결과에 따라 달라진다.

- 협업 장려를 위해 협업이 인정되는 모임에는 위의 두 지원금을 합한 금액의 30%를 별도로 지원한다.

〈연구모임 현황 및 평가결과〉

특징
- 기초 및 응용 모듈을 구분하여 푸는 유형
- 기초인지모듈과 응용업무모듈로 구분하여 출제
- PSAT형보다 난도가 낮은 편
- 유형이 정형화되어 있고, 유사한 유형의 문제를 세트로 출제

대행사
- 사람인, 스카우트, 인크루트, 커리어케어, 트리피, 한국사회능력개발원 등

한국농어촌공사

어휘 ▶ 유형

2024년 적중

02 다음 중 밑줄 친 단어의 성격이 다른 것은?

① 어른들에게 반말하는 버릇을 고쳐라.
② 장마철이 오기 전에 지붕을 고쳐라.
③ 엉뚱한 원고를 고치다.
④ 늦잠 자는 습관을 고치기가 쉽지 않다.
⑤ 성종은 옷을 바로 잡으시고 자리를 고쳐 앉으시었다.

빈칸 삽입 ▶ 유형

2024년 적중

10 다음 중 〈보기〉가 들어갈 위치로 가장 적절한 곳은?

사물인터넷(IoT; Internet of Things)은 각종 사물에 센서와 통신 기능을 내장하여 인터넷에 연결하는 기술, 즉 무선 통신을 통해 각종 사물을 연결하는 기술을 의미한다. (가) 우리들은 이 같은 사물인터넷의 발전을 상상할 때 더 똑똑해진 가전제품들을 구비한 가정집, 혹은 더 똑똑해진 자동차들을 타고 도시로 향하는 모습 등, 유선형의 인공미 넘치는 근미래 도시를 떠올리곤 한다. 하지만 발달한 과학의 혜택은 인간의 근본적인 삶의 조건인 의식주 또한 풍요롭고 아름답게 만든다. 아쿠아포닉스(Aquaponics)는 이러한 첨단기술이 1차 산업에 적용된 대표적인 사례이다. (나)
아쿠아포닉스는 물고기양식(Aquaculture)과 수경재배(Hydro – ponics)가 결합된 합성어로 양어장에 물고기를 키우며 발생한 유기물을 이용하여 식물을 수경 재배하는 순환형 친환경 농법이다. (다) 물고기를 키우는 양어조, 물고기 배설물로 오염된 물을 정화시켜 주는 여과시스템, 정화된 물로 채소를 키워 생산할 수 있는 수경재배 시스템으로 구성되어 있다. 또한, 농약이나 화학비료 없이 물고기와 채소를 동시에 키울 수 있어 환경과 실용 모두를 아우르는 농법으로 주목받고 있다. (라)
이러한 수고로움을 덜어주는 것이 바로 사물인터넷이다. 사물인터넷은 적절한 시기에 물고기 배설물을 미생물로 분해하여 농작물의 영양분으로 활용하고, 최적의 온도를 알아서 맞추는 등 실수 없이 매일매일 세심한 관리가 가능하다. 전기로 가동하여 별도의 환경오염 또한 발생하지 않으므로 가히 농업과 찰떡궁합이라고 할 수 있을 것이다. (마)

보기

물론 단점도 있다. 물고기와 식물이 사는 최적의 조건을 만족시켜야 하며 실수나 사고로 시스템에 큰 문제가 발생할 수도 있다. 물이 지나치게 오염되지 않도록 매일매일 철저한 관리는 필수이다. 아쿠아포닉스는 그만큼 신경 써야 할 부분이 많고 사람의 손이 많이 가기에 자칫 배보다 배꼽이 더 큰 상황이 발생할 수도 있다.

① (가)
② (나)
③ (다)
④ (라)
⑤ (마)

한국마사회

2025년 적중

띄어쓰기 ▶ 유형

02 다음 중 띄어쓰기가 적절하지 않은 것을 모두 고르면?

K기관은 다양한 분야에서 ㉠ 괄목할만한 성과를 거두고 있다. 그러나 타 기관들이 단순히 이를 벤치마킹한다고 해서 반드시 우수한 성과를 거둘 수 있는 것은 아니다. K기관의 성공 요인은 주어진 정책 과제를 수동적으로 ㉡ 수행하는데 머무르지 않고, 대국민 접점에서 더욱 다양하고 복잡해지고 있는 수요를 빠르게 인지하고 심도 깊게 파악하여 그 개선점을 내놓기 위해 노력하는 일련의 과정을 ㉢ 기관만의 특색으로 바꾸어 낸 것이다.

① ㉠
② ㉡
③ ㉢
④ ㉠, ㉡

2025년 적중

승진 ▶ 키워드

02 다음은 H사의 2025년 승진 후보자와 승진 규정이다. 이를 참고할 때, 2025년에 직급이 대리인 사람은?

〈승진 규정〉

- 2024년까지 근속연수가 3년 이상인 자를 대상으로 한다.
- 출산휴가 및 병가 기간은 근속연수에서 제외한다.
- 평가연도 업무평가 점수가 80점 이상인 자를 대상으로 한다.
- 평가연도 업무평가 점수는 직전연도 업무평가 점수에서 벌점을 차감한 점수이다.
- 벌점은 결근 1회당 −10점, 지각 1회당 −5점이다.

〈승진 후보자 정보〉

구분	근무기간	2024년 업무평가	근태현황		기타
			지각	결근	
A사원	1년 4개월	79점	1회	−	−
B주임	3년 1개월	86점	−	1회	출산휴가 35일
C대리	7년 1개월	89점	1회	1회	병가 10일
D과장	10년 3개월	82점	−	−	−

① A
② B
③ C
④ D

한국환경공단

조건 추론 ▶ 유형

2024년 적중

※ 다음 〈조건〉을 바탕으로 추론한 〈보기〉에 대한 판단으로 옳은 것을 고르시오. [8~9]

08

조건

- 축구를 좋아하는 사람은 야구를 싫어한다.
- 야구를 좋아하는 사람은 농구를 싫어한다.
- 농구를 좋아하는 사람은 축구를 좋아한다.

보기

A : 농구를 좋아하는 사람은 야구를 싫어한다.
B : 축구를 싫어하는 사람은 농구를 싫어하고, 야구를 좋아한다.

① A만 옳다.
② B만 옳다.
③ A, B 모두 옳다.
④ A, B 모두 틀리다.
⑤ A, B 모두 옳은지 틀린지 판단할 수 없다.

환경문제 ▶ 키워드

2024년 적중

03

선진국과 ㉠ 제3세계간의 빈부 양극화 문제를 해결하기 위해 등장했던 적정기술은 시대적 요구에 부응하면서 다양한 모습으로 발전하여 올해로 탄생 50주년을 맞았다. 이를 기념하기 위해 우리나라에서도 각종 행사가 열리고 있다. ㉡ 게다가 적정기술의 진정한 의미가 무엇인지, 왜 그것이 필요한지에 대한 인식은 아직 부족한 것이 현실이다.

그렇다면 적정기술이란 무엇인가? 적정기술은 '현지에서 구할 수 있는 재료를 이용해 도구를 직접 만들어 삶의 질을 향상시키는 기술'을 뜻한다. 기술의 독점과 집적으로 인해 개인의 접근이 어려운 첨단기술과 ㉢ 같이 적정기술은 누구나 쉽게 배우고 익혀 활용할 수 있다. 이런 이유로 소비 중심의 현대사회에서 적정기술은 자신의 삶에 필요한 것을 직접 생산하는 자립적인 삶의 방식을 유도한다는 점에서 시사하는 바가 크다.

적정기술이 우리나라에 도입된 것은 2000년대 중반부터이다. 당시 일어난 귀농 열풍과 환경문제에 대한 관심 등 다양한 사회・문화적 맥락 속에서 적정기술에 대한 고민이 싹트기 시작했다. 특히 귀농인들을 중심으로 농촌의 에너지 문제를 해결하기 위한 다양한 방법이 시도되면서 국내에서 활용되는 적정기술은 난방 에너지 문제에 ㉣ 초점이 모아져 있다. 에너지 자립형 주택, 태양열 온풍기・온수기, 생태 단열 등이 좋은 예이다.

우리나라의 적정기술이 에너지 문제에 집중된 이유는 시대적 상황 때문이다. 우리나라는 전력수요 1억 KW 시대 진입을 눈앞에 두고 있는 세계 10위권의 에너지 소비 대국이다. 게다가 에너지 소비량이 늘어나면서 2011년 이후 매년 대규모 정전 사태의 위험성을 경고하는 목소리가 커지고 있다. 이런 상황에서 에너지를 직접 생산하여 삶의 자립성을 추구하는 적정기술은 환경오염과 대형 재난의 위기를 극복하는 하나의 대안이 될 수 있다. 이뿐만 아니라 기술의 공유를 목적으로 하는 새로운 공동체 문화 형성에도 기여하기 때문에 ㉤ 그 어느 때만큼 적정기술의 발전 방향에 대한 진지한 논의가 필요하다.

① ㉠ : 띄어쓰기가 올바르지 않으므로 '제3세계 간의'로 고친다.

해양환경공단

수열에너지 ▸ 키워드

2024년 적중

09 다음 글에서 〈보기〉의 문장이 들어갈 위치로 가장 적절한 곳은?

> **무한한 자원, 물에서 얻는 혁신적인 친환경 에너지**
> – 세계 최초 '수열에너지 융·복합 클러스터' 조성 –
>
> 수열에너지는 말 그대로 물의 열(熱)에서 추출한 에너지를 말한다. ___(A)___ 겨울에는 대기보다 높고, 여름에는 낮은 물의 온도 차를 이용해 에너지를 추출하는 첨단 기술이다. 이 수열에너지를 잘 활용하면 기존 냉난방 시스템보다 최대 50%까지 에너지를 절약할 수 있다. ___(B)___ 특히, 지구의 70%를 차지하는 물을 이용해 만든 에너지이기 때문에 친환경적이며 보존량도 무궁무진한 것이 최대 장점이다. ___(C)___ 지난 2014년에는 경기도 하남의 팔당호 물을 활용해 L타워의 냉난방 비용을 연간 30%나 절감하는 성과를 거두기도 했다. 이에 한강권역본부는 소양강댐의 차가운 냉수가 지니는 수열에너지를 이용해 세계 최초의 수열에너지 기반 친환경 데이터센터 집적 단지를 조성하는 융·복합 클러스터 조성사업(K-Cloud Park)을 추진하고 있다. ___(D)___ 생활이 불편할 만큼 차가운 소양강의 물이 기술의 발달과 발상의 전환으로 4차 산업혁명 시대에 걸맞은 사업을 유치하며 새로운 가치를 발굴한 사례이다. 프로젝트가 마무리되면, 수열에너지 활용에 따른 에너지 절감효과는 물론, 5,517명의 일자리 창출 및 연 220억 원 가량의 지방세 세수 증가가 이뤄질 것으로 기대된다.

〈보기〉

> 이를 통해 수열에너지 기반의 스마트팜 첨단농업단지, 물 기업 특화 산업단지까지 구축하게 되면 새로운 부가가치를 창출하는 비즈니스 플랫폼은 물론, 아시아·태평양 지역의 클라우드 데이터센터 허브로 자리 잡게 될 것으로 전망된다.

① (A)
② (B)
③ (C)
④ (D)

단축키 ▸ 키워드

2024년 적중

33 다음 중 한글에서 파일을 다른 이름으로 저장할 때 사용하는 단축키는?

① [Alt]+[N]
② [Ctrl]+[N], [P]
③ [Alt]+[S]
④ [Alt]+[V]

도서 200% 활용하기 STRUCTURES

1 기출복원문제로 출제경향 파악

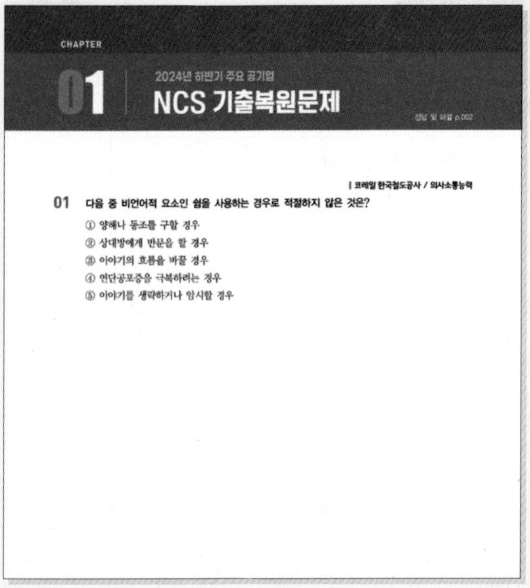
CHAPTER

01 2024년 하반기 주요 공기업

NCS 기출복원문제

정답 및 해설 p.002

| 코레일 한국철도공사 / 의사소통능력

01 다음 중 비언어적 요소인 쉼을 사용하는 경우로 적절하지 않은 것은?

① 양해나 동조를 구할 경우
② 상대방에게 반문을 할 경우
③ 이야기의 흐름을 바꿀 경우
④ 연단공포증을 극복하려는 경우
⑤ 이야기를 생략하거나 암시할 경우

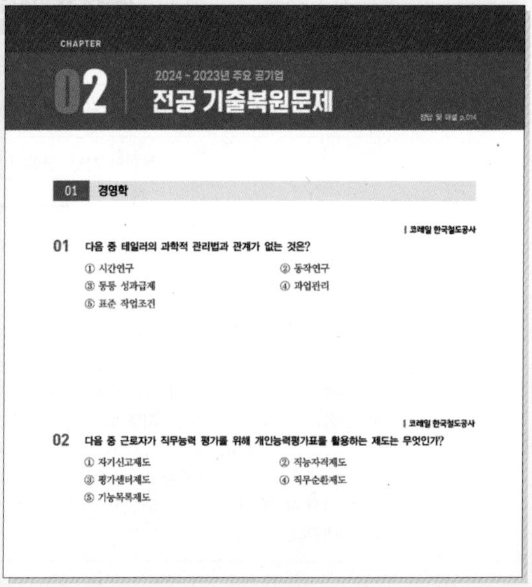
CHAPTER

02 2024 ~ 2023년 주요 공기업

전공 기출복원문제

정답 및 해설 p.014

01 경영학

| 코레일 한국철도공사

01 다음 중 테일러의 과학적 관리법과 관계가 없는 것은?

① 시간연구 ② 동작연구
③ 동등 성과급제 ④ 과업관리
⑤ 표준 작업조건

| 코레일 한국철도공사

02 다음 중 근로자가 직무능력 평가를 위해 개인능력평가표를 활용하는 제도는 무엇인가?

① 자기신고제도 ② 직능자격제도
③ 평가센터제도 ④ 직무순환제도
⑤ 기능목록제도

▶ 2024년 하반기 주요 공기업 NCS 및 2024~2023년 전공 기출복원문제를 수록하여 공기업별 출제경향을 파악할 수 있도록 하였다.

2 출제 영역 맞춤 문제로 필기전형 완벽 대비

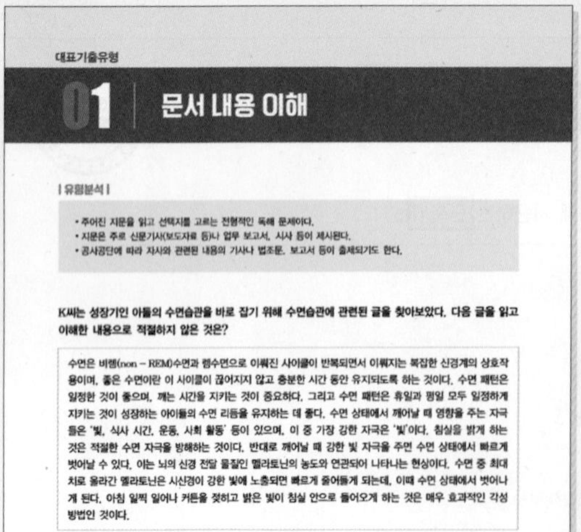
대표기출유형

01 문서 내용 이해

| 유형분석 |

- 주어진 지문을 읽고 선택지를 고르는 전형적인 독해 문제이다.
- 지문은 주로 신문기사(보도자료 등)나 업무 보고서, 시사 등이 제시된다.
- 공사공단에 따라 자사와 관련된 내용의 기사나 법조문, 보고서 등이 출제되기도 한다.

K씨는 성장기인 아들의 수면습관을 바로 잡기 위해 수면습관에 관련된 글을 찾아보았다. 다음 글을 읽고 이해한 내용으로 적절하지 않은 것은?

수면은 비렘(non – REM)수면과 렘수면으로 이뤄진 사이클이 반복되면서 이뤄지는 복잡한 신경계의 상호작용이며, 좋은 수면이란 이 사이클이 끊어지지 않고 충분한 시간 동안 유지되도록 하는 것이다. 수면 패턴은 일정한 것이 좋으며, 깨는 시간을 지키는 것이 중요하다. 그리고 수면 패턴은 휴일과 평일 모두 일정하게 지키는 것이 성장하는 아이들의 수면 리듬을 유지하는 데 좋다. 수면 상태에서 깨어날 때 영향을 주는 자극들은 '빛, 식사 시간, 운동, 사회 활동' 등이 있으며, 이 중 가장 강한 자극은 '빛'이다. 침실을 밝게 하는 것은 적절한 수면 자극을 방해하는 것이다. 반대로 깨어날 때 강한 빛 자극을 주면 수면 상태에서 빠르게 벗어날 수 있다. 이는 뇌의 신경 전달 물질인 멜라토닌의 농도와 연관되어 나타나는 현상이다. 수면 중 최대치로 올라간 멜라토닌은 시신경이 강한 빛에 노출되면 빠르게 줄어들게 되는데, 이때 수면 상태에서 벗어나게 된다. 아침 일찍 일어나 커튼을 젖히고 밝은 빛이 침실 안으로 들어오게 하는 것은 매우 효과적인 각성 방법인 것이다.

① 잠에서 깨는 데 가장 강력한 자극을 주는 것은 빛이었구나.
② 멜라토닌의 농도에 따라 수면과 각성이 영향을 받는군.
③ 평일에 잠이 모자란 우리 아들은 잠을 보충해줘야 하니까 휴일에 늦게까지 자도록 둬야겠다.
④ 좋은 수면은 비렘수면과 렘수면의 사이클이 충분한 시간 동안 유지되도록 하는 것이구나.
⑤ 우리 아들 침실이 좀 밝은 편이니 충분한 수면을 위해 암막커튼을 달아줘야겠어.

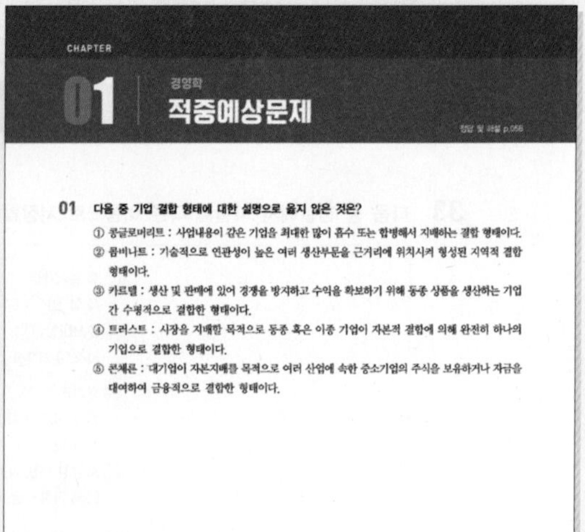
CHAPTER

01 경영학

적중예상문제

정답 및 해설 p.056

01 다음 중 기업 결합 형태에 대한 설명으로 옳지 않은 것은?

① 콩글로머리트 : 사업내용이 같은 기업을 최대한 많이 흡수 또는 합병해서 지배하는 결합 형태이다.
② 콤비나트 : 기술적으로 연관성이 높은 여러 생산부문을 근거리에 위치시켜 형성된 지역적 결합 형태이다.
③ 카르텔 : 생산 및 판매에 있어 경쟁을 방지하고 수익을 확보하기 위해 동종 상품을 생산하는 기업 간 수평적으로 결합한 형태이다.
④ 트러스트 : 시장을 지배할 목적으로 동종 혹은 이종 기업이 자본적 결합에 의해 완전히 하나의 기업으로 결합한 형태이다.
⑤ 콘체른 : 대기업이 자본지배를 목적으로 여러 산업에 속한 중소기업의 주식을 보유하거나 자금을 대여하여 금융적으로 결합한 형태이다.

▶ 직업기초능력 대표기출유형&기출응용문제를 수록하여 유형별로 대비할 수 있도록 하였다.
▶ 직무수행능력(경영학 · 경제학 · 법학 · 행정학 · 토목학) 적중예상문제를 수록하여 전공까지 확실하게 대비할 수 있도록 하였다.

3 최종점검 모의고사 + OMR을 활용한 실전 연습

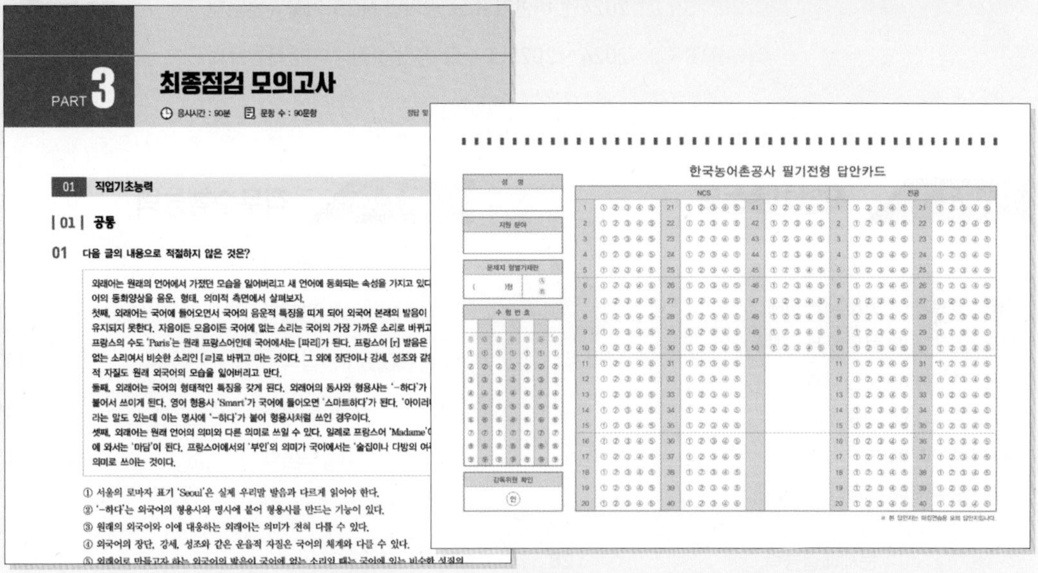
PART 3 최종점검 모의고사

응시시간 : 90분 문항 수 : 90문항

01 직업기초능력

| 01 | 공통

01 다음 글의 내용으로 적절하지 않은 것은?

외래어는 원래의 언어에서 가졌던 모습을 잃어버리고 새 언어에 동화되는 속성을 가지고 있다 어의 동화양상을 음운, 형태, 의미적 측면에서 살펴보자.
첫째, 외래어는 국어에 들어오면서 국어의 음운적 특징을 띠게 되어 외국어 본래의 발음이 유지되지 못한다. 자음이든 모음이든 국어에 없는 소리는 국어의 가장 가까운 소리로 바뀌고 프랑스의 수도 'Paris'는 원래 프랑스어인데 국어에서는 [파리]가 된다. 프랑스어 [r] 발음은 없는 소리여서 비슷한 소리인 [ㄹ]로 바뀌고 마는 것이다. 그 외에 장단이나 강세, 성조와 같 적 자질도 원래 외국어의 모습을 잃어버리고 만다.
둘째, 외래어는 국어의 형태적인 특징을 갖게 된다. 외래어의 동사와 형용사는 '-하다'가 붙어서 쓰이게 된다. 영어 형용사 'Smart'가 국어에 들어오면 '스마트하다'가 된다. '아이러 라는 말도 있는데 이는 명사에 '-하다'가 붙어 형용사처럼 쓰인 경우이다.
셋째, 외래어는 원래 언어의 의미와 다른 의미로 쓰일 수 있다. 일례로 프랑스어 'Madame' 에 와서는 '마담'이 된다. 프랑스어에서의 '부인'의 의미가 국어에서는 '술집이나 다방의 여 의미로 쓰이는 것이다.

① 서울의 로마자 표기 'Seoul'은 실제 우리말 발음과 다르게 읽어야 한다.
② '-하다'는 외국어의 형용사와 명사에 붙어 형용사를 만드는 기능이 있다.
③ 원래의 외국어와 이에 대응하는 외래어는 의미가 전혀 다를 수 있다.
④ 외국어의 장단, 강세, 성조와 같은 운율적 자질은 국어의 체계와 다를 수 있다.

한국농어촌공사 필기전형 답안카드

성 명 / 지원 분야 / 문제지 형별기재란 / 수험번호 / 감독위원 확인 / NCS / 전공

- 최종점검 모의고사와 OMR 답안카드를 수록하여 실제로 시험을 보는 것처럼 마무리 연습을 할 수 있도록 하였다.
- 모바일 OMR 답안채점/성적분석 서비스를 통해 필기전형에 대비할 수 있도록 하였다.

4 인성검사부터 면접까지 한 권으로 최종 마무리

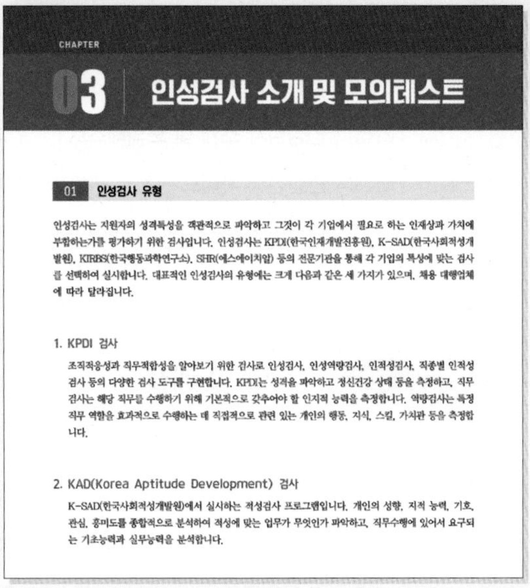
CHAPTER 03 인성검사 소개 및 모의테스트

01 인성검사 유형

인성검사는 지원자의 성격특성을 객관적으로 파악하고 그것이 각 기업에서 필요로 하는 인재상과 가치에 부합하는가를 평가하기 위한 검사입니다. 인성검사는 KPDI(한국인재개발진흥원), K-SAD(한국사회적성개발원), KIRBS(한국행동과학연구소), SHR(에스에이치알) 등의 전문기관을 통해 각 기업의 특성에 맞는 검사를 선택하여 실시합니다. 대표적인 인성검사의 유형에는 크게 다음과 같은 세 가지가 있으며, 채용 대행업체에 따라 달라집니다.

1. KPDI 검사

조직적응성과 직무적합성을 알아보기 위한 검사로 인성검사, 인성역량검사, 인적성검사, 직종별 인적성검사 등의 다양한 검사 도구를 구현합니다. KPDI는 성격을 파악하고 정신건강 상태 등을 측정하고, 직무검사는 해당 직무를 수행하기 위해 기본적으로 갖추어야 할 인지적 능력을 측정합니다. 역량검사는 특정 직무 역할을 효과적으로 수행하는 데 직접적으로 관련 있는 개인의 행동, 지식, 스킬, 가치관 등을 측정합니다.

2. KAD(Korea Aptitude Development) 검사

K-SAD(한국사회적성개발원)에서 실시하는 적성검사 프로그램입니다. 개인의 성향, 지적 능력, 기호, 관심, 흥미도를 종합적으로 분석하여 적성에 맞는 업무가 무엇인가 파악하고, 직무수행에 있어서 요구되는 기초능력과 실무능력을 분석합니다.

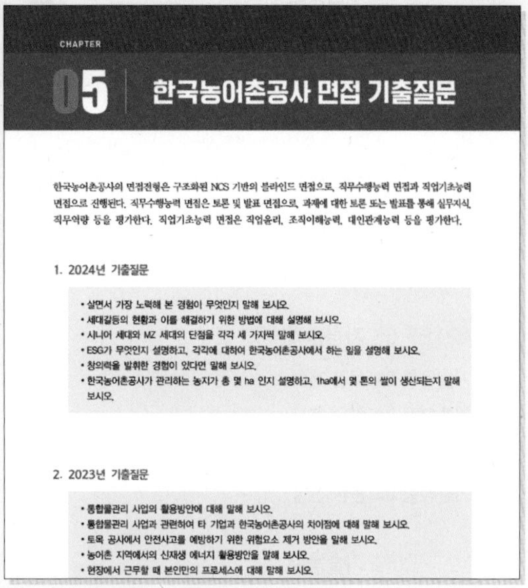
CHAPTER 05 한국농어촌공사 면접 기출질문

한국농어촌공사의 면접전형은 구조화된 NCS 기반의 블라인드 면접으로, 직무수행능력 면접과 직업기초능력 면접으로 진행된다. 직무수행능력 면접은 토론 및 발표 면접으로, 과제에 대한 토론 또는 발표를 통해 실무지식, 직무역량 등을 평가한다. 직업기초능력 면접은 직업윤리, 조직이해능력, 대인관계능력 등을 평가한다.

1. 2024년 기출질문

- 살면서 가장 노력해 본 경험이 무엇인지 말해 보시오.
- 세대갈등의 현황과 이를 해결하기 위한 방법에 대해 설명해 보시오.
- 시니어 세대와 MZ 세대의 단점을 각각 세 가지씩 말해 보시오.
- ESG가 무엇인지 설명하고, 각각에 대하여 한국농어촌공사에서 하는 일을 설명해 보시오.
- 창의력을 발휘한 경험이 있다면 말해 보시오.
- 한국농어촌공사가 관리하는 농지가 총 몇 ha 인지 설명하고, 1ha에서 몇 톤의 쌀이 생산되는지 말해 보시오.

2. 2023년 기출질문

- 통합물관리 사업의 활용방안에 대해 말해 보시오.
- 통합물관리 사업과 관련하여 타 기업과 한국농어촌공사의 차이점에 대해 말해 보시오.
- 토목 공사에서 안전사고를 예방하기 위한 위험요소 제거 방안을 말해 보시오.
- 농어촌 지역에서의 신재생 에너지 활용방안을 말해 보시오.
- 현장에서 근무할 때 본인만의 프로세스에 대해 말해 보시오.

- 인성검사 모의테스트를 수록하여 인성검사 유형 및 문항을 확인할 수 있도록 하였다.
- 한국농어촌공사 면접 기출질문을 통해 실제 면접에서 나오는 질문을 미리 파악하고 연습할 수 있도록 하였다.

이 책의 차례 CONTENTS

Add+ 특별부록

PART 1 직업기초능력

PART 2 직무수행능력

PART 3 최종점검 모의고사

PART 4 채용 가이드

별 책 정답 및 해설

Add+

특별부록

CHAPTER

01 2024년 하반기 주요 공기업 NCS 기출복원문제

정답 및 해설 p.002

▎코레일 한국철도공사 / 의사소통능력

01 다음 중 비언어적 요소인 쉼을 사용하는 경우로 적절하지 않은 것은?

① 양해나 동조를 구할 경우
② 상대방에게 반문을 할 경우
③ 이야기의 흐름을 바꿀 경우
④ 연단공포증을 극복하려는 경우
⑤ 이야기를 생략하거나 암시할 경우

▎코레일 한국철도공사 / 의사소통능력

02 다음 밑줄 친 부분에 해당하는 키슬러의 대인관계 의사소통 유형은?

> 의사소통 시 이 유형의 사람은 따뜻하고 인정이 많고 자기희생적이나 타인의 요구를 거절하지 못하므로 타인과의 정서적인 거리를 유지하는 노력이 필요하다.

① 지배형 ② 사교형
③ 친화형 ④ 고립형
⑤ 순박형

03 다음 글을 통해 알 수 있는 철도사고 발생 시 행동요령으로 적절하지 않은 것은?

> 철도사고는 지하철, 고속철도 등 철도에서 발생하는 사고를 뜻한다. 많은 사람이 한꺼번에 이용하며 무거운 전동차가 고속으로 움직이는 특성상 철도사고가 발생할 경우 인명과 재산에 큰 피해가 발생한다.
>
> 철도사고는 다양한 원인에 의해 발생하며 사고 유형 또한 다양하게 나타나는데, 대표적으로는 충돌사고, 탈선사고, 열차화재사고가 있다. 이 사고들은 철도안전법에서 철도교통사고로 규정되어 있으며, 많은 인명피해를 야기하므로 철도사업자는 반드시 이를 예방하기 위한 조치를 취해야 한다. 또한 승객들은 위험으로부터 빠르게 벗어나기 위해 사고 시 대피요령을 파악하고 있어야 한다.
>
> 국토교통부는 철도사고 발생 시 인명과 재산을 보호하기 위한 국민행동요령을 제시하고 있다. 이 행동요령에 따르면 지하철에서 사고가 발생할 경우 가장 먼저 객실 양 끝에 있는 인터폰으로 승무원에게 사고를 알려야 한다. 만약 화재가 발생했다면 곧바로 119에 신고하고, 여유가 있다면 객실 양 끝에 비치된 소화기로 불을 꺼야 한다. 반면 화재의 진화가 어려울 경우 입과 코를 젖은 천으로 막고 화재가 발생하지 않은 다른 객실로 이동해야 한다. 전동차에서 대피할 때는 안내방송과 승무원의 안내에 따라 질서 있게 대피해야 하며 이때 부상자, 노약자, 임산부가 먼저 대피할 수 있도록 배려하고 도와주어야 한다. 만약 전동차의 문이 열리지 않으면 반드시 열차가 멈춘 후에 안내방송에 따라 비상핸들이나 비상콕크를 돌려 문을 열고 탈출해야 한다. 전동차가 플랫폼에 멈췄을 경우 스크린도어를 열고 탈출해야 하는데, 손잡이를 양쪽으로 밀거나 빨간색 비상바를 밀고 탈출해야 한다. 반대로 역이 아닌 곳에서 멈췄을 경우 감전의 위험이 있으므로 반드시 승무원의 안내에 따라 반대편 선로의 열차 진입에 유의하며 대피 유도등을 따라 침착하게 비상구로 대피해야 한다.
>
> 이와 같이 승객들은 철도사고 발생 시 신고, 질서 유지, 빠른 대피를 중점적으로 유념하여 행동해야 한다. 철도사고는 사고 자체가 일어나지 않도록 철저한 안전관리와 예방이 필요하지만, 다양한 원인으로 예상치 못하게 발생한다. 따라서 철도교통을 이용하는 승객 또한 평소에 안전 수칙을 준수하고 비상 상황에서 침착하게 대처하는 훈련이 필요하다.

① 침착함을 잃지 않고 승무원의 안내에 따라 대피해야 한다.

② 화재사고 발생 시 규모가 크지 않다면 빠르게 진화 작업을 해야 한다.

③ 선로에서 대피할 경우 승무원의 안내와 대피 유도등을 따라 대피해야 한다.

④ 열차에서 대피할 때는 탈출이 어려운 사람부터 대피할 수 있도록 도와야 한다.

⑤ 열차사고 발생 시 탈출을 위해 우선 비상핸들을 돌려 열차의 문을 개방해야 한다.

04 다음 글을 읽고 알 수 있는 하향식 읽기 모형의 사례로 적절하지 않은 것은?

> 글을 읽는 것은 단순히 책에 쓰인 문자를 해독하는 것이 아니라 그 안에 담긴 의미를 파악하는 과정이다. 그렇다면 사람들은 어떤 방식으로 글의 의미를 파악할까? 세상의 모든 어휘를 알고 있는 사람은 없을 것이다. 그러나 대부분의 사람들, 특히 고등교육을 받은 성인들은 자신이 잘 모르는 어휘가 있더라도 글의 전체적인 맥락과 의미를 파악할 수 있다. 이를 설명해 주는 것이 바로 하향식 읽기 모형이다.
>
> 하향식 읽기 모형은 독자가 이미 알고 있는 배경지식과 경험을 바탕으로 글의 전체적인 맥락을 먼저 파악하는 방식이다. 하향식 읽기 모형은 독자의 능동적인 참여를 활용하는 읽기로, 여기서 독자는 단순히 글을 받아들이는 수동적인 존재가 아니라 자신의 지식과 경험을 활용하여 글의 의미를 구성해 나가는 주체적인 역할을 한다. 이때 독자는 글의 내용을 예측하고 추론하며, 심지어 자신의 생각을 더하여 글에 대한 이해를 넓혀갈 수 있다.
>
> 하향식 읽기 모형의 장점은 빠르고 효율적인 독서가 가능하다는 것이다. 글의 전체적인 맥락을 먼저 파악하기 때문에 글의 핵심 내용을 빠르게 파악할 수 있고, 배경지식을 활용하여 더 깊이 있는 이해를 얻을 수 있다. 또한 예측과 추론을 통한 능동적인 독서는 독서에 대한 흥미를 높여 주는 효과도 있다.
>
> 그러나 하향식 읽기 모형은 독자의 배경지식에 의존하여 읽는 방법이므로 배경지식이 부족한 경우 글의 의미를 정확하게 파악하기 어려울 수 있으며, 배경지식에 의존하여 오해를 할 가능성도 크다. 또한 글의 내용이 복잡하다면 많은 배경지식을 가지고 있더라도 글의 맥락을 적극적으로 가정하거나 추측하기 어려운 것 또한 하향식 읽기 모형의 단점이 된다.
>
> 하향식 읽기 모형은 글의 내용을 빠르게 이해하고 독자 스스로 내면화할 수 있으므로 독서 능력 향상에 유용한 방법이다. 그러나 모든 글에 동일하게 적용할 수 있는 읽기 모형은 아니므로 글의 종류와 독자의 배경지식에 따라 적절한 읽기 전략을 사용해야 한다. 따라서 하향식 읽기 모형과 함께 상향식 읽기(문자의 정확한 해독), 주석 달기, 소리 내어 읽기 등 다양한 읽기 전략을 활용하여야 한다.

① 회의 자료를 읽기 전 회의 주제를 먼저 파악하여 회의 안건을 예상하였다.
② 기사의 헤드라인을 먼저 읽어 기사의 내용을 유추한 뒤 상세 내용을 읽었다.
③ 제품 설명서를 읽어 제품의 기능과 각 버튼의 용도를 파악하고 기계를 작동시켰다.
④ 요리법의 전체적인 조리 과정을 파악하고 단계별로 필요한 재료와 순서를 확인하였다.
⑤ 서문이나 목차를 통해 책의 전체적인 흐름을 파악하고 관심 있는 부분을 집중적으로 읽었다.

| 코레일 한국철도공사 / 수리능력

05 농도가 15%인 소금물 200g과 농도가 20%인 소금물 300g을 섞었을 때, 섞인 소금물의 농도는?

① 17%
② 17.5%
③ 18%
④ 18.5%
⑤ 19%

| 코레일 한국철도공사 / 수리능력

06 남직원 A ~ C, 여직원 D ~ F 6명이 일렬로 앉고자 한다. 여직원끼리 인접하지 않고, 여직원 D와 남직원 B가 서로 인접하여 앉는 경우의 수는?

① 12가지
② 20가지
③ 40가지
④ 60가지
⑤ 120가지

| 코레일 한국철도공사 / 수리능력

07 다음과 같이 일정한 규칙으로 수를 나열할 때 빈칸에 들어갈 수로 옳은 것은?

−23	−15	−11	5	13	25	(　)	45	157	65

① 49
② 53
③ 57
④ 61
⑤ 65

08 다음은 K시의 유치원, 초 · 중 · 고등학교, 고등교육기관의 취학률 및 초 · 중 · 고등학교의 상급학교 진학률에 대한 자료이다. 이에 대한 설명으로 옳지 않은 것은?

〈유치원, 초 · 중 · 고등학교, 고등교육기관 취학률〉

(단위 : %)

구분	2014년	2015년	2016년	2017년	2018년	2019년	2020년	2021년	2022년	2023년
유치원	45.8	45.2	48.3	50.6	51.6	48.1	44.3	45.8	49.7	52.8
초등학교	98.7	99	98.6	98.9	99.3	99.6	98.1	98.1	99.5	99.9
중학교	98.5	98.6	98.1	98	98.9	98.5	97.1	97.6	97.5	98.2
고등학교	95.3	96.9	96.2	95.4	96.2	94.7	92.1	93.7	95.2	95.6
고등교육기관	65.6	68.9	64.9	66.2	67.5	69.2	70.8	71.7	74.3	73.5

〈초 · 중 · 고등학교 상급학교 진학률〉

(단위 : %)

구분	2014년	2015년	2016년	2017년	2018년	2019년	2020년	2021년	2022년	2023년
초등학교	100	100	100	100	100	100	100	100	100	100
중학교	99.7	99.7	99.7	99.7	99.7	99.7	99.7	99.7	99.7	99.6
고등학교	93.5	91.8	90.2	93.2	91.7	90.5	91.4	92.6	93.9	92.8

① 중학교의 취학률은 매년 97% 이상이다.
② 매년 취학률이 가장 높은 기관은 초등학교이다.
③ 고등교육기관의 취학률이 70%를 넘긴 해는 2020년부터이다.
④ 2023년에 중학교에서 고등학교로 진학하지 않은 학생의 비율은 전년 대비 감소하였다.
⑤ 고등교육기관의 취학률이 가장 낮은 해와 고등학교의 상급학교 진학률이 가장 낮은 해는 같다.

09 다음은 A기업과 B기업의 2024년 1～6월 매출액에 대한 자료이다. 이를 그래프로 옮겼을 때의 개형으로 옳은 것은?

〈2024년 1～6월 A, B기업 매출액〉

(단위 : 억 원)

구분	2024년 1월	2024년 2월	2024년 3월	2024년 4월	2024년 5월	2024년 6월
A기업	307.06	316.38	315.97	294.75	317.25	329.15
B기업	256.72	300.56	335.73	313.71	296.49	309.85

①
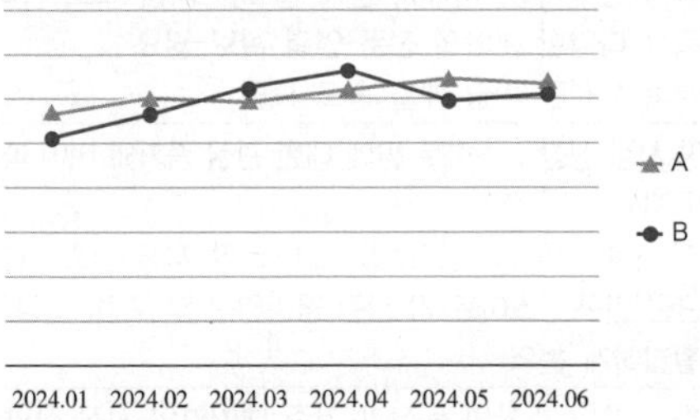

②
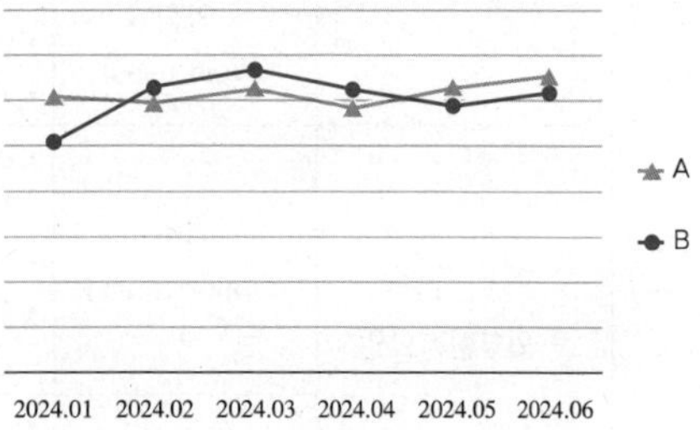

③
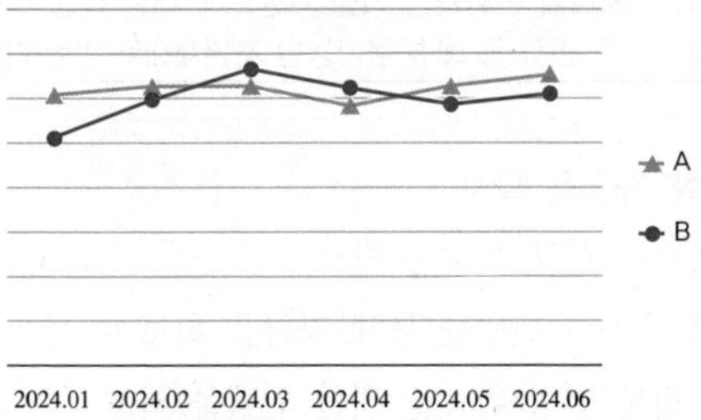

④
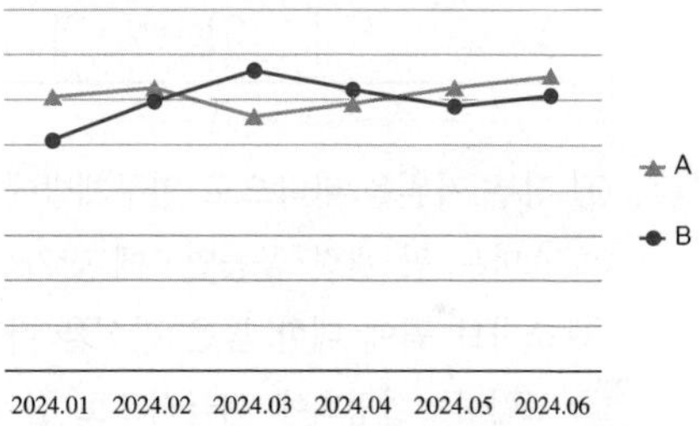

⑤
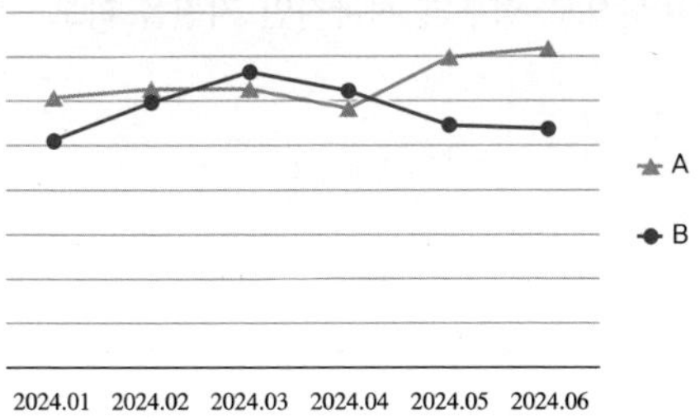

10 다음은 스마트 팜을 운영하는 K사에 대한 SWOT 분석 결과이다. 이에 따른 전략이 나머지와 다른 것은?

〈K사 스마트 팜 SWOT 분석 결과〉

구분		분석 결과
내부환경요인	강점 (Strength)	• 차별화된 기술력 : 기존 스마트 팜 솔루션과 차별화된 센서 기술, AI 기반 데이터 분석 기술 보유 • 젊고 유연한 조직 : 빠른 의사결정과 시장 변화에 대한 적응력 • 정부 사업 참여 경험 : 스마트 팜 관련 정부 사업 참여 가능성
	약점 (Weakness)	• 자금 부족 : 연구개발, 마케팅 등에 필요한 자금 확보 어려움 • 인력 부족 : 다양한 분야의 전문 인력 확보 필요 • 개발력 부족 : 신규 기술 개발 속도 느림
외부환경요인	기회 (Opportunity)	• 스마트 팜 시장 성장 : 스마트 팜에 대한 관심 증가와 이에 따른 정부의 적극적인 지원 • 해외 시장 진출 가능성 : 글로벌 스마트 팜 시장 진출 기회 확대 • 활발한 관련 연구 : 스마트 팜 관련 공동연구 및 포럼, 설명회 등 정보 교류가 활발하게 논의
	위협 (Threat)	• 경쟁 심화 : 후발 주자의 등장과 기존 대기업의 시장 장악 가능성 • 기술 변화 : 빠르게 변화하는 기술 트렌드에 대한 대응 어려움 • 자연재해 : 기후 변화 등 예측 불가능한 자연재해로 인한 피해 가능성

① 정부 지원을 바탕으로 연구개발에 필요한 자금을 확보
② 스마트 팜 관련 공동연구에 참가하여 빠르게 신규 기술을 확보
③ 스마트 팜에 대한 높은 관심을 바탕으로 온라인 펀딩을 통해 자금을 확보
④ 포럼 등 설명회에 적극적으로 참가하여 전문 인력 확충을 위한 인맥을 확보
⑤ 스마트 팜 관련 정부 사업 참여 경험을 바탕으로 정부의 적극적인 지원을 확보

| 코레일 한국철도공사 / 문제해결능력

11 **다음 대화에서 공통적으로 나타나는 논리적 오류로 가장 적절한 것은?**

A : 반려견 출입 금지라고 쓰여 있는 카페에 갔는데 거절당했어. 반려견 출입 금지면 고양이는 괜찮은 거 아니야?
B : 어제 직장동료가 "조심히 들어가세요."라고 했는데 집에 들어갈 때만 조심하라는 건가?
C : 친구가 비가 와서 우울하다고 했는데, 비가 안 오면 행복해지겠지?
D : 이웃을 사랑하라는 선생님의 가르침을 실천하기 위해 사기를 저지른 이웃을 숨겨 주었어.
E : 의사가 건강을 위해 채소를 많이 먹으라고 하던데 앞으로는 채소만 먹으면 되겠어.
F : 긍정적인 생각을 하면 좋은 일이 생기니까 아무리 나쁜 일이 있어도 긍정적으로만 생각하면 될 거야.

① 무지의 오류
② 연역법의 오류
③ 과대해석의 오류
④ 허수아비 공격의 오류
⑤ 권위나 인신공격에 의존한 논증

| 코레일 한국철도공사 / 문제해결능력

12 **A～E열차를 운행거리가 가장 긴 순서대로 나열하려고 한다. 운행시간 및 평균 속력이 다음과 같을 때, C열차는 몇 번째로 운행거리가 긴 열차인가?(단, 열차 대기시간은 고려하지 않는다)**

〈A～E열차 운행시간 및 평균 속력〉

구분	운행시간	평균 속력
A열차	900분	50m/s
B열차	10시간 30분	150km/h
C열차	8시간	55m/s
D열차	720분	2.5km/min
E열차	10시간	2.7km/min

① 첫 번째
② 두 번째
③ 세 번째
④ 네 번째
⑤ 다섯 번째

| 코레일 한국철도공사 / 문제해결능력

13 다음 글에서 나타난 문제해결 절차의 단계로 가장 적절한 것은?

> K대학교 기숙사는 최근 학생들의 불만이 끊이지 않고 있다. 특히, 식사의 질이 낮고, 시설이 노후화되었으며, 인터넷 연결 상태가 불안정하다는 의견이 많았다. 이에 K대학교 기숙사 운영위원회는 문제해결을 위해 긴급회의를 소집했다.
> 회의에서 학생 대표들은 식단의 다양성 부족, 식재료의 신선도 문제, 식당 내 위생 상태 불량 등을 지적했다. 또한, 시설 관리 담당자는 건물 외벽의 균열, 낡은 가구, 잦은 누수 현상 등 시설 노후화 문제를 강조했다. IT 담당자는 기숙사 내 와이파이 연결 불안정, 인터넷 속도 저하 등 통신환경 문제를 제기했다.
> 운영위원회는 이러한 다양한 의견을 종합하여 문제를 더욱 구체적으로 분석하기로 결정했다. 먼저, 식사 문제의 경우 학생들의 식습관 변화에 따른 메뉴 구성의 문제점, 식자재 조달 과정의 비효율성, 조리 시설의 부족 등의 문제점을 파악했다. 시설 문제는 건물의 노후화로 인한 안전 문제, 에너지 효율 저하, 학생들의 편의성 저하 등으로 세분화했다. 마지막으로, 통신환경 문제는 기존 네트워크 장비의 노후화, 학생 수 증가에 따른 네트워크 부하 증가 등의 세부 문제가 제시되었다.

① 문제 인식
② 문제 도출
③ 원인 분석
④ 해결안 개발
⑤ 실행 및 평가

| 한국전력공사 / 의사소통능력

14 다음 중 빈칸에 들어갈 단어로 가장 적절한 것은?

> 감사원의 조사 결과 J공사는 공공사업을 위해 투입된 세금을 본래의 목적에 사용하지 않고 무단으로 _______ 했음이 밝혀졌다.

① 전용(轉用)
② 남용(濫用)
③ 적용(適用)
④ 활용(活用)
⑤ 준용(遵用)

15 다음 중 비행을 하기 위한 시조새의 신체 조건으로 가장 적절한 것은?

시조새(Archaeopteryx)는 약 1억 5천만 년 전 중생대 쥐라기 시대에 살았던 고대 생물로, 조류와 공룡의 중간 단계에 위치한 생물이다. 1861년 독일 바이에른 지방에 있는 졸른호펜 채석장에서 화석이 발견된 이후, 시조새는 조류의 기원과 공룡에서 새로의 진화 과정을 밝히는 데 중요한 단서를 제공해 왔다. '시조(始祖)'라는 이름에서 알 수 있듯이 시조새는 현대 조류의 조상으로 여겨지며 고생물학계에서 매우 중요한 연구 대상으로 취급된다.
시조새는 오늘날의 새와는 여러 가지 차이점이 있다. 이빨이 있는 부리, 긴 척추뼈로 이루어진 꼬리, 그리고 날개에 있는 세 개의 갈고리 발톱은 공룡의 특징을 잘 보여준다. 비록 현대 조류처럼 가슴뼈가 비행에 최적화된 형태로 발달되지는 않았지만, 갈비뼈와 팔에 강한 근육이 붙어있어 짧은 거리를 활강하거나 나뭇가지 사이를 오르내리며 이동할 수 있었던 것으로 추정된다.
한편, 시조새는 비대칭형 깃털을 가진 최초의 동물 중 하나로, 이는 비행을 하기에 적합한 형태이다. 시조새의 깃털은 현대의 날 수 있는 조류처럼 바람을 맞는 곳의 깃털은 짧고, 뒤쪽은 긴 형태인데, 이러한 비대칭형 깃털은 양력을 제공해 짧은 거리의 활강을 가능하게 했으며, 새의 조상으로서 비행의 초기 형태를 보여준다. 이로 인해 시조새는 공룡에서 새로 이어지는 진화 과정을 이해하는 데 있어 중요한 생물학적 증거로 여겨지고 있다.
시조새의 화석 연구는 당시의 생태계에 대한 정보도 제공하고 있다. 시조새는 열대 우림이나 활엽수림 근처에서 생활하며 나뭇가지를 오르내렸을 가능성이 큰 것으로 추정된다. 시조새의 이동 방식에 대해서는 여러 가설이 존재하지만, 짧은 거리의 활강을 통해 먹이를 찾고 이동했을 것이라는 주장이 유력하다.
결론적으로 시조새는 공룡과 새의 특성을 모두 가진 중간 단계의 생물로, 진화의 과정을 이해하는 데 핵심적인 역할을 한다. 시조새의 다양한 신체적 특징들은 공룡에서 새로 이어지는 진화의 연결고리를 보여주며, 조류 비행의 기원을 이해하는 중요한 증거로 평가된다.

① 날개 사이에 근육질의 익막이 있다.
② 날개에는 세 개의 갈고리 발톱이 있다.
③ 날개의 깃털이 비대칭 구조로 형성되어 있다.
④ 척추뼈가 꼬리까지 이어지는 유선형 구조이다.
⑤ 현대 조류처럼 가슴뼈가 비행에 최적화된 구조이다.

16 다음 글의 주제로 가장 적절한 것은?

사람들에게 의학을 대표하는 인물을 물어본다면 대부분 히포크라테스(Hippocrates)를 떠올릴 것이다. 히포크라테스는 당시 신의 징벌이나 초자연적인 힘으로 생각되었던 질병을 관찰을 통해 자연적 현상으로 이해하였고, 당시 마술이나 철학으로 여겨졌던 의학을 분리하였다. 이에 따라 의사라는 직업이 과학적인 기반 위에 만들어지게 되었다. 현재에는 의학의 아버지로 불리며 히포크라테스 선서라고 불리는 의사의 윤리적 기준을 저술한 것으로 알려져 있다. 이처럼 히포크라테스는 서양의학의 상징으로 받아들여지지만, 서양의학에 절대적인 영향을 준 사람은 클라우디오스 갈레노스(Claudius Galenus)이다.

갈레노스는 로마 시대 검투사 담당의에서 황제 마르쿠스 아우렐리우스의 주치의로 활동한 의사로, 해부학, 생리학, 병리학에 걸친 방대한 의학체계를 집대성하여 이후 1,000년 이상 서양의학의 토대를 닦았다. 당시에는 인체의 해부가 금지되어 있었기 때문에 갈레노스는 원숭이, 돼지 등을 사용하여 해부학적 지식을 쌓았으며, 임상 실험을 병행하여 의학적 지식을 확립하였다. 이러한 해부 및 실험을 통해 갈레노스는 여러 장기의 기능을 밝히고, 근육과 뼈를 구분하였으며, 심장의 판막이나 정맥과 동맥의 차이점 등을 밝혀내거나, 혈액이 혈관을 통해 신체 말단까지 퍼져나가며 신진대사를 조절하는 물질을 운반한다고 밝혀냈다. 물론 갈레노스도 히포크라테스가 주장한 4원소에 따른 4체액설(혈액, 담즙, 황담즙, 흑담즙)을 믿거나 피를 뽑아 치료하는 사혈법을 주장하는 등 현대 의학과는 거리가 있지만, 당시에 의학 이론을 해부와 실험을 통해 증명하고 방대한 저술을 남겼다는 놀라운 업적을 가지고 있으며, 이것이 실제로 가장 오랫동안 서양의학을 실제로 지배하는 토대가 되었다.

① 갈레노스의 생애와 의학의 발전
② 고대에서 현대까지 해부학의 발전 과정
③ 히포크라테스 선서에 의한 전문직의 도덕적 기준
④ 히포크라테스와 갈레노스가 서양의학에 끼친 영향과 중요성
⑤ 히포크라테스와 갈레노스의 4체액설이 현대 의학에 끼친 영향

| 한국전력공사 / 의사소통능력

17 다음 중 제시된 단어와 가장 비슷한 단어는?

비상구

① 진입로
② 출입구
③ 돌파구
④ 여울목
⑤ 탈출구

| 한국전력공사 / 수리능력

18 A열차가 어떤 터널을 진입하고 5초 후 B열차가 같은 터널에 진입하였다. 그로부터 5초 후 B열차가 터널을 빠져나왔고 5초 후 A열차가 터널을 빠져나왔다. A열차가 터널을 빠져나오는 데 걸린 시간이 14초일 때, B열차는 A열차보다 몇 배 빠른가?(단, A열차와 B열차 모두 속력의 변화는 없으며, 두 열차의 길이는 서로 같다)

① 2배
② 2.5배
③ 3배
④ 3.5배
⑤ 4배

| 한국전력공사 / 수리능력

19 A팀은 5일부터 5일마다 회의실을 사용하고, B팀은 4일부터 4일마다 회의실을 사용하기로 하였으며, 두 팀이 사용하고자 하는 날이 겹칠 경우에는 A, B팀이 번갈아가며 사용하기로 하였다. 어느 날 A팀과 B팀이 사용하고자 하는 날이 겹쳤을 때, 겹친 날을 기준으로 A팀이 9번, B팀이 8번 회의실을 사용했다면, 이때까지 A팀은 회의실을 최대 몇 번 이용하였는가?(단, 회의실 사용일이 첫 번째로 겹친 날에는 A팀이 먼저 사용하였으며, 회의실 사용일은 주말 및 공휴일도 포함한다)

① 61회
② 62회
③ 63회
④ 64회
⑤ 65회

20 다음 모스 굳기 10단계에 해당하는 광물 A ~ C가 〈조건〉을 만족할 때, 이에 대한 설명으로 옳은 것은?

〈모스 굳기 10단계〉

단계	1단계	2단계	3단계	4단계	5단계
광물	활석	석고	방해석	형석	인회석
단계	6단계	7단계	8단계	9단계	10단계
광물	정장석	석영	황옥	강옥	금강석

- 모스 굳기 단계의 단계가 낮을수록 더 무른 광물이고, 단계가 높을수록 단단한 광물이다.
- 단계가 더 낮은 광물로 단계가 더 높은 광물을 긁으면 긁힘 자국이 생기지 않는다.
- 단계가 더 높은 광물로 단계가 더 낮은 광물을 긁으면 긁힘 자국이 생긴다.

조건

- 광물 A로 광물 B를 긁으면 긁힘 자국이 생기지 않는다.
- 광물 A로 광물 C를 긁으면 긁힘 자국이 생긴다.
- 광물 B로 광물 C를 긁으면 긁힘 자국이 생긴다.
- 광물 B는 인회석이다.

① 광물 C는 석영이다.
② 광물 A는 방해석이다.
③ 광물 A가 가장 무르다.
④ 광물 B가 가장 단단하다.
⑤ 광물 B는 모스 굳기 단계가 7단계 이상이다.

21 J공사는 지방에 있는 지점 사무실을 공유 오피스로 이전하고자 한다. 다음 사무실 이전 조건을 참고할 때, 〈보기〉 중 이전할 오피스로 가장 적절한 곳은?

〈사무실 이전 조건〉

- 지점 근무 인원 : 71명
- 사무실 예상 이용 기간 : 5년
- 교통 조건 : 역이나 버스 정류장에서 도보 10분 이내
- 시설 조건 : 자사 홍보영상 제작을 위한 스튜디오 필요, 회의실 필요
- 비용 조건 : 다른 조건이 모두 가능한 공유 오피스 중 가장 저렴한 곳(1년 치 비용 선납 가능)

보기

구분	가용 인원수	보유시설	교통 조건	임대비용
A오피스	100인	라운지, 회의실, 스튜디오, 복사실, 탕비실	A역에서 도보 8분	1인당 연간 600만 원
B오피스	60인	회의실, 스튜디오, 복사실	B정류장에서 도보 5분	1인당 월 40만 원
C오피스	100인	라운지, 회의실, 스튜디오	C역에서 도보 7분	월 3,600만 원
D오피스	90인	회의실, 복사실, 탕비실	D정류장에서 도보 4분	월 3,500만 원 (1년 치 선납 시 8% 할인)
E오피스	80인	라운지, 회의실, 스튜디오	E역과 연결된 사무실	월 3,800만 원 (1년 치 선납 시 10% 할인)

① A오피스
② B오피스
③ C오피스
④ D오피스
⑤ E오피스

※ 다음은 에너지바우처 사업에 대한 자료이다. 이어지는 질문에 답하시오. [22~23]

〈에너지바우처〉

1. 에너지바우처란?
국민 모두가 시원한 여름, 따뜻한 겨울을 보낼 수 있도록 에너지 취약계층을 위해 에너지바우처(이용권)를 지급하여 전기, 도시가스, 지역난방, 등유, LPG, 연탄을 구입할 수 있도록 지원하는 제도

2. 신청대상 : 소득기준과 세대원 특성기준을 모두 충족하는 세대
- 소득기준 : 국민기초생활 보장법에 따른 생계급여 / 의료급여 / 주거급여 / 교육급여 수급자
- 세대원 특성기준 : 주민등록표 등본상 기초생활수급자(본인) 또는 세대원이 다음 중 어느 하나에 해당하는 경우
  - 노인 : 65세 이상
  - 영유아 : 7세 이하의 취학 전 아동
  - 장애인 : 장애인복지법에 따라 등록한 장애인
  - 임산부 : 임신 중이거나 분만 후 6개월 미만인 여성
  - 중증질환자, 희귀질환자, 중증난치질환자 : 국민건강보험법 시행령에 따라 보건복지부장관이 정하여 고시하는 중증질환, 희귀질환, 중증난치질환을 가진 사람
  - 한부모가족 : 한부모가족지원법에 따른 '모' 또는 '부'로서 아동인 자녀를 양육하는 사람
  - 소년소녀가정 : 보건복지부에서 정한 아동분야 지원대상에 해당하는 사람(아동복지법에 의한 가정위탁보호 아동 포함)
- 지원 제외 대상 : 세대원 모두가 보장시설 수급자
- 다음의 경우 동절기 에너지바우처 중복 지원 불가
  - 긴급복지지원법에 따라 동절기 연료비를 지원받은 자(세대)
  - 한국에너지공단의 등유바우처를 발급받은 자(세대)
  - 한국광해광업공단의 연탄쿠폰을 발급받은 자(세대)

  ※ 하절기 에너지바우처를 사용한 수급자가 동절기에 위 사업들을 신청할 경우 동절기 에너지바우처를 중지 처리한 후 신청(중지사유 : 타동절기 에너지이용권 수급)

  ※ 단, 동절기 에너지바우처를 일부 사용한 경우 위 사업들은 신청 불가

3. 바우처 지원금액

구분	1인 세대	2인 세대	3인 세대	4인 이상 세대
하절기	55,700원	73,800원	90,800원	117,000원
동절기	254,500원	348,700원	456,900원	599,300원
총액	310,200원	422,500원	547,700원	716,300원

4. 지원방법
- 요금차감
  - 하절기 : 전기요금 고지서에서 요금을 자동으로 차감
  - 동절기 : 도시가스 / 지역난방 중 하나를 선택하여 고지서에서 요금을 자동으로 차감
- 실물카드 : 동절기 도시가스, 등유, LPG, 연탄을 실물카드(국민행복카드)로 직접 결제

| 한국전력공사 / 자원관리능력

22 **다음 중 에너지바우처에 대한 설명으로 옳지 않은 것은?**

① 36개월의 아이가 있는 의료급여 수급자 A는 에너지바우처를 신청할 수 있다.

② 혼자서 아이를 3명 키우는 교육급여 수급자 B는 1년에 70만 원을 넘게 지원받을 수 있다.

③ 보장시설인 양로시설에 살면서 생계급여를 받는 70세 독거노인 C는 에너지바우처를 신청할 수 있다.

④ 에너지바우처 기준을 충족하는 D는 겨울에 연탄보일러를 사용하므로 실물카드를 받는 방법으로 지원을 받아야 한다.

⑤ 희귀질환을 앓고 있는 어머니와 함께 단둘이 사는 생계급여 수급자 E는 에너지바우처를 통해 여름에 전기비에서 73,800원이 차감될 것이다.

| 한국전력공사 / 자원관리능력

23 **다음은 A, B가족의 에너지바우처 정보이다. A, B가족이 올해 에너지바우처를 통해 지원받는 금액의 총합은 얼마인가?**

〈A, B가족의 에너지바우처 정보〉

구분	세대 인원	소득기준	세대원 특성기준	특이사항
A가족	5명	의료급여 수급자	영유아 2명	연탄쿠폰 발급받음
B가족	2명	생계급여 수급자	소년소녀가정	지역난방 이용

① 190,800원

② 539,500원

③ 948,000원

④ 1,021,800원

⑤ 1,138,800원

| 한국전력공사 / 정보능력

24 다음 C 프로그램을 실행하였을 때의 결과로 옳은 것은?

```
#include <stdio.h>
int main() {
    int result=0;
    while (result<2) {
        result=result+1;
        printf("%d₩n",result);
        result=result-1;
    }
}
```

① 실행되지 않는다.

② 0
1

③ 0
−1

④ 1
1

⑤ 1이 무한히 출력된다.

| 한국전력공사 / 정보능력

25 다음은 A국과 B국의 물가지수 동향에 대한 자료이다. [E2] 셀에 「=ROUND(D2, −1)」를 입력하였을 때, 출력되는 값은?

〈A, B국 물가지수 동향〉

	A	B	C	D	E
1		A국	B국	평균 판매지수	
2	2024년 1월	122.313	112.36	117.3365	
3	2024년 2월	119.741	110.311	115.026	
4	2024년 3월	117.556	115.379	116.4675	
5	2024년 4월	124.739	118.652	121.6955	
6	⋮	⋮	⋮	⋮	
7					

① 100
② 105
③ 110
④ 115
⑤ 120

26 다음 중 빈칸에 들어갈 내용으로 가장 적절한 것은?

주의력 결핍 과잉행동장애(ADHD)는 학령기 아동에게 흔히 나타나는 질환으로, 주의력 결핍, 과잉행동, 충동성의 증상을 보인다. 이는 아동의 학교 및 가정생활에 큰 영향을 미치며, 적절한 치료와 관리가 필요하다. ADHD의 원인은 신경화학적 요인과 유전적 요인이 복합적으로 작용하는 것으로 여겨진다. 도파민과 노르에피네프린 같은 신경전달물질의 불균형이 주요 원인으로 지목되며, 가족력이 있는 경우 ADHD 발병 확률이 높아진다. 연구에 따르면, ADHD는 상당한 유전적 연관성을 보이며, 부모나 형제 중에 ADHD를 가진 사람이 있을 경우 그 위험이 증가한다.
환경적 요인도 ADHD 발병에 영향을 미칠 수 있다. 임신 중 음주, 흡연, 약물 사용 등이 위험을 높일 수 있으며, 조산이나 저체중 출산도 연관성이 있다. 이러한 환경적 요인들은 태아의 뇌 발달에 영향을 미쳐 ADHD 발병 가능성을 증가시킬 수 있다. 그러나 이러한 요인들이 단독으로 ADHD를 유발하는 것은 아니며, 다양한 요인이 복합적으로 작용하여 증상이 나타난다.
ADHD 치료는 약물요법과 비약물요법으로 나뉜다. 약물요법에서는 메틸페니데이트 같은 중추신경자극제가 널리 사용된다. 이 약물은 도파민과 노르에피네프린의 재흡수를 억제해 증상을 완화한다. 이러한 약물은 주의력 향상과 충동성 감소에 효과적이며, 많은 연구에서 그 효능이 입증되었다. 비약물요법으로는 행동개입 요법과 심리사회적 프로그램이 있다. 이는 구조화된 환경에서 집중을 방해하는 요소를 최소화하고, 연령에 맞는 개입방법을 적용한다. 예를 들어, 학령기 아동에게는 그룹 부모훈련과 교실 내 행동개입 프로그램이 추천된다.
가정에서는 부모가 아이가 해야 할 일을 목록으로 작성하도록 돕고, 한 번에 한 가지씩 처리하도록 지도해야 한다. 특히 아이의 바람직한 행동에는 칭찬하고, 잘못된 행동에는 책임을 지도록 하는 것이 중요하다. 이러한 방법은 아이의 자존감을 높이고 긍정적인 행동을 강화하는 데 도움이 된다. 학교에서는 과제를 짧게 나누고, 수업이 지루하지 않도록 하며, 규칙과 보상을 일관되게 유지해야 한다. 교사는 ADHD 아동이 주의가 산만해질 수 있는 환경적 요소를 제거하고, 많은 격려와 칭찬을 통해 학습 동기를 유발해야 한다.
ADHD는 완치가 어려운 만성 질환이지만 적절한 치료와 관리를 통해 증상을 개선할 수 있다. 약물치료와 비약물 치료를 병행하고 가정과 학교에서 적절한 지원이 이루어지면 ADHD 아동도 건강하고 행복한 삶을 영위할 수 있다. 결론적으로, ADHD는 ______________________ 따라서 다양한 원인에 부합하는 맞춤형 치료와 환경 조성을 통해 아동의 잠재력을 최대한 발휘할 수 있도록 지원해야 한다. 이는 아동이 자신의 능력을 충분히 발휘하고 성공적인 삶을 살아가는 데 중요한 역할을 한다.

① 완벽한 치료가 불가능한 불치병이다.
② 약물 치료를 통해 쉽게 치료가 가능하다.
③ 다양한 원인이 복합적으로 작용하는 질환이다.
④ 아동에게 적극적으로 개입해 충동성을 감소시켜야 하는 질환이다.

I 건강보험심사평가원 / 의사소통능력

27 **다음 중 밑줄 친 단어가 맞춤법상 옳지 않은 것은?**

① 김주임은 지난 분기 매출을 조사하여 증가량을 <u>백분율</u>로 표기하였다.
② 젊은 세대를 중심으로 빠른 이직 트렌드가 형성되어 <u>이직률</u>이 높아지고 있다.
③ 이번 학기 <u>출석율</u>이 이전보다 크게 향상되어 학생들의 참여도가 높아지고 있다.
④ 이번 시험의 <u>합격률</u>이 역대 최고치를 기록하며 수험생들에게 희망을 안겨주었다.

I 건강보험심사평가원 / 수리능력

28 **S공사는 2024년 상반기에 신입사원을 채용하였다. 전체 지원자 중 채용에 불합격한 남성 수와 여성 수의 비율은 같으며, 합격한 남성 수와 여성 수의 비율은 2 : 3이라고 한다. 남성 전체 지원자와 여성 전체 지원자의 비율이 6 : 7일 때, 합격한 남성 수가 32명이면 전체 지원자는 몇 명인가?**

① 192명
② 200명
③ 208명
④ 216명

29 **다음은 직장가입자 보수월액보험료에 대한 자료이다. A씨가 〈조건〉에 따라 장기요양보험료를 납부할 때, A씨의 2023년 보수월액은?(단, 소수점 첫째 자리에서 반올림한다)**

〈직장가입자 보수월액보험료〉

- 개요 : 보수월액보험료는 직장가입자의 보수월액에 보험료율을 곱하여 산정한 금액에 경감 등을 적용하여 부과한다.
- 보험료 산정 방법
  - 건강보험료는 다음과 같이 산정한다.
    (건강보험료)=(보수월액)×(건강보험료율)
    ※ 보수월액 : 동일사업장에서 당해 연도에 지급받은 보수총액을 근무월수로 나눈 금액
  - 장기요양보험료는 다음과 같이 산정한다.
    2022.12.31. 이전 : (장기요양보험료)=(건강보험료)×(장기요양보험료율)
    2023.01.01. 이후 : (장기요양보험료)=(건강보험료)× $\frac{\text{(장기요양보험료율)}}{\text{(건강보험료율)}}$

〈2020 ~ 2024년 보험료율〉

(단위 : %)

구분	2020년	2021년	2022년	2023년	2024년
건강보험료율	6.67	6.86	6.99	7.09	7.09
장기요양보험료율	10.25	11.52	12.27	0.9082	0.9182

조건

- A씨는 K공사에서 2011년 3월부터 2023년 9월까지 근무하였다.
- A씨는 3개월 후 2024년 1월부터 S공사에서 현재까지 근무하고 있다.
- A씨의 2023년 장기요양보험료는 35,120원이었다.

① 3,866,990원
② 3,974,560원
③ 4,024,820원
④ 4,135,970원

| 건강보험심사평가원 / 정보능력

30 **다음 중 개인정보보호법에서 사용하는 용어에 대한 정의로 옳지 않은 것은?**

① '가명처리'란 추가 정보 없이도 특정 개인을 알아볼 수 있도록 처리하는 것을 말한다.

② '정보주체'란 처리되는 정보에 의하여 알아볼 수 있는 사람으로서 그 정보의 주체가 되는 사람을 말한다.

③ '개인정보'란 살아 있는 개인에 관한 정보로서 성명, 주민등록번호 및 영상 등을 통하여 개인을 알아볼 수 있는 정보를 말한다.

④ '처리'란 개인정보의 수집, 생성, 연계, 연동, 기록, 저장, 보유, 가공, 편집, 검색, 출력, 정정, 복구, 이용, 제공, 공개, 파기, 그 밖에 이와 유사한 행위를 말한다.

| 건강보험심사평가원 / 정보능력

31 **다음은 생활보조금 신청자의 소득 및 결과에 대한 자료이다. 월 소득이 100만 원 이하인 사람은 보조금 지급이 가능하고, 100만 원을 초과한 사람은 보조금 지급이 불가능할 때, 보조금 지급을 받는 사람의 수를 구하는 함수로 옳은 것은?**

〈생활보조금 신청자 소득 및 결과〉

	A	B	C	D	E
1	지원번호	소득(만 원)	결과		
2	1001	150	불가능		
3	1002	80	가능		보조금 지급 인원 수
4	1003	120	불가능		
5	1004	95	가능		
6	⋮	⋮	⋮		
7					

① =COUNTIF(A:C,"<=100")

② =COUNTIF(A:C,<=100)

③ =COUNTIF(B:B,"<=100")

④ =COUNTIF(B:B,<=100)

32 다음은 초등학생의 주차별 용돈에 대한 자료이다. 빈칸에 들어갈 함수를 바르게 짝지은 것은?(단, 한 달은 4주로 한다)

〈초등학생 주차별 용돈〉

	A	B	C	D	E	F
1	학생번호	1주	2주	3주	4주	합계
2	1	7,000	8,000	12,000	11,000	(A)
3	2	50,000	60,000	45,000	55,000	
4	3	70,000	85,000	40,000	55,000	
5	4	10,000	6,000	18,000	14,000	
6	5	24,000	17,000	34,000	21,000	
7	6	27,000	56,000	43,000	28,000	
8	한 달 용돈이 150,000원 이상인 학생 수					(B)

	(A)	(B)
①	=SUM(B2:E2)	=COUNTIF(F2:F7,">=150,000")
②	=SUM(B2:E2)	=COUNTIF(B2:E2,">=150,000")
③	=SUM(B2:E2)	=COUNTIF(B2:E7,">=150,000")
④	=SUM(B2:E7)	=COUNTIF(F2:F7,">=150,000")

33 다음 중 빅데이터 분석 기획 절차를 순서대로 바르게 나열한 것은?

① 범위 설정 → 프로젝트 정의 → 위험 계획 수립 → 수행 계획 수립
② 범위 설정 → 프로젝트 정의 → 수행 계획 수립 → 위험 계획 수립
③ 프로젝트 정의 → 범위 정의 → 위험 계획 수립 → 수행 계획 수립
④ 프로젝트 정의 → 범위 설정 → 수행 계획 수립 → 위험 계획 수립

❙ 경기도 공공기관 통합채용 / 의사소통능력

34 다음 중 밑줄 친 부분의 단어가 어법상 옳은 것은?

> K씨는 항상 ㉠ <u>짜깁기/짜집기</u>한 자료로 보고서를 작성했다. 처음에는 아무도 눈치채지 못했지만, 시간이 지나면서 K씨의 작업이 다른 사람들의 것과 비교해 질적으로 떨어지는 것이 분명해졌다. K씨는 결국 동료들 사이에서 ㉡ <u>뒤처지기/뒤쳐지기</u> 시작했고, 격차를 좁히기 위해 더 많은 시간을 투자해야 했다.

	㉠	㉡
①	짜깁기	뒤처지기
②	짜깁기	뒤쳐지기
③	짜집기	뒤처지기
④	짜집기	뒤쳐지기

❙ 경기도 공공기관 통합채용 / 의사소통능력

35 다음 중 공문서 작성 시 유의해야 할 점으로 옳지 않은 것은?

① 한 장에 담아내는 것이 원칙이다.
② 부정문이나 의문문의 형식은 피한다.
③ 마지막엔 반드시 '끝'자로 마무리한다.
④ 날짜 다음에 괄호를 사용할 경우에는 반드시 마침표를 찍는다.

❙ 경기도 공공기관 통합채용 / 수리능력

36 영서가 어머니와 함께 40분 동안 만두를 60개 빚었다고 한다. 어머니가 혼자서 1시간 동안 만두를 빚을 수 있는 개수가 영서가 혼자서 1시간 동안 만두를 빚을 수 있는 개수보다 10개 더 많을 때, 영서는 1시간 동안 만두를 몇 개 빚을 수 있는가?

① 30개 ② 35개
③ 40개 ④ 45개

❙ 경기도 공공기관 통합채용 / 수리능력

37 대칭수는 순서대로 읽은 수와 거꾸로 읽은 수가 같은 수를 가리키는 말이다. 예컨대, 121, 303, 1,441, 85,058 등은 대칭수이다. 1,000 이상 50,000 미만의 대칭수는 모두 몇 개인가?

① 180개　　② 325개
③ 405개　　④ 490개

❙ 경기도 공공기관 통합채용 / 수리능력

38 어떤 자연수 '25□'가 3의 배수일 때, □에 들어갈 수 있는 모든 자연수의 합은?

① 12　　② 13
③ 14　　④ 15

❙ 경기도 공공기관 통합채용 / 문제해결능력

39 바이올린, 호른, 오보에, 플루트 4가지의 악기를 다음 〈조건〉에 따라 좌우로 4칸인 선반에 각각 1대씩 보관하려 한다. 각 칸에는 한 대의 악기만 배치할 수 있을 때, 왼쪽에서 두 번째 칸에 배치할 수 없는 악기는?

조건

- 호른은 바이올린 바로 왼쪽에 위치한다.
- 오보에는 플루트 왼쪽에 위치하지 않는다.

① 바이올린　　② 호른
③ 오보에　　④ 플루트

❙ 경기도 공공기관 통합채용 / 조직이해능력

40 다음 중 비영리 조직에 해당하지 않는 것은?

① 교육기관　　② 자선단체
③ 사회적 기업　　④ 비정부기구

| 한국도로공사 / 수리능력

41 다음은 D기업의 분기별 재무제표에 대한 자료이다. 2022년 4분기의 영업이익률은 얼마인가?

〈D기업 분기별 재무제표〉

(단위 : 십억 원, %)

구분	2022년 1분기	2022년 2분기	2022년 3분기	2022년 4분기	2023년 1분기	2023년 2분기	2023년 3분기	2023년 4분기
매출액	40	50	80	60	60	100	150	160
매출원가	30	40	70	80	100	100	120	130
매출총이익	10	10	10	( )	−40	0	30	30
판관비	3	5	5	7	8	5	7.5	10
영업이익	7	5	5	( )	−8	−5	22.5	20
영업이익률	17.5	10	6.25	( )	−80	−5	15	12.5

※ (영업이익률)=(영업이익)÷(매출액)×100

※ (영업이익)=(매출총이익)−(판관비)

※ (매출총이익)=(매출액)−(매출원가)

① −30%
② −45%
③ −60%
④ −75%

| 한국도로공사 / 수리능력

42 5km/h의 속력으로 움직이는 무빙워크를 이용하여 이동하는 데 36초가 걸렸다. 무빙워크 위에서 무빙워크와 같은 방향으로 4km/h의 속력으로 걸어 이동할 때 걸리는 시간은?

① 10초
② 15초
③ 20초
④ 25초

43 다음 순서도에서 출력되는 result 값은?

〈순서도 기호〉

기호	설명	기호	설명
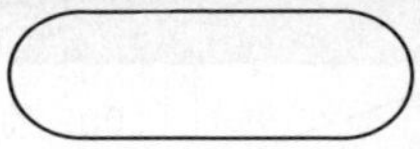	시작과 끝을 나타낸다.	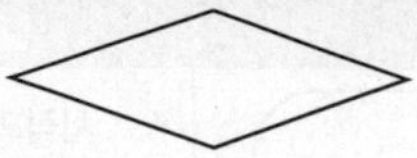	어느 것을 택할 것인지 판단한다.
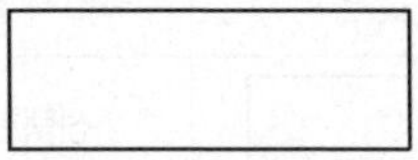	데이터를 입력하거나 계산하는 등의 처리를 한다.	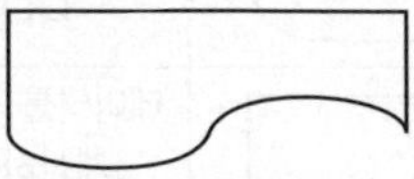	선택한 값을 출력한다.

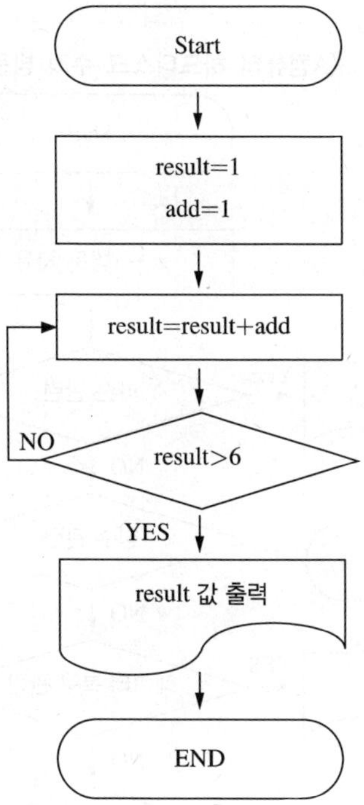

① 11
② 10
③ 9
④ 8
⑤ 7

44 다음은 A컴퓨터 A/S센터의 하드디스크 수리 방문접수 과정에 대한 순서도이다. 하드디스크 데이터 복구를 문의할 때, 출력되는 도형은 무엇인가?

〈순서도 기호〉

기호	설명	기호	설명
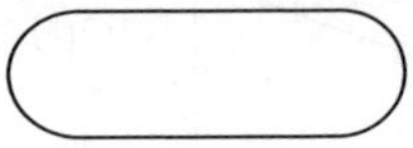	시작과 끝을 나타낸다.	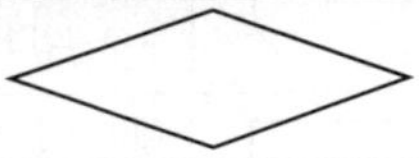	어느 것을 택할 것인지 판단한다.
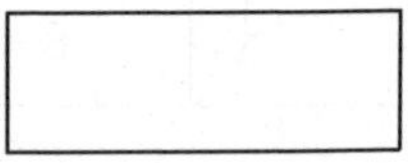	데이터를 입력하거나 계산하는 등의 처리를 한다.	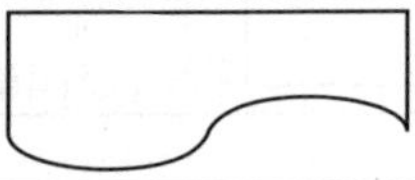	선택한 값을 출력한다.

〈A컴퓨터 하드디스크 수리 방문접수 순서도〉

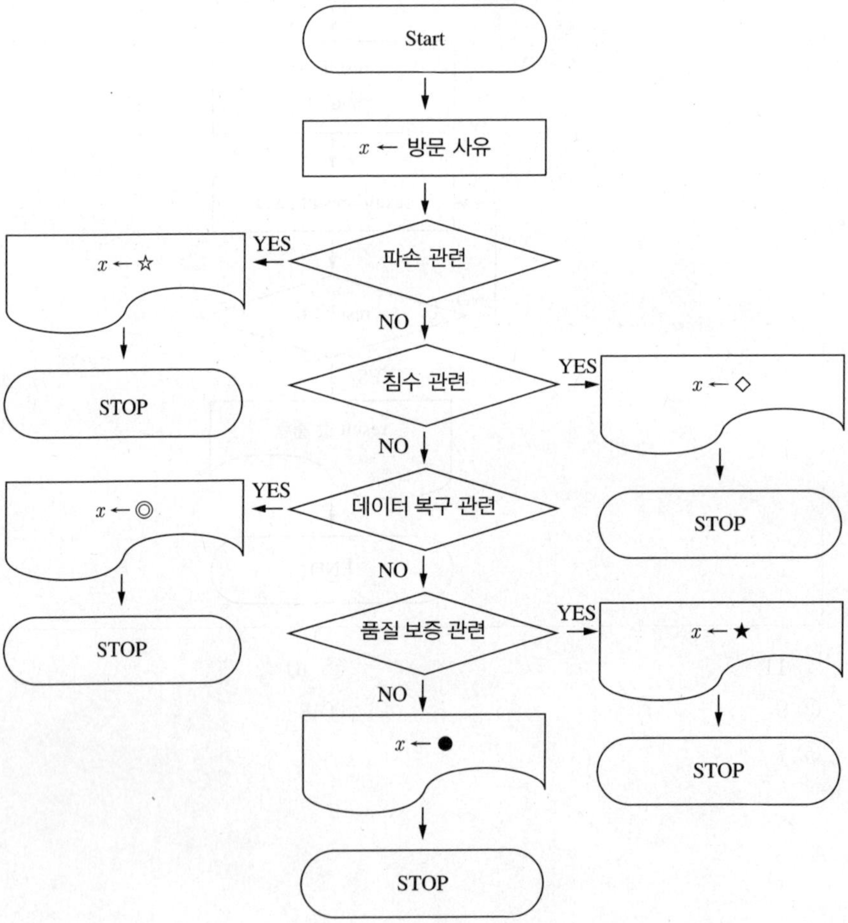

① ☆
② ◇
③ ◎
④ ★
⑤ ●

45 다음은 EAN-13 바코드 부여 규칙에 대한 자료이다. 상품코드의 맨 앞 자릿수가 9일 때, 2 ~ 7번째 자릿수가 '387655'라면 이를 이진코드로 바르게 변환한 것은?

〈EAN-13 바코드 부여 규칙〉

1. 13자리 상품코드의 맨 앞 자릿수에 따라 다음과 같이 변환한다.

상품코드 번호	2 ~ 7번째 자릿수	8 ~ 13번째 자릿수
0	AAAAAA	CCCCCC
1	AABABB	CCCCCC
2	AABBAB	CCCCCC
3	AABBBA	CCCCCC
4	ABAABB	CCCCCC
5	ABBAAB	CCCCCC
6	ABBBAA	CCCCCC
7	ABABAB	CCCCCC
8	ABABBA	CCCCCC
9	ABBABA	CCCCCC

2. A, B, C는 다음과 같이 상품코드 번호를 이진코드로 변환한 값이다.

상품코드 번호	A	B	C
0	0001101	0100111	1110010
1	0011001	0110011	1100110
2	0010011	0011011	1101100
3	0111101	0100001	1000010
4	0100011	0011101	1011100
5	0110001	0111001	1001110
6	0101111	0000101	1010000
7	0111011	0010001	1000100
8	0110111	0001001	1001000
9	0001011	0010111	1110100

	2번째 수	3번째 수	4번째 수	5번째 수	6번째 수	7번째 수
①	0111101	0001001	0010001	0101111	0111001	0110001
②	0100001	0001001	0010001	0000101	0111101	0111101
③	0111101	0110111	0111011	0101111	0111001	0111101
④	0100001	0101111	0010001	0010111	0100111	0001011
⑤	0111101	0011001	0010001	0101111	0011001	0111001

※ 다음은 청소 유형별 청소기 사용 방법 및 고장 유형별 확인 사항에 대한 자료이다. 이어지는 질문에 답하시오. [46~47]

〈청소 유형별 청소기 사용 방법〉

유형	사용 방법
일반 청소	1. 기본형 청소구를 장착해 주세요. 2. 작동 버튼을 눌러 주세요.
틈새 청소	1. 기본형 청소구의 입구 돌출부를 누르고 잡아당기면 좁은 흡입구를 꺼낼 수 있습니다. 반대로 돌출부를 누르면서 밀어 넣으면 좁은 흡입구를 안쪽으로 정리할 수 있습니다. 2. 1.의 좁은 흡입구를 꺼낸 상태에서 돌출부를 시계 방향으로 돌리면 돌출부를 고정할 수 있습니다. 3. 좁은 흡입구를 고정한 후 작동 버튼을 눌러 주세요. (좁은 흡입구에는 솔이 함께 들어 있습니다)
카펫 청소	1. 별도의 돌기 청소구로 교체해 주세요. (기본형으로도 카펫 청소를 할 수 있으나, 청소 효율이 떨어집니다) 2. 작동 버튼을 눌러 주세요.
스팀 청소	1. 별도의 스팀 청소구로 교체해 주세요. 2. 스팀 청소구의 물통에 물을 충분히 채운 후 뚜껑을 잠가 주세요. ※ 반드시 전원을 분리한 상태에서 진행해 주세요. 3. 걸레판에 걸레를 부착한 후 스팀 청소구의 노즐에 장착해 주세요. ※ 반드시 전원을 분리한 상태에서 진행해 주세요. 4. 스팀 청소 버튼을 누르고 안전 스위치를 눌러 주세요. ※ 안전을 위해 안전 스위치를 누르는 동안에만 스팀이 발생합니다. ※ 스팀 청소 작업 도중 및 완료 직후에 청소기를 거꾸로 세우거나 스팀 청소구를 눕히면 뜨거운 물이 새어 나와 화상을 입을 수 있습니다. 5. 스팀 청소 완료 후 물이 충분히 식은 후 물통 및 스팀 청소구를 분리해 주세요. ※ 충분히 식지 않은 상태에서 분리 시 뜨거운 물이 새어 나와 화상의 위험이 있습니다.

〈고장 유형별 확인 사항〉

유형	확인 사항
흡입력 약화	• 흡입구, 호스, 먼지통, 먼지분리기에 크기가 큰 이물질이 걸려 있는지 확인해 주세요. • 필터를 교체해 주세요. • 먼지통, 먼지분리기, 필터의 조립 상태를 확인해 주세요.
청소기 미작동	• 전원이 제대로 연결되어 있는지 확인해 주세요.
물 보충 램프 깜빡임	• 물통에 물이 충분한지 확인해 주세요. • 물이 충분히 채워졌어도 꺼질 때까지 시간이 다소 걸립니다. 잠시 기다려 주세요.
스팀 안 나옴	• 물통에 물이 충분한지 확인해 주세요. • 안전 스위치를 눌렀는지 확인해 주세요.
바닥에 물이 남음	• 스팀 청소구를 너무 자주 좌우로 기울이면 물이 소량 새어 나올 수 있습니다. • 걸레가 많이 젖었으므로 걸레를 교체해 주세요.
악취 발생	• 제품 기능상의 문제는 아니므로 고장이 아닙니다. • 먼지통 및 필터를 교체해 주세요. • 스팀 청소구의 물통 등 청결 상태를 확인해 주세요.
소음 발생	• 흡입구, 호스, 먼지통, 먼지분리기에 크기가 큰 이물질이 걸려 있는지 확인해 주세요. • 먼지통, 먼지분리기, 필터의 조립 상태를 확인해 주세요.

| 인천교통공사 / 기술능력

46 **다음 중 청소 유형별 청소기 사용 방법에 대한 설명으로 옳지 않은 것은?**

① 기본형 청소구로 카펫 청소가 가능하다.

② 스팀 청소 직후 통을 분리하면 화상의 위험이 있다.

③ 기본형 청소구를 이용하여 좁은 틈새를 청소할 수 있다.

④ 안전 스위치를 1회 누르면 별도의 외부 입력 없이 스팀을 지속하여 발생시킬 수 있다.

⑤ 스팀 청소 시 물 보충 및 걸레 부착 작업은 반드시 전원을 분리한 상태에서 진행해야 한다.

| 인천교통공사 / 기술능력

47 **다음 중 고장 유형별 확인 사항이 바르게 연결되어 있지 않은 것은?**

① 물 보충 램프 깜빡임 : 잠시 기다리기

② 악취 발생 : 스팀 청소구의 청결 상태 확인하기

③ 흡입력 약화 : 먼지통, 먼지분리기, 필터 교체하기

④ 바닥에 물이 남음 : 물통에 물이 너무 많이 있는지 확인하기

⑤ 소음 발생 : 흡입구, 호스, 먼지통, 먼지분리기의 이물질 걸림 확인하기

| 인천교통공사 / 대인관계능력

48 다음 중 동료의 피드백을 장려하기 위한 방안으로 적절하지 않은 것은?

① 행동과 수행을 관찰한다.
② 즉각적인 피드백을 제공한다.
③ 뛰어난 수행성과에 대해서는 인정한다.
④ 간단하고 분명한 목표와 우선순위를 설정한다.
⑤ 긍정적인 상황에서는 피드백을 자제하는 것도 나쁘지 않다.

| 인천교통공사 / 대인관계능력

49 다음 중 내적 동기를 유발하는 방법으로 적절하지 않은 것은?

① 변화를 두려워하지 않는다.
② 업무 관련 교육을 생략한다.
③ 주어진 일에 책임감을 갖는다.
④ 창의적인 문제해결법을 찾는다.
⑤ 새로운 도전의 기회를 부여한다.

| 인천교통공사 / 대인관계능력

50 다음은 갈등 정도와 조직 성과의 관계에 대한 그래프이다. 이에 대한 설명으로 옳지 않은 것은?

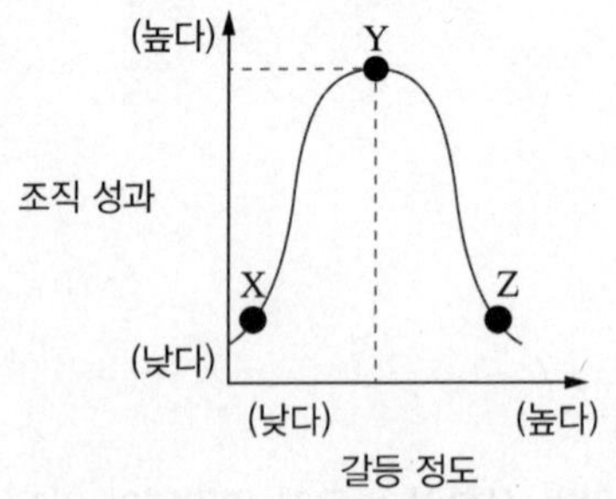

① 적절한 갈등이 있을 경우 가장 높은 조직 성과를 얻을 수 있다.
② 갈등이 없을수록 조직 내부가 결속되어 높은 조직 성과를 보인다.
③ Y점에서는 갈등의 순기능, Z점에서는 갈등의 역기능이 작용한다.
④ 갈등이 없을 경우 낮은 조직 성과를 얻을 수 있다.
⑤ 갈등이 잦을 경우 낮은 조직 성과를 얻을 수 있다.

CHAPTER

02 2024 ~ 2023년 주요 공기업 전공 기출복원문제

정답 및 해설 p.014

01 경영학

| 코레일 한국철도공사

01 다음 중 테일러의 과학적 관리법과 관계가 없는 것은?

① 시간연구
② 동작연구
③ 동등 성과급제
④ 과업관리
⑤ 표준 작업조건

| 코레일 한국철도공사

02 다음 중 근로자가 직무능력 평가를 위해 개인능력평가표를 활용하는 제도는 무엇인가?

① 자기신고제도
② 직능자격제도
③ 평가센터제도
④ 직무순환제도
⑤ 기능목록제도

| 코레일 한국철도공사

03 다음 중 데이터베이스 마케팅에 대한 설명으로 옳지 않은 것은?

① 기업 규모와 관계없이 모든 기업에서 활용이 가능하다.
② 기존 고객의 재구매를 유도하며, 장기적인 마케팅 전략 수립이 가능하다.
③ 인구통계, 심리적 특성, 지리적 특성 등을 파악하여 고객별 맞춤 서비스가 가능하다.
④ 단방향 의사소통으로 고객과 1 : 1 관계를 구축하여 즉각적으로 반응을 확인할 수 있다.
⑤ 고객자료를 바탕으로 고객 및 매출 증대에 대한 마케팅 전략을 실행하는 데 목적이 있다.

| 코레일 한국철도공사

04 다음 중 공정성 이론에서 절차적 공정성에 해당하지 않는 것은?

① 접근성
② 반응속도
③ 형평성
④ 유연성
⑤ 적정성

| 코레일 한국철도공사

05 다음 중 e-비즈니스 기업의 장점으로 옳지 않은 것은?

① 빠른 의사결정을 진행할 수 있다.
② 양질의 고객서비스를 제공할 수 있다.
③ 배송, 물류비 등 각종 비용을 절감할 수 있다.
④ 소비자에게 더 많은 선택권을 부여할 수 있다.
⑤ 기업이 더 높은 가격으로 제품을 판매할 수 있다.

| 코레일 한국철도공사

06 다음 중 조직시민행동에 대한 설명으로 옳지 않은 것은?

① 조직 구성원이 수행하는 행동에 대해 의무나 보상이 존재하지 않는다.
② 조직 구성원의 자발적인 참여가 바탕이 되며, 대부분 강제적이지 않다.
③ 조직 내 바람직한 행동을 유도하고, 구성원의 조직 참여도를 제고한다.
④ 조직 구성원의 처우가 좋지 않을수록 조직시민행동은 자발적으로 일어난다.
⑤ 조직의 리더가 구성원으로부터 신뢰를 받을 때 구성원의 조직시민행동이 크게 증가한다.

| 코레일 한국철도공사

07 다음 중 분배적 협상의 특징으로 옳지 않은 것은?

① 협상에 따른 이익을 정해진 비율로 분배한다.
② 정보를 숨겨 필요한 정보만 선택적으로 활용한다.
③ 협상을 통해 공동의 이익을 확대(Win－Win)한다.
④ 상호 목표 배치 시 자기의 입장을 명확히 주장한다.
⑤ 간부회의, 밀실회의 등을 통한 의사결정을 주로 진행한다.

| 코레일 한국철도공사

08 **다음 글에서 설명하는 직무분석방법은?**

> • 여러 직무활동을 동시에 기록할 수 있다.
> • 직무활동 전체의 모습을 파악할 수 있다.
> • 직무성과가 외형적일 때 적용이 가능하다.

① 관찰법　② 면접법
③ 워크 샘플링법　④ 질문지법
⑤ 연구법

| 코레일 한국철도공사

09 **다음 중 전문품에 대한 설명으로 옳지 않은 것은?**

① 가구, 가전제품 등이 해당된다.
② 제품의 가격이 상대적으로 비싼 편이다.
③ 특정 브랜드에 대한 높은 충성심이 나타난다.
④ 충분한 정보 제공 및 차별화가 중요한 요소로 작용한다.
⑤ 소비자가 해당 브랜드에 대한 충분한 지식이 없는 경우가 많다.

| 코레일 한국철도공사

10 **다음 중 연속생산에 대한 설명으로 옳은 것은?**

① 단위당 생산원가가 낮다.
② 운반비용이 많이 소요된다.
③ 제품의 수명이 짧은 경우 적합한 방식이다.
④ 제품의 수요가 다양한 경우 적합한 방식이다.
⑤ 작업자의 숙련도가 떨어질 경우 작업에 참여시키지 않는다.

| 서울교통공사

11 **다음 중 주식 관련 상품에 대한 설명으로 옳지 않은 것은?**

① ELF : ELS와 ELD의 중간 형태로, ELS를 기초 자산으로 하는 펀드를 말한다.
② ELB : 채권, 양도성 예금증서 등 안전자산에 주로 투자하며, 원리금이 보장된다.
③ ELD : 수익률이 코스피200지수에 연동되는 예금으로, 주로 정기예금 형태로 판매한다.
④ ELS : 주가지수 또는 종목의 주가 움직임에 따라 수익률이 결정되며, 만기가 없는 증권이다.
⑤ ELT : ELS를 특정금전신탁 계좌에 편입하는 신탁상품으로, 투자자의 의사에 따라 운영한다.

| 서울교통공사

12 **다음 중 인사와 관련된 이론에 대한 설명으로 옳지 않은 것은?**

① 로크는 인간이 합리적으로 행동한다는 가정에서 개인이 의식적으로 얻으려고 설정한 목표가 동기와 행동에 영향을 미친다고 주장하였다.
② 브룸은 동기 부여에 대해 기대이론을 적용하여 기대감, 적합성, 신뢰성을 통해 구성원의 직무에 대한 동기 부여를 결정한다고 주장하였다.
③ 매슬로는 욕구의 위계를 생리적 욕구, 안전의 욕구, 애정과 공감의 욕구, 존경의 욕구, 자아실현의 욕구로 나누어 단계별로 욕구가 작용한다고 설명하였다.
④ 맥그리거는 인간의 본성에 대해 부정적인 관점인 X이론과 긍정적인 관점인 Y이론이 있으며, 경영자는 조직목표 달성을 위해 근로자의 본성(X, Y)을 파악해야 한다고 주장하였다.
⑤ 허즈버그는 욕구를 동기요인과 위생요인으로 나누었으며, 동기요인에는 인정감, 성취, 성장 가능성, 승진, 책임감, 직무 자체가 해당되고, 위생요인에는 보수, 대인관계, 감독, 직무안정성, 근무환경, 회사의 정책 및 관리가 해당된다.

| 서울교통공사

13 **다음 글에 해당하는 마케팅 STP 단계는 무엇인가?**

- 서로 다른 욕구를 가지고 있는 다양한 고객들을 하나의 동질적인 고객집단으로 나눈다.
- 인구, 지역, 사회, 심리 등을 기준으로 활용한다.
- 전체시장을 동질적인 몇 개의 하위시장으로 구분하여 시장별로 차별화된 마케팅을 실행한다.

① 시장세분화
② 시장매력도 평가
③ 표적시장 선정
④ 포지셔닝
⑤ 재포지셔닝

| K-water 한국수자원공사

14 다음 중 BCG 매트릭스에 대한 설명으로 옳지 않은 것은?

① X축은 상대적 시장 점유율, Y축은 성장률을 의미한다.
② 1970년대 미국 보스턴컨설팅그룹에 의해 개발된 경영전략 분석기법이다.
③ 수익이 많고 안정적이어서 현상을 유지하는 것이 필요한 사업은 스타(Star)이다.
④ 물음표(Question Mark), 스타(Star), 현금젖소(Cash Cow), 개(Dog)의 4개 영역으로 구성된다.

| K-water 한국수자원공사

15 다음 중 변혁적 리더십의 특성으로 옳지 않은 것은?

① 구성원들은 리더가 이상적이며 높은 수준의 기준과 능력을 지니고 있다고 생각한다.
② 리더는 구성원 모두가 공감할 수 있는 바람직한 목표를 설정하고, 그들이 이를 이해하도록 한다.
③ 리더는 구성원들의 생각, 가치, 신념 등을 발전시키고, 그들이 창의적으로 행동하도록 이끈다.
④ 구성원들을 리더로 얼마나 육성했는지보다 구성원의 성과 측정을 통해 객관성을 가질 수 있다는 효과가 있다.

| K-water 한국수자원공사

16 다음 중 변혁적 리더십의 구성요소에 해당하지 않는 것은?

① 감정적 치유
② 카리스마
③ 영감적 동기화
④ 지적 자극

| K-water 한국수자원공사

17 다음 중 매트릭스 조직의 단점으로 옳지 않은 것은?

① 책임, 목표, 평가 등에 대한 갈등이 유발되어 혼란을 줄 수 있다.
② 관리자 및 구성원 모두에게 역할 등에 대한 스트레스를 유발할 수 있다.
③ 힘의 균형을 유지하기 어려워 경영자의 개입이 빈번하게 일어날 수 있다.
④ 구성원의 창의력을 저해하고, 문제해결에 필요한 전문지식이 부족할 수 있다.

| K-water 한국수자원공사

18 다음 중 가치사슬 분석을 통해 얻을 수 있는 효과로 옳지 않은 것은?

① 프로세스 혁신　② 원가 절감
③ 매출 확대　④ 품질 향상

| K-water 한국수자원공사

19 다음 K기업 재무회계 자료를 참고할 때, 기초부채를 계산하면 얼마인가?

- 기초자산 : 100억 원
- 기말자본 : 65억 원
- 총수익 : 35억 원
- 총비용 : 20억 원

① 30억 원　② 40억 원
③ 50억 원　④ 60억 원

| K-water 한국수자원공사

20 다음 중 ERG 이론에 대한 설명으로 옳지 않은 것은?

① 매슬로의 욕구 5단계설을 발전시켜 주장한 이론이다.
② 인간의 욕구를 중요도 순으로 계층화하여 정의하였다.
③ 인간의 욕구를 존재욕구, 관계욕구, 성장욕구의 3단계로 나누었다.
④ 상위에 있는 욕구를 충족시키지 못하면 하위에 있는 욕구는 더욱 크게 감소한다.

| K-water 한국수자원공사

21 다음 중 기업이 사업 다각화를 추진하는 목적으로 볼 수 없는 것은?

① 기업의 지속적인 성장 추구　② 사업위험 분산
③ 유휴자원의 활용　④ 기업의 수익성 강화

| 한국중부발전

22 다음 중 종단분석과 횡단분석의 비교가 옳지 않은 것은?

구분	종단분석	횡단분석
방법	시간적	공간적
목표	특성이나 현상의 변화	집단의 특성 또는 차이
표본 규모	큼	작음
횟수	반복	1회

① 방법
② 목표
③ 표본 규모
④ 횟수

| 한국중부발전

23 다음 중 향후 채권이자율이 시장이자율보다 높아질 것으로 예상될 때 나타날 수 있는 현상으로 옳은 것은?

① 1년 만기 은행채, 장기신용채 등의 발행이 늘어난다.
② 만기에 가까워질수록 채권가격 상승에 따른 이익을 얻을 수 있다.
③ 채권가격이 액면가보다 높은 가격에 거래되는 할증채 발행이 증가한다.
④ 별도의 이자 지급 없이 채권발행 시 이자금액을 공제하는 방식을 선호하게 된다.

| 한국서부발전

24 다음 중 BCG 매트릭스에 대한 설명으로 옳은 것은?

① 스타(Star) 사업 : 높은 시장점유율로 현금창출은 양호하나, 성장 가능성은 낮은 사업이다.
② 현금젖소(Cash Cow) 사업 : 성장 가능성과 시장점유율이 모두 낮아 철수가 필요한 사업이다.
③ 개(Dog) 사업 : 성장 가능성과 시장점유율이 모두 높아서 계속 투자가 필요한 유망 사업이다.
④ 물음표(Question Mark) 사업 : 신규 사업 또는 현재 시장점유율은 낮으나, 향후 성장 가능성이 높은 사업이다.

| 한국서부발전

25 다음 중 테일러의 과학적 관리법의 특징에 대한 설명으로 옳지 않은 것은?

① 작업량에 따라 임금을 차등하여 지급한다.
② 작업능률을 최대로 높이기 위하여 노동의 표준량을 정한다.
③ 관리에 대한 전문화를 통해 노동자의 태업을 사전에 방지한다.
④ 작업에 사용하는 도구 등을 개별 용도에 따라 다양하게 제작하여 성과를 높인다.

| 서울교통공사

01 다음 중 수요의 가격탄력성에 대한 설명으로 옳지 않은 것은?

① 수요의 가격탄력성은 가격의 변화에 따른 수요의 변화를 의미한다.
② 분모는 상품 가격의 변화량을 상품 가격으로 나눈 값이다.
③ 대체재가 많을수록 수요의 가격탄력성은 탄력적이다.
④ 가격이 1% 상승할 때 수요가 2% 감소하였으면 수요의 가격탄력성은 2이다.
⑤ 가격탄력성이 0보다 크면 탄력적이라고 할 수 있다.

| 서울교통공사

02 다음 중 대표적인 물가지수인 GDP 디플레이터를 구하는 계산식으로 옳은 것은?

① (실질 GDP)÷(명목 GDP)×100
② (명목 GDP)÷(실질 GDP)×100
③ (실질 GDP)+(명목 GDP)÷2
④ (명목 GDP)−(실질 GDP)÷2
⑤ (실질 GDP)÷(명목 GDP)×2

| 서울교통공사

03 다음 〈조건〉을 참고할 때, 한계소비성향(MPC) 변화에 따른 현재 소비자들의 소비 변화폭은?

조건
- 기존 소비자들의 연간 소득은 3,000만 원이며, 한계소비성향은 0.6을 나타내었다.
- 현재 소비자들의 연간 소득은 4,000만 원이며, 한계소비성향은 0.7을 나타내었다.

① 700 ② 1,100
③ 1,800 ④ 2,500
⑤ 3,700

| 한국가스기술공사

04 다음 중 빈칸에 들어갈 단어가 바르게 짝지어진 것은?

> • 환율이 ___㉠___ 하면 순수출이 증가한다.
> • 국내이자율이 높아지면 환율은 ___㉡___ 한다.
> • 국내물가가 오르면 환율은 ___㉢___ 한다.

	㉠	㉡	㉢
①	하락	상승	하락
②	하락	상승	상승
③	하락	하락	하락
④	상승	하락	상승
⑤	상승	하락	하락

| 한국가스기술공사

05 다음 중 독점적 경쟁시장에 대한 설명으로 옳지 않은 것은?

① 독점적 경쟁시장은 완전경쟁시장과 독점시장의 중간 형태이다.
② 대체성이 높은 제품의 공급자가 시장에 다수 존재한다.
③ 시장진입과 퇴출이 자유롭다.
④ 독점적 경쟁기업의 수요곡선은 우하향하는 형태를 나타낸다.
⑤ 가격경쟁이 비가격경쟁보다 활발히 진행된다.

| 한국가스기술공사

06 다음 중 고전학파와 케인스학파에 대한 설명으로 옳지 않은 것은?

① 케인스학파는 경기가 침체할 경우, 정부의 적극적 개입이 바람직하지 않다고 주장하였다.
② 고전학파는 임금이 매우 신축적이어서 노동시장이 항상 균형상태에 이르게 된다고 주장하였다.
③ 케인스학파는 저축과 투자가 국민총생산의 변화를 통해 같아지게 된다고 주장하였다.
④ 고전학파는 실물경제와 화폐를 분리하여 설명한다.
⑤ 케인스학파는 단기적으로 화폐의 중립성이 성립하지 않는다고 주장하였다.

| 한국가스기술공사

07 다음 사례에서 나타나는 현상으로 옳은 것은?

- 물은 사용 가치가 크지만 교환 가치가 작은 반면, 다이아몬드는 사용 가치가 작지만 교환 가치는 크게 나타난다.
- 한계효용이 작을수록 교환 가치가 작으며, 한계효용이 클수록 교환 가치가 크다.

① 매몰비용의 오류
② 감각적 소비
③ 보이지 않는 손
④ 가치의 역설
⑤ 희소성

| 한국가스기술공사

08 다음 자료를 참고하여 실업률을 구하면 얼마인가?

- 생산가능인구 : 50,000명
- 취업자 : 20,000명
- 실업자 : 5,000명

① 10%
② 15%
③ 20%
④ 25%
⑤ 30%

| 한국중부발전

09 J기업이 다음 〈조건〉과 같이 생산량을 늘린다고 할 때, 한계비용은 얼마인가?

조건

- J기업의 제품 1단위당 노동가격은 4, 자본가격은 6이다.
- J기업은 제품 생산량을 50개에서 100개로 늘리려고 한다.
- 평균비용 $P=2L+K+\frac{100}{Q}$ (L : 노동가격, K : 자본가격, Q : 생산량)

① 10
② 12
③ 14
④ 16

| 한국서부발전

10 **다음은 A국과 B국이 노트북 1대와 TV 1대를 생산하는 데 필요한 작업 시간을 나타낸 자료이다. A국과 B국의 비교우위에 대한 설명으로 옳은 것은?**

구분	노트북	TV
A국	6시간	8시간
B국	10시간	8시간

① A국이 노트북, TV 생산 모두 비교우위에 있다.
② B국이 노트북, TV 생산 모두 비교우위에 있다.
③ A국은 노트북 생산, B국은 TV 생산에 비교우위가 있다.
④ A국은 TV 생산, B국은 노트북 생산에 비교우위가 있다.

| 한국서부발전

11 **다음 중 다이내믹 프라이싱에 대한 설명으로 옳지 않은 것은?**

① 동일한 제품과 서비스에 대한 가격을 시장 상황에 따라 변화시켜 적용하는 전략이다.
② 호텔, 항공 등의 가격을 성수기 때 인상하고, 비수기 때 인하하는 것이 대표적인 예이다.
③ 기업은 소비자별 맞춤형 가격을 통해 수익을 극대화할 수 있다.
④ 소비자 후생이 증가해 소비자의 만족도가 높아진다.

| 한국서부발전

12 **다음 〈보기〉 중 빅맥 지수에 대한 설명으로 옳은 것을 모두 고르면?**

보기

㉠ 빅맥 지수를 최초로 고안한 나라는 미국이다.
㉡ 각 나라의 물가수준을 비교하기 위해 고안된 지수로, 구매력 평가설을 근거로 한다.
㉢ 맥도날드 빅맥 가격을 기준으로 한 이유는 전 세계에서 가장 동질적으로 판매되고 있는 상품이기 때문이다.
㉣ 빅맥 지수를 구할 때 빅맥 가격은 제품 가격과 서비스 가격의 합으로 계산한다.

① ㉠, ㉡　　② ㉠, ㉢
③ ㉡, ㉢　　④ ㉡, ㉣

ㅣ한국서부발전

13 다음 중 확장적 통화정책의 영향으로 옳은 것은?

① 건강보험료가 인상되어 정부의 세금 수입이 늘어난다.

② 이자율이 하락하고, 소비 및 투자가 감소한다.

③ 이자율이 상승하고, 환율이 하락한다.

④ 은행이 채무불이행 위험을 줄이기 위해 더 높은 이자율과 담보 비율을 요구한다.

ㅣ한국서부발전

14 다음 중 노동의 수요공급곡선에 대한 설명으로 옳지 않은 것은?

① 노동 수요는 파생수요라는 점에서 재화시장의 수요와 차이가 있다.

② 상품 가격이 상승하면 노동 수요곡선은 오른쪽으로 이동한다.

③ 토지, 설비 등이 부족하면 노동 수요곡선은 오른쪽으로 이동한다.

④ 노동에 대한 인식이 긍정적으로 변화하면 노동 공급곡선은 오른쪽으로 이동한다.

ㅣ한국서부발전

15 다음 〈조건〉에 따라 S씨가 할 수 있는 최선의 선택은?

조건

- S씨는 퇴근 후 운동을 할 계획으로 헬스, 수영, 자전거, 달리기 중 하나를 고르려고 한다.
- 각 운동이 주는 만족도(이득)는 헬스 5만 원, 수영 7만 원, 자전거 8만 원, 달리기 4만 원이다.
- 각 운동에 소요되는 비용은 헬스 3만 원, 수영 2만 원, 자전거 5만 원, 달리기 3만 원이다.

① 헬스 ② 수영

③ 자전거 ④ 달리기

03 법학

❙ 서울교통공사

01 다음 중 노동법의 성질이 다른 하나는?

① 산업안전보건법
② 남녀고용평등법
③ 산업재해보상보험법
④ 근로자참여 및 협력증진에 관한 법
⑤ 고용보험법

❙ 서울교통공사

02 다음 〈보기〉 중 용익물권에 해당하는 것을 모두 고르면?

보기	
가. 지상권	나. 점유권
다. 지역권	라. 유치권
마. 전세권	바. 저당권

① 가, 다, 마
② 가, 라, 바
③ 나, 라, 바
④ 다, 라, 마
⑤ 라, 마, 바

| 서울교통공사

03 다음 중 선고유예와 집행유예의 내용에 대한 분류가 옳지 않은 것은?

구분	선고유예	집행유예
실효	유예한 형을 선고	유예선고의 효력 상실
요건	1년 이하 징역·금고, 자격정지, 벌금	3년 이하 징역·금고, 500만 원 이하의 벌금형
유예기간	1년 이상 5년 이하	2년
효과	면소	형의 선고 효력 상실

① 실효
② 요건
③ 유예기간
④ 효과
⑤ 없음

| 서울교통공사

04 다음 〈보기〉 중 형법상 몰수가 되는 것은 모두 몇 개인가?

보기

- 범죄행위에 제공한 물건
- 범죄행위에 제공하려고 한 물건
- 범죄행위로 인하여 생긴 물건
- 범죄행위로 인하여 취득한 물건
- 범죄행위의 대가로 취득한 물건

① 1개
② 2개
③ 3개
④ 4개
⑤ 5개

| 서울교통공사

05 다음 중 상법상 법원이 아닌 것은?

① 판례
② 조례
③ 상관습법
④ 상사자치법
⑤ 보통거래약관

04 행정학

| K-water 한국수자원공사

01 **다음 중 예산원칙의 예외에 대한 설명으로 옳지 않은 것은?**

① 특별회계는 단일성의 원칙에 대한 예외이다.
② 준예산제도는 사전의결의 원칙에 대한 예외이다.
③ 예산의 이용(移用)은 한계성의 원칙에 대한 예외이다.
④ 목적세는 공개성의 원칙에 대한 예외이다.

| K-water 한국수자원공사

02 **다음 중 정책집행에 대한 설명으로 옳지 않은 것은?**

① 사바티어(Sabatier)는 정책집행의 하향식 접근법과 상향식 접근법의 통합모형을 제시했다.
② 버만(Berman)은 집행현장에서 집행조직과 정책사업 사이의 상호적응의 중요성을 강조하였다.
③ 프레스만과 윌다브스키(Pressman & Wildavsky)는 집행과정상의 공동행위의 복잡성을 강조하였다.
④ 나카무라와 스몰우드(Nakamura & Smallwood)의 정책 집행자 유형 중 관료적 기업가형은 정책의 대략적인 방향을 정책결정자가 정하고 정책집행자들은 이 목표의 구체적 집행에 필요한 폭넓은 재량권을 위임받아 정책을 집행하는 유형이다.

| K-water 한국수자원공사

03 **다음 중 정책참여자에 대한 설명으로 옳지 않은 것은?**

① 의회와 지방자치단체는 모두 공식적 참여자에 해당된다.
② 정당과 NGO는 비공식적 참여자에 해당된다.
③ 사회구조가 복잡해진 현대에는 공식적 참여자의 중요도가 상승하였다.
④ 사회적 의사결정에서 정부의 역할이 줄어들수록 비공식적 참여자의 중요도가 높아진다.

| K-water 한국수자원공사

04 **다음 중 정책문제에 대한 설명으로 옳지 않은 것은?**

① 정책문제는 정책결정의 대상으로, 공적인 성격이 강하고 공익성을 추구하는 성향을 갖는다.
② 주로 가치판단의 문제를 포함하고 있어 계량화가 난해하다.
③ 정책문제 해결의 주요 주체는 정부이다.
④ 기업경영에서의 의사결정에 비해 고려사항이 단순하다.

| K-water 한국수자원공사

05 다음 중 회사모형의 특징에 대한 설명으로 옳은 것은?

① 사이어트와 드로어가 주장한 모형으로, 조직의 의사결정 방식에 대해 설명하는 이론이다.
② 합리적 결정과 점증적 결정이 누적 및 혼합되어 의사결정이 이루어진다고 본다.
③ 조직들 간의 연결성이 강하지 않은 경우를 전제로 하고 있다.
④ 정책결정 단계를 초정책결정 단계, 정책결정 단계, 후정책결정 단계로 구분하여 설명한다.

| K-water 한국수자원공사

06 다음 〈보기〉 중 블라우와 스콧이 주장한 조직 유형에 대한 설명으로 옳지 않은 것을 모두 고르면?

보기

ㄱ. 호혜조직의 1차적 수혜자는 조직 내 의사결정의 참여를 보장받는 구성원이며, 은행, 유통업체 등이 해당된다.
ㄴ. 사업조직의 1차적 수혜자는 조직의 소유자이며, 이들의 주목적은 이윤 추구이다.
ㄷ. 봉사조직의 1차적 수혜자는 이들을 지원하는 후원조직으로, 서비스 제공을 위한 인프라 및 자금조달을 지원한다.
ㄹ. 공공조직의 1차적 수혜자는 공공서비스의 수혜자인 일반대중이며, 경찰, 소방서, 군대 등이 공공조직에 해당된다.

① ㄱ, ㄴ　　② ㄱ, ㄷ
③ ㄴ, ㄷ　　④ ㄷ, ㄹ

| K-water 한국수자원공사

07 다음 중 우리나라 직위분류제의 구조에 대한 설명으로 옳지 않은 것은?

① 직군 : 직위분류제의 구조 중 가장 상위의 구분 단위이다.
② 직위 : 개인에게 부여되는 직무와 책임이다.
③ 직류 : 동일 직렬 내 직무가 동일한 것이다.
④ 직렬 : 일반적으로 해당 구성원 간 동일한 보수 체계를 적용받는 구분이다.

| K-water 한국수자원공사

08 다음 중 엽관주의와 실적주의에 대한 설명으로 옳지 않은 것은?

① 민주주의적 평등 이념의 실현을 위해서는 엽관주의보다 실적주의가 유리하다.
② 엽관주의와 실적주의 모두 조직 수반에 대한 정치적 정합성보다 정치적 중립성 확보가 강조된다.
③ 공공조직에서 엽관주의적 인사가 이루어지면 구성원들의 신분이 불안정해진다는 단점이 있다.
④ 미국은 엽관주의의 폐단에 대한 대안으로 펜들턴 법의 제정에 따라 인사행정에 실적주의가 도입되었다.

| 한국가스기술공사

09 **다음 중 발생주의 회계의 특징으로 옳은 것은?**

① 현금의 유출입 발생 시 회계 장부에 기록하는 방법을 의미한다.
② 실질적 거래의 발생을 회계처리에 정확히 반영할 수 있다는 장점이 있다.
③ 회계연도 내 경영활동과 성과에 대해 정확히 측정하기 어렵다는 한계가 있다.
④ 재화나 용역의 인수 및 인도 시점을 기준으로 장부에 기입한다.
⑤ 수익과 비용이 대응되지 않는다는 한계가 있다.

| 한국가스기술공사

10 **다음 〈보기〉 중 맥그리거(D. McGregor)의 인간관에 대한 설명으로 옳지 않은 것을 모두 고르면?**

보기

ㄱ. X이론은 부정적이고 수동적인 인간관에 근거하고 있고, Y이론은 긍정적이고 적극적인 인간관에 근거하고 있다.
ㄴ. X이론에서는 보상과 처벌을 통한 통제보다는 직원들에 대한 조언과 격려에 의한 경영전략을 강조하였다.
ㄷ. Y이론에서는 자율적 통제를 강조하는 경영전략을 제시하였다.
ㄹ. X이론의 적용을 위한 대안으로 권한의 위임 및 분권화, 직무 확대 등을 제시했다.

① ㄱ, ㄴ
② ㄱ, ㄷ
③ ㄴ, ㄷ
④ ㄴ, ㄹ
⑤ ㄷ, ㄹ

| 한국중부발전

11 **다음 중 대한민국 중앙정부의 인사조직형태에 대한 설명으로 옳지 않은 것은?**

① 실적주의의 인사행정을 위해서는 독립합의형보다 비독립단독형 인사조직이 적절하다.
② 비독립단독형 인사기관은 독립합의형 인사기관에 비해 의사결정이 신속하다는 특징이 있다.
③ 독립합의형 인사기관의 경우 비독립단독형 인사기관에 비해 책임소재가 불분명하다는 특징이 있다.
④ 독립합의형 인사기관은 일반적으로 일반행정부처에서 분리되어 있으며, 독립적 지위를 가진 합의체의 형태를 갖는다.

| 한국중부발전

12 다음 〈보기〉 중 정부실패의 원인으로 옳지 않은 것을 모두 고르면?

보기

㉠ 정부가 민간주체보다 정보에 대한 접근성이 높아서 발생한다.
㉡ 공공부문의 불완전경쟁으로 인해 발생한다.
㉢ 정부행정이 사회적 필요에 비해 장기적 관점에서 추진되어 발생한다.
㉣ 정부의 공급은 공공재라는 성격을 가지기 때문에 발생한다.

① ㉠, ㉡
② ㉠, ㉢
③ ㉡, ㉢
④ ㉡, ㉣

| 한국중부발전

13 다음 〈보기〉의 행정의 가치 중 수단적 가치가 아닌 것을 모두 고르면?

보기

㉠ 공익
㉡ 자유
㉢ 합법성
㉣ 민주성
㉤ 복지

① ㉠, ㉡, ㉣
② ㉠, ㉡, ㉤
③ ㉠, ㉢, ㉣
④ ㉠, ㉣, ㉤

| 한국중부발전

14 다음 중 신공공관리론과 뉴거버넌스에 대한 설명으로 옳은 것은?

① 뉴거버넌스는 민영화, 민간위탁을 통한 서비스의 공급을 지향한다.
② 영국의 대처주의, 미국의 레이거노믹스는 모두 신공공관리론에 토대를 둔 정치기조이다.
③ 뉴거버넌스는 정부가 사회의 문제해결을 주도하여 민간 주체들의 적극적 참여를 유도하는 것을 추구한다.
④ 신공공관리론은 정부실패를 지적하며 등장한 이론으로, 민간에 대한 충분한 정보력을 갖춘 크고 완전한 정부를 추구한다.

| 한국동서발전

15 다음 중 사물인터넷을 사용하지 않은 경우는?

① 스마트 팜 시스템을 도입하여 작물 재배의 과정을 최적화, 효율화한다.
② 비상전력체계를 이용하여 재난 및 재해 등 위기상황으로 전력 차단 시 동력을 복원한다.
③ 커넥티드 카를 이용하여 차량 관리 및 운행 현황 모니터링을 자동화한다.
④ 스마트 홈 기술을 이용하여 가정 내 조명, 에어컨 등을 원격 제어한다.

| 한국동서발전

16 다음 〈보기〉 중 수평적 인사이동에 해당하지 않는 것을 모두 고르면?

보기

ㄱ. 강임　　ㄴ. 승진
ㄷ. 전보　　ㄹ. 전직

① ㄱ, ㄴ　　② ㄱ, ㄷ
③ ㄴ, ㄷ　　④ ㄷ, ㄹ

| 한국동서발전

17 다음 〈보기〉 중 유료 요금제에 해당하지 않는 것을 모두 고르면?

보기

ㄱ. 국가지정문화재 관람료
ㄴ. 상하수도 요금
ㄷ. 국립공원 입장료

① ㄱ　　② ㄷ
③ ㄱ, ㄴ　　④ ㄴ, ㄷ

ㅣ 코레일 한국철도공사

01 다음 그림과 같이 양단고정보에 등분포하중 w와 집중하중 P가 동시에 작용할 때, B지점에서 작용하는 모멘트는?

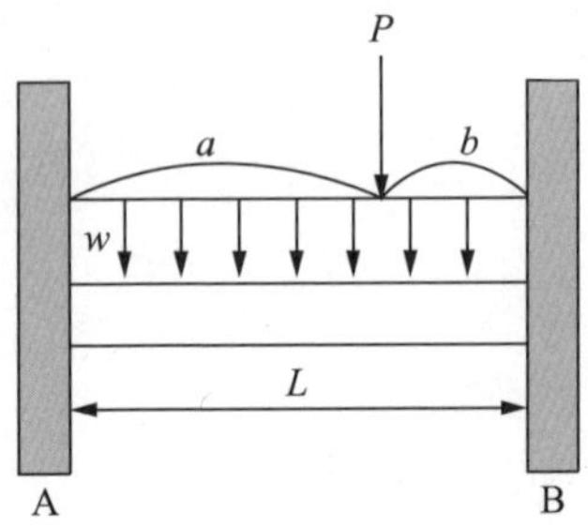

① $\dfrac{12Pa^2b+18wL^4}{18L^2}$

② $\dfrac{12Pa^2b+wL^4}{12L^2}$

③ $\dfrac{12Pa^2b+6wL^4}{12L^2}$

④ $\dfrac{4Pa^2b+wL^4}{12L^2}$

⑤ $\dfrac{Pa^2b+2wL^4}{3L^2}$

ㅣ 코레일 한국철도공사

02 다음 중 트랜싯의 망원경에 그어진 선을 이용하여 두 지점 간의 수평거리와 고저차를 간접적으로 구하는 측량은?

① 삼각측량

② 수준측량

③ 측지측량

④ 평면측량

⑤ 스타디아측량

| 코레일 한국철도공사

03 **표고가 1,000m, 해발이 3,000m인 상공에서 초점거리가 200mm인 사진기를 이용하여 사진측량을 실시하였다. 사진 매수가 180매이고 사진 크기가 20cm×20cm일 때, 실제 측정한 면적은?(단, 안전율은 20%이며, 종중복도는 50%, 횡중복도는 40%이다)**

① $180km^2$　　② $210km^2$
③ $240km^2$　　④ $270km^2$
⑤ $300km^2$

| 한국도로공사

04 **다음 중 평면선형의 구성요소가 아닌 것은?**

① 직선　　② 복합곡선
③ 배향곡선　　④ 완화곡선
⑤ 오목곡선

| 한국도로공사

05 **길이가 L인 단순보에 등분포하중 w가 작용할 때, 중앙점의 최대처짐량(δ)은 $k\frac{wL^4}{EI}$이다. 이때 k의 값은?**

① $\frac{2}{384}$　　② $\frac{5}{384}$
③ $\frac{8}{384}$　　④ $\frac{11}{384}$
⑤ $\frac{14}{384}$

홀륭한 가정만한 학교가 없고,
덕이 있는 부모만한 스승은 없다.

– 마하트마 간디 –

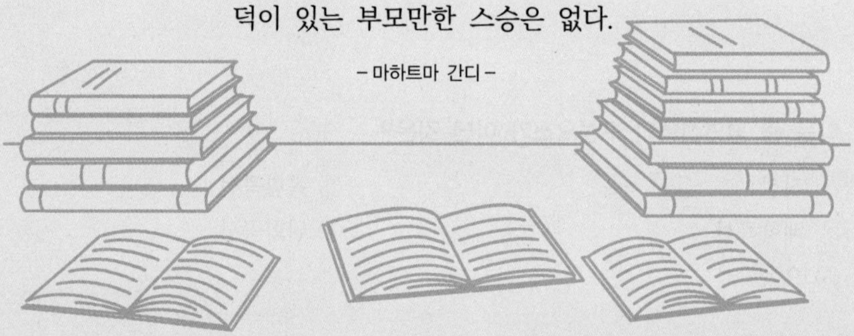

PART 1

직업기초능력

CHAPTER 01

의사소통능력

합격 Cheat Key

의사소통능력은 평가하지 않는 공사 · 공단이 없을 만큼 필기시험에서 중요도가 높은 영역으로, 세부 유형은 문서 이해, 문서 작성, 의사 표현, 경청, 기초 외국어로 나눌 수 있다. 문서 이해 · 문서 작성과 같은 지문에 대한 주제 찾기, 내용 일치 문제의 출제 비중이 높으며, 문서의 특성을 파악하는 문제도 출제되고 있다.

1 문제에서 요구하는 바를 먼저 파악하라!

의사소통능력에서 가장 중요한 것은 제한된 시간 안에 빠르고 정확하게 답을 찾아내는 것이다. 의사소통능력에서는 지문이 아니라 문제가 주인공이므로 지문을 보기 전에 문제를 먼저 파악해야 하며, 문제에 따라 전략적으로 빠르게 풀어내는 연습을 해야 한다.

2 잠재되어 있는 언어 능력을 발휘하라!

세상에 글은 많고 우리가 학습할 수 있는 시간은 한정적이다. 이를 극복할 수 있는 방법은 다양한 글을 접하는 것이다. 실제 시험장에서 어떤 내용의 지문이 나올지 아무도 예측할 수 없으므로 평소에 신문, 소설, 보고서 등 여러 글을 접하는 것이 필요하다.

3 상황을 가정하라!

업무 수행에 있어 상황에 따른 언어 표현은 중요하다. 같은 말이라도 상황에 따라 다르게 해석될 수 있기 때문이다. 그런 의미에서 자신의 의견을 효과적으로 전달할 수 있는 능력을 평가하는 것이다. 업무를 수행하면서 발생할 수 있는 여러 상황을 가정하고 그에 따른 올바른 언어표현을 정리하는 것이 필요하다.

4 말하는 이의 입장에서 생각하라!

잘 듣는 것 또한 하나의 능력이다. 상대방의 이야기에 귀 기울이고 공감하는 태도는 업무를 수행하는 관계 속에서 필요한 요소이다. 그런 의미에서 다양한 상황에서 듣는 능력을 평가하는 것이다. 말하는 이가 요구하는 듣는 이의 태도를 파악하고, 이에 따른 판단을 할 수 있도록 언제나 말하는 사람의 입장이 되는 연습이 필요하다.

01 문서 내용 이해

| 유형분석 |

- 주어진 지문을 읽고 선택지를 고르는 전형적인 독해 문제이다.
- 지문은 주로 신문기사(보도자료 등)나 업무 보고서, 시사 등이 제시된다.
- 공사공단에 따라 자사와 관련된 내용의 기사나 법조문, 보고서 등이 출제되기도 한다.

K씨는 성장기인 아들의 수면습관을 바로 잡기 위해 수면습관에 관련된 글을 찾아보았다. 다음 글을 읽고 이해한 내용으로 적절하지 않은 것은?

수면은 비렘(non – REM)수면과 렘수면으로 이뤄진 사이클이 반복되면서 이뤄지는 복잡한 신경계의 상호작용이며, 좋은 수면이란 이 사이클이 끊어지지 않고 충분한 시간 동안 유지되도록 하는 것이다. 수면 패턴은 일정한 것이 좋으며, 깨는 시간을 지키는 것이 중요하다. 그리고 수면 패턴은 휴일과 평일 모두 일정하게 지키는 것이 성장하는 아이들의 수면 리듬을 유지하는 데 좋다. 수면 상태에서 깨어날 때 영향을 주는 자극들은 '빛, 식사 시간, 운동, 사회 활동' 등이 있으며, 이 중 가장 강한 자극은 '빛'이다. 침실을 밝게 하는 것은 적절한 수면 자극을 방해하는 것이다. 반대로 깨어날 때 강한 빛 자극을 주면 수면 상태에서 빠르게 벗어날 수 있다. 이는 뇌의 신경 전달 물질인 멜라토닌의 농도와 연관되어 나타나는 현상이다. 수면 중 최대치로 올라간 멜라토닌은 시신경이 강한 빛에 노출되면 빠르게 줄어들게 되는데, 이때 수면 상태에서 벗어나게 된다. 아침 일찍 일어나 커튼을 젖히고 밝은 빛이 침실 안으로 들어오게 하는 것은 매우 효과적인 각성 방법인 것이다.

① 잠에서 깨는 데 가장 강력한 자극을 주는 것은 빛이었구나.
② 멜라토닌의 농도에 따라 수면과 각성이 영향을 받는군.
③ 평일에 잠이 모자란 우리 아들은 잠을 보충해줘야 하니까 휴일에 늦게까지 자도록 둬야겠다.
④ 좋은 수면은 비렘수면과 렘수면의 사이클이 충분한 시간 동안 유지되도록 하는 것이구나.
⑤ 우리 아들 침실이 좀 밝은 편이니 충분한 수면을 위해 암막커튼을 달아줘야겠어.

정답 ③

수면 패턴은 휴일과 평일 모두 일정하게 지키는 것이 성장하는 아이들의 수면 리듬을 유지하는 데 좋다. 따라서 휴일에 늦잠을 자는 것은 적절하지 않다.

풀이 전략!

주어진 선택지에서 키워드를 체크한 후, 지문의 내용과 비교해 가면서 내용의 일치 유무를 빠르게 판단한다.

대표기출유형 01 기출응용문제

01 다음 글의 내용으로 적절하지 않은 것은?

역사란 무엇인가 하는 대단히 어려운 물음에 아주 쉽게 답한다면, 그것은 인간 사회의 지난날에 일어난 사실(事實) 자체를 가리키기도 하고, 또 그 사실에 관해 적어 놓은 기록을 가리키기도 한다고 말할 수 있다. 그러나 지난날의 인간 사회에서 일어난 사실이 모두 역사가 되는 것은 아니다. 쉬운 예를 들면, 김 총각과 박 처녀가 결혼한 사실은 역사가 될 수 없고, 한글이 만들어진 사실이나 임진왜란이 일어난 사실 등은 역사가 된다.

이렇게 보면 사소한 일이나 일상적으로 반복되는 일은 역사가 될 수 없고, 거대한 사실이나 한 번만 일어나는 사실만이 역사가 될 것 같지만, 반드시 그런 것도 아니다. 고려 시대의 경우를 예로 들면, 주기적으로 일어나는 자연 현상인 일식과 월식은 모두 역사로 기록되었지만, 우리는 지금 세계 최고(最古)의 금속 활자를 누가 몇 년에 처음으로 만들었는지 모르고 있다. 일식과 월식은 자연 현상이면서도 하늘이 인간 세계의 부조리를 경고하는 것이라 생각했기 때문에 역사가 되었지만, 목판(木版)이나 목활자 인쇄술이 금속 활자로 넘어가는 중요성이 인식되지 않았기 때문에 금속 활자는 역사가 될 수 없었다. 이렇게 보면, 또 역사라는 것은 지난날의 인간 사회에서 일어난 사실 중에서 누군가에 의해 중요한 일이라고 인정되어 뽑힌 것이라 할 수 있다. 이 경우, 그것을 뽑은 사람은 기록을 담당한 사람, 곧 역사가라 할 수 있으며, 뽑힌 사실이란 곧 역사책을 비롯한 각종 기록에 남은 사실들이다. 다시 말하면 역사란 결국 기록에 남은 것이며, 기록에 남지 않은 것은 역사가 아니라 할 수 있다. 일식과 월식은 과학이 발달한 오늘날에는 역사로서 기록에 남지 않게 되었다. 금속 활자의 발견은 그 중요성을 안 훗날 사람들의 노력에 의해 최초로 발명한 사람과 정확한 연대(年代)는 모른 채 고려 말기의 중요한 역사로 추가 기록되었다. '지난날의 인간 사회에서 일어난 수많은 사실 중에서 누군가가 기록해 둘만한 중요한 일이라고 인정하여 기록한 것이 역사이다.'라고 생각해 보면, 여기에 좀 더 깊이 생각해 보아야 할 몇 가지 문제가 있다.

첫째는 '기록해 둘 만한 중요한 사실이란 무엇을 말하는 것인가?' 하는 문제이고, 둘째는 '과거에 일어난 일들 중에서 기록해 둘 만한 중요한 사실을 가려내는 사람의 생각과 처지'의 문제이다. 먼저 '무엇이 기록해 둘 만한 중요한 문제인가? 기록해 둘 만하다는 기준(基準)이 무엇인가?' 하고 생각해 보면, 후세(後世) 사람들에게 어떤 참고가 될 만한 일이라고 말할 수 있다. 즉, 오늘날의 역사책에 남아 있는 사실들은 모두 우리가 살아나가는 데 참고가 될 만한 일들이라 할 수 있다. 또한, 참고가 될 만한 일과 그렇지 않은 일을 가려내는 일은 사람에 따라 다를 수 있으며, 시대에 따라 다를 수 있다. 고려 시대나 조선 시대 사람들에게는 일식과 월식이 정치를 잘못한 왕이나 관리들에 대한 하늘의 노여움이라 생각되었기 때문에 역사에 기록되었지만, 오늘날에는 그렇지 않다는 것을 알게 되었기 때문에 역사에는 기록되지 않는다.

① 인간 사회에서 일어난 모든 사실이 역사가 될 수는 없다.
② 역사라는 것은 역사가의 관점에 의하여 선택된 사실이다.
③ 역사의 가치는 시대나 사회의 흐름과 무관한 절대적인 것이다.
④ 역사는 기록에 남은 것이며, 기록된 것은 가치가 있는 것이어야 한다.
⑤ 희소가치가 있는 것이나 거대한 사실이 반드시 역사가 되는 것은 아니다.

02 다음 글의 내용으로 가장 적절한 것은?

세계 식품 시장의 20%를 차지하는 할랄식품(Halal Food)은 '신이 허용한 음식'이라는 뜻으로, 이슬람 율법에 따라 생산, 처리, 가공되어 무슬림들이 먹거나 사용할 수 있는 식품을 말한다. 이런 기준이 적용된 할랄식품은 엄격하게 생산되고 유통과정이 투명하기 때문에 일반 소비자들에게도 좋은 평을 얻고 있다.

할랄식품 시장은 최근들어 급격히 성장하고 있는데 이의 가장 큰 원인은 무슬림 인구의 증가이다. 무슬림은 최근 20년 동안 5억 명 이상의 인구증가를 보이고 있어서 많은 유통업계들이 할랄식품을 위한 생산라인을 설치하는 등의 노력을 하고 있다.

그러나 할랄식품을 수출하는 것은 쉬운 일이 아니다. 신이 '부정한 것'이라고 하는 모든 것으로부터 분리되어야 하기 때문이다. 또한, 국제적으로 표준화된 기준이 없다는 것도 할랄식품 시장의 성장을 방해하는 요인이다. 세계 할랄 인증 기준만 200종에 달하고 수출업체는 무슬림 국가마다 별도의 인증을 받아야 한다. 전문가들은 이대로라면 할랄 인증이 무슬림 국가들의 수입장벽이 될 수 있다고 지적한다.

① 할랄식품은 무슬림만 먹어야 하는 식품이다.
② 할랄식품의 이미지 때문에 소비자들에게 인기가 좋다.
③ 할랄식품 시장의 급격한 성장으로 유통업계에서 할랄식품을 위한 생산라인을 설치 중이다.
④ 표준화된 할랄 인증 기준을 통과하면 무슬림 국가에 수출이 가능하다.
⑤ 할랄식품은 그 자체가 브랜드이기 때문에 큰 걸림돌 없이 지속적인 성장이 가능하다.

03 다음 글의 내용으로 적절하지 않은 것은?

우리 민족은 고유한 주거문화로 바닥 난방 기술인 구들을 발전시켜 왔는데, 구들은 우리 민족에 다양한 영향을 주었다. 우선 오랜 구들 생활은 우리 민족의 인체에 적지 않은 변화를 초래하였다. 태어나면서부터 따뜻한 구들에 누워 자는 것이 습관이 된 우리 아이들은 사지의 활동량이 적어 발육이 늦어졌다. 구들에서 자란 우리 아이들은 다른 어떤 민족의 아이들보다 따뜻한 곳에서 안정감을 느꼈으며, 우리 민족은 아이들에게 따뜻함을 만들어주기 위해 여러 가지를 고안하여 발전시켰다.

구들은 농경을 주업으로 하는 우리 민족의 생산도구의 제작과 사용에 많은 영향을 주었다. 구들에 앉아 오랫동안 활동하는 습관은 하반신보다 상반신의 작업량을 증가시켰고 상반신의 움직임이 상대적으로 정교하게 되었다. 구들 생활에 익숙해진 우리 민족은 방 안에서의 작업뿐만 아니라 농사를 비롯한 야외의 많은 작업에서도 앉아서 하는 습관을 갖게 되었는데 이는 큰 농기구를 이용하여 서서 작업을 하는 서양과는 완전히 다른 방식이었다.

① 구들의 영향으로 우리 민족은 앉아서 하는 작업방식이 일반화되었다.
② 구들은 실내뿐만 아니라 실외활동에도 영향을 끼쳤다.
③ 우리 민족은 하반신 활동보다 상반신 활동이 많은 대신 상반신 작업이 정교한 특징이 있다.
④ 구들은 아이들의 체온을 높여 발육을 방해한다.
⑤ 우리 민족은 앉아서 작업하는 습관이 있다.

04 다음 글의 내용으로 가장 적절한 것은?

우리는 '재활용'이라고 하면 생활 속에서 자주 접하는 종이, 플라스틱, 유리 등을 다시 활용하는 것만을 생각한다. 하지만 에너지도 재활용이 가능하다고 한다.
에너지는 우리가 인지하지 못하는 일상생활 속 움직임을 통해 매 순간 만들어지고 사라진다. 문제는 이렇게 생산되고 사라지는 에너지의 양이 적지 않다는 것이다. 이처럼 버려지는 에너지를 수집해 우리가 사용할 수 있도록 하는 기술이 에너지 하베스팅이다.
에너지 하베스팅은 열, 빛, 운동, 바람, 진동, 전자기 등 주변에서 버려지는 에너지를 모아 전기를 얻는 기술을 의미한다. 이처럼 우리 주위 자연에 존재하는 청정에너지를 반영구적으로 사용하기 때문에 공급의 안정성, 보안성 및 지속 가능성이 높고, 이산화탄소를 배출하는 화석연료를 사용하지 않기 때문에 환경공해를 줄일 수 있어 친환경 에너지 활용 기술로도 각광받고 있다.
이처럼 에너지원의 종류가 많은 만큼, 에너지 하베스팅의 유형도 매우 다양하다. 체온, 정전기 등 신체의 움직임을 이용하는 신체 에너지 하베스팅, 태양광을 이용하는 광 에너지 하베스팅, 진동이나 압력을 가해 이용하는 진동 에너지 하베스팅, 산업 현장에서 발생하는 수많은 폐열을 이용하는 열에너지 하베스팅, 방송전파나 휴대전화 전파 등의 전자파 에너지를 이용하는 전자파 에너지 하베스팅 등이 폭넓게 개발되고 있다.
영국의 어느 에너지 기업은 사람의 운동 에너지를 전기 에너지로 바꾸는 기술을 개발했다. 사람이 많이 다니는 인도 위에 버튼식 패드를 설치하여 사람이 밟을 때마다 전기가 생산되도록 하는 것이다. 이 장치는 2012년 런던올림픽에서 테스트를 한 이후 현재 영국의 12개 학교 및 미국 뉴욕의 일부 학교에서 설치하여 활용 중이다.
이처럼 전 세계적으로 화석 연료에서 신재생 에너지로 전환하려는 노력이 계속되고 있는 만큼, 에너지 전환 기술인 에너지 하베스팅에 대한 관심은 계속될 것이며 다양한 분야에 적용될 것으로 예상되고 있다.

① 재활용은 유체물만 가능하다.
② 에너지 하베스팅은 버려진 에너지를 또 다른 에너지로 만드는 것이다.
③ 에너지 하베스팅을 통해 열, 빛, 전기 등 여러 에너지를 얻을 수 있다.
④ 태양광과 폐열은 같은 에너지원에 속한다.
⑤ 사람의 운동 에너지를 전기 에너지로 바꾸는 기술은 사람의 체온을 이용한 신체 에너지 하베스팅 기술이다.

02 | 글의 주제 · 제목

| 유형분석 |

- 주어진 지문을 파악하여 전달하고자 하는 핵심 주제를 고르는 문제이다.
- 정보를 종합하고 중요한 내용을 구별하는 능력이 필요하다.
- 설명문부터 주장, 반박문까지 다양한 성격의 지문이 제시되므로 글의 성격별 특징을 알아두는 것이 좋다.

다음 글의 주제로 가장 적절한 것은?

표준화된 언어는 의사소통을 효과적으로 하기 위하여 의도적으로 선택해야 할 공용어로서의 가치가 있다. 반면에 방언은 지역이나 계층의 언어와 문화를 보존하고 드러냄으로써 국가 전체의 언어와 문화를 다양하게 발전시키는 토대로서의 가치가 있다. 이러한 의미에서 표준화된 언어와 방언은 상호 보완적인 관계에 있다. 표준화된 언어가 있기에 정확한 의사소통이 가능하며, 방언이 있기에 개인의 언어생활에서나 언어 예술 활동에서 자유롭고 창의적인 표현이 가능하다. 결국 우리는 표준화된 언어와 방언 둘 다의 가치를 인정해야 하며, 발화(發話) 상황(狀況)을 잘 고려해서 표준화된 언어와 방언을 잘 가려서 사용할 줄 아는 능력을 길러야 한다.

① 창의적인 예술 활동에서는 방언의 기능이 중요하다.
② 표준화된 언어와 방언에는 각각 독자적인 가치와 역할이 있다.
③ 정확한 의사소통을 위해서는 표준화된 언어가 꼭 필요하다.
④ 표준화된 언어와 방언을 구분할 줄 아는 능력을 길러야 한다.
⑤ 표준화된 언어는 방언보다 효용가치가 있다.

정답 ②

마지막 문장의 '표준화된 언어와 방언 둘 다의 가치를 인정'하고, '잘 가려서 사용할 줄 아는 능력을 길러야 한다.'는 내용을 바탕으로 ②와 같은 주제를 이끌어 낼 수 있다.

풀이 전략!

'결국', '즉', '그런데', '그러나', '그러므로' 등의 접속어 뒤에 주제가 드러나는 경우가 많다는 것에 주의하면서 지문을 읽는다.

대표기출유형 02 기출응용문제

01 다음 기사의 제목으로 적절하지 않은 것은?

> 대・중소기업 간 동반성장을 위한 '상생'이 산업계의 화두로 조명 받고 있다. 4차 산업혁명 시대 도래 등 글로벌 시장에서의 경쟁이 날로 치열해지는 상황에서 대기업과 중소기업이 힘을 합쳐야 살아남을 수 있다는 위기감이 상생의 중요성을 부각하고 있다고 분석된다. 재계 관계자는 "그동안 반도체, 자동차 등 제조업에서 세계적인 경쟁력을 갖출 수 있었던 배경에는 대기업과 협력업체 간 상생의 역할이 컸다."라며, "고속 성장기를 지나 지속 가능한 구조로 한 단계 더 도약하기 위해 상생경영이 중요하다."라고 강조했다.
>
> 기업들은 협력사의 경쟁력 향상이 곧 기업의 성장으로 이어질 것으로 보고 2・3차 중소 협력업체들과의 상생경영에 힘쓰고 있다. 단순히 갑을 관계에서 대기업을 서포트 해야 하는 존재가 아니라 상호 발전을 위한 동반자라는 인식이 자리 잡고 있다는 분석이다. 이에 따라 협력사들에 대한 지원도 거래대금 현금 지급 등 1차원적인 지원 방식에서 벗어나 경영 노하우 전수, 기술 이전 등을 통한 '상생 생태계' 구축에 도움을 주는 방향으로 초점이 맞춰지는 추세다.
>
> 특히 최근에는 상생 협력이 대기업이 중소기업에 주는 일시적인 시혜 차원의 문제가 아니라 경쟁에서 살아남기 위한 생존 문제와 직결된다는 인식이 강하다. 협약을 통해 협력업체를 지원해 준 대기업이 업체의 기술력 향상으로 더 큰 이득으로 보상받고 이를 통해 우리 산업의 경쟁력이 강화된다는 것이다.
>
> 경제 전문가는 "대・중소기업 간의 상생 협력이 강제 수단이 아니라 문화적으로 자리 잡아야 할 시기"라며 "대기업, 특히 오너 중심의 대기업들도 단기적인 수익이 아닌 장기적인 시각에서 질적 평가를 통해 협력업체의 경쟁력을 키울 방안을 고민해야 한다."라고 강조했다.
>
> 이와 관련해 국내 주요 기업들은 대기업보다 연구개발(R&D) 인력과 관련 노하우가 부족한 협력사들을 위해 각종 노하우를 전수하는 프로그램을 운영 중이다. K전자는 협력사들에 기술 노하우를 전수하기 위해 경영관리 제조 개발 품질 등 해당 전문 분야에서 20년 이상 노하우를 가진 K전자 임원과 부장급 100여 명으로 '상생컨설팅팀'을 구성했다. 지난해부터는 해외에 진출한 국내 협력사에도 노하우를 전수하고 있다.

① 지속 가능한 구조를 위한 상생 협력의 중요성
② 상생경영, 함께 가야 멀리 간다.
③ 대기업과 중소기업, 상호 발전을 위한 동반자로
④ 시혜적 차원에서의 대기업 지원의 중요성
⑤ 동반성장을 위한 상생의 중요성

02 다음 글의 주제로 가장 적절한 것은?

> 최근에 사이버공동체를 중심으로 한 시민의 자발적 정치 참여 현상이 많은 관심을 끌고 있다. 이러한 현상과 관련하여 A의 연구가 새삼 주목 받고 있다. A의 연구에 따르면 공동체의 구성원이 됨으로써 얻게 되는 '사회적 자본'이 시민사회의 성숙과 민주주의 발전을 가져오는 원동력이다. A의 이론에서는 공동체에 대한 자발적 참여를 통해 사회 구성원 간의 상호 의무감과 신뢰, 구성원들이 공유하는 규칙과 관행, 사회적 유대 관계와 같은 사회적 자본이 늘어나면 사회 구성원 간의 협조적인 행위가 가능하게 된다고 보았다. 더 나아가 A는 자원봉사자와 같이 공동체 참여도가 높은 사람이 투표할 가능성이 높고 정부 정책에 대한 의견 개진도 활발해지는 등 정치 참여도가 높아진다고 주장하였다.
>
> 몇몇 학자들은 A의 이론을 적용하여 면대면 접촉에 따른 인간관계의 산물인 사회적 자본이 사이버공동체에서도 충분히 형성될 수 있다고 보았다. 그리고 사이버공동체에서 사회적 자본의 증가가 정치 참여도 활성화시킬 것으로 기대했다. 하지만 이러한 기대와는 달리 정치 참여는 활성화되지 않았다. 요즘 젊은이들을 보면 각종 사이버공동체에 자발적으로 참여하는 수준은 높지만 투표나 다른 정치 활동에는 무관심하거나 심지어 정치를 혐오하기도 한다. 이런 측면에서 A의 주장은 사이버공동체가 활성화된 오늘날에는 잘 맞지 않는다.
>
> 이러한 이유 때문에 오늘날 사이버공동체를 중심으로 한 정치 참여를 더 잘 이해하기 위해서 '정치적 자본' 개념의 도입이 필요하다. 정치적 자본은 사회적 자본의 구성 요소와는 달리 정치 정보의 습득과 이용, 정치적 토론과 대화, 정치적 효능감 등으로 구성된다. 정치적 자본은 사회적 자본과 마찬가지로 공동체 참여를 통해서 획득되지만, 정치 과정에의 관여를 촉진한다는 점에서 사회적 자본과는 구분될 필요가 있다. 사회적 자본만으로는 정치 참여를 기대하기 어렵고, 사회적 자본과 정치 참여 사이를 정치적 자본이 매개할 때 비로소 정치 참여가 활성화된다.

① 사이버공동체를 통해 축적된 사회적 자본에 정치적 자본이 더해질 때 정치 참여가 활성화된다.
② 사회적 자본은 정치적 자본을 포함하기 때문에 그 자체로 정치 참여의 활성화를 가져온다.
③ 사회적 자본이 많은 사회는 정치 참여가 활발하기 때문에 민주주의가 실현된다.
④ 사이버공동체의 특수성으로 인해 시민들의 정치 참여가 어렵게 되었다.
⑤ 사이버공동체에의 자발적 참여 증가는 정치 참여를 활성화시킨다.

03 **다음 글의 제목으로 가장 적절한 것은?**

> 중세 유럽에서는 토지나 자원을 왕실이 소유하고 있었다. 사람들은 이러한 토지나 자원을 이용하려면 일정한 비용을 지불해야 했다. 예를 들어 광산을 개발하거나 수산물을 얻는 사람들은 해당 자원의 이용에 대한 비용을 왕실에 지불하였고, 이는 왕실의 권력과 부의 유지를 돕는 동시에 국가의 재정을 보충하는 역할을 하였는데 이때 지불한 비용이 바로 로열티이다.
> 로열티의 개념은 산업 혁명과 함께 발전하였다. 산업 혁명을 통해 특허, 상표 등의 지적 재산권이 보호되기 시작하면서 기업들은 이러한 권리를 보유한 개인이나 조직에게 사용에 대한 보상을 지불하게 되었다. 지적 재산권은 기업이 특정한 기술, 디자인, 상표 등을 보유하고 있을 때 그들에게 독점적인 권리를 제공하고 이러한 권리의 보호와 보상을 위해 로열티 제도가 도입되었다.
> 로열티는 기업과 지적 재산권 소유자 간의 계약에 의해 설정되는 형태로 발전하였다. 기업이 특정 제품을 판매하거나 특정 기술을 이용하는 경우 지적 재산권 소유자에게 계약에 따라 정해진 로열티를 지불하게 된다. 이로써 지적 재산권을 보유한 개인이나 조직은 자신들의 창작물이나 기술의 사용에 대한 보상을 받을 수 있으며, 기업들은 이러한 지적 재산권의 이용을 허가받아 경쟁 우위를 확보할 수 있게 되었다.
> 현재 로열티는 제품 판매나 라이선스, 저작물의 이용 등 다양한 형태로 나타나며 지적 재산권의 보호와 경제적 가치를 확보하는 중요한 수단으로 작용하고 있다. 로열티는 지식과 창조성의 보상으로서의 역할을 수행하며 기업들의 연구 개발을 촉진하고 혁신을 격려한다. 이처럼 로열티 제도는 기업과 지적 재산권 소유자 간의 상호 협력과 혁신적인 경제 발전에 기여하는 중요한 구조적 요소이다.

① 지적 재산권을 보호하는 방법
② 로열티 지급 시 유의사항
③ 지적 재산권의 정의
④ 로열티 제도의 유래와 발전
⑤ 로열티 제도의 모순

03 | 문단 나열

| 유형분석 |

- 각 문단의 내용을 파악하고 논리적 순서에 맞게 배열하는 복합적인 문제이다.
- 전체적인 글의 흐름을 이해하는 것이 중요하며, 각 문장의 지시어나 접속어에 주의한다.

다음 문단을 논리적 순서대로 바르게 나열한 것은?

(가) 그중에서도 우리나라의 나전칠기는 중국이나 일본보다 단조한 편이지만, 옻칠의 질이 좋고 자개 솜씨가 뛰어나 우리나라 칠공예만의 두드러진 개성을 가진다. 전래 초기에는 주로 백색의 야광패를 사용하였으나, 후대에는 청록 빛깔을 띤 복잡한 색상의 전복껍데기를 많이 사용하였다. 우리나라의 나전칠기는 일반적으로 목제품의 표면에 옻칠을 하고 그것에다 한층 치레 삼아 첨가한다.

(나) 이러한 나전칠기는 특히 통영의 것이 유명하다. 이는 예로부터 통영에서는 나전의 원료가 되는 전복이 많이 생산되었으며, 인근 내륙 및 함안지역의 질 좋은 옻이 나전칠기가 발달하는 데 주요 원인이 되었기 때문이다. 이에 통영시는 지역 명물 나전칠기를 널리 알리기 위해 매년 10월 통영 나전칠기축제를 개최하여 400년을 이어온 통영지방의 우수하고 독창적인 공예법을 소개하고 작품도 전시하고 있다.

(다) 제작방식은 우선 전복껍데기를 얇게 하여 무늬를 만들고 백골에 모시 천을 바른 뒤, 칠과 호분을 섞어 표면을 고른다. 그 후 칠죽 바르기, 삼베 붙이기, 탄회 칠하기, 토회 칠하기를 통해 제조과정을 끝마친다. 문양을 내기 위해 나전을 잘라내는 방법에는 주름질(자개를 문양 형태로 오려낸 것), 이음질(문양구도에 따라 주름대로 문양을 이어가는 것), 끊음질(자개를 실같이 가늘게 썰어서 문양 부분에 모자이크 방법으로 붙이는 것)이 있다.

(라) 나전칠기는 기물에다 무늬를 나타내는 대표적인 칠공예의 장식기법 중 하나로, 얇게 깐 조개껍데기를 여러 가지 형태로 오려내어 기물의 표면에 감입하여 꾸미는 것을 통칭한다. 우리나라는 목기와 더불어 칠기가 발달했는데, 이러한 나전기법은 중국 주대(周代)부터 이미 유행했고 당대(唐代)에 성행하여 한국과 일본에 전해진 것으로 보인다. 나전기법은 여러 나라를 포함한 아시아 일원에 널리 보급되어 있고 지역에 따라 독특한 성격을 가진다.

① (다) – (가) – (나) – (라)　　② (다) – (나) – (가) – (라)
③ (라) – (가) – (나) – (다)　　④ (라) – (가) – (다) – (나)

정답 ④

제시문은 나전칠기의 개념을 제시하고 우리나라 나전칠기의 특징, 제작방법 그리고 더 나아가 국내의 나전칠기 특산지에 대해 설명하고 있다. 따라서 (라) 나전칠기의 개념 – (가) 우리나라 나전칠기의 특징 – (다) 나전칠기의 제작방법 – (나) 나전칠기 특산지 소개의 순서대로 나열하는 것이 적절하다.

풀이 전략!

상대적으로 시간이 부족하다고 느낄 때는 선택지를 참고하여 문장의 순서를 생각해 본다.

대표기출유형 03 기출응용문제

※ 다음 문단을 논리적 순서대로 바르게 나열한 것을 고르시오. [1~3]

01

(가) 상품 생산자, 즉 판매자는 화폐를 얻기 위해 자신의 상품을 시장에 내놓는다. 하지만 생산자가 만들어 낸 상품이 시장에 들어서서 다른 상품이나 화폐와 관계를 맺게 되면, 이제 그 상품은 주인에게 복종하기를 멈추고 자립적인 삶을 살아가게 된다.

(나) 이처럼 상품이나 시장 법칙은 인간에 의해 산출된 것이지만, 이제 거꾸로 상품이나 시장 법칙이 인간을 지배하게 된다. 이때 인간 및 인간들 간의 관계가 소외되는 현상이 나타난다.

(다) 상품은 그것을 만들어 낸 생산자의 분신이지만, 시장 안에서는 상품이 곧 독자적인 인격체가 된다. 즉, 사람이 주체가 아니라 상품이 주체가 된다.

(라) 또한 사람들이 상품들을 생산하여 교환하는 과정에서 시장의 경제 법칙을 만들어 냈지만, 이제 거꾸로 상품들은 인간의 손을 떠나 시장 법칙에 따라 교환된다. 이런 시장 법칙의 지배 아래에서는 사람과 사람 간의 관계가 상품과 상품, 상품과 화폐 등 사물과 사물 간의 관계에 가려 보이지 않게 된다.

① (가) – (다) – (나) – (라)
② (가) – (다) – (라) – (나)
③ (다) – (가) – (라) – (나)
④ (다) – (라) – (가) – (나)
⑤ (다) – (라) – (나) – (가)

02

(가) 보통 라면은 일본에서 유래된 것으로 알려져 있다. 그러나 우리가 좋아하는 라면과 일본의 라멘은 다르다. 일본의 라멘은 하나의 '요리'로서 위치하고 있으며, 처음에 인스턴트 라면이 발명된 것은 라멘을 휴대하고 다니면서 어떻게 하면 쉽게 먹을 수 있을까 하는 발상에서 기인한다. 그러나 한국의 라면은 그렇지 않다.

(나) 일본의 라멘이 고기 육수를 통한 맛을 추구한다면, 한국의 인스턴트 라면에서 가장 중요한 특징은 '매운맛'이다. 한국의 라면은 매운맛을 좋아하는 한국 소비자의 입맛에 맞춰 변화되었다.

(다) 이렇게 한국의 라면이 일본 라멘과 전혀 다른 모습을 보이면서, 라멘과 한국의 라면은 독자적인 영역을 만들어내기 시작했고, 당연히 해외에서도 한국의 라면은 라멘과 달리 나름대로 마니아층을 만들어내고 있다.

(라) 한국의 라면은 요리라기보다는 일종의 간식으로서 취급되며, '일본 라멘의 간소화'로 인스턴트 라면과는 그 맛도 다르다. 이는 일본의 라멘이 어떠한 맛을 추구하고 있는지에 대해서 생각해 보면 알 수 있다.

① (가) – (다) – (나) – (라)
② (가) – (라) – (나) – (다)
③ (가) – (라) – (다) – (나)
④ (라) – (가) – (나) – (다)
⑤ (라) – (가) – (다) – (나)

03

(가) 나무를 가꾸기 위해서는 처음부터 여러 가지를 고려해 보아야 한다. 심을 나무의 생육조건, 나무의 형태, 성목이 되었을 때의 크기, 꽃과 단풍의 색, 식재지역의 기후와 토양 등을 종합적으로 생각하고 심어야 한다. 나무의 생육조건은 저마다 다르기 때문에 지역의 환경조건에 적합한 나무를 선별하여 환경에 적응하도록 해야 한다. 동백나무와 석류, 홍가시나무는 남부지방에 키우기 적합한 나무로 알려져 있지만 지구온난화로 남부수종의 생육한계선이 많이 북상하여 중부지방에서도 재배가 가능한 나무도 있다. 부산의 도로 중앙분리대에서 보았던 잎이 붉은 홍가시나무는 여주의 시골집 마당 양지바른 곳에서 3년째 잘 적응하고 있다.

(나) 더불어 나무의 특성을 외면하고 주관적인 해석에 따라 심었다가는 훗날 낭패를 보기 쉽다. 물을 좋아하는 수국 곁에 물을 싫어하는 소나무를 심었다면 둘 중 하나는 살기 어려운 환경이 조성된다. 나무를 심고 가꾸기 위해서는 전체적인 밑그림을 그려보고 생태적 특징을 살펴본 후에 심는 것이 바람직하다.

(다) 나무들이 밀집해있으면 나무들끼리의 경쟁은 물론 바람길과 햇빛의 방해로 성장은 고사하고 병충해에 시달리기 쉽다. 또한 나무들은 성장속도가 다르기 때문에 항상 다 자란 나무의 모습을 상상하며 나무들 사이의 공간 확보를 염두에 두어야 한다. 그러나 묘목을 심고 보니 듬성듬성한 공간을 메꾸기 위하여 자꾸 나무를 심게 되는 실수가 종종 일어나고는 한다.

(라) 식재계획의 시작은 장기적인 안목으로 적재적소의 원칙을 염두에 두고 나무를 선정해야 한다. 식물은 햇빛, 물, 바람의 조화를 이루면 잘 산다고 하지 않는가. 그래서 나무의 특성 중에서 햇볕을 좋아하는지 그늘을 좋아하는지, 물을 좋아하는지 여부를 살펴보는 것이 중요하다. 어린 묘목을 심을 경우 실수하는 것은 나무가 자랐을 때의 생육공간을 생각하지 않고 촘촘하게 심는 것이다.

① (가) – (다) – (라) – (나)
② (가) – (라) – (다) – (나)
③ (다) – (가) – (라) – (나)
④ (다) – (나) – (가) – (라)
⑤ (다) – (나) – (라) – (가)

04 다음 제시된 문단에 이어질 문단을 논리적 순서대로 바르게 나열한 것은?

> 우리는 자본주의 체제에서 살고 있다. '우리는 자본주의라는 체제의 종말보다 세계의 종말을 상상하는 것이 더 쉬운 시대에 살고 있다.'고 할 만큼 현재 세계는 자본주의의 논리 아래에 굴러가고 있다. 이러한 자본주의는 어떻게 발생하였을까?

> (가) 그러나 1920년대에 몰아친 세계 대공황은 자본주의가 완벽하지 않은 체제이며 수정이 필요함을 모든 사람에게 각인시켜줬다. 학문적으로 보자면 대표적으로 존 메이너드 케인스의 『고용 · 이자 및 화폐에 관한 일반이론』 등의 저작을 통해 수정자본주의가 꾀해졌다.
>
> (나) 애덤 스미스로부터 학문화된 자본주의는 데이비드 리카도의 비교우위론 등의 이론을 포섭해 나가며 자신의 영역을 공고히 했다. 자본의 폐해에 대한 마르크스 등의 경고가 있었지만, 자본주의는 그 위세를 계속 떨칠 것 같이 보였다.
>
> (다) 1950년대에는 중산층의 신화가 이루어지면서 수정자본주의 체제는 영원할 것 같이 보였지만, 오일 쇼크 등으로 인해서 수정자본주의 또한 그 한계를 보이게 되었고, 빈 학파로부터 파생된 신자유주의 이론이 가미되기 시작하였다.
>
> (라) 자본주의의 시작이라 하면 대부분 애덤 스미스의 『국부론』을 떠올리겠지만, 역사학자인 페르낭 브로델에 의하면 자본주의는 16세기 이탈리아에서부터 시작된 것이라고 한다. 이를 학문적으로 정립한 최초의 저작이 『국부론』이다.

① (나) – (라) – (가) – (다)
② (나) – (라) – (다) – (가)
③ (다) – (나) – (가) – (라)
④ (라) – (가) – (다) – (나)
⑤ (라) – (나) – (가) – (다)

04 내용 추론

| 유형분석 |

- 주어진 지문을 바탕으로 도출할 수 있는 내용을 찾는 문제이다.
- 선택지의 내용을 정확하게 확인하고 지문의 정보와 비교하여 추론하는 능력이 필요하다.

다음 글을 통해 추론할 수 없는 것은?

제약 연구원이란 제약 회사에서 약을 만드는 과정에 참여하는 사람을 말한다. 제약 연구원은 이러한 모든 단계에 참여하지만, 특히 신약 개발 단계와 임상 시험 단계에서 가장 중점적인 역할을 한다. 일반적으로 약을 만드는 과정은 새로운 약품을 개발하는 신약 개발 단계, 임상 시험을 통해 개발된 신약의 약효를 확인하는 임상 시험 단계, 식약처에 신약이 판매될 수 있도록 허가를 요청하는 약품 허가 요청 단계, 마지막으로 의료진과 환자를 대상으로 신약에 대해 홍보하는 영업 및 마케팅의 단계로 나눈다.

제약 연구원이 되기 위해서는 일반적으로 약학을 전공해야 한다고 생각하기 쉽지만, 약학 전공자 이외에도 생명 공학, 화학 공학, 유전 공학 전공자들이 제약 연구원으로 활발하게 참여하고 있다. 만일 신약 개발의 전문가가 되고 싶다면 해당 분야에서 오랫동안 연구한 경험이 필요하기 때문에 대학원에서 석사나 박사 학위를 취득하는 것이 유리하다.

제약 연구원이 되기 위해서는 전문적인 지식도 중요하지만, 사람의 생명과 관련된 일인 만큼, 무엇보다도 꼼꼼함과 신중함, 책임 의식이 필요하다. 또한 제약 회사라는 공동체 안에서 일을 하는 것이므로 원만한 일의 진행을 위해서 의사소통능력도 필수적으로 요구된다. 오늘날 제약 분야가 빠르게 성장하고 있다는 점을 고려할 때, 일에 대한 도전 의식, 호기심과 탐구심 등도 제약 연구원에게 필요한 능력으로 꼽을 수 있다.

① 제약 연구원은 약품 허가 요청 단계에 참여한다.
② 오늘날 제약 연구원에게 요구되는 능력이 많아졌다.
③ 생명이나 유전 공학 전공자도 제약 연구원으로 일할 수 있다.
④ 신약 개발 전문가가 되려면 반드시 석사나 박사를 취득해야 한다.
⑤ 제약 연구원과 관련된 정보가 부족하다면 약학을 전공해야만 제약 연구원이 될 수 있다고 생각할 수 있다.

정답 ④

제시문에 따르면 신약 개발의 전문가가 되기 위해서는 해당 분야에서 오랫동안 연구한 경험이 필요하므로 석사나 박사 학위를 취득하는 것이 유리하다고 하였다. 그러나 석사나 박사 학위는 신약 개발 전문가가 되는 데 도움을 준다는 것일 뿐이므로 반드시 필요한 필수 조건인지는 알 수 없다. 따라서 ④는 제시문을 통해 추론할 수 없다.

풀이 전략!

주어진 지문이 어떠한 내용을 다루고 있는지 파악한 후 선택지의 키워드를 확실하게 체크하고, 지문의 정보에서 도출할 수 있는 내용을 찾는다.

대표기출유형 04 기출응용문제

01 다음 글을 읽고 추론할 수 있는 사실을 〈보기〉에서 모두 고르면?

> 물질의 원자는 원자핵과 전자로 이루어져 있고, 원자핵을 중심으로 전자들이 각각의 에너지 준위를 따라 배열되어 있는데, 에너지의 준위는 에너지의 계단이나 사다리에 비유될 수 있다. 에너지 준위가 높아지면 전자가 보유하는 에너지도 높아지며, 보유 에너지가 낮은 전자부터 원자핵에 가까운 에너지 준위를 채워나간다. 전자가 외부의 에너지를 흡수하면 자신의 자리를 이탈하여 바깥쪽 에너지 준위로 올라가게 되는데, 전자가 자신의 자리에 있을 때를 '바닥 상태', 높은 에너지 준위로 올라갔을 때를 '들뜬 상태'라고 한다. 들뜬 상태의 전자들은 바닥 상태로 되돌아가려는 경향이 있고, 원래의 자리로 되돌아갈 때는 빛 등의 에너지를 방출하게 된다.
> 최초의 레이저 장치를 만든 메이먼은 루비의 전자를 이용하였다. 루비는 그 특성상 전자가 들뜬 상태가 될 때 그 상태에 머무는 시간이 길기 때문이었다. 메이먼은 빛을 쬐어 루비의 특정 전자들을 들뜨게 함으로써 바닥 상태의 전자 수보다 들뜬 상태의 전자 수를 많게 만들었다. 이런 상태를 조성해 주면 적어도 한 개 이상의 들뜬 전자가 자연스럽게 원래의 준위로 되돌아가면서 빛을 내고, 다른 들뜬 전자에서도 같은 파장을 가진 빛이 차례차례 발생한다. 그러는 동안 들뜬 물질의 양쪽에 설치해 둔 거울 2개 사이에서는 생성된 빛이 그대로 반사되면서 몇 번씩 왕복하며 다른 들뜬 전자들이 빛을 방출하도록 유도하여 빛은 자꾸만 증폭(增幅)된다. 이때 2개의 거울 중 1개의 거울은 일부의 빛을 투과할 수 있게 하여 거울 사이에서 증폭된 빛의 일부가 외부에 레이저광선으로 발진된다.

보기

㉠ 전자가 이동할 때 에너지가 방출되었다면 전자가 바닥 상태로 돌아간 것이다.
㉡ 들뜬 상태의 전자는 원자핵에서 먼 에너지 준위로 이동하려는 경향이 있다.
㉢ 메이먼이 레이저 장치를 만들 때 루비를 이용한 것은 빛의 증폭에 유리한 조건을 만들기 위해서였다.
㉣ 메이먼의 레이저 장치에서는 바닥 상태의 전자가 들뜬 상태의 전자보다 많다.

① ㉠, ㉡　　② ㉠, ㉢
③ ㉡, ㉢　　④ ㉡, ㉣
⑤ ㉢, ㉣

02 다음 글을 읽고 밑줄 친 ㉠과 같은 현상이 나타나게 된 이유로 적절하지 않은 것은?

> 고려와 조선은 국가적으로 금속화폐의 통용을 추진한 적이 있다. 화폐 주조권을 장악하여 세금을 효과적으로 징수하고 효율적으로 저장하려는 것이 그 목적이었다. 그러나 물품화폐에 익숙한 농민들은 금속화폐를 불편하게 여겼으므로 금속화폐의 유통 범위는 한정되고 끝내는 삼베를 비롯한 물품화폐에 압도당하고 말았다. ㉠ 조선 태종 때와 세종 때에도 동전의 유통을 시도하였지만 실패하였다. 조선 전기 은화(銀貨)는 서울을 중심으로 유통되었는데, 주로 왕실과 관청, 지배층과 상인, 역관(譯官) 등이 이용한 '돈'이었다. 그러나 은화(銀貨)는 고액 화폐였다. 그 때문에 서민의 경제생활에서는 여전히 무명 옷감이 화폐의 기능을 담당하였다.
>
> 그러한 가운데서도 농업생산력의 발전과 인구의 증가, 17세기 이후 지방시장의 성장은 금속화폐 통용을 위한 여건이 마련되었음을 뜻하였다. 17세기 전반 이미 개성에서는 모든 거래가 동전으로 이루어지고 있었다. 이러한 여건 아래에서 1678년(숙종 4년)부터 강력한 통용책이 추진되면서 금속화폐가 널리 보급될 수 있었다. 동전인 상평통보 1개는 1푼(分)이었다. 10푼이 1전(錢), 10전이 1냥(兩), 10냥이 1관(貫)이다. 대원군이 집권할 때 주조된 당백전(當百錢)과 1883년 주조된 당오전(當五錢)은 1개가 각각 100푼과 5푼의 가치를 가지는 동전이었다. 동전 주조가 늘면서 그 유통 범위가 경기, 충청지방으로부터 점차 확산되었고, 18세기 초에는 전국에 미칠 정도였다. 동전을 시전(市廛)에 무이자로 대출하고, 관리의 녹봉을 동전으로 지급하고, 일부 세금을 동전으로 거두어들이는 등의 국가 정책도 동전의 통용을 촉진하였다. 화폐경제의 성장은 상업적 동기를 촉진시키고 경제생활, 나아가 사회생활에 변화를 주었다.
>
> 이러한 가운데 일부 위정자들은 화폐경제로 인한 부작용을 우려했는데 특히 농촌 고리대금업(高利貸金業)의 성행을 가장 심각한 문제로 생각했다. 그래서 동전의 폐지를 주장하는 이도 있었다. 1724년 등극한 영조는 이 주장을 받아들여 동전 주조를 정지하였다. 그런데 당시에 동전은 이미 일상생활로 퍼졌기 때문에 동전의 수요에 비해 공급이 부족한 현상이 일어나 동전주조의 정지는 화폐 유통질서와 상품경제에 타격을 가하였다. 돈이 매우 귀하여 농민과 상인의 교역에 불편을 가져다 준 것이다. 또한 소수의 부유한 상인이 동전을 집중적으로 소유하여 고리대금업(高利貸金業) 활동을 강화함에 따라서 오히려 농민 몰락이 조장되었다. 결국 영조 7년 이후 동전은 다시 주조되기 시작했다.

① 화폐가 통용될 시장이 발달하지 않았다.
② 화폐가 주로 일부계층 위주로 통용되었다.
③ 백성들이 화폐보다 물품화폐를 선호하였다.
④ 국가가 화폐수요량에 맞추어 원활하게 공급하지 못했다.
⑤ 화폐가 필요할 만큼 농업생산력이 발전하지 못했다.

03 다음 글을 읽고 추론할 수 있는 내용으로 적절하지 않은 것은?

인류는 미래의 에너지로 청정하고 고갈될 염려가 없는 풍부한 에너지를 기대하며, 신재생에너지인 태양광과 풍력에너지에 많은 기대를 걸고 있다. 그러나 태양광이나 풍력으로는 화력발전을 통해 생산되는 전력 공급량을 대체하기 어렵고, 기상 환경에 많은 영향을 받는다는 점에서 한계가 있다. 이에 대한 대안으로 많은 전문가들은 '핵융합 에너지'에 기대를 걸고 있다.

핵융합발전은 핵융합 현상을 이용하는 발전 방식으로, 핵융합은 말 그대로 원자의 핵이 융합하는 것을 말한다. 우라늄의 원자핵이 분열하면서 방출되는 에너지를 이용하는 원자력발전과 달리, 핵융합발전은 수소 원자핵이 융합해 헬륨 원자핵으로 바뀌는 과정에서 방출되는 에너지를 이용해 물을 가열하고 수증기로 터빈을 돌려 전기를 생산한다.

핵융합발전이 다음 세대를 이끌어 갈 전력 생산 방식이 될 수 있는 이유는 인류가 원하는 에너지원의 조건을 모두 갖추고 있기 때문이다. 우선 연료가 거의 무한대라고 할 수 있을 정도로 풍부하다. 핵융합발전에 사용되는 수소는 일반적인 수소가 아닌 수소의 동위원소로, 지구의 70%를 덮고 있는 바닷물을 이용해서 얼마든지 생산할 수 있다. 게다가 적은 연료로 원자력발전에 비해 훨씬 많은 에너지를 얻을 수 있다. 1g으로 석유 8t을 태워서 얻을 수 있는 전기를 생산할 수 있고, 원자력발전에 비하면 같은 양의 연료로 3～4배의 전기를 생산할 수 있다.

무엇보다 오염물질을 거의 배출하지 않는 점이 큰 장점이다. 미세먼지와 대기오염을 일으키는 오염물질은 전혀 나오지 않고 오직 헬륨만 배출된다. 약간의 방사선이 방출되지만, 원자력발전에서 배출되는 방사성 폐기물에 비하면 거의 없다고 볼 수 있을 정도다.

핵융합발전은 안전 문제에서도 자유롭다. 원자력발전은 수개월 혹은 1년 치 연료를 원자로에 넣고 연쇄적으로 핵분열 반응을 일으키는 방식이라 문제가 생겨도 당장 가동을 멈춰 사태가 악화되는 것을 막을 수 없다. 하지만 핵융합발전은 연료가 아주 조금 들어가기 때문에 문제가 생겨도 원자로가 녹아내리는 것과 같은 대형 재난으로 이어지지 않는다. 문제가 생기면 즉시 핵융합 반응이 중단되고 발전장치가 꺼져버린다. 핵융합 반응을 제어하는 일이 극도로 까다롭기 때문에 오히려 발전장치가 꺼지지 않도록 정밀하게 제어하는 것이 중요하다.

현재 세계 각국은 각자 개별적으로 핵융합발전 기술을 개발하는 한편 프랑스 남부 카다라슈 지역에 '국제핵융합실험로(ITER)'를 건설해 공동으로 실증 실험을 할 준비를 진행하고 있다. 한국과 유럽연합(EU), 미국, 일본, 러시아, 중국, 인도 등 7개국이 참여해 구축하고 있는 ITER는 2025년 12월 완공될 예정이며, 2025년 이후에는 그동안 각국이 갈고 닦은 기술을 적용해 핵융합 반응을 일으켜 상용화 가능성을 검증하게 된다. 불과 10년 내로 세계 전력산업의 패러다임을 바꾸는 역사적인 핵융합 실험이 지구상에서 이뤄지게 되는 것이다.

① 핵융합발전이 태양열발전보다 더 많은 양의 전기를 생산할 수 있다.
② 핵융합발전과 원자력발전은 원자의 핵을 다르게 이용한다는 점에서 차이가 있다.
③ 같은 양의 전력 생산을 목표로 한다면 원자력발전의 연료비는 핵융합발전의 3배 이상이다.
④ 헬륨은 대기오염을 일으키는 오염물질에 해당하지 않는다.
⑤ 핵융합발전에는 발전장치를 제어하는 사람의 역할이 중요하다.

PART 1

대표기출유형

05 빈칸 삽입

| 유형분석 |

- 주어진 지문을 바탕으로 빈칸에 들어갈 내용을 찾는 문제이다.
- 선택지의 내용을 정확하게 확인하고 빈칸 앞뒤 문맥을 파악하는 능력이 필요하다.

다음 글의 빈칸에 들어갈 내용으로 가장 적절한 것은?

미세먼지와 황사는 여러모로 비슷하면서도 뚜렷한 차이점을 지니고 있다. 삼국사기에도 기록되어 있는 황사는 중국 내륙 내몽골 사막에 강풍이 불면서 날아오는 모래와 흙먼지를 일컫는데, 장단점이 존재했던 과거와 달리 중국 공업지대를 지난 황사에 미세먼지와 중금속 물질이 더해지며 심각한 환경문제로 대두되었다. 이와 달리 미세먼지는 일반적으로는 대기오염물질이 공기 중에 반응하여 형성된 황산염이나 질산염 등 이온 성분, 석탄・석유 등에서 발생한 탄소화합물과 검댕, 흙먼지 등 금속화합물의 유해성분으로 구성된다. 미세먼지의 경우 통념적으로는 먼지를 미세먼지와 초미세먼지로 구분하고 있지만, 대기환경과 환경 보전을 목적으로 하는 환경정책기본법에서는 미세먼지를 PM(Particulate Matter)이라는 단위로 구분한다. 즉, 미세먼지(PM_{10})의 경우 입자의 크기가 $10\mu m$ 이하인 먼지이고, 미세먼지($PM_{2.5}$)는 입자의 크기가 $2.5\mu m$ 이하인 먼지로 정의하고 있다. 이에 비해 황사는 통념적으로는 입자 크기로 구분하지 않으나 주로 지름 $20\mu m$ 이하의 모래로 구분하고 있다. 때문에 ______________________

① 황사 문제를 해결하기 위해서는 근본적으로 황사의 발생 자체를 억제할 필요가 있다.
② 황사와 미세먼지의 차이를 입자의 크기만으로 구분 짓긴 어렵다.
③ 미세먼지의 역할 또한 분명히 존재함을 기억해야 할 것이다.
④ 황사와 미세먼지의 근본적인 구별법은 그 역할에서 찾아야 할 것이다.
⑤ 초미세먼지를 차단할 수 있는 마스크라 해도 황사와 초미세먼지를 동시에 차단하긴 어렵다.

정답 ②

미세먼지의 경우 최소 $10\mu m$ 이하의 먼지로 정의되고 있지만, 황사의 경우 주로 지름 $20\mu m$ 이하의 모래로 구분하되 통념적으로는 입자 크기로 구분하지 않는다. 따라서 $10\mu m$ 이하의 황사의 입자의 크기만으로 미세먼지와 구분 짓기는 어렵다.

오답분석

①・⑤ 제시문을 통해서 알 수 없는 내용이다.
③ 미세먼지의 역할에 대한 설명을 찾을 수 없다.
④ 제시문에서 설명하는 황사와 미세먼지의 근본적인 구별법은 구성성분의 차이이다.

풀이 전략!

빈칸 앞뒤의 문맥을 파악한 후 선택지에서 가장 어울리는 내용을 찾는다. 빈칸 앞에 접속어가 있다면 이를 활용한다.

대표기출유형 05 기출응용문제

※ 다음 글의 빈칸에 들어갈 내용으로 가장 적절한 것을 고르시오. [1~3]

01

기분관리 이론은 사람들의 기분과 선택 행동의 관계에 대해 설명하기 위한 이론이다. 이 이론의 핵심은 사람들이 현재의 기분을 최적 상태로 유지하려고 한다는 것이다. 따라서 기분관리 이론은 흥분 수준이 최적 상태보다 높을 때는 사람들이 이를 낮출 수 있는 수단을 선택한다고 예측한다. 반면에 흥분 수준이 낮을 때는 이를 회복시킬 수 있는 수단을 선택한다고 예측한다. 예를 들어, 음악 선택의 상황에서 전자의 경우에는 차분한 음악을 선택하고 후자의 경우에는 흥겨운 음악을 선택한다는 것이다. 기분조정 이론은 기분관리 이론이 현재 시점에만 초점을 맞추고 있다는 점을 지적하고 이를 보완하고자 한다. 기분조정 이론을 음악 선택의 상황에 적용하면, ______________________ 고 예측할 수 있다.

A연구자는 음악 선택 상황을 통해 기분조정 이론을 검증하기 위한 실험을 했다. 그는 실험 참가자들을 두 집단으로 나누고 집단1에게는 한 시간 후 재미있는 놀이를 하게 된다고 말했고, 집단2에게는 한 시간 후 심각한 과제를 하게 된다고 말했다. 집단1은 최적 상태 수준에서 즐거워했고, 집단2는 최적 상태 수준을 벗어날 정도로 기분이 가라앉았다. 이때 A연구자는 참가자들에게 기다리는 동안 음악을 선택하게 했다. 그랬더니 집단1은 다소 즐거운 음악을 선택한 반면, 집단2는 과도하게 흥겨운 음악을 선택했다. 그런데 30분이 지나고 각 집단이 기대하는 일을 하게 될 시간이 다가오자 두 집단 사이에는 뚜렷한 차이가 나타났다. 집단1의 선택에는 큰 변화가 없었으나, 집단2는 기분을 가라앉히는 차분한 음악을 선택하는 쪽으로 변하는 경향을 보인 것이다. 이러한 선택의 변화는 기분조정 이론을 뒷받침하는 것으로 간주되었다.

① 사람들은 현재의 기분을 지속하는 데 도움이 되는 음악을 선택한다
② 사람들은 다음에 올 상황을 고려해 흥분을 유발할 수 있는 음악을 선택한다
③ 사람들은 다음에 올 상황에 맞추어 현재의 기분을 조정하는 음악을 선택한다
④ 사람들은 현재의 기분과는 상관없이 자신이 평소 선호하는 음악을 선택한다
⑤ 사람들은 현재의 기분이 즐거운 경우에는 그것을 조정하기 위해 그와 반대되는 기분을 자아내는 음악을 선택한다

02

전통문화는 근대화의 과정에서 해체되는 것인가, 아니면 급격한 사회 변동의 과정에서도 유지될 수 있는 것인가? 전통문화의 연속성과 재창조는 왜 필요하며, 어떻게 이루어지는가? 외래문화의 토착화(土着化), 한국화(韓國化)는 사회 변동과 문화 변화의 과정에서 무엇을 의미하는가? 이상과 같은 의문들은 오늘날 한국 사회에서 논란의 대상이 되고 있으며, 입장에 따라 상당한 견해 차이도 드러내고 있다.
전통의 유지와 변화에 대한 견해 차이는 오늘날 한국 사회에서 단순하게 보수주의와 진보주의의 차이로 이해될 성질의 것이 아니다. 한국 사회의 근대화는 이미 한 세기의 역사를 가지고 있으며, 앞으로도 계속되어야 할 광범하고 심대(深大)한 사회 구조적 변동이다. 그렇기 때문에, 보수주의적 성향을 가진 사람들도 전통문화의 변질을 어느 정도 수긍하지 않을 수 없는가 하면, 사회 변동의 강력한 추진 세력 또한 문화적 전통의 확립을 주장하지 않을 수 없다.
또한 한국 사회에서 전통문화의 변화에 관한 논의는 단순히 외래문화이냐 전통문화이냐의 양자택일적인 문제가 될 수 없다는 것도 명백하다. 근대화는 전통문화의 연속성과 변화를 다 같이 필요로 하며, 외래문화의 수용과 그 토착화 등을 다 같이 요구하는 것이기 때문이다. 그러므로 전통을 계승하고 외래문화를 수용할 때에 무엇을 취하고 무엇을 버릴 것이냐 하는 문제도 단순히 문화의 보편성(普遍性)과 특수성(特殊性)이라고 하는 기준에서만 다룰 수 없다. 근대화라고 하는 사회 구조적 변동이 문화 변화를 결정지을 것이기 때문에, 전통문화의 변화 문제를 ＿＿＿＿＿＿에서 다루어 보는 분석이 매우 중요하리라고 생각한다.

① 보수주의의 시각
② 진보주의의 시각
③ 사회 변동의 시각
④ 외래와 전통의 시각
⑤ 보편성과 특수성의 시각

03

탁월함은 어떻게 습득되는가, 그것을 가르칠 수 있는가? 이 물음에 대하여 아리스토텔레스는 지성의 탁월함은 가르칠 수 있지만, 성품의 탁월함은 비이성적인 것이어서 가르칠 수 없고, 훈련을 통해서 얻을 수 있다고 대답한다.
그는 좋은 성품을 얻는 것을 기술을 습득하는 것에 비유한다. 그에 따르면, 리라(Lyra)를 켬으로써 리라를 켜는 법을 배우며 말을 탐으로써 말을 타는 법을 배운다. 어떤 기술을 얻고자 할 때 처음에는 교사의 지시대로 행동한다. 그리고 반복 연습을 통하여 그 행동이 점점 더 하기 쉽게 되고 마침내 제2의 천성이 된다. 이와 마찬가지로 어린아이는 어떤 상황에서 어떻게 행동해야 진실되고 관대하며 예의를 차리게 되는지 일일이 배워야 한다. 훈련과 반복을 통하여 그런 행위들을 연마하다 보면 그것들을 점점 더 쉽게 하게 되고, 결국에는 스스로 판단할 수 있게 된다.
그는 올바른 훈련이란 강제가 아니고 그 자체가 즐거움이 되어야 한다고 지적한다. 또한 그렇게 훈련받은 사람은 일을 바르게 처리하는 것을 즐기게 되고, 일을 바르게 처리하고 싶어하게 되며, 올바른 일을 하는 것을 어려워하지 않게 된다. 이처럼 성품의 탁월함이란 사람들이 '하는 것'만이 아니라 사람들이 '하고 싶어 하는 것'과도 관련된다. 그리고 한두 번 관대한 행동을 한 것으로 충분하지 않으며, 늘 관대한 행동을 하고 그런 행동에 감정적으로 끌리는 성향을 갖고 있어야 비로소 관대함에 관하여 성품의 탁월함을 갖고 있다고 할 수 있다.
다음과 같은 예를 통해 아리스토텔레스의 견해를 생각해 보자. 갑돌이는 성품이 곧고 자신감이 충만하다. 그가 한 모임에 참석하였는데, 거기서 다수의 사람들이 옳지 않은 행동을 한다고 생각했을 때, 그는 다수의 행동에 대하여 비판의 목소리를 낼 것이며 그렇게 하는 데에 별 어려움을 느끼지 않을 것이다. 한편, 수줍어하고 우유부단한 병식이도 한 모임에 참석하였는데, 그 역시 다수의 행동이 잘못되었다는 판단을 했다고 하자. 이런 경우에 병식이는 일어나서 다수의 행동이 잘못되었다고 말할 수 있겠지만, 그렇게 하려면 엄청난 의지를 발휘해야 할 것이고 자신과 힘든 싸움도 해야 할 것이다. 그런데도 병식이가 그렇게 행동했다면 우리는 병식이가 용기 있게 행동하였다고 칭찬할 것이다. 그러나 아리스토텔레스의 입장에서 생각해 볼 때, 성품의 탁월함을 가진 사람은 갑돌이다. 왜냐하면 ____________________ 우리가 어떠한 사람을 존경할 것인지가 아니라, 우리 아이를 어떤 사람으로 키우고 싶은가라는 질문을 받는다면 우리는 아리스토텔레스의 견해에 가까워질 것이다. 왜냐하면 우리는 우리 아이들을 갑돌이와 같은 사람으로 키우고 싶어 할 것이기 때문이다.

① 그는 내적인 갈등이 없이 옳은 일을 하기 때문이다.
② 그는 옳은 일을 하는 천성을 타고났기 때문이다.
③ 그는 주체적 판단에 따라 옳은 일을 하기 때문이다.
④ 그는 자신이 옳다는 확신을 가지고 옳은 일을 하기 때문이다.
⑤ 그는 다른 사람들의 칭찬을 의식하지 않고 옳은 일을 하기 때문이다.

06 맞춤법 · 어휘

| 유형분석 |

- 맞춤법에 맞는 단어를 찾거나 주어진 지문의 내용에 어울리는 단어를 찾는 문제가 주로 출제된다.
- 단어 사이의 관계에 대한 문제가 출제되므로 뜻이 비슷하거나 반대되는 단어를 함께 학습하는 것이 좋다.
- 자주 출제되는 단어나 헷갈리는 단어에 대한 학습을 꾸준히 하는 것이 좋다.

다음 중 밑줄 친 부분의 맞춤법이 옳은 것은?

① 그는 손가락으로 북쪽을 가르켰다.
② 뚝배기에 담겨 나와서 시간이 지나도 식지 않았다.
③ 열심히 하는 것은 좋은데 촛점이 틀렸다.
④ 세영이는 몸이 너무 약해서 보약을 다려 먹어야겠다.
⑤ 벽을 가득 덮고 있는 덩쿨 덕에 여름 분위기가 난다.

정답 ②

'찌개 따위를 끓이거나 설렁탕 따위를 담을 때 쓰는 그릇'을 뜻하는 어휘는 '뚝배기'이다.

오답분석

① '손가락 따위로 어떤 방향이나 대상을 집어서 보이거나 말하거나 알리다.'의 의미를 가진 어휘는 '가리키다'이다.
③ '사람들의 관심이나 주의가 집중되는 사물의 중심 부분'의 의미를 가진 어휘는 '초점'이다.
④ '액체 따위를 끓여서 진하게 만들거나 약재 따위에 물을 부어 우러나도록 끓이다.'의 의미를 가진 어휘는 '달이다'이다(다려 → 달여).
⑤ '길게 뻗어 나가면서 다른 물건을 감기도 하고 땅바닥에 퍼지기도 하는 식물의 줄기'의 의미를 가진 어휘는 '넝쿨' 또는 '덩굴'이다.

풀이 전략!

문제에서 물어보는 단어를 정확히 확인해야 하고, 문제에서 다루고 있는 단어의 앞뒤 내용을 읽고 글의 전체적 흐름을 생각하며 문제에 접근해야 한다.

대표기출유형 06 기출응용문제

01 **다음 중 밑줄 친 단어와 유사한 단어가 사용된 것은?**

> 그때의 기억이 어제의 일인 것처럼 선연하게 떠오른다.

① 차가운 아스팔트 위에 성긴 눈발이 희끗희끗 날리고 있었다.

② 그는 바닷바람이 선선하게 부는 해변을 걸었다.

③ 매일 등하교를 했던 거리는 뚜렷하게 그의 기억 속에 남아 있었다.

④ 들판의 벼는 영글기 시작했다.

⑤ 앞으로 살아갈 길이 막연하다.

02 **다음 중 밑줄 친 단어와 바꿔 사용할 수 있는 것은?**

> 국가대표팀을 이끌었던 감독이 경기를 마친 뒤 선수들을 향한 애정을 드러내 눈길을 끌었다. 감독은 결승 경기 이후 진행된 인터뷰에서 "선수들이 여기까지 올라온 건 충분히 자긍심을 가질 만한 결과이다."라고 이야기했다. 이어 감독은 동고동락한 선수들과의 일을 떠올리다 감정이 벅차 말을 잇지 못하기도 했다. 한편 경기에서 최선을 다한 선수들을 향한 뜨거운 응원은 계속 이어지고 있다.

① 회상하다

② 연상하다

③ 상상하다

④ 남고하다

⑤ 예상하다

03 **다음 중 밑줄 친 부분의 맞춤법이 옳지 않은 것은?**

① 쉬이 넘어갈 문제가 아니다.

② 가정을 소홀히 해서는 안 된다.

③ 소파에 깊숙이 기대어 앉았다.

④ 헛기침이 간간히 섞여 나왔다.

⑤ 일을 하는 틈틈이 공부를 했다.

CHAPTER 02

문제해결능력

합격 Cheat Key

문제해결능력은 업무를 수행하면서 여러 가지 문제 상황이 발생하였을 때, 창의적이고 논리적인 사고를 통하여 이를 올바르게 인식하고 적절히 해결하는 능력으로, 하위 능력에는 사고력과 문제처리능력이 있다.

문제해결능력은 NCS 기반 채용을 진행하는 대다수의 공사·공단에서 채택하고 있으며, 다양한 자료와 함께 출제되는 경우가 많아 어렵게 느껴질 수 있다. 특히, 난이도가 높은 문제로 자주 출제되기 때문에 다른 영역보다 더 많은 노력이 필요할 수는 있지만 그렇기에 차별화를 할 수 있는 득점 영역이므로 포기하지 말고 꾸준하게 노력해야 한다.

1 질문의 의도를 정확하게 파악하라!

문제해결능력은 문제에서 무엇을 묻고 있는지 정확하게 파악하여 먼저 풀이 방향을 설정하는 것이 가장 효율적인 방법이다. 특히, 조건이 주어지고 답을 찾는 창의적·분석적인 문제가 주로 출제되고 있기 때문에 처음에 정확한 풀이 방향이 설정되지 않는다면 문제를 제대로 풀지 못하게 되므로 첫 번째로 출제 의도 파악에 집중해야 한다.

2 중요한 정보는 반드시 표시하라!

출제 의도를 정확히 파악하기 위해서는 문제의 중요한 정보를 반드시 표시하거나 메모하여 하나의 조건, 단서도 잊고 넘어가는 일이 없도록 해야 한다. 실제 시험에서는 시간의 압박과 긴장감으로 정보를 잘못 적용하거나 잊어버리는 실수가 많이 발생하므로 사전에 충분한 연습이 필요하다.

3 반복 풀이를 통해 취약 유형을 파악하라!

문제해결능력은 특히 시간관리가 중요한 영역이다. 따라서 정해진 시간 안에 고득점을 할 수 있는 효율적인 문제 풀이 방법을 찾아야 한다. 이때, 반복적인 문제 풀이를 통해 자신이 취약한 유형을 파악하는 것이 중요하다. 정확하게 풀 수 있는 문제부터 빠르게 풀고 취약한 유형은 나중에 푸는 효율적인 문제 풀이를 통해 최대한 고득점을 맞는 것이 중요하다.

대표기출유형

01 명제 추론

| 유형분석 |

- 주어진 문장을 토대로 논리적으로 추론하여 참 또는 거짓을 구분하는 문제이다.
- 대체로 연역추론을 활용한 명제 문제가 출제된다.
- 자료를 제시하고 새로운 결과나 자료에 주어지지 않은 내용을 추론해 가는 형식의 문제가 출제된다.

어느 도시에 있는 병원의 공휴일 진료 현황은 다음과 같다. 공휴일에 진료하는 병원의 수는?

- B병원이 진료를 하지 않으면 A병원은 진료를 한다.
- B병원이 진료를 하면 D병원은 진료를 하지 않는다.
- A병원이 진료를 하면 C병원은 진료를 하지 않는다.
- C병원이 진료를 하지 않으면 E병원이 진료를 한다.
- E병원은 공휴일에 진료를 하지 않는다.

① 1곳
② 2곳
③ 3곳
④ 4곳
⑤ 5곳

정답 ②

제시된 진료 현황을 각각의 명제로 보고 이들을 수식으로 설명하면 다음과 같다(단, 명제가 참일 경우 그 대우도 참이다).

- B병원이 진료를 하지 않으면 A병원이 진료한다(~B → A / ~A → B).
- B병원이 진료를 하면 D병원은 진료를 하지 않는다(B → ~D / D → ~B).
- A병원이 진료를 하면 C병원은 진료를 하지 않는다(A → ~C / C → ~A).
- C병원이 진료를 하지 않으면 E병원이 진료한다(~C → E / ~E → C).

이를 하나로 연결하면 D병원이 진료를 하면 B병원이 진료를 하지 않고, B병원이 진료를 하지 않으면 A병원은 진료를 한다. A병원이 진료를 하면 C병원은 진료를 하지 않고, C병원이 진료를 하지 않으면 E병원은 진료를 한다(D → ~B → A → ~C → E). 명제가 참일 경우 그 대우도 참이므로 ~E → C → ~A → B → ~D가 된다. E병원은 공휴일에 진료를 하지 않으므로 위의 명제를 참고하면 C와 B병원만이 진료를 하는 경우가 된다. 따라서 공휴일에 진료를 하는 병원은 2곳이다.

풀이 전략!

명제와 관련한 기본적인 논법에 대해서는 미리 학습해 두며, 이를 바탕으로 각 문장에 있는 핵심단어 또는 문구를 기호화하여 정리한 후, 선택지와 비교하여 참 또는 거짓을 판단한다.

대표기출유형 01 기출응용문제

01 K사의 직원 A ~ F 6명은 설문조사를 위해 2인 1조로 나누어 외근을 나가려고 한다. 다음 〈조건〉에 따라 조를 구성한다면, 한 조가 될 수 있는 두 사람은 누구인가?

조건

- A는 C나 D와 함께 갈 수 없다.
- B는 반드시 D 아니면 F와 함께 가야 한다.
- C는 반드시 E 아니면 F와 함께 가야 한다.
- A가 C와 함께 갈 수 없다면, A는 반드시 F와 함께 가야 한다.

① A, E
② B, D
③ B, F
④ C, D
⑤ C, F

02 경영학과에 재학 중인 A ~ E는 계절학기 시간표에 따라 요일별로 하나의 강의만 수강한다. 전공 수업을 신청한 C는 D보다 앞선 요일에 수강하고, E는 교양 수업을 신청한 A보다 나중에 수강한다고 할 때, 다음 중 항상 참이 되는 것은?

월	화	수	목	금
전공1	전공2	교양1	교양2	교양3

① A가 수요일에 강의를 듣는다면 E는 교양2 강의를 듣는다.
② B가 전공 수업을 듣는다면 C는 화요일에 강의를 듣는다.
③ C가 화요일에 강의를 듣는다면 E는 교양3 강의를 듣는다.
④ D는 반드시 전공 수업을 듣는다.
⑤ E는 반드시 교양 수업을 듣는다.

03 **미국, 영국, 중국, 프랑스에 파견된 4명의 외교관 A ~ D는 1년의 파견기간이 지나면 다시 새로운 국가로 파견된다. 다음 〈조건〉을 참고할 때, 항상 참인 것은?**

> **조건**
> - 두 번 연속 같은 국가에 파견될 수는 없다.
> - A는 작년에 영국에 파견되어 있었다.
> - C와 D는 올해에 프랑스에 파견되지는 않는다.
> - D는 작년에 중국에 파견되어 있었다.
> - C가 작년에 파견된 국가는 미국이다.
> - B가 올해에 파견된 국가는 중국이다.

① A가 올해에 파견된 국가는 영국이다.

② C가 올해에 파견된 국가는 미국이다.

③ D가 올해에 파견된 국가는 프랑스다.

④ B가 작년에 파견된 국가는 프랑스일 것이다.

⑤ A는 올해에 영국 또는 미국에 파견되었을 것이다.

04 **다음 〈조건〉을 근거로 할 때, 항상 참인 것은?**

> **조건**
> - 물을 녹색으로 만드는 조류는 냄새 물질을 배출한다.
> - 독소 물질을 배출하는 조류는 냄새 물질을 배출하지 않는다.
> - 물을 황색으로 만드는 조류는 물을 녹색으로 만들지 않는다.

① 독소 물질을 배출하는 조류는 물을 녹색으로 만들지 않는다.

② 물을 녹색으로 만들지 않는 조류는 냄새 물질을 배출하지 않는다.

③ 독소 물질을 배출하지 않는 조류는 물을 녹색으로 만든다.

④ 냄새 물질을 배출하지 않는 조류는 물을 황색으로 만들지 않는다.

⑤ 냄새 물질을 배출하는 조류는 독소 물질을 배출한다.

05 **K사의 직원 갑 ~ 정은 각각 다른 팀에 근무하고 있으며, 각 팀은 2층, 3층, 4층, 5층에 위치하고 있다. 다음 〈조건〉을 참고할 때, 항상 참인 것은?**

> 조건
>
> • 갑, 을, 병, 정 중 2명은 부장, 1명은 과장, 1명은 대리이다.
> • 대리의 사무실은 을보다 높은 층에 있다.
> • 을은 과장이다.
> • 갑은 대리가 아니다.
> • 갑의 사무실이 가장 높다.

① 부장 중 한 명은 반드시 2층에 근무한다.
② 갑은 부장이다.
③ 대리는 4층에 근무한다.
④ 을은 2층에 근무한다.
⑤ 병은 대리이다.

06 **경제학과, 물리학과, 통계학과, 지리학과 학생인 A ~ D는 검은색, 빨간색, 흰색의 세 가지 색 중 최소 한 가지 이상의 색을 좋아한다. 다음 〈조건〉에 따라 항상 참이 되는 것은?**

> 조건
>
> • 경제학과 학생은 검은색과 빨간색만 좋아한다.
> • 경제학과 학생과 물리학과 학생은 좋아하는 색이 서로 다르다.
> • 통계학과 학생은 빨간색만 좋아한다.
> • 지리학과 학생은 물리학과 학생과 통계학과 학생이 좋아하는 색만 좋아한다.
> • C는 검은색을 좋아하고, B는 빨간색을 좋아하지 않는다.

① A는 통계학과이다.
② B는 물리학과이다.
③ C는 지리학과이다.
④ D는 경제학과이다.
⑤ B와 C는 빨간색을 좋아한다.

02 규칙 적용

| 유형분석 |

- 주어진 상황과 규칙을 종합적으로 활용하여 풀어가는 문제이다.
- 일정, 비용, 순서 등 다양한 내용을 다루고 있어 유형을 한 가지로 단일화하기 어렵다.

갑은 다음 규칙을 참고하여 알파벳 단어를 숫자로 변환하고자 한다. 규칙을 적용한 〈보기〉의 단어에서 알파벳 Z에 해당하는 자연수들을 모두 더한 값은?

〈규칙〉

① 알파벳 'A'부터 'Z'까지 순서대로 자연수를 부여한다.
　예 A=2라고 하면 B=3, C=4, D=5이다.
② 단어의 음절에 같은 알파벳이 연속되는 경우 ①에서 부여한 숫자를 알파벳이 연속되는 횟수만큼 거듭제곱한다.
　예 A=2이고 단어가 'AABB'이면 AA는 '2^2'이고, BB는 '3^2'이므로 '49'로 적는다.

보기

㉠ AAABBCC는 10000001020110404로 변환된다.
㉡ CDFE는 3465로 변환된다.
㉢ PJJYZZ는 1712126729로 변환된다.
㉣ QQTSR은 625282726으로 변환된다.

① 154
② 176
③ 199
④ 212
⑤ 234

정답 ④

㉠ A=100, B=101, C=102이다. 따라서 Z=125이다.
㉡ C=3, D=4, E=5, F=6이다. 따라서 Z=26이다.
㉢ P가 17임을 볼 때, J=11, Y=26, Z=27이다.
㉣ Q=25, R=26, S=27, T=28이다. 따라서 Z=34이다.
따라서 해당하는 Z값을 모두 더하면 125+26+27+34=212이다.

풀이 전략!

문제에 제시된 조건이나 규칙을 정확히 파악한 후, 선택지나 상황에 적용하여 문제를 풀어나간다.

대표기출유형 02 기출응용문제

01 다음은 규칙에 따라 2에서 10까지의 서로 다른 자연수의 관계를 나타낸 그림이다. 이때 A ~ C에 해당하는 수의 합은?

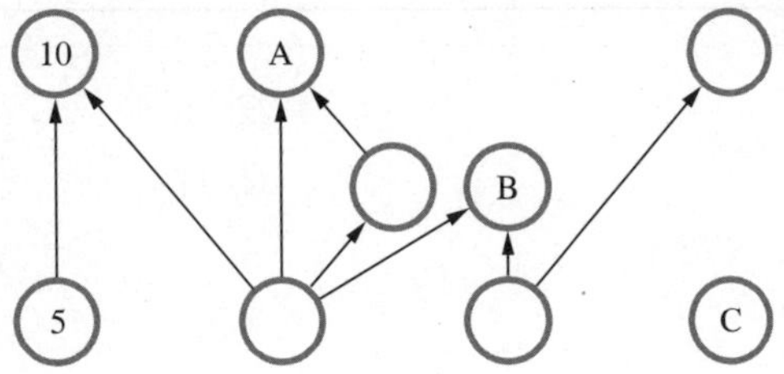

〈규칙〉

- 2에서 10까지의 자연수는 ◯ 안에 한 개씩만 사용되고, 사용되지 않는 자연수는 없다.
- 2에서 10까지의 서로 다른 임의의 자연수 3개를 x, y, z라고 할 때 다음과 같다.
  - (x) ⟶ (y)는 y가 x의 배수임을 나타낸다.
  - 화살표로 연결되지 않은 (z)는 z가 x, y와 약수나 배수 관계가 없음을 나타낸다.

① 20 ② 21
③ 22 ④ 23
⑤ 24

02 K회사는 일정한 규칙에 따라 만든 암호를 팀별 보안키로 활용한다. 이때 x와 y의 합은?

A팀	B팀	C팀	D팀	E팀	F팀
1938	2649	3576	6537	9642	2766
G팀	H팀	I팀	J팀	K팀	L팀
19344	21864	53193	84522	$9023x$	$7y352$

① 11
② 13
③ 15
④ 17
⑤ 19

03 다음 자료를 참고할 때, 〈보기〉의 주민등록번호 빈칸에 해당하는 숫자로 옳은 것은?

우리나라에서 국민에게 발급하는 주민등록번호는 각각의 번호가 고유한 번호로, 13자리 숫자로 구성된다. 13자리 숫자는 생년, 월, 일, 성별, 출생신고지역, 접수번호, 검증번호로 구분된다.

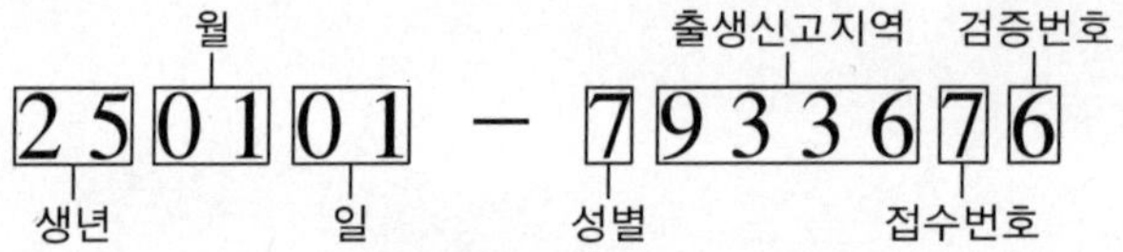

여기서 13번째 숫자인 검증번호는 주민등록번호의 정확성 여부를 검사하는 번호로, 앞의 12자리 숫자를 이용해서 구해지는데 계산법은 다음과 같다.

- 1단계 : 주민등록번호의 앞 12자리 숫자에 가중치 2, 3, 4, 5, 6, 7, 8, 9, 2, 3, 4, 5를 곱한다.
- 2단계 : 가중치를 곱한 값의 합을 계산한다.
- 3단계 : 가중치의 합을 11로 나눈 나머지를 구한다.
- 4단계 : 11에서 나머지를 뺀 수를 10으로 나눈 나머지가 검증번호가 된다.

보기

2 4 0 2 0 2 – 8 0 3 7 0 1 (   )

① 4
② 5
③ 6
④ 7
⑤ 8

04 A씨는 영업비밀 보호를 위해 자신의 컴퓨터 속 각 문서의 암호를 규칙에 따라 만들었다. 파일 이름이 다음과 같을 때, 이 파일의 암호는 무엇인가?

〈규칙〉

1. 비밀번호 중 첫 번째 자리에는 파일 이름의 첫 문자가 한글일 경우 @, 영어일 경우 #, 숫자일 경우 *로 특수문자를 입력한다.
   → 고슴Dochi=@, haRAMY801=#, 1app루=*
2. 두 번째 자리에는 파일 이름의 총 자리 개수를 입력한다.
   → 고슴Dochi=@7, haRAMY801=#9, 1app루=*5
3. 세 번째 자리부터는 파일 이름 내에 숫자를 순서대로 입력한다. 숫자가 없을 경우 0을 두 번 입력한다.
   → 고슴Dochi=@700, haRAMY801=#9801, 1app루=*51
4. 그 다음 자리에는 파일 이름 중 한글이 있을 경우 초성만 순서대로 입력한다. 없다면 입력하지 않는다.
   → 고슴Dochi=@700ㄱㅅ, haRAMY801=#9801, 1app루=*51ㄹ
5. 그 다음 자리에는 파일 이름 중 영어가 있다면 뒤에 덧붙여 순서대로 입력하되, a, e, i, o, u만 'a=1, e=2, i=3, o=4, u=5'로 변형하여 입력한다(대문자·소문자 구분 없이 모두 소문자로 입력한다).
   → 고슴Dochi=@700ㄱㅅd4ch3, haRAMY801=#9801h1r1my, 1app루=*51ㄹ1pp

2022매운전골Cset3인기준recipe8

① @23202238ㅁㅇㅈㄱㅇㄱㅈcs2trecipe

② @23202238ㅁㅇㅈㄱㅇㄱㅈcs2tr2c3p2

③ *23202238ㅁㅇㅈㄱㅇㄱㅈcs2trecipe

④ *23202238ㅁㅇㅈㄱㅇㄱㅈcs2tr2c3p2

⑤ *23202238ㅁㅇㅈㄱㅇㄱㅈcsetrecipe

03 자료 해석

| 유형분석 |

- 주어진 자료를 해석하고 활용하여 풀어가는 문제이다.
- 꼼꼼하고 분석적인 접근이 필요한 다양한 자료들이 출제된다.

K사 인사팀 직원인 A씨는 사내 설문조사를 통해 요즘 사람들이 연봉보다는 일과 삶의 균형을 더 중요시하고 직무의 전문성을 높이고 싶어 한다는 결과를 도출했다. 다음 중 설문조사 결과와 K사 임직원의 근무여건에 대한 자료를 참고하여 인사제도를 합리적으로 변경한 것은?

〈임직원 근무여건〉

구분	주당 근무 일수(평균)	주당 근무시간(평균)	직무교육 여부	퇴사율
정규직	6일	52시간 이상	○	17%
비정규직 1	5일	40시간 이상	○	12%
비정규직 2	5일	20시간 이상	×	25%

① 정규직의 연봉을 7% 인상한다.
② 정규직을 비정규직으로 전환한다.
③ 비정규직 1의 직무교육을 비정규직 2와 같이 조정한다.
④ 정규직의 주당 근무시간을 비정규직 1과 같이 조정하고 비정규직 2의 직무교육을 시행한다.
⑤ 비정규직 2의 근무 일수를 정규직과 같이 조정한다.

정답 ④

정규직의 주당 근무시간을 비정규직 1과 같이 줄여 근무여건을 개선하고, 퇴사율이 가장 높은 비정규직 2의 직무교육을 시행하여 퇴사율을 줄이는 것이 가장 합리적이다.

오답분석

① 설문조사 결과에서 연봉보다는 일과 삶의 균형을 더 중요시한다고 하였으므로 연봉이 상승하는 것은 퇴사율에 영향을 미치지 않음을 추론할 수 있다.
② 정규직을 비정규직으로 전환하는 것은 고용의 안정성을 낮추어 퇴사율을 더욱 높일 수 있다.
③ 직무교육을 하지 않는 비정규직 2보다 직무교육을 하는 정규직과 비정규직 1의 퇴사율이 더 낮기 때문에 적절하지 않다.
⑤ 비정규직 2의 주당 근무 일수를 정규직과 같이 조정하면 주 6일 20시간을 근무하게 되어 비효율적인 업무를 수행한다.

풀이 전략!

문제해결을 위해 필요한 정보가 무엇인지 먼저 파악한 후, 제시된 자료를 분석적으로 읽고 해석한다.

대표기출유형 03 기출응용문제

01 다음은 K공사가 공개한 부패공직자 사건 및 징계 현황이다. 이에 대한 설명으로 옳지 않은 것을 〈보기〉에서 모두 고르면?

〈부패공직자 사건 및 징계 현황〉

구분	부패행위 유형	부패금액	징계종류	처분일	고발 여부
1	이권개입 및 직위의 사적사용	23만 원	감봉 1월	2018.06.19.	미고발
2	직무관련자로부터 금품 및 향응 수수	75만 원	해임	2019.05.20.	미고발
3	직무관련자로푸터 향응 수수	6만 원	견책	2020.12.22.	미고발
4	직무관련자로부터 금품 및 향응 수수	11만 원	감봉 1개월	2021.02.04.	미고발
5	직무관련자로부터 금품 수수	40만 원가량	경고 (무혐의 처분, 징계시효 말소)	2022.03.06.	미고발
6	직권남용(직위의 사적이용)	–	해임	2022.05.24.	고발
7	직무관련자로부터 금품 수수	526만 원	해임	2022.09.17.	고발
8	직무관련자로부터 금품 수수 등	300만 원	해임	2023.05.18.	고발

보기

ㄱ. K공사에서 해당 사건의 부패금액이 일정 수준 이상인 경우 고발한 것으로 해석할 수 있다.
ㄴ. 해임당한 공직자들은 모두 고발되었다.
ㄷ. 직무관련자로부터 금품을 수수한 사건은 총 5건 있었다.
ㄹ. 동일한 부패행위 유형에 해당하더라도 다른 징계처분을 받을 수 있다.

① ㄱ, ㄴ
② ㄱ, ㄷ
③ ㄴ, ㄷ
④ ㄴ, ㄹ
⑤ ㄷ, ㄹ

02 다음 자료와 〈조건〉을 바탕으로 철수, 영희, 민수, 철호가 상품을 구입한 쇼핑몰을 바르게 나열한 것은?

〈이용약관의 주요 내용〉

쇼핑몰	주문 취소	환불	배송비	포인트 적립
A	주문 후 7일 이내 취소 가능	10% 환불수수료+송금수수료 차감	무료	구입 금액의 3%
B	주문 후 10일 이내 취소 가능	환불수수료+송금수수료 차감	20만 원 이상 무료	구입 금액의 5%
C	주문 후 7일 이내 취소 가능	환불수수료+송금수수료 차감	1회 이용 시 1만 원	없음
D	주문 후 당일에만 취소 가능	환불수수료+송금수수료 차감	5만 원 이상 무료	없음
E	취소 불가능	고객 귀책 사유에 의한 환불 시에만 10% 환불수수료	1만 원 이상 무료	구입 금액의 10%
F	취소 불가능	원칙적으로 환불 불가능 (사업자 귀책 사유일 때만 환불 가능)	100g당 2,500원	없음

조건

- 철수는 부모님의 선물로 등산용품을 구입하였는데, 판매자의 업무착오로 배송이 지연되어 판매자에게 전화로 환불을 요구하였다. 판매자는 판매금액 그대로를 통장에 입금해 주었고 구입 시 발생한 포인트도 유지하여 주었다.
- 영희는 옷을 구매할 때 배송료를 고려하여 한 가지씩 여러 번에 나누어 구매하기보다는 가능한 한꺼번에 주문하곤 하였다.
- 인터넷 사이트에서 영화티켓을 20,000원에 주문한 민수는 다음 날 같은 티켓을 18,000원에 파는 사이트를 발견하고 전날 구매한 티켓을 취소하려 했지만 취소가 되지 않아 곤란을 겪은 적이 있다.
- 가방을 100,000원에 구매한 철호는 도착한 물건의 디자인이 마음에 들지 않아 환불 및 송금수수료와 배송료를 감수하는 손해를 보면서도 환불할 수밖에 없었다.

	철수	영희	민수	철호
①	E	B	C	D
②	F	E	D	B
③	E	D	F	C
④	F	C	E	B
⑤	E	C	B	D

03 같은 해에 입사한 동기 A ~ E는 모두 K공사 소속으로 서로 다른 부서에서 일하고 있다. 이들이 근무하는 부서와 해당 부서의 성과급은 다음과 같다. 이를 참고할 때 항상 옳은 것은?

〈부서별 성과급〉

비서실	영업부	인사부	총무부	홍보부
60만 원	20만 원	40만 원	60만 원	60만 원

※ 각 사원은 모두 각 부서의 성과급을 동일하게 받음

〈부서배치 조건〉

- A는 성과급이 평균보다 적은 부서에서 일한다.
- B와 D의 성과급을 더하면 나머지 세 명의 성과급 합과 같다.
- C의 성과급은 총무부보다는 적지만 A보다는 많다.
- C와 D 중 한 사람은 비서실에서 일한다.
- E는 홍보부에서 일한다.

〈휴가 조건〉

- 영업부 직원은 비서실 직원보다 늦게 휴가를 가야 한다.
- 인사부 직원은 첫 번째 또는 제일 마지막으로 휴가를 가야 한다.
- B의 휴가 순서는 이들 중 세 번째이다.
- E는 휴가를 반납하고 성과급을 두 배로 받는다.

① A의 3개월 치 성과급은 C의 2개월 치 성과급보다 많다.
② C가 맨 먼저 휴가를 갈 경우, B가 맨 마지막으로 휴가를 가게 된다.
③ D가 C보다 성과급이 많다.
④ 휴가철이 끝난 직후, D와 E의 성과급 차이는 세 배이다.
⑤ B는 A보다 휴가를 먼저 출발한다.

04 SWOT 분석

| 유형분석 |

- 상황에 대한 환경 분석 결과를 통해 주요 과제를 도출하는 문제이다.
- 주로 3C 분석 또는 SWOT 분석을 활용한 문제들이 출제되고 있으므로 해당 분석도구에 대한 사전 학습이 요구된다.

다음 글을 참고하여 B자동차가 취할 수 있는 전략으로 옳은 것은?

'SWOT'는 Strength(강점), Weakness(약점), Opportunity(기회), Threat(위협)의 머리글자를 따서 만든 단어로, 경영 전략을 세우는 방법론이다. SWOT로 도출된 조직의 내·외부 환경을 분석하고, 이 결과를 통해 대응전략을 구상할 수 있다. 'SO전략'은 기회를 활용하기 위해 강점을 사용하는 전략이고, 'WO전략'은 약점을 보완 또는 극복하여 시장의 기회를 활용하는 전략이다. 'ST전략'은 위협을 피하기 위해 강점을 활용하는 방법이며, 'WT전략'은 위협요인을 피하기 위해 약점을 보완하는 전략이다.

- 새로운 정권의 탄생으로 자동차 업계 내 새로운 바람이 불 것으로 예상된다. A당선인이 이번 선거에서 친환경차 보급 확대를 주요 공약으로 내세웠고, 공약에 따라 공공기관용 친환경차 비율을 70%로 상향시키기로 하고, 친환경차 보조금 확대 등을 통해 친환경차 보급률을 높이겠다는 계획을 세웠다. 또한 최근 환경을 생각하는 국민 의식의 향상과 친환경차의 연비 절감 부분이 친환경차 구매 욕구 상승에 기여하고 있다.
- B자동차는 기존에 전기자동차 모델들을 꾸준히 출시하여 성장세가 두드러지고 있는데다 고객들의 다양한 구매 욕구를 충족시킬 만한 전기자동차 상품의 다양성을 확보하였다. 또한, B자동차의 전기자동차 미국 수출이 증가하고 있는 만큼 앞으로의 전망도 밝을 것으로 예상된다.

① SO전략　② WO전략
③ ST전략　④ WT전략

정답 ①

- Strength(강점) : B자동차는 전기자동차 모델들을 꾸준히 출시하여 성장세가 두드러지고 있는데다 고객들의 다양한 구매 욕구를 충족시킬 만한 전기자동차 상품의 다양성을 확보하였다.
- Opportunity(기회) : 새로운 정권에서 친환경차 보급 확대에 적극 나설 것으로 보인다는 점과 환경을 생각하는 국민 의식의 향상과 친환경차의 연비 절감 부분이 친환경차 구매 욕구 상승에 기여하고 있으며 B자동차의 미국 수출이 증가하고 있다.

따라서 해당 기사를 분석하면 SO전략이 옳다.

풀이 전략!

문제에 제시된 분석도구를 확인한 후, 분석 결과를 종합적으로 판단하여 각 선택지의 전략 과제와 일치 여부를 판단한다.

대표기출유형 04 기출응용문제

01 K공사의 기획팀 B팀장은 C사원에게 K공사에 대한 마케팅 전략 보고서를 요청하였다. C사원이 제출한 SWOT 분석 결과가 다음과 같을 때, 밑줄 친 ㉠～㉤ 중 SWOT 분석에 들어갈 내용으로 적절하지 않은 것은?

강점(Strength)	• 새롭고 혁신적인 서비스 • ㉠ 직원들에게 가치를 더하는 공사의 다양한 측면 • 특화된 마케팅 전문 지식
약점(Weakness)	• 낮은 품질의 서비스 • ㉡ 경쟁자의 시장 철수로 인한 시장 진입 가능성
기회(Opportunity)	• ㉢ 합작회사를 통한 전략적 협력 구축 가능성 • 글로벌 시장으로의 접근성 향상
위협(Threat)	• ㉣ 주력 시장에 나타난 신규 경쟁자 • ㉤ 경쟁 기업의 혁신적 서비스 개발 • 경쟁 기업과의 가격 전쟁

① ㉠
② ㉡
③ ㉢
④ ㉣
⑤ ㉤

02 K은행에 근무 중인 L사원은 국내 금융 시장에 대한 보고서를 작성하면서 K은행에 대한 SWOT 분석을 진행하였다. 다음 중 L사원이 작성한 SWOT 분석의 위협요인에 들어갈 내용으로 적절하지 않은 것은?

강점(Strength)	약점(Weakness)
• 지속적 혁신에 대한 경영자의 긍정적 마인드 • 고객만족도 1위의 높은 고객 충성도 • 다양한 투자 상품 개발	• 해외 투자 경험 부족으로 취약한 글로벌 경쟁력 • 소매 금융에 비해 부족한 기업 금융
기회(Opportunity)	**위협(Threat)**
• 국내 유동자금의 증가 • 해외 금융시장 진출 확대 • 정부의 규제 완화 정책	

① 정부의 정책 노선 혼란 등으로 인한 시장의 불확실성 증가
② 경기 침체 장기화
③ 부족한 리스크 관리 능력
④ 금융업의 경계 파괴에 따른 경쟁 심화
⑤ 글로벌 금융사의 국내 시장 진출

CHAPTER 03

수리능력

합격 Cheat Key

수리능력은 사칙 연산・통계・확률의 의미를 정확하게 이해하고 이를 업무에 적용하는 능력으로, 기초 연산과 기초 통계, 도표 분석 및 작성의 문제 유형으로 출제된다. 수리능력 역시 채택하지 않는 공사・공단이 거의 없을 만큼 필기시험에서 중요도가 높은 영역이다.

특히, 난이도가 높은 공사・공단의 시험에서는 도표 분석, 즉 자료 해석 유형의 문제가 많이 출제되고 있고, 응용 수리 역시 꾸준히 출제하는 공사・공단이 많기 때문에 기초 연산과 기초 통계에 대한 공식의 암기와 자료 해석 능력을 기를 수 있는 꾸준한 연습이 필요하다.

1 응용 수리의 공식은 반드시 암기하라!

응용 수리는 공사・공단마다 출제되는 문제는 다르지만, 사용되는 공식은 비슷한 경우가 많으므로 자주 출제되는 공식을 반드시 암기하여야 한다. 문제에서 묻는 것을 정확하게 파악하여 그에 맞는 공식을 적절하게 적용하는 꾸준한 노력과 공식을 암기하는 연습이 필요하다.

2 자료의 해석은 자료에서 즉시 확인할 수 있는 지문부터 확인하라!

수리능력 중 도표 분석, 즉 자료 해석 능력은 많은 시간을 필요로 하는 문제가 출제되므로, 증가·감소 추이와 같이 눈으로 확인이 가능한 지문을 먼저 확인한 후 복잡한 계산이 필요한 지문을 확인하는 방법으로 문제를 풀이한다면 시간을 조금이라도 아낄 수 있다. 또한, 여러 가지 보기가 주어진 문제 역시 지문을 잘 확인하고 문제를 풀이한다면 불필요한 계산을 생략할 수 있으므로 항상 지문부터 확인하는 습관을 들여야 한다.

3 도표 작성에서 지문에 작성된 도표의 제목을 반드시 확인하라!

도표 작성은 하나의 자료 혹은 보고서와 같은 수치가 표현된 자료를 도표로 작성하는 형식으로 출제되는데, 대체로 표보다는 그래프를 작성하는 형태로 많이 출제된다. 지문을 살펴보면 각 지문에서 주어진 도표에도 소제목이 있는 경우가 대부분이다. 이때, 자료의 수치와 도표의 제목이 일치하지 않는 경우 함정이 존재하는 문제일 가능성이 높으므로 도표의 제목을 반드시 확인하는 것이 중요하다.

01 | 응용 수리

| 유형분석 |

- 문제에서 제공하는 정보를 파악한 뒤, 사칙연산을 활용하여 계산하는 전형적인 수리문제이다.
- 문제를 풀기 위한 정보가 산재되어 있는 경우가 많으므로 주어진 조건 등을 꼼꼼히 확인해야 한다.

대학 서적을 도서관에서 빌리면 10일간 무료이고, 그 이상은 하루에 100원의 연체료가 부과되며 한 달 단위로 연체료는 두 배로 늘어난다. 1학기 동안 대학 서적을 도서관에서 빌려 사용하는 데 얼마의 비용이 드는가?(단, 1학기의 기간은 15주이고, 한 달은 30일로 정한다)

① 18,000원　　② 20,000원
③ 23,000원　　④ 25,000원
⑤ 28,000원

정답 ④

- 1학기의 기간 : 15×7=105일
- 연체료가 부과되는 기간 : 105－10=95일
- 연체료가 부과되는 시점에서부터 한 달 동안의 연체료 : 30×100=3,000원
- 첫 번째 달부터 두 번째 달까지의 연체료 : 30×100×2=6,000원
- 두 번째 달부터 세 번째 달까지의 연체료 : 30×100×2×2=12,000원
- 95일(3개월 5일) 연체료 : 3,000+6,000+12,000+5×(100×2×2×2)=25,000원

따라서 1학기 동안 대학 서적을 도서관에서 빌려 사용한다면 25,000원의 비용이 든다.

풀이 전략!

문제에서 묻는 바를 정확하게 확인한 후, 필요한 조건 또는 정보를 구분하여 신속하게 풀어 나간다. 단, 계산에 착오가 생기지 않도록 유의한다.

대표기출유형 01 기출응용문제

01 남학생 4명과 여학생 3명이 원형 모양의 탁자에 앉을 때, 여학생 3명이 이웃해서 앉을 확률은?

① $\frac{1}{5}$
② $\frac{1}{7}$
③ $\frac{1}{12}$
④ $\frac{1}{15}$
⑤ $\frac{1}{21}$

02 K프로젝트는 A가 혼자 일하면 10일, B가 혼자 일하면 20일, C가 혼자 일하면 40일이 걸린다. 이 프로젝트를 4일간 A와 B가 먼저 일하고, 남은 양을 C 혼자서 마무리한다고 할 때, C는 며칠간 일해야 하는가?

① 12일
② 14일
③ 16일
④ 18일
⑤ 20일

03 농도가 서로 다른 소금물 A, B가 있다. 소금물 A를 200g, 소금물 B를 300g 섞으면 농도가 9%인 소금물이 되고, 소금물 A를 300g, 소금물 B를 200g 섞으면 농도 10%인 소금물이 될 때, 소금물 B의 농도는?

① 7%
② 10%
③ 13%
④ 20%
⑤ 25%

04 희경이의 회사는 본사에서 지점까지의 거리가 총 50km이다. 본사에서 근무하는 희경이가 지점에서의 미팅을 위해 버스를 타고 60km/h의 속력으로 20km를 갔더니 시간이 얼마 남지 않아서, 택시로 바꿔 타고 90km/h의 속력으로 가서 오후 3시에 도착할 수 있었다. 희경이가 본사에서 나온 시각은 언제인가?(단, 본사에서 나와 버스를 기다린 시간과 버스에서 택시로 바꿔 탄 시간은 생각하지 않는다)

① 오후 1시 40분
② 오후 2시
③ 오후 2시 20분
④ 오후 2시 40분
⑤ 오후 3시

05 철수가 각각 1개의 주사위와 동전을 2번씩 던진다. 이때, 주사위의 눈의 합이 7이 나오면서 동전이 둘 다 앞면이 나올 확률은?

① $\frac{1}{20}$
② $\frac{1}{22}$
③ $\frac{1}{24}$
④ $\frac{1}{26}$
⑤ $\frac{1}{28}$

06 원가의 20%를 추가한 금액을 정가로 하는 제품을 15% 할인해서 50개를 판매한 금액이 127,500원일 때, 이 제품의 원가는 얼마인가?

① 1,500원
② 2,000원
③ 2,500원
④ 3,000원
⑤ 3,500원

07 농도를 알 수 없는 설탕물 500g에 농도 3%의 설탕물 200g을 온전히 섞었더니 섞은 설탕물의 농도는 7%가 되었다. 처음 500g의 설탕물에 녹아있던 설탕은 몇 g인가?

① 40g
② 41g
③ 42g
④ 43g
⑤ 44g

08 철도 길이가 570m인 터널이 있다. A기차는 터널을 완전히 빠져나갈 때까지 50초가 걸렸고, 기차 길이가 A기차의 길이보다 60m 짧은 B기차는 23초가 걸렸다. 두 기차가 터널 양 끝에서 동시에 출발하면 $\frac{1}{3}$ 지점에서 만난다고 할 때, A기차의 길이는 얼마인가?(단, 기차 속력은 일정하다)

① 150m
② 160m
③ 170m
④ 180m
⑤ 190m

09 다음 <조건>을 바탕으로 할 때, 乙의 나이로 가능한 것은?

조건

- 甲과 乙은 부부이다. a는 甲의 동생, b, c는 아들과 딸이다.
- 甲은 乙과 동갑이거나 乙보다 나이가 많다.
- a, b, c 나이의 곱은 2,450이다.
- a, b, c 나이의 합은 46이다.
- a는 19 ~ 34세이다.
- 甲과 乙의 나이 합은 아들과 딸의 나이 합의 4배이다.

① 46세
② 45세
③ 44세
④ 43세
⑤ 42세

02 자료 계산

| 유형분석 |

- 문제에 주어진 자료를 분석하여 각 선택지의 값을 계산해 정답 유무를 판단하는 문제이다.
- 주로 그래프와 표로 제시되며, 경영·경제·산업 등과 관련된 최신 이슈를 많이 다룬다.
- 자료 간의 증감률·비율·추세 등을 자주 묻는다.

K마트 물류팀에 근무하는 E사원은 9월 라면 입고량과 판매량을 확인하던 중 11일과 15일에 A, B업체의 기록이 누락되어 있는 것을 발견하였다. 동료직원인 D사원은 E사원에게 "9월 11일의 전체 라면 재고량 중 A업체는 10%, B업체는 9%를 차지하였고, 9월 15일의 A업체 라면 재고량은 B업체보다 500개가 더 많았다."라고 말했다. 이때 9월 11일의 전체 라면 재고량은 몇 개인가?

구분		9월 12일	9월 13일	9월 14일
A업체	입고량	300	–	200
	판매량	150	100	–
B업체	입고량	–	250	–
	판매량	200	150	50

① 10,000개 ② 15,000개
③ 20,000개 ④ 25,000개
⑤ 30,000개

정답 ①

9월 11일의 전체 라면 재고량을 x개라고 하면, A, B업체의 9월 11일 라면 재고량은 각각 $0.1x$개, $0.09x$개이다.
이때 A, B업체의 9월 15일 라면 재고량을 구하면 다음과 같다.

- A업체 : $0.1x+300+200-150-100=(0.1x+250)$개
- B업체 : $0.09x+250-200-150-50=(0.09x-150)$개

9월 15일에는 A업체의 라면 재고량이 B업체보다 500개가 더 많으므로 식을 세우면 다음과 같다.

$0.1x+250=0.09x-150+500$

$\therefore x=10,000$

따라서 9월 11일의 전체 라면 재고량은 10,000개이다.

풀이 전략!

선택지를 먼저 읽고 필요한 정보를 도표에서 확인하도록 하며, 계산이 필요한 경우에는 실제 수치를 사용하여 복잡한 계산을 하는 대신, 대소 관계의 비교나 선택지의 옳고 그름만을 판단할 수 있을 정도로 간소화하여 계산해 풀이시간을 단축할 수 있도록 한다.

01 다음은 자원봉사 참여 현황에 대한 자료이다. 참여율이 4번째로 높은 해의 전년 대비 참여율의 증가율을 구하면?(단, 증가율은 소수점 첫째 자리에서 반올림한다)

〈자원봉사 참여 현황〉

(단위 : 천 명, %)

구분	2019년	2020년	2021년	2022년	2023년	2024년
총 성인 인구수	35,744	36,786	37,188	37,618	38,038	38,931
자원봉사 참여 성인 인구수	1,621	2,103	2,548	3,294	3,879	4,634
참여율	4.5	5.7	6.9	8.8	10.2	11.9

① 17%
② 19%
③ 21%
④ 23%
⑤ 25%

02 K사는 최근 미세먼지와 황사로 인해 실내 공기질이 많이 안 좋아졌다는 건의가 들어와 내부 검토 후 예산 400만 원으로 공기청정기 40대를 구매하기로 하였다. 다음 두 업체 중 어느 곳에서 공기청정기를 구매하는 것이 유리하며, 얼마나 더 저렴한가?

업체	할인 정보	가격
S전자	• 8대 구매 시 2대 무료 증정 • 구매 금액 100만 원당 2만 원 할인	8만 원/대
B마트	• 20대 이상 구매 : 2% 할인 • 30대 이상 구매 : 5% 할인 • 40대 이상 구매 : 7% 할인 • 50대 이상 구매 : 10% 할인	9만 원/대

※ 1,000원 단위 이하는 절사함

① S전자, 82만 원
② S전자, 148만 원
③ S전자, 160만 원
④ B마트, 20만 원
⑤ B마트, 48만 원

03 자료 이해

| 유형분석 |

- 제시된 표를 분석하여 선택지의 정답 유무를 판단하는 문제이다.
- 표의 수치 등을 통해 변화량이나 증감률, 비중 등을 비교하여 판단하는 문제가 자주 출제된다.
- 지원하고자 하는 기업이나 산업과 관련된 자료 등이 문제의 자료로 많이 다뤄진다.

다음은 A ~ E 5개국의 경제 및 사회 지표 자료이다. 이에 대한 설명으로 옳지 않은 것은?

〈주요 5개국의 경제 및 사회 지표〉

구분	1인당 GDP(달러)	경제성장률(%)	수출(백만 달러)	수입(백만 달러)	총인구(백만 명)
A	27,214	2.6	526,757	436,499	50.6
B	32,477	0.5	624,787	648,315	126.6
C	55,837	2.4	1,504,580	2,315,300	321.8
D	25,832	3.2	277,423	304,315	46.1
E	56,328	2.3	188,445	208,414	24.0

※ (총 GDP)=(1인당 GDP)×(총인구)

① 경제성장률이 가장 큰 나라가 총 GDP는 가장 작다.
② 총 GDP가 가장 큰 나라의 GDP는 가장 작은 나라의 GDP보다 10배 이상 더 크다.
③ 5개국 중 수출과 수입에 있어서 규모에 따라 나열한 순위는 서로 일치한다.
④ A국이 E국보다 총 GDP가 더 크다.
⑤ 1인당 GDP에 따른 순위와 총 GDP에 따른 순위는 서로 일치한다.

정답 ⑤

1인당 GDP 순위는 E>C>B>A>D이다. 그런데 1인당 GDP가 가장 큰 E국은 1인당 GDP가 2위인 C국보다 1% 정도밖에 높지 않은 반면, 인구는 C국의 $\frac{1}{10}$ 이하이므로 총 GDP 역시 C국보다 작다. 따라서 1인당 GDP 순위와 총 GDP 순위는 일치하지 않는다.

풀이 전략!

평소 변화량이나 증감률, 비중 등을 구하는 공식을 알아두고 있어야 하며, 지원하는 기업이나 산업에 관한 자료 등을 확인하여 비교하는 연습 등을 한다.

01 다음은 연령대별 삶의 만족도에 대해 조사한 자료이다. 이에 대한 설명으로 옳은 것을 〈보기〉에서 모두 고르면?

〈연령대별 삶의 만족도〉

(단위 : %)

구분	매우 만족	만족	보통	불만족	매우 불만족
10대	8	11	34	28	19
20대	3	13	39	28	17
30대	5	10	36	39	10
40대	11	17	48	16	8
50대	14	18	42	23	3

※ 긍정적인 답변 : 매우 만족, 만족, 보통
※ 부정적인 답변 : 불만족, 매우 불만족

보기

㉠ 연령대가 높아질수록 '매우 불만족'이라고 응답한 비율은 낮아진다.
㉡ 모든 연령대에서 '매우 만족'과 '만족'이라고 응답한 비율이 가장 낮은 연령대는 20대이다.
㉢ 모든 연령대에서 긍정적인 답변을 한 비율은 50% 이상이다.
㉣ 50대에서 '불만족' 또는 '매우 불만족'이라고 응답한 비율은 '만족' 또는 '매우 만족'이라고 응답한 비율의 80% 이하이다.

① ㉠, ㉢
② ㉠, ㉣
③ ㉡, ㉢
④ ㉡, ㉣
⑤ ㉢, ㉣

02 K기업의 연구소에서는 신소재 물질을 개발하고 있다. 최근 새롭게 연구하고 있는 4가지 물질에 대한 농도를 측정하기 위해 A～D연구기관에 검사를 요청하였다. 측정결과가 다음과 같을 때, 이를 이해한 내용으로 옳지 않은 것은?

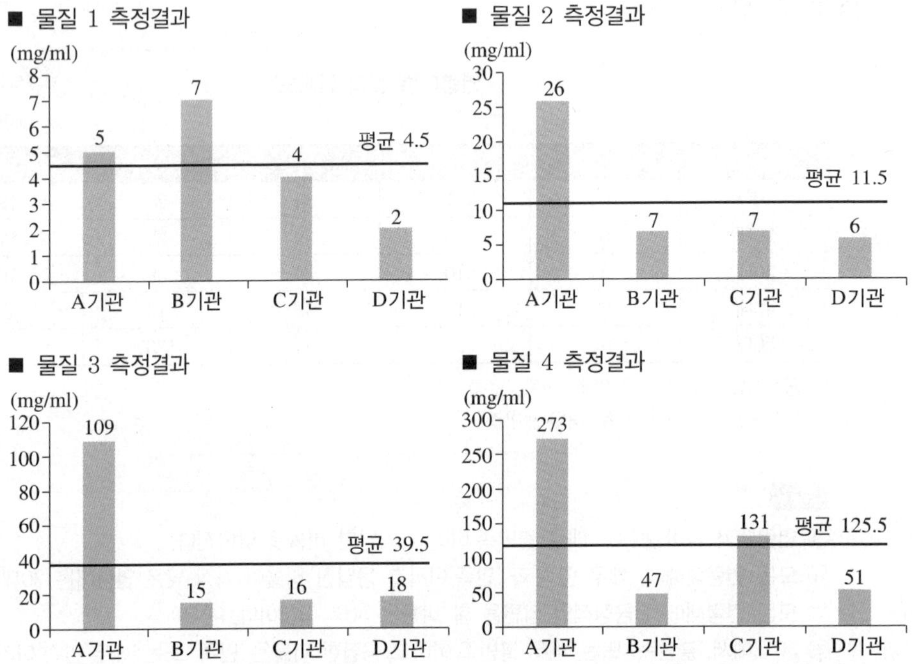

※ 유효농도 : 각 실험기관에서 측정한 농도의 평균

※ (실험오차)=|(실험결과)−(유효농도)|

※ $[\text{실험오차율}(\%)]=\dfrac{(\text{실험오차})}{(\text{유효농도})}\times 100$

① 물질 1에 대한 B기관과 D기관의 실험오차율은 동일하다.

② 물질 3에 대한 실험오차율은 A기관이 가장 크다.

③ 물질 1에 대한 B기관의 실험오차율은 물질 2에 대한 A기관의 실험오차율보다 작다.

④ 물질 2에 대한 A기관의 실험오차율은 물질 2에 대한 나머지 기관의 실험오차율 합보다 작다.

⑤ A기관의 실험결과를 제외하면, 4개 물질의 유효농도 값은 A기관의 결괏값을 제외하기 전보다 작아진다.

03 다음은 미국이 환율조작국을 지정하기 위해 만든 요건별 판단기준과 A ~ K국에 대한 자료이다. 이에 대한 설명으로 옳은 것을 〈보기〉에서 모두 고르면?

〈요건별 판단기준〉

요건	X 현저한 대미무역수지 흑자	Y 상당한 경상수지 흑자	Z 지속적 환율시장 개입
판단기준	대미무역수지 200억 달러 초과	GDP 대비 경상수지 비중 3% 초과	GDP 대비 외화자산순매수액 비중 2% 초과

※ 요건 중 세 가지를 모두 충족하면 환율조작국으로 지정됨
※ 요건 중 두 가지만을 충족하면 관찰대상국으로 지정됨

〈환율조작국 지정 관련 자료〉

(단위 : 10억 달러, %)

구분	대미무역수지	GDP 대비 경상수지 비중	GDP 대비 외화자산순매수액 비중
A	365.7	3.1	−3.9
B	74.2	8.5	0.0
C	68.6	3.3	2.1
D	58.4	−2.8	−1.8
E	28.3	7.7	0.2
F	27.8	2.2	1.1
G	23.2	−1.1	1.8
H	17.6	−0.2	0.2
I	14.9	−3.3	0.0
J	14.9	14.6	2.4
K	−4.3	−3.3	0.1

보기

㉠ 환율조작국으로 지정되는 국가는 없다.
㉡ B국은 X요건과 Y요건을 충족한다.
㉢ 관찰대상국으로 지정되는 국가는 모두 4곳이다.
㉣ X요건의 판단기준을 '대미무역수지 200억 달러 초과'에서 '대미무역수지 150억 달러 초과'로 변경하여도 관찰대상국 및 환율조작국으로 지정되는 국가들은 동일하다.

① ㉠, ㉡
② ㉠, ㉢
③ ㉡, ㉣
④ ㉢, ㉣
⑤ ㉡, ㉢, ㉣

PART 1

04 다음은 국민권익위원회에서 발표한 행정기관들의 고충민원 접수처리 현황이다. 〈보기〉 중 이에 대한 설명으로 옳은 것을 모두 고르면?(단, 소수점 셋째 자리에서 반올림한다)

〈고충민원 접수처리 현황〉

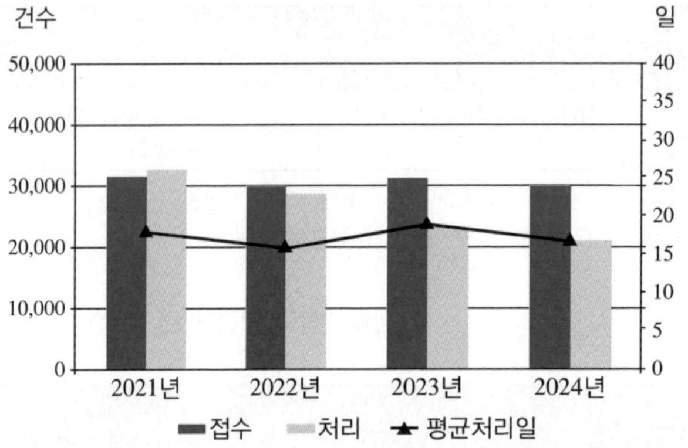

〈고충민원 접수처리 항목별 세부현황〉

(단위 : 건, 일)

구분		2021년	2022년	2023년	2024년
접수		31,681	30,038	31,308	30,252
처리		32,737	28,744	23,573	21,080
인용	시정권고	277	257	205	212
	제도개선	0	0	0	0
	의견표명	467	474	346	252
	조정합의	2,923	2,764	2,644	2,567
	소계	3,667	3,495	3,195	3,031
단순안내		12,396	12,378	10,212	9,845
기타처리		16,674	12,871	10,166	8,204
평균처리일		18	16	19	17

보기

ㄱ. 기타처리 건수의 전년 대비 감소율은 매년 증가하였다.
ㄴ. 처리 건수 중 인용 건수 비율은 2024년이 2021년에 비해 3%p 이상 높다.
ㄷ. 처리 건수 대비 조정합의 건수의 비율은 2022년이 2023년보다 높다.
ㄹ. 평균처리일이 짧은 해일수록 조정합의 건수 대비 의견표명 건수 비율이 높다.

① ㄱ
② ㄴ
③ ㄱ, ㄷ
④ ㄴ, ㄹ
⑤ ㄴ, ㄷ, ㄹ

05 다음은 2021 ~ 2024년 갑국의 방송통신 매체별 광고매출액에 대한 자료이다. 이에 대한 〈보기〉의 설명 중 옳은 것을 모두 고르면?

〈2021 ~ 2024년 방송통신 매체별 광고매출액〉

(단위 : 억 원)

매체	세부 매체 \ 연도	2021년	2022년	2023년	2024년
방송	지상파TV	15,517	14,219	12,352	12,310
	라디오	2,530	2,073	1,943	1,816
	지상파DMB	53	44	36	35
	케이블PP	18,537	17,130	16,646	( )
	케이블SO	1,391	1,408	1,275	1,369
	위성방송	480	511	504	503
	소계	38,508	35,385	32,756	31,041
온라인	인터넷(PC)	19,092	20,554	19,614	19,109
	모바일	28,659	36,618	45,678	54,781
	소계	47,751	57,172	65,292	73,890

보기

ㄱ. 2021 ~ 2024년 동안 모바일 광고매출액의 전년 대비 증가율은 매년 30% 이상이다.
ㄴ. 2022년의 경우 방송 매체 중 지상파TV 광고매출액이 차지하는 비중은 온라인 매체 중 인터넷(PC) 광고매출액이 차지하는 비중보다 작다.
ㄷ. 케이블PP의 광고매출액은 매년 감소한다.
ㄹ. 2021년 대비 2024년 광고매출액 증감률이 가장 큰 세부 매체는 모바일이다.

① ㄱ, ㄴ
② ㄱ, ㄷ
③ ㄴ, ㄷ
④ ㄴ, ㄹ
⑤ ㄷ, ㄹ

CHAPTER 04

정보능력

합격 Cheat Key

정보능력은 업무를 수행함에 있어 기본적인 컴퓨터를 활용하여 필요한 정보를 수집, 분석, 활용하는 능력을 의미한다. 또한 업무와 관련된 정보를 수집하고, 이를 분석하여 의미 있는 정보를 얻는 능력이다. 국가직무능력표준에 따르면 정보능력의 세부 유형은 컴퓨터 활용 · 정보 처리로 나눌 수 있다.

1 평소에 컴퓨터 활용 스킬을 틈틈이 익혀라!

윈도우(OS)에서 어떠한 설정을 할 수 있는지, 응용프로그램(엑셀 등)에서 어떠한 기능을 활용할 수 있는지를 평소에 직접 사용해 본다면 문제를 보다 수월하게 해결할 수 있다. 여건이 된다면 컴퓨터 활용 능력에 관련된 자격증 공부를 하는 것도 이론과 실무를 익히는 데 도움이 될 것이다.

2 문제의 규칙을 찾는 연습을 하라!

일반적으로 코드체계나 시스템 논리체계를 제공하고 이를 분석하여 문제를 해결하는 유형이 출제된다. 이러한 문제는 문제해결능력과 같은 맥락으로 규칙을 파악하여 접근하는 방식으로 연습이 필요하다.

3 현재 보고 있는 그 문제에 집중하라!

정보능력의 모든 것을 공부하려고 한다면 양이 너무나 방대하다. 그렇기 때문에 수험서에서 본인이 현재 보고 있는 문제들을 집중적으로 공부하고 기억하려고 해야 한다. 그러나 엑셀의 함수 수식, 연산자 등 암기를 필요로 하는 부분들은 필수적으로 암기를 해서 출제가 되었을 때 오답률을 낮출 수 있도록 한다.

4 사진 · 그림을 기억하라!

컴퓨터 활용 능력을 파악하는 영역이다 보니 컴퓨터 속 옵션, 기능, 설정 등의 사진 · 그림이 문제에 같이 나오는 경우들이 있다. 그런 부분들은 직접 컴퓨터를 통해서 하나하나 확인을 하면서 공부한다면 더 기억에 잘 남게 된다. 조금 귀찮더라도 한 번씩 클릭하면서 확인을 해보도록 한다.

01 정보 이해

| 유형분석 |

- 정보능력 전반에 대한 이해를 확인하는 문제이다.
- 정보능력 이론이나 새로운 정보 기술에 대한 문제가 자주 출제된다.

다음 중 정보처리 절차에 대한 설명으로 옳지 않은 것은?

① 정보의 기획은 정보의 입수대상, 주제, 목적 등을 고려하여 전략적으로 이루어져야 한다.
② 정보처리는 기획 – 수집 – 활용 – 관리의 순서로 이루어진다.
③ 다양한 정보원으로부터 목적에 적합한 정보를 수집해야 한다.
④ 정보 관리 시에 고려하여야 할 3요소는 목적성, 용이성, 유용성이다.
⑤ 정보 활용 시에는 합목적성 외에도 합법성이 고려되어야 한다.

정답 ②

정보처리는 기획 – 수집 – 관리 – 활용 순서로 이루어진다.

풀이 전략!

자주 출제되는 정보능력 이론을 확인하고, 확실하게 암기해야 한다. 특히 새로운 정보 기술이나 컴퓨터 전반에 대해 관심을 가지는 것이 좋다.

대표기출유형 01 기출응용문제

01 다음 〈보기〉 중 데이터베이스의 필요성에 대한 설명으로 옳지 않은 것을 모두 고르면?

보기

㉠ 데이터베이스를 이용하면 데이터 관리상의 보안을 높일 수 있다.
㉡ 데이터베이스 도입만으로 특정 자료 검색을 위한 효율이 높아진다고 볼 수는 없다.
㉢ 데이터베이스를 이용하면 데이터 관리 효율은 높일 수 있지만, 데이터의 오류를 수정하기가 어렵다.
㉣ 데이터가 양적으로 방대하다고 해서 반드시 좋은 것은 아니므로 데이터베이스를 형성해 중복된 데이터를 줄여야 한다.

① ㉠, ㉡
② ㉠, ㉢
③ ㉡, ㉢
④ ㉡, ㉣
⑤ ㉢, ㉣

02 다음 중 4차 산업혁명의 적용사례로 적절하지 않은 것은?

① 농사 기술에 ICT를 접목한 농장에서는 농작물 재배 시설의 온도・습도・햇볕량・토양 등을 분석하고, 그 결과에 따라 기계 등을 작동하여 적절한 상태로 변화시킨다.
② 주로 경화성 소재를 사용하고, 3차원 모델링 파일을 출력 소스로 활용하여 프린터로 입체 모형의 물체를 뽑아낸다.
③ 인터넷 서버에 데이터를 저장하고 여러 IT 기기를 사용해 언제 어디서든 이용할 수 있는 컴퓨팅 환경에서는 자신의 컴퓨터가 아닌 인터넷으로 연결된 다른 컴퓨터로 정보를 처리할 수 있다.
④ 인터넷에서 정보를 교환하는 시스템으로, 하이퍼텍스트 구조를 활용해서 인터넷상의 정보들을 연결해 준다.
⑤ 사물에 센서를 부착해 실시간으로 데이터를 인터넷으로 주고받는 환경에서는 세상 모든 유형・무형 객체들이 연결되어 새로운 서비스를 제공한다.

03 **다음은 기획안을 제출하기 위한 정보수집 전에 어떠한 정보를 어떻게 수집할지에 대한 '정보의 전략적 기획'의 사례이다. S사원이 필요한 정보로 적절하지 않은 것은?**

> K전자의 S사원은 상사로부터 세탁기 신상품에 대한 기획안을 제출하라는 업무를 받았다. 먼저 S사원은 기획안을 작성하기 위해 자신에게 어떠한 정보가 필요한지를 생각해 보았다. 개발하려는 세탁기 신상품의 컨셉은 중년층을 대상으로 한 실용적이고 경제적이며 조작하기 쉬운 것을 대표적인 특징으로 삼고 있다.

① 기존에 세탁기를 구매한 고객들의 데이터베이스로부터 정보가 필요할 수도 있다.
② 현재 세탁기를 사용하면서 불편한 점은 무엇인지에 대한 정보가 필요하다.
③ 데이터베이스로부터 성별로 세탁기 선호 디자인에 대한 정보가 필요하다.
④ 고객들의 세탁기에 대한 부담 가능한 금액은 얼마인지에 대한 정보도 필요할 것이다.
⑤ 데이터베이스를 통해 중년층이 선호하는 디자인이나 색은 무엇인지에 대한 정보도 있으면 좋을 것이다.

04 **다음 중 빈칸에 들어갈 용어로 가장 적절한 것은?**

> 이것은 기업이 경쟁에서 우위를 확보하려고 구축·이용하는 것이다. 기존의 정보시스템이 기업 내 업무의 합리화·효율화에 역점을 두었던 것에 반해, 기업이 경쟁에서 승리해 살아남기 위한 필수적인 시스템이라는 뜻에서 ______________(이)라고 한다. 그 요건으로는 경쟁 우위의 확보, 신규 사업의 창출이나 상권의 확대, 업계 구조의 변혁 등을 들 수 있다. 실례로는 금융 기관의 대규모 온라인시스템, 체인점 등의 판매시점관리(POS)를 들 수 있다.

① 비즈니스 프로세스 관리(BPM; Business Process Management)
② 전사적 자원관리(ERP; Enterprise Resource Planning)
③ 경영정보 시스템(MIS; Management Information System)
④ 전략정보 시스템(SIS; Strategic Information System)
⑤ 의사결정 지원 시스템(DSS; Decision Support System)

05 다음 중 Windows 환경에서 단축키의 기능으로 옳지 않은 것은?

① 〈Alt〉+〈Esc〉 : 열린 순서대로 항목을 순환한다.
② 〈Alt〉+〈Enter〉 : 선택한 항목의 속성을 표시한다.
③ 〈Alt〉+〈오른쪽 화살표〉 : 뒤로 이동한다.
④ 〈Alt〉+〈Space Bar〉 : 활성창에 대한 바로 가기 메뉴를 연다.
⑤ 〈Alt〉+〈Page Down〉 : 한 화면 아래로 이동한다.

PART 1

06 다음은 정보화 사회에서 필수적으로 해야 할 일에 대한 글이다. 이에 대한 사례로 적절하지 않은 것은?

> 첫째, 정보검색이다. 인터넷에는 수많은 사이트가 있으며, 여기서 내가 원하는 정보를 찾는 것을 정보검색, 즉 인터넷 서핑이라 할 수 있다. 현재 인터넷에는 수많은 사이트가 있으며, 그 많은 사이트에서 내가 원하는 정보를 찾기란 그렇게 만만하지 않다. 지금은 다행히도 검색 방법이 발전하여 문장 검색용 검색엔진과 자연어 검색 방법도 나와 네티즌들로부터 대환영을 받고 있다. 검색이 그만큼 쉬워졌다는 것이다. 이러한 발전에 맞추어 정보화 사회에서는 궁극적으로 타인의 힘을 빌리지 않고 내가 원하는 정보는 무엇이든지 다 찾을 수 있어야 한다. 즉, 자신이 가고 싶은 곳의 정보라든지 궁금한 사항을 스스로 해결할 정도는 되어야 한다는 것이다.
> 둘째, 정보관리이다. 인터넷에서 어렵게 검색하여 찾아낸 결과를 관리하지 못하여 머리 속에만 입력하고, 컴퓨터를 끄고 나면 잊어버리는 것은 정보관리를 못하는 것이다. 자기가 검색한 내용에 대하여 파일로 만들어 보관하든 프린터로 출력하여 인쇄물로 보관하든 언제든지 필요할 때 다시 볼 수 있을 정도가 되어야 한다.
> 셋째, 정보전파이다. 정보관리를 못한 사람은 정보전파가 어렵다. 오로지 입을 이용해서만 전파가 가능하기 때문이다. 요즘은 전자우편과 SNS를 이용해서 정보를 전달하기 때문에 정보전파가 매우 쉽다. 참으로 편리한 세상이 아닐 수 없다. 인터넷만 이용하면 편안히 서울에 앉아서 미국에도 논문을 보낼 수 있는 것이다.

① A씨는 내일 축구에서 승리하는 국가를 맞추기 위해 선발 선수들의 특징을 파악했다.
② B씨는 라면을 맛있게 조리할 수 있는 비법을 SNS에 올렸다.
③ C씨는 다음 주 제주도 여행을 위해서 다음 주 날씨를 요일별로 잘 파악해서 기억하고자 했다.
④ D씨는 가진 금액에 맞는 의자를 사기 위해 가격 비교 사이트를 이용했다.
⑤ E씨는 작년에 작성했었던 보고서를 지금 미국에 출장 가 있는 동료에게 보내주었다.

02 엑셀 함수

| 유형분석 |

- 컴퓨터 활용과 관련된 상황에서 문제를 해결하기 위한 행동이 무엇인지 묻는 문제이다.
- 주로 업무수행 중에 많이 활용되는 대표적인 엑셀 함수(COUNTIF, ROUND, MAX, SUM, COUNT, AVERAGE …)가 출제된다.
- 종종 엑셀시트를 제시하여 각 셀에 들어갈 함수식이 무엇인지 고르는 문제가 출제되기도 한다.

다음 중 엑셀에 제시된 함수식의 결괏값으로 옳지 않은 것은?

	A	B	C	D	E	F
1						
2		120	200	20	60	
3		10	60	40	80	
4		50	60	70	100	
5						
6		함수식			결괏값	
7		=MAX(B2:E4)			A	
8		=MODE(B2:E4)			B	
9		=LARGE(B2:E4,3)			C	
10		=COUNTIF(B2:E4,E4)			D	
11		=ROUND(B2,−1)			E	
12						

① A=200
② B=60
③ C=100
④ D=1
⑤ E=100

정답 ⑤

ROUND 함수는 지정한 자릿수를 반올림하는 함수이다. 함수식에서 '−1'은 일의 자리를 뜻하며, '−2'는 십의 자리를 뜻한다. 여기서 '−' 기호를 빼면 소수점 자리로 인식한다. 따라서 일의 자리를 반올림하기 때문에 결괏값은 120이다.

풀이 전략!

제시된 상황에서 사용할 엑셀 함수가 무엇인지 파악한 후, 선택지에서 적절한 함수식을 골라 식을 만들어야 한다. 평소 대표적으로 문제에 자주 출제되는 몇몇 엑셀 함수를 익혀두면 풀이시간을 단축할 수 있다.

대표기출유형 02 기출응용문제

01 다음 시트에서 [E2:E7] 영역처럼 표시하려고 할 때, [E2] 셀에 입력해야 할 함수식으로 옳은 것은?

	A	B	C	D	E
1	순번	이름	주민등록번호	생년월일	백넘버
2	1	박민석 11	831121-1092823	831121	11
3	2	최성영 20	890213-1928432	890213	20
4	3	이형범 21	911219-1223457	911219	21
5	4	임정호 26	870211-1098432	870211	26
6	5	박준영 28	850923-1212121	850923	28
7	6	김민욱 44	880429-1984323	880429	44

① =MID(B2,5,2)
② =LEFT(B2,2)
③ =RIGHT(B2,5,2)
④ =MID(B2,5)
⑤ =LEFT(B2,5,2)

02 다음 시트에서 작성한 수식 「=INDEX(A3:E9,MATCH(SMALL(B3:B9,2),B3:B9,0),5)」의 결괏값은?

	A	B	C	D	E
1					(단위 : 개, 원)
2	상품명	판매수량	단가	판매금액	원산지
3	참외	5	2,000	10,000	대구
4	바나나	12	1,000	12,000	서울
5	감	10	1,500	15,000	부산
6	포도	7	3,000	21,000	대전
7	사과	20	800	16,000	광주
8	오렌지	9	1,200	10,800	전주
9	수박	8	10,000	80,000	춘천

① 21,000
② 대전
③ 15,000
④ 광주
⑤ 사과

03 K중학교에서 근무하는 P교사는 반 학생들의 과목별 수행평가 제출 여부를 확인하기 위해 다음과 같이 자료를 정리하였다. P교사가 [D11]~[D13] 셀에 <보기>와 같이 함수를 입력하였을 때, [D11]~[D13] 셀에 나타날 결괏값이 바르게 연결된 것은?

	A	B	C	D
1			(제출했을 경우 '1'로 표시)	
2	이름	A과목	B과목	C과목
3	김혜진	1	1	1
4	이방숙	1		
5	정영교	재제출 요망	1	
6	정혜운		재제출 요망	1
7	이승준		1	
8	이혜진			1
9	정영남	1		1
10				
11				
12				
13				

보기

- [D11] 셀에 입력한 함수 → =COUNTA(B3:D9)
- [D12] 셀에 입력한 함수 → =COUNT(B3:D9)
- [D13] 셀에 입력한 함수 → =COUNTBLANK(B3:D9)

	[D11]	[D12]	[D13]
①	12	10	11
②	12	10	9
③	12	12	11
④	10	12	9
⑤	10	10	9

※ 병원에서 근무하는 S씨는 건강검진 관리 현황을 정리하고 있다. 이어지는 질문에 답하시오. **[4~5]**

	A	B	C	D	E	F
1	〈건강검진 관리 현황〉					
2	이름	검사구분	주민등록번호	검진일	검사항목 수	성별
3	강민희	종합검진	960809-2******	2024-11-12	18	
4	김범민	종합검진	010323-3******	2024-03-13	17	
5	조현진	기본검진	020519-3******	2024-09-07	10	
6	최진석	추가검진	871205-1******	2024-11-06	6	
7	한기욱	추가검진	980232-1******	2024-04-22	3	
8	정소희	종합검진	001015-4******	2024-02-19	17	
9	김은정	기본검진	891025-2******	2024-10-14	10	
10	박미옥	추가검진	011002-4******	2024-07-21	5	

04 다음 중 2024년 하반기에 검진 받은 사람의 수를 확인할 때 사용해야 할 함수는?

① COUNT
② COUNTA
③ SUMIF
④ MATCH
⑤ COUNTIF

05 다음 중 주민등록번호를 통해 성별을 구분하려고 할 때, 각 셀에 필요한 함수식으로 옳은 것은?

① F3 : =IF(AND(MID(C3,8,1)="2",MID(C3,8,1)="4"),"여자","남자")
② F4 : =IF(AND(MID(C4,8,1)="2",MID(C4,8,1)="4"),"여자","남자")
③ F7 : =IF(OR(MID(C7,8,1)="2",MID(C7,8,1)="4"),"여자","남자")
④ F9 : =IF(OR(MID(C9,8,1)="1",MID(C9,8,1)="3"),"여자","남자")
⑤ F6 : =IF(OR(MID(C6,8,1)="2",MID(C6,8,1)="3"),"남자","여자")

CHAPTER 05

자원관리능력

합격 Cheat Key

자원관리능력은 현재 NCS 기반 채용을 진행하는 많은 공사·공단에서 핵심영역으로 자리 잡아, 일부를 제외한 대부분의 시험에서 출제되고 있다.

세부 유형은 비용 계산, 해외파견 지원금 계산, 주문 제작 단가 계산, 일정 조율, 일정 선정, 행사 대여 장소 선정, 최단거리 구하기, 시차 계산, 소요시간 구하기, 해외파견 근무 기준에 부합하는 또는 부합하지 않는 직원 고르기 등으로 나눌 수 있다.

1 시차를 먼저 계산하라!

시간 자원 관리의 대표유형 중 시차를 계산하여 일정에 맞는 항공권을 구입하거나 회의시간을 구하는 문제에서는 각각의 나라 시간을 한국 시간으로 전부 바꾸어 계산하는 것이 편리하다. 조건에 맞는 나라들의 시간을 전부 한국 시간으로 바꾸고 한국 시간과의 시차만 더하거나 빼면 시간을 단축하여 풀 수 있다.

2 선택지를 잘 활용하라!

계산을 해서 값을 요구하는 문제 유형에서는 선택지를 먼저 본 후 자리 수가 몇 단위로 끝나는지 확인해야 한다. 예를 들어 412,300원, 426,700원, 434,100원인 선택지가 있다고 할 때, 제시된 조건에서 100원 단위로 나올 수 있는 항목을 찾아 그 항목만 계산하는 방법이 있다. 또한, 일일이 계산하는 문제가 많다. 예를 들어 640,000원, 720,000원, 810,000원 등의 수를 이용해 푸는 문제가 있다고 할 때, 만 원 단위를 절사하고 계산하여 64, 72, 81처럼 요약하는 방법이 있다.

3 최적의 값을 구하는 문제인지 파악하라!

물적 자원 관리의 대표유형에서는 제한된 자원 내에서 최대의 만족 또는 이익을 얻을 수 있는 방법을 강구하는 문제가 출제된다. 이때, 구하고자 하는 값을 x, y로 정하고 연립방정식을 이용해 x, y 값을 구한다. 최소 비용으로 목표생산량을 달성하기 위한 업무 및 인력 할당, 정해진 시간 내에 최대 이윤을 낼 수 있는 업체 선정, 정해진 인력으로 효율적 업무 배치 등을 구하는 문제에서 사용되는 방법이다.

4 각 평가항목을 비교하라!

인적 자원 관리의 대표유형에서는 각 평가항목을 비교하여 기준에 적합한 인물을 고르거나, 저렴한 업체를 선정하거나, 총점이 높은 업체를 선정하는 문제가 출제된다. 이런 유형은 평가항목에서 가격이나 점수 차이에 영향을 많이 미치는 항목을 찾아 $1 \sim 2$개의 선택지를 삭제하고, 남은 $3 \sim 4$개의 선택지만 계산하여 시간을 단축할 수 있다.

01 시간 계획

| 유형분석 |

- 시간 자원과 관련된 다양한 정보를 활용하여 풀어가는 문제이다.
- 대체로 교통편 정보나 국가별 시차 정보가 제공되며, 이를 근거로 '현지 도착시간 또는 약속된 시간 내에 도착하기 위한 방안'을 고르는 문제가 출제된다.

한국은 뉴욕보다 16시간 빠르고, 런던은 한국보다 8시간 느리다. 다음 비행기가 현지에 도착할 때의 시각(㉠, ㉡)으로 옳은 것은?

구분	출발 일자	출발 시각	비행 시간	도착 시각
뉴욕행 비행기	6월 6일	22:20	13시간 40분	㉠
런던행 비행기	6월 13일	18:15	12시간 15분	㉡

	㉠	㉡
①	6월 6일 09시	6월 13일 09시 30분
②	6월 6일 20시	6월 13일 22시 30분
③	6월 7일 09시	6월 14일 09시 30분
④	6월 7일 13시	6월 14일 15시 30분
⑤	6월 7일 20시	6월 14일 20시 30분

정답 ②

㉠ 뉴욕행 비행기는 한국에서 6월 6일 22시 20분에 출발하고, 13시간 40분 동안 비행하기 때문에 6월 7일 12시에 도착한다. 한국 시각은 뉴욕보다 16시간 빠르므로 현지에 도착하는 시각은 6월 6일 20시가 된다.

㉡ 런던행 비행기는 한국에서 6월 13일 18시 15분에 출발하고, 12시간 15분 동안 비행하기 때문에 현지에 6월 14일 6시 30분에 도착한다. 한국 시각은 런던보다 8시간이 빠르므로 현지에 도착하는 시각은 6월 13일 22시 30분이 된다.

풀이 전략!

문제에서 묻는 것을 정확히 파악한다. 특히 제한사항에 대해서는 빠짐없이 확인해 두어야 한다. 이후 제시된 정보(시차 등)에서 필요한 것을 선별하여 문제를 풀어간다.

대표기출유형 01 기출응용문제

01 K회사의 A씨는 휴가철을 맞아 가족여행을 가고자 한다. K회사는 직원들의 복리증진을 위하여 휴가철 항공료를 일부 지원해 주고 있다. 다음 자료와 〈조건〉을 토대로 A씨가 선택할 여행지와 여행기간이 바르게 짝지어진 것은?

〈여행지별 항공료와 지원율〉

여행지	1인당 편도 항공료	항공료 지원율
중국	130,000원	10%
일본	125,000원	30%
싱가포르	180,000원	35%

※ 갈 때와 올 때 편도 항공료는 동일함

〈8월 달력〉

일	월	화	수	목	금	토
			1	2	3	4
5	6	7	8	9	10	11
12	13	14	15	16	17	18
19	20	21	22	23	24	25
26	27	28	29	30	31	

※ 8월 3～4일은 현장부지답사로 휴가가 불가능함
※ 8월 15일은 광복절, 24일은 회사 창립기념일로 휴일임

조건

- A씨는 아내와 단 둘이 여행할 예정이다.
- A씨는 여행경비 중 항공료로 최대 450,000원을 쓸 수 있다.
- K회사의 항공료 지원은 동반한 직계가족까지 모두 적용된다.

① 중국 : 8월 9～11일
② 일본 : 8월 3～6일
③ 일본 : 8월 16～19일
④ 싱가포르 : 8월 15～18일
⑤ 싱가포르 : 8월 16～19일

02 다음은 K공사의 4월 일정이다. K공사 직원들은 본사에서 주관하는 윤리교육 8시간을 이번 달 안에 모두 이수해야 한다. 이 윤리교육은 일주일에 2회씩 같은 요일 오전에 1시간 동안 진행되고, 각 지사의 일정에 맞춰 요일을 지정할 수 있다. K공사 직원들은 어떤 요일에 윤리교육을 수강해야 하는가?

〈4월 일정표〉

월	화	수	목	금	토	일
	1	2	3	4	5	6
7	8	9	10	11	12	13
14 최과장 연차	15	16	17	18	19	20
21	22	23	24	25 오후 김대리 반차	26	27
28	29 오전 성대리 외근	30				

〈K공사 행사일정〉

- 4월 3일 오전 : 본사 회장 방문
- 4월 7～8일 오전 : 1박 2일 전사 워크숍
- 4월 30일 오전 : 임원진 간담회 개최

① 월, 수　　② 화, 목
③ 수, 목　　④ 수, 금
⑤ 목, 금

03 **해외로 출장을 가는 김대리는 다음 〈조건〉과 같이 이동하려고 계획하고 있다. 연착 없이 계획대로 출장지에 도착했다면, 도착했을 때의 현지 시각은?**

조건

- 서울 시각으로 5일 오후 1시 35분에 출발하는 비행기를 타고, 경유지 한 곳을 거쳐 출장지에 도착한다.
- 경유지는 서울보다 1시간 빠르고, 출장지는 경유지보다 2시간 느리다.
- 첫 번째 비행은 3시간 45분이 소요된다.
- 경유지에서 3시간 50분을 대기한 후 출발한다.
- 두 번째 비행은 9시간 25분이 소요된다.

① 오전 5시 35분 ② 오전 6시
③ 오후 5시 35분 ④ 오후 6시
⑤ 오전 7시

04 **모스크바 지사에서 일하고 있는 A대리는 밴쿠버 지사와의 업무협조를 위해 4월 22일 오전 10시 15분에 밴쿠버 지사로 업무협조 메일을 보냈다. 다음 〈조건〉에 따라 밴쿠버 지사에서 가장 빨리 메일을 읽었을 때, 모스크바의 시각은?**

조건

- 밴쿠버는 모스크바보다 10시간이 늦다.
- 밴쿠버 지사의 업무시간은 오전 10시부터 오후 6시까지다.
- 밴쿠버 지사에서는 4월 22일 오전 10시부터 15분간 전력 점검이 있었다.

① 4월 22일 오전 10시 15분
② 4월 23일 오전 10시 15분
③ 4월 22일 오후 8시 15분
④ 4월 23일 오후 8시 15분
⑤ 4월 22일 오후 10시 15분

02 비용 계산

| 유형분석 |

- 예산 자원과 관련된 다양한 정보를 활용하여 풀어가는 문제이다.
- 대체로 한정된 예산 내에서 수행할 수 있는 업무 및 예산 가격을 묻는 문제가 출제된다.

A사원은 이번 출장을 위해 KTX표를 미리 40% 할인된 가격에 구매하였으나, 출장 일정이 바뀌는 바람에 하루 전날 표를 취소하였다. 다음 환불 규정에 따라 16,800원을 돌려받았을 때, 할인되지 않은 KTX표의 가격은 얼마인가?

〈KTX 환불 규정〉

출발 2일 전	출발 1일 전~열차 출발 전	열차 출발 후
100%	70%	50%

① 40,000원
② 48,000원
③ 56,000원
④ 67,200원
⑤ 70,000원

정답 ①

할인되지 않은 KTX표의 가격을 x원이라 하면, 표를 40% 할인된 가격으로 구매하였으므로 구매 가격은 $(1-0.4)x=0.6x$원이다.
환불 규정에 따르면 하루 전에 표를 취소하는 경우 70%의 금액을 돌려받을 수 있으며, 식으로 정리하면 다음과 같다.

$0.6x \times 0.7 = 16,800$

$\rightarrow 0.42x = 16,800$

$\therefore x = 40,000$

따라서 할인되지 않은 KTX표의 가격은 40,000원이다.

풀이 전략!

제한사항인 예산을 고려하여 문제에서 묻는 것을 정확히 파악한 후, 제시된 정보에서 필요한 것을 선별하여 문제를 풀어간다.

대표기출유형 02 기출응용문제

01 다음은 K기업의 팀별 성과급 지급 기준 및 영업팀의 평가표이다. 영업팀에게 지급되는 성과급의 1년 총액은?(단, 성과평가 등급이 A등급이면 직전 분기 차감액의 50%를 가산하여 지급한다)

〈성과급 지급 기준〉

성과평가 점수(점)	성과평가 등급	분기별 성과급 지급액
9.0 이상	A	100만 원
8.0～8.9	B	90만 원(10만 원 차감)
7.0～7.9	C	80만 원(20만 원 차감)
6.9 이하	D	40만 원(60만 원 차감)

〈영업팀 평가표〉

(단위 : 점)

구분	1분기	2분기	3분기	4분기
유용성	8	8	10	8
안정성	8	6	8	8
서비스 만족도	6	8	10	8

※ (성과평가 점수)=[(유용성)×0.4]+[(안정성)×0.4]+[(서비스 만족도)×0.2]

① 350만 원
② 360만 원
③ 370만 원
④ 380만 원
⑤ 400만 원

02 K공사는 직원들에게 매월 25일 월급을 지급하고 있다. A대리는 이번 달 급여명세서를 보고 자신의 월급이 잘못 나왔음을 알았다. 다음 〈조건〉을 토대로 다음 달 A대리가 상여금과 다른 수당들이 없다고 할 때, 소급된 금액과 함께 받을 월급은 총 얼마인가?(단, 4대 보험은 국민연금, 건강보험, 장기요양, 고용보험이며, 금액의 10원 미만은 절사한다)

〈급여명세서〉

(단위 : 원)

성명 : A	직책 : 대리	지급일 : 2025-3-25	
지급항목	지급액	공제항목	공제액
기본급	2,000,000	소득세	17,000
야근수당(2일)	80,000	주민세	1,950
휴일수당	–	고용보험	13,000
상여금	50,000	국민연금	90,000
기타	–	장기요양	4,360
식대	100,000	건강보험	67,400
교통비	–	연말정산	–
복지후생	–		
		공제합계	193,710
지급총액	2,230,000	차감수령액	2,036,290

조건

- 국민연금은 9만 원이고, 건강보험은 기본급의 6.24%이며 회사와 50%씩 부담한다.
- 장기요양은 건강보험 총 금액의 7.0% 중 50%만 내고, 고용보험은 13,000원이다.
- 잘못 계산된 금액은 다음 달에 소급한다.
- 야근수당은 하루당 기본급의 2%이며, 상여금은 5%이다.
- 다른 항목들의 금액은 급여명세서에 명시된 것과 같으며 매달 같은 조건이다.

① 1,865,290원
② 1,866,290원
③ 1,924,290원
④ 1,966,290원
⑤ 1,986,290원

03 서울에 사는 A씨는 결혼기념일을 맞이하여 가족과 함께 KTX를 타고 부산으로 여행을 다녀왔다. A씨의 가족이 이번 여행에서 지불한 총 교통비는 얼마인가?

- A씨 부부에게는 만 6세인 아들, 만 3세인 딸이 있다.
- 갈 때는 딸을 무릎에 앉혀 갔고, 돌아올 때는 좌석을 구입했다.
- A씨의 가족은 일반석을 이용하였다.

〈KTX 좌석별 요금〉

구분	일반석	특실
가격	59,800원	87,500원

※ 만 4세 이상 13세 미만 어린이는 운임의 50%를 할인함
※ 만 4세 미만의 유아는 보호자 1명당 2명까지 운임의 75%를 할인함
(단, 유아의 좌석을 지정하지 않을 시 보호자 1명당 유아 1명의 운임을 받지 않음)

① 299,000원 ② 301,050원
③ 307,000원 ④ 313,850원
⑤ 313,950원

04 다음은 개발부에서 근무하는 K사원의 4월 근태기록이다. 규정을 참고했을 때 K사원이 받을 시간외근무수당은 얼마인가?(단, 정규근로시간은 09:00 ~ 18:00이다)

〈시간외근무규정〉

- 시간외근무(조기출근 포함)는 1일 4시간, 월 57시간을 초과할 수 없다.
- 시간외근무수당은 1일 1시간 이상 시간외근무를 한 경우에 발생하며, 1시간을 공제한 후 매분 단위까지 합산하여 계산한다(단, 월 단위 계산 시 1시간 미만은 절사한다).
- 시간외근무수당 지급단가 : 사원(7,000원), 대리(8,000원), 과장(10,000원)

〈K사원의 4월 근태기록(출근시각 / 퇴근시각)〉

- 4월 1일부터 4월 15일까지의 시간외근무시간은 12시간 50분(1일 1시간 공제 적용)이다.

18일(월)	19일(화)	20일(수)	21일(목)	22일(금)
09:00 / 19:10	09:00 / 18:00	08:00 / 18:20	08:30 / 19:10	09:00 / 18:00
25일(월)	26일(화)	27일(수)	28일(목)	29일(금)
08:00 / 19:30	08:30 / 20:40	08:30 / 19:40	09:00 / 18:00	09:00 / 18:00

※ 주말 특근은 고려하지 않음

① 112,000원 ② 119,000원
③ 126,000원 ④ 133,000원
⑤ 140,000원

03 품목 확정

| 유형분석 |

- 물적 자원과 관련된 다양한 정보를 활용하여 풀어가는 문제이다.
- 주로 공정도 · 제품 · 시설 등에 대한 가격 · 특징 · 시간 정보가 제시되며, 이를 종합적으로 고려하는 문제가 출제된다.

K공사는 신축 본사에 비치할 사무실 명패를 제작하기 위해 다음과 같은 팸플릿을 참고하고 있다. 신축 본사에 비치할 사무실 명패는 사무실마다 국문과 영문을 함께 주문했고, 총 주문 비용이 80만 원이라면 사무실에 최대 몇 개의 국문과 영문 명패를 함께 비치할 수 있는가?(단, 추가 구입 가격은 1세트를 구입할 때 한 번씩만 적용된다)

〈명패 제작 가격〉

- 국문 명패 : 1세트(10개)에 10,000원, 5개 추가 시 2,000원
- 영문 명패 : 1세트(5개)에 8,000원, 3개 추가 시 3,000원

① 345개
② 350개
③ 355개
④ 360개
⑤ 365개

정답 ④

국문 명패 최저가는 15개에 12,000원이고, 영문 명패 최저가는 8개에 11,000원이다. 각 명패를 최저가에 구입하는 개수의 최소공배수를 구하면 120개이다. 이때의 비용은 (12,000×8)+(11,000×15)=96,000+165,000=261,000원이다. 따라서 한 사무실에 국문과 영문 명패를 함께 비치한다면 120개의 사무실에 명패를 비치하는 비용은 261,000원이다. 360개의 사무실에 명패를 비치한다면 783,000원이 필요하고, 남은 17,000원으로 국문 명패와 영문 명패를 동시에 구입할 수는 없다. 따라서 80만 원으로 최대 360개의 국문 명패와 영문 명패를 동시에 비치할 수 있다.

풀이 전략!

문제에서 묻고자 하는 바를 정확히 파악하는 것이 중요하다. 문제에서 제시한 물적 자원의 정보를 문제의 의도에 맞게 선별하면서 풀어간다.

대표기출유형 03 기출응용문제

01 K공사는 신축 체육관 건설을 위해 입찰 공고를 하였다. 다음은 입찰에 참여한 업체들의 항목별 점수를 나타낸 자료이다. 〈조건〉에 따라 업체를 선정할 때, 선정될 업체는?

〈업체별 점수 현황〉

(단위 : 점)

구분	점수(만점) 기준	A업체	B업체	C업체	D업체	E업체
디자인	15	6	8	7	7	9
건축안정성	30	23	25	21	16	24
경영건전성	20	16	17	17	19	16
시공실적	20	11	16	15	17	14
입찰가격	15	11	9	12	12	10

〈업체별 내진설계 포함 여부〉

구분	A업체	B업체	C업체	D업체	E업체
내진설계	○	○	×	○	○

조건

- 선정점수가 가장 높은 업체를 선정한다.
- 선정점수는 항목별 점수를 동일한 가중치로 합산하여 산출한다.
- 건축안정성 점수가 17점 미만인 업체는 입찰에서 제외한다.
- 반드시 입찰가격 점수가 10점 이상인 업체 중에서 선정한다.
- 내진설계를 포함하는 업체를 선정한다.

① A업체
② B업체
③ C업체
④ D업체
⑤ E업체

02 K공사 인재개발원에 근무하고 있는 A대리는 〈조건〉에 따라 신입사원 교육을 위한 스크린을 구매하려고 한다. 다음 중 가장 적절한 제품은 무엇인가?

조건

- 조명도는 5,000lx 이상이어야 한다.
- 예산은 150만 원이다.
- 제품에 이상이 생겼을 때 A/S가 신속해야 한다.
- 위 조건을 모두 충족할 시 가격이 저렴한 제품을 가장 우선으로 선정한다.

※ lux(럭스) : 조명이 밝은 정도를 말하는 조명도에 대한 실용단위로 기호는 lx임

	제품	가격(만 원)	조명도(lx)	특이사항
①	A	180	8,000	2년 무상 A/S 가능
②	B	120	6,000	해외직구(해외 A/S)
③	C	100	3,500	미사용 전시 제품
④	D	150	5,000	미사용 전시 제품
⑤	E	130	7,000	2년 무상 A/S 가능

03 K공사에서 근무하는 A사원은 새로 도입되는 농어촌관련 정책 홍보자료를 만들어서 배포하려고 한다. 다음 중 가장 저렴한 비용으로 인쇄할 수 있는 업체는?

〈인쇄업체별 비용 견적〉

(단위 : 원)

업체명	페이지당 비용	표지 가격		권당 제본 비용	할인
		유광	무광		
A인쇄소	50	500	400	1,500	–
B인쇄소	70	300	250	1,300	–
C인쇄소	70	500	450	1,000	100부 초과 시 초과 부수만 총비용에서 5% 할인
D인쇄소	60	300	200	1,000	–
E인쇄소	100	200	150	1,000	총 인쇄 페이지 5,000페이지 초과 시 총비용에서 20% 할인

※ 홍보자료는 관내 20개 지점에 배포하고, 지점마다 10부씩 배포함
※ 홍보자료는 30페이지 분량으로 제본하며, 표지는 유광표지로 함

① A인쇄소
② B인쇄소
③ C인쇄소
④ D인쇄소
⑤ E인쇄소

04 K공사는 직원들의 교양증진을 위해 사내 도서관에 도서를 추가로 구비하고자 한다. 새로 구매할 도서는 직원들을 대상으로 한 사전조사 결과를 바탕으로 선정점수를 결정한다. 〈조건〉에 따라 추가로 구매할 도서를 선정할 때, 다음 중 최종 선정될 도서는?

〈후보 도서 사전조사 결과〉

(단위 : 점)

도서명	저자	흥미도 점수	유익성 점수
재테크, 답은 있다	정우택	6	8
여행학개론	W. George	7	6
부장님의 서랍	김수권	6	7
IT혁명의 시작	정인성, 유오진	5	8
경제정의론	S. Collins	4	5
건강제일주의	임시학	8	5

조건

- K공사는 전 직원들을 대상으로 후보 도서들에 대한 사전조사를 하였다. 후보 도서들에 대한 흥미도 점수와 유익성 점수는 전 직원들이 10점 만점으로 부여한 점수의 평균값이다.
- 흥미도 점수와 유익성 점수를 3 : 2의 가중치로 합산하여 1차 점수를 산정하고, 1차 점수가 높은 후보 도서 3개를 1차 선정한다.
- 1차 선정된 후보 도서 중 해외저자의 도서는 가점 1점을 부여하여 2차 점수를 산정한다.
- 2차 점수가 가장 높은 2개의 도서를 최종 선정한다. 만일 선정된 후보 도서들의 2차 점수가 모두 동일한 경우, 유익성 점수가 가장 낮은 후보 도서는 탈락시킨다.

① 재테크, 답은 있다 / 여행학개론
② 재테크, 답은 있다 / 건강제일주의
③ 여행학개론 / 부장님의 서랍
④ 여행학개론 / 건강제일주의
⑤ IT혁명의 시작 / 건강제일주의

04 | 인원 선발

| 유형분석 |

- 인적 자원과 관련된 다양한 정보를 활용하여 풀어 가는 문제이다.
- 주로 근무명단, 휴무일, 업무할당 등의 주제로 다양한 정보를 활용하여 종합적으로 풀어 가는 문제가 출제된다.

다음 자료를 토대로 K공사가 하루 동안 고용할 수 있는 최대 인원은?

〈K공사의 예산과 고용비〉

총예산	본예산	500,000원
	예비비	100,000원
고용비	1인당 수당	50,000원
	산재보험료	(수당)×0.504%
	고용보험료	(수당)×1.3%

① 10명　　② 11명
③ 12명　　④ 13명
⑤ 14명

정답 ②

(하루 1인당 고용비)=(1인당 수당)+(산재보험료)+(고용보험료)
=50,000+(50,000×0.504%)+(50,000×1.3%)
=50,000+252+650=50,902원
(하루에 고용할 수 있는 인원 수)=[(본예산)+(예비비)]÷(하루 1인당 고용비)
=600,000÷50,902≒11.8
따라서 하루 동안 고용할 수 있는 최대 인원은 11명이다.

풀이 전략!

문제에서 신입사원 채용이나 인력배치 등의 주제가 출제될 경우에는 주어진 규정 혹은 규칙을 꼼꼼히 확인하여야 한다. 이를 근거로 각 선택지가 어긋나지 않는지 검토하며 문제를 풀어 간다.

01 K공사에서는 약 2개월 동안 근무할 인턴사원을 선발하고자 다음과 같은 공고를 게시하였다. 이에 지원한 A ~ E 중 K공사의 인턴사원으로 가장 적합한 지원자는?

〈인턴 모집 공고〉

- 근무기간 : 약 2개월(6 ~ 8월)
- 자격 요건
  - 1개월 이상 경력자
  - 포토샵 가능자
  - 근무 시간(9 ~ 18시) 이후에도 근무가 가능한 자
- 기타사항
  - 경우에 따라서 인턴 기간이 연장될 수 있음

A지원자	• 경력사항 : 출판사 3개월 근무 • 컴퓨터 활용 능력 中(포토샵, 워드 프로세서) • 대학 휴학 중(9월 복학 예정)
B지원자	• 경력사항 : 없음 • 포토샵 능력 우수 • 전문대학 졸업
C지원자	• 경력사항 : 마케팅 회사 1개월 근무 • 컴퓨터 활용 능력 上(포토샵, 워드 프로세서, 파워포인트) • 4년제 대학 졸업
D지원자	• 경력사항 : 제약 회사 3개월 근무 • 포토샵 가능 • 저녁 근무 불가
E지원자	• 경력사항 : 마케팅 회사 1개월 근무 • 컴퓨터 활용 능력 中(워드 프로세서, 파워포인트) • 전문대학 졸업

① A지원자
② B지원자
③ C지원자
④ D지원자
⑤ E지원자

02 K공사에서 승진 대상자 후보 중 2명을 승진시키려고 한다. 승진의 조건은 동료평가에서 '하'를 받지 않고 합산점수가 높은 순이고, 합산점수는 100점 만점의 점수로 환산한 승진시험 성적, 영어 성적, 성과 평가의 수치를 합산하여 구한다. 승진시험의 만점은 100점, 영어 성적의 만점은 500점, 성과 평가의 만점은 200점이라고 할 때, 승진 대상자 2명은 누구인가?

〈K공사 승진 대상자 후보 평가 현황〉

(단위 : 점)

구분	승진시험 성적	영어 성적	동료 평가	성과 평가
A	80	400	중	120
B	80	350	상	150
C	65	500	상	120
D	70	400	중	100
E	95	450	하	185
F	75	400	중	160
G	80	350	중	190
H	70	300	상	180
I	100	400	하	160
J	75	400	상	140
K	90	250	중	180

① A, C
② B, K
③ E, I
④ F, G
⑤ H, D

03 다음은 부서별로 핵심역량가치 중요도를 정리한 자료와 신입사원들의 핵심역량평가 결과표이다. 이를 바탕으로 한 C사원과 E사원의 부서배치로 가장 적절한 것은?(단, '–'는 중요도가 상관없다는 표시이다)

〈핵심역량가치 중요도〉

구분	창의성	혁신성	친화력	책임감	윤리성
영업팀	–	중	상	중	–
개발팀	상	상	하	중	상
지원팀	–	중	–	상	하

〈핵심역량평가 결과표〉

구분	창의성	혁신성	친화력	책임감	윤리성
A사원	상	하	중	상	상
B사원	중	중	하	중	상
C사원	하	상	상	중	하
D사원	하	하	상	하	중
E사원	상	중	중	상	하

	C사원	E사원
①	개발팀	지원팀
②	영업팀	지원팀
③	영업팀	개발팀
④	지원팀	개발팀
⑤	지원팀	영업팀

PART 1

CHAPTER 06

기술능력

합격 Cheat Key

기술능력은 업무를 수행함에 있어 도구, 장치 등을 포함하여 필요한 기술에 어떠한 것들이 있는지 이해하고, 실제 업무를 수행함에 있어 적절한 기술을 선택하여 적용하는 능력이다.

세부 유형은 기술 이해 · 기술 선택 · 기술 적용으로 나눌 수 있다. 제품설명서나 상황별 매뉴얼을 제시하는 문제 또는 명령어를 제시하고 규칙을 대입할 수 있는지 묻는 문제가 출제되기 때문에 이런 유형들을 공략할 수 있는 전략을 세워야 한다.

1 긴 지문이 출제될 때는 선택지의 내용을 미리 보라!

기술능력에서 자주 출제되는 제품설명서나 상황별 매뉴얼을 제시하는 문제에서는 기술을 이해하고, 상황에 알맞은 원인 및 해결방안을 고르는 문제가 출제된다. 실제 시험장에서 문제를 풀 때는 시간적 여유가 없기 때문에 보기를 먼저 읽고, 그 다음 긴 지문을 보면서 동시에 보기와 일치하는 내용이 나오면 확인해 가면서 푸는 것이 좋다.

2 모듈형에도 대비하라!

모듈형 문제의 비중이 늘어나는 추세이므로 공기업을 준비하는 취업준비생이라면 모듈형 문제에 대비해야 한다. 기술능력의 모듈형 이론 부분을 학습하고 모듈형 문제를 풀어보고 여러 번 읽으며 이론을 확실히 익혀두면 실제 시험장에서 이론을 묻는 문제가 나왔을 때 단번에 답을 고를 수 있다.

3 전공 이론도 익혀 두어라!

지원하는 직렬의 전공 이론이 기술능력으로 출제되는 경우가 많기 때문에 전공 이론을 익혀두는 것이 좋다. 깊이 있는 지식을 묻는 문제가 아니더라도 출제되는 문제의 소재가 전공과 관련된 내용일 가능성이 크기 때문에 최소한 지원하는 직렬의 전공 용어는 확실히 익혀 두어야 한다.

4 쉽게 포기하지 말라!

직업기초능력에서 주요 영역이 아니면 소홀한 경우가 많다. 시험장에서 기술능력을 읽어보지도 않고 포기하는 경우가 많은데 차근차근 읽어보면 지문만 잘 읽어도 풀 수 있는 문제들이 출제되는 경우가 있다. 이론을 모르더라도 풀 수 있는 문제인지 파악해보자.

01 기술 이해

| 유형분석 |

- 업무수행에 필요한 기술의 개념 및 원리, 관련 용어에 대한 문제가 자주 출제된다.
- 기술 시스템의 개념과 발전 단계에 대한 문제가 출제되므로 각 단계의 순서와 그에 따른 특징을 숙지하여야 하며, 단계별로 요구되는 핵심 역할이 다름에 유의한다.

다음 중 기술 시스템의 발전 단계에 따라 빈칸 ㉠~㉣에 들어갈 내용을 순서대로 바르게 나열한 것은?

발전 단계	특징	핵심 역할
발명·개발·혁신의 단계	기술 시스템이 탄생하고 성장	기술자
↓		
㉠	성공적인 기술이 다른 지역으로 이동	기술자
↓		
㉡	기술 시스템 사이의 경쟁	㉢
↓		
기술 공고화 단계	경쟁에서 승리한 기술 시스템의 관성화	㉣

	㉠	㉡	㉢	㉣
①	기술 이전의 단계	기술 경쟁의 단계	기업가	자문 엔지니어
②	기술 경쟁의 단계	기술 이전의 단계	금융전문가	자문 엔지니어
③	기술 이전의 단계	기술 경쟁의 단계	기업가	기술자
④	기술 경쟁의 단계	기술 이전의 단계	금융전문가	기업가
⑤	기술 이전의 단계	기술 경쟁의 단계	금융전문가	기술자

정답 ①

기술 시스템의 발전 단계는 '발명·개발·혁신의 단계 → ㉠ 기술 이전의 단계 → ㉡ 기술 경쟁의 단계 → 기술 공고화 단계'를 거쳐 발전한다. 또한 기술 시스템의 발전 단계에는 단계별로 핵심적인 역할을 하는 사람들이 있다. 기술 경쟁의 단계에서는 ㉢ 기업가들의 역할이 더 중요해지고, 기술 공고화 단계에서는 이를 활성·유지·보수 등을 하기 위한 ㉣ 자문 엔지니어와 금융전문가 등의 역할이 중요해진다.

풀이 전략!

문제에 제시된 내용만으로는 풀이가 어려울 수 있으므로, 사전에 관련 기술 이론을 숙지하고 있어야 한다. 자주 출제되는 개념을 확실하게 암기하여 빠르게 문제를 풀 수 있도록 하는 것이 좋다.

대표기출유형 01 기출응용문제

01 다음 글에 나타난 산업 재해에 대한 원인으로 옳지 않은 것은?

> 전선 제조 사업장에서 고장난 변압기 교체를 위해 K전력 작업자가 변전실에서 작업을 준비하던 중 특고압 배전반 내 충전부 COS 1차 홀더에 접촉 감전되어 치료 도중 사망하였다. 증언에 따르면 변전실 TR-5 패널의 내부는 협소하고, 피재해자의 키에 비하여 경첩의 높이가 높아 문턱 위에 서서 불안전한 작업자세로 작업을 실시하였다고 한다. 또한 피재해자는 전기 관련 자격이 없었으며, 복장은 일반 안전화, 면장갑, 패딩점퍼를 착용한 상태였다.

① 불안전한 행동
② 불안전한 상태
③ 작업 관리상 원인
④ 기술적 원인
⑤ 작업 준비 불충분

02 다음 중 기술경영자의 역할로 옳지 않은 것은?

> 기술경영자에게는 리더십, 기술적인 능력, 행정능력 외에도 다양한 도전을 해결하기 위한 여러 능력들이 요구된다. 기술개발이 결과 지향적으로 수행되도록 유도하는 능력, 기술개발 과제의 세부 사항까지도 파악할 수 있는 능력, 기술개발 과제의 전 과정을 전체적으로 조망할 수 있는 능력이 그것이다. 또한 기술개발은 기계적인 관리보다는 조직 및 인간 행동상의 요인들이 더 중요하게 작용되는 사람 중심의 진행이기 때문에 이 밖에도, 기술의 성격 및 이와 관련된 동향·사업 환경 등을 이해할 수 있는 능력과 기술적인 전문성을 갖춰 팀원들의 대화를 효과적으로 이끌어 낼 수 있는 능력 등 다양한 능력을 필요로 하고 있다. 이와는 달리 중간급 매니저라 할 수 있는 기술관리자에게는 기술경영자와는 조금 다른 능력이 필요한데, 이는 기술적 능력에 대한 것과 계획서 작성, 인력관리, 예산 관리, 일정 관리 등 행정능력에 대한 것이다.

① 시스템적인 관점에서 인식하는 능력
② 기술을 효과적으로 평가할 수 있는 능력
③ 조직 내의 기술 이용을 수행할 수 있는 능력
④ 새로운 제품개발 시간을 단축할 수 있는 능력
⑤ 기술을 기업의 전반적인 전략 목표에 통합시키는 능력

03 다음 중 D씨가 하고 있는 것은 무엇인가?

D씨는 하이베드 딸기 재배 기법을 배우기 위해 네덜란드 PTC+에서 교육을 받았다. 한국에 돌아온 D씨는 네덜란드 PTC+에서 배워온 딸기 재배 기법을 단순 적용한 것이 아니라 우리나라 실정에 맞게 변형한 재배 기법을 실시함으로써 고수익을 올릴 수 있었다. D씨는 수개월간의 시행착오 끝에 네덜란드의 기후, 토양의 질 등과는 다른 우리나라 환경에 적합한 딸기를 재배하기 위해 배양액의 농도, 토질, 조도시간, 생육기간과 당도까지 최적의 기술을 연구함으로써 국내 최고의 질을 자랑하는 딸기를 출하할 수 있게 되었다.

① 벤치마크
② 벤치마킹
③ 표절
④ 모방
⑤ 차용

04 다음은 벤치마킹을 수행 방식에 따라 분류한 자료이다. 빈칸 (A) ~ (E)에 들어갈 내용으로 적절하지 않은 것은?

〈벤치마킹의 수행 방식에 따른 분류〉

구분	직접적 벤치마킹	간접적 벤치마킹
정의	• 벤치마킹 대상을 직접 방문하여 조사·분석하는 방법	• 벤치마킹 대상을 인터넷 및 문서형태의 자료 등을 통해서 간접적으로 조사·분석하는 방법
장점	• 필요로 하는 정확한 자료의 입수 및 조사가 가능하다. • ______(A)______	• 벤치마킹 대상의 수에 제한이 없고 다양하다. • ______(C)______
단점	• 벤치마킹 수행과 관련된 비용 및 시간이 많이 소요된다. • ______(B)______	• ______(D)______ • ______(E)______

① (A) : 벤치마킹의 이후에도 계속적으로 자료의 입수 및 조사가 가능하다.
② (B) : 벤치마킹 결과가 피상적일 수 있다.
③ (C) : 비용과 시간을 상대적으로 많이 절감할 수 있다.
④ (D) : 핵심자료의 수집이 상대적으로 어렵다.
⑤ (E) : 정확한 자료 확보가 어렵다.

05 다음은 기술선택을 위한 절차를 나타낸 자료이다. 밑줄 친 (A) ~ (E)에 대한 행동으로 옳은 것은?

〈기술선택을 위한 절차〉

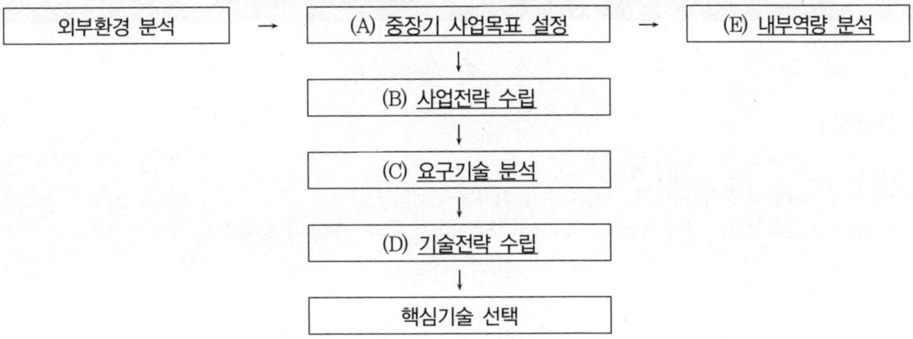

① (A) : 기술획득 방법 결정

② (B) : 사업 영역 결정, 경쟁 우위 확보 방안 수립

③ (C) : 기업의 장기비전, 매출목표 및 이익목표 설정

④ (D) : 기술능력, 생산능력, 마케팅 / 영업능력, 재무능력 등 분석

⑤ (E) : 제품 설계 / 디자인 기술, 제품 생산 공정, 원재료 / 부품 제조기술 분석

02 기술 적용

| 유형분석 |

- 주어진 자료를 해석하고 기술을 적용하여 풀어가는 문제이다.
- 꼼꼼하고 분석적인 접근이 필요한 논리연산, 사용설명서 등의 문제들이 출제된다.

회사의 기기를 관리하는 업무를 맡은 E사원은 전자레인지를 사용할 때 가끔씩 불꽃이 튀고 음식이 잘 데워지지 않는다는 이야기를 들었다. 다음 중 서비스를 접수하기 전에 점검할 사항으로 옳지 않은 것은?

증상	원인	조치 방법
전자레인지가 작동하지 않는다.	• 전원 플러그가 콘센트에 바르게 꽂혀 있나요? • 문이 확실히 닫혀 있나요? • 배전판 퓨즈나 차단기가 끊어지지 않았나요? • 조리 방법을 제대로 선택하셨나요? • 혹시 정전은 아닌가요?	• 전원 플러그를 바로 꽂아 주세요. • 문을 다시 닫아 주세요. • 끊어졌으면 교체하고 연결시켜 주세요. • 취소를 누르고 다시 시작하세요.
동작 시 불꽃이 튄다.	• 조리실 내벽에 금속 제품 등이 닿지 않았나요? • 금선이나 은선으로 장식된 그릇을 사용하고 계신가요? • 조리실 내에 찌꺼기가 있나요?	• 벽에 닿지 않도록 하십시오. • 금선이나 은선으로 장식된 그릇은 사용하지 마세요. • 깨끗이 청소해 주세요.
조리 상태가 나쁘다.	• 조리 순서, 시간 등 사용 방법을 잘 선택하셨나요?	• 요리책을 다시 확인하고 사용하세요.
접시가 불균일하게 돌거나 돌지 않는다.	• 회전 접시와 회전 링이 바르게 놓여 있나요?	• 각각을 정확한 위치에 놓아 주세요.
불의 밝기나 동작 소리가 불균일하다.	• 출력의 변화에 따라 일어날 수 있는 현상이니 안심하고 사용하셔도 됩니다.	

① 조리실 내 위생 상태 점검
② 사용 가능 용기 확인
③ 사무실, 전자레인지 전압 확인
④ 조리실 내벽 확인
⑤ 조리 순서, 시간 확인

정답 ③

전자레인지를 사용하면서 불꽃이 튀는 경우와 조리 상태가 나쁠 때 확인해야 할 사항에 사무실, 전자레인지의 전압을 확인해야 한다는 내용은 명시되어 있지 않다.

풀이 전략!

문제 해결을 위해 필요한 정보와 기술능력이 무엇인지 먼저 파악한 후, 제시된 자료를 분석적으로 읽고 문제를 풀이한다.

대표기출유형 02 기출응용문제

01 농한기인 1 ~ 2월에 자주 발생하는 영농기자재 고장을 방지하고자 영농기자재 관리 방법에 대한 매뉴얼을 작성하여 농가에 배포하였다. 다음 중 매뉴얼에 따라 영농기자재를 바르게 관리한 것은?

〈매뉴얼〉

월	기계종류	내용
1월	트랙터	(보관 중 점검) • 유압실린더는 완전상승 상태로 함 • 엔진 계통의 누유 점검(연료탱크, 필터, 파이프) • 축전지 보충충전
	이앙기	(장기보관 중 점검) • 본체의 누유, 누수 점검 • 축전지 보관 상태 점검, 보충충전 • 페인트가 벗겨진 부분에는 방청유를 발라 녹 발생 방지 • 커버를 씌워 먼지, 이물질에 의한 부식 방지
	콤바인	(장기보관 중 점검) • 회전부, 작동부, 와이어류에 부식방지를 위해 오일 주입 • 각부의 누유 여부 점검 • 스프링 및 레버류에 부식방지를 위해 그리스를 바름
2월	트랙터	(사용 전 점검) • 팬벨트 유격 10mm 이상 시 발전기 고정 볼트를 풀어 유격 조정 • 냉각수량 – 외기온도에 알맞은 비중의 부동액 확인(40% 확인) • 축전지액량 및 접속상태, 배선 및 각종 라이트 경고등 점검, 충전상태 점검 • 좌우 브레이크 페달 유격 및 작동 상태 점검
	이앙기	(장기보관 중 점검) • 누유 · 누수 점검 • 축전지 보충충전 • 녹이 발생된 부분은 녹을 제거하고 방청유를 바름
	콤바인	(장기보관 중 점검) • 엔진을 회전시켜 윤활시킨 후, 피스톤을 압축상사점에 보관 • 각 회전부, 작동부, 와이어류에 부식방지를 위해 오일 주입 • 스프링 및 레버류에 부식방지를 위해 그리스를 바름

① 1월에 트랙터의 브레이크 페달 작동 상태를 점검하였다.

② 2월에 장기보관 중이던 이앙기에 커버를 씌워 먼지 및 이물질에 의한 부식을 방지하였다.

③ 1 ~ 2월 모두 이앙기에 부식방지를 위해 방청유를 발랐다.

④ 트랙터 사용 전에 유압실린더와 엔진 누유 상태를 중점적으로 점검하였다.

⑤ 장기보관 중인 콤바인을 꺼낸 후, 타이어 압력을 기종별 취급설명서에 따라 점검하였다.

※ 기획전략팀에서는 사무실을 간편히 청소할 수 있는 새로운 청소기를 구매하였다. 기획전략팀의 B대리는 새 청소기를 사용하기 전에 다음 사용 설명서를 참고하였다. 이어지는 질문에 답하시오. [2~4]

〈사용 설명서〉

■ 충전

- 충전 시 작동 스위치 2곳을 반드시 꺼 주십시오.
- 타 제품의 충전기를 사용할 경우 고장의 원인이 되오니 반드시 전용 충전기를 사용하십시오.
- 충전 시 충전기에 열이 느껴지는 것은 고장이 아닙니다.
- 본 제품에는 배터리 보호를 위하여 과충전 보호회로가 내장되어 있어 적정 충전시간을 초과하여도 배터리는 심한 손상이 없습니다.
- 충전기의 줄을 잡고 뽑을 경우 감전, 쇼트, 발화 및 고장의 원인이 됩니다.
- 충전하지 않을 때는 전원 콘센트에서 충전기를 뽑아 주십시오. 절연 열화에 따른 화재, 감전 및 고장의 원인이 됩니다.

■ 이상 발생 시 점검 방법

증상	확인 사항	해결 방법
스위치를 켜도 청소기가 작동하지 않는다.	• 청소기가 충전잭에 꽂혀 있는지 확인하세요. • 충전이 되어 있는지 확인하세요. • 본체에 핸디 청소기가 정확히 결합되었는지 확인하세요. • 접점부(핸디, 본체)를 부드러운 면으로 깨끗이 닦아 주세요.	• 청소기에서 충전잭을 뽑아 주세요.
사용 중 갑자기 흡입력이 떨어진다.	• 흡입구를 커다란 이물질이 막고 있는지 확인하세요. • 먼지 필터가 막혀 있는지 확인하세요. • 먼지통 내에 오물이 가득 차 있는지 확인하세요.	• 이물질을 없애고 다시 사용하세요.
청소기가 멈추지 않는다.	• 스틱 손잡이 / 핸디 손잡이 스위치 2곳 모두 꺼져 있는지 확인하세요. • 청소기 본체에서 핸디 청소기를 분리하세요.	–
사용시간이 짧다고 느껴진다.	• 10시간 이상 충전하신 후 사용하세요.	–
라이트 불이 켜지지 않는다.	• 청소기 작동 스위치를 ON으로 하셨는지 확인하세요. • 라이트 스위치를 ON으로 하셨는지 확인하세요.	–
파워브러시가 작동하지 않는다.	• 머리카락이나 실 등 이물질이 감겨있는지 확인하세요.	• 청소기 전원을 끄고 이물질 제거 후 전원을 켜면 파워브러시가 재작동하며, 평상시에도 파워브러시가 멈추었을 때는 전원 스위치를 껐다 켜시면 브러시가 재작동합니다.

02 **다음 중 배터리 충전 시 고장이 발생한 경우, 그 원인으로 적절하지 않은 것은?**

① 충전 시 작동 스위치 2곳을 모두 끄지 않은 경우
② 충전기를 뽑을 때 줄을 잡고 뽑은 경우
③ 충전하지 않을 때 충전기를 계속 꽂아 둔 경우
④ 적정 충전시간을 초과하여 충전한 경우
⑤ 타 제품의 충전기를 사용한 경우

03 **B대리는 청소기의 전원을 껐다 켬으로써 청소기의 작동 불량을 해결하였다. 다음 중 어떤 작동 불량이 발생하였는가?**

① 청소기가 멈추지 않았다.
② 사용시간이 짧게 느껴졌다.
③ 파워브러시가 작동하지 않았다.
④ 사용 중 흡입력이 떨어졌다.
⑤ 라이트 불이 켜지지 않았다.

04 **다음 중 청소기에 이물질이 많이 들어있을 때 나타날 수 있는 증상은?**

① 사용시간이 짧아진다.
② 라이트 불이 켜지지 않는다.
③ 스위치를 켜도 청소기가 작동하지 않는다.
④ 충전 시 충전기에서 열이 난다.
⑤ 사용 중 갑자기 흡입력이 떨어진다.

※ 다음은 제습기 사용과 보증기간에 대한 사용 설명서이다. 이어지는 질문에 답하시오. [5~6]

〈사용 전 알아두기〉

- 제습기의 적정 사용온도는 18 ~ 35℃입니다.
  - 18℃ 미만에서는 냉각기에 결빙이 시작되어 제습량이 줄어들 수 있습니다.
- 제습 운전 중에는 컴프레서 작동으로 실내 온도가 올라갈 수 있습니다.
- 설정한 희망 습도에 도달하면 운전을 멈추고 실내 습도가 높아지면 자동 운전을 다시 시작합니다.
- 물통이 가득 찰 경우 제습기 작동이 멈춥니다.
- 안전을 위하여 제습기 물통에 다른 물건을 넣지 마십시오.
- 제습기가 작동하지 않거나 아무 이유 없이 작동을 멈추는 경우 다음 사항을 확인하세요.
  - 전원플러그가 제대로 끼워져 있는지 확인하십시오.
  - 위의 사항이 정상인 경우, 전원을 끄고 10분 정도 경과 후 다시 전원을 켜세요.
  - 여전히 작동이 안 되는 경우, 판매점 또는 서비스 센터에 연락하시기 바랍니다.
- 현재 온도 / 습도는 설치장소 및 주위 환경에 따라 실제와 차이가 있을 수 있습니다.

〈보증기간 안내〉

- 품목별 소비자 피해 보상규정에 의거 아래와 같이 제품에 대한 보증을 실시합니다.
- 보증기간 산정 기준
  - 제품 보증기간은 제조사 또는 제품 판매자가 소비자에게 정상적인 상태에서 자연 발생한 품질 성능 기능 하자에 대하여 무료 수리해 주겠다고 약속한 기간을 말합니다.
  - 제품 보증기간은 구입일자를 기준으로 산정하며 구입일자의 확인은 제품보증서를 기준으로 합니다. 단, 보증서가 없는 경우는 제조일(제조번호, 검사필증)로부터 3개월이 경과한 날부터 보증기간을 계산합니다.
  - 중고품(전파상 구입, 모조품) 구입 시 보증기간은 적용되지 않으며 수리 불가의 경우 피해보상을 책임지지 않습니다.
- 당사와의 계약을 통해 납품되는 제품의 보증은 그 계약내용을 기준으로 합니다.
- 제습기 보증기간은 일반제품으로 1년으로 합니다.
  - 2017년 1월 이전 구입분은 2년 적용합니다.

〈제습기 부품 보증기간〉

- 인버터 컴프레서(2016년 1월 이후 생산 제품)는 10년입니다.
- 컴프레서(2018년 1월 이후 생산 제품)는 4년입니다.
- 인버터 컴프레서에 한해서 5년 차부터 부품대만 무상 적용합니다.

05 **제습기 구매자가 사용 전 알아두기에 대한 설명서를 읽고 나서 제습기를 사용했다. 다음 중 구매자가 서비스센터에 연락해야 할 작동 이상으로 가장 적절한 것은?**

① 실내 온도가 17℃일 때 제습량이 줄어들었다.

② 제습기 사용 후 실내 온도가 올라갔다.

③ 물통에 물이 $\frac{1}{2}$ 정도 들어있을 때 작동이 멈췄다.

④ 제습기가 갑자기 작동되지 않아 잠시 10분 꺼두었다가 다시 켰더니 작동하였다.

⑤ 희망 습도에 도달하니 운전을 멈추었다.

06 **다음 중 보증기간 안내 및 제습기 부품 보증기간을 참고할 때, 제습기 사용자가 잘못 이해한 것은?**

① 제품 보증서가 없는 경우, 영수증에 찍힌 구입한 날짜부터 보증기간을 계산한다.

② 보증기간 무료 수리는 정상적인 상태에서 자연 발생한 품질 성능 기능 하자가 있을 때이다.

③ 제습기 보증기간은 일반제품을 기준으로 구입일로부터 1년이다.

④ 2017년도 이전에 구입한 제습기는 보증기간이 2년 적용된다.

⑤ 2016년도에 생산된 인버터 컴프레서는 10년이 보증기간이다.

우리가 해야 할 일은 끊임없이 호기심을 갖고
새로운 생각을 시험해 보고 새로운 인상을 받는 것이다.

- 월터 페이터 -

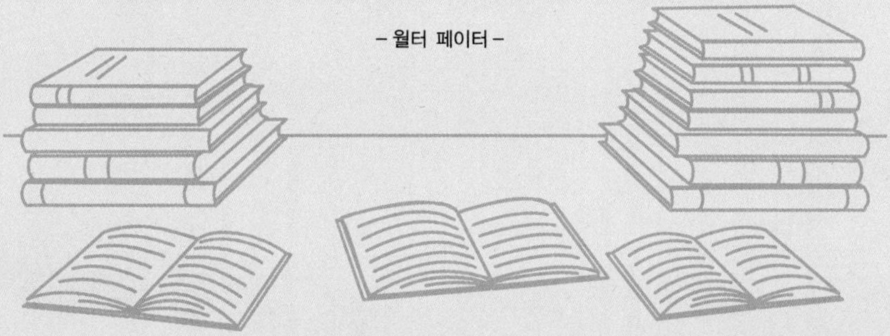

PART 2

직무수행능력

CHAPTER

01 경영학 적중예상문제

정답 및 해설 p.058

01 **다음 중 기업 결합 형태에 대한 설명으로 옳지 않은 것은?**

① 컨글로머리트 : 사업내용이 같은 기업을 최대한 많이 흡수 또는 합병해서 지배하는 결합 형태이다.

② 콤비나트 : 기술적으로 연관성이 높은 여러 생산부문을 근거리에 위치시켜 형성된 지역적 결합 형태이다.

③ 카르텔 : 생산 및 판매에 있어 경쟁을 방지하고 수익을 확보하기 위해 동종 상품을 생산하는 기업 간 수평적으로 결합한 형태이다.

④ 트러스트 : 시장을 지배할 목적으로 동종 혹은 이종 기업이 자본적 결합에 의해 완전히 하나의 기업으로 결합한 형태이다.

⑤ 콘체른 : 대기업이 자본지배를 목적으로 여러 산업에 속한 중소기업의 주식을 보유하거나 자금을 대여하여 금융적으로 결합한 형태이다.

02 **다음 중 마이클 포터(Michael Porter)의 가치사슬 모형(Value Chain Model)에 대한 설명으로 옳지 않은 것은?**

① 기업이 가치를 창출하는 활동을 본원적 활동과 지원적 활동으로 구분하였다.

② 마케팅 활동은 지원적 활동에 해당한다.

③ 물류 투입 및 산출 활동은 본원적 활동에 해당한다.

④ 기술 개발은 지원적 활동에 해당한다.

⑤ 지원적 활동에 해당하는 활동도 기업의 핵심 역량이 될 수 있다.

03 **다음 중 마케팅 믹스에 대한 설명으로 옳지 않은 것은?**

① 제품믹스란 유사용도나 특성을 갖는 제품군을 말한다.

② 마케팅리더는 비공식 마케팅경로에서 중요한 역할을 한다.

③ 수명주기는 도입기, 성장기, 성숙기, 쇠퇴기의 과정을 거치게 되는데 성장·성숙기는 특히 매출액이 증가하는 시기이다.

④ 전문품은 상점에 나가기 전에 그 제품이나 내용 등에 대하여 잘 알고 있으며, 구매과정에서 상당한 노력을 한다.

⑤ 마케팅활동에 관련된 여러 수단이나 마케팅 요소 및 제도를 더욱 효과적인 형태로 짜 맞추는 일이다.

PART 2

04 **다음 설명에 해당하는 우리나라 상법상의 회사는?**

- 유한책임사원으로만 구성된다.
- 청년 벤처 창업에 유리하다.
- 사적 영역을 폭넓게 인정한다.

① 합명회사
② 합자회사
③ 유한책임회사
④ 유한회사
⑤ 주식회사

05 **주식회사의 설립방법에는 발기설립과 모집설립이 있다. 두 방법의 차이를 비교한 내용으로 옳지 않은 것은?**

	구분	발기설립	모집설립
①	기능	소규모 회사 설립에 용이	대규모 자본 조달에 유리
②	주식의 인수	주식의 총수를 발기인이 인수	발기인 우선인수 후 나머지 주주모집
③	인수 방식	단순한 서면주의	법정기재사항이 있는 주식청약서에 의함
④	납입의 해태	일반원칙(채무불이행)에 속함	실권절차가 있음
⑤	설립경과조사	이사와 감사가 조사하여 창립총회에 보고	이사와 감사가 조사하여 발기인에 보고

06 **다음 중 K사가 프린터를 저렴하게 판매한 후, 그 프린터의 토너를 비싼 가격으로 결정하는 방법은?**

① 종속제품 가격결정(Captive Product Pricing)
② 묶음 가격결정(Bundle Pricing)
③ 단수 가격결정(Odd Pricing)
④ 침투 가격결정(Penetration Pricing)
⑤ 스키밍 가격결정(Skimming Pricing)

07 **다음 중 대중을 제품이나 창작물 생산 과정에 참여시키는 방식은 무엇인가?**

① 아웃소싱
② 인소싱
③ 오픈소싱
④ 크라우드소싱
⑤ 스마트소싱

08 **다음 중 통합적 마케팅 커뮤니케이션에 대한 설명으로 옳지 않은 것은?**

① 강화광고는 기존 사용자에게 브랜드에 대한 확신과 만족도를 높여 준다.
② 가족 브랜딩(Family Branding)은 개별 브랜딩과는 달리 한 제품을 촉진하면 나머지 제품도 촉진된다는 이점이 있다.
③ 촉진에서 풀(Pull) 정책은 제품에 대한 강한 수요를 유발할 목적으로 광고나 판매촉진 등을 활용하는 정책이다.
④ PR은 조직의 이해관계자들에게 호의적인 인상을 심어주기 위하여 홍보, 후원, 이벤트, 웹사이트 등을 사용하는 커뮤니케이션 방법이다.
⑤ 버즈(Buzz) 마케팅은 소비자에게 메시지를 빨리 전파할 수 있게 이메일이나 모바일을 통하여 메시지를 공유한다.

09 **다음 중 적대적 M&A에 대한 사전 방어 전략에 해당하지 않는 것은?**

① 황금주
② 그린메일
③ 황금낙하산
④ 포이즌 필(Poison Pill)
⑤ 포이즌 풋(Poison Put)

10 **다음 중 기업합병에 대한 설명으로 옳지 않은 것은?**

① 기업합병이란 두 독립된 기업이 법률적, 실질적으로 하나의 기업실체로 통합되는 것이다.
② 기업인수는 한 기업이 다른 기업의 지배권을 획득하기 위하여 주식이나 자산을 취득하는 것이다.
③ 기업매각은 사업부문 중의 일부를 분할한 후 매각하는 것으로, 기업의 구조를 재편성하는 것이다.
④ 기업합병에는 흡수합병과 신설합병이 있으며, 흡수합병의 경우 한 회사는 존속하고 다른 회사의 주식은 소멸한다.
⑤ 수평적 합병은 기업의 생산이나 판매과정 전후에 있는 기업 간의 합병으로, 주로 원자재 공급의 안정성 등을 목적으로 한다.

11 **다음 중 가격관리에 대한 설명으로 옳지 않은 것은?**

① 명성가격결정법은 가격이 높으면 품질이 좋을 것이라고 느끼는 효과를 이용하여 수요가 많은 수준에서 고급상품의 가격결정에 이용된다.
② 침투가격정책은 신제품을 도입하는 초기에 저가격을 설정하여 신속하게 시장에 침투하는 전략으로, 수요가 가격에 민감하지 않은 제품에 많이 사용된다.
③ 상층흡수가격정책은 신제품을 시장에 도입하는 초기에는 고소득층을 대상으로 높은 가격을 받고 그 뒤 차차 가격을 인하하여 저소득층에 침투하는 것이다.
④ 탄력가격정책은 한 기업의 제품이 여러 제품계열을 포함하는 경우 품질, 성능, 스타일에 따라 서로 다른 가격을 결정하는 것이다.
⑤ 고가격정책은 신제품을 개발한 기업들이 초기에 그 시장의 소득층으로부터 많은 이익을 얻기 위해 높은 가격을 설정하는 전략이다.

12 **다음 중 손익계산서에 대한 설명으로 옳지 않은 것은?**

① 손익계산서는 해당 회계기간에 속하는 모든 수익과 비용을 기재한다.
② 특별손익 등은 가감하고, 법인세 등은 차감한 당기순손익을 표시한다.
③ 손익계산서를 통해 순이익, 매출액, 매출원가 등의 정보를 확인할 수 있다.
④ 손익계산서상 비용은 매출원가, 판매비, 관리비, 영업외비용 등이 있다.
⑤ 손익계산서를 통해 회사에 누적된 사내유보 이익을 확인할 수 있다.

13 다음 중 규모 · 생산량 · 경험 등의 증대로 인한 단위원가의 하락을 나타내는 효과를 의미하며, 포터의 원가우위 전략을 현실적으로 실행하기 위한 규모의 경제를 누릴 수 있도록 원가의 최소화를 가능하게 하는 효과는?

① 승수효과
② 가격효과
③ 시너지효과
④ 톱니효과
⑤ 경험곡선효과

14 다음 중 매트릭스 조직에 대한 설명으로 옳지 않은 것은?

① 매트릭스 조직은 제품과 기능 또는 제품과 지역이 동시에 강조될 때 적합한 조직 구조이다.
② 매트릭스 조직은 명령일원화에서 벗어나 두 명의 상사를 갖는 구조이다.
③ 매트릭스 조직의 특성상 역할갈등의 문제가 발생할 수 있다.
④ 매트릭스 조직은 부서 내에서의 규모의 경제 효과가 달성 가능하다.
⑤ 매트릭스 조직은 프로젝트성 과업을 수행하는 조직에 적합하다.

15 다음 자료를 이용하여 당기순이익을 구하면?(단, 회계기간은 1월 1일부터 12월 31일까지이다)

• 영업이익	300,000원
• 이자비용	10,000원
• 영업외 수익	50,000원
• 법인세비용	15,000원

① 275,000원
② 290,000원
③ 325,000원
④ 335,000원
⑤ 340,000원

16 다음의 원가함수 형태를 보유한 기업의 손익분기점 매출수량은?

> • 원가함수 : $y=10,000,000+5,000x$
> • 단위당 판매가격 : 10,000원

① 3,000개 ② 2,500개
③ 2,000개 ④ 1,500개
⑤ 1,000개

17 다음 K사의 8월 재고자산에 대한 자료를 참고하여 실지재고조사법하의 선입선출법과 후입선출법 적용 시 각각의 8월 말 재고자산 금액을 계산하면 얼마인가?

일자	구분	수량	단가
8월 1일	전기이월	300개	₩70
8월 8일	매출	250개	₩120
8월 11일	매입	550개	₩85
8월 20일	매입	400개	₩90
8월 25일	매출	500개	₩140
8월 31일	기말재고	500개	

	선입선출법	후입선출법
①	₩44,500	₩38,000
②	₩42,750	₩38,000
③	₩44,500	₩41,750
④	₩41,500	₩41,750
⑤	₩41,500	₩43,120

18 다음 중 인적자원관리(HRM)에 대한 설명으로 옳지 않은 것은?

① 직무분석의 결과로 직무기술서와 직무명세서가 만들어진다.

② 직무분석의 방법으로 면접법, 관찰법, 중요사건법 등이 있다.

③ 직무평가 방법으로는 서열법, 요소비교법, 질문지법 등이 있다.

④ 직무분석이란 적재적소에 인적자원을 배치하기 위하여 직무 관련 정보를 수집하는 절차이다.

⑤ '동일노동 동일임금'의 원칙을 실현하는 직무급을 도입하기 위한 기초 작업으로 직무평가가 실시된다.

19 다음 중 결합레버리지도에 대한 설명으로 옳지 않은 것은?

① 결합레버리지도는 주당이익변화율을 매출액변화율로 나누어 계산한다.

② 영업레버리지 효과와 재무레버리지 효과를 결합하여 나타낸다.

③ 영업고정비의 비중이 작을수록 매출액 변동에 따른 영업이익의 변동은 더 증가한다.

④ 영업레버리지와 재무레버리지가 모두 큰 사업군이라면 매출액이 조금만 변동해도 주주에게 귀속되는 주당이익의 변동은 크다.

⑤ 매출액의 변화가 주당이익의 변화에 미치는 효과를 직접 측정하는 척도로써 결합레버리지도(DCL; Degree of Combined Leverage)가 사용된다.

20 다음 중 SWOT 분석 방법에서 관점이 다른 하나를 고르면?

① 시장에서의 기술 우위

② 기업상표의 명성 증가

③ 해외시장의 성장

④ 기업이 보유한 자원 증가

⑤ 고품질 제품 보유

02 경제학 적중예상문제

정답 및 해설 p.062

01 수요의 가격탄력성이 공급의 가격탄력성에 비해 상대적으로 작은 와인에 대해서 종량세를 올린다고 할 경우 세금 부담은 어떻게 전가되는가?

① 판매자가 모두 부담
② 소비자가 모두 부담
③ 판매자가 소비자에 비해 많이 부담
④ 소비자가 판매자에 비해 많이 부담
⑤ 판매자와 소비자가 균등하게 부담

02 다음 중 소비이론에 대한 설명으로 옳지 않은 것은?

① 케인스의 소비함수에 따르면 평균소비성향은 한계소비성향보다 크다.
② 쿠즈네츠는 장기에는 평균소비성향이 대략 일정하다는 것을 관찰하였다.
③ 생애주기가설에 따르면 총인구에서 노인층의 비중이 상승하면 국민저축률은 낮아진다.
④ 항상소득가설에 따르면 항상소득의 한계소비성향은 일시소득의 한계소비성향보다 작다.
⑤ 상대소득가설에 따르면 소득이 감소하여도 소비의 습관성으로 인해 단기적으로 소비는 거의 감소하지 않는다.

03 다음 중 매일 마시는 물보다 다이아몬드의 가격이 비싸다는 사실을 통해 내릴 수 있는 결론으로 옳은 것은?

① 유용한 재화일수록 희소하다.
② 희소하지 않은 자원도 존재한다.
③ 희소하지 않지만 유용한 재화도 있다.
④ 재화의 사용가치가 높을수록 가격도 높아진다.
⑤ 재화의 가격은 희소성의 영향을 많이 받는다.

04 다음 중 수요의 가격탄력성에 대하여 바르게 말하는 사람을 〈보기〉에서 모두 고르면?

보기

보검 : 대학교 학생식당 음식에 대한 수요가 가격탄력적인 경우에는 가격을 올리면 매출이 증가할 거야.

지철 : 캐나다행 비행기표의 수요곡선이 직선이라면, 가격에 상관없이 비행기표 수요의 가격탄력성은 일정할 거야.

지현 : 명품 찻잔의 가격이 올라도 수요가 별로 줄지 않는 것은 사치재의 가격탄력성이 작기 때문이라고도 설명할 수 있어.

진솔 : 나처럼 용돈에서 아메리카노 사 먹는 데 쓰는 돈이 차지하는 비중이 큰 사람의 커피 수요는 아메리카노 값에 탄력적으로 반응할 거야.

① 보검, 지현
② 보검, 진솔
③ 지철, 지현
④ 지철, 진솔
⑤ 지현, 진솔

05 다음 중 정부가 재정적자를 국채의 발행으로 조달할 경우 국채의 발행이 채권가격의 하락으로 이어져 시장이자율이 상승하여 투자에 부정적인 영향을 주는 것은?

① 피셔방정식
② 구축효과
③ 유동성함정
④ 오쿤의 법칙
⑤ 화폐수량설

06 두 개의 지역 A와 B로 나누어진 K시는 도심공원을 건설할 계획이다. 두 지역에 거주하는 지역주민의 공원에 대한 수요곡선과 공원 건설의 한계비용곡선이 다음과 같을 때, 사회적으로 최적인(Socially Optimal) 도심공원의 면적은?(단, P_A는 A지역 주민이 지불하고자 하는 가격, P_B는 B지역 주민이 지불하고자 하는 가격, Q는 공원면적, MC는 한계비용이다)

- A지역 주민의 수요곡선 : $P_A=10-Q$
- B지역 주민의 수요곡선 : $P_B=10-\frac{1}{2}Q$
- 한계비용곡선 : $MC=5$

① 4
② 5
③ 6
④ 10
⑤ 15

07 밀턴 프리드먼은 '공짜 점심은 없다(There is no such thing as a free lunch).'라는 말을 즐겨했다고 한다. 다음 중 이 말을 설명할 수 있는 경제 원리는?

① 규모의 경제
② 긍정적 외부성
③ 기회비용
④ 수요공급의 원리
⑤ 한계효용 체감의 법칙

08 다음은 A, B 두 국가의 생산 1단위당 노동투입량을 나타낸 자료이다. 비교우위론에 입각한다면 무역의 흐름은 어떻게 진행되는가?

구분	C상품	D상품
A국가	6	10
B국가	6	2

① A국가는 B국가로 C, D상품을 모두 수출한다.
② B국가는 A국가로 C, D상품을 모두 수출한다.
③ A국가는 B국가로 D상품을, B국가는 A국가로 C상품을 수출한다.
④ A국가는 B국가로 C상품을, B국가는 A국가로 D상품을 수출한다.
⑤ 무역이 발생하지 않는다.

09 다음 중 효율적 자원배분 및 후생에 대한 설명으로 옳은 것은?

① 후생경제학 제1정리는 효율적 자원배분이 독점시장인 경우에도 달성될 수 있음을 보여준다.
② 후생경제학 제2정리는 소비와 생산에 있어 규모의 경제가 있으면 완전경쟁을 통해 효율적 자원배분을 달성할 수 있음을 보여준다.
③ 차선의 이론에 따르면 효율적 자원배분을 위해 필요한 조건을 모두 충족하지 못한 경우, 더 많은 조건을 충족하면 할수록 더 효율적인 자원배분이다.
④ 롤스의 주장에 따르면 사회가 2인(A와 B)으로 구성되고 각각의 효용을 U_A, U_B라 할 경우 사회후생함수(SW)는 $SW = min[U_A, U_B]$로 표현된다.
⑤ 공리주의 주장에 따르면 사회가 2인(A와 B)으로 구성되고 각각의 효용을 U_A, U_B라 할 경우 사회후생함수(SW)는 $SW = U_A \cdot U_B$로 표현된다.

10 다음 그래프는 X재의 국내 수요곡선(D)과 공급곡선(S)을 나타내고 있다. 폐쇄경제하의 국내균형은 E, 무관세 자유무역하에서의 소비자가격은 P_1, X재 수입에 대하여 한 개당 t원의 관세가 부과되는 경우의 소비자가격은 P_2이다. 이에 대한 설명으로 옳지 않은 것은?

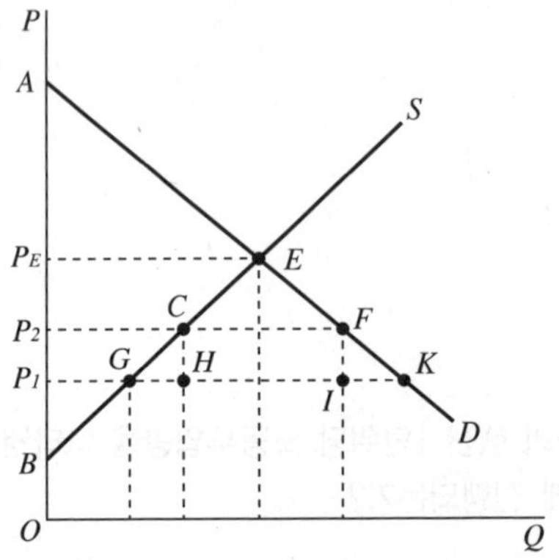

① 관세부과 후 X재의 수입량은 CF이다.

② 폐쇄경제와 비교하면 관세부과 무역으로 인한 소비자잉여 증가분은 P_EEFP_2이다.

③ 폐쇄경제와 비교하면 무관세 자유무역으로 인한 총 잉여 증가분은 EGK이다.

④ 무관세 자유무역과 비교하면 관세부과로 인한 경제적 순손실은 $CFKG$이다.

⑤ 무관세 자유무역과 비교하면 관세부과로 인한 생산자잉여 증가분은 P_1CGP_1이다.

11 비용을 최소화하는 기업 A의 생산함수는 $Q=min(2L,\ K)$이다. 노동시장과 자본시장은 모두 완전경쟁시장이고, W는 임금율, R은 자본의 임대가격을 나타낸다. $W=2$, $R=5$일 때, 기업 A의 한계비용(MC) 곡선은?[단, Q는 생산량, L은 노동투입량, K는 자본투입량, Q, L, K는 모두 양(+)의 실수이다]

① $MC=3Q$

② $MC=7Q$

③ $MC=3$

④ $MC=6$

⑤ $MC=7$

12 **노동(L)과 자본(K)을 생산요소로 투입하여 비용을 최소화하는 기업의 생산함수는 $Q=L^{0.5}K$이다. 다음 중 이에 대한 설명으로 옳지 않은 것은?(단, Q는 생산량이다)**

① 규모에 대한 수익이 체증한다.
② 노동투입량이 증가할수록 노동의 한계생산은 감소한다.
③ 노동투입량이 증가할수록 자본의 한계생산은 증가한다.
④ 노동과 자본의 단위당 가격이 동일할 때 자본투입량은 노동투입량의 2배이다.
⑤ 자본투입량이 증가할수록 자본의 한계생산은 증가한다.

PART 2

13 **다음 중 일반적인 필립스곡선에 나타나는 실업률과 인플레이션의 관계에 대한 설명으로 옳지 않은 것은?**

① 장기적으로 인플레이션과 실업률 사이에 특별한 관계가 없다.
② 실업률을 낮추기 위하여 확장적인 통화정책을 사용하는 경우 인플레이션이 일어난다.
③ 단기적으로는 인플레이션율과 실업률이 반대방향으로 움직이는 경우가 대부분이다.
④ 인플레이션에 대한 높은 기대 때문에 인플레이션이 나타난 경우에도 실업률은 하락한다.
⑤ 원자재 가격이 상승하는 경우 실업률이 감소하지 않더라도 인플레이션이 심화된다.

14 **독점기업은 동일한 제품을 여러 가지 가격으로 판매하는 가격차별을 하는 경우가 있다. 다음 중 이 현상에 대한 설명으로 옳지 않은 것은?**

① 제3급 가격차별은 제1급 가격차별에 비해서 자중손실이 더 발생한다.
② 전기료나 수도료를 사용량에 따라서 지불하는 것은 제2급 가격차별에 해당한다.
③ 가격차별은 소비자들을 몇 개의 그룹으로 구분할 수 있고 재판매가 불가능해야 한다는 것이 전제 조건에 해당한다.
④ 제3급 가격차별의 경우 한 구매자가 지불하는 단위당 가격은 그가 얼마를 사느냐에 따라 언제나 달라진다.
⑤ A소비자 집단의 수요가 B소비자 집단의 수요보다 더 가격탄력적이라면 독점기업은 A소비자 집단보다 B소비자 집단에 더 높은 가격을 부과한다.

15 **다음 〈보기〉 중 펀더멘털(Fundamental)에 해당하는 것을 모두 고르면?**

보기

ㄱ. 금융기관 매출액
ㄴ. 경제성장률
ㄷ. 물가상승률
ㄹ. 경상수지

① ㄱ, ㄴ
② ㄴ, ㄷ
③ ㄷ, ㄹ
④ ㄱ, ㄴ, ㄷ
⑤ ㄴ, ㄷ, ㄹ

16 **다른 조건이 일정할 때, 통화승수의 증가를 가져오는 요인으로 옳은 것을 〈보기〉에서 모두 고르면?**

보기

ㄱ. 법정지급준비율 증가
ㄴ. 초과지급준비율 증가
ㄷ. 현금통화비율 하락

① ㄱ
② ㄴ
③ ㄷ
④ ㄱ, ㄴ
⑤ ㄴ, ㄷ

17 **다음 중 폐쇄경제의 총수요 – 총공급 모형을 이용하여 신용경색과 부동산 가격 하락이 단기적으로 거시경제에 미치는 영향을 분석한 내용으로 옳지 않은 것은?(단, 총수요곡선은 우하향하고 단기 총공급곡선은 우상향한다).**

① 소비가 감소한다.
② 물가수준이 상승한다.
③ 고용이 감소한다.
④ 기업대출이 감소한다.
⑤ 국민소득이 감소한다.

18 원자재가격 상승으로 물가수준이 상승하여 중앙은행이 기준금리를 인상하기로 결정하였다. 다음 〈보기〉 중 원자재가격 상승과 기준금리 인상의 경제적 효과를 단기 총수요 – 총공급 모형을 이용하여 분석한 내용으로 옳은 것을 모두 고르면?

보기

가. 총수요곡선은 왼쪽으로 이동한다.
나. 총공급곡선은 왼쪽으로 이동한다.
다. 실질 GDP는 크게 감소한다.
라. 물가는 크게 감소한다.

① 가, 나
② 나, 다
③ 가, 나, 다
④ 나, 다, 라
⑤ 가, 나, 다, 라

19 다음 중 실업 및 우리나라의 실업조사에 대한 설명으로 옳은 것은?

① 경제가 완전고용 상태일 때 실업률은 0이다.
② 경기적 실업이나 구조적 실업은 자발적 실업이다.
③ 실업률은 실업자 수를 생산가능인구로 나누고 100을 곱한 수치이다.
④ 지난 4주간 구직활동을 하지 않았더라도 취업의사가 있는 한 경제활동인구로 분류된다.
⑤ 실업률 조사 대상 주간에 수입을 목적으로 1시간 이상 일한 경우 취업자로 분류된다.

20 제품 A만 생산하는 독점기업의 생산비는 생산량에 관계없이 1단위당 60원이고, 제품 A에 대한 시장수요곡선은 $P=100-2Q$이다. 다음 중 이 독점기업의 이윤극대화 가격(P)과 생산량(Q)은?

	P	Q
①	40원	30개
②	50원	25개
③	60원	20개
④	70원	15개
⑤	80원	10개

03 법학 적중예상문제

정답 및 해설 p.066

01 **다음 중 행정행위로 옳은 것은?**

① 건축허가 ② 도로의 설치
③ 자동차의 처분 ④ 국유재산의 매각
⑤ 토지수용에 대한 협의

02 **다음 중 A가 B를 상대로 대여금반환청구의 소를 서울지방법원에 제기한 뒤 이 소송의 계속 중 동일한 소를 부산지방법원에 제기한 경우 저촉되는 민사소송법상의 원리는?**

① 변론주의 ② 당사자주의
③ 재소의 금지 ④ 중복제소의 금지
⑤ 처분권주의

03 **다음 중 우리나라 헌법에 대한 설명으로 옳지 않은 것은?**

① 국제평화주의를 규정하고 있다.
② 대통령의 계엄선포권을 규정하고 있다.
③ 국가의 형태로서 민주공화국을 채택하고 있다.
④ 국무총리의 긴급재정경제처분권을 규정하고 있다.
⑤ 실질적 의미의 헌법은 국가의 통치조직·작용의 기본원칙에 대한 규범을 총칭한다.

04 다음 중 국제사회에서 법의 대인적 효력에 대한 입장으로 옳은 것은?

① 속지주의를 원칙적으로 채택하고 속인주의를 보충적으로 적용한다.
② 속인주의를 원칙적으로 채택하고 속지주의를 보충적으로 적용한다.
③ 보호주의를 원칙적으로 채택하고 피해자주의를 보충적으로 적용한다.
④ 피해자주의를 원칙적으로 채택하고 보호주의를 보충적으로 적용한다.
⑤ 보호주의를 원칙적으로 채택하고 기국주의를 보충적으로 적용한다.

05 다음 글의 ㉠과 ㉡이 의미하는 행정구제제도의 명칭이 바르게 연결된 것은?

> ㉠ 지방자치단체가 건설한 교량이 시공자의 흠으로 붕괴되어 지역주민들에게 상해를 입혔을 때, 지방자치단체가 상해를 입은 주민들의 피해를 구제해 주었다.
> ㉡ 도로확장사업으로 인하여 토지를 수용당한 주민들의 피해를 국가가 변상하여 주었다.

	㉠	㉡
①	손실보상	행정소송
②	손해배상	행정심판
③	행정소송	손실보상
④	손해배상	손실보상
⑤	행정소송	손해배상

06 다음 중 행정처분에 대한 설명으로 옳지 않은 것은?

① 행정처분은 행정청이 행하는 공권력 작용이다.
② 행정처분에는 조건을 부가할 수 없다.
③ 경미한 하자가 있는 행정처분에는 공정력이 인정된다.
④ 행정처분에 대해서만 항고소송을 제기할 수 있다.
⑤ 법규에 위반하면 위법처분으로서 행정심판·행정소송의 대상이 된다.

07 **다음 중 죄형법정주의에 대한 설명으로 옳지 않은 것은?(단, 다툼이 있는 경우 판례에 따른다)**

① 행위 당시의 판례에 의하면 처벌대상이 되지 아니하는 것으로 해석되었던 행위를 판례의 변경에 따라 확인된 내용의 형법 조항에 근거하여 처벌하는 것은 형벌불소급의 원칙에 반한다.

② 보호관찰을 도입한 형법 개정 전의 행위에 대하여 재판 시의 규정에 의해 보호관찰을 명하는 것은 형벌불소급의 원칙 내지 죄형법정주의에 위배되는 것이 아니다.

③ 성문법률주의란 범죄와 형벌은 성문의 법률로 규정되어야 한다는 원칙을 말하며, 여기서의 법률은 형식적 의미의 법률을 의미한다.

④ 특히 긴급한 필요가 있거나 미리 법률로써 자세히 정할 수 없는 부득이한 사정이 있는 경우에 한하여 수권법률(위임법률)이 구성요건의 점에서는 처벌대상인 행위가 어떠한 것인지 이를 예측할 수 있을 정도로 구체적으로 정하고, 형벌의 점에서는 형벌의 종류 및 그 상한과 폭을 명확히 규정하는 것을 전제로 위임입법이 허용된다.

⑤ 일반적으로 법률의 위임에 의하여 효력을 갖는 법규명령의 경우, 구법에 위임의 근거가 없어 무효였더라도 사후에 법 개정으로 위임의 근거가 부여되면 그때부터는 유효한 법규명령이 된다.

08 **다음 중 전세권에 대한 설명으로 옳은 것을 〈보기〉에서 모두 고르면?(단, 다툼이 있는 경우 판례에 따른다)**

보기

ㄱ. 전세권은 전세권의 양도나 상속에 의해서도 취득할 수 있다.
ㄴ. 전세권자와 인지소유자 사이에는 상린관계에 관한 민법 규정이 준용된다.
ㄷ. 동일한 건물에 저당권이 전세권보다 먼저 설정된 경우, 전세권자가 경매를 신청하여 매각되면 전세권과 저당권은 모두 소멸한다.
ㄹ. 임대인과 임차인이 임대차계약을 체결하면서 임차보증금을 전세금으로 하는 전세권설정계약을 체결하고 전세권설정등기를 경료한 경우, 다른 약정이 없는 한 임차보증금 반환의무와 전세권 설정등기 말소의무는 동시이행관계에 있다.

① ㄱ, ㄴ
② ㄷ, ㄹ
③ ㄱ, ㄴ, ㄷ
④ ㄴ, ㄷ, ㄹ
⑤ ㄱ, ㄴ, ㄷ, ㄹ

09 **다음 중 지명채권의 양도에 대한 설명으로 옳지 않은 것은?(단, 다툼이 있는 경우 판례에 따른다)**

① 임차인은 임차보증금반환채권을 임차권과 분리하여 제3자에게 양도할 수 있다.
② 채권매매에 따른 지명채권의 양도는 준물권행위로서의 성질을 가진다.
③ 당사자 사이에 양도금지의 특약이 있는 채권이더라도 전부명령에 의하여 전부될 수 있다.
④ 채권이 확정일자 있는 증서에 의해 이중으로 양도된 경우, 양수인 상호 간의 우열은 통지에 붙여진 확정일자의 선후를 기준으로 정한다.
⑤ 소유권이전등기청구권을 양도받은 양수인은 특별한 사정이 없는 한 채무자의 동의나 승낙을 받아야 대항력이 생긴다.

PART 2

10 **다음 중 민법상 주소에 대한 설명으로 옳은 것을 〈보기〉에서 모두 고르면?**

보기

㉠ 주소는 정주의 의사를 요건으로 한다.
㉡ 주소는 부재와 실종의 표준이 된다.
㉢ 법인의 주소는 그 주된 사무소의 소재지에 있는 것으로 한다.
㉣ 거래안전을 위해 주소는 동시에 두 곳 이상 둘 수 없다.

① ㉠, ㉡
② ㉠, ㉢
③ ㉡, ㉢
④ ㉡, ㉣
⑤ ㉢, ㉣

11 **다음 중 법률행위의 무효와 취소에 대한 설명으로 옳지 않은 것은?(단, 다툼이 있는 경우 판례에 따른다)**

① 매매계약은 취소되면 소급하여 무효가 된다.
② 불공정한 법률행위로서 무효인 경우, 추인에 의하여 무효인 법률행위가 유효로 될 수 없다.
③ 취소된 법률행위에 기하여 이미 이행된 급부는 부당이득으로 반환되어야 한다.
④ 취소할 수 있는 법률행위는 취소권자의 추인이 있으면 취소하지 못한다.
⑤ 취소할 수 있는 법률행위에서 법정대리인은 취소의 원인이 소멸한 후에만 추인할 수 있다.

12 **다음 중 채권자대위권에 대한 설명으로 옳은 것은?(단, 다툼이 있는 경우 판례에 따른다)**

① 조합원의 조합탈퇴권은 일신전속적 권리이므로 채권자대위권의 대상이 되지 못한다.
② 채무자의 채권자대위권은 대위할 수 있지만, 채무자의 채권자취소권은 대위할 수 없다.
③ 채권자대위권 행사는 채무자의 무자력을 요하므로, 소유권이전등기청구권은 피보전채권이 될 수 없다.
④ 피보전채권이 금전채권인 경우, 대위채권자는 채무자의 금전채권을 자신에게 직접 이행하도록 청구할 수 없다.
⑤ 토지거래규제구역 내의 토지 매매의 경우, 매수인이 매도인에 대하여 가지는 토지거래허가신청 절차 협력의무의 이행청구권도 채권자대위권 행사의 대상이 될 수 있다.

13 **다음 중 헌법의 개정에 대한 설명으로 옳지 않은 것은?**

① 헌법의 파괴는 개정이 아니다.
② 헌법에 규정된 개정절차에 따라야 한다.
③ 헌법의 기본적 동일성이 변경되는 것이다.
④ 헌법의 형식이나 내용에 변경을 가하는 것이다.
⑤ 국민투표를 요구하는 방법, 특별헌법회의를 필요로 하는 방법 등을 볼 수 있다.

14 **다음 중 행정주체와 국민과의 관계를 가장 잘 나타낸 것은?**

① 권력관계이다.
② 공법관계뿐이다.
③ 사법관계뿐이다.
④ 근로관계이다.
⑤ 사법관계일 때도 있고 공법관계일 때도 있다.

15 **다음 중 보증채무에 대한 설명으로 옳지 않은 것은?**

① 주채무가 소멸하면 보증채무도 소멸한다.
② 보증채무는 주채무가 이행되지 않을 때 비로소 이행하게 된다.
③ 채무를 변제한 보증인은 선의의 주채무자에 대해서는 구상권을 행사하지 못한다.
④ 채권자가 보증인에 대하여 이행을 청구하였을 때, 보증인은 주채무자에게 먼저 청구할 것을 요구할 수 있다.
⑤ 보증인이 당초에 주채무자가 무능력자라는 것을 알고 있었을 때에는 보증채무는 소멸하지 않는다.

16 **다음 중 지방자치제도에 대한 설명으로 옳지 않은 것을 〈보기〉에서 모두 고르면?(단, 다툼이 있는 경우 판례에 따른다)**

보기

ㄱ. 자치권이 미치는 관할구역의 범위에는 육지는 물론 바다도 포함되는바 지방자치단체의 영토고권이 인정된다.
ㄴ. 법률에 의한 지방자치단체의 폐치와 분합은 헌법 소원의 대상이 되지만, 반드시 주민 투표에 의한 주민의사 확인절차를 거쳐야 하는 것은 아니다.
ㄷ. 지방자치단체의 장의 계속 재임을 3기로 제한함에 있어 폐지나 통합되는 지방자치단체의 장으로 재임한 것까지 포함시키는 것은 해당 기본권 주체의 공무담임권과 평등권을 침해한 것이다.
ㄹ. 조례에 대한 법률의 위임은 법규명령에 대한 법률의 위임과 같이 반드시 구체적으로 범위를 정하여 할 필요가 없으며 포괄적인 것으로 족하지만, 벌칙 규정은 법률의 위임이 필요하다.
ㅁ. 감사원은 지방자치단체의 자치사무에 대해 합법성과 합목적성 감사를 할 수 있으므로 특정한 위법행위가 확인되었거나 위법행위가 있었다는 합리적 의심이 가능한 경우에는 사전적 · 포괄적 감사가 예외적으로 허용된다.

① ㄱ, ㄴ, ㄷ
② ㄱ, ㄷ, ㅁ
③ ㄱ, ㄹ, ㅁ
④ ㄴ, ㄷ, ㄹ
⑤ ㄴ, ㄹ, ㅁ

17 **다음 중 채권자가 그의 채권을 담보하기 위하여 채무의 변제기까지 채무자로부터 인도받은 동산을 점유 · 유치하기로 채무자와 약정하고, 채무의 변제가 없는 경우에 그 동산의 매각대금으로부터 우선변제 받을 수 있는 담보물권은?**

① 질권
② 유치권
③ 저당권
④ 양도담보권
⑤ 임차권

18 다음 중 자연인의 권리능력에 대한 설명으로 옳지 않은 것은?

① 자연인의 권리능력은 사망에 의해서만 소멸된다.
② 피성년후견인의 권리능력은 제한능력자에게도 차등이 없다.
③ 실종선고를 받으면 권리능력을 잃는다.
④ 우리 민법은 태아에 대해 개별적 보호주의를 취하고 있다.
⑤ 자연인은 출생과 동시에 권리능력을 가진다.

19 다음 글에서 설명하는 행정법의 기본원칙에 해당하는 것은?

행정주체가 구체적인 행정목적을 실현함에 있어 목적과 수단 간에는 합리적인 비례관계가 유지되어야 한다는 원칙이다.

① 자기구속의 원칙
② 신뢰보호의 원칙
③ 부당결부금지의 원칙
④ 비례의 원칙
⑤ 평등의 원칙

20 다음 중 민법상 소멸시효기간이 3년인 것은?

① 의복의 사용료 채권
② 여관의 숙박료 채권
③ 연예인의 임금 채권
④ 도급받은 자의 공사에 관한 채권
⑤ 의식 및 유숙에 관한 교사의 채권

04 행정학 적중예상문제

정답 및 해설 p.071

01 **다음 중 행정의 특성에 대한 설명으로 옳지 않은 것은?**

① 행정은 합리적 기준과 절차에 따라 이루어져야 한다.
② 행정은 특정 집단의 사익이 아닌 공공의 이익을 추구해야 한다.
③ 행정은 국민의 요구와 필요를 충족시키기 위한 고객 지향적 성격을 지닌다.
④ 행정은 공익의 목적을 위하여 개개인의 의사와 상관없이 획일적으로 규율한다.
⑤ 윌슨의 정치행정이원론에 따르면 행정은 법과 규제에 기반을 두어야 한다는 점에서 비정치성을 갖는다.

02 **다음 중 예산총계주의에 대한 설명으로 옳은 것을 〈보기〉에서 모두 고르면?**

보기

ㄱ. 예산총계주의는 수입과 지출 내역, 용도를 명확히 하고 예산을 합리적으로 분류하여 명료하게 관리해야 한다는 원칙이다.
ㄴ. 한 회계연도의 모든 수입을 세입으로 하고, 모든 지출은 세출로 한다.
ㄷ. 지방자치단체가 현물로 출자하는 경우는 예외사항에 해당된다.

① ㄱ
② ㄴ
③ ㄱ, ㄷ
④ ㄴ, ㄷ
⑤ ㄱ, ㄴ, ㄷ

03 다음 중 행정지도에 대한 설명으로 옳은 것은?

① 분쟁의 가능성이 낮다는 장점이 있다.
② 행정환경 변화에 대해 신속한 적용이 어렵다.
③ 행정지도는 강제력을 갖는 행위이다.
④ 행정지도를 통한 상대방의 행위에 대해 행정주체는 감독권한을 갖는다.
⑤ 행정지도는 상대방의 임의적 협력 또는 동의하에 일정 행정질서의 형성을 달성하기 위한 권력적 사실행위이다.

04 다음 중 신공공관리론에 대한 설명으로 옳은 것을 〈보기〉에서 모두 고르면?

보기

ㄱ. 기업경영의 논리와 기법을 정부에 도입・접목하려는 노력이다.
ㄴ. 정부 내의 관리적 효율성에 초점을 맞추고, 규칙중심의 관리를 강조한다.
ㄷ. 거래비용이론, 공공선택론, 주인 – 대리인이론 등을 이론적 기반으로 한다.
ㄹ. 중앙정부의 감독과 통제의 강화를 통해 일선공무원의 책임성을 강화시킨다.
ㅁ. 효율성을 지나치게 강조하는 과정에서 민주주의의 책임성이 결여될 수 있는 한계가 있다.

① ㄱ, ㄴ, ㄷ
② ㄱ, ㄷ, ㄹ
③ ㄱ, ㄷ, ㅁ
④ ㄴ, ㄷ, ㅁ
⑤ ㄴ, ㄹ, ㅁ

05 다음 중 현행 국가공무원법 제1조, 지방공무원법 제1조, 그리고 지방자치법 제1조에서 공통적으로 규정하고 있는 우리나라의 기본적 행정가치로 옳은 것은?

① 합법성과 형평성
② 형평성과 공정성
③ 공정성과 민주성
④ 민주성과 능률성
⑤ 능률성과 합법성

06 다음 행정이론을 시기 순서대로 바르게 나열한 것은?

(가) 최소의 노동과 비용으로 최대의 능률을 올릴 수 있는 표준적 작업절차를 정하고 이에 따라 예정된 작업량을 달성하기 위한 가장 좋은 방법을 발견하려는 이론이다.
(나) 기존의 거시적인 제도나 구조가 아닌 개인의 표출된 행태를 객관적·실증적으로 분석하는 이론이다.
(다) 조직구성원들의 사회적·심리적 욕구와 조직 내 비공식집단 등을 중시하며, 조직의 목표와 조직구성원들의 목표 간의 균형 유지를 지향하는 민주적·참여적 관리 방식을 처방하는 이론이다.
(라) 시민적 담론과 공익에 기반을 두고 시민에게 봉사하는 정부의 역할을 강조하는 이론이다.

① (가) – (나) – (다) – (라)
② (가) – (다) – (나) – (라)
③ (가) – (다) – (라) – (나)
④ (나) – (다) – (가) – (라)
⑤ (나) – (라) – (다) – (가)

07 다음 중 우리나라의 지방재정조정제도에 대한 설명으로 옳지 않은 것은?

① 지방교부세의 재원은 내국세의 19.24%에 해당하는 금액과 종합부동산세 전액으로 구성된다.
② 중앙정부가 지방자치단체별로 지방교부세를 교부할 때 사용하는 기준지표는 지방재정자립도이다.
③ 지방교부세는 용도가 정해져 있지 않다는 점에서 국고보조금과 다르다.
④ 재정자립도를 산정할 때 지방교부세는 지방자치단체의 의존재원에 속한다.
⑤ 국고보조금은 행정서비스의 구역외 확산에 대처할 수 있지만 지역 간 재정력 격차 및 불균형을 심화시키기도 한다.

08 다음 중 개방형 인사관리에 대한 설명으로 옳지 않은 것은?

① 충원된 전문가들이 관료집단에서 중요한 역할을 수행하게 한다.
② 개방형은 승진기회의 제약으로, 직무의 폐지는 대개 퇴직으로 이어진다.
③ 정치적 리더십의 요구에 따른 고위층의 조직 장악력 약화를 초래한다.
④ 공직의 침체, 무사안일주의 등 관료제의 병리를 억제한다.
⑤ 민간부문과의 인사교류로 적극적 인사행정이 가능하다.

09 **다음 중 롤스(J. Rawls)의 사회 정의의 원리와 거리가 먼 것은?**

① 원초상태(Original Position)하에서 합의되는 일련의 법칙이 곧 사회정의의 원칙으로서 계약 당사자들의 사회협동체를 규제하게 된다.

② 정의의 제1원리는 기본적 자유의 평등원리로, 모든 사람은 다른 사람의 유사한 자유와 상충되지 않는 한도 내에서 최대한의 기본적 자유에의 평등한 권리를 인정하는 것이다.

③ 정의의 제2원리의 하나인 '차등의 원리(Difference Principle)'는 가장 불우한 사람들의 편익을 최대화해야 한다는 원리이다.

④ 정의의 제2원리의 하나인 '기회균등의 원리'는 사회・경제적 불평등은 그 모체가 되는 모든 직무와 지위에 대한 기회 균등이 공정하게 이루어진 조건하에서 직무나 지위에 부수해 존재해야 한다는 원리이다.

⑤ 정의의 제1원리가 제2원리에 우선하고, 제2원리 중에서는 '차등의 원리'가 '기회균등의 원리'에 우선되어야 한다.

10 **다음 중 정책의제의 설정에 영향을 미치는 요인에 대한 설명으로 옳지 않은 것은?**

① 일상화된 정책문제보다는 새로운 문제가 더 쉽게 정책의제화된다.

② 정책 이해관계자가 넓게 분포하고 조직화 정도가 낮은 경우에는 정책의제화가 상당히 어렵다.

③ 정책문제가 상대적으로 쉽게 해결될 것으로 인지되는 경우에는 쉽게 정책의제화된다.

④ 국민의 관심 집결도가 높거나 특정 사회 이슈에 대해 정치인의 관심이 큰 경우에는 정책의제화가 쉽게 진행된다.

⑤ 사회 이슈와 관련된 행위자가 많고, 이 문제를 해결하기 위한 정책이 많은 집단에 영향을 미치거나 정책으로 인한 영향이 중요한 것일 경우 상대적으로 쉽게 정책의제화된다.

11 **다음 중 지방자치법상 지방의회의 의결사항에 해당하지 않는 것은?**

① 조례의 제정・개정 및 폐지

② 재의요구권

③ 기금의 설치・운용

④ 대통령령으로 정하는 중요 재산의 취득・처분

⑤ 청원의 수리와 처리

12 **다음 중 윌슨(Wilson)이 주장한 규제정치모형에서 '감지된 비용은 좁게 집중되지만, 감지된 편익은 넓게 분산되는 경우'에 나타나는 유형은?**

① 대중정치　　② 고객정치
③ 기업가정치　　④ 이익집단정치
⑤ 네트워크정치

PART 2

13 **다음 중 행정의 가치에 대한 설명으로 옳지 않은 것은?**

① 능률성(Efficiency)은 일반적으로 '투입에 대한 산출의 비율'로 정의된다.
② 대응성(Responsiveness)은 행정이 시민의 이익을 반영하고, 그에 반응하는 행정을 수행해야 한다는 것을 뜻한다.
③ 가외성의 특성 중 중첩성(Overlapping)은 동일한 기능을 여러 기관들이 독자적인 상태에서 수행하는 것을 뜻한다.
④ 사이먼(Simon)은 합리성을 목표와 행위를 연결하는 기술적・과정적 개념으로 이해하고, 내용적 합리성(Substantive Rationality)과 절차적 합리성(Procedural Rationality)으로 구분하였다.
⑤ 공익에 대한 과정설은 절차적 합리성을 강조하여 적법절차의 준수에 의해서 공익이 보장된다는 입장이다.

14 **다음 중 정책평가에서 인과관계의 타당성을 저해하는 요인에 대한 설명으로 옳지 않은 것은?**

① 성숙효과 : 정책으로 인하여 그 결과가 나타난 것이 아니라 그냥 가만히 두어도 시간이 지나면서 자연스럽게 변화가 일어나는 경우이다.
② 회귀인공요소 : 정책대상의 상태가 정책의 영향력과는 관계없이 자연스럽게 평균값으로 되돌아가는 경향이다.
③ 호손효과 : 정책효과가 나타날 가능성이 높은 집단을 의도적으로 실험집단으로 선정함으로써 정책의 영향력이 실제보다 과대평가되는 경우이다.
④ 혼란변수 : 정책 이외에 제3의 변수도 결과에 영향을 미치는 경우 정책의 영향력을 정확히 평가하기 어렵게 만드는 변수이다.
⑤ 허위변수 : 정책과 결과 사이에 아무런 인과관계가 없으나 마치 정책과 결과 사이에 인과관계가 존재하는 것처럼 착각하게 만드는 변수이다.

15 다음 중 예산제도에 대한 설명으로 옳은 것을 〈보기〉에서 모두 고르면?

> **보기**
>
> ㄱ. 품목별 예산제도(LIBS) : 지출의 세부적인 사항에만 중점을 두므로 정부활동의 전체적인 상황을 알 수 없다.
>
> ㄴ. 성과주의 예산제도(PBS) : 예산배정 과정에서 필요사업량이 제시되지 않아서 사업계획과 예산을 연계할 수 없다.
>
> ㄷ. 기획예산제도(PPBS) : 모든 사업이 목표달성을 위해 유기적으로 연계되어 있어 부처 간의 경계를 뛰어넘는 자원배분의 합리화를 가져올 수 있다.
>
> ㄹ. 영기준예산제도(ZBB) : 모든 사업이나 대안을 총체적으로 분석하므로 시간이 많이 걸리고 노력이 과중할 뿐만 아니라 과도한 문서자료가 요구된다.
>
> ㅁ. 목표관리제도(MBO) : 예산결정 과정에 관리자의 참여가 어렵다는 점에서 집권적인 경향이 있다.

① ㄱ, ㄷ, ㄹ　　② ㄱ, ㄷ, ㅁ

③ ㄴ, ㄷ, ㄹ　　④ ㄱ, ㄴ, ㄹ, ㅁ

⑤ ㄴ, ㄷ, ㄹ, ㅁ

16 다음 글의 밑줄 친 ㉠과 ㉡에 해당하는 것은?

> ___㉠___은/는 지출이 직접 수입을 수반하는 경비로, 기획재정부장관이 지정하는 것을 의미하며 전통적 예산원칙 중 ___㉡___의 예외에 해당한다.

	㉠	㉡
①	수입금마련경비	통일성의 원칙
②	수입대체경비	통일성의 원칙
③	수입금마련지출	한정성의 원칙
④	수입대체경비	한정성의 원칙
⑤	수입금마련지출	통일성의 원칙

17 **다음 중 광역행정에 대한 설명으로 옳지 않은 것은?**

① 광역행정은 규모의 경제를 실현할 수 있다.
② 광역행정은 지방자치단체 간의 갈등해소와 조정의 기능을 수행한다.
③ 광역행정의 방식 중 통합방식에는 합병, 일부사무조합, 도시공동체가 있다.
④ 광역행정은 지방자치단체 간의 재정 및 행정서비스의 형평적 배분을 도모한다.
⑤ 행정협의회에 의한 광역행정은 지방자치단체 간의 동등한 지위를 기초로 상호협조에 의하여 광역행정사무를 처리하는 방식이다.

18 **다음 〈보기〉 중 분배정책과 재분배정책에 대한 설명으로 옳은 것을 모두 고르면?**

보기

ㄱ. 분배정책에서는 로그롤링(Log Rolling)이나 포크배럴(Pork Barrel)과 같은 정치적 현상이 나타나기도 한다.
ㄴ. 분배정책은 사회계급적인 접근을 기반으로 이루어지기 때문에 규제정책보다 갈등이 더 가시적이다.
ㄷ. 재분배정책에는 누진소득세, 임대주택 건설사업 등이 포함된다.
ㄹ. 재분배정책에서는 자원배분에 있어서 이해당사자들 간 연합이 분배정책에 비하여 안정적으로 이루어진다.

① ㄱ, ㄴ
② ㄱ, ㄷ
③ ㄴ, ㄷ
④ ㄷ, ㄹ
⑤ ㄱ, ㄷ, ㄹ

19 다음 중 예산제도에 대한 설명으로 옳지 않은 것은?

① 기획예산제도(PPBS)는 기획, 사업구조화, 그리고 예산을 연계시킨 시스템적 예산제도이다.

② 기획예산제도(PPBS)의 단점으로는 의사결정이 지나치게 집권화되고 전문화되어 외부통제가 어렵다는 점과 대중적인 이해가 쉽지 않아 정치적 실현가능성이 낮다는 점이 있다.

③ 품목별 예산제도(LIBS)는 정부의 지출을 체계적으로 구조화한 최초의 예산제도로서 지출대상별 통제를 용이하게 할 뿐 아니라 지출에 대한 근거를 요구하고 확인할 수 있다.

④ 성과주의 예산제도(PBS)는 사업별, 활동별로 예산을 편성하고, 성과평가를 통하여 행정통제를 합리화할 수 있다.

⑤ 품목별 예산제도(LIBS)는 왜 돈을 지출해야 하는지, 무슨 일을 하는지에 대하여 구체적인 정보를 제공하는 장점이 있다.

20 다음 중 공무원의 신분보장의 배제에 대한 설명으로 옳은 것은?

① 직위해제 : 해당 공무원에 대해 직위를 부여하지 않음으로써 공무원의 신분을 박탈하는 임용행위이다.

② 직권면직 : 직제·정원의 변경으로 직위의 폐지나 초과정원이 발생한 경우에 임용권자가 직권으로 직무 수행의 의무를 면해 주되 공무원의 신분은 보유하게 하는 임용행위이다.

③ 해임 : 공무원의 신분을 박탈하는 중징계 처분의 하나이며, 퇴직급여액의 2분의 1이 삭감되는 임용행위이다.

④ 파면 : 공무원의 신분을 박탈하는 중징계 처분의 하나이며, 원칙적으로 퇴직금 감액이 없는 임용행위이다.

⑤ 정직 : 공무원의 신분은 보유하지만, 직무 수행을 일시적으로 정지시키며 보수를 전액 감하는 임용행위이다.

05 토목학 적중예상문제

정답 및 해설 p.076

01 다음 중 단면적이 같은 정사각형과 원의 단면계수비는?(단, 정사각형 단면의 일변은 h이고 단면의 지름은 D이다)

① 1 : 0.46
② 1 : 0.85
③ 1 : 1.18
④ 1 : 2.24
⑤ 1 : 3.58

02 다음 그림과 같은 단면의 보가 휨모멘트 $M=270\text{KN}\cdot\text{m}$를 받을 때, 하연에서 50mm 떨어진 지점에서의 휨응력은 얼마인가?

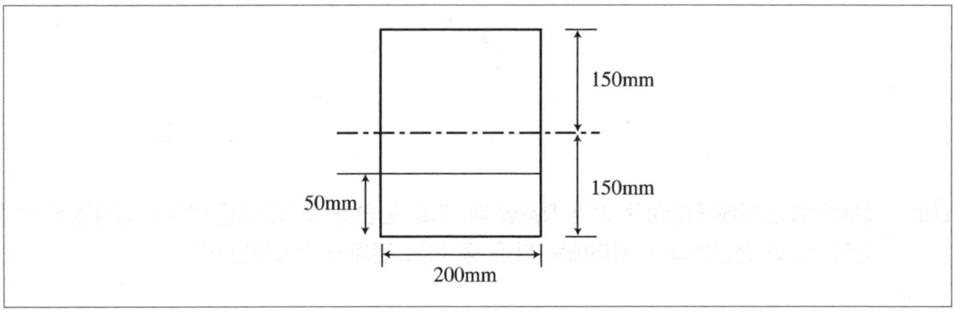

① 30MPa
② 45MPa
③ 60MPa
④ 90MPa
⑤ 100MPa

03 다음 중 폭 $b=20$cm, 높이 $h=30$cm인 직사각형 단면보의 적당한 저항 휨모멘트는?(단, 허용 휨응력도는 80kg/cm^2 이다)

① 0.6t · m
② 1.2t · m
③ 2.4t · m
④ 3.6t · m
⑤ 4.8t · m

04 어떤 재료의 탄성계수를 E, 전단탄성계수를 G라 할 때 G와 E의 관계식으로 옳은 것은?(단, 이 재료의 푸아송비는 ν이다)

① $G=\dfrac{E}{2(1-\nu)}$
② $G=\dfrac{E}{2(1+\nu)}$
③ $G=\dfrac{E}{2(1-2\nu)}$
④ $G=\dfrac{E}{2(1+2\nu)}$
⑤ $G=\dfrac{E}{2(1-3\nu)}$

05 다음 중 휨모멘트와 전단력을 받고 있는 보의 중립축에서의 최대 주응력과 최소 주응력의 차이는?

① τ
② 2τ
③ 3τ
④ 4τ
⑤ 5τ

06 정사각형 단면에 인장하중 P가 작용할 때, 가로 단면과 45°의 각을 이루는 경사면에 생기는 수직 응력 σ_n과 전단응력 τ 사이에는 다음 중 어느 관계가 성립되는가?

① $\sigma_n=\dfrac{\tau}{2}$
② $\sigma_n=\dfrac{\tau}{4}$
③ $\sigma_n=\tau$
④ $\sigma_n=2\tau$
⑤ $\sigma_n=4\tau$

07 다음 그림과 같은 라멘에서 C점의 휨모멘트는?

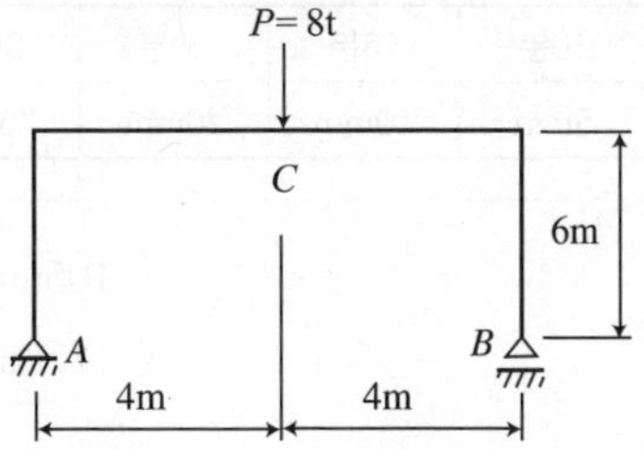

① 12t · m
② 16t · m
③ 24t · m
④ 32t · m
⑤ 40t · m

08 평균지름 $d=1,200$mm, 벽두께 $t=6$mm를 갖는 긴 강제 수도관이 $P=10$kg/cm^{2}의 내압을 받고 있다. 이 관벽 속에 발생하는 원환응력 σ의 크기는?

① 16.6kg/cm^2
② 450kg/cm^2
③ 900kg/cm^2
④ 1,000kg/cm^2
⑤ 1,200kg/cm^2

09 다음 중 겹침의 원리(Principal of Superposition)에 대한 설명으로 옳지 않은 것은?

① 탄성한도 이하의 외력이 작용할 때 성립한다.
② 외력과 변형이 비선형관계에 있을 때 성립한다.
③ 여러 종류의 하중이 실린 경우에 이 원리를 이용하면 편리하다.
④ 부정정 구조물에서도 성립한다.
⑤ 작용하는 하중에 의해 구조물의 변형이 많아서는 안 된다.

10 다음과 같은 집중호우가 자기기록지에 기록되었다. 지속기간 20분 동안의 최대강우강도는?

시간	5분	10분	15분	20분	25분	30분	35분	40분
누가우량	2mm	5mm	10mm	20mm	35mm	40mm	43mm	45mm

① 95mm/h
② 105mm/h
③ 115mm/h
④ 125mm/h
⑤ 135mm/h

11 다음 중 압력수두를 P, 속도수두를 V, 위치수두를 Z라고 할 때, 정체압력수두 P_s는?

① $P_s = P - V - Z$
② $P_s = P + V + Z$
③ $P_s = P - V$
④ $P_s = P + V$
⑤ $P_s = P \times V$

12 저수지의 측벽에 폭 20cm, 높이 5cm의 직사각형 오리피스를 설치하여 유량 200L/s를 유출시키려고 할 때 수면으로부터의 오피리스 설치 위치는?(단, 유량계수 $C = 0.62$이다)

① 33m
② 43m
③ 53m
④ 63m
⑤ 73m

13 어느 소유역의 면적이 20ha이고, 유수의 도달시간이 5분이다. 강수자료의 해석으로부터 얻어진 이 지역의 강우강도식이 아래와 같을 때, 다음 중 합리식에 의한 홍수량은?(단, 유역의 평균유출계수는 0.6이다)

강우강도식 : $I=\dfrac{6,000}{(t+35)}$(단, t는 강우지속시간이다)

① $18.0m^3/s$
② $5.0m^3/s$
③ $1.8m^3/s$
④ $0.5m^3/s$
⑤ $0.2m^3/s$

14 면적 $10km^2$인 저수지의 수면으로부터 2m 위에서 측정된 대기의 평균온도가 25℃이고, 상대습도가 65%, 풍속이 4m/s일 때, 증발률은 1.44mm/일이었다. 다음 중 저수지 수면에서의 일 증발량은?

① $3,600m^3$/일
② $7,200m^3$/일
③ $9,360m^3$/일
④ $14,400m^3$/일
⑤ $18,600m^3$/일

15 Thiessen 다각형에서 각각의 면적이 $20km^2$, $30km^2$, $50km^2$이고, 이에 대응하는 강우량은 각각 40mm, 30mm, 20mm이다. 다음 중 이 지역의 면적 평균강우량 P는?

① 25mm
② 27mm
③ 28mm
④ 30mm
⑤ 32mm

16 단면이 250mm×300mm, 경간이 4m인 단순보의 중앙에 집중하중 25.0kN이 작용할 때 최대 휨응력은?

① 3.4MPa
② 4.1MPa
③ 5.8MPa
④ 6.7MPa
⑤ 8.1MPa

17 수심 h, 단면적 A, 유량 Q로 흐르고 있는 개수로에서 에너지 보정계수를 α라고 할 때, 비에너지 H_e를 구하는 식은?(단, h=수심, g=중력가속도이다)

① $H_e = h + \alpha\left(\frac{Q}{A}\right)$
② $H_e = h + \alpha\left(\frac{Q}{A}\right)^2$
③ $H_e = h + \alpha\left(\frac{Q^2}{2g}\right)$
④ $H_e = h + \frac{\alpha}{2g}\left(\frac{Q}{A}\right)^2$
⑤ $H_e = h + \frac{\alpha}{2g}\left(\frac{Q}{A}\right)$

18 다음 그림과 같은 막대를 평형이 되도록 할 때, A점에 필요한 무게는?

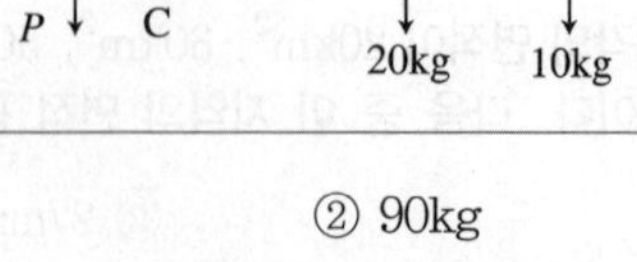

① 80kg
② 90kg
③ 100kg
④ 110kg
⑤ 130kg

19 직사각형 단면의 수로에서 최소비에너지가 1.5m라면 단위폭당 최대유량은?(단, 에너지보정계수 $\alpha=1.0$이다)

① 약 $2.86m^3/s$
② 약 $2.98m^3/s$
③ 약 $3.13m^3/s$
④ 약 $3.32m^3/s$
⑤ 약 $3.48m^3/s$

20 단순보의 A단에 작용하는 모멘트를 M_A라고 할 때, 다음 중 처짐각 θ_B는?(단, EI는 일정하다)

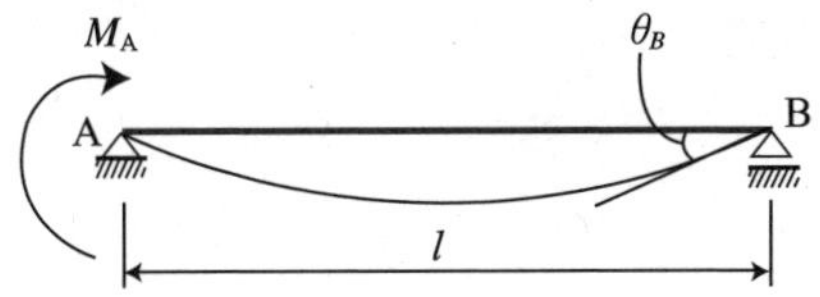

① $\dfrac{M_A l}{3EI}$
② $\dfrac{M_A l}{4EI}$
③ $\dfrac{M_A l}{5EI}$
④ $\dfrac{M_A l}{6EI}$
⑤ $\dfrac{M_A l}{7EI}$

PART 2

교육은 우리 자신의 무지를 점차 발견해 가는 과정이다.

– 윌 듀란트 –

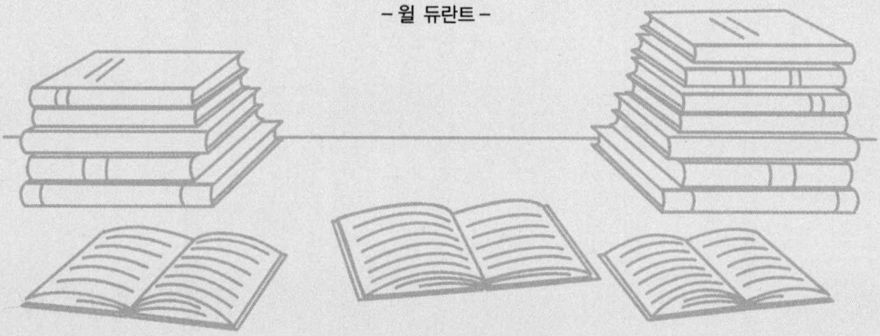

PART 3

최종점검 모의고사

최종점검 모의고사

※ 한국농어촌공사 5 · 6급 최종점검 모의고사는 2024년 채용공고 및 후기를 기준으로 구성한 것으로 실제 시험과 다를 수 있습니다.

※ 모바일 OMR 답안채점 / 성적분석 서비스

경영학 경제학 법학 행정학 토목학

■ 취약영역 분석

| 01 | 직업기초능력

번호	O/×	영역	번호	O/×	영역	번호	O/×	영역
01		의사소통능력	21		수리능력	41		자원관리능력 / 기술능력
02			22			42		
03			23			43		
04			24			44		
05			25			45		
06			26			46		
07			27			47		
08			28			48		
09			29			49		
10			30			50		
11		문제해결능력	31		정보능력			
12			32					
13			33					
14			34					
15			35					
16			36					
17			37					
18			38					
19			39					
20			40					

| 02 | 직무수행능력

번호	01	02	03	04	05	06	07	08	09	10	11	12	13	14	15	16	17	18	19	20
O/×																				
영역	경영학 / 경제학 / 법학 / 행정학 / 토목학																			
번호	21	22	23	24	25	26	27	28	29	30	31	32	33	34	35	36	37	38	39	40
O/×																				
영역	경영학 / 경제학 / 법학 / 행정학 / 토목학																			

평가문항	90문항	평가시간	90분
시작시간	:	종료시간	:
취약영역			

PART 3

최종점검 모의고사

응시시간 : 90분　문항 수 : 90문항

정답 및 해설 p.082

01 직업기초능력

| 01 | 공통

01 다음 글의 내용으로 적절하지 않은 것은?

> 외래어는 원래의 언어에서 가졌던 모습을 잃어버리고 새 언어에 동화되는 속성을 가지고 있다. 외래어의 동화양상을 음운, 형태, 의미적 측면에서 살펴보자.
> 첫째, 외래어는 국어에 들어오면서 국어의 음운적 특징을 띠게 되어 외국어 본래의 발음이 그대로 유지되지 못한다. 자음이든 모음이든 국어에 없는 소리는 국어의 가장 가까운 소리로 바뀌고 만다. 프랑스의 수도 'Paris'는 원래 프랑스어인데 국어에서는 [파리]가 된다. 프랑스어 [r] 발음은 국어에 없는 소리여서 비슷한 소리인 [ㄹ]로 바뀌고 마는 것이다. 그 외에 장단이나 강세, 성조와 같은 운율적 자질도 원래 외국어의 모습을 잃어버리고 만다.
> 둘째, 외래어는 국어의 형태적인 특징을 갖게 된다. 외래어의 동사와 형용사는 '–하다'가 반드시 붙어서 쓰이게 된다. 영어 형용사 'Smart'가 국어에 들어오면 '스마트하다'가 된다. '아이러니하다'라는 말도 있는데 이는 명사에 '–하다'가 붙어 형용사처럼 쓰인 경우이다.
> 셋째, 외래어는 원래 언어의 의미와 다른 의미로 쓰일 수 있다. 일례로 프랑스어 'Madame'이 국어에 와서는 '마담'이 된다. 프랑스어에서의 '부인'의 의미가 국어에서는 '술집이나 다방의 여주인'의 의미로 쓰이는 것이다.

① 서울의 로마자 표기 'Seoul'은 실제 우리말 발음과 다르게 읽어야 한다.
② '–하다'는 외국어의 형용사와 명사에 붙어 형용사를 만드는 기능이 있다.
③ 원래의 외국어와 이에 대응하는 외래어는 의미가 전혀 다를 수 있다.
④ 외국어의 장단, 강세, 성조와 같은 운율적 자질은 국어의 체계와 다를 수 있다.
⑤ 외래어로 만들고자 하는 외국어의 발음이 국어에 없는 소리일 때는 국어에 있는 비슷한 성질의 음운으로 바뀐다.

02 다음 문단을 논리적 순서대로 바르게 나열한 것은?

(가) 근대에 접어들어 모든 사물이 생명력을 갖지 않는 일종의 기계라는 견해가 강조되면서, 아리스토텔레스의 목적론은 비과학적이라는 이유로 많은 비판에 직면한다.
(나) 대표적인 근대 사상가인 갈릴레이는 목적론적 설명이 과학적 설명으로 사용될 수 없다고 주장했고, 베이컨은 목적에 대한 탐구가 과학에 무익하다고 평가했으며, 스피노자는 목적론이 자연에 대한 이해를 왜곡한다고 비판했다.
(다) 일부 현대 학자들은 근대 사상가들이 당시 과학에 기초한 기계론적 모형이 더 설득력을 갖는다는 일종의 교조적 믿음에 의존했을 뿐, 아리스토텔레스의 목적론을 거부할 충분한 근거를 제시하지 못했다고 비판한다.
(라) 이들의 비판은 목적론이 인간 이외의 자연물도 이성을 갖는 것으로 의인화한다는 것이다. 그러나 이런 비판과는 달리 아리스토텔레스는 자연물을 생물과 무생물로, 생물을 식물・동물・인간으로 나누고, 인간만이 이성을 지닌다고 생각했다.

① (가) – (나) – (라) – (다)
② (가) – (다) – (나) – (라)
③ (가) – (라) – (나) – (다)
④ (나) – (다) – (라) – (가)
⑤ (나) – (라) – (다) – (가)

03 다음 중 빈칸에 들어갈 단어로 가장 적절한 것은?

정부는 선거와 관련하여 신고자에 대한 ________을/를 대폭 강화하기로 하였다.

① 보훈(報勳)
② 공훈(功勳)
③ 공로(功勞)
④ 포상(褒賞)
⑤ 공적(功績)

04 다음 글을 통해 알 수 있는 내용으로 적절하지 않은 것은?

> 한국 고유의 전통 무술인 택견은 유연하고 율동적인 춤과 같은 동작으로 다리를 걸어 넘어뜨리거나 상대를 공격한다. 택견 전수자는 우아한 몸놀림으로 움직이며 부드러운 곡선을 만들어 내지만, 이를 통해 유연성뿐만 아니라 힘도 보여준다. 택견에서는 발동작이 손만큼이나 중요한 역할을 한다. 택견은 부드러워 보이지만, 가능한 모든 전투 방법을 이용하여 다양한 공격과 방어 기술을 강조하는 효과적인 무술이다.
>
> 택견은 또한 배려의 무술이다. 숙련된 택견 전수자는 짧은 시간 내에 상대를 제압할 수 있지만, 진정한 고수는 상대를 다치게 하지 않으면서도 물러나게 하는 법을 안다. 우리 민족의 역사 속에서 택견은 계절에 따른 농업과 관련된 전통의 한 부분으로서 공동체의 통합을 이루어 왔고, 대중적인 스포츠로서 공중 보건을 증진하는 역할까지 맡아왔다. 택견의 동작은 유연하고 율동적인 춤과 같으며, 이러한 동작으로 상대를 공격하거나 다리를 걸어 넘어뜨린다. 천천히 꿈틀거리고 비트는 유연하고 곡선적인 동작은 때로 웃음을 자아내기도 하지만, 전수자에게 내재된 에너지는 엄청난 유연성과 힘으로 나타난다. 수천 년의 역사를 지닌 이 한국의 토착 무술은 보기에는 정적이고 품위 있으나 근본적으로는 활력이 있으며 심지어 치명적이다.
>
> 택견은 주도권을 장악하는 바로 그 순간까지도 상대를 배려해야 한다고 가르친다. 또한 공격보다는 수비 기술을 더 많이 가르치는데 바로 이러한 점에서 여타의 무술과는 다르다. 이는 전투 스포츠에서는 상상도 할 수 없는 개념이나 택견에서는 이 모든 것이 가능하다.
>
> 택견은 자신보다 상대를, 개인보다 집단을 배려하도록 가르친다. 택견의 동작은 유연하고 부드럽지만 전수자를 강력하게 유도하는 힘이 있다. 한 마리의 학과 같이 우아하기만 한 숙련된 택견 전수자의 몸놀림도 공격할 때만은 매와 같이 빠르고 강력하다.
>
> 택견에는 몇 가지 독특한 특징이 있다. 첫째, 곡선을 그리는 듯한 움직임 때문에 외적으로는 부드러우나 내적으로는 강한 무술이다. 둘째, 우아함과 품위를 강조하는 자연스럽고 자발적인 무술이다. 셋째, 걸고 차는 다양한 기술을 통해 공격과 방어가 조화를 이루는 실질적이고 통합된 무술이다. 부드러운 인상을 풍기지만, 택견은 모든 가능한 전투 방법을 이용하며 다양한 공격과 방어 기술을 강조하는 효과적인 무술이다. 한국의 전통 무술의 뿌리라 할 수 있는 택견은 한국 문화의 특징인 합일과 온전함을 대표한다.

① 택견은 상대방을 다치지 않게 하기 위해 수비의 기술을 더 많이 가르친다.
② 택견은 공격과 수비가 조화를 이루는 무술이다.
③ 택견은 부드러운 동작 때문에 유연성만 강조된 무술 같으나 실은 강력한 힘이 내제되어 있다.
④ 택견은 자연스러움의 무술이다.
⑤ 택견은 내면의 아름다움을 중시하는 스포츠이다.

05 다음 글의 제목으로 가장 적절한 것은?

서양에서는 아리스토텔레스가 중용을 강조했다. 하지만 우리의 중용과는 다르다. 아리스토텔레스가 말하는 중용은 균형을 중시하는 서양인의 수학적 의식에 기초했으며 또한 우주와 천체의 운동을 완벽한 원과 원운동으로 이해한 우주관에 기초한 것이다. 그러므로 그것은 명백한 대칭과 균형의 의미를 갖는다. 팔씨름에 비유해 보면 아리스토텔레스는 똑바로 두 팔이 서 있을 때 중용이라고 본 데 비해 우리는 팔이 한 쪽으로 완전히 기울었다 해도 아직 승부가 나지 않았으면 중용이라고 보는 것이다. 그러므로 비대칭도 균형을 이루면 중용을 이룰 수 있다는 생각은 분명 서양의 중용관과는 다르다.

이러한 정신은 병을 다스리고 약을 쓰는 방법에도 나타난다. 서양의 의학은 병원체와의 전쟁이고 그 대상을 완전히 제압하는 데 반해, 우리 의학은 각 장기간의 균형을 중시한다. 만약 어떤 이가 간장이 나쁘다면 서양 의학은 그 간장의 능력을 회생시키는 방향으로만 애를 쓴다. 그런데 우리는 만약 더 이상 간장 기능을 강화할 수 없다고 할 때 간장과 대치되는 심장의 기능을 약하게 만드는 방법을 쓰는 것이다. 한쪽의 기능이 치우치면 병이 심해진다고 보기 때문이다. 우리는 의학 처방에 있어서조차 중용관에 기초해서 서양의 그것과는 다른 가치관과 세계관을 적용하면서 살아온 것이다.

① 아리스토텔레스의 중용의 의미
② 서양 의학과 우리 의학의 차이
③ 서양과 우리의 가치관
④ 서양 중용관과 우리 중용관의 차이
⑤ 균형을 중시하는 중용

PART 3

06 다음 중 밑줄 친 부분의 맞춤법이 옳지 않은 것은?

① 얼굴이 햇볕에 가무잡잡하게 그을렸다.
② 아버지는 그 사람을 사윗감으로 마뜩잖게 생각하였다.
③ 딸의 뺨이 불그스름하게 부어 있었다.
④ 아무도 그의 과거를 괘념하지 않았다.
⑤ 과음했더니 오전 내내 정신이 흐리멍덩했다.

07 다음 글의 주제로 가장 적절한 것은?

> 마스크를 낀 사람들이 더는 낯설지 않다. "알프스나 남극 공기를 포장해 파는 시대가 오는 게 아니냐."는 농담을 가볍게 웃어넘기기 힘든 상황이 됐다. 황사·미세먼지·초미세먼지·오존·자외선 등 한 번 외출할 때마다 꼼꼼히 챙겨야 할 것들이 한둘이 아니다. 중국과 인접한 우리나라의 환경오염 피해는 더욱 심각한 상황이다. 지난 4월 3일 서울의 공기품질은 최악을 기록한 인도 델리에 이어 2위라는 불명예를 차지했다.
> 또렷한 환경오염은 급격한 기후변화의 촉매제가 되고 있다. 지난 1912년 이후 지구의 연평균 온도는 꾸준히 상승해 평균 0.75℃가 올랐다. 우리나라는 세계적으로 유래를 찾아보기 어려울 만큼 연평균 온도가 100여 년간 1.8℃나 상승했으며, 이는 지구 평균치의 2배를 웃도는 수치이다. 기온 상승은 다양한 부작용을 낳고 있다. 1991년부터 2010년까지 20여 년간 폭염일수는 8.2일에서 10.5일로 늘어났고, 열대야지수는 5.4일에서 12.5일로 증가했다. 1920년대에 비해 1990년대 겨울은 한 달이 짧아졌다. 이러한 이상 기온은 우리 농어촌에 악영향을 끼칠 수밖에 없다.
> 기후변화와 더불어, 세계 인구의 폭발적 증가는 식량난 사태로 이어지고 있다. 일부 저개발 국가에서는 굶주림이 일반화되고 있다. 올해를 기준으로 전 세계 인구수는 81억 1,800만 명을 넘어섰다. 인류 역사상 가장 많은 인류가 지구에 살고 있는 셈이다. 이 추세대로라면 오는 2050년에는 97억 2,500만 명을 넘어설 것으로 전망된다. 한정된 식량 자원과 급증하는 지구촌 인구수의 결과는 불을 보듯 뻔하다. 곧 글로벌 식량위기가 가시화될 전망이다.
> 우리나라는 식량의 75% 이상을 해외에서 조달하고 있다. 이는 국제 식량가격의 급등이 식량안보의 위협으로 이어질 수도 있음을 뜻한다. 미 국방성은 '수백만 명이 사망하는 전쟁이나 자연재해보다 기후변화가 가까운 미래에 더 심각한 재앙을 초래할 수 있다.'는 내용의 보고서를 발표하였다. 이뿐만 아니라 식량이 부족한 상황에서 식량의 질적 문제도 해결해야 할 과제이다. 삶의 질을 중시하면서 친환경적인 안전 먹거리에 대한 관심과 수요는 증가하고 있지만, 급변하는 기후변화와 부족한 식량 자원은 식량의 저질화로 이어질 가능성을 높이고 있다. 일손 부족 등으로 인해 친환경 먹거리 생산의 대량화 역시 쉽지 않은 상황이다.

① 지구온난화에 의한 기후변화의 징조
② 환경오염에 따른 기후변화가 우리 삶에 미치는 영향
③ 기후변화에 대처하는 자세
④ 환경오염을 예방하는 방법
⑤ 환경오염과 인구증가의 원인

08 다음 글을 읽고 추론한 내용으로 가장 적절한 것은?

> 충전과 방전을 통해 반복적으로 사용할 수 있는 충전지는 양극에 사용되는 금속 산화 물질에 따라 납 충전지, 니켈 충전지, 리튬 충전지로 나눌 수 있다. 충전지가 방전될 때 양극 단자와 음극 단자 간에 전압이 발생하는데, 방전이 진행되면서 전압이 감소한다. 이렇게 변화하는 단자 전압의 평균을 공칭 전압이라 한다. 충전지를 크게 만들면 충전 용량과 방전 전류 세기를 증가시킬 수 있으나, 전극의 물질을 바꾸지 않는 한 공칭 전압은 변하지 않는다. 납 충전지의 공칭 전압은 2V, 니켈 충전지는 1.2V, 리튬 충전지는 3.6V이다.
>
> 충전지는 최대 용량까지 충전하는 것이 효율적이며 이러한 상태를 만충전이라 한다. 충전지를 최대 용량을 넘어서 충전하거나 방전 하한 전압 이하까지 방전시키면 충전지의 수명이 줄어들기 때문에 충전 양을 측정·관리하는 것이 중요하다. 특히 과충전 시에는 발열로 인해 누액이나 폭발의 위험이 있다. 니켈 충전지의 일종인 니켈카드뮴 충전지는 다른 충전지와 달리 메모리 효과가 있어서 일부만 방전한 후 충전하는 것을 반복하면 충·방전할 수 있는 용량이 줄어든다.
>
> 충전에 사용하는 충전기의 전원 전압은 충전지의 공칭 전압보다 높은 전압을 사용하고, 충전지로 유입되는 전류를 저항으로 제한한다. 그러나 충전이 이루어지면서 충전지의 단자 전압이 상승하여 유입되는 전류의 세기가 점점 줄어들게 된다. 그러므로 이를 막기 위해 충전기에는 충전 전류의 세기가 일정하도록 하는 정전류 회로가 사용된다. 또한 정전압 회로를 사용하기도 하는데, 이는 회로에 입력되는 전압이 변해도 출력되는 전압이 일정하도록 해 준다. 리튬 충전지를 충전할 경우, 정전류 회로를 사용하여 충전하다가 만충전 전압에 이르면 정전압 회로로 전환하여 정해진 시간 동안 충전지에 공급하는 전압을 일정하게 유지함으로써 충전지 내부에 리튬 이온이 고르게 분포될 수 있게 한다.

① 사용하는 리튬 충전지의 용량이 1,000mAh라면 전원 전압이 2V보다 높은 충전기를 사용해야 한다.

② 니켈 충전지는 납 충전지보다 공칭 전압이 낮으므로 전압을 높이려면 크기를 더 크게 만들면 된다.

③ 니켈카드뮴 충전지를 오래 사용하려면 방전 하한 전압 이하까지 방전시킨 후에 충전하는 것이 좋다.

④ 충전지를 충전하는 과정에서 충전지의 온도가 과도하게 상승한다면 폭발의 위험이 있을 수 있으므로 중지하는 것이 좋다.

⑤ 리튬 충전지의 공칭 전압은 3.6V이므로 충전 시 3.6V에 이르면 충전기의 정전압 회로가 전압을 일정하게 유지해야 한다.

09 **다음 빈칸에 들어갈 내용으로 가장 적절한 것은?**

> 최근 경제·시사 분야에서 빈번하게 등장하고 있는 단어인 탄소배출권(CER; Certified Emission Reduction)에 대한 개념을 이해하기 위해서는 먼저 교토메커니즘(Kyoto Mechanism)과 탄소배출권거래제(Emission Trading)를 알아둘 필요가 있다.
> 교토메커니즘은 지구 온난화의 규제 및 방지를 위한 국제 협약인 기후변화협약의 수정안인 교토 의정서에서, 온실가스를 보다 효과적이고 경제적으로 줄이기 위해 도입한 세 유연성체제인 '공동이행제도', '청정개발체제', '탄소배출권거래제'를 묶어 부르는 것이다.
> 이 중 탄소배출권거래제는 교토의정서 6대 온실가스인 이산화탄소, 메테인, 아산화질소, 과불화탄소, 수소불화탄소, 육불화황의 배출량을 줄여야 하는 감축의무국가가 의무감축량을 초과 달성하였을 경우에 그 초과분을 다른 국가와 거래할 수 있는 제도로, ____________________
> 결국 탄소배출권이란 현금화가 가능한 일종의 자산이자 가시적인 자연보호성과인 셈이며, 이에 따라 많은 국가 및 기업에서 탄소배출을 줄임과 동시에 탄소감축활동을 통해 탄소배출권을 획득하기 위해 동분서주하고 있다. 특히 기업들은 탄소배출권을 확보하는 주요 수단인 청정개발체제 사업을 확대하는 추세인데, 청정개발체제 사업은 개발도상국에 기술과 자본을 투자해 탄소배출량을 줄였을 경우에 이를 탄소배출량 감축목표달성에 활용할 수 있도록 한 제도이다.

① 다른 국가를 도왔을 때 그로 인해 줄어든 탄소배출량을 감축목표량에 더할 수 있는 것이 특징이다.
② 교토메커니즘의 세 유연성체제 중에서도 가장 핵심이 되는 제도라고 할 수 있다.
③ 6대 온실가스 중에서도 특히 이산화탄소를 줄이기 위해 만들어진 제도이다.
④ 의무감축량을 준수하지 못한 경우에도 다른 국가로부터 감축량을 구입할 수 있는 것이 특징이다.
⑤ 다른 감축의무국가를 도움으로써 획득한 탄소배출권이 사용되는 배경이 되는 제도이다.

10 다음 중 밑줄 친 부분과 문맥적 의미가 가장 유사한 것은?

> 그러던 어느 날 저녁때였다. 영신의 신변을 노상 주목하고 다니던 순사가 나와서, 다짜고짜 "주임이 당신을 보자는데, 내일 아침까지 주재소로 출두를 하시오." 하고 한 마디를 이르고는 말대답을 들을 사이도 없이 자전거를 되짚어 타고 가 버렸다. '무슨 일로 호출을 할까? 강습소 기부금을 오백 원까지 모금해도 좋다고 허가를 해 주지 않았는가?'

① 그는 친구들 사이에 인기가 많아.
② 영주와 세영이 사이가 좋다고?
③ 서연아, 하루 사이에 많이 여위었구나!
④ 나는 너무 바빠서 잠시 앉아 쉴 사이도 없다.
⑤ 나는 친구와 담 하나를 사이하여 살았다.

11 다음 〈조건〉을 근거로 〈보기〉를 계산한 값은?

조건

연산자 A, B, C, D는 다음과 같이 정의한다.
- A : 좌우에 있는 두 수를 더한다. 단, 더한 값이 10 미만이면 좌우에 있는 두 수를 곱한다.
- B : 좌우에 있는 두 수 가운데 큰 수에서 작은 수를 뺀다. 단, 두 수가 같거나 뺀 값이 10 미만이면 두 수를 곱한다.
- C : 좌우에 있는 두 수를 곱한다. 단, 곱한 값이 10 미만이면 좌우에 있는 두 수를 더한다.
- D : 좌우에 있는 두 수 가운데 큰 수를 작은 수로 나눈다. 단, 두 수가 같거나 나눈 값이 10 미만이면 두 수를 곱한다.

※ 연산은 '( )', '[ ]'의 순으로 함

보기

[(1A5)B(3C4)]D6

① 10
② 12
③ 90
④ 210
⑤ 360

※ 다음은 호텔별 연회장 대여 현황에 대한 자료이다. 이어지는 질문에 답하시오. [12~13]

〈호텔별 연회장 대여 현황〉

건물	연회장	대여료	수용 가능 인원	회사로부터 거리	비고
A호텔	연꽃실	140만 원	200명	6km	2시간 이상 대여 시 추가비용 40만 원
B호텔	백합실	150만 원	300명	2.5km	1시간 초과 대여 불가능
C호텔	매화실	150만 원	200명	4km	이동수단 제공
	튤립실	180만 원	300명	4km	이동수단 제공
D호텔	장미실	150만 원	250명	4km	-

12 총무팀에 근무하고 있는 이대리는 김부장에게 다음과 같은 지시를 받았다. 이대리가 연회장 예약을 위해 지불해야 하는 예약금은 얼마인가?

> 다음 주에 있을 회사창립 20주년 기념행사를 위해 준비해야 할 것들 알려줄게요. 먼저 다음 주 금요일 오후 6시부터 8시까지 사용 가능한 연회장 리스트를 뽑아서 행사에 적합한 연회장을 예약해 주세요. 연회장 대여를 위한 예산은 160만 원이고, 회사에서의 거리가 가까워야 임직원들이 이동하기에 좋을 것 같아요. 행사 참석 인원은 240명이고, 이동수단을 제공해 준다면 우선적으로 고려하도록 하세요. 예약금은 대여료의 10%라고 하니 예약 완료하고 지불하도록 하세요.

① 14만 원
② 15만 원
③ 16만 원
④ 17만 원
⑤ 18만 원

13 회사창립 20주년 기념행사의 연회장 대여 예산이 200만 원으로 증액된다면, 이대리는 어떤 연회장을 예약하겠는가?

① A호텔 연꽃실
② B호텔 백합실
③ C호텔 매화실
④ C호텔 튤립실
⑤ D호텔 장미실

14 K회사는 창립 10주년을 맞이하여 전 직원 단합대회를 준비하고 있다. 이를 위해 사장인 B씨는 여행상품 중 한 가지를 선정하려 하는데, 직원 투표 결과를 통해 결정하려고 한다. 직원 투표 결과와 여행상품별 1인당 경비는 다음과 같고, 추가로 행사를 위한 부서별 고려사항을 참고하여 선택할 경우 〈보기〉 중 옳은 것을 모두 고르면?

〈직원 투표 결과〉

상품내용		투표 결과(표)					
여행상품	1인당 비용(원)	총무팀	영업팀	개발팀	홍보팀	공장1	공장2
A	500,000	2	1	2	0	15	6
B	750,000	1	2	1	1	20	5
C	600,000	3	1	0	1	10	4
D	1,000,000	3	4	2	1	30	10
E	850,000	1	2	0	2	5	5

〈여행상품별 혜택 정리〉

상품명	날짜	장소	식사제공	차량지원	편의시설	체험시설
A	5/10 ~ 5/11	해변	○	○	×	×
B	5/10 ~ 5/11	해변	○	○	○	×
C	6/7 ~ 6/8	호수	○	○	○	×
D	6/15 ~ 6/17	도심	○	×	○	○
E	7/10 ~ 7/13	해변	○	○	○	×

〈부서별 고려사항〉

- 총무팀 : 행사 시 차량 지원이 가능함
- 영업팀 : 6월 초순에 해외 바이어와 가격 협상 회의 일정이 있음
- 공장1 : 3일 연속 공장 비가동 시 제품의 품질 저하가 예상됨
- 공장2 : 7월 중순 공장 이전 계획이 있음

보기

㉠ 여행상품 비용으로 총 1억 500만 원이 필요하다.
㉡ 투표 결과 가장 인기가 많은 여행상품은 B이다.
㉢ 공장1의 A, B 투표 결과가 바뀐다면 여행상품 선택은 변경된다.

① ㉠　　② ㉠, ㉡
③ ㉠, ㉢　　④ ㉡, ㉢
⑤ ㉠, ㉡, ㉢

15 K공사에서 근무하는 A사원은 경제자유구역사업에 대한 SWOT 분석 결과를 토대로 SWOT 분석에 의한 경영전략에 맞추어 다음 〈보기〉와 같이 판단하였다. A사원이 판단한 SWOT 분석에 의한 경영전략의 내용으로 적절하지 않은 것을 모두 고르면?

〈경제자유구역사업에 대한 SWOT 분석 결과〉

구분	분석 결과
강점(Strength)	• 성공적인 경제자유구역 조성 및 육성 경험 • 다양한 분야의 경제자유구역 입주희망 국내기업 확보
약점(Weakness)	• 과다하게 높은 외자금액 비율 • 외국계 기업과 국내기업 간의 구조 및 운영상 이질감
기회(Opportunity)	• 국제경제 호황으로 인하여 타국 사업지구 입주를 희망하는 해외시장부문의 지속적 증가 • 국내진출 해외기업 증가로 인한 동형화 및 협업 사례 급증
위협(Threat)	• 국내거주 외국인 근로자에 대한 사회적 포용심 부족 • 대대적 교통망 정비로 인한 기성 대도시의 흡수효과 확대

〈SWOT 분석에 의한 경영전략〉

• SO전략 : 강점을 활용해 기회를 선점하는 전략
• ST전략 : 강점을 활용하여 위협을 최소화하거나 극복하는 전략
• WO전략 : 기회를 활용하여 약점을 보완하는 전략
• WT전략 : 약점을 최소화하고 위협을 회피하는 전략

보기

ㄱ. 성공적인 경제자유구역 조성 노하우를 활용하여 타국 사업지구로의 진출을 희망하는 해외기업을 유인 및 유치하는 전략은 SO전략에 해당한다.
ㄴ. 다수의 풍부한 경제자유구역 성공 사례를 바탕으로 외국인 근로자를 국내주민과 문화적으로 동화시킴으로써 원활한 지역발전의 토대를 조성하는 전략은 ST전략에 해당한다.
ㄷ. 기존에 국내에 입주한 해외기업의 동형화 사례를 활용하여 국내기업과 외국계 기업의 운영상 이질감을 해소하여 생산성을 증대시키는 전략은 WO전략에 해당한다.
ㄹ. 경제자유구역 인근 대도시와의 연계를 활성화하여 경제자유구역 내 국내·외 기업 간의 이질감을 해소하는 전략은 WT전략에 해당한다.

① ㄱ, ㄴ
② ㄱ, ㄷ
③ ㄴ, ㄷ
④ ㄴ, ㄹ
⑤ ㄷ, ㄹ

16 **K공사의 A대리는 다음과 같이 보고서 작성을 위한 방향을 구상 중이다. 〈조건〉의 명제가 모두 참일 때, 공장을 짓는다는 결론을 얻기 위해 빈칸에 필요한 명제는?**

> **조건**
> - 재고가 있다.
> - 설비 투자를 늘리지 않는다면, 재고가 있지 않다.
> - 건설투자를 늘릴 때에만, 설비 투자를 늘린다.
> - ______________________________

① 설비 투자를 늘린다.
② 건설투자를 늘리지 않는다.
③ 재고가 있거나 설비 투자를 늘리지 않는다.
④ 건설투자를 늘린다면, 공장을 짓는다.
⑤ 설비 투자를 늘리지 않을 때만, 공장을 짓는다.

PART 3

17 **K공사는 2025년 신입사원 채용을 진행하고 있다. 최종 관문인 면접평가는 다대다 면접으로 A～E 면접자를 포함하여 총 8명이 입장하여 다음 〈조건〉과 같이 의자에 앉았다. D면접자가 2번 의자에 앉았을 때, 항상 옳은 것은?(단, 면접실 의자는 순서대로 1번부터 8번까지 번호가 매겨져 있다)**

> **조건**
> - C면접자와 D면접자는 이웃해 앉지 않고, D면접자와 E면접자는 이웃해 앉는다.
> - A면접자와 C면접자 사이에는 2명이 앉는다.
> - A면접자는 양 끝(1번, 8번)에 앉지 않는다.
> - B면접자는 6번 또는 7번 의자에 앉고, E면접자는 3번 의자에 앉는다.

① A면접자는 4번에 앉는다.
② C면접자는 1번에 앉는다.
③ A면접자와 B면접자가 서로 이웃해 앉는다면 C면접자는 4번 또는 8번에 앉는다.
④ B면접자가 7번에 앉으면, A면접자와 B면접자 사이에 2명이 앉는다.
⑤ C면접자가 8번에 앉으면, B면접자는 6번에 앉는다.

※ 유통업체인 K회사는 유통대상의 정보에 따라 다음과 같이 12자리로 구성된 분류코드를 부여하여 관리하고 있다. 이어지는 질문에 답하시오. **[18~19]**

〈분류코드 생성 방법〉

• 분류코드는 한 개 상품당 하나가 부과된다.
• 분류코드는 '발송코드 – 배송코드 – 보관코드 – 운송코드 – 서비스코드'가 순서대로 연속된 12자리 숫자로 구성되어 있다.
• 발송지역

발송지역	발송코드	발송지역	발송코드	발송지역	발송코드
수도권	a1	강원	a2	경상	b1
전라	b2	충청	c4	제주	t1
기타	k9	–	–	–	–

※ 수도권은 서울, 경기, 인천 지역임

• 배송지역

배송지역	배송코드	배송지역	배송코드	배송지역	배송코드
서울	011	인천	012	강원	021
경기	103	충남	022	충북	203
경남	240	경북	304	전남	350
전북	038	제주	040	광주	042
대구	051	부산	053	울산	062
대전	071	세종	708	기타	009

• 보관구분

보관구분	보관코드	보관구분	보관코드	보관구분	보관코드
냉동	FZ	냉장	RF	파손주의	FG
고가품	HP	일반	GN	–	–

• 운송수단

운송수단	운송코드	운송수단	운송코드	운송수단	운송코드
5톤 트럭	105	15톤 트럭	115	30톤 트럭	130
항공운송	247	열차수송	383	기타	473

• 서비스 종류

배송서비스	서비스코드	배송서비스	서비스코드	배송서비스	서비스코드
당일 배송	01	지정일 배송	02	일반 배송	10

18 다음 분류코드로 확인할 수 있는 정보로 옳지 않은 것은?

c4304HP11501

① 해당 제품은 충청지역에서 발송되어 경북지역으로 배송되는 제품이다.
② 냉장보관이 필요한 제품이다.
③ 15톤 트럭에 의해 배송될 제품이다.
④ 당일 배송 서비스가 적용된 제품이다.
⑤ 해당 제품은 고가품이다.

19 다음 〈조건〉에 따라 제품 A에 부여될 분류코드로 옳은 것은?

조건

- A는 Q업체가 7월 5일에 경기도에서 울산지역에 위치한 구매자에게 발송한 제품이다.
- 수산품인 만큼 냉동보관이 필요하며, 발송자는 택배 도착일을 7월 7일로 지정하였다.
- A는 5톤 트럭을 이용해 배송된다.

① k9062RF10510
② a1062FZ10502
③ a1062FZ11502
④ a1103FZ10501
⑤ a1102FZ10502

PART 3

20 다음은 정보공개 대상별 정보공개수수료에 대한 자료이다. 〈보기〉의 정보열람인 중 정보공개수수료를 가장 많이 지급하는 사람부터 순서대로 나열한 것은?(단, 정보열람인들이 열람한 정보는 모두 공개 대상인 정보이다)

〈정보공개 대상별 정보공개 방법 및 수수료〉

공개 대상	열람 · 시청	사본(종이출력물) · 인화물 · 복제물
문서 · 도면 · 사진 등	• 열람 – 1일 1시간 이내 : 무료 – 1시간 초과 시 30분마다 1,000원	• 사본(종이출력물) – A3 이상 : 300원(1장 초과 시 100원/장) – B4 이하 : 250원(1장 초과 시 50원/장)
필름 · 테이프 등	• 녹음테이프(오디오자료)의 청취 – 1건이 1개 이상으로 이루어진 경우 : 1개(60분 기준)마다 1,500원 – 여러 건이 1개로 이루어진 경우 : 1건(30분 기준)마다 700원 • 영화필름의 시청 – 1편이 1캔 이상으로 이루어진 경우 : 1캔(60분 기준)마다 3,500원 – 여러 편이 1캔으로 이루어진 경우 : 1편(30분 기준)마다 2,000원 • 사진필름의 열람 – 1장 : 200원 – 1장 초과 시 50원/장	• 녹음테이프(오디오자료)의 복제 – 1건이 1개 이상으로 이루어진 경우 : 1개마다 5,000원 – 여러 건이 1개로 이루어진 경우 : 1건마다 3,000원 • 사진필름의 복제 – 1컷마다 6,000원 • 사진필름의 인화 – 1컷마다 500원
마이크로필름 · 슬라이드 등	• 마이크로필름의 열람 – 1건(10컷 기준)1회 : 500원 – 10컷 초과 시 1컷마다 100원 • 슬라이드의 시청 – 1컷마다 200원	• 사본(종이출력물) – A3 이상 : 300원(1장 초과 시 200원/장) – B4 이하 : 250원(1장 초과 시 150원/장) • 마이크로필름의 복제 – 1롤마다 1,000원 • 슬라이드의 복제 – 1컷마다 3,000원

보기

• A : 공시지가에 관련된 문서와 지가비공개 대상에 대한 문서를 하루 동안 각각 3시간 30분씩 열람하고, 공시지가 관련 문서를 A3용지로 총 25장에 걸쳐 출력하였다.
• B : 한 캔에 포함된 두 편의 영화필름 중 20분짜리 독립유공자 업적 관련 한 편의 영화를 시청하고, 13컷으로 구성된 관련 슬라이드를 시청하였으며, 해당 슬라이드의 1컷부터 6컷까지를 복제하였다.
• C : 공사 사업연혁과 관련된 마이크로필름 2롤과 3건(1건이 1개)으로 이루어진 녹음테이프 자료를 복제하였고, 최근 해외협력사업과 관련된 사진필름 8장을 열람하였다.
• D : 하반기 공사 입찰계약과 관련된 문서의 사본을 B4용지로 35장을 출력하고, 작년 공사 관련 사진필름을 22장 열람하였다.

① A－B－C－D ② A－B－D－C
③ B－A－C－D ④ B－C－A－D
⑤ D－C－A－B

21 농도 10% 설탕물 480g에 20% 설탕물 120g을 섞었다. 이 설탕물에서 한 컵의 설탕물을 퍼내고, 퍼낸 설탕물의 양만큼 다시 물을 부었더니 농도 11%의 설탕물 600g이 되었다. 이때 컵으로 퍼낸 설탕물의 양은?

① 30g
② 50g
③ 60g
④ 90g
⑤ 100g

22 A～H 8명의 후보 선수 중 4명을 뽑을 때 A, B, C를 포함하여 뽑을 확률은?

① $\frac{1}{14}$
② $\frac{1}{5}$
③ $\frac{3}{8}$
④ $\frac{1}{2}$
⑤ $\frac{3}{5}$

※ 다음은 외국인 직접투자의 투자건수 비율과 투자금액 비율을 투자규모별로 나타낸 자료이다. 이어지는 질문에 답하시오. **[23~24]**

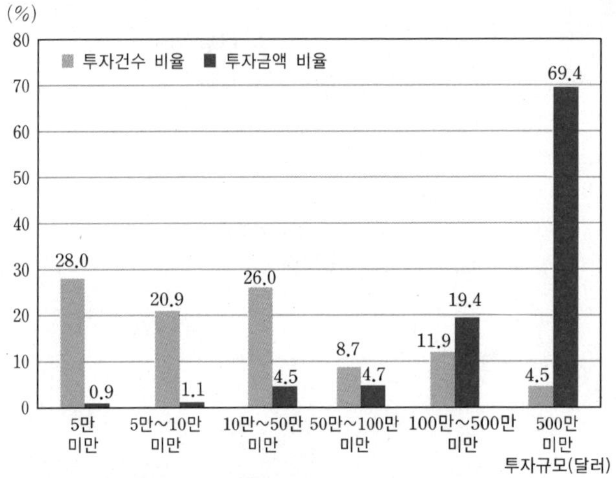

※ 투자규모는 외국인 직접투자의 건당 투자금액을 기준으로 구분함

※ [투자건수 비율(%)]=$\frac{\text{(투자규모별 외국인 직접투자 건수)}}{\text{(전체 외국인 직접투자 건수)}}\times 100$

※ [투자금액 비율(%)]=$\frac{\text{(투자규모별 외국인 직접투자 금액 합계)}}{\text{(전체 외국인 직접투자 건수)}}\times 100$

23 다음 중 투자규모가 50만 달러 미만인 투자건수 비율은?

① 55.3%
② 62.8%
③ 68.6%
④ 74.9%
⑤ 83.3%

24 다음 중 100만 달러 이상의 투자건수 비율은?

① 16.4%
② 19.6%
③ 23.5%
④ 26.1%
⑤ 30.7%

25 나영이와 현지가 집에서 공원을 향해 분당 150m의 속력으로 걸어가고 있다. 30분 정도 걸었을 때, 나영이가 지갑을 집에 두고 온 것을 기억하여 분당 300m의 속력으로 집에 갔다가 같은 속력으로 다시 공원을 향해 걸어간다고 한다. 현지는 그 속력 그대로 20분 뒤에 공원에 도착했을 때, 나영이는 현지가 공원에 도착하고 몇 분 후에 공원에 도착할 수 있는가?(단, 집에서 공원까지의 거리는 직선이고, 이동시간 외 다른 소요시간은 무시한다)

① 20분
② 25분
③ 30분
④ 35분
⑤ 40분

26 다음은 수송부문 대기 중 온실가스 배출량에 대한 자료이다. 이에 대한 설명으로 옳지 않은 것은?

〈수송부문 대기 중 온실가스 배출량〉

(단위 : ppm)

연도	구분	합계	이산화탄소	아산화질소	메탄
2020년	합계	83,617.9	82,917.7	197.6	502.6
	산업 부문	58,168.8	57,702.5	138	328.3
	가계 부문	25,449.1	25,215.2	59.6	174.3
2021년	합계	85,343	84,626.3	202.8	513.9
	산업 부문	59,160.2	58,686.7	141.4	332.1
	가계 부문	26,182.8	25,939.6	61.4	181.8
2022년	합계	85,014.3	84,306.8	203.1	504.4
	산업 부문	60,030	59,553.9	144.4	331.7
	가계 부문	24,984.3	24,752.9	58.7	172.7
2023년	합계	86,338.3	85,632.1	205.1	501.1
	산업 부문	64,462.4	63,936.9	151.5	374
	가계 부문	21,875.9	21,695.2	53.6	127.1
2024년	합계	88,261.37	87,547.49	210.98	502.9
	산업 부문	65,491.52	64,973.29	155.87	362.36
	가계 부문	22,769.85	22,574.2	55.11	140.54

① 이산화탄소의 비중은 어느 시기든 상관없이 가장 크다.
② 연도별 가계와 산업 부문의 배출량 차이 값은 2024년에 가장 크다.
③ 연도별 가계와 산업 부문의 배출량 차이 값은 해가 지날수록 지속적으로 증가한다.
④ 해당기간 동안 온실가스 총량은 지속적으로 증가하고 있다.
⑤ 모든 시기에서 메탄은 아산화질소보다 항상 많은 양이 배출되고 있다.

27 다음은 산업별 경기전망지수를 나타낸 자료이다. 〈조건〉을 바탕으로 A ~ D에 들어갈 산업을 바르게 연결한 것은?

〈산업별 경기전망지수〉

(단위 : 점)

구분	2020년	2021년	2022년	2023년	2024년
A	45.8	48.9	52.2	52.5	54.4
B	37.2	39.8	38.7	41.9	46.3
도소매업	38.7	41.4	38.3	41.7	46.2
C	36.1	40.6	44.0	37.1	39.7
D	39.3	41.1	40.2	44.9	48.7

조건

- 2020년부터 2024년까지 보건업의 경기전망지수가 40점 이상인 해는 2개이다.
- 2022년 조선업과 제조업의 경기전망지수는 전년 대비 증가하였다.
- 전년 대비 2021년 해운업의 경기전망지수의 증가율은 5개의 산업 중 가장 낮다.
- 제조업은 매년 5개의 산업 중 경기전망지수가 가장 높다.

	A	B	C	D
①	조선업	보건업	제조업	해운업
②	조선업	제조업	보건업	해운업
③	조선업	제조업	해운업	보건업
④	제조업	보건업	조선업	해운업
⑤	제조업	조선업	보건업	해운업

28 다음은 K공사의 최근 4년간 청렴도 측정결과 추세를 나타낸 그래프이다. 이에 대한 설명으로 옳지 않은 것은?(단, 소수점 둘째 자리에서 반올림한다)

〈최근 4년간 청렴도 측정결과 추세〉

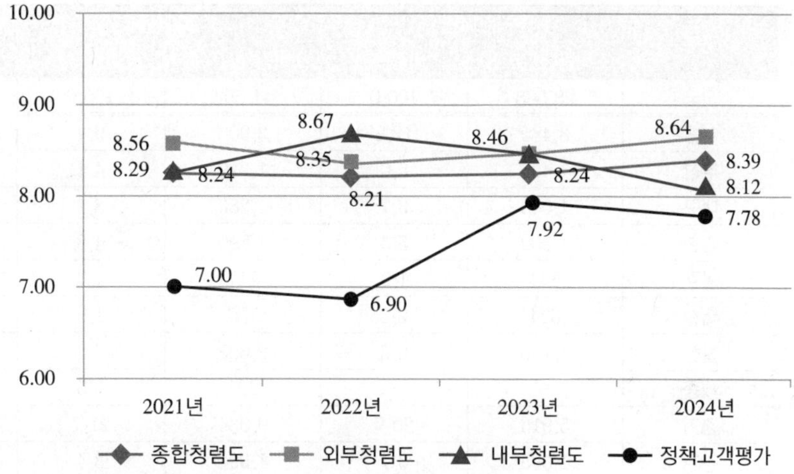

① 최근 4년간 내부청렴도의 평균은 외부청렴도 평균보다 낮다.
② 2022 ~ 2024년 외부청렴도와 종합청렴도의 증감추이는 같다.
③ 정책고객평가에서 전년 대비 가장 높은 비율의 변화가 있던 것은 2023년이다.
④ 전년 대비 가장 크게 하락한 항목은 2023년의 내부청렴도이다.
⑤ 내부청렴도와 정책고객평가는 2024년에 하락하였다.

29 밭을 가는 데 갑이 혼자 하면 12일, 을이 혼자 하면 10일이 걸린다고 한다. 일주일 안으로 밭을 다 갈기 위해 둘이 같이 며칠 동안 일하다가 을이 아파 나머지는 갑이 혼자 했더니 딱 일주일 만에 밭을 다 갈았다. 둘이 같이 일한 날은 며칠인가?(단, 조금이라도 일을 한 경우, 그날은 일을 한 것으로 간주한다)

① 2일
② 3일
③ 4일
④ 5일
⑤ 6일

30 다음은 지역별 전력 최종에너지 소비량 변화에 대한 자료이다. 〈보기〉 중 이에 대한 설명으로 옳지 않은 것은?

〈지역별 전력 최종에너지 소비량〉

구분	2014년		2024년		연평균 증가율(%)
	소비량(천 TOE)	비중(%)	소비량(천 TOE)	비중(%)	
전국	28,588	100.0	41,594	100.0	3.8
서울	3,485	12.2	3,903	9.4	1.1
부산	1,427	5.0	1,720	4.1	1.9
대구	1,063	3.7	1,286	3.1	1.9
인천	1,562	5.5	1,996	4.8	2.5
광주	534	1.9	717	1.7	3.0
대전	624	2.2	790	1.9	2.4
울산	1,793	6.3	2,605	6.3	3.8
세종	–	–	227	0.5	–
경기	5,913	20.7	9,034	21.7	4.3
강원	1,065	3.7	1,394	3.4	2.7
충북	1,244	4.4	1,974	4.7	4.7
충남	1,931	6.8	4,067	9.8	7.7
전북	1,169	4.1	1,899	4.6	5.0
전남	1,617	5.7	2,807	6.7	5.7
경북	2,852	10.0	3,866	9.3	3.1
경남	2,072	7.2	2,913	7.0	3.5
제주	238	0.8	381	0.9	4.8

보기

전력은 모든 지역에서 소비가 증가하였다. 특히 ㉠ 충청남도가 7.7%로 가장 높은 상승세를 나타냈으며, 이어서 ㉡ 전라도가 5%대의 연평균 증가율을 보이며 뒤를 이었다. 반면에 ㉢ 서울과 달리 부산 및 인천 지역은 증가율이 상대적으로 낮은 편인 것으로 나타났다.
인구가 가장 많은 경기도는 20%대의 비중을 유지하면서 지속해서 가장 높은 수준의 전력을 소비하는 지역으로 나타났으며, ㉣ 2014년 두 번째로 많은 전력을 소비했던 서울은 충청남도에 밀려 2024년에는 세 번째가 되었다. 한편, ㉤ 전국 에너지 소비량은 10년 사이 천만 TOE 이상의 증가를 나타냈다.

① ㉠
② ㉡
③ ㉢
④ ㉣
⑤ ㉤

31 **다음 중 정보화 사회에 대한 설명으로 옳은 것은?**

① 정보화 사회에서는 정보의 다양한 특성 중 기술적 실효성이 가장 강조된다.
② 정보화 사회의 심화는 새로운 분야에서 국가 간 갈등을 야기해 세계화를 저해한다.
③ 정보화 사회가 진전됨에 따라 지식과 정보의 증가량 및 변화 속도는 더욱 증가할 것이다.
④ 정보화 사회에서는 체계화된 정보관리주체들이 존재하므로 개인들의 정보관리 필요성이 낮아진다.
⑤ 지식정보 관련 산업이 핵심 산업이 되면서, 물질이나 에너지 산업의 부가가치 생산성은 저하되고 있다.

32 **다음은 K회사 인트라넷에 올라온 컴퓨터의 비프음과 관련된 문제해결방법에 대한 공지사항이다. 부팅 시 비프음 소리와 해결방법에 대한 설명으로 옳지 않은 것은?**

> 안녕하십니까.
> 최근 사용하시는 컴퓨터를 켤 때 비프음 소리가 평소와 다르게 들리는 경우가 종종 있습니다.
> 해당 비프음 소리별 해결원인과 방법을 공지하오니 참고해 주시기 바랍니다.
>
> **〈비프음으로 진단하는 컴퓨터 상태〉**
>
> – 짧게 1번 : 정상
> – 짧게 2번 : 바이오스 설정이 바르지 않은 경우, 모니터에 오류 메시지가 나타나게 되므로 참고하여 문제 해결
> – 짧게 3번 : 키보드가 불량이거나 바르게 꽂혀 있지 않은 경우
> – 길게 1번+짧게 1번 : 메인보드 오류
> – 길게 1번+짧게 2번 : 그래픽 카드의 접촉 점검
> – 길게 1번+짧게 3번 : 쿨러의 고장 등 그래픽 카드 접촉 점검
> – 길게 1번+짧게 9번 : 바이오스의 초기화, A/S 점검
> – 아무 경고음도 없이 모니터가 켜지지 않을 때 : 전원 공급 불량 또는 합선, 파워서플라이의 퓨즈 점검, CPU나 메모리의 불량
> – 연속으로 울리는 경고음 : 시스템 오류, 메인보드 점검 또는 각 부품의 접촉 여부와 고장 확인

① 짧게 2번 울릴 때는 모니터에 오류 메시지가 뜨니 원인을 참고해 해결할 수 있다.
② 비프음이 길게 1번, 짧게 1번 울렸을 때 CPU를 교체해야 한다.
③ 길게 1번, 짧게 9번 울리면 바이오스 ROM 오류로 바이오스의 초기화 또는 A/S가 필요하다.
④ 키보드가 바르게 꽂혀 있지 않은 경우 짧게 3번 울린다.
⑤ 연속으로 울리는 경고음은 시스템 오류일 수 있다.

33 다음 대화에서 K사원이 안내할 엑셀 함수로 가장 적절한 것은?

P과장 : K씨, 제품 일련번호가 짝수인 것과 홀수인 것을 구분하고 싶은데, 일일이 찾아 분류하자니 데이터가 너무 많아 번거로울 것 같아. 엑셀로 분류할 수 있는 방법이 없을까?
K사원 : 네, 과장님. ________ 함수를 사용하면 편하게 분류할 수 있습니다. 이 함수는 지정한 숫자를 특정 숫자로 나눈 나머지를 알려줍니다. 만약 제품 일련번호를 2로 나누면 나머지가 0 또는 1이 나오는데, 여기서 나머지가 0이 나오는 것은 짝수이고 나머지가 1이 나오는 것은 홀수이기 때문에 분류가 빠르고 쉽게 됩니다. 분류하실 때는 필터기능을 함께 사용하면 더욱 간단해집니다.
P과장 : 그렇게 하면 간단히 처리할 수 있겠어. 정말 큰 도움이 되었네.

① SUMIF
② MOD
③ INT
④ NOW
⑤ VLOOKUP

34 다음은 4차 산업혁명에 대한 글이다. 빈칸에 들어갈 단어를 순서대로 나열한 것은?

4차 산업혁명이란 사물인터넷, 인공지능, 빅데이터, 블록체인 등 정보통신기술의 ________으로 새로운 서비스와 산업이 창출되는 차세대 혁명이다. 이 용어는 2016년 ________에서 클라우스 슈밥 회장이 처음 사용하면서 이슈화됐다. 경제 산업 전반에 정보화, 자동화를 통한 생산성 증대뿐 아니라 자율주행차, 무인점포 등 일상생활에 획기적 변화를 가져다주고 있다. 예를 들면 미래 사회에는 사물과 인간, 사물과 사물 간이 자유자재로 연결되고 정보를 공유하며, 인공지능의 발달로 우리의 실생활 곳곳에 인공지능 로봇이 자리를 잡으면서 산업분야의 경계가 허물어질 수 있다.

① 융합, IMD
② 복합, WEF
③ 집합, IMD
④ 융합, WEF
⑤ 집합, WEF

35 다음 상황에서 B사원이 제시해야 할 해결 방안으로 가장 적절한 것은?

> A팀장 : 어제 부탁한 보고서 작성은 다 됐나?
> B사원 : 네, 제 컴퓨터의 '문서' 폴더를 공유해 놓았으니 보고서를 내려 받으시면 됩니다.
> A팀장 : 내 컴퓨터의 인터넷은 잘 되는데, 혹시 자네 인터넷이 지금 문제가 있나?
> B사원 : (모니터를 들여다보며) 아닙니다. 잘 되는데요?
> A팀장 : 네트워크 그룹에서 자네의 컴퓨터만 나타나지 않네. 어떻게 해야 하지?

① 공유폴더의 사용권한 수준을 '소유자'로 지정해야 합니다.
② 화면 보호기를 재설정해야 합니다.
③ 디스크 검사를 실행해야 합니다.
④ 네트워크상의 작업 그룹명을 동일하게 해야 합니다.
⑤ 컴퓨터를 다시 시작해야 합니다.

PART 3

36 다음 워크시트를 참조하여 작성한 수식「=VLOOKUP(SMALL(A2:A10,3),A2:E10,4,0)」의 결괏값으로 옳은 것은?

	A	B	C	D	E
1	번호	억양	발표	시간	자료준비
2	1	80	84	91	90
3	2	89	92	86	74
4	3	72	88	82	100
5	4	81	74	89	93
6	5	84	95	90	88
7	6	83	87	72	85
8	7	76	86	83	87
9	8	87	85	97	94
10	9	98	78	96	81

① 82
② 83
③ 86
④ 87
⑤ 88

37 A씨는 최근 회사 내 업무용 개인 컴퓨터의 보안을 강화하기 위하여 다음과 같은 메일을 받았다. 이를 토대로 A씨가 취해야 할 행동으로 적절하지 않은 것은?

> 발신 : 전산보안팀
>
> ---
>
> 수신 : 전 임직원
>
> 제목 : 업무용 개인 컴퓨터 보안대책 공유
>
> 내용 :
> 안녕하십니까. 전산팀장입니다.
> 최근 개인정보 유출 등 전산보안 사고가 자주 발생하고 있어 각별한 주의가 필요한 상황입니다. 이에 따라 자사에서도 업무상 주요 정보가 유출되지 않도록 보안프로그램을 업그레이드하는 등 전산보안을 더욱 강화하고 있습니다.
> 무엇보다 업무용 개인 컴퓨터를 사용하는 분들이 특히 신경을 많이 써주셔야 철저한 보안이 실천됩니다. 번거로우시더라도 다음과 같은 사항을 따라주시길 바랍니다.
>
> - 인터넷 익스플로러를 종료할 때마다 검색기록이 삭제되도록 설정해 주세요.
> - 외출 또는 외근으로 장시간 컴퓨터를 켜두어야 하는 경우에는 인터넷 검색기록을 직접 삭제해 주세요.
> - 인터넷 검색기록 삭제 시 기본 설정되어 있는 항목 외에도 '다운로드 기록', '양식 데이터', '암호', '추적방지, ActiveX 필터링 및 Do Not Track 데이터'를 모두 체크하여 삭제해 주세요(단, 즐겨찾기 웹 사이트 데이터 보존 부분은 체크 해제할 것).
> - 인터넷 익스플로러에서 방문한 웹 사이트 목록을 저장하는 기간을 5일로 변경해 주세요.
> - 자사에서 제공 중인 보안프로그램은 항시 업데이트하여 최신 상태로 유지해 주세요.
>
> 위 사항을 적용하는 데 어려움이 있을 경우에는 첨부파일에 이미지와 함께 친절하게 설명되어 있으니 참고바랍니다.
>
> 〈첨부〉 업무용 개인 컴퓨터 보안대책 적용 방법 설명(이미지).zip

① 자사의 보안프로그램을 실행하고 [설정]에서 업데이트를 실행한다.
② 장시간 외출할 경우에는 [인터넷 옵션]의 '일반' 카테고리에 있는 [삭제]를 클릭해 직접 삭제한다.
③ 검색기록 삭제 시 [인터넷 옵션]의 '일반' 카테고리에 있는 [삭제]를 클릭하여 기존에 설정되어 있는 항목을 포함한 모든 항목을 체크하여 삭제한다.
④ [인터넷 옵션]의 '일반' 카테고리 중 검색기록 부분에서 [설정]을 클릭하고, '기록' 카테고리의 [페이지 보관일수]를 5일로 설정한다.
⑤ 인터넷 익스플로러에서 [도구(또는 톱니바퀴 모양)]를 클릭하여 [인터넷 옵션]의 '일반' 카테고리에 있는 [종료할 때 검색 기록 삭제]를 체크한다.

38 다음 글을 읽고 K대학교 문제해결을 위한 대안으로 가장 적절한 것은?

> K대학교는 현재 학생 관리 프로그램, 교수 관리 프로그램, 성적 관리 프로그램의 3개의 응용 프로그램을 갖추고 있다. 학생 관리 프로그램은 학생 정보를 저장하고 있는 파일을 이용하고 교수 관리 프로그램은 교수 정보 파일, 성적 관리 프로그램은 성적 정보 파일을 이용한다. 즉, 각각의 응용 프로그램들은 개별적인 파일을 이용한다. 이런 경우, 파일에는 많은 정보가 중복 저장되어 있다. 그렇기 때문에 중복된 정보가 수정되면 관련된 모든 파일을 수정해야 하는 불편함이 있다. 예를 들어, 한 학생이 자퇴하게 되면 학생 정보 파일뿐만 아니라 교수 정보 파일, 성적 정보 파일도 수정해야 하는 것이다.

① 데이터베이스 구축
② 유비쿼터스 구축
③ RFID 구축
④ NFC 구축
⑤ 와이파이 구축

39 다음 중 Windows 환경에서 단축키의 기능으로 옳지 않은 것은?

① 〈Ctrl〉+〈X〉 : 선택한 항목을 잘라낸다.
② 〈Ctrl〉+〈Insert〉 : 선택한 항목을 복사한다.
③ 〈Shift〉+〈Insert〉 : 작업을 실행 취소한다.
④ 〈Alt〉+〈Page Up〉 : 한 화면 위로 이동한다.
⑤ 〈Alt〉+〈F8〉 : 로그인 화면에서 암호를 표시한다.

40 K공사에서 근무하고 있는 N사원은 2025년 3월 발전소별 생산실적을 엑셀을 이용해 정리하려고 한다. 다음 (A) ~ (E) 셀에 N사원이 입력해야 할 함수로 옳지 않은 것은?

	A	B	C	D	E	F	G
1							
2		2025년 3월 발전소별 생산실적					
3							
4		구분	열용량(Gcal)	전기용량(MW)	열생산량(Gcal)	발전량(MWH)	발전량의 순위
5		파주	404	516	144,600	288,111	(B)
6		판교	172	146	94,657	86,382	
7		광교	138	145	27,551	17	
8		수원	71	43	42,353	321,519	
9		화성	407	512	141,139	6,496	
10		청주	105	61	32,510	4,598	
11		대구	71	44	46,477	753	
12		삼송	103	99	2,792	4,321	
13		평균		(A)	(E)		
14							
15					열용량의 최댓값(Gcal)	열생산량 중 세 번째로 높은 값(Gcal)	
16					(C)	(D)	

① (A) : =AVERAGE(D5:D12)

② (B) : =RANK(F5,$F$5:$F$12,1)

③ (C) : =MAX(C5:C12)

④ (D) : =LARGE(E5:E12,3)

⑤ (E) : =AVERAGE(E5:E12)

| 02 | 자원관리능력

41 **다음 직접비와 간접비에 대한 설명을 토대로 할 때 〈보기〉의 인건비와 성격이 유사한 것은 무엇인가?**

> 어떤 활동이나 사업의 비용을 추정하거나 예산을 잡을 때에는 추정해야 할 많은 유형의 비용이 존재한다. 그중 대표적인 것이 직접비와 간접비이다. 직접비란 간접비용에 상대되는 용어로, 제품 생산 또는 서비스를 창출하기 위해 직접 소비된 것으로 여겨지는 비용을 말한다. 이와 반대로 간접비란 제품을 생산하거나 서비스를 창출하기 위해 소비된 비용 중에서 직접비용을 제외한 비용으로, 제품 생산에 직접 관련되지 않은 비용을 말하는데, 이는 매우 다양하기 때문에 많은 사람들이 간접비용을 정확하게 예측하지 못해 어려움을 겪는 경우가 많다.

> **보기**
>
> 인건비란 제품 생산 또는 서비스 창출을 위한 업무를 수행하는 사람들에게 지급되는 비용으로, 계약에 의해 고용된 외부 인력에 대한 비용도 인건비에 포함된다. 이러한 인건비는 일반적으로 전체 비용 중 가장 큰 비중을 차지하게 된다.

① 통신비
② 출장비
③ 광고비
④ 보험료
⑤ 사무비품비

42 **K공사는 한국 현지 시각 기준으로 오후 4시부터 5시까지 외국 지사와 화상회의를 진행하려고 한다. 모든 지사는 각국 현지 시각으로 오전 8시부터 오후 6시까지 근무한다고 할 때, 다음 중 회의에 참석할 수 없는 지사는?(단, 서머타임을 시행하는 국가는 +1:00을 반영한다)**

국가	시차	국가	시차
파키스탄	−4:00	불가리아	−6:00
호주	+1:00	영국	−9:00
싱가포르	−1:00	−	−

※ 오후 12시부터 1시까지는 점심시간이므로 회의를 진행하지 않음
※ 서머타임 시행 국가 : 영국

① 파키스탄 지사
② 불가리아 지사
③ 호주 지사
④ 영국 지사
⑤ 싱가포르 지사

43 신입사원 J씨는 A ~ E과제 중 어떤 과제를 먼저 수행하여야 하는지를 결정하기 위해 평가표를 작성하였다. 다음 자료를 근거로 할 때 가장 먼저 수행할 과제는?(단, 평가 항목 최종 합산 점수가 가장 높은 과제부터 수행한다)

〈과제별 평가표〉

(단위 : 점)

구분	A	B	C	D	E
중요도	84	82	95	90	94
긴급도	92	90	85	83	92
적용도	96	90	91	95	83

※ 과제당 다음과 같은 가중치를 별도 부여하여 계산함
[(중요도)×0.3]+[(긴급도)×0.2]+[(적용도)×0.1]
※ 항목당 최하위 점수에 해당하는 과제는 선정하지 않음

① A ② B
③ C ④ D
⑤ E

44 K의류회사는 제품의 판매촉진을 위해 TV광고를 기획하고 있다. 광고모델 후보 5명에 대한 다음 자료를 토대로 향후 1년 동안 광고효과가 가장 클 것으로 예상되는 모델은 누구인가?

〈광고모델별 1년 계약금 및 광고 1회당 광고효과〉

(단위 : 천 원)

모델	1년 계약금	1회당 광고비	1회당 광고효과(예상)	
			수익 증대 효과	브랜드 가치 증대 효과
A	120,000	2,500	140,000	130,000
B	80,000		80,000	110,000
C	100,000		100,000	120,000
D	90,000		80,000	90,000
E	70,000		60,000	80,000
비고	• (총 광고효과)=(1회당 광고효과)×(1년 광고횟수) • (1회당 광고효과)=(1회당 수익 증대 효과)+(1회당 브랜드 가치 증대 효과) • (1년 광고횟수)=(1년 광고비)÷(1회당 광고비) • (1년 광고비)=1억 8천만 원−(1년 계약금)			

① A ② B
③ C ④ D
⑤ E

45 다음은 K공사 인사팀의 하계 휴가 스케줄이다. G사원은 휴가를 신청하기 위해 하계 휴가 스케줄을 확인하였다. 인사팀 팀장인 A부장은 25 ~ 28일은 하계 워크숍 기간이므로 휴가 신청이 불가능하며, 하루에 6명 이상은 사무실에 반드시 있어야 한다고 팀원들에게 공지했다. G사원이 휴가를 쓸 수 있는 기간으로 옳은 것은?

구분	8월 휴가																			
	3	4	5	6	7	10	11	12	13	14	17	18	19	20	21	24	25	26	27	28
	월	화	수	목	금	월	화	수	목	금	월	화	수	목	금	월	화	수	목	금
A부장	■	■	■																	
B차장								■	■	■										
C과장	■	■	■	■	■															
D대리										■	■	■	■							
E주임														■	■	■				
F주임											■	■	■	■						
G사원																				
H사원						■	■	■												

※ 스케줄에 색칠된 부분은 해당 직원의 휴가 예정일임

※ G사원은 4일 이상 휴가를 사용해야 함(토, 일 제외)

① 5 ~ 7일
② 6 ~ 11일
③ 11 ~ 16일
④ 13 ~ 18일
⑤ 19 ~ 24일

46 다음 중 ㉠ ~ ㉢에 들어갈 말을 순서대로 바르게 나열한 것은?

> 인적자원 배치의 유형에는 세 가지가 있다. 먼저 양적 배치는 작업량과 조업도, 여유 또는 부족 인원을 감안하여 소요인원을 결정하여 배치하는 것을 말한다. 반면, 질적 배치는 효과적인 인력배치의 세 가지 원칙 중 ___㉠___주의에 따른 배치를 말하며, ___㉡___ 배치는 팀원의 ___㉢___ 및 흥미에 따라 배치하는 것을 말한다.

	㉠	㉡	㉢
①	균형	적성	능력
②	적재적소	균형	능력
③	적재적소	적성	적성
④	능력	적성	적성
⑤	능력	균형	적성

47 K유통에서 근무하는 강사원은 급여명세서를 받은 후 책상 위에 두었다가 실수로 일부분을 찢게 되었다. 강사원은 소실된 부분을 계산한 후 실수령액과 입금된 수령액이 일치하는지 확인하려고 한다. 공제액은 자료와 같이 계산한다고 할 때, 강사원이 받을 실수령액은?

K유통 2025년 4월 급여명세서			
성 명	강★★	지급일	2025.05.05
지급내역	지급액(원)	공제내역	공제액(원)
기본급	1,800,000	소득세	15,110
잔업수당	70,000	건강보험	
복리후생비	100,000	고용보험	
		국민연금	
		장기요양보험	
		주민세	1,510
		조합비	20,000
		공제총액	
급여지급계		실수령액	

〈공제내역별 계산방법〉

구분	계산방법	비고
건강보험	(기본급)×6.12%	가입자 부담 : 50% 사업자 부담 : 50%
고용보험	(기본급)×1.3%	
국민연금	(기본급)×9%	
장기요양보험	(건강보험료)×6.5%	

※ 장기요양보험료의 경우 십의 자리에서 반올림함

① 1,756,030원
② 1,776,090원
③ 1,782,000원
④ 1,826,340원
⑤ 1,865,900원

48 K사는 역량평가를 통해 등급을 구분하여 성과급을 지급한다. K사의 성과급 등급 기준이 다음과 같을 때, 〈보기〉 중 S등급에 해당하는 사람은?

〈성과급 점수별 등급〉

S등급	A등급	B등급	C등급
90점 이상	80점 이상	70점 이상	70점 미만

〈역량평가 반영 비율〉

구분	기본역량	리더역량	직무역량
차장	20%	30%	50%
과장	30%	10%	60%
대리	50%	–	50%
사원	60%	–	40%

※ 성과급 점수는 역량 점수(기본역량, 리더역량, 직무역량)를 직급별 해당 역량평가 반영 비율에 적용한 합산 점수임

보기

구분	직급	기본역량 점수	리더역량 점수	직무역량 점수
A	대리	85점	–	90점
B	과장	100점	85점	80점
C	사원	95점	–	85점
D	차장	80점	90점	85점
E	과장	100점	85점	80점

① A대리
② B과장
③ C사원
④ D차장
⑤ E과장

49 다음은 임직원 출장여비 지급규정과 T차장의 출장비 지출 내역이다. T차장이 받을 수 있는 여비는?

〈임직원 출장여비 지급규정〉

- 출장여비는 일비, 숙박비, 식비, 교통비로 구성된다.
- 일비는 출장일수에 따라 매일 10만 원씩 지급한다.
- 숙박비는 숙박일수에 따라 실비 지급한다. 다만, 항공 또는 선박 여행 시 항공기 내 또는 선박 내에서의 숙박은 숙박비를 지급하지 아니한다.
- 식비는 일수에 따라 식사 여부에 상관없이 1일 3식으로 지급하며, 1끼니당 1만 원씩 지급한다. 단, 항공 또는 선박 여행 시에는 기내식이 포함되지 않을 경우만 지급하며, 출장 마지막 날 저녁은 지급하지 않는다.
- 교통비는 교통편의 운임 혹은 유류비 산출액을 실비 지급한다.

〈T차장의 2박 3일 출장비 지출 내역〉

8월 8일	8월 9일	8월 10일
• 인천 – 일본 항공편 84,000원 (아침 기내식 포함 ×) • 점심 식사 7,500원 • 일본 J공항 – B호텔 택시비 10,000원 • 저녁 식사 12,000원 • B호텔 숙박비 250,000원	• 아침 식사 8,300원 • 호텔 – 거래처 택시비 16,300원 • 점심 식사 10,000원 • 거래처 – 호텔 택시비 17,000원 • B호텔 숙박비 250,000원	• 아침 식사 5,000원 • 일본 – 인천 항공편 89,000원 (점심 기내식 포함)

① 880,000원
② 1,053,000원
③ 1,059,100원
④ 1,086,300원
⑤ 1,106,300원

50 기획팀 A사원은 다음 주 금요일에 열릴 세미나 장소를 섭외하라는 부장님의 지시를 받았다. 세미나에 참여할 인원은 총 17명이며, 모든 인원이 앉을 수 있는 테이블과 의자, 발표에 사용할 빔프로젝터 1개가 필요하다. A사원은 모든 회의실의 잔여상황을 살펴보고 가장 적합한 대회의실을 선택하였고, 필요한 비품은 다른 회의실과 창고에서 확보한 후 부족한 물건을 주문하였다. 주문한 비품이 도착한 후 물건을 확인했지만 수량을 착각해 빠트린 것이 있었다. 다음 중 A사원이 추가로 주문할 물품 목록으로 가장 적절한 것은?

〈회의실별 비품 현황〉

(단위 : 개)

구분	대회의실	1회의실	2회의실	3회의실	4회의실
테이블(2인용)	1	1	2	–	–
의자	3	2	–	–	4
빔프로젝터	–	–	–	–	–
화이트보드	–	–	–	–	–
보드마카	2	3	1	–	2

〈창고 내 비품보유 현황〉

(단위 : 개)

구분	테이블(2인용)	의자	빔프로젝터	화이트보드	보드마카
창고	–	2	1	5	2

〈1차 주문서〉

1. 테이블(2인용) 4개
2. 의자 1개
3. 화이트보드 1개
4. 보드마카 2개

① 빔프로젝터 : 1개, 의자 : 3개
② 빔프로젝터 : 1개, 테이블 : 1개
③ 테이블 : 1개, 의자 : 5개
④ 테이블 : 9개, 의자 : 6개
⑤ 테이블 : 9개, 의자 : 3개

| 03 | 기술능력

41 다음은 벤치마킹의 절차를 나타낸 자료이다. 이에 대한 설명으로 옳지 않은 것은?

〈벤치마킹의 절차〉

벤치마킹 대상 결정
↓
벤치마킹팀 구성
↓
벤치마크 파트너 선정
↓
벤치마킹 데이터의 수집과 분석
↓
실행과 보고

① 벤치마킹 데이터를 수집·분석할 경우 문서 편집 시스템보다는 수기로 작업하는 것이 좋다.
② 벤치마킹 대상이 결정되면 대상을 조사하기 위해 필요한 정보와 자원이 무엇인지 파악해야 한다.
③ 벤치마크 파트너 선정은 벤치마크 정보를 수집하는 데 이용될 정보의 원천을 확인하는 단계이다.
④ 벤치마킹팀 구성 시 구성원들 간의 의사소통이 원활하기 위한 네트워크 환경이 요구된다.
⑤ 벤치마킹팀의 경우 관계자 모두에게 벤치마킹이 명확하게 할당되고 중심 프로젝트가 정해지는 것을 돕기 위한 프로젝트 관리 기구가 필요하다.

42 다음은 기술시스템의 발전단계이다. 각 단계에 대한 사례로 적절하지 않은 것은?

1단계 : 발명, 개발, 혁신의 단계 – 기술시스템이 탄생하고 성장	① 에디슨이 전구를 발명하였다. ② 에디슨은 자신의 전구 조명 시스템이 경쟁력을 갖도록 고안하였다.
↓	
2단계 : 기술 이전의 단계 – 성공적인 기술이 다른 지역으로 이동	③ 영국에서 발명된 변압기를 본 헝가리 간츠 앤 컴퍼니는 변압기를 다시 설계하여 실용적인 변압기를 만들었다.
↓	
3단계 : 기술 경쟁의 단계 – 기술시스템 사이의 경쟁	④ 에디슨과 조력자들은 파격적인 발명을 해낸 다른 발명가들과 경쟁을 하면서 새로운 것을 발명해냈다.
↓	
4단계 : 기술 공고화 단계 – 경쟁에서 승리한 기술시스템의 관성화	⑤ 에디슨이 전등회사, 전구 생산 회사 등을 설립하고 통합하는 등 다양한 회사들을 소유·통제하였다.

43 다음 〈보기〉 중 지속가능한 기술의 사례로 적절한 것을 모두 고르면?

보기

㉠ A사는 카메라를 들고 다니지 않으면서도 사진을 찍고 싶어 하는 소비자들을 위해 일회용 카메라 대신 재활용이 쉽고, 재사용도 가능한 카메라를 만들어내는 데 성공했다.

㉡ 잉크, 도료, 코팅에 쓰이던 유기 용제 대신에 물로 대체한 수용성 수지를 개발한 B사는 휘발성 유기화합물의 배출이 줄어듦과 동시에 대기오염 물질을 줄임으로써 소비자들로부터 찬사를 받고 있다.

㉢ C사는 가구처럼 맞춤 제작하는 냉장고를 선보였다. 맞춤 양복처럼 가족수와 식습관, 라이프스타일, 주방 형태 등을 고려해 1도어부터 4도어까지 여덟 가지 타입의 모듈을 자유롭게 조합하고, 세 가지 소재와 아홉 가지 색상을 매치해 공간에 어울리는 나만의 냉장고를 꾸밀 수 있게 된 것이다.

㉣ D사는 기존에 소각처리해야 했던 석유화학 옥탄올 공정을 변경하여 폐수처리로 전환하고, 공정 최적화를 통해 화약 제조 공정에 발생하는 질소의 양을 원천적으로 감소시키는 공정 혁신을 이루었다. 이로 인해 연간 4천 톤의 오염 물질 발생량을 줄였으며, 약 60억 원의 원가도 절감했다.

㉤ 등산 중 갑작스러운 산사태를 만나거나 길을 잃어서 조난 상황이 발생한 경우 골든타임 확보가 무척 중요하다. 이를 위해 E사는 조난객의 상황 파악을 위한 5G 통신 모듈이 장착된 비행선을 선보였다. 이 비행선은 현재 비행거리와 시간이 짧은 드론과 비용과 인력 소모가 많이 드는 헬기에 비해 매우 효과적일 것으로 기대하고 있다.

① ㉠, ㉡, ㉢
② ㉠, ㉡, ㉣
③ ㉠, ㉢, ㉣
④ ㉡, ㉢, ㉣
⑤ ㉡, ㉢, ㉤

※ K공사는 6월 농번기를 앞두고 5월 한 달 동안 ◇◇군 농민들을 대상으로 트랙터 안전 사용법 및 주의사항에 대한 교육을 실시할 예정이다. 이어지는 질문에 답하시오. **[44~45]**

〈5월 트랙터 안전 사용법 및 주의사항 교육〉

◆ **사용방법**

① 시동 전에 윤활유, 연료, 냉각수량을 필히 점검하고 트랙터에 승차한다.
② 주차브레이크와 변속레버의 중립을 먼저 확인한다. 그 후 클러치 페달을 완전히 밟은 채로 시동키를 돌린다(클러치 페달을 완전히 밟지 않은 경우 시동모터 작동이 되지 않음).
③ 추운 날씨에는 시동키를 왼쪽으로 돌려 30 ~ 40초 정도 예열시킨 후 시동한다.
④ 작업기 연결에 앞서 작업기와 상부링크, 링크볼의 일치 여부, 체크체인을 점검한다.
⑤ 트랙터 후진 후 하부링크를 내리고 작업기와 트랙터가 수직이 되도록 트랙터를 정지하고 시동을 끈다(주차 브레이크는 이때 풀어둔다).
⑥ 뒷바퀴를 움직여가며 하부링크를 들어올려 왼쪽 – 오른쪽 순서로 작업기의 마운팅 핀에 끼운다.
⑦ 유니버셜조인트를 연결하고 반드시 커버를 씌운다.
⑧ 상부링크 연결 후 작업기의 전후, 좌우 수평을 조절한다.

◆ **주의사항**

① 운전자 외에는 절대 탑승하지 않는다(별도의 좌석이 있는 경우는 제외).
② 시동이 걸린 상태에서는 절대 하차해서는 안 된다.
③ 경사지에 주차할 때는 반드시 시동을 끄고 주차브레이크를 채운 후 받침목을 한다.
④ 포장에 드나들 때는 트랙터를 똑바로 진입시킨다.

◆ **오작동 시 확인 사항 및 조치방법**

현상	원인	조치방법
트랙터 엔진이 시동되지 않음	① 연료가 없음 ② 연료계통에 공기가 들어있음 ③ 연료필터 막힘 ④ 에어클리너 엘리먼트 막힘 ⑤ 예열플러그의 단선	① 경유를 보충함 ② 연료탱크에서 분사펌프까지 연료파이프 점검 ③ 연료필터 세척 및 교환 ④ 에어클리너 엘리먼트 청소 및 교환 ⑤ 예열플러그 교환
트랙터 시동모터가 회전하지 않음	① 배터리 방전 ② 안전스위치 조정 불량 ③ 시동모터 불량 ④ 키 스위치 불량	① 배터리 충전 ② 안전스위치 조정 ③ 시동모터 수리 또는 교환 ④ 배선점검, 수리 후 새로운 퓨즈링 교환
트랙터 소음기에서 흰 연기가 나옴	① 엔진 오일량의 과다 ② 엔진 오일 점도가 낮음	① 엔진 오일을 규정량까지 뺌 ② 점도가 높은 오일로 교환
충전경고등이 소등되지 않음	① 퓨즈가 끊어짐 ② 팬벨트의 늘어남 ③ 팬벨트 끊어짐	① 배선점검, 수리 후 새 퓨즈로 교환 ② 장력을 조정 ③ 교환
소음기에서 검은 연기가 나옴	① 에어클리너 엘리먼트 막힘 ② 과부하 운전을 함 ③ 경유 이외의 연료를 사용	① 세척 또는 교환 ② 부하를 가볍게 함 ③ 경유로 교환

※ 안내한 조치방법으로 해결되지 않을 경우 담당자에게 연락바랍니다.

44 **교육을 받고 돌아온 농업인 P씨는 트랙터 엔진이 시동되지 않는 원인을 파악한 후 조치를 취하고자 한다. 다음 중 문제의 원인을 파악하기 위해 반드시 확인해야 할 사항과 그에 따른 조치방법으로 옳지 않은 것은?**

① 연료의 유무를 확인한 후, 연료가 없다면 경유를 보충한다.

② 예열플러그의 단선일 경우 예열플러그를 교환한다.

③ 배터리의 방전 유무를 확인한 후, 배터리를 충전한다.

④ 연료필터가 막혔는지 확인한 후, 연료필터를 세척하거나 교환한다.

⑤ 연료계통에 공기가 들어있는지 확인하고, 만일 공기가 들어있다면 연료탱크에서 분사펌프까지 연료파이프를 점검한다.

45 **귀하는 트랙터 안전 사용법 및 주의사항 교육의 담당자이다. 교육을 마친 후 질문 및 답변 시간에 답변한 내용 중 옳지 않은 것은?**

① Q : 추운 날씨에는 트랙터 시동을 어떻게 해야 하나요?
A : 추운 날씨에는 시동키를 왼쪽으로 돌려 30 ~ 40초 정도 예열시킨 후, 시동하면 됩니다.

② Q : 저번에 주차 브레이크와 변속레버의 중립을 확인한 후 클러치 페달을 밟은 채로 시동키를 돌렸는데도 시동이 켜지지 않던데 그건 왜 그런가요?
A : 클러치 페달을 완전히 밟지 않았기 때문입니다. 반드시 클러치 페달을 완전히 밟아야지 시동이 켜집니다.

③ Q : 트랙터 후진 후 하부링크를 내릴 때, 트랙터가 수직이 되도록 트랙터를 정지하고 시동을 끌 때 특별히 주의해야 할 사항들이 있나요?
A : 주차 브레이크는 반드시 풀어주셔야 합니다.

④ Q : 트랙터에 승차하기 전 확인해야 할 사항들은 무엇이 있나요?
A : 반드시 상부링크, 체크체인 확인, 그리고 링크볼의 일치 여부를 점검한 후 승차해야 합니다.

⑤ Q : 이번 주에 손주들이 놀러 와서 제 옆에 앉힌 후 트랙터를 운전하게 하고 싶은데 특별한 주의사항이 있을까요?
A : 트랙터는 별도의 좌석이 있는 경우를 제외하고는 운전자 외에는 절대 탑승해서는 안 됩니다.

※ 사내 의무실 체온계의 고장으로 새로운 체온계를 구입하였다. 다음 설명서를 읽고 이어지는 질문에 답하시오. [46~47]

〈설명서〉

■ 사용방법

1) 체온을 측정하기 전 새 렌즈필터를 부착하여 주세요.
2) 〈ON〉 버튼을 눌러 액정화면이 켜지면 귓속에 체온계를 삽입합니다.
3) 〈START〉 버튼을 눌러 체온을 측정합니다.
4) 측정이 잘 이루어졌으면 '삐' 소리와 함께 측정 결과가 액정화면에 표시됩니다.
5) 60초 이상 사용하지 않으면 자동으로 전원이 꺼집니다.

■ 체온 측정을 위한 주의사항

- 오른쪽 귀에서 측정한 체온은 왼쪽 귀에서 측정한 체온과 다를 수 있습니다. 그러므로 항상 같은 귀에서 체온을 측정하십시오.
- 체온을 측정할 때는 정확한 측정을 위해 과다한 귀지가 없도록 하십시오.
- 한쪽 귀를 바닥에 대고 누워 있었을 때, 매우 춥거나 더운 곳에 노출되어 있는 경우, 목욕을 한 직후 등은 외부적 요인에 의해 귀 체온 측정에 영향을 미칠 수 있으므로 이런 경우에는 30분 정도 기다리신 후 측정하십시오.

■ 문제해결방법

상태	해결방법	에러 메시지
렌즈필터가 부착되어 있지 않음	렌즈필터를 끼우세요.	— —
체온계가 렌즈의 정확한 위치를 감지할 수 없어 정확한 측정이 어려움	〈ON〉 버튼을 3초간 길게 눌러 화면을 지운 다음 정확한 위치에 체온계를 넣어 측정합니다.	POE
측정체온이 정상범위(34 ~ 42.2℃)를 벗어난 경우 - HI : 매우 높음 - LO : 매우 낮음	온도가 10℃와 40℃ 사이인 장소에서 체온계를 30분간 보관한 다음 다시 측정하세요.	HI°C LO°C
건전지 수명이 다하여 체온 측정이 불가능한 상태	새로운 건전지(1.5V AA타입 2개)로 교체하세요.	— — —

46 **근무 중 몸이 좋지 않아 의무실을 방문한 A사원은 설명서를 바탕으로 체온을 측정하려고 한다. 다음 중 체온 측정 과정으로 가장 적절한 것은?**

① 렌즈필터가 깨끗해 새 것으로 교체하지 않고 체온을 측정하였다.
② 오른쪽 귀의 체온이 38°C로 측정되어 다시 왼쪽 귀의 체온을 측정하였다.
③ 정확한 측정을 위해 귓속의 귀지를 제거한 다음 체온을 측정하였다.
④ 정확한 측정을 위해 영점 조정을 맞춘 뒤 체온을 측정하였다.
⑤ 구비되어 있는 렌즈필터가 없어 렌즈를 알코올 솜으로 닦은 후 측정하였다.

47 **체온계 사용 중 'POE'의 에러 메시지가 떴다. 에러 메시지 확인 후 해결방법으로 가장 적절한 것은?**

① 〈ON〉 버튼을 3초간 길게 눌러 화면을 지운 다음 정확한 위치에서 다시 측정한다.
② 렌즈필터가 부착되어 있지 않으므로 깨끗한 새 렌즈필터를 끼운다.
③ 1분간 그대로 둬서 전원을 끈 다음 〈ON〉 버튼을 눌러 다시 액정화면을 켠다.
④ 건전지 삽입구를 열어 1.5V AA타입 2개의 새 건전지로 교체한다.
⑤ 온도가 10°C와 40°C 사이인 장소에서 체온계를 30분간 보관한 다음 다시 측정한다.

48 다음 글의 빈칸에 들어갈 내용으로 적절하지 않은 것은?

> 기술능력은 직업에 종사하기 위해 모든 사람들이 필요로 하는 능력이며, 이것을 넓은 의미로 확대해 보면 기술교양(Technical Literacy)이라는 개념으로 사용될 수 있다. 즉, 기술능력은 기술교양의 개념을 보다 구체화시킨 개념으로 볼 수 있다. 일반적으로 기술교양을 지닌 사람들은 ____________________

① 기술학의 특성과 역할을 이해한다.
② 기술과 관련된 위험을 평가할 수 있다.
③ 기술에 의한 윤리적 딜레마에 대해 합리적으로 반응할 수 있다.
④ 기술체계가 설계되고, 사용되고, 통제되어지는 방법을 이해한다.
⑤ 기술과 관련된 이익을 가치화하지 않는다.

49 다음 글에서 설명하는 기술교육은 무엇인가?

> 일반적으로 다음과 같은 장점이 있다. 첫째, 정해진 시간, 장소에 모여서 학습을 할 필요가 없고, 원하는 시간과 장소에서 컴퓨터만 연결되어 있다면 학습이 가능하기 때문에 시간적·공간적으로 독립적이다. 둘째, 원하는 내용을 원하는 순서에 맞게 원하는 시간만큼 학습이 가능하며, 개개인의 요구에 맞게 개별화·맞춤화가 가능하기 때문에 학습자 스스로가 학습을 조절 및 통제할 수 있다. 셋째, 칠판 판서 및 책이 아니라 비디오, 사진, 텍스트, 소리, 동영상 등 멀티미디어를 이용한 학습이 가능하다. 넷째, 이메일, 토론방, 자료실 등을 통해 의사교환과 상호작용이 자유롭게 이루어질 수 있다. 다섯째, 한번 출판되면 새로운 내용을 반영하기 어려운 책에 비해 업데이트를 통해 새로운 내용을 반영하기 쉽기 때문에 새로운 교육의 요구나 내용을 신속하게 반영할 수 있어 교육에 소요되는 비용을 절감할 수 있다. 반면에 직접적으로 교수자와 동료들 간의 인간적인 접촉이 상대적으로 적고, 중도탈락율이 높으며, 기술교육의 특성상 현장 중심의 실무 교육이 중요함에도 불구하고 현장 중심의 교육이 힘든 단점이 있다.

① E-Learning을 활용한 기술교육
② 상급학교 진학을 통한 기술교육
③ 전문 연수원을 통한 기술교육
④ OJT를 활용한 기술교육
⑤ 전문가 초청 연수를 통한 기술교육

50 다음은 기술의 특징을 설명하는 글이다. 이를 이해한 내용으로 옳지 않은 것은?

> 일반적으로 기술에 대한 특징은 다음과 같이 정의될 수 있다.
> 첫째, 하드웨어나 인간에 의해 만들어진 비자연적인 대상, 혹은 그 이상을 의미한다.
> 둘째, 기술은 '노하우(Know-how)'를 포함한다. 즉, 기술을 설계하고, 생산하고, 사용하기 위해 필요한 정보, 기술, 절차를 갖는 데 노하우(Know-how)가 필요한 것이다.
> 셋째, 기술은 하드웨어를 생산하는 과정이다.
> 넷째, 기술은 인간의 능력을 확장시키기 위한 하드웨어와 그것의 활용을 뜻한다.
> 다섯째, 기술은 정의 가능한 문제를 해결하기 위해 순서화되고 이해 가능한 노력이다.
> 이와 같은 기술이 어떻게 형성되는가를 이해하는 것과 사회에 의해 형성되는 방법을 이해하는 것은 두 가지 원칙에 근거한다. 먼저 기술은 사회적 변화의 요인이다. 기술체계는 의사소통의 속도를 증가시켰으며, 이는 개인으로 하여금 현명한 의사결정을 할 수 있도록 도와준다. 또한, 사회는 기술 개발에 영향을 준다. 사회적, 역사적, 문화적 요인은 기술이 어떻게 활용되는가를 결정하는 것이다.
> 기술은 두 개의 개념으로 구분될 수 있다. 하나는 모든 직업 세계에서 필요로 하는 기술적 요소들로 이루어지는 광의의 개념이고, 다른 하나는 구체적 직무수행능력 형태를 의미하는 협의의 개념이다.

① 영국에서 시작된 산업혁명 역시 기술 개발에 영향을 주었다고 볼 수 있다.
② 미래 산업을 위해 인간의 노동을 대체할 로봇을 활용하는 것 역시 기술이라고 볼 수 있다.
③ 컴퓨터의 발전은 기술체계가 개인으로 하여금 현명한 의사결정을 할 수 있는 사례로 볼 수 있다.
④ 기술은 건물, 도로, 교량, 전자장비 등 인간이 만들어 낸 모든 물질적 창조물을 생산하는 과정으로 볼 수 있다.
⑤ 전기산업기사, 건축산업기사, 정보처리산업기사 등의 자격 기술은 기술의 광의의 개념으로 볼 수 있다.

| 01 | 경영학

01 **다음 중 경제적 자립권과 독립성을 둘 다 포기한 채, 시장독점이라는 하나의 목적 아래 여러 기업이 뭉쳐서 이룬 하나의 통일체를 의미하는 조직은?**

① 카르텔(Kartell)
② 신디케이트(Syndicate)
③ 트러스트(Trust)
④ 콘체른(Konzern)
⑤ 컨글로머리트(Conglomerate)

02 **다음 〈보기〉 중 적대적 인수합병(M&A) 시도에 대한 방어전략을 모두 고르면?**

보기

ㄱ. 그린메일
ㄴ. 황금낙하산
ㄷ. 곰의 포옹
ㄹ. 팩맨
ㅁ. 독약조항

① ㄱ, ㄴ, ㄷ
② ㄱ, ㄷ, ㅁ
③ ㄴ, ㄹ, ㅁ
④ ㄱ, ㄴ, ㄷ, ㅁ
⑤ ㄴ, ㄷ, ㄹ, ㅁ

03 **다음 중 내용이론에 해당하는 동기부여 이론으로 옳지 않은 것은?**

① 매슬로(Maslow) 욕구단계 이론
② 허즈버그(Herzberg) 2요인 이론
③ 앨더퍼(Alderfer)의 ERG 이론
④ 애덤스(Adams)의 공정성 이론
⑤ 맥클리랜드(Meclelland)의 성취동기 이론

04 다음 중 투자부동산에 대한 설명으로 옳지 않은 것은?

① 투자부동산은 임대수익이나 시세차익을 얻기 위하여 보유하는 부동산을 말한다.
② 본사 사옥으로 사용하고 있는 건물은 투자부동산이 아니다.
③ 운용리스로 제공하기 위하여 보유하는 미사용건물은 투자부동산이다.
④ 투자부동산에 대해 공정가치모형을 적용할 경우 공정가치 변동으로 발생하는 손익은 발생한 기간의 기타 포괄손익에 반영한다.
⑤ 최초 인식 후 예외적인 경우를 제외하고 원가모형과 공정가치모형 중 하나를 선택하여 모든 투자부동산에 적용한다.

05 다음 상황을 참고하여 브룸(Vroom)의 기대이론에 따른 A대리의 동기유발력의 값을 구하면?(단, 유인성은 ±10점으로 구성된다)

〈상황〉

K주식회사는 분기마다 인재개발 프로그램을 실시하고 있다. A대리는 프로그램 참여를 고민하고 있는 상태이다. A대리가 생각하기에 자신이 프로그램에 참여하면 성과를 거둘 수 있을 것이라는 주관적 확률이 70%, 그렇지 않을 확률은 30%, 만약 훈련성과가 좋을 경우 승진에 대한 가능성은 80%, 그 반대의 가능성은 20%라고 생각한다. 그리고 A대리는 승진에 대해 극히 좋게 평가하며 10점을 부여하였다.

- 기대치(E) : 인재개발 프로그램에 참여하여 성과를 거둘 수 있는가?
- 수단성(I) : 훈련성과가 좋으면 승진할 수 있을 것인가?
- 유인성(V) : 승진에 대한 선호도는 어느 정도인가?

① 1.0
② 2.3
③ 3.4
④ 4.8
⑤ 5.6

06 다음 중 3C 분석에 대한 설명으로 옳지 않은 것은?

① 3C는 Company, Cooperation, Competitor로 구성되어 있다.
② 3C는 자사, 고객, 경쟁사로 기준을 나누어 현 상황을 파악하는 분석방법이다.
③ 3C는 기업들이 마케팅이나 서비스를 진행할 때 가장 먼저 실행하는 분석 중 하나이다.
④ 3C의 Company 영역은 외부요인이 아닌 내부 자원에 관한 역량 파악이다.
⑤ 3C는 SWOT 분석과 PEST 분석에 밀접한 관련이 있다.

07 다음은 마이클 포터(Michael Porter)의 산업구조분석모델(5F; Five Force Model)이다. 빈칸 (A)에 들어갈 용어로 옳은 것은?

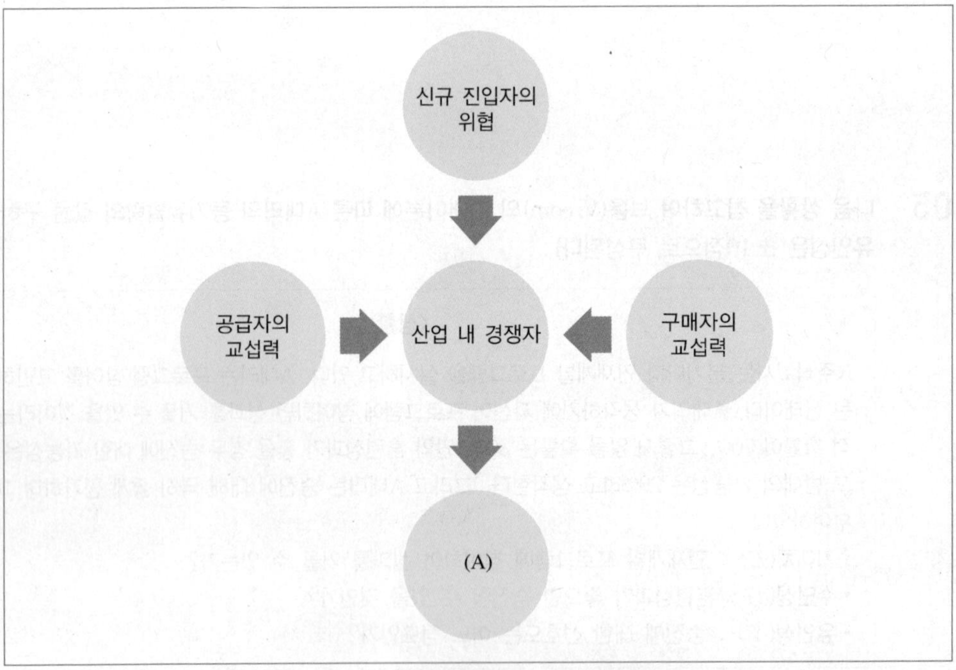

① 정부의 규제 완화
② 고객 충성도
③ 공급 업체 규모
④ 가격의 탄력성
⑤ 대체재의 위협

08 **다음 중 수요예측기법(Demand Forecasting Technique)에 대한 설명으로 옳은 것은?**

① 지수평활법은 평활상수가 클수록 최근 자료에 더 높은 가중치를 부여한다.
② 시계열 분석법으로는 이동평균법과 회귀분석법이 있다.
③ 수요예측과정에서 발생하는 예측오차들의 합은 영(Zero)에 수렴하는 것은 옳지 않다.
④ 이동평균법은 이동평균의 계산에 사용되는 과거자료의 개수가 많을수록 수요예측의 정확도가 높아진다.
⑤ 회귀분석법은 실제치와 예측치의 오차를 자승한 값의 총 합계가 최대가 되도록 회귀계수를 추정한다.

09 **다음 중 포드 시스템(Ford System)에 대한 설명으로 옳지 않은 것은?**

① 작업시스템 유동화로 인한 작업속도 강제화로 작업자의 인간성이 무시된다는 결점이 존재한다.
② 대량생산방식으로 자동차의 이동조립법을 확립한 시스템이다.
③ 포드 시스템의 주요한 수단은 이동식조립법과 생산 표준화 3S(단순화, 표준화, 전문화)라 할 수 있다.
④ 동일한 제품을 대량생산함으로써 가격을 낮추며, 임금을 올려줄 수 있는 생산방법이다.
⑤ 설비에 대한 투자비가 낮아져 제품생산 단가를 낮출 수 있었으며, 조업도는 숙련된 노동자 중심으로 생산 표준화 3S를 실현하였다.

10 **다음 중 직무평가에 있어서 미리 규정된 등급 또는 어떠한 부류에 대해 평가하려는 직무를 배정함으로써 직무를 평가하는 방법은?**

① 서열법
② 분류법
③ 점수법
④ 요소비교법
⑤ 순위법

11 **경영 전략의 수준에 따라 전략을 구분할 때, 다음 중 해당 전략과 그에 대한 예시가 옳지 않은 것은?**

	전략 수준	예시
①	기업 전략(Corporate Strategy)	성장 전략
②	기업 전략(Corporate Strategy)	방어 전략
③	기능별 전략(Functional Strategy)	차별화 전략
④	사업 전략(Business Strategy)	집중화 전략
⑤	사업 전략(Business Strategy)	원가우위 전략

12 **다음 〈조건〉을 참고하여 K국가의 부가가치 노동생산성을 바르게 구한 것은?(단, 단위는 시간당이며, USD를 기준으로 한다)**

조건

- K국가의 2024년도 1분기 GDP는 USD 기준 약 3,200억 원이다(분기 공시이며, 연산 환산값 4이다).
- K국가의 2024년도 1분기 노동인구수는 5천만 명이다.
- K국가의 2024년도 1분기 평균노동시간은 40시간이다.

① 100달러
② 120달러
③ 130달러
④ 140달러
⑤ 160달러

13 **다음 중 마일즈 & 스노우 전략(Miles & Snow Strategy)에서 방어형에 대한 설명으로 옳은 것은?**

① 기존 제품을 활용하여 기존 시장을 공략하는 전략이다.
② Fast Follower 전략으로 리스크가 낮다는 장점이 있다.
③ 시장상황에 맞추어 반응하는 아무런 전략을 취하지 않는 무전략 상태이다.
④ 새로운 기술에 관심도가 높으며 열린 마인드 그리고 혁신적 마인드가 중요하다.
⑤ 새로운 시도에 적극적이며 업계의 기술・제품・시장 트렌드를 선도하는 업체들이 주로 사용하는 전략이다.

14 다음 〈보기〉에서 맥그리거(McGregor)의 XY 이론 중 X이론적 인간관과 동기부여 전략에 해당하는 것을 모두 고르면?

보기	
ㄱ. 천성적 나태	ㄴ. 변화지향적
ㄷ. 자율적 활동	ㄹ. 민주적 관리
ㅁ. 어리석은 존재	ㅂ. 타율적 관리
ㅅ. 변화에 저항적	ㅇ. 높은 책임감

① ㄱ, ㄴ, ㄷ, ㄹ
② ㄱ, ㄴ, ㄹ, ㅁ
③ ㄱ, ㅁ, ㅂ, ㅅ
④ ㄴ, ㄷ, ㄹ, ㅇ
⑤ ㄴ, ㅁ, ㅂ, ㅅ

PART 3

15 다음 중 피들러(Fiedler)의 리더십 상황이론에 대한 설명으로 옳지 않은 것을 〈보기〉에서 모두 고르면?

보기

㉠ 과업지향적 리더십과 관계지향적 리더십을 모두 갖춘 리더가 가장 높은 성과를 달성한다.
㉡ 리더의 특성을 LPC 설문에 의해 측정하였다.
㉢ 상황변수로서 리더 – 구성원 관계, 과업구조, 부하의 성숙도를 고려하였다.
㉣ 리더가 처한 상황이 호의적인 경우, 관계지향적 리더십이 적합하다.
㉤ 리더가 처한 상황이 비호의적인 경우, 과업지향적 리더십이 적합하다.

① ㉠, ㉢
② ㉠, ㉣
③ ㉡, ㉣
④ ㉠, ㉢, ㉣
⑤ ㉢, ㉣, ㉤

16 다음 중 프랑스의 사업가 페이욜(Fayol)의 관리 5요소론에 해당하지 않는 것은?

① 계획
② 조직
③ 분업
④ 지휘
⑤ 통제

17 다음 중 인간의 감각이 느끼지 못할 정도의 자극을 주어 잠재의식에 호소하는 광고는?

① 애드버커시 광고
② 서브리미널 광고
③ 리스폰스 광고
④ 키치 광고
⑤ 티저 광고

18 다음 중 테일러(Taylor)의 과학적 관리법(Scientific Management)에 대한 설명으로 옳지 않은 것은?

① 이론의 핵심 목표는 경제적 효율성, 특히 노동생산성 증진에 있다.
② 테일러리즘(Taylorism)이라고도 불리며, 20세기 초부터 주목받은 과업수행의 분석과 혼합에 대한 관리 이론이다.
③ 이론의 목적은 모든 관계자에게 과학적인 경영 활동의 조직적 협력에 의한 생산성을 높여 높은 임금을 실현할 수 있다는 인식을 갖게 하는 데 있다.
④ 과학적 관리와 공평한 이익 배분을 통해 생산성과 효율성을 향상하는 것이 기업과 노동자 모두가 성장할 수 있는 길이라는 테일러의 사상은 현대 경영학의 기초가 되었다.
⑤ 테일러의 과학적 관리법은 전문적인 지식과 역량이 요구되는 일에 적합하며, 노동자들의 자율성과 창의성을 고려하며 생산성을 높인다는 장점이 있다.

19 **다음 중 마케팅의 푸시(Push) 전략에 대한 설명으로 옳지 않은 것은?**

① 푸시 전략은 채널 파트너에게 마케팅 노력의 방향을 포함하는 전략이다.
② 고객에게 제품이나 브랜드에 대해 알릴 수 있다.
③ 영업 인력이나 중간상 판촉 등을 활용하여 수행한다.
④ 최종 소비자에게 마케팅 노력을 홍보하는 전략이다.
⑤ 브랜드 충성도가 낮은 경우에 적합한 전략이다.

20 **다음 중 확률 표본추출법에 해당하는 것을 〈보기〉에서 모두 고르면?**

보기	
ㄱ. 단순무작위표본추출법	ㄴ. 체계적 표본추출법
ㄷ. 편의 표본추출법	ㄹ. 판단 표본추출법
ㅁ. 할당 표본추출법	ㅂ. 층화 표본추출법
ㅅ. 군집 표본추출법	ㅇ. 눈덩이 표본추출법

① ㄱ, ㄴ, ㅂ, ㅅ
② ㄱ, ㄴ, ㅅ, ㅇ
③ ㄷ, ㄹ, ㅁ, ㅂ
④ ㄷ, ㄹ, ㅁ, ㅇ
⑤ ㅁ, ㅂ, ㅅ, ㅇ

21 **K회사는 철물과 관련한 사업을 하는 중소기업이다. 이 회사는 수요가 어느 정도 안정된 소모품을 다양한 거래처에 납품하고 있으며, 내부적으로는 부서별 효율성을 추구하고 있다. 이러한 회사의 조직구조로 적합한 유형은?**

① 기능별 조직
② 사업부제 조직
③ 프로젝트 조직
④ 매트릭스 조직
⑤ 다국적 조직

22 다음 수요예측기법의 종류 중 시스템을 활용한 수요예측기법으로 옳은 것을 〈보기〉에서 모두 고르면?

보기

ㄱ. 컨조인트 분석	ㄴ. 정보 예측 시장
ㄷ. 시스템 다이나믹스	ㄹ. 시계열 분석
ㅁ. 회귀 분석	ㅂ. 확산 모형
ㅅ. 인덱스 분석	ㅇ. 인공 신경망

① ㄱ, ㄴ, ㄷ
② ㄴ, ㄷ, ㅁ
③ ㄴ, ㄷ, ㅇ
④ ㄹ, ㅁ, ㅅ
⑤ ㅁ, ㅂ, ㅅ

23 인사평가제도는 평가목적을 어디에 두느냐에 따라 상대평가와 절대평가로 구분된다. 다음 중 상대평가에 해당하는 기법은?

① 평정척도법
② 체크리스트법
③ 중요사건기술법
④ 연공형 승진제도
⑤ 강제할당법

24 다음 중 앤소프의 의사결정에 대한 설명으로 옳지 않은 것은?

① 앤소프의 의사결정은 전략적, 운영적, 관리적 의사결정으로 분류된다.
② 단계별 접근법을 따라 체계적으로 분석가능하다.
③ 단계별로 피드백이 이루어진다.
④ 분석결과에 따라 초기 기업 목적, 시작 단계에서의 평가수정이 불가능하다.
⑤ 단계별 의사결정과정은 기업의 위상과 목표 간의 차이를 줄이는 과정이다.

25 다음 중 작업성과의 고저에 따라 임금을 적용하는 단순 복률 성과급 방식과 달리 예정된 성과를 올리지 못하여도 미숙련 근로자들에게 최저 생활을 보장하는 방식은?

① 테일러식 복률성과급
② 맨체스터 플랜
③ 메리크식 복률성과급
④ 할증성과급
⑤ 표준시간급

26 K주식회사의 2024년도 매입액이 ₩150,000이었고, 부가가치율이 25%였다면 해당 연도의 매출액은 얼마인가?

① ₩180,000
② ₩200,000
③ ₩220,000
④ ₩240,000
⑤ ₩260,000

27 다음 〈보기〉 중 마이클 포터(Michael Porter)의 가치사슬 모형에서 지원적 활동(Support Activities)에 해당하는 것을 모두 고르면?

보기

ㄱ. 기업 하부구조
ㄴ. 내부 물류
ㄷ. 제조 및 생산
ㄹ. 인적자원관리
ㅁ. 기술 개발
ㅂ. 외부 물류
ㅅ. 마케팅 및 영업
ㅇ. 서비스
ㅈ. 조달 활동

① ㄱ, ㄴ, ㄷ, ㄹ
② ㄱ, ㄹ, ㅁ, ㅂ
③ ㄱ, ㄹ, ㅁ, ㅈ
④ ㄷ, ㅂ, ㅅ, ㅇ
⑤ ㄷ, ㅂ, ㅇ, ㅈ

28 K사는 자사 제품을 S신문에 광고하려고 한다. S신문의 구독자 수가 10만 명이고, CPM 기준으로 5천 원을 요구하고 있을 경우에 S신문의 요구대로 광고계약이 진행된다면 광고비용은 얼마인가?

① 1,200,000원
② 750,000원
③ 600,000원
④ 500,000원
⑤ 350,000원

29 다음 중 가격책정 방법에 대한 설명으로 옳은 것을 〈보기〉에서 모두 고르면?

> 보기
>
> ㉠ 준거가격이란 구매자가 어떤 상품에 대해 지불할 용의가 있는 최고가격을 의미한다.
> ㉡ 명성가격이란 가격 – 품질 연상관계를 이용한 가격책정 방법이다.
> ㉢ 단수가격이란 판매 가격을 단수로 표시하여 가격이 저렴한 인상을 소비자에게 심어주어 판매를 증대시키는 방법이다.
> ㉣ 최저수용가격이란 심리적으로 적당하다고 생각하는 가격 수준을 의미한다.

① ㉠, ㉡
② ㉠, ㉢
③ ㉡, ㉢
④ ㉡, ㉣
⑤ ㉢, ㉣

30 다음 〈보기〉 중 비유동부채에 해당하는 것은 모두 몇 개인가?

> 보기
>
> ㄱ. 매입채무
> ㄴ. 예수금
> ㄷ. 미지급금
> ㄹ. 장기차입금
> ㅁ. 임대보증금
> ㅂ. 선수수익
> ㅅ. 단기차입금
> ㅇ. 선수금
> ㅈ. 장기미지급금
> ㅊ. 유동성장기부채

① 1개
② 3개
③ 5개
④ 7개
⑤ 9개

31 다음 기사를 읽고 해당 기업이 제시하는 전략으로 옳은 것은?

> 라면산업은 신제품을 꾸준히 출시하고 있다. 이는 소비자의 눈길을 잡기 위해서, 그리고 정통 라면에 대적할 만한 새로운 제품을 만들어 내기 위해서이다. 각 라면브랜드에서는 까르보불닭볶음면, 양념치킨라면, 미역국라면 등 소비자의 호기심을 불러일으킬 수 있는 이색 라면을 지속적으로 출시하고 있다.
>
> 당연 성공했다고 말할 수 있는 제품은 가장 많은 소비자의 마음을 사로잡은 불닭시리즈이다. 이는 다른 라면과 차별화하여, 볶음면 그리고 극강의 매운맛으로 매운맛을 좋아하는 마니아 층을 타깃팅으로 잡은 것이다. 그 후로도 기존에 불닭 소스(컨셉)를 기준으로 까르보, 짜장, 핵불닭 등을 지속적으로 신제품으로 출시하고 있으며, '영국남자'를 통해 전 세계적으로 불닭볶음면의 존재를 알리게 되어 중국, 태국 등으로 해외수출에 박차를 가하고 있다고 한다.

① 대의명분 마케팅(Cause Related Marketing)
② 카테고리 확장(Category Extension)
③ 구전 마케팅(Word of Mouth Marketing)
④ 귀족 마케팅(Noblesse Marketing)
⑤ 라인 확장(Line Extension)

32 다음 중 회사에 관한 용어와 개념에 대한 설명으로 옳지 않은 것은?

① 주식회사 : 주식을 소유하고 있는 주주가 그 회사의 주인이 되는 형태이다.
② 협동조합 : 경제활동으로 지역사회에 이바지하기 위해 설립된 단체이다.
③ 합명회사 : 무한책임사원으로 이루어지는 회사로, 무한책임사원이 경영하고 사업으로부터 생기는 이익의 분배에 참여한다.
④ 합자회사 : 유한책임사원과 무한책임사원으로 이루어지는 회사로, 유한책임사원이 사업을 경영하고 집행하며, 양도 시 유한책임사원의 동의가 필요하다.
⑤ 유한회사 : 유한회사의 주인은 사원으로, 이때 사원은 출자액의 한도 내에서만 회사의 채무에 대해 변제책임을 진다.

33 **복식부기는 하나의 거래를 대차평균의 원리에 따라 차변과 대변에 이중 기록하는 방식이다. 다음 중 차변에 기입되는 항목으로 옳지 않은 것은?**

① 자산의 증가
② 자본의 감소
③ 부채의 감소
④ 비용의 발생
⑤ 수익의 발생

34 **다음 중 기업의 안정성 측정을 위하여 사용되는 지표로, 고정자산(비유동자산)을 자기자본으로 나눈 값의 백분율로 계산하여 자본의 유동성을 나타내는 것은?**

① 고정자산비율(Fixed Assets Ratio)
② 활동성비율(Activity Ratio)
③ 자본회전율(Turnover Ratio of Capital)
④ 유동비율(Current Ratio)
⑤ 부채비율(Debt Ratio)

35 **다음 〈보기〉 중 재무제표의 표시와 작성에 대한 설명으로 옳은 것을 모두 고르면?**

보기

가. 재무상태표에 표시되는 자산과 부채는 반드시 유동자산과 비유동자산, 유동부채와 비유동부채로 구분하여 표시한다.
나. 영업활동을 위한 자산의 취득시점부터 그 자산이 현금이나 현금성자산으로 실현되는 시점까지 소요되는 기간이 영업주기이다.
다. 비용의 기능에 대한 정보가 미래현금흐름을 예측하는 데 유용하기 때문에 비용을 성격별로 분류하는 경우에는 비용의 기능에 대한 추가 정보를 공시하는 것이 필요하다.
라. 자본의 구성요소인 기타포괄손익누계액과 자본잉여금은 포괄손익계산서와 재무상태표를 연결시키는 역할을 한다.
마. 현금흐름표는 기업의 활동을 영업활동, 투자활동, 재무활동으로 구분한다.

① 가, 나
② 가, 라
③ 나, 다
④ 나, 마
⑤ 다, 마

36 **다음을 참고하여 K기업의 올해 영업레버리지도를 계산하면 얼마인가?**

> • 의자 생산업체인 K기업의 올해 의자 판매량은 총 10,000개이다.
> • 의자의 개당 고정원가는 16,000원, 변동원가는 1개당 2,000원이며, 의자의 가격은 개당 50,000원으로 동일하다.

① 0.5
② 1.0
③ 1.5
④ 2.0
⑤ 2.5

37 **K주식회사의 2024년도 총매출액과 이에 대한 총변동원가는 각각 ₩200,000과 ₩150,000이다. K주식회사의 손익분기점 매출액이 ₩120,000일 때, 총고정원가는 얼마인가?**

① ₩15,000
② ₩20,000
③ ₩25,000
④ ₩30,000
⑤ ₩35,000

38 **다음 중 수직적 통합의 이유로 옳은 것은?**

① 대기업이 시장점유율을 높여 가격선도자 역할을 하기 위해
② 중소기업이 생산규모를 확대하고, 판매망을 강화하기 위해
③ 원료부터 제품까지의 기술적 일관성을 위해
④ 대규모 구조조정을 통한 경영혁신을 위해
⑤ 규모의 경제 확보를 위해

39 **부채비율(B/S)이 100%인 K기업의 세전타인자본비용은 8%이고, 가중평균자본비용은 10%이다. K기업의 자기자본비용은 얼마인가?(단, 법인세율은 25%이다)**

① 6%
② 8%
③ 10%
④ 12%
⑤ 14%

40 **다음 중 인간관계론에 대한 설명으로 옳지 않은 것은?**

① 1930년대 대공황 이후 과학적 관리론의 한계로부터 발전된 이론이다.
② 인간을 기계적으로만 취급할 것이 아니라 조직구성원들의 사회적·심리적 욕구와 조직 내 비공식 집단 등을 중시한다.
③ 메이요(G. Elton Mayo) 등 하버드 대학의 경영학 교수들이 진행한 호손 실험에 의해 본격적으로 이론적 틀이 마련되었다.
④ 행정조직이나 민간조직을 단순한 기계적인 구조로만 보고, 오직 시스템의 개선만으로 능률성을 추구하려 하였다.
⑤ 조직구성원의 생산성은 물질적인 요인으로만 자극받는 것이 아니라 감정, 기분과 같은 사회·심리적 요인에 의해서도 크게 영향을 받는다.

| 02 | 경제학

01 **다음 중 일반적인 형태의 수요곡선과 공급곡선을 가지는 재화 X의 가격이 상승하고 생산량이 감소하였을 때, 그 원인으로 옳은 것은?(단, 다른 조건은 동일하다고 가정한다)**

① 수요곡선이 하방이동하였다.
② 공급곡선이 하방이동하였다.
③ 수요곡선이 상방이동하였다.
④ 공급곡선이 상방이동하였다.
⑤ 수요곡선과 공급곡선이 동시에 하방이동하였다.

02 **다음 글은 비합리적 소비에 대한 설명이다. 빈칸 ㉠과 ㉡에 들어갈 효과를 바르게 연결한 것은?**

> • ___㉠___ 효과는 유행에 따라 상품을 구입하는 소비현상으로, 특정 상품에 대한 어떤 사람의 수요가 다른 사람들의 수요에 의해 영향을 받는다.
> • ___㉡___ 효과는 다른 보통사람과 자신을 차별하고 싶은 욕망으로 나타나는데, 가격이 아닌 다른 사람의 소비에 직접 영향을 받는다.

	㉠	㉡
①	외부불경제	베블런(Veblen)
②	외부불경제	밴드왜건(Bandwagon)
③	베블런(Veblen)	외부불경제
④	밴드왜건(Bandwagon)	외부불경제
⑤	밴드왜건(Bandwagon)	베블런(Veblen)

03 X재와 Y재에 대한 효용함수가 $U=min(X,\ Y)$인 소비자가 있다. 소득이 100이고 Y재의 가격(P_Y)이 10일 때, 이 소비자가 효용극대화를 추구한다면 X재의 수요함수는?(단, P_X는 X재의 가격이다)

① $X=\frac{10+100}{P_X}$

② $X=\frac{100}{P_X+10}$

③ $X=\frac{100}{P_X}$

④ $X=\frac{50}{P_X+10}$

⑤ $X=\frac{10}{P_X}$

04 다음 중 수요의 탄력성에 대한 설명으로 옳은 것은?

① 수요곡선의 기울기가 -1인 직선일 경우 수요곡선상의 어느 점에서나 가격탄력성은 동일하다.

② 수요의 가격탄력성이 탄력적이라면 가격인하는 총수입을 증가시키는 좋은 전략이다.

③ 수요의 소득탄력성이 비탄력적인 재화는 열등재이다.

④ 가격이 올랐을 때 시간이 경과될수록 적응이 되기 때문에 수요의 가격탄력성은 작아진다.

⑤ X재의 가격이 5% 인상되자 Y재 수요가 10% 상승했다면, 수요의 교차탄력성은 $\frac{1}{2}$이고 두 재화는 보완재이다.

05 다음 사례를 볼 때, 각 기업의 총수익 변화로 옳은 것은?(단, 다른 조건은 일정하다)

> • 사례1 : 수요의 가격탄력성이 0.5인 X재를 생산하고 있는 A기업은 최근 X재의 가격을 1,000원에서 2,000원으로 인상하였다.
> • 사례2 : 수요의 가격탄력성이 2인 Y재를 생산하고 있는 B기업은 최근 Y재의 가격을 3,000원에서 5,500원으로 인상하였다.

	A기업	B기업
①	증가	감소
②	증가	일정
③	일정	일정
④	감소	증가
⑤	감소	감소

06 K기업의 생산함수는 $Q=L^2K^2$이다. 단위당 임금과 단위당 자본비용은 각각 4원 및 6원으로 주어져 있다. 이 기업의 총 사업자금이 120원으로 주어져 있을 때, 노동의 최적 투입량은?(단, Q는 생산량, L은 노동투입량, K는 자본투입량이며, 두 투입요소 모두 가변투입요소이다)

① 13
② 14
③ 15
④ 16
⑤ 17

07 K국 자동차시장의 독점기업인 B기업의 한계수입(MR)이 225, 수요의 가격탄력성이 4일 때, B기업이 판매하는 자동차의 1단위당 가격(P)은 얼마인가?

① 400
② 350
③ 300
④ 250
⑤ 200

08 K국의 이동통신 시장이 하나의 기업만이 존재하는 완전독점시장일 경우, 이 기업의 총비용함수와 시장수요가 다음과 같을 때, 이 기업이 이부가격(Two - part Tariff) 설정을 통해 이윤을 극대화하고자 한다면, 고정요금(가입비)은 얼마인가?

- $TC=40+4Q$(총비용함수)
- $P=20-Q$(시장수요)

① 16
② 32
③ 48
④ 64
⑤ 128

09 다음은 A국과 B국의 경제에 대한 자료이다. A국의 실질환율과 수출량의 변화로 옳은 것은?

구분	2023년	2024년
A국 통화로 표시한 B국 통화 1단위의 가치	1,000	1,150
A국의 물가지수	100	107
B국의 물가지수	100	103

	실질환율	수출량
①	불변	감소
②	11% 상승	증가
③	11% 하락	감소
④	19% 상승	증가
⑤	19% 하락	증가

10 **다음은 K국가의 국내총생산(GDP), 소비지출, 투자, 정부지출, 수입에 대한 자료이다. 균형국민소득식을 통해 계산한 K국의 수출은 얼마인가?**

• 국내총생산 : 900조 원	• 소비지출 : 200조 원
• 투자 : 50조 원	• 정부지출 : 300조 원
• 수입 : 100조 원	

① 100조 원
② 250조 원
③ 300조 원
④ 450조 원
⑤ 550조 원

11 **다음 중 환율이론에 대한 설명으로 옳지 않은 것은?**

① 구매력평가설은 환율이 양국통화의 구매력에 의하여 결정된다는 이론이다.
② 구매력평가설이 성립되기 위해서는 일물일가의 법칙이 전제되어야 한다.
③ 구매력평가설에 따르면 양국의 물가상승률 차이만큼 환율변화가 이루어진다.
④ 이자율평가설은 양국 간의 명목이자율 차이와 환율의 기대변동률과의 관계를 설명하는 이론이다.
⑤ 이자율평가설이 성립하기 위해서는 국가 간 자본이동이 제한되어야 하며, 거래비용과 조세가 존재하지 않아야 한다.

12 **어느 폐쇄경제의 국가가 있다. 한계소비성향(MPC)이 0.5일 때 투자가 1조 원 증가하고, 조세가 0.5조 원 증가할 경우, 균형국민소득의 변화분은 얼마인가?**

① −0.5조 원
② 0원
③ 0.5조 원
④ 1조 원
⑤ 1.5조 원

13 **다음 중 소비성향과 저축성향에 대한 설명으로 옳은 것은?**

① 평균소비성향(APC)는 항상 음(−)의 값을 가진다.

② 한계소비성향(MPC)는 항상 $MPC>1$의 값을 가진다.

③ $APC+MPC=1$

④ $1+MPC=MPS$

⑤ $1-APS=APC$

14 **다음 〈보기〉 중 케인스의 유동성 선호설에 대한 설명으로 옳은 것을 모두 고르면?**

보기

㉠ 케인스의 유동성 선호설에 따르면 자산은 화폐와 채권 두 가지만 존재한다.
㉡ 케인스에 따르면 화폐공급곡선이 수평인 구간을 유동성함정이라고 한다.
㉢ 유동성함정구간에서는 화폐수요의 이자율탄력성은 무한대(∞)이다.
㉣ 케인스의 유동성 선호설에 따른 투기적 동기의 화폐수요(hr)는 화폐수요함수$\left(\frac{M^d}{P}\right)$와 비례관계에 있다.

① ㉠, ㉡
② ㉠, ㉢
③ ㉡, ㉢
④ ㉡, ㉣
⑤ ㉢, ㉣

15 **초기 노동자 10명이 생산에 참여할 때 1인당 평균생산량은 30단위였다. 노동자를 한 사람 더 고용하여 생산하니 1인당 평균생산량이 28단위로 줄었다. 이때 추가로 고용된 노동자의 한계생산량은 얼마인가?**

① 2단위
② 8단위
③ 10단위
④ 28단위
⑤ 30단위

16 **K국의 통화량은 현금통화 150, 예금통화 450이며, 지급준비금은 90이라고 할 때, 통화승수는? (단, 현금통화비율과 지급준비율은 일정하다)**

① 2.5
② 3
③ 4.5
④ 5
⑤ 5.7

17 **다음은 통화지표와 유동성지표의 범위를 나타낸 식이다. 빈칸 ㉠~㉢에 들어갈 단어로 옳은 것은?**

- $M1$(협의통화)=현금통화+____㉠____+수시입출식 저축성 예금
- $M2$(광의통화)=$M1$+시장형 상품+실배당형 상품+금융채+기타
- Lf(금융기관 유동성)=$M2$+____㉡____+생명보험계약준비금
- L(광의유동성)=Lf+기타금융기관상품+____㉢____

	㉠	㉡	㉢
①	은행보유 시재금	국채·회사채·지방채	요구불예금
②	국채·회사채·지방채	은행보유 시재금	2년 이상 장기금융상품
③	요구불예금	2년 이상 장기금융상품	국채·회사채·지방채
④	2년 이상 장기금융상품	은행보유 시재금	요구불예금
⑤	요구불예금	국채·회사채·지방채	은행보유 시재금

18 **다음 중 고정환율제도에 대한 설명으로 옳지 않은 것은?(단, 자본의 이동은 완전히 자유롭다)**

① 환율이 안정적이므로 국제무역과 투자가 활발히 일어나는 장점이 있다.
② 고정환율제도하에서 확대금융정책을 실시할 경우, 최종적으로 이자율은 변하지 않는다.
③ 고정환율제도하에서 확대금융정책의 경우 중앙은행의 외환매입으로 통화량이 증가한다.
④ 고정환율제도하에서 확대재정정책를 실시할 경우 통화량이 증가하여, 국민소득이 증가한다.
⑤ 정부가 환율을 일정수준으로 정하여 지속적인 외환시장 개입을 통해 정해진 환율을 유지하는 제도이다.

19 다음 정보를 토대로 K국의 실업률과 고용률의 차이를 구하면 얼마인가?

〈K국의 경제인구 정보〉

- 취업자 수 : 1,200만 명
- 15세 이상 인구 : 4,800만 명
- 경제활동인구 : 2,000만 명

① 10%p
② 15%p
③ 20%p
④ 25%p
⑤ 30%p

20 다음 중 거시경제의 총수요와 총공급에 대한 설명으로 옳은 것은?

① 명목임금 경직성하에서 물가수준이 하락하면 기업이윤이 줄어들어서 기업들의 재화와 서비스 공급이 감소하므로 단기총공급곡선은 왼쪽으로 이동한다.
② 폐쇄경제에서 확장적 재정정책의 구축효과는 변동환율제도에서 동일한 정책의 구축효과보다 더 크게 나타날 수 있다.
③ 케인스(Keynes)의 유동성 선호이론에 의하면 경제가 유동성함정에 빠지는 경우 추가적 화폐공급이 투자적 화폐 수요로 모두 흡수된다.
④ 장기균형 상태에 있던 경제에서 원유가격이 일시적으로 상승하면 장기적으로 물가는 상승하고 국민소득은 감소한다.
⑤ 단기 경기변동에서 소비와 투자가 모두 경기순응적이며, 소비의 변동성은 투자의 변동성보다 크다.

21 다음 빈칸에 들어갈 용어를 순서대로 바르게 나열한 것은?

기업들에 대한 투자세액공제가 확대되면, 대부자금에 대한 수요가 _____한다. 이렇게 되면 실질이자율이 _____하고 저축이 늘어난다. 그 결과, 대부자금의 균형거래량은 _____한다(단, 실질이자율에 대하여 대부자금 수요곡선은 우하향하고, 대부자금 공급곡선은 우상향한다).

① 증가, 상승, 증가
② 증가, 하락, 증가
③ 증가, 상승, 감소
④ 감소, 하락, 증가
⑤ 감소, 하락, 감소

22 다음 중 정부지출 증가의 효과가 가장 크게 나타나게 되는 상황은 언제인가?

① 한계저축성향이 낮은 경우
② 한계소비성향이 낮은 경우
③ 정부지출의 증가로 물가가 상승한 경우
④ 정부지출의 증가로 이자율이 상승한 경우
⑤ 정부지출의 증가로 인해 구축효과가 나타난 경우

23 다음은 K국의 중앙은행이 준수하는 테일러 법칙(Taylor's Rule)이다. 실제 인플레이션율은 4%이고 실제 GDP와 잠재 GDP의 차이가 1%일 때, K국의 통화정책에 대한 설명으로 옳지 않은 것은?

$$r=0.03+\frac{1}{4}(\pi-0.02)-\frac{1}{4}\times\frac{Y^*-Y}{Y^*}$$

※ r은 중앙은행의 목표 이자율, π는 실제 인플레이션율, Y^*는 잠재 GDP, Y는 실제 GDP임

① 목표 이자율은 균형 이자율보다 낮다.
② 목표 인플레이션율은 2%이다.
③ 균형 이자율은 3%이다.
④ 다른 조건이 일정할 때, 인플레이션 갭 1%p 증가에 대해 목표 이자율은 0.25%p 증가한다.
⑤ 다른 조건이 일정할 때, GDP 갭 1%p 증가에 대해 목표 이자율은 0.25%p 감소한다.

24 개방경제하의 소국 K에서 수입관세를 부과하였다. 이때 나타나는 효과로 옳지 않은 것은?

① 국내가격이 상승한다.
② 소비량이 감소한다.
③ 생산량이 감소한다.
④ 사회적 후생손실이 발생한다.
⑤ 교역조건은 변하지 않는다.

25 다음 중 소비자잉여 및 생산자잉여에 대한 설명으로 옳은 것을 〈보기〉에서 모두 고르면?

보기

㉠ 외부효과가 발생하는 완전경쟁시장에서의 경제적 후생은 소비자잉여와 생산자잉여의 합이다.
㉡ 경제적 후생은 소비자잉여와 생산자잉여로 측정한다.
㉢ 가격이 하락하면 소비자잉여는 증가한다.
㉣ 생산자잉여는 소비자의 지불가능 금액에서 실제 지불금액을 뺀 것을 말한다.

① ㉠, ㉡
② ㉠, ㉢
③ ㉡, ㉢
④ ㉡, ㉣
⑤ ㉢, ㉣

26 갑, 을 두 사람은 좁은 사무실에서 함께 일하고 있는데, 갑은 애연가지만 을은 담배연기를 무척 싫어한다. 갑의 한계편익과 한계비용, 을의 한계피해가 그림과 같을 때, 다음 중 옳은 것은?

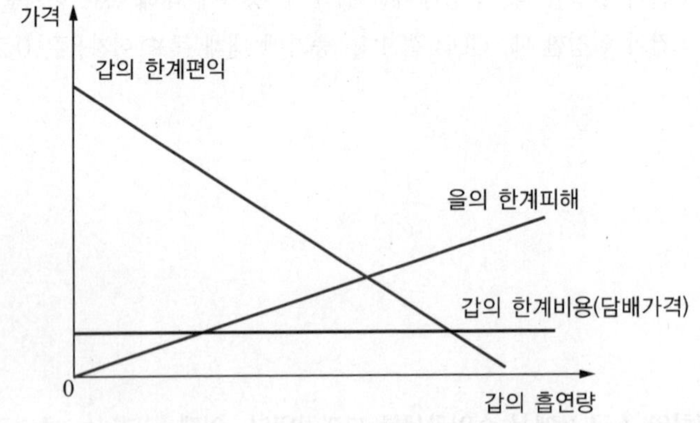

① 갑과 을에게 담배연기는 사적재이다.
② 갑이 담배를 피울 때 사회적 한계비용은 갑의 개인적 한계비용보다 크다.
③ 사무실 내에서는 담배를 절대 피우지 못하도록 규제할 때 갑의 총편익은 가장 커진다.
④ 갑은 한계편익과 한계비용의 차이가 가장 큰 수준에서 흡연량을 결정한다.
⑤ 갑과 을이 협상을 통하여 효율적인 수준에 도달할 가능성은 없다.

27 **다음은 (가)국과 (나)국의 지니계수 추이를 나타낸 자료이다. 이에 대한 추론으로 옳지 않은 것은?**

구분	2022년	2023년	2024년
(가)	0.310	0.302	0.295
(나)	0.405	0.412	0.464

① (가)국과 (나)국의 지니계수는 0과 1 사이의 값을 가진다.
② (가)국은 소득불평등도가 줄어드는 반면 (나)국은 소득불평등도가 심화되고 있다.
③ (나)국은 소득불평등도를 줄이기 위해 교육과 건강에 대한 보조금 정책을 도입할 필요가 있다.
④ (나)국의 로렌츠 곡선은 45도 대각선에 점차 가까워질 것이다.
⑤ 소득재분배를 위해 과도하게 누진세를 도입할 경우 저축과 근로 의욕을 저해할 수 있다.

28 **기업의 총비용곡선과 총가변비용곡선은 다음과 같다. 이에 대한 설명으로 옳지 않은 것은?**

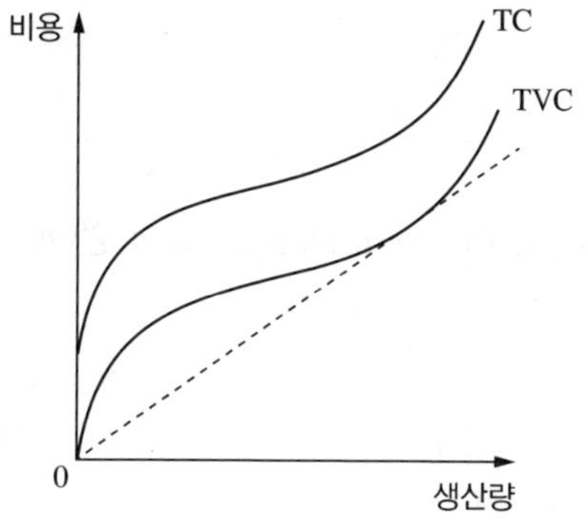

① 평균비용곡선은 평균가변비용곡선의 위에 위치한다.
② 평균비용곡선이 상승할 때 한계비용곡선은 평균비용곡선 아래에 있다.
③ 원점을 지나는 직선이 총비용곡선과 접하는 점에서 평균비용은 최소이다.
④ 원점을 지나는 직선이 총가변비용곡선과 접하는 점에서 평균가변비용은 최소이다.
⑤ 총비용곡선의 임의의 한 점에서 그은 접선의 기울기는 그 점에서의 한계비용을 나타낸다.

29 완전경쟁시장에서 수요곡선과 공급곡선이 다음과 같을 때, 시장균형에서 공급의 가격탄력성은? (단, P는 가격, Q는 수량이다)

- 수요곡선 : $P=7-0.5Q$
- 공급곡선 : $P=2+2Q$

① 0.75
② 1
③ 1.25
④ 1.5
⑤ 2

30 다음 〈보기〉 중 변동환율제도하에서 국내 원화의 가치가 상승하는 요인을 모두 고르면?

보기

㉠ 외국인의 국내 부동산 구입 증가
㉡ 국내 기준금리 인상
㉢ 미국의 확대적 재정정책 시행
㉣ 미국의 국채이자율의 상승

① ㉠, ㉡
② ㉠, ㉢
③ ㉡, ㉢
④ ㉡, ㉣
⑤ ㉢, ㉣

31 다음 〈보기〉 중 정부실패(Government Failure)의 원인이 되는 것을 모두 고르면?

보기

가. 이익집단의 개입
나. 정책당국의 제한된 정보
다. 정책당국의 인지시차 존재
라. 민간부문의 통제 불가능성
마. 정책 실행 시차의 부재

① 가, 나, 라
② 나, 다, 마
③ 가, 나, 다, 라
④ 가, 나, 라, 마
⑤ 가, 나, 다, 라, 마

32 다음 〈보기〉 중 GDP가 증가하는 경우는 모두 몇 개인가?

보기

ㄱ. 대한민국 공무원 연봉이 전반적으로 인상되었다.
ㄴ. 중국인 관광객들 사이에서 한국의 명동에서 쇼핑하는 것이 유행하고 있다.
ㄷ. 대한민국 수도권 신도시에 거주하는 A씨의 주택가격이 전년도 대비 20% 상승하였다.
ㄹ. 한국에서 생산된 중간재가 미국에 수출되었다.

① 1개
② 2개
③ 3개
④ 4개
⑤ 없음

33 다음 중 독점시장에 대한 설명으로 옳지 않은 것은?

① 독점기업의 경우 시장별로 서로 다른 가격을 매기는 가격차별이 불가능하다.
② 수요의 가격탄력성이 1일 때 독점기업의 한계수입은 0이다.
③ 독점기업의 경우 장기에도 여전히 초과이윤을 획득한다.
④ 독점시장의 경우 가격이 한계비용을 초과하므로 사회적인 후생손실이 발생한다.
⑤ 독점으로 인한 폐해를 시정하기 위한 방법으로는 가격규제, 조세부과, 경쟁촉진 등이 있다.

34 다음 중 칼도어(N.Kaldor)의 정형화된 사실(Stylized Facts)에 대한 설명으로 옳지 않은 것은?

① 자본수익률은 지속적으로 증가한다.
② 1인당 산출량(Y/L)이 지속적으로 증가한다.
③ 산출량－자본비율(Y/K)은 대체로 일정한 지속성(Steady)을 보인다.
④ 총소득에서 자본에 대한 분배와 노동에 대한 분배 간의 비율은 일정하다.
⑤ 생산성 증가율은 국가 간의 상당한 차이가 있다.

35 다음 〈보기〉 중 인플레이션에 대한 설명으로 옳지 않은 것을 모두 고르면?

보기

가. 인플레이션이 예상되지 못한 경우, 채무자에게서 채권자에게로 부가 재분배된다.
나. 인플레이션이 예상된 경우, 메뉴비용이 발생하지 않는다.
다. 인플레이션이 발생하면 현금 보유의 기회비용이 증가한다.
라. 인플레이션이 발생하면 수출이 감소하고 경상수지가 악화된다.

① 가, 나
② 가, 다
③ 나, 다
④ 나, 라
⑤ 다, 라

36 다음 그래프를 참고하여 빈칸 A ~ C에 들어갈 말로 옳은 것은?

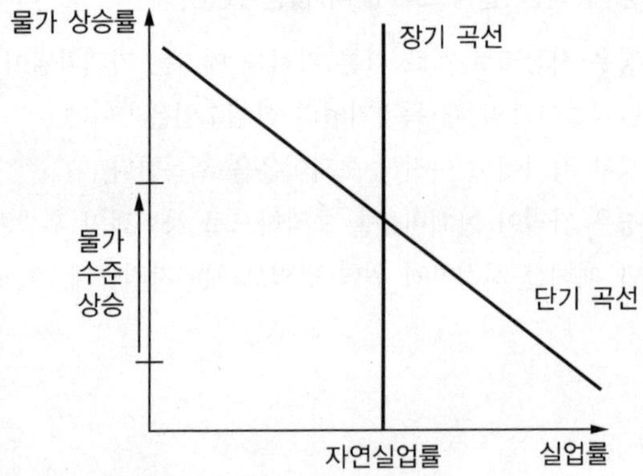

실업과 인플레이션 사이에는 __A__ 상충 관계가 존재하지 않는다. 그래서 해당 그래프는 __B__ 수준에서 수직선이 된다. 실업과 인플레이션 사이의 상충 관계는 __C__에만 존재해 총수요가 증가하면 실업률이 하락한다.

	A	B	C
①	단기적으로	물가상승률	장기
②	단기적으로	자연실업률	장기
③	단기적으로	통화증가율	장기
④	장기적으로	자연실업률	단기
⑤	장기적으로	물가상승률	단기

37 **다음 글의 빈칸에 들어갈 경제 용어로 옳은 것은?**

> ＿＿＿＿＿＿＿＿(이)란 물건에 소유권이 분명하게 설정되고 그 소유권 거래에서 비용이 들지 않는다면, 그 권리를 누가 가지든 효율적 배분에는 영향을 받지 않는다는 것을 보여주는 이론이다.

① 코즈의 정리
② 헥셔-올린 정리
③ 리카도의 대등 정리
④ 토빈의 이론
⑤ 불가능성 정리

38 **다음 그림은 K국의 자동차 생산과 노동투입량을 나타낸 그래프이다. 동일한 자동차 부품을 생산하는 5개 기업의 노동투입량과 자동차 부품 생산량 간의 관계가 다음과 같을 때, 평균노동생산성(AP_L)이 가장 낮은 기업은?**

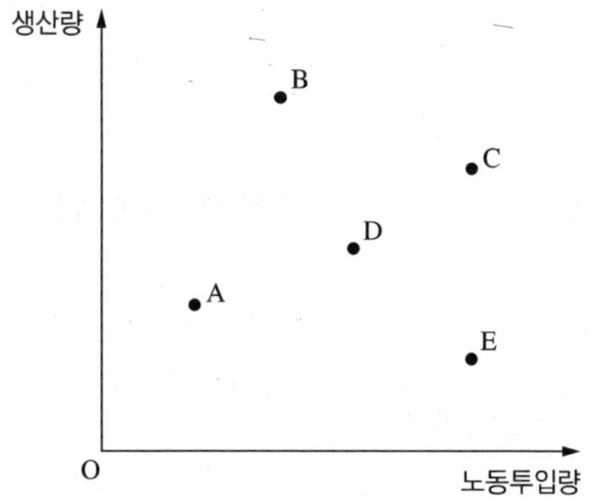

① A
② B
③ C
④ D
⑤ E

PART 3

39 다음은 완전경쟁시장에서 어느 기업의 단기비용곡선이다. 제품의 시장가격이 90원으로 주어졌을 때, 이 기업의 생산 결정에 대한 설명으로 옳은 것은?

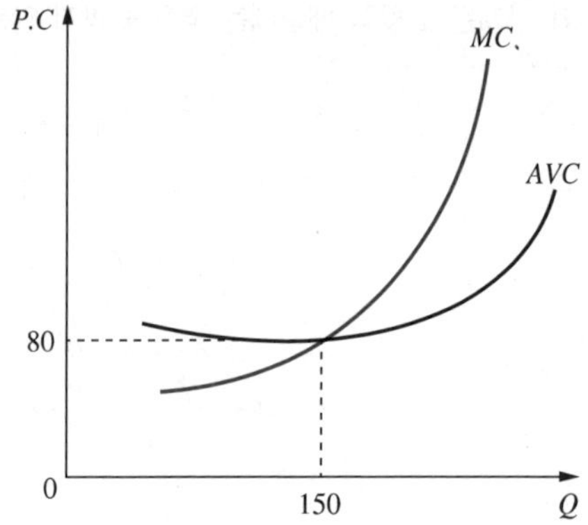

① 이 기업은 생산을 중단한다.
② 이 기업은 생산을 함으로써 초과 이윤을 얻을 수 있다.
③ 균형점에서 이 기업의 한계비용은 90원보다 작다.
④ 균형점에서 이 기업의 한계수입은 90원보다 크다.
⑤ 이 기업은 150개보다 많은 양을 생산한다.

40 다음 중 디플레이션(Deflation)에 대한 설명으로 옳은 것을 〈보기〉에서 모두 고르면?

보기

가. 명목금리가 마이너스(−)로 떨어져 투자수요와 생산 감소를 유발할 수 있다.
나. 명목임금의 하방경직성이 있는 경우 실질임금의 하락을 초래한다.
다. 기업 명목부채의 실질상환 부담을 증가시킨다.
라. 기업의 채무불이행 증가로 금융기관 부실화가 초래될 수 있다.

① 가, 나 ② 가, 다
③ 나, 다 ④ 나, 라
⑤ 다, 라

| 03 | 법학

01 **권력관계에 있어서 국가와 기타 행정주체의 의사는 비록 설립에 흠이 있을지라도 당연무효의 경우를 제외하고는 일단 적법·유효하다는 추정을 받으며, 권한이 있는 기관이 직권 또는 쟁송절차를 거쳐 취소하기 전에는 누구라도 이에 구속되고 그 효력을 부정하지 못하는 우월한 힘이 있는데, 이를 행정행위의 무엇이라고 하는가?**

① 확정력
② 불가쟁력
③ 공정력
④ 강제력
⑤ 불가변력

02 **다음 중 법률행위의 부관에 대한 설명으로 옳은 것은?(단, 다툼이 있는 경우 판례에 따른다)**

① 기성조건이 해제조건이면 조건 없는 법률행위로 한다.
② 불능조건이 정지조건이면 조건 없는 법률행위로 한다.
③ 불법조건이 붙어 있는 법률행위는 불법조건만 무효이며, 법률행위 자체는 무효로 되지 않는다.
④ 기한의 효력은 기한 도래 시부터 생기며 당사자가 특약을 하더라도 소급효가 없다.
⑤ 어느 법률행위에 어떤 조건이 붙어 있었는지 여부는 법률행위 해석의 문제로서 당사자가 주장하지 않더라도 법원이 직권으로 판단한다.

03 **다음 중 현행 헌법상의 신체의 자유에 대한 설명으로 옳은 것은?**

① 법률과 적법한 절차에 의하지 아니하고는 강제노역을 당하지 아니한다.
② 누구든지 체포·구금을 받을 때에는 그 적부의 심사를 법원에 청구할 수 없다.
③ 체포, 구속, 수색, 압수, 심문에는 검사의 신청에 의하여 법관이 발부한 영장이 제시되어야 한다.
④ 법관에 대한 영장신청은 검사 또는 사법경찰관이 한다.
⑤ 특별한 경우 형사상 자기에게 불리한 진술을 강요받을 수 있다.

04 **다음 중 헌법 제37조 제2항인 기본권의 제한에 대한 설명으로 옳지 않은 것은?**

① 국회의 형식적 법률에 의해서만 제한할 수 있다.
② 처분적 법률에 의한 제한은 원칙적으로 금지된다.
③ 국가의 안전보장과 질서유지를 위해서만 제한할 수 있다.
④ 기본권의 본질적 내용은 침해할 수 없다.
⑤ 노동기본권의 제한에 대한 법적 근거를 밝히고 있다.

05 **다음 중 자유권적 기본권으로 옳지 않은 것은?**

① 신체의 자유
② 종교의 자유
③ 직업선택의 자유
④ 청원권의 보장
⑤ 재산권의 보장

06 **다음 중 민법상 과실(果實)에 해당하지 않는 것은?**

① 지상권의 지료
② 특허권의 사용료
③ 임대차에서의 차임
④ 젖소로부터 짜낸 우유
⑤ 과수원에서 재배한 사과

07 **다음 중 군주 단독의 의사에 의하여 제정되는 헌법으로 옳은 것은?**

① 국약헌법
② 민정헌법
③ 흠정헌법
④ 명목적 헌법
⑤ 연성헌법

08 **다음 중 헌법재판에 대한 설명으로 옳은 것은?**

① 헌법은 헌법재판소장의 임기를 5년으로 규정한다.
② 헌법재판의 전심절차로서 행정심판을 거쳐야 한다.
③ 헌법재판소는 지방자치단체 상호 간의 권한쟁의심판을 관장한다.
④ 탄핵 인용결정을 할 때에는 재판관 5인 이상의 찬성이 있어야 한다.
⑤ 헌법재판소 재판관은 연임할 수 없다.

09 **다음 중 권리의 객체에 대한 설명으로 옳지 않은 것은?(단, 다툼이 있는 경우 판례에 따른다)**

① 주물 자체의 효용과 직접 관계없는 물건은 종물이 아니다.
② 주물에 설정된 저당권의 효력은 특별한 사정이 없으면 종물에 미친다.
③ 입목에 관한 법률에 의하여 입목등기를 한 수목의 집단은 토지와 별개의 부동산이다.
④ 종물은 주물의 처분에 따르므로, 당사자의 특약에 의하여 종물만을 별도로 처분할 수 없다.
⑤ 법정과실은 수취할 권리의 존속기간일수의 비율로 취득한다.

10 **다음 〈보기〉 중 행정규칙에 대한 설명으로 옳은 것을 모두 고르면?**

보기

㉠ 헌법재판소 판례에 의하면 재량준칙인 행정규칙은 행정의 자기구속의 법리에 의거하여 헌법소원심판의 대상이 될 수 없다.
㉡ 대법원 판례에 의하면 법령보충적 행정규칙은 행정기관에 법령의 구체적 사항을 정할 수 있는 권한을 부여한 상위 법령과 결합하여 대외적 효력을 갖게 된다.
㉢ 대법원 판례에 의하면 법령보충적 행정규칙은 상위 법령에서 위임한 범위 내에서 대외적 효력을 갖는다.
㉣ 헌법재판소 판례에 의하면 헌법상 위임입법의 형식은 열거적이기 때문에 국민의 권리·의무에 관한 사항을 고시 등 행정 규칙으로 정하도록 위임한 법률 조항은 위헌이다.

① ㉠, ㉡
② ㉠, ㉣
③ ㉡, ㉢
④ ㉡, ㉣
⑤ ㉢, ㉣

11 **다음 중 무권대리행위의 추인에 대한 설명으로 옳지 않은 것은?(단, 다툼이 있는 경우 판례에 따른다)**

① 본인이 무권대리인에게 추인한 경우, 상대방은 추인이 있었음을 주장할 수 있다.
② 무권대리행위의 일부에 대한 추인은 상대방의 동의를 얻지 못하는 한 무효이다.
③ 추인은 무권대리행위로 인한 권리 또는 법률관계의 승계인에게도 할 수 있다.
④ 추인은 제3자의 권리를 해하지 않는 한, 다른 의사표시가 없으면 계약 시에 소급하여 그 효력이 생긴다.
⑤ 무권대리행위가 범죄가 되는 경우에 본인이 그 사실을 알고도 장기간 형사고소를 하지 않은 것만으로 묵시적 추인이 된다.

12 **다음 중 지명채권의 양도에 대한 설명으로 옳은 것은?(단, 다툼이 있는 경우 판례에 따른다)**

① 채권양도의 대항요건인 채무자의 승낙에는 조건을 붙일 수 있다.
② 채권양도에 대한 채무자의 승낙은 양도인에게 하여야 하며, 양수인에게 한 경우에는 효력이 없다.
③ 근로자가 그 임금채권을 양도한 경우, 양수인은 사용자에 대하여 임금의 지급을 청구할 수 있다.
④ 채무자는 채권양도를 승낙한 후에도 양도인에 대한 채권을 새로 취득한 경우에 이를 가지고 양수인에 대하여 상계할 수 있다.
⑤ 채권양도행위가 사해행위에 해당하지 않는 경우에도 양도통지가 별도로 채권자취소권 행사의 대상이 된다.

13 **다음 중 부동산 매매계약의 합의해제(해제계약)에 대한 설명으로 옳은 것은?(단, 다툼이 있는 경우 판례에 따른다)**

① 합의해제는 당사자 쌍방의 묵시적 합의로 성립할 수 없다.
② 합의해제의 소급효는 해제 전에 매매목적물에 대하여 저당권을 취득한 제3자에게 영향을 미친다.
③ 합의해제 시에 손해배상에 관한 특약 등을 하지 않았더라도 매도인은 채무불이행으로 인한 손해배상을 청구할 수 있다.
④ 합의해제에 따른 매도인의 원상회복청구권은 소유권에 기한 물권적 청구권으로서 소멸시효의 대상이 되지 않는다.
⑤ 다른 약정이 없으면 합의해제로 인하여 반환할 금전에 그 받은 날로부터 이자를 가산하여야 할 의무가 있다.

14 **다음 중 임대차에 대한 설명으로 옳은 것은?(단, 다툼이 있는 경우 판례에 따른다)**

① 토지임차인이 지상물만을 타인에게 양도하더라도 임대차가 종료하면 그 임차인이 매수청구권을 행사할 수 있다.

② 건물임차인이 임대인의 동의 없이 건물의 소부분을 전대한 경우, 임대인은 임대차계약을 해지할 수 있다.

③ 임차인의 채무불이행으로 임대차계약이 해지된 경우, 임차인은 부속물매수청구권을 행사할 수 있다.

④ 임대인은 보증금반환채권에 대한 전부명령이 송달된 후에 발생한 연체차임을 보증금에서 공제할 수 없다.

⑤ 건물소유를 위한 토지임대차의 경우, 임차인의 차임연체액이 2기의 차임액에 이른 때에는 임대인은 계약을 해지할 수 있다.

15 **다음 중 민법에 대한 설명으로 옳지 않은 것은?**

① 민법은 실체법이다.

② 민법은 재산·신분에 관한 법이다.

③ 민법은 민간 상호 간에 관한 법이다.

④ 민법은 특별사법이다.

⑤ 민법은 재산관계와 가족관계를 규율하는 법이다.

16 **다음 중 미성년자가 단독으로 유효하게 할 수 없는 행위는?**

① 부담 없는 증여를 받는 것

② 채무의 변제를 받는 것

③ 근로계약과 임금청구

④ 허락된 재산의 처분행위

⑤ 허락된 영업에 관한 행위

17 **다음 중 행정기관에 대한 설명으로 옳은 것은?**

① 집행기관은 채권자의 신청에 의하여 강제집행을 실시할 직무를 갖지 못한다.
② 감사기관은 다른 행정기관의 사무나 회계처리를 검사하고 그 적부에 관해 감사하는 기관이다.
③ 자문기관은 행정청의 내부 실·국의 기관으로, 행정청의 권한 행사를 보좌한다.
④ 의결기관은 행정청의 의사결정에 참여하는 권한을 가진 기관이지만 행정청의 의사를 법적으로 구속하지는 못한다.
⑤ 다수 구성원으로 이루어진 합의제 행정청이 대표적인 행정청의 형태이며, 지방자치단체의 경우 지방의회가 행정청이다.

18 **다음 중 민사소송법상 항소에 대한 설명으로 옳지 않은 것은?**

① 항소장의 부본은 피항소인에게 송달하여야 한다.
② 항소는 판결서 송달 전에는 할 수 없고, 판결서가 송달된 날부터 2주 후에 할 수 있다.
③ 항소는 항소심의 종국판결이 있기 전에 취하할 수 있다.
④ 소송비용 및 가집행에 대한 재판에 대하여는 독립하여 항소를 하지 못한다.
⑤ 항소는 항소장을 제1심 법원에 제출함으로써 한다.

19 **甲은 자신의 토지에 X건물을 신축하기로 하는 계약을 수급인 乙과 체결하면서 甲명의로 건축허가를 받아 소유권보존등기를 하기로 하는 등 완공된 X건물의 소유권을 甲에게 귀속시키기로 합의하였다. 乙은 X건물을 신축하여 완공하였지만 공사대금을 받지 못하고 있다. 다음 중 이에 대한 설명으로 옳은 것은?(단, 다툼이 있는 경우 판례에 따른다)**

① X건물의 소유권은 乙에게 원시적으로 귀속된다.
② X건물에 대한 乙의 하자담보책임은 무과실책임이다.
③ 乙의 甲에 대한 공사대금채권의 소멸시효는 10년이다.
④ 乙은 甲에 대한 공사대금채권을 담보하기 위하여 X건물을 목적으로 한 저당권 설정을 청구할 수 없다.
⑤ X건물의 하자로 인하여 계약의 목적을 달성할 수 없는 경우, 甲은 특별한 사정이 없는 한 계약을 해제할 수 있다.

20 다음 중 불법행위에 대한 설명으로 옳은 것은?(단, 다툼이 있는 경우 판례에 따른다)

① 민법 제758조의 공작물의 소유자책임은 과실책임이다.
② 불법행위에서 고의 또는 과실의 증명책임은 원칙적으로 가해자가 부담한다.
③ 여럿이 공동의 불법행위로 타인에게 손해를 가한 때에는 분할하여 그 손해를 배상할 책임이 있다.
④ 중과실의 불법행위자는 피해자에 대한 채권을 가지고 피해자의 손해배상채권을 상계할 수 있다.
⑤ 명예훼손의 경우 법원은 피해자의 청구가 없더라도 직권으로 명예회복에 적합한 처분을 명할 수 있다.

21 다음 중 반사회질서 또는 불공정한 법률행위에 대한 설명으로 옳은 것은?(단, 다툼이 있는 경우 판례에 따른다)

① 소송사건에 증인으로서 증언에 대한 대가를 약정했다면 그 자체로 반사회질서행위로 무효이다.
② 민사사건에 관한 변호사의 성공보수약정은 선량한 풍속 기타 사회질서에 위배되어 무효이다.
③ 급부 간 현저한 불균형이 있더라도 폭리자가 피해 당사자 측의 사정을 알면서 이를 이용하려는 의사가 없다면 불공정한 법률행위가 아니다.
④ 경매 목적물이 시가에 비해 현저하게 낮은 가격으로 매각된 경우 불공정한 법률행위로 무효가 될 수 있다.
⑤ 반사회질서 법률행위에 해당되는 매매계약을 원인으로 한 소유권이전등기명의자의 물권적 청구권 행사에 대하여 상대방은 법률행위의 무효를 주장할 수 없다.

22 다음 중 민법상 법인에 대한 설명으로 옳지 않은 것은?(단, 다툼이 있는 경우 판례에 따른다)

① 정관에 다른 규정이 없는 경우, 법인은 정당한 이유 없이도 이사를 언제든지 해임할 수 있다.
② 대표권이 없는 이사는 법인의 대표기관이 아니기 때문에 그의 행위로 인하여 법인의 불법행위가 성립하지 않는다.
③ 법인의 대표이사가 그 대표권의 범위 내에서 한 행위는 자기의 이익을 도모할 목적으로 그 권한을 남용한 것이라 할지라도, 특별한 사정이 없는 한 법인의 행위로서 유효하다.
④ 비법인사단의 대표자가 직무에 관하여 타인에게 손해를 가한 경우, 그 비법인사단은 그 손해를 배상하여야 한다.
⑤ 후임이사가 유효하게 선임되었다고 하더라도 그 선임의 효력을 둘러싼 다툼이 있다면, 그 다툼이 해결되기 전까지는 구(舊) 이사만이 직무수행권한을 가진다.

23 **다음 중 국회에 대한 설명으로 옳은 것은?**

① 국회의 임시회는 대통령 또는 국회재적의원 5분의 1 이상의 요구에 의하여 집회된다.
② 국회의원은 현행범인인 경우를 포함하여 회기 중 국회의 동의 없이도 체포 또는 구금이 가능하다.
③ 국회는 의원의 자격을 심사할 수 있으나, 징계할 수는 없다.
④ 국채를 모집하거나 예산 외에 국가의 부담이 될 계약을 체결하려 할 때에는 정부는 미리 국회의 의결을 얻어야 한다.
⑤ 정부는 회계연도마다 예산안을 편성하여 회계연도 개시 60일 전까지 국회에 제출하고, 국회는 회계연도 개시 30일 전까지 이를 의결하여야 한다.

24 **甲은 乙로부터 금전을 빌렸고, 丙은 甲의 채무를 위해 보증인이 되었다. 다음 중 이에 대한 설명으로 옳은 것은?(단, 다툼이 있는 경우 판례에 따른다)**

① 甲의 乙에 대한 채무가 시효로 소멸되더라도 丙의 보증채무는 원칙적으로 소멸하지 않는다.
② 丙의 보증계약은 구두계약에 의하여도 그 효력이 발생한다.
③ 丙은 甲이 가지는 항변으로 乙에게 대항할 수 있으나, 甲이 이를 포기하였다면 丙은 그 항변으로 乙에게 대항할 수 없다.
④ 丙이 모르는 사이에 주채무의 목적이나 형태가 변경되어 주채무의 실질적 동일성이 상실된 경우에도 丙의 보증채무는 소멸되지 않는다.
⑤ 甲의 의사에 반하여 보증인이 된 丙이 자기의 출재로 甲의 채무를 소멸하게 한 때에는 甲은 丙에게 현존이익의 한도에서 배상하여야 한다.

25 **다음 중 우리 민법이 의사표시의 효력발생시기에 대하여 채택하고 있는 원칙적인 입장은?**

① 발신주의(發信主義)
② 도달주의(到達主義)
③ 요지주의(了知主義)
④ 공시주의(公示主義)
⑤ 속지주의(屬地主義)

26 다음 중 법률효과가 처음부터 발생하지 않는 것은 어느 것인가?

① 착오 ② 취소
③ 무효 ④ 사기
⑤ 강박

27 다음 중 신의칙과 거리가 먼 것은?

① 사적자치의 원칙 ② 권리남용금지의 원칙
③ 실효의 원리 ④ 금반언의 원칙(외형주의)
⑤ 사정변경의 원칙

28 권리와 의무는 서로 대응하는 것이 보통이나, 권리만 있고 그에 대응하는 의무가 없는 경우도 있다. 이와 같은 권리에는 무엇이 있는가?

① 친권 ② 특허권
③ 채권 ④ 취소권
⑤ 재산권

29 다음 중 민법상 물건에 대한 설명으로 옳지 않은 것은?

① 건물 임대료는 천연과실이다.
② 관리할 수 있는 자연력은 동산이다.
③ 건물은 토지로부터 독립한 부동산으로 다루어질 수 있다.
④ 토지 및 그 정착물은 부동산이다.
⑤ 물건의 사용대가로 받는 금전 기타의 물건은 법정과실이다.

30 **다음 중 현행 헌법상 정당설립과 활동의 자유에 대한 설명으로 옳지 않은 것은?**

① 정당의 설립은 자유이며, 복수정당제는 보장된다.
② 정당은 그 목적·조직과 활동이 민주적이어야 한다.
③ 정당은 국민의 정치적 의사형성에 참여하는 데 필요한 조직을 가져야 한다.
④ 국가는 법률이 정하는 바에 의하여 정당의 운영에 필요한 자금을 보조할 수 있다.
⑤ 정당의 목적과 활동이 민주적 기본질서에 위배될 때에는 국회는 헌법재판소에 그 해산을 제소할 수 있다.

31 **다음 중 행정심판에 의해 구제받지 못한 자가 위법한 행정행위에 대하여 최종적으로 법원에 구제를 청구하는 절차는?**

① 헌법소원
② 손해배상청구
③ 손실보상청구
④ 행정소송
⑤ 경정청구

32 **다음 중 우리 헌법재판소가 목적의 정당성, 방법의 적절성, 피해의 최소성, 법익의 균형성 등으로 기본권의 침해 여부를 심사하는 위헌판단원칙은?**

① 과잉금지원칙
② 헌법유보원칙
③ 의회유보원칙
④ 포괄위임입법금지원칙
⑤ 법률불소급원칙

33 **다음 중 행정청이 건물의 철거 등 대체적 작위의무의 이행과 관련하여 의무자가 행할 작위를 스스로 행하거나 또는 제3자로 하여금 이를 행하게 하고 그 비용을 의무자로부터 징수하는 행정상의 강제집행수단은?**

① 행정대집행
② 행정벌
③ 직접강제
④ 행정상 즉시강제
⑤ 행정조사

34 다음 중 행정기관에 대한 설명으로 옳은 것은?

① 행정청의 자문기관은 합의제이며, 그 구성원은 공무원으로 한정된다.
② 의결기관은 의사기관에 대하여 그 의결 또는 의사결정을 집행하는 기관이다.
③ 국무조정실 · 각 부의 차관보 · 실장 · 국장 등은 행정조직의 보조기관이다.
④ 행정청은 행정주체의 의사를 결정하여 외부에 표시하는 권한을 가진 기관이다.
⑤ 보좌기관은 행정조직의 내부기관으로서 행정청의 권한 행사를 보조하는 것을 임무로 하는 행정기관이다.

PART 3

35 다음 중 행정행위에 대한 설명으로 옳지 않은 것은?

① 내용이 명확하고 실현가능하여야 한다.
② 법률상 절차와 형식을 갖출 필요는 없다.
③ 법률의 규정에 위배되지 않아야 한다.
④ 정당한 권한을 가진 자의 행위이어야 한다.
⑤ 법률에 근거를 두어야 한다.

36 다음 중 소급입법금지의 원칙에 대한 설명으로 옳지 않은 것은?(단, 다툼이 있는 경우 판례에 따른다)

① 진정소급입법이라 할지라도 예외적으로 국민이 소급입법을 예상할 수 있었던 경우와 같이 소급입법이 정당화되는 경우에는 허용될 수 있다.
② 부진정소급입법은 원칙적으로 허용되지만 소급효를 요구하는 공익상의 사유와 신뢰보호 요청 사이의 교량과정에서 신뢰보호의 관점이 입법자의 형성권에 제한을 가하게 된다.
③ 법률 시행 당시 개발이 진행 중인 사업에 대하여 장차 개발이 완료되면 개발부담금을 부과하려는 것은 부진정소급입법에 해당하는 것으로서 원칙적으로 허용된다.
④ 새로운 입법으로 과거에 소급하여 과세하는 것은 소급입법금지원칙에 위반되지만, 이미 납세의무가 존재하는 경우에 소급하여 중과세하는 것은 소급입법원칙에 위반되지 않는다.
⑤ 이미 발생하여 이행기에 도달한 퇴직연금 수급권의 내용을 변경하지 않고 부칙조항 시행 이후에 장래 이행기가 도래하는 퇴직연금 수급권의 내용을 변경하는 것은 진정소급입법이 아닌 부진정소급입법에 해당한다.

37 **다음 중 우리나라의 헌법에 대한 설명으로 옳지 않은 것은?**

① 국가의사의 최종 결정권력이 국민에게 있다는 원리를 국민주권의 원리라 한다.
② 주권을 가진 국민이 스스로 나라를 다스려야 한다는 원리를 국민 자치의 원리라 한다.
③ 우리 헌법상 국민주권의 원리를 구현하기 위한 제도로는 대표민주제, 복수정당제, 국민투표제 등이 있다.
④ 자유민주적 기본질서의 내용으로는 기본적 인권의 존중, 권력분립주의, 법치주의, 사법권의 독립, 계엄선포 및 긴급명령권, 복수정당제 등이 있다.
⑤ 모든 폭력적인 지배와 자의적인 지배를 배제하고, 그때그때의 다수의 의사와 자유 및 평등에 의거한 국민의 자기결정을 토대로 하는 법치국가적 통치질서를 자유민주적 기본질서라 한다.

38 **다음 중 취소소송의 판결의 효력에 대한 설명으로 옳지 않은 것은?**

① 거부처분의 취소판결이 확정되었더라도 그 거부처분 후에 법령이 개정·시행되었다면 처분청은 그 개정된 법령 및 허가기준을 새로운 사유로 들어 다시 이전 신청에 대하여 거부처분을 할 수 있다.
② 거부처분의 취소판결이 확정된 경우 그 판결의 당사자인 처분청은 그 소송의 사실심 변론 종결 이후 발생한 사유를 들어 다시 이전의 신청에 대하여 거부처분을 할 수 있다.
③ 취소판결의 기속력은 그 사건의 당사자인 행정청과 그 밖의 관계행정청에게 확정판결의 취지에 따라 행동하여야 할 의무를 지우는 것으로, 이는 인용판결에 한하여 인정된다.
④ 취소판결의 기판력은 판결의 대상이 된 처분에 한하여 미치고 새로운 처분에 대해서는 미치지 아니한다.
⑤ 취소판결의 기판력은 소송의 대상이 된 처분의 위법성존부에 관한 판단 그 자체에만 미치기 때문에 기각판결의 원고는 당해 소송에서 주장하지 아니한 다른 위법사유를 들어 다시 처분의 효력을 다툴 수 있다.

39 **다음 〈보기〉 중 행복추구권에 대한 설명으로 옳은 것을 모두 고르면?(단, 다툼이 있는 경우 판례에 따른다)**

보기

㉠ 계약자유의 원칙은 헌법 제10조의 행복추구권의 한 내용인 일반적 행동자유권으로부터 도출되는 헌법상의 기본원칙이다.
㉡ 행복추구권은 다른 기본권에 대한 보충적 기본권으로서의 성격을 가진다.
㉢ 행복추구권은 국민이 행복을 추구하기 위한 활동을 국가권력의 통제에서 자유롭게 할 수 있다는 포괄적인 의미의 자유권으로서의 성격을 가진다.
㉣ 부모의 분묘를 가꾸고 봉제사를 하고자 하는 권리는 행복추구권의 내용이 되지 않는다.

① ㉠, ㉡
② ㉠, ㉢
③ ㉡, ㉢
④ ㉡, ㉣
⑤ ㉢, ㉣

40 **다음 중 민사소송법상 보통재판적에 대한 설명으로 옳지 않은 것은?**

① 소는 원고의 보통재판적이 있는 곳의 법원이 관할한다.
② 사람의 보통재판적은 원칙적으로 그의 주소에 따라 정한다.
③ 국가의 보통재판적은 그 소송에서 국가를 대표하는 관청 또는 대법원이 있는 곳으로 한다.
④ 법인의 보통재판적은 주된 사무소 또는 영업소가 있는 곳에 따라 정하고, 사무소와 영업소가 없는 경우에는 주된 업무담당자의 주소에 따라 정한다.
⑤ 사람의 보통재판적은 대한민국에 주소가 없거나 알 수 없는 경우 거소에 따라 정하고, 거소가 일정하지 않거나 알 수 없는 경우 마지막 주소에 따라 정한다.

| 04 | 행정학

01 **다음 중 정책네트워크에 대한 설명으로 옳지 않은 것은?**

① 정책공동체는 하위정부모형에 비해 정책참여자의 범위가 더 제한적이다.
② 이슈네트워크는 참여자의 범위에 제한을 두지 않아 개방적 의견수렴이 가능하다.
③ 정책공동체는 동일한 목표를 공유하는 사회주체들에 의해 정책적 의사결정이 이루어진다.
④ 정책공동체는 일정 기준을 충족하는 주체에 한해 정책네트워크 참여가 가능하다.
⑤ 하위정부모형은 의회 상임위원회, 정부관료, 이익집단에 의해 정책적 의사결정이 이루어진다고 본다.

02 **다음 근무성적평정의 오류 중 강제배분법으로 방지할 수 있는 것을 〈보기〉에서 모두 고르면?**

보기

ㄱ. 첫머리 효과
ㄴ. 집중화 경향
ㄷ. 엄격화 경향
ㄹ. 선입견에 의한 오류

① ㄱ, ㄴ
② ㄱ, ㄷ
③ ㄴ, ㄷ
④ ㄴ, ㄹ
⑤ ㄷ, ㄹ

03 **다음 중 정부의 결산 순서를 바르게 나열한 것은?**

㉠ 감사원의 결산 확인
㉡ 중앙예산기관의 결산서 작성·보고
㉢ 국회의 결산심의
㉣ 국무회의 심의와 대통령의 승인
㉤ 해당 행정기관의 출납 정리·보고

① ㉡-㉠-㉣-㉢-㉤
② ㉡-㉤-㉠-㉢-㉣
③ ㉤-㉠-㉣-㉢-㉡
④ ㉤-㉡-㉠-㉣-㉢
⑤ ㉤-㉡-㉣-㉢-㉠

04 다음 중 빈칸 ㉠에 해당하는 내용으로 옳은 것은?

> 각 중앙관서의 장은 중기사업계획서를 매년 1월 31일까지 기획재정부 장관에게 제출하여야 하며, 기획재정부장관은 국무회의 심의를 거쳐 대통령 승인을 얻은 다음 연도의 ___㉠___을/를 매년 3월 31일까지 각 중앙관서의 장에게 통보하여야 한다.

① 국가재정 운용계획
② 예산 및 기금운용계획 집행지침
③ 예산안편성지침
④ 총사업비 관리지침
⑤ 예산요구서

PART 3

05 다음 글에서 설명하는 이론으로 옳은 것은?

> 경제학적인 분석도구를 관료 행태, 투표자 행태, 정당정치, 이익집단 등의 비시장적 분석에 적용함으로써 공공서비스의 효율적 공급을 위한 제도적 장치를 탐색한다.

① 과학적 관리론
② 공공선택론
③ 행태주의
④ 발전행정론
⑤ 현상학

06 다음 중 규제 피라미드에 대한 설명으로 옳은 것은?

① 새로운 위험만 규제하다 보면 사회의 전체 위험 수준은 증가하는 상황이다.
② 규제가 또 다른 규제를 낳은 결과, 피규제자의 비용 부담이 점점 늘어나게 되는 상황이다.
③ 소득재분배를 위한 규제가 오히려 사회적으로 가장 어려운 사람들에게 해를 끼치게 되는 상황이다.
④ 과도한 규제를 무리하게 설정하다 보면 실제로는 규제가 거의 이루어지지 않게 되는 상황이다.
⑤ 기업체에게 상품 정보에 대한 공개 의무를 강화할수록 소비자들의 실질적인 정보량은 줄어들게 되는 상황이다.

07 다음 중 대표관료제에 대한 설명으로 옳지 않은 것은?

① 대표관료제는 정부관료제가 그 사회의 인적 구성을 반영하도록 구성함으로써 관료제 내에 민주적 가치를 반영시키려는 의도에서 발달하였다.

② 크란츠(Kranz)는 대표관료제의 개념을 비례대표로까지 확대하여 관료제 내의 출신 집단별 구성 비율이 총인구 구성 비율과 일치해야 할 뿐만 아니라 나아가 관료제 내의 모든 직무 분야와 계급의 구성 비율까지도 총인구 비율에 상응하게 분포되어 있어야 한다고 주장한다.

③ 대표관료제의 장점은 사회의 인구 구성적 특징을 반영하는 소극적 측면의 확보를 통해서 관료들이 출신 집단의 이익을 위해 적극적으로 행동하는 적극적인 측면을 자동적으로 확보하는 데 있다.

④ 대표관료제는 할당제를 강요하는 결과를 초래해 현대 인사행정의 기본 원칙인 실적주의를 훼손하고 행정능률을 저해할 수 있다는 비판을 받는다.

⑤ 우리나라의 양성평등채용목표제나 지역인재추천채용제는 관료제의 대표성을 제고하기 위해 도입된 제도로 볼 수 있다.

08 다음 중 공공서비스에 대한 설명으로 옳지 않은 것은?

① 의료나 교육과 같은 가치재(Worthy Goods)는 경합적이므로 시장을 통한 배급도 가능하지만 정부가 개입할 수도 있다.

② 공유재(Common Goods)는 정당한 대가를 지불하지 않는 사람들을 이용에서 배제하기 어렵다는 문제가 있다.

③ 노벨상을 수상한 오스트롬(E. Ostrom)은 정부의 규제에 의해 공유자원의 고갈을 방지할 수 있다는 보편적 이론을 제시하였다.

④ 공공재(Public Goods) 성격을 가진 재화와 서비스는 시장에 맡겼을 때 바람직한 수준 이하로 공급될 가능성이 높다.

⑤ 어획자 수나 어획량에 대해서 아무런 제한이 없는 개방어장의 경우 공유의 딜레마 또는 공유재의 비극이라는 문제가 발생한다.

09 다음 중 갈등에 대한 설명으로 옳지 않은 것은?

① 집단 간 갈등의 해결은 구조적 분화와 전문화를 통해서 찾을 필요가 있다.

② 지위부조화는 행동주체 간의 교호작용을 예측 불가능하게 하여 갈등을 야기한다.

③ 갈등을 해결하기 위해서는 목표수준을 차별화할 필요가 있다.

④ 업무의 상호의존성이 갈등상황을 발생시키는 원인이 될 수 있다.

⑤ 행태주의적 관점은 조직 내 갈등은 필연적이고 완전한 제거가 불가능하기 때문에 갈등을 인정하고 받아들여야 한다는 입장이다.

10 **다음 중 성과평가시스템으로서의 균형성과표(BSC; Balanced Score Card)에 대한 설명으로 옳지 않은 것은?**

① BSC는 추상성이 높은 비전에서부터 구체적인 성과지표로 이어지는 위계적인 체제를 가진다.
② BSC를 공공부문에 적용할 때는 고객, 즉 국민의 관점을 가장 중시한다.
③ 내부 프로세스 관점의 대표적인 지표들로는 의사결정과정에 시민참여, 적법절차, 조직 내 커뮤니케이션 구조 등이 있다.
④ BSC를 공공부분에 적용할 때 재무적 관점이라 함은 국민이 요구하는 수준의 공공서비스를 제공할 수 있는 재정자원을 확보하여야 한다는 측면을 포함하며 지원시스템의 예산부분이 여기에 해당한다.
⑤ 잘 개발된 BSC라 할지라도 조직구성원들에게 조직의 전략과 목적 달성에 필요한 성과가 무엇인지 알려주는 데 한계가 있기 때문에 조직전략의 해석지침으로는 적절하지 않다.

11 **다음 중 정부운영에서 예산이 가지는 특성에 대한 설명으로 옳지 않은 것은?**

① 예산 과정을 통해 정부정책의 산출을 평가하고 측정할 수 있다.
② 예산은 정부정책 중 보수적인 영역에 속한다.
③ 예산이 결정되는 과정에는 다양한 주체들의 상호작용이 끊임없이 발생한다.
④ 희소한 공공재원의 배분에서 기회비용이 우선 고려된다.
⑤ 정보를 제공하는 양식에 따라 예산제도는 품목별 예산 – 프로그램 예산 – 기획 예산 – 성과주의 예산 – 영기준 예산 등의 순으로 발전해 왔다.

12 **다음 중 조직구조에 대한 설명으로 옳지 않은 것은?**

① 공식화(Formalization)의 수준이 높을수록 조직구성원들의 재량이 증가한다.
② 통솔범위(Span of Control)가 넓은 조직은 일반적으로 저층구조의 형태를 보인다.
③ 집권화(Centralization)의 수준이 높은 조직의 의사결정권한은 조직의 상층부에 집중된다.
④ 복잡성은 조직 내 분화의 정도로, 수평적·수직적·공간적 분산에 의해 나타난다.
⑤ 명령체계(Chain of Command)는 조직 내 구성원을 연결하는 연속된 권한의 흐름으로, 누가 누구에게 보고하는지를 결정한다.

13 **다음 중 규제에 대한 설명으로 옳지 않은 것은?**

① 규제의 역설은 기업의 상품정보공개가 의무화될수록 소비자의 실질적 정보량은 줄어든다고 본다.

② 관리규제란 정부가 특정한 사회문제 해결에 대한 목표 달성 수준을 정하고 피규제자에게 이를 달성할 것을 요구하는 것이다.

③ 포획이론은 정부가 규제의 편익자에게 포획됨으로써 일반시민이 아닌 특정집단의 사익을 옹호하는 것을 지적한다.

④ 지대추구이론은 정부규제가 지대를 만들어내고 이해관계자집단으로 하여금 그 지대를 추구하도록 한다는 점을 설명한다.

⑤ 윌슨(J. Wilson)에 따르면 규제로부터 감지되는 비용과 편익의 분포에 따라 각기 다른 정치 경제적 상황이 발생된다.

14 **다음 중 동기부여이론에 대한 설명으로 옳지 않은 것은?**

① 매슬로(Maslow)의 욕구계층론에 의하면 인간의 욕구는 생리적 욕구, 안전 욕구, 사회적 욕구, 존중 욕구, 자기실현 욕구의 5개로 나누어져 있으며, 하위계층의 욕구가 충족되어야 상위계층의 욕구가 나타난다.

② 허즈버그(Herzberg)의 동기 – 위생이론에 따르면 욕구가 충족되었다고 해서 모두 동기부여로 이어지는 것이 아니고, 어떤 욕구는 충족되어도 단순히 불만을 예방하는 효과 밖에 없다. 이러한 불만 예방효과만 가져오는 요인을 위생요인이라고 설명한다.

③ 애덤스(Adams)의 형평성이론에 의하면 인간은 자신의 투입에 대한 산출의 비율이 비교 대상의 투입에 대한 산출의 비율보다 크거나 작다고 지각하면 불형평성을 느끼게 되고, 이에 따른 심리적 불균형을 해소하기 위하여 형평성 추구의 행동을 작동시키는 동기가 유발된다고 본다.

④ 앨더퍼(Alderfer)는 매슬로(Maslow)의 욕구계층론을 받아들여 한 계층의 욕구가 만족되어야 다음 계층의 욕구를 중요시한다고 본다. 그리고 이에 더하여 한 계층의 욕구가 충분히 채워지지 않는 상태에서는 바로 하위 욕구의 중요성이 훨씬 커진다고 주장한다.

⑤ 브룸(Vroom)의 기대이론에 의하면 동기의 정도는 노력을 통해 얻게 될 중요한 산출물인 목표달성, 보상, 만족에 대한 주관적 믿음에 의하여 결정되는데, 특히 성과와 보상 간의 관계에 대한 인식인 기대치의 정도가 동기부여의 주요한 요인이다.

15 **다음 중 조직이론에 대한 설명으로 옳지 않은 것은?**

① 고전적 조직이론에서는 조직 내부의 효율성과 합리성이 중요한 논의 대상이었다.
② 신고전적 조직이론은 인간에 대한 관심을 불러 일으켰고 조직행태론 연구의 출발점이 되었다.
③ 고전적 조직이론은 수직적인 계층제와 수평적인 분업체제, 명확한 절차와 권한이 중시되었다.
④ 현대적 조직이론은 동태적이고 유기체적인 조직을 상정하며 조직발전(OD)을 중시해 왔다.
⑤ 신고전적 조직이론은 인간의 조직 내 개방적인 사회적 관계와 더불어 조직과 환경의 관계를 중점적으로 다루었다.

16 **다음 중 사회자본에 대한 설명으로 옳지 않은 것은?**

① 네트워크에 참여하는 당사자들이 공동으로 소유하는 자산이다.
② 한 행위자만이 배타적으로 소유권을 행사할 수 없다.
③ 협력적 행태를 촉진시키지만 혁신적 조직의 발전을 저해한다.
④ 행동의 효율성을 제고시킨다.
⑤ 사회적 관계에서 거래비용을 감소시켜 준다.

17 **다음 근무성적평정 오차 중 사람에 대한 경직적 편견이나 고정 관념 때문에 발생하는 오차는?**

① 상동적 오차(Error of Stereotyping)
② 연속화의 오차(Error of Hallo Effect)
③ 관대화의 오차(Error of Leniency)
④ 규칙적 오차(Systematic of Error)
⑤ 시간적 오차(Recency of Error)

18 다음 설명에 해당하는 리더십의 유형으로 옳은 것은?

- 추종자의 성숙단계에 따라 효율적인 리더십 스타일이 달라진다.
- 리더십은 개인의 속성이나 행태뿐만 아니라 환경의 영향을 받는다.
- 가장 유리하거나 가장 불리한 조건에서는 과업 중심적 리더십이 효과적이다.

① 변혁적 리더십
② 거래적 리더십
③ 카리스마적 리더십
④ 상황론적 리더십
⑤ 서번트 리더십

19 다음 중 성과주의 예산제도에 대한 설명으로 옳지 않은 것은?

① 정부가 무슨 일을 하느냐에 중점을 두는 제도이다.
② 기능별 예산제도 또는 활동별 예산제도라고 부르기도 한다.
③ 관리지향성을 지니며, 예산관리를 포함하는 행정관리작용의 능률화를 지향한다.
④ 예산관리기능의 집권화를 추구한다.
⑤ 정부사업에 대한 회계책임을 묻는 데 유용하다.

20 다음 중 특별회계에 대한 설명으로 옳지 않은 것은?

① 특별회계는 일반회계와 기금의 혼용 방식으로 운용할 수 있다.
② 특별회계는 예산 단일성 및 통일성의 원칙에 대한 예외가 된다.
③ 국가재정법에 따르면 기획재정부장관은 특별회계 신설에 대한 타당성을 심사한다.
④ 국가재정법에 따르면 특별회계는 국가에서 특정한 사업을 운영하고자 할 때나 특정한 자금을 보유하여 운용하고자 할 때 대통령령으로 설치할 수 있다.
⑤ 일반회계는 특정 수입과 지출의 연계를 배제하지만, 특별회계는 특정 수입과 지출을 연계하는 것이 원칙이다.

21 다음 중 근무성적평정에 대한 설명으로 옳지 않은 것은?

① 정부의 근무성적평정방법은 다원화되어 있으며, 상황에 따라 신축적인 운영이 가능하다.
② 원칙적으로 5급 이상 공무원을 대상으로 하며, 평가대상 공무원과 평가자가 체결한 성과계약에 따른 성과목표 달성도 등을 평가한다.
③ 행태기준척도법은 평정의 임의성과 주관성을 배제하기 위하여 도표식평정척도법에 중요사건기록법을 가미한 방식이다.
④ 다면평가는 더 공정하고 객관적인 평정이 가능하게 하며, 평정결과에 대한 당사자들의 승복을 받아내기 쉽다.
⑤ 어느 하나의 평정요소에 대한 평정자의 판단이 다른 평정요소의 평정에 영향을 미치는 현상을 연쇄적 착오라 한다.

22 다음 중 보너스 산정방식에서 스캔런 플랜(Scanlon Plan)에 대한 설명으로 옳은 것은?

① 보너스 산정 비율은 생산액에 있어서 재료 및 에너지 등을 포함하여 계산한다.
② 노동비용을 판매액에서 재료 및 에너지, 간접비용을 제외한 부가가치로 나누어 계산한다.
③ 종업원의 참여는 거의 고려되지 않고 산업공학기법을 이용한 공식을 활용하여 계산한다.
④ 성과측정의 기준으로서 노동비용이나 생산비용, 생산 이외에도 품질 향상, 소비자 만족 등 각 기업이 중요성을 부여하는 부분에 초점을 둔 새로운 지표를 사용하여 계산한다.
⑤ 생산단위당 표준노동시간을 기준으로 노동생산성 및 비용 등 산정 조직의 효율성을 더 직접적으로 측정하여 계산한다.

23 다음 중 비계량적 성격의 직무평가 방법을 〈보기〉에서 모두 고르면?

보기	
ㄱ. 점수법	ㄴ. 서열법
ㄷ. 요소비교법	ㄹ. 분류법

① ㄱ, ㄴ
② ㄱ, ㄷ
③ ㄴ, ㄷ
④ ㄴ, ㄹ
⑤ ㄷ, ㄹ

24 다음 〈보기〉 중 행정가치에 대한 설명으로 옳은 것은 모두 몇 개인가?

보기

ㄱ. 실체설은 공익을 사익의 총합이라고 파악하며, 사익을 초월한 별도의 공익이란 존재하지 않는다고 본다.

ㄴ. 롤스(Rawls)의 사회정의의 원리에 의하면 정의의 제1원리는 기본적 자유의 평등원리이며, 제2원리는 차등조정의 원리이다. 제2원리 내에서 충돌이 생길 때에는 차등의 원리가 기회균등의 원리에 우선되어야 한다.

ㄷ. 과정설은 공익을 사익을 초월한 실체적, 규범적, 도덕적 개념으로 파악하며, 공익과 사익과의 갈등이란 있을 수 없다고 본다.

ㄹ. 베를린(Berlin)은 자유의 의미를 두 가지로 구분하면서, 간섭과 제약이 없는 상태를 적극적 자유라고 하고, 무엇을 할 수 있는 자유를 소극적 자유라고 하였다.

① 없음
② 1개
③ 2개
④ 3개
⑤ 4개

25 다음 중 신공공관리론과 신공공서비스론의 특성에 대한 설명으로 옳지 않은 것은?

① 신공공관리론은 경제적 합리성에 기반하는 반면에 신공공서비스론은 전략적 합리성에 기반한다.
② 신공공관리론은 기업가 정신을 강조하는 반면에 신공공서비스론은 사회적 기여와 봉사를 강조한다.
③ 신공공관리론의 대상이 고객이라면 신공공서비스론의 대상은 시민이다.
④ 신공공서비스론이 신공공관리론보다 지역공동체 활성화에 더 적합한 이론이다.
⑤ 신공공관리론이 신공공서비스론보다 행정책임의 복잡성을 중시하며 행정재량권을 강조한다.

26 교통체증 완화를 위한 차량 10부제 운행은 윌슨(Wilson)이 제시한 규제정치이론의 네 가지 유형 중 어디에 해당하는가?

① 대중정치
② 고객정치
③ 기업가정치
④ 소비자정치
⑤ 이익집단정치

27 **다음 중 예산분류 방식의 특징에 대한 설명으로 옳은 것은?**

① 기능별 분류는 시민을 위한 분류라고도 하며, 행정수반의 사업계획 수립에 도움이 되지 않는다.
② 조직별 분류는 부처 예산의 전모를 파악할 수 있어 지출의 목적이나 예산의 성과 파악이 용이하다.
③ 품목별 분류는 사업의 지출 성과와 결과에 대한 측정이 어렵다.
④ 경제 성질별 분류는 국민소득, 자본형성 등에 관한 정부활동의 효과를 파악하는 데 한계가 있다.
⑤ 품목별 분류는 예산집행기관의 재량을 확대하는 데 유용하다.

28 **다음 중 시장실패 또는 정부실패를 야기하는 원인과 그에 대한 정부의 대응으로 옳은 것은?**

① 공공재 – 정부보조 삭감
② 정보의 비대칭성 – 정부규제
③ 자연독점 – 규제완화
④ 관료의 사적 목표의 설정 – 공적유도
⑤ 정부개입에 의한 파생적 외부효과 – 공적공급

29 **다음 중 신공공관리론에 대한 설명으로 옳은 것은?**

① 과정보다는 결과에 초점을 맞추고 있으며, 조직 내 관계보다 조직 간 관계를 주로 다루고 있다.
② 행정가가 책임져야 하는 것은 행정업무 수행에서 효율성이 아니라 모든 사람에게 더 나은 생활을 보장하는 것이다.
③ 정부의 정체성을 무시하고 정부와 기업을 동일시함으로써 기업경영 원리와 기법을 그대로 정부에 이식하려 한다는 비판이 있다.
④ 정부 주도의 공공서비스 전달 또는 공공문제 해결을 넘어 협력적 네트워크 구축 및 관리라는 대안을 제시한다.
⑤ 경제적 생산활동의 결과는 경제활동과 사회를 지배하는 정치적·사회적 제도인 일단의 규칙에 달려 있다.

30 다음 중 엽관주의와 실적주의에 대한 설명으로 옳은 것을 〈보기〉에서 모두 고르면?

보기

ㄱ. 엽관주의는 실적 이외의 요인을 고려하여 임용하는 방식으로, 정치적 요인, 혈연, 지연 등이 포함된다.
ㄴ. 엽관주의는 정실임용에 기초하고 있기 때문에 초기부터 민주주의의 실천원리와는 거리가 멀다.
ㄷ. 엽관주의는 정치지도자의 국정지도력을 강화함으로써 공공정책의 실현을 용이하게 한다.
ㄹ. 실적주의는 정치적 중립에 집착하여 인사행정을 소극화・형식화시킨다.
ㅁ. 실적주의는 국민에 대한 관료의 대응성을 높일 수 있다는 장점이 있다.

① ㄱ, ㄷ
② ㄴ, ㄹ
③ ㄴ, ㅁ
④ ㄷ, ㄹ
⑤ ㄱ, ㄴ, ㄷ

31 다음 중 정부의 역할에 대한 입장으로 옳은 것을 〈보기〉에서 모두 고르면?

보기

ㄱ. 진보주의 정부관에 따르면 정부에 대한 불신이 강하고 정부실패를 우려한다.
ㄴ. 공공선택론의 입장은 정부를 공공재의 생산자로 규정하고 대규모 관료제에 의한 행정의 효율성을 높이는 것이 중요하다고 본다.
ㄷ. 보수주의 정부관은 자유방임적 자본주의를 옹호한다.
ㄹ. 신공공서비스론 입장에 따르면 정부의 역할은 시민들로 하여금 공유된 가치를 창출하고 충족시킬 수 있도록 봉사하는 데 있다.
ㅁ. 행정국가 시대에는 '최대의 봉사가 최선의 정부'로 받아들여졌다.

① ㄱ, ㄴ, ㄷ
② ㄴ, ㄷ, ㄹ
③ ㄷ, ㄹ, ㅁ
④ ㄱ, ㄴ, ㄹ, ㅁ
⑤ ㄱ, ㄴ, ㄷ, ㄹ, ㅁ

32 정부는 공공서비스를 효율적으로 공급하기 위한 방법의 하나로 민간위탁 방법을 사용하기도 한다. 다음 중 민간위탁 방식에 해당하지 않는 것은?

① 면허 방식
② 바우처 방식
③ 보조금 방식
④ 책임경영 방식
⑤ 자조활동 방식

33 다음 중 조직구성원들의 동기이론에 대한 설명으로 옳은 것을 〈보기〉에서 모두 고르면?

보기

ㄱ. ERG 이론 : 앨더퍼(C. Alderfer)는 욕구를 존재욕구, 관계욕구, 성장욕구로 구분한 후 상위욕구와 하위욕구 간에 '좌절 – 퇴행'관계를 주장하였다.

ㄴ. X·Y이론 : 맥그리거(D. McGregor)의 X이론은 매슬로(A. Maslow)가 주장했던 욕구계층 중에서 주로 상위욕구를, Y이론은 주로 하위욕구를 중요시하였다.

ㄷ. 형평이론 : 애덤스(J. Adams)는 자기의 노력과 그 결과로 얻어지는 보상을 준거인물과 비교하여 공정하다고 인식할 때 동기가 유발된다고 주장하였다.

ㄹ. 기대이론 : 브룸(V. Vroom)은 보상에 대한 매력성, 결과에 따른 보상, 그리고 결과발생에 대한 기대감에 의해 동기유발의 강도가 좌우된다고 보았다.

① ㄱ, ㄷ
② ㄱ, ㄹ
③ ㄴ, ㄷ
④ ㄷ, ㄹ
⑤ ㄱ, ㄴ, ㄷ

34 다음 중 예산원칙에 대한 설명으로 옳지 않은 것을 〈보기〉에서 모두 고르면?

보기

ㄱ. 예산총계주의 원칙이란 회계연도의 모든 수입은 세입으로 하고, 모든 지출은 세출로 하며, 세입과 세출은 예외 없이 모두 예산에 편입되어야 한다는 것을 의미한다.

ㄴ. 예산사전결의 원칙이란 예산은 예정적 계획이기 때문에 회계연도가 개시되기 전에 지방의회의 의결을 거쳐야 한다는 것을 의미한다.

ㄷ. 회계연도 독립의 원칙은 지방재정법에서 규정하고 있으며, 예외사항으로 계속비만을 규정한다.

ㄹ. 예산의 목적 외 사용금지 원칙의 예외사항으로는 예산의 이용·전용·이체 등이 있다.

① ㄱ, ㄴ
② ㄱ, ㄷ
③ ㄴ, ㄷ
④ ㄴ, ㄹ
⑤ ㄷ, ㄹ

35 다음 중 중앙행정기관의 장과 지방자치단체의 장이 사무를 처리할 때 의견을 달리하는 경우 이를 협의·조정하기 위하여 설치하는 기구는?

① 행정협의조정위원회
② 중앙분쟁조정위원회
③ 지방분쟁조정위원회
④ 행정협의회
⑤ 갈등조정협의회

36 **다음 중 공무원 징계에 대한 설명으로 옳지 않은 것을 〈보기〉에서 모두 고르면?**

보기

ㄱ. 강임은 1계급 아래로 직급을 내리고, 공무원 신분은 보유하나 3개월간 직무에 종사하지 못하며 그 기간 중 보수의 2/3를 감하는 것이다.
ㄴ. 전직시험에서 3회 이상 불합격한 자로서 직무능력이 부족한 자는 직위해제 대상이다.
ㄷ. 금품수수나 공금횡령 및 유용 등으로 인한 징계의결요구의 소멸시효는 3년이다.
ㄹ. 징계에 대한 불복 시 소청심사위원회에 소청제기가 가능하나 근무성적평정결과나 승진탈락 등은 소청대상이 아니다.

① ㄱ, ㄴ ② ㄴ, ㄷ
③ ㄷ, ㄹ ④ ㄱ, ㄴ, ㄷ
⑤ ㄱ, ㄴ, ㄷ, ㄹ

37 **다음 중 조직구성원의 인간관에 따른 조직관리와 동기부여에 대한 이론에 대한 설명으로 옳은 것을 〈보기〉에서 모두 고르면?**

보기

ㄱ. 허즈버그의 욕구충족요인 이원론에 의하면, 불만요인을 제거해야 조직원의 만족감을 높이고 동기가 유발된다는 것이다.
ㄴ. 로크의 목표설정이론에 의하면, 동기 유발을 위해서는 구체성이 높고 난이도가 높은 목표가 채택되어야 한다는 것이다.
ㄷ. 합리적·경제적 인간관은 테일러의 과학적 관리론, 맥그리거의 X이론, 아지리스의 미성숙인 이론의 기반을 이룬다.
ㄹ. 자아실현적 인간관은 호손실험을 바탕으로 해서 비공식적 집단의 중요성을 강조하며, 자율적으로 문제를 해결하도록 한다.

① ㄱ, ㄴ ② ㄱ, ㄷ
③ ㄱ, ㄹ ④ ㄴ, ㄷ
⑤ ㄷ, ㄹ

38 **다음 중 예산개혁의 경향이 시대에 따라 변화한 내용을 순서대로 바르게 나열한 것은?**

① 통제 지향 – 관리 지향 – 기획 지향 – 감축 지향 – 참여 지향
② 통제 지향 – 감축 지향 – 기획 지향 – 관리 지향 – 참여 지향
③ 관리 지향 – 감축 지향 – 통제 지향 – 기획 지향 – 참여 지향
④ 관리 지향 – 기획 지향 – 통제 지향 – 감축 지향 – 참여 지향
⑤ 기획 지향 – 감축 지향 – 통제 지향 – 관리 지향 – 참여 지향

PART 3

39 **다음 중 신제도주의에 대한 설명으로 옳지 않은 것은?**

① 제도는 공식적·비공식적 제도를 모두 포괄한다.
② 합리적 선택 제도주의는 개인의 합리적 선택과 전략적 의도가 제도변화를 발생시킨다고 본다.
③ 역사적 제도주의는 경로의존성에 의한 정책선택의 제약을 인정한다.
④ 사회학적 제도주의에서 제도는 개인들 간의 선택적 균형에 기반한 제도적 동형화과정의 결과물로 본다.
⑤ 개인의 선호는 제도에 의해서 제약이 되지만 제도가 개인들 간의 상호작용의 결과에 의해서 변화할 수도 있다고 본다.

40 **다음 중 정부 성과평가에 대한 설명으로 옳지 않은 것은?**

① 성과평가는 개인의 성과를 향상시키기 위한 방법을 모색하기 위해서 사용될 수 있다.
② 총체적 품질관리(Total Quality Management)는 개인의 성과평가를 위한 도구로 도입되었다.
③ 관리자와 구성원의 적극적인 참여는 성과평가 성공에 있어서 중요한 역할을 한다.
④ 조직목표의 본질은 성과평가제도의 운영과 직접 관련성을 갖는다.
⑤ 성과평가에서는 평가의 타당성, 신뢰성, 객관성을 확보하는 것이 중요하다.

| 05 | 토목학

01 폭이 20cm, 높이가 30cm인 직사각형 단면의 단순보에서 최대 휨모멘트가 2t · m일 때 처짐곡선의 곡률반지름의 크기는?(단, $E=100,000\text{kg}_f/\text{cm}^2$ 이다)

① 4,500m
② 2,250m
③ 450m
④ 225m
⑤ 22.5m

02 다음 중 폭이 b이고 높이가 h인 직사각형의 도심에 대한 단면 2차 모멘트는?

① $\frac{bh}{3}(b^2+h^2)$
② $\frac{\sqrt{bh}}{3}(b^3+h^3)$
③ $\frac{\sqrt{bh}}{12}(b^3+h^3)$
④ $\frac{bh}{12}(b^2+h^2)$
⑤ $\frac{bh}{6}(b^2+h^2)$

03 대수층에서 지하수가 2.4m의 투과거리를 통과하면서 0.4m의 수두손실이 발생할 때, 지하수의 유속은?(단, 투수계수는 0.3m/s이다)

① 0.01m/s
② 0.05m/s
③ 0.1m/s
④ 0.5m/s
⑤ 1.5m/s

04 금속의 탄성계수 E=230,000MPa이고, 전단탄성계수 G=60,000MPa일 때, 이 금속의 푸아송비(ν)는?

① 약 0.917
② 약 0.824
③ 약 0.766
④ 약 0.621
⑤ 약 0.486

05 두 개의 수평한 판이 5mm 간격으로 놓여 있고, 점성계수 0.01N·s/cm^{2}인 유체로 채워져 있다. 하나의 판을 고정시키고 다른 하나의 판을 2m/s로 움직일 때, 유체 내에서 발생되는 전단응력은?

① 1N/cm^2
② 2N/cm^2
③ 3N/cm^2
④ 4N/cm^2
⑤ 5N/cm^2

06 유역의 평균 폭 B, 유역면적 A, 본류의 유로연장 L인 유역의 형상을 양적으로 표시하기 위한 유역형상계수는?

① $\frac{A}{L}$
② $\frac{A}{L^2}$
③ $\frac{B}{L}$
④ $\frac{B}{L^2}$
⑤ $\frac{L}{A}$

07 **다음 중 지하수의 투수계수에 대한 설명으로 옳지 않은 것은?**

① 같은 종류의 토사라 할지라도 그 간극률에 따라 변한다.
② 흙입자의 구성, 지하수의 점성계수에 따라 변한다.
③ 지하수의 유량을 결정하는 데 사용된다.
④ 지역 특성에 따른 무차원 상수이다.
⑤ 포화도가 높다면 투수계수 또한 높다.

08 **단면적이 $20cm^2$인 원형 오리피스(Orifice)가 수면에서 3m의 깊이에 있을 때, 유출수의 유량은? (단, 유량계수는 0.6이다)**

① $0.0014m^3/s$
② $0.0092m^3/s$
③ $0.0119m^3/s$
④ $0.1524m^3/s$
⑤ $0.1736m^3/s$

09 **다음 중 기계적 에너지와 마찰손실을 고려하는 베르누이 정리에 대한 표현식은?(단, E_P 및 E_T는 각각 펌프 및 터빈에 의한 수두를 의미하며, 유체는 점1에서 점2로 흐른다)**

① $\frac{v_1^2}{2g}+\frac{p_1}{\gamma}+z_1=\frac{v_2^2}{2g}+\frac{p_2}{\gamma}+z_2+E_P+E_T+h_L$

② $\frac{v_1^2}{2g}+\frac{p_1}{\gamma}+z_1=\frac{v_2^2}{2g}+\frac{p_2}{\gamma}+z_2-E_P-E_T-h_L$

③ $\frac{v_1^2}{2g}+\frac{p_1}{\gamma}+z_1=\frac{v_2^2}{2g}+\frac{p_2}{\gamma}+z_2-E_P+E_T+h_L$

④ $\frac{v_1^2}{2g}+\frac{p_1}{\gamma}+z_1=\frac{v_2^2}{2g}+\frac{p_2}{\gamma}+z_2+E_P-E_T+h_L$

⑤ $\frac{v_1^2}{2g}+\frac{p_1}{\gamma}+z_1=\frac{v_2^2}{2g}+\frac{p_2}{\gamma}+z_2-E_P-E_T+h_L$

10 수심이 2m, 폭이 4m, 경사가 0.0004인 직사각형 단면수로에서 유량 14.56m^3/s가 흐르고 있다. 이 흐름에서 수로표면 조도계수(n)는?(단, Manning 공식을 적용한다)

① 약 0.0096
② 약 0.01099
③ 약 0.02096
④ 약 0.03099
⑤ 약 0.04092

11 폭이 b인 직사각형 위어에서 접근유속이 작은 경우 월류수심이 h일 때, 양단수축 조건에서 월류수맥에 대한 단수축 폭(b_o)은?(단, Francis 공식을 적용한다)

① $b_o = b - \frac{h}{5}$
② $b_o = 2b - \frac{h}{5}$
③ $b_o = b - \frac{h}{10}$
④ $b_o = 2b - \frac{h}{10}$
⑤ $b_o = 3b - \frac{h}{10}$

12 두께가 10m인 피압대수층에서 우물을 통해 양수한 결과, 50m 및 100m 떨어진 두 지점에서 수면강하가 각각 20m 및 10m로 관측되었다. 정상상태를 가정할 때 우물의 양수량은?(단, 투수계수는 0.3m/hr이다)

① 약 $6.0 \times 10^{-3} m^3/s$
② 약 $7.5 \times 10^{-2} m^3/s$
③ 약 $9.4 m^3/s$
④ 약 $21.6 m^3/s$
⑤ 약 $36.5 m^3/s$

13 **다음 중 이중누가우량곡선법에 대한 설명으로 옳은 것은?**

① 평균강수량을 산정하기 위하여 사용한다.
② 강수의 지속기간을 구하기 위하여 사용한다.
③ 결측자료를 보완하기 위하여 사용한다.
④ 강수량 자료의 일관성을 검증하기 위하여 사용한다.
⑤ 관측점들의 동질성이 작을수록 정확하다.

14 **A저수지에서 200m 떨어진 B저수지로 지름이 20cm, 마찰손실계수가 0.035인 원형관으로 $0.0628m^3/s$의 물을 송수하려고 한다. A저수지와 B저수지 사이의 수위차는?(단, 마찰, 단면급확대 및 급축소 손실을 고려한다)**

① 5.75m　② 6.94m
③ 7.14m　④ 7.44m
⑤ 7.75m

15 **다음 중 전단응력 $\tau = 510kg_f/cm^2$일 때 전단변형의 값은?(단, $G = 850{,}000kg_f/cm^2$이다)**

① 0.0002　② 0.0006
③ 0.1235　④ 0.2805
⑤ 0.3415

16 다음 중 흐름의 단면적과 수로경사가 일정할 때, 최대유량이 흐르는 조건으로 옳은 것은?

① 윤변이 최소이거나 동수반경이 최대일 때
② 윤변이 최대이거나 동수반경이 최소일 때
③ 수심이 최소이거나 동수반경이 최대일 때
④ 수심이 최대이거나 수로 폭이 최소일 때
⑤ 수심이 최대이거나 동수반경이 최소일 때

17 다음 글에서 설명하는 이론은?

• $P=\dfrac{\partial U}{\partial \delta_i}$: 하중(P)은 변형에너지(U)의 변위(δ_i)에 대한 도함수이다.
• $\theta=\dfrac{\partial U}{\partial u_i}$: 처짐각(θ)은 변형에너지(U)의 휨모멘트(u_i)에 대한 도함수이다.
• $\delta=\dfrac{\partial U}{\partial P_i}$: 처짐량(δ)은 변형에너지(U)의 하중(P_i)에 대한 도함수이다.

① 베르누이의 정리
② 에너지 보존의 법칙
③ 카스틸리아노의 정리
④ 중첩의 원리
⑤ 최소 작용의 원리

18 유속이 3m/s인 유수 중에 유선형 물체가 흐름방향으로 향하여 $h=3$m 깊이에 놓여 있을 때, 정체압력(Stagnation Pressure)은?

① 5.46kN/m^2
② 12.21kN/m^2
③ 33.90kN/m^2
④ 52.65kN/m^2
⑤ 102.35kN/m^2

19 **무게 1kg의 물체를 두 끈으로 늘어뜨렸을 때, 한 끈이 받는 힘의 크기를 바르게 나열한 것은?**

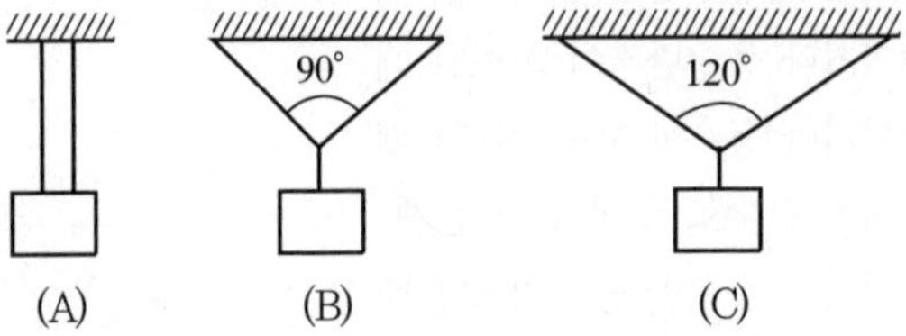

① (A) > (B) > (C)
② (A) > (C) > (B)
③ (B) > (A) > (C)
④ (C) > (A) > (B)
⑤ (C) > (B) > (A)

20 **다음 중 관수로에 대한 설명으로 옳지 않은 것은?**

① 단면 점확대로 인한 수두손실은 단면 급확대로 인한 수두손실보다 클 수 있다.
② 관수로 내의 마찰손실수두는 유속수두에 비례한다.
③ 아주 긴 관수로에서는 마찰 이외의 손실수두를 무시할 수 있다.
④ 관수로는 관로의 연결 상태에 따라 단일 관수로, 병렬 관수로, 다지 관수로로 분류한다.
⑤ 마찰손실수두는 모든 손실수두 가운데 가장 큰 것으로, 마찰손실계수에 유속수두를 곱한 것과 같다.

21 **다음 중 배수곡선(Backwater Curve)에 해당하는 수면곡선은?**

① 댐을 월류할 때의 수면곡선
② 홍수 시 하천의 수면곡선
③ 하천 단락부(段落部) 상류의 수면곡선
④ 상류 상태로 흐르는 하천에 댐을 구축했을 때, 저수지의 수면곡선
⑤ 수로경사가 한계경사보다 완만한 경우의 수로에서 발생하는 수면곡선

22 다음 그림과 같은 단면을 가지는 기둥에 집중하중 200kN이 아래와 같은 편심으로 작용할 때, 최대 압축응력은 얼마인가?

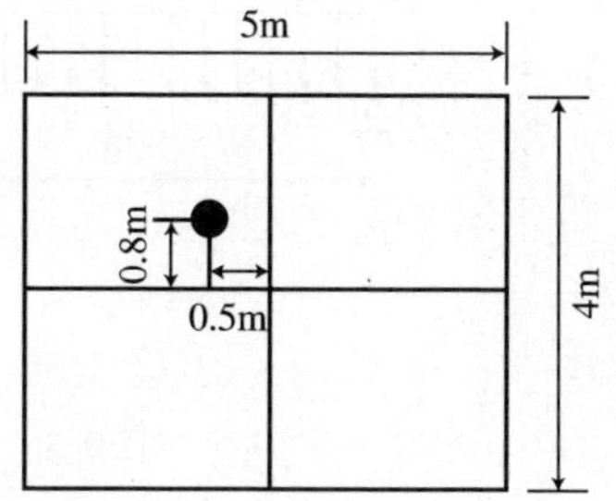

① 12kPa
② 16kPa
③ 20kPa
④ 28kPa
⑤ 32kPa

23 다음 그림과 같은 단면적이 $1cm^2$, 길이가 1m인 철근 AB부재가 있다. 이 철근이 최대 $\delta = 1.0$cm 늘어날 때 이 철근의 허용하중 P[kN]는?[단, 철근의 탄성계수(E)는 $2.1 \times 10^4 kN/cm^2$로 한다]

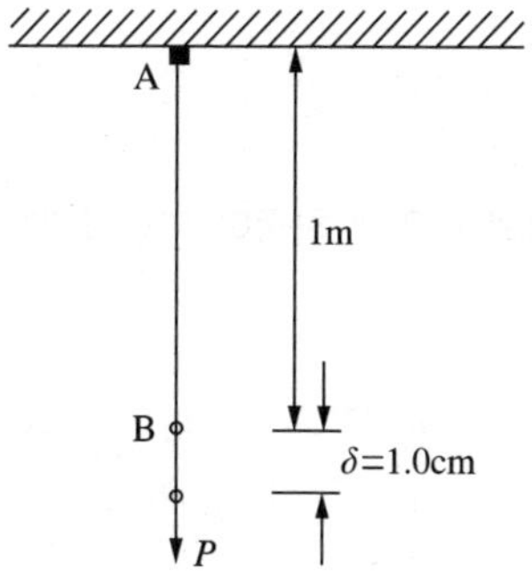

① 160KN
② 180KN
③ 210KN
④ 240KN
⑤ 270KN

24 다음 그림과 같은 보에서 A지점의 반력은?

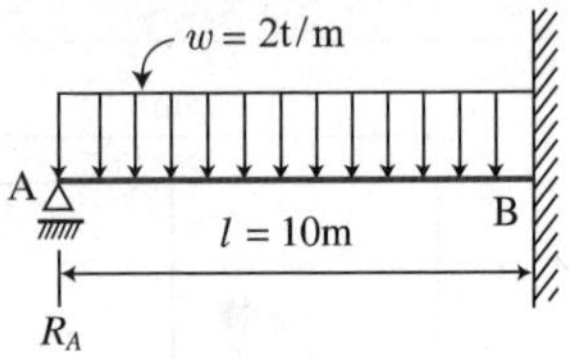

① 6.0t
② 7.5t
③ 8.0t
④ 9.5t
⑤ 10.0t

25 다음 그림과 같이 게르버보에 연행 하중이 이동할 때, 지점 B에서 최대 휨모멘트는?

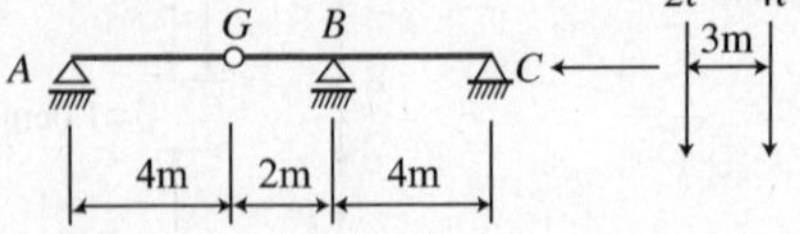

① −8t·m
② −9t·m
③ −10t·m
④ −11t·m
⑤ −12t·m

26 다음 캔틸레버보 선단 B의 처짐각(Slope, 요각)은?(단, EI는 일정하다)

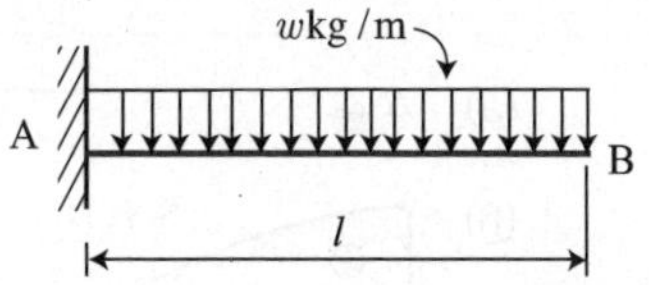

① $\frac{wl^3}{3EI}$ ② $\frac{wl^3}{6EI}$

③ $\frac{wl^3}{8EI}$ ④ $\frac{2wl^3}{3EI}$

⑤ $\frac{2wl^3}{6EI}$

27 다음 지지상태가 1단 고정, 1단 자유인 기둥 상단에 20t의 하중이 작용할 때, 기둥이 좌굴하는 높이 l은?(단, 기둥의 단면적은 폭이 5cm, 높이가 10cm인 직사각형이고, 탄성계수 $E=2,100,000\text{kg/cm}^2$이며, 20t의 하중은 단면 중앙에 작용한다)

① 약 1.64m ② 약 2.56m

③ 약 3.29m ④ 약 3.50m

⑤ 약 3.78m

28 **그림 (b)는 그림 (a)와 같은 단순보에 대한 전단력 선도(S.F.D; Shear Force Diagram)이다. 이때 보 AB에는 어떠한 하중이 실려 있는가?**

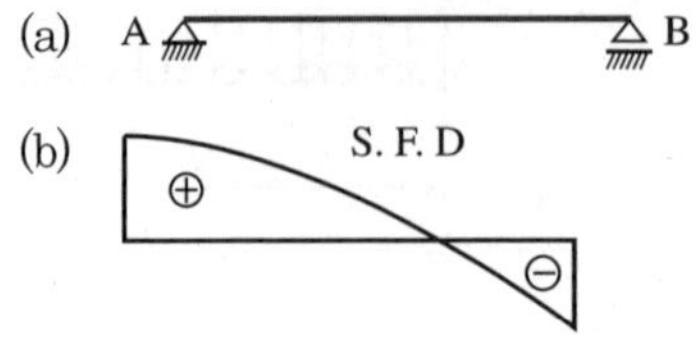

① 집중 하중
② 1차 함수분포 하중
③ 등변분포 하중
④ 모멘트 하중
⑤ 사다리꼴 하중

29 **다음 중 단위유량도 이론의 가정에 대한 설명으로 옳지 않은 것은?**

① 초과강우는 유효지속기간 동안에 일정한 강도를 가진다.
② 초과강우는 전 유역에 걸쳐서 균등하게 분포된다.
③ 주어진 지속기간의 초과강우로부터 발생된 직접유출 수문곡선의 기저시간은 일정하다.
④ 총 유출량은 단위시간으로 분할한 각 유효우량의 유출량을 합한 것과 동일하다.
⑤ 동일한 기저시간을 가진 모든 직접유출 수문곡선의 종거들은 각 수문곡선에 의하여 주어진 총 직접유출 수문곡선에 반비례한다.

30 **수면 높이차가 항상 20m인 두 수조가 지름이 30cm, 길이가 500m, 마찰손실계수가 0.03인 수평관으로 연결되었다면 관 내의 유속은?(단, 마찰, 단면 급확대 및 급축소에 따른 손실을 고려한다)**

① 2.75m/s
② 4.72m/s
③ 5.76m/s
④ 6.72m/s
⑤ 7.36m/s

31 다음 그림에서 y축에 대한 단면 2차 모멘트의 값은?

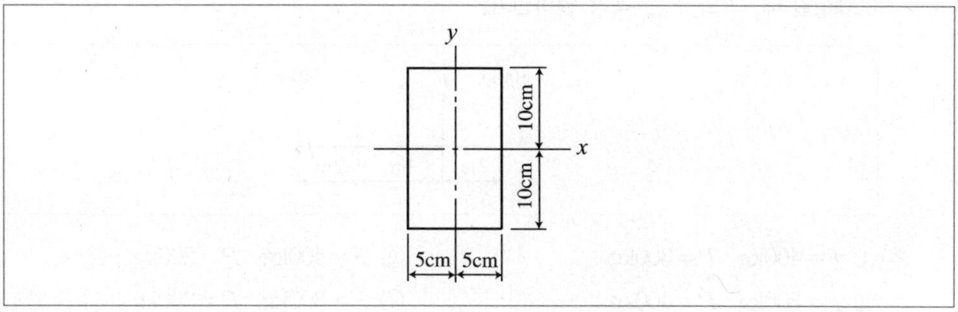

① 약 6,666cm^4
② 약 3,333cm^4
③ 약 1,667cm^4
④ 약 1,416cm^4
⑤ 약 1,102cm^4

32 다음 보에서 지점 A부터 최대 휨모멘트가 생기는 단면은?

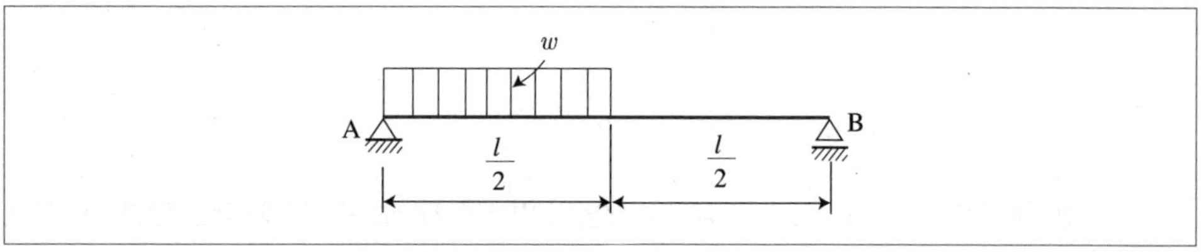

① $\frac{1}{3}l$
② $\frac{1}{4}l$
③ $\frac{2}{5}l$
④ $\frac{3}{7}l$
⑤ $\frac{3}{8}l$

33 다음 그림에서 작용하는 네 힘의 합력이 A점으로부터 오른쪽으로 4m 떨어진 곳에 하방향으로 300kg일 때, F와 P는 각각 얼마인가?

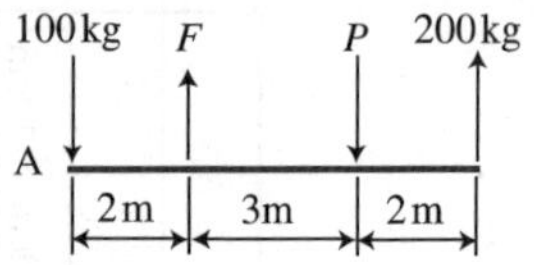

① F=400kg, P=300kg
② F=400kg, P=200kg
③ F=300kg, P=400kg
④ F=300kg, P=300kg
⑤ F=200kg, P=300kg

34 다음 구조물에서 CB 부재의 부재력은 얼마인가?

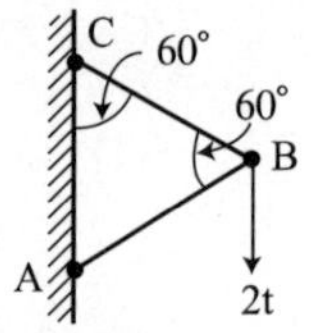

① $2\sqrt{3}$ t
② 2t
③ 1t
④ $\sqrt{3}$ t
⑤ $\frac{1}{2}$ t

35 다음 중 밑변이 b, 높이가 h인 삼각형 단면의 밑변을 지나는 수평축에 대한 단면 2차 모멘트값은?

① $\frac{bh^3}{3}$
② $\frac{bh^3}{6}$
③ $\frac{bh^3}{12}$
④ $\frac{bh^3}{24}$
⑤ $\frac{bh^3}{36}$

36 다음 그림은 게르버(Gerber)보의 GB 구간에 등분포 하중이 작용할 때의 전단력도이다. 등분포 하중 w의 크기는?

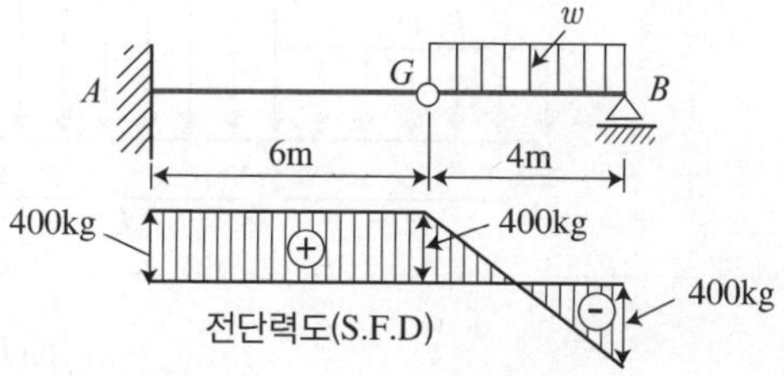

① 400kg/m
② 200kg/m
③ 150kg/m
④ 100kg/m
⑤ 50kg/m

37 $V=6t$을 받는 다음 그림과 같은 단면의 빔에서 $a-a'$ 단면의 최대 전단응력은?

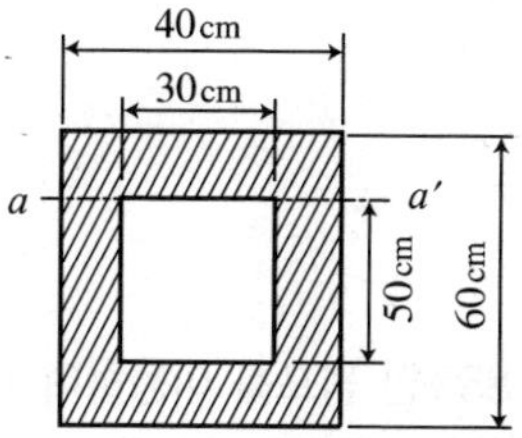

① 8.10kg/cm²
② 6.06kg/cm²
③ 5.10kg/cm²
④ 4.04kg/cm²
⑤ 2.02kg/cm²

38 다음 보 구조물의 B지점에서의 모멘트는 얼마인가?

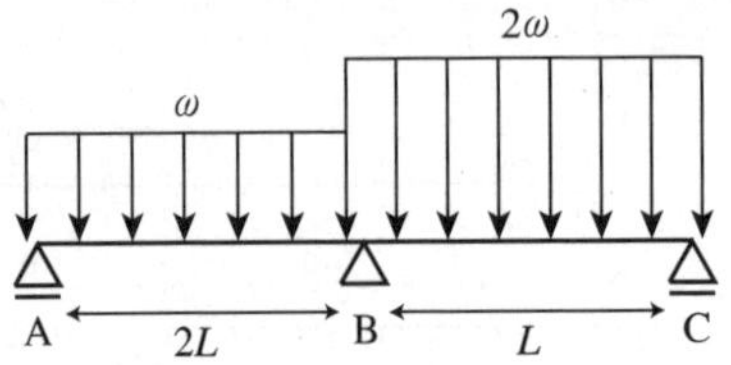

① $M_B = \dfrac{\omega L^2}{4}$

② $M_B = \dfrac{3\omega L^2}{4}$

③ $M_B = \dfrac{5\omega L^2}{12}$

④ $M_B = \dfrac{7\omega L^2}{12}$

⑤ $M_B = \dfrac{11\omega L^2}{12}$

39 다음과 같은 내민보에서 C단에 힘 $P=2,400$kg의 하중이 150°의 경사로 작용하고 있다. A단의 연직 반력 R_A를 0으로 하려면 AB 구간에 작용될 등분포하중 w의 크기는?

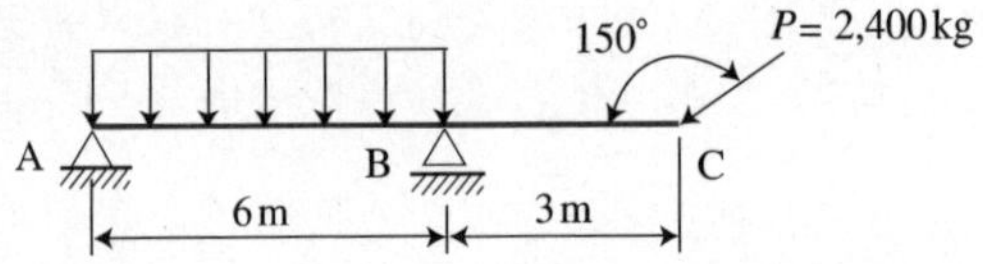

① 300kg/m

② 224.42kg/m

③ 200kg/m

④ 186.41kg/m

⑤ 150kg/m

40 동력이 20,000kW, 효율이 88%인 펌프를 이용하여 150m 위의 저수지로 물을 양수하려고 한다. 손실수두가 10m일 때, 양수량은 얼마인가?(단, 소수점 둘째 자리에서 반올림한다)

① 15.5m^3/s

② 14.5m^3/s

③ 13.2m^3/s

④ 12.5m^3/s

⑤ 11.2m^3/s

PART 4

채용 가이드

CHAPTER

01 블라인드 채용 소개

1. 블라인드 채용이란?

채용 과정에서 편견이 개입되어 불합리한 차별을 야기할 수 있는 출신지, 가족관계, 학력, 외모 등의 편견요인은 제외하고, 직무능력만을 평가하여 인재를 채용하는 방식입니다.

2. 블라인드 채용의 필요성

- 채용의 공정성에 대한 사회적 요구
  - 누구에게나 직무능력만으로 경쟁할 수 있는 균등한 고용기회를 제공해야 하나, 아직도 채용의 공정성에 대한 불신이 존재
  - 채용상 차별금지에 대한 법적 요건이 권고적 성격에서 처벌을 동반한 의무적 성격으로 강화되는 추세
  - 시민의식과 지원자의 권리의식 성숙으로 차별에 대한 법적 대응 가능성 증가
- 우수인재 채용을 통한 기업의 경쟁력 강화 필요
  - 직무능력과 무관한 학벌, 외모 위주의 선발로 우수인재 선발기회 상실 및 기업경쟁력 약화
  - 채용 과정에서 차별 없이 직무능력중심으로 선발한 우수인재 확보 필요
- 공정한 채용을 통한 사회적 비용 감소 필요
  - 편견에 의한 차별적 채용은 우수인재 선발을 저해하고 외모·학벌 지상주의 등의 심화로 불필요한 사회적 비용 증가
  - 채용에서의 공정성을 높여 사회의 신뢰수준 제고

3. 블라인드 채용의 특징

편견요인을 요구하지 않는 대신 직무능력을 평가합니다.

블라인드 채용 = 편견유발 요인제외 + 직무능력 중심평가

※ 직무능력중심 채용이란?
기업의 역량기반 채용, NCS기반 능력중심 채용과 같이 직무수행에 필요한 능력과 역량을 평가하여 선발하는 채용방식을 통칭합니다.

4. 블라인드 채용의 평가요소

직무수행에 필요한 지식, 기술, 태도 등을 과학적인 선발기법을 통해 평가합니다.

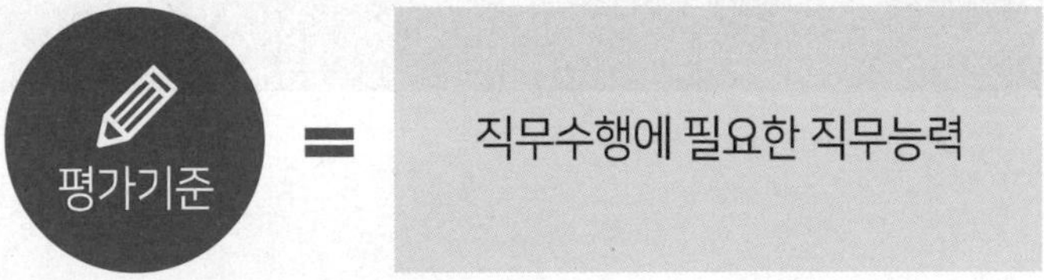

※ 과학적 선발기법이란?
직무분석을 통해 도출된 평가요소를 서류, 필기, 면접 등을 통해 체계적으로 평가하는 방법으로 입사지원서, 자기소개서, 직무수행능력평가, 구조화 면접 등이 해당됩니다.

5. 블라인드 채용 주요 도입 내용

- 입사지원서에 인적사항 요구 금지
  - 인적사항에는 출신지역, 가족관계, 결혼여부, 재산, 취미 및 특기, 종교, 생년월일(연령), 성별, 신장 및 체중, 사진, 전공, 학교명, 학점, 외국어 점수, 추천인 등이 해당
  - 채용 직무를 수행하는 데 있어 반드시 필요하다고 인정될 경우는 제외
    예 특수경비직 채용 시 : 시력, 건강한 신체 요구
    연구직 채용 시 : 논문, 학위 요구 등
- 블라인드 면접 실시
  - 면접관에게 응시자의 출신지역, 가족관계, 학교명 등 인적사항 정보 제공 금지
  - 면접관은 응시자의 인적사항에 대한 질문 금지

6. 블라인드 채용 도입의 효과성

- 구성원의 다양성과 창의성이 높아져 기업 경쟁력 강화
  - 편견을 없애고 직무능력 중심으로 선발하므로 다양한 직원 구성 가능
  - 다양한 생각과 의견을 통하여 기업의 창의성이 높아져 기업경쟁력 강화
- 직무에 적합한 인재선발을 통한 이직률 감소 및 만족도 제고
  - 사전에 지원자들에게 구체적이고 상세한 직무요건을 제시함으로써 허수 지원이 낮아지고, 직무에 적합한 지원자 모집 가능
  - 직무에 적합한 인재가 선발되어 직무이해도가 높아져 업무효율 증대 및 만족도 제고
- 채용의 공정성과 기업이미지 제고
  - 블라인드 채용은 사회적 편견을 줄인 선발 방법으로 기업에 대한 사회적 인식 제고
  - 채용과정에서 불합리한 차별을 받지 않고 실력에 의해 공정하게 평가를 받을 것이라는 믿음을 제공하고, 지원자들은 평등한 기회와 공정한 선발과정 경험

02 서류전형 가이드

01 채용공고문

1. 채용공고문의 변화

기존 채용공고문	변화된 채용공고문
• 취업준비생에게 불충분하고 불친절한 측면 존재 • 모집분야에 대한 명확한 직무관련 정보 및 평가기준 부재 • 해당분야에 지원하기 위한 취업준비생의 무분별한 스펙 쌓기 현상 발생	• NCS 직무분석에 기반한 채용공고를 토대로 채용전형 진행 • 지원자가 입사 후 수행하게 될 업무에 대한 자세한 정보 공지 • 직무수행내용, 직무수행 시 필요한 능력, 관련된 자격, 직업기초능력 제시 • 지원자가 해당 직무에 필요한 스펙만을 준비할 수 있도록 안내
• 모집부문 및 응시자격 • 지원서 접수 • 전형절차 • 채용조건 및 처우 • 기타사항	• 채용절차 • 채용유형별 선발분야 및 예정인원 • 전형방법 • 선발분야별 직무기술서 • 우대사항

2. 지원 유의사항 및 지원요건 확인

채용 직무에 따른 세부사항을 공고문에 명시하여 지원자에게 적격한 지원 기회를 부여함과 동시에 채용과정에서의 공정성과 신뢰성을 확보합니다.

구성	내용	확인사항
모집분야 및 규모	고용형태(인턴 계약직 등), 모집분야, 인원, 근무지역 등	채용직무가 여러 개일 경우 본인이 해당되는 직무의 채용규모 확인
응시자격	기본 자격사항, 지원조건	지원을 위한 최소자격요건을 확인하여 불필요한 지원을 예방
우대조건	법정·특별·자격증 가점	본인의 가점 여부를 검토하여 가점 획득을 위한 사항을 사실대로 기재
근무조건 및 보수	고용형태 및 고용기간, 보수, 근무지	본인이 생각하는 기대수준에 부합하는지 확인하여 불필요한 지원을 예방
시험방법	서류·필기·면접전형 등의 활용방안	전형방법 및 세부 평가기법 등을 확인하여 지원전략 준비
전형일정	접수기간, 각 전형 단계별 심사 및 합격자 발표일 등	본인의 지원 스케줄을 검토하여 차질이 없도록 준비
제출서류	입사지원서(경력·경험기술서 등), 각종 증명서 및 자격증 사본 등	지원요건 부합 여부 및 자격 증빙서류 사전에 준비
유의사항	임용취소 등의 규정	임용취소 관련 법적 또는 기관 내부 규정을 검토하여 해당여부 확인

02 직무기술서

직무기술서란 직무수행의 내용과 필요한 능력, 관련 자격, 직업기초능력 등을 상세히 기재한 것으로 입사 후 수행하게 될 업무에 대한 정보가 수록되어 있는 자료입니다.

1. 채용분야

설명

NCS 직무분류 체계에 따라 직무에 대한 「대분류 – 중분류 – 소분류 – 세분류」 체계를 확인할 수 있습니다. 채용 직무에 대한 모든 직무기술서를 첨부하게 되며 실제 수행 업무를 기준으로 세부적인 분류정보를 제공합니다.

채용분야	분류체계			
사무행정	대분류	중분류	소분류	세분류
분류코드	02. 경영·회계·사무	03. 재무·회계	01. 재무	01. 예산
				02. 자금
			02. 회계	01. 회계감사
				02. 세무

2. 능력단위

설명

직무분류 체계의 세분류 하위능력단위 중 실질적으로 수행할 업무의 능력만 구체적으로 파악할 수 있습니다.

능력단위	(예산)	03. 연간종합예산수립 05. 확정예산 운영	04. 추정재무제표 작성 06. 예산실적 관리
	(자금)	04. 자금운용	
	(회계감사)	02. 자금관리 05. 회계정보시스템 운용 07. 회계감사	04. 결산관리 06. 재무분석
	(세무)	02. 결산관리 07. 법인세 신고	05. 부가가치세 신고

3. 직무수행내용

설명

세분류 영역의 기본정의를 통해 직무수행내용을 확인할 수 있습니다. 입사 후 수행할 직무내용을 구체적으로 확인할 수 있으며, 이를 통해 입사서류 작성부터 면접까지 직무에 대한 명확한 이해를 바탕으로 자신의 희망직무인지 아닌지, 해당 직무가 자신이 알고 있던 직무가 맞는지 확인할 수 있습니다.

직무수행내용	(예산) 일정기간 예상되는 수익과 비용을 편성, 집행하며 통제하는 일
	(자금) 자금의 계획 수립, 조달, 운용을 하고 발생 가능한 위험 관리 및 성과평가
	(회계감사) 기업 및 조직 내·외부에 있는 의사결정자들이 효율적인 의사결정을 할 수 있도록 유용한 정보를 제공, 제공된 회계정보의 적정성을 파악하는 일
	(세무) 세무는 기업의 활동을 위하여 주어진 세법범위 내에서 조세부담을 최소화시키는 조세전략을 포함하고 정확한 과세소득과 과세표준 및 세액을 산출하여 과세당국에 신고·납부하는 일

4. 직무기술서 예시

태도	(예산) 정확성, 분석적 태도, 논리적 태도, 타 부서와의 협조적 태도, 설득력
	(자금) 분석적 사고력
	(회계 감사) 합리적 태도, 전략적 사고, 정확성, 적극적 협업 태도, 법률준수 태도, 분석적 태도, 신속성, 책임감, 정확한 판단력
	(세무) 규정 준수 의지, 수리적 정확성, 주의 깊은 태도
우대 자격증	공인회계사, 세무사, 컴퓨터활용능력, 변호사, 워드프로세서, 전산회계운용사, 사회조사분석사, 재경관리사, 회계관리 등
직업기초능력	의사소통능력, 문제해결능력, 자원관리능력, 대인관계능력, 정보능력, 조직이해능력

5. 직무기술서 내용별 확인사항

항목	확인사항
모집부문	해당 채용에서 선발하는 부문(분야)명 확인 예 사무행정, 전산, 전기
분류체계	지원하려는 분야의 세부직무군 확인
주요기능 및 역할	지원하려는 기업의 전사적인 기능과 역할, 산업군 확인
능력단위	지원분야의 직무수행에 관련되는 세부업무사항 확인
직무수행내용	지원분야의 직무군에 대한 상세사항 확인
전형방법	지원하려는 기업의 신입사원 선발전형 절차 확인
일반요건	교육사항을 제외한 지원 요건 확인(자격요건, 특수한 경우 연령)
교육요건	교육사항에 대한 지원요건 확인(대졸 / 초대졸 / 고졸 / 전공 요건)
필요지식	지원분야의 업무수행을 위해 요구되는 지식 관련 세부항목 확인
필요기술	지원분야의 업무수행을 위해 요구되는 기술 관련 세부항목 확인
직무수행태도	지원분야의 업무수행을 위해 요구되는 태도 관련 세부항목 확인
직업기초능력	지원분야 또는 지원기업의 조직원으로서 근무하기 위해 필요한 일반적인 능력사항 확인

03 입사지원서

1. 입사지원서의 변화

기존지원서		능력중심 채용 입사지원서
직무와 관련 없는 학점, 개인신상, 어학점수, 자격, 수상경력 등을 나열하도록 구성	VS	해당 직무수행에 꼭 필요한 정보들을 제시할 수 있도록 구성

기존지원서		능력중심 채용 입사지원서	
직무기술서	→	인적사항	성명, 연락처, 지원분야 등 작성 (평가 미반영)
직무수행내용		교육사항	직무지식과 관련된 학교교육 및 직업교육 작성
요구지식 / 기술		자격사항	직무관련 국가공인 또는 민간자격 작성
관련 자격증 사전직무경험		경력 및 경험사항	조직에 소속되어 일정한 임금을 받거나(경력) 임금 없이(경험) 직무와 관련된 활동 내용 작성

2. 교육사항

- 지원분야 직무와 관련된 학교 교육이나 직업교육 혹은 기타교육 등 직무에 대한 지원자의 학습 여부를 평가하기 위한 항목입니다.
- 지원하고자 하는 직무의 학교 전공교육 이외에 직업교육, 기타교육 등을 기입할 수 있기 때문에 전공 제한 없이 직업교육과 기타교육을 이수하여 지원이 가능하도록 기회를 제공합니다.
  (기타교육 : 학교 이외의 기관에서 개인이 이수한 교육과정 중 지원직무와 관련이 있다고 생각되는 교육내용)

구분	교육과정(과목)명	교육내용	과업(능력단위)

3. 자격사항

- 채용공고 및 직무기술서에 제시되어 있는 자격 현황을 토대로 지원자가 해당 직무를 수행하는 데 필요한 능력을 가지고 있는지를 평가하기 위한 항목입니다.
- 채용공고 및 직무기술서에 기재된 직무관련 필수 또는 우대자격 항목을 확인하여 본인이 보유하고 있는 자격사항을 기재합니다.

자격유형	자격증명	발급기관	취득일자	자격증번호

4. 경력 및 경험사항

- 직무와 관련된 경력이나 경험 여부를 표현하도록 하여 직무와 관련한 능력을 갖추었는지를 평가하기 위한 항목입니다.
- 해당 기업에서 직무를 수행함에 있어 필요한 사항만을 기록하게 되어 있기 때문에 직무와 무관한 스펙을 갖추지 않아도 됩니다.
- 경력 : 금전적 보수를 받고 일정기간 동안 일했던 경우
- 경험 : 금전적 보수를 받지 않고 수행한 활동

※ 기업에 따라 경력 / 경험 관련 증빙자료 요구 가능

구분	조직명	직위 / 역할	활동기간(년 / 월)	주요과업 / 활동내용

Tip

입사지원서 작성 방법

○ 경력 및 경험사항 작성

- 직무기술서에 제시된 지식, 기술, 태도와 지원자의 교육사항, 경력(경험)사항, 자격사항과 연계하여 개인의 직무역량에 대해 스스로 판단 가능

○ 인적사항 최소화

- 개인의 인적사항, 학교명, 가족관계 등을 노출하지 않도록 유의

부적절한 입사지원서 작성 사례

- 학교 이메일을 기입하여 학교명 노출
- 거주지 주소에 학교 기숙사 주소를 기입하여 학교명 노출
- 자기소개서에 부모님이 재직 중인 기업명, 직위, 직업을 기입하여 가족관계 노출
- 자기소개서에 석·박사 과정에 대한 이야기를 언급하여 학력 노출
- 동아리 활동에 대한 내용을 학교명과 더불어 언급하여 학교명 노출

04 자기소개서

1. 자기소개서의 변화

- 기존의 자기소개서는 지원자의 일대기나 관심 분야, 성격의 장·단점 등 개괄적인 사항을 묻는 질문으로 구성되어 지원자가 자신의 직무능력을 제대로 표출하지 못합니다.
- 능력중심 채용의 자기소개서는 직무기술서에 제시된 직업기초능력(또는 직무수행능력)에 대한 지원자의 과거 경험을 기술하게 함으로써 평가 타당도의 확보가 가능합니다.

1. 우리 회사와 해당 지원 직무분야에 지원한 동기에 대해 기술해 주세요.

2. 자신이 경험한 다양한 사회활동에 대해 기술해 주세요.

3. 지원 직무에 대한 전문성을 키우기 위해 받은 교육과 경험 및 경력사항에 대해 기술해 주세요.

4. 인사업무 또는 팀 과제 수행 중 발생한 갈등을 원만하게 해결해 본 경험이 있습니까? 당시 상황에 대한 설명과 갈등의 대상이 되었던 상대방을 설득한 과정 및 방법을 기술해 주세요.

5. 과거에 있었던 일 중 가장 어려웠었던(힘들었었던) 상황을 고르고, 어떤 방법으로 그 상황을 해결했는지를 기술해 주세요.

PART 4

Tip

자기소개서 작성 방법

① 자기소개서 문항이 묻고 있는 평가 역량 추측하기

예시

- 팀 활동을 하면서 갈등 상황 시 상대방의 니즈나 의도를 명확히 파악하고 해결하여 목표 달성에 기여했던 경험에 대해서 작성해 주시기 바랍니다.
- 다른 사람이 생각해내지 못했던 문제점을 찾고 이를 해결한 경험에 대해 작성해 주시기 바랍니다.

② 해당 역량을 보여줄 수 있는 소재 찾기(시간×역량 매트릭스)

예시

시간 ↔ / 평가역량 ↕

	2021년	2022년	2023년	2024년
도전정신	*대학 발표수업*	*대학 발표수업*	~~*다이어트(헬스)*~~	
대인관계	*대학 발표수업*	*대학 발표수업*		*경영 동아리*
의사소통	*편의점 아르바이트*	~~*군대 작업*~~	*봉사 동아리*	
직무역량			*경영 동아리*	*Book Study*
…				

③ 자기소개서 작성 Skill 익히기

- 두괄식으로 작성하기
- 구체적 사례를 사용하기
- '나'를 중심으로 작성하기
- 직무역량 강조하기
- 경험 사례의 차별성 강조하기

CHAPTER

03 인성검사 소개 및 모의테스트

01 인성검사 유형

인성검사는 지원자의 성격특성을 객관적으로 파악하고 그것이 각 기업에서 필요로 하는 인재상과 가치에 부합하는가를 평가하기 위한 검사입니다. 인성검사는 KPDI(한국인재개발진흥원), K-SAD(한국사회적성개발원), KIRBS(한국행동과학연구소), SHR(에스에이치알) 등의 전문기관을 통해 각 기업의 특성에 맞는 검사를 선택하여 실시합니다. 대표적인 인성검사의 유형에는 크게 다음과 같은 세 가지가 있으며, 채용 대행업체에 따라 달라집니다.

1. KPDI 검사

조직적응성과 직무적합성을 알아보기 위한 검사로 인성검사, 인성역량검사, 인적성검사, 직종별 인적성검사 등의 다양한 검사 도구를 구현합니다. KPDI는 성격을 파악하고 정신건강 상태 등을 측정하고, 직무검사는 해당 직무를 수행하기 위해 기본적으로 갖추어야 할 인지적 능력을 측정합니다. 역량검사는 특정 직무 역할을 효과적으로 수행하는 데 직접적으로 관련 있는 개인의 행동, 지식, 스킬, 가치관 등을 측정합니다.

2. KAD(Korea Aptitude Development) 검사

K-SAD(한국사회적성개발원)에서 실시하는 적성검사 프로그램입니다. 개인의 성향, 지적 능력, 기호, 관심, 흥미도를 종합적으로 분석하여 적성에 맞는 업무가 무엇인가 파악하고, 직무수행에 있어서 요구되는 기초능력과 실무능력을 분석합니다.

3. SHR 직무적성검사

직무수행에 필요한 종합적인 사고 능력을 다양한 적성검사(Paper and Pencil Test)로 평가합니다. SHR의 모든 직무능력검사는 표준화 검사입니다. 표준화 검사는 표본집단의 점수를 기초로 규준이 만들어진 검사이므로 개인의 점수를 규준에 맞추어 해석・비교하는 것이 가능합니다. S(Standardized Tests), H(Hundreds of Version), R(Reliable Norm Data)을 특징으로 하며, 직군・직급별 특성과 선발 수준에 맞추어 검사를 적용할 수 있습니다.

02 인성검사와 면접

인성검사는 특히 면접질문과 관련성이 높습니다. 면접관은 지원자의 인성검사 결과를 토대로 질문을 하기 때문입니다. 일관적이고 이상적인 답변을 하는 것이 가장 좋지만, 실제 시험은 매우 복잡하여 전문가라 해도 일정 성격을 유지하면서 답변을 하는 것이 힘듭니다. 또한, 인성검사에는 라이 스케일(Lie Scale) 설문이 전체 설문 속에 교묘하게 섞여 들어가 있으므로 겉치레적인 답을 하게 되면 회답태도의 허위성이 그대로 드러나게 됩니다. 예를 들어 '거짓말을 한 적이 한 번도 없다.'에 '예'로 답하고, '때로는 거짓말을 하기도 한다.'에 '예'라고 답하여 라이 스케일의 득점이 올라가게 되면 모든 회답의 신빙성이 사라지고 '자신을 돋보이게 하려는 사람'이라는 평가를 받을 수 있으므로 주의해야 합니다. 따라서 모의테스트를 통해 인성검사의 유형과 실제 시험 시 어떻게 문제를 풀어야 하는지 연습해 보고 체크한 부분 중 자신의 단점과 연결되는 부분은 면접에서 질문이 들어왔을 때 어떻게 대처해야 하는지 생각해 보는 것이 좋습니다.

03 유의사항

1. 기업의 인재상을 파악하라!

인성검사를 통해 개인의 성격 특성을 파악하고 그것이 기업의 인재상과 가치에 부합하는지를 평가하는 시험이기 때문에 해당 기업의 인재상을 먼저 파악하고 시험에 임하는 것이 좋습니다. 모의테스트에서 인재상에 맞는 가상의 인물을 설정하고 문제에 답해 보는 것도 많은 도움이 됩니다.

2. 일관성 있는 대답을 하라!

짧은 시간 안에 다양한 질문에 답을 해야 하는데, 그 안에는 중복되는 질문이 여러 번 나옵니다. 이때 앞서 자신이 체크했던 대답을 잘 기억해뒀다가 일관성 있는 답을 하는 것이 중요합니다.

3. 모든 문항에 대답하라!

많은 문제를 짧은 시간 안에 풀려다 보니 다 못 푸는 경우도 종종 생깁니다. 하지만 대답을 누락하거나 끝까지 다 못했을 경우 좋지 않은 결과를 가져올 수도 있으니 최대한 주어진 시간 안에 모든 문항에 답할 수 있도록 해야 합니다.

04 KPDI 모의테스트

※ 모의테스트는 질문 및 답변 유형 연습을 위한 것으로 실제 시험과 다를 수 있습니다.
※ 인성검사는 정답이 따로 없는 유형의 검사이므로 결과지를 제공하지 않습니다.

번호	내용	예	아니요
001	나는 솔직한 편이다.	☐	☐
002	나는 리드하는 것을 좋아한다.	☐	☐
003	법을 어겨서 말썽이 된 적이 한 번도 없다.	☐	☐
004	거짓말을 한 번도 한 적이 없다.	☐	☐
005	나는 눈치가 빠르다.	☐	☐
006	나는 일을 주도하기보다는 뒤에서 지원하는 것을 선호한다.	☐	☐
007	앞일은 알 수 없기 때문에 계획은 필요하지 않다.	☐	☐
008	거짓말도 때로는 방편이라고 생각한다.	☐	☐
009	사람이 많은 술자리를 좋아한다.	☐	☐
010	걱정이 지나치게 많다.	☐	☐
011	일을 시작하기 전 재고하는 경향이 있다.	☐	☐
012	불의를 참지 못한다.	☐	☐
013	처음 만나는 사람과도 이야기를 잘 한다.	☐	☐
014	때로는 변화가 두렵다.	☐	☐
015	나는 모든 사람에게 친절하다.	☐	☐
016	힘든 일이 있을 때 술은 위로가 되지 않는다.	☐	☐
017	결정을 빨리 내리지 못해 손해를 본 경험이 있다.	☐	☐
018	기회를 잡을 준비가 되어 있다.	☐	☐
019	때로는 내가 정말 쓸모없는 사람이라고 느낀다.	☐	☐
020	누군가 나를 챙겨주는 것이 좋다.	☐	☐
021	자주 가슴이 답답하다.	☐	☐
022	나는 내가 자랑스럽다.	☐	☐
023	경험이 중요하다고 생각한다.	☐	☐
024	전자기기를 분해하고 다시 조립하는 것을 좋아한다.	☐	☐

025	감시받고 있다는 느낌이 든다.	☐	☐
026	난처한 상황에 놓이면 그 순간을 피하고 싶다.	☐	☐
027	세상엔 믿을 사람이 없다.	☐	☐
028	잘못을 빨리 인정하는 편이다.	☐	☐
029	지도를 보고 길을 잘 찾아간다.	☐	☐
030	귓속말을 하는 사람을 보면 날 비난하고 있는 것 같다.	☐	☐
031	막무가내라는 말을 들을 때가 있다.	☐	☐
032	장래의 일을 생각하면 불안하다.	☐	☐
033	결과보다 과정이 중요하다고 생각한다.	☐	☐
034	운동은 그다지 할 필요가 없다고 생각한다.	☐	☐
035	새로운 일을 시작할 때 좀처럼 한 발을 떼지 못한다.	☐	☐
036	기분 상하는 일이 있더라도 참는 편이다.	☐	☐
037	업무능력은 성과로 평가받아야 한다고 생각한다.	☐	☐
038	머리가 맑지 못하고 무거운 느낌이 든다.	☐	☐
039	가끔 이상한 소리가 들린다.	☐	☐
040	타인이 내게 자주 고민상담을 하는 편이다.	☐	☐

05 SHR 모의테스트

※ 모의테스트는 질문 및 답변 유형 연습을 위한 것으로 실제 시험과 다를 수 있습니다.
※ 인성검사는 정답이 따로 없는 유형의 검사이므로 결과지를 제공하지 않습니다.

※ 이 성격검사의 각 문항에는 서로 다른 행동을 나타내는 네 개의 문장이 제시되어 있습니다. 이 문장들을 비교하여, 자신의 평소 행동과 가장 가까운 문장을 'ㄱ' 열에 표기하고, 가장 먼 문장을 'ㅁ' 열에 표기하십시오.

01 나는 ___________________

	ㄱ	ㅁ
A. 실용적인 해결책을 찾는다.	☐	☐
B. 다른 사람을 돕는 것을 좋아한다.	☐	☐
C. 세부 사항을 잘 챙긴다.	☐	☐
D. 상대의 주장에서 허점을 잘 찾는다.	☐	☐

02 나는 ___________________

	ㄱ	ㅁ
A. 매사에 적극적으로 임한다.	☐	☐
B. 즉흥적인 편이다.	☐	☐
C. 관찰력이 있다.	☐	☐
D. 임기응변에 강하다.	☐	☐

03 나는 ___________________

	ㄱ	ㅁ
A. 무서운 영화를 잘 본다.	☐	☐
B. 조용한 곳이 좋다.	☐	☐
C. 가끔 울고 싶다.	☐	☐
D. 집중력이 좋다.	☐	☐

04 나는 ___________________

	ㄱ	ㅁ
A. 기계를 조립하는 것을 좋아한다.	☐	☐
B. 집단에서 리드하는 역할을 맡는다.	☐	☐
C. 호기심이 많다.	☐	☐
D. 음악을 듣는 것을 좋아한다.	☐	☐

05 나는 ______________________________

	ㄱ	ㅁ
A. 타인을 늘 배려한다.	☐	☐
B. 감수성이 예민하다.	☐	☐
C. 즐겨하는 운동이 있다.	☐	☐
D. 일을 시작하기 전에 계획을 세운다.	☐	☐

06 나는 ______________________________

	ㄱ	ㅁ
A. 타인에게 설명하는 것을 좋아한다.	☐	☐
B. 여행을 좋아한다.	☐	☐
C. 정적인 것이 좋다.	☐	☐
D. 남을 돕는 것에 보람을 느낀다.	☐	☐

07 나는 ______________________________

	ㄱ	ㅁ
A. 기계를 능숙하게 다룬다.	☐	☐
B. 밤에 잠이 잘 오지 않는다.	☐	☐
C. 한 번 간 길을 잘 기억한다.	☐	☐
D. 불의를 보면 참을 수 없다.	☐	☐

08 나는 ______________________________

	ㄱ	ㅁ
A. 종일 말을 하지 않을 때가 있다.	☐	☐
B. 사람이 많은 곳을 좋아한다.	☐	☐
C. 술을 좋아한다.	☐	☐
D. 휴양지에서 편하게 쉬고 싶다.	☐	☐

09 나는 ____________________

	ㄱ	ㅁ
A. 뉴스보다는 드라마를 좋아한다.	☐	☐
B. 길을 잘 찾는다.	☐	☐
C. 주말엔 집에서 쉬는 것이 좋다.	☐	☐
D. 아침에 일어나는 것이 힘들다.	☐	☐

10 나는 ____________________

	ㄱ	ㅁ
A. 이성적이다.	☐	☐
B. 할 일을 종종 미룬다.	☐	☐
C. 어른을 대하는 게 힘들다.	☐	☐
D. 불을 보면 매혹을 느낀다.	☐	☐

11 나는 ____________________

	ㄱ	ㅁ
A. 상상력이 풍부하다.	☐	☐
B. 예의 바르다는 소리를 자주 듣는다.	☐	☐
C. 사람들 앞에 서면 긴장한다.	☐	☐
D. 친구를 자주 만난다.	☐	☐

12 나는 ____________________

	ㄱ	ㅁ
A. 나만의 스트레스 해소 방법이 있다.	☐	☐
B. 친구가 많다.	☐	☐
C. 책을 자주 읽는다.	☐	☐
D. 활동적이다.	☐	☐

CHAPTER

04 면접전형 가이드

01 면접유형 파악

1. 면접전형의 변화

기존 면접전형에서는 일상적이고 단편적인 대화나 지원자의 첫인상 및 면접관의 주관적인 판단 등에 의해서 입사 결정 여부를 판단하는 경우가 많았습니다. 이러한 면접전형은 면접 내용의 일관성이 결여되거나 직무 관련 타당성이 부족하였고, 면접에 대한 신뢰도에 영향을 주었습니다.

기존 면접(전통적 면접)		능력중심 채용 면접(구조화 면접)
• 일상적이고 단편적인 대화 • 인상, 외모 등 외부 요소의 영향 • 주관적인 판단에 의존한 총점 부여 ⇩ • 면접 내용의 일관성 결여 • 직무관련 타당성 부족 • 주관적인 채점으로 신뢰도 저하	VS	• 일관성 – 직무관련 역량에 초점을 둔 구체적 질문 목록 – 지원자별 동일 질문 적용 • 구조화 – 면접 진행 및 평가 절차를 일정한 체계에 의해 구성 • 표준화 – 평가 타당도 제고를 위한 평가 Matrix 구성 – 척도에 따라 항목별 채점, 개인 간 비교 • 신뢰성 – 면접진행 매뉴얼에 따라 면접위원 교육 및 실습

2. 능력중심 채용의 면접 유형

① 경험 면접
- 목적 : 선발하고자 하는 직무 능력이 필요한 과거 경험을 질문합니다.
- 평가요소 : 직업기초능력과 인성 및 태도적 요소를 평가합니다.

② 상황 면접
- 목적 : 특정 상황을 제시하고 지원자의 행동을 관찰함으로써 실제 상황의 행동을 예상합니다.
- 평가요소 : 직업기초능력과 인성 및 태도적 요소를 평가합니다.

③ 발표 면접
- 목적 : 특정 주제와 관련된 지원자의 발표와 질의응답을 통해 지원자 역량을 평가합니다.
- 평가요소 : 직무수행능력과 인지적 역량(문제해결능력)을 평가합니다.

④ 토론 면접
- 목적 : 토의과제에 대한 의견수렴 과정에서 지원자의 역량과 상호작용능력을 평가합니다.
- 평가요소 : 직무수행능력과 팀워크를 평가합니다.

02 면접유형별 준비 방법

1. 경험 면접

① 경험 면접의 특징

• 주로 직업기초능력에 관련된 지원자의 과거 경험을 심층 질문하여 검증하는 면접입니다.
• 직무능력과 관련된 과거 경험을 평가하기 위해 심층 질문을 하며, 이 질문은 지원자의 답변에 대하여 '꼬리에 꼬리를 무는 형식'으로 진행됩니다.

> • 능력요소, 정의, 심사 기준
>   - 평가하고자 하는 능력요소, 정의, 심사기준을 확인하여 면접위원이 해당 능력요소 관련 질문을 제시합니다.
> • Opening Question
>   - 능력요소에 관련된 과거 경험을 유도하기 위한 시작 질문을 합니다.
> • Follow-up Question
>   - 지원자의 경험 수준을 구체적으로 검증하기 위한 질문입니다.
>   - 경험 수준 검증을 위한 상황(Situation), 임무(Task), 역할 및 노력(Action), 결과(Result) 등으로 질문을 구분합니다.

경험 면접의 형태

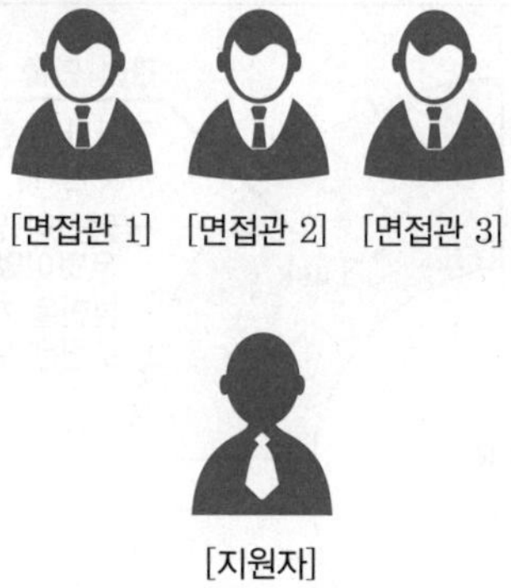

〈일대다 면접〉

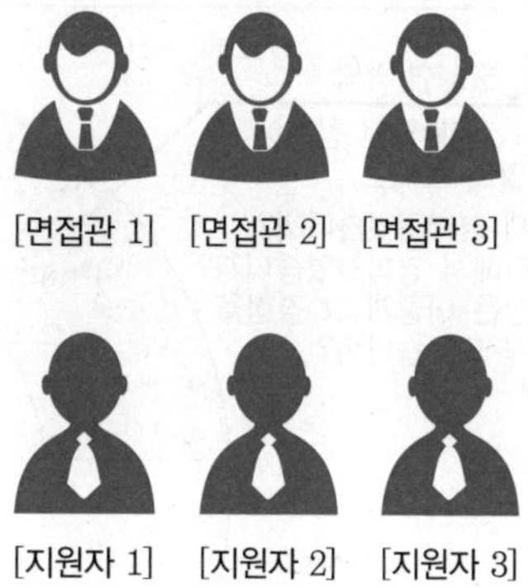

〈다대다 면접〉

② 경험 면접의 구조

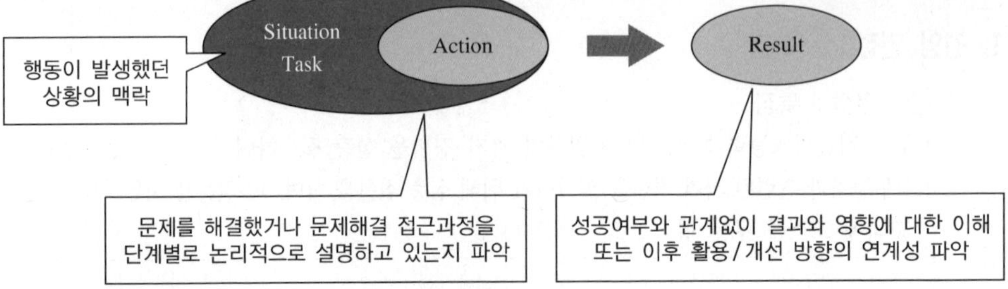

S(Situation)	귀하가 처해 있던 상황에 대해 말해 보시오.
T(Task)	귀하가 수행한 과제 / 과업은 무엇인가?
A(Action)	어떻게 행동(대응)했는가?
R(Result)	그 행동의 결과는 어땠는가?

(　　　　　)에 관한 과거 경험에 대하여 말해 보시오.

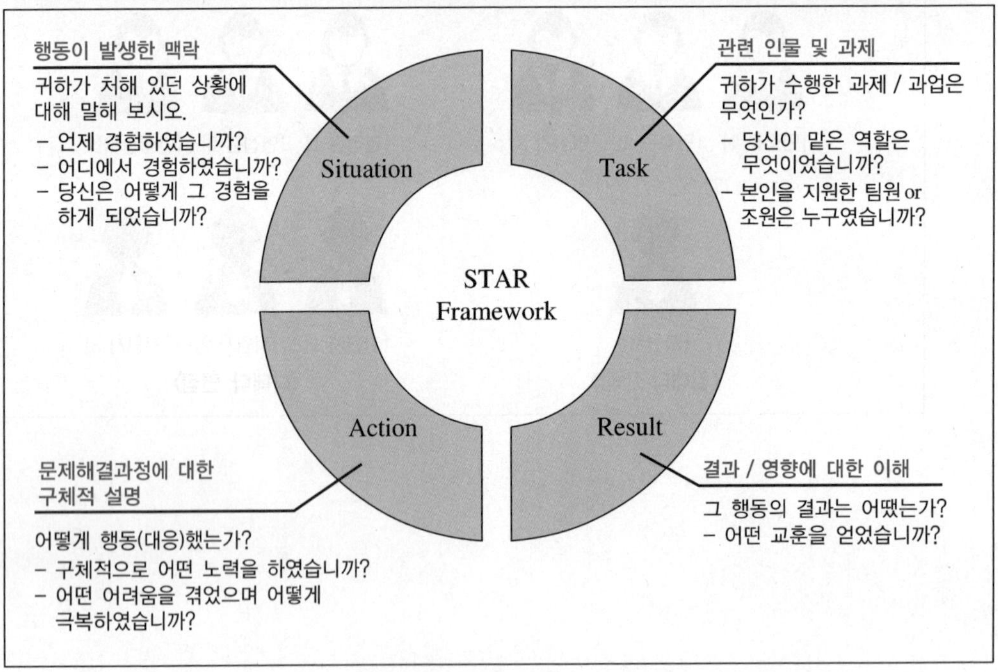

③ 경험 면접 질문 예시(직업윤리)

시작 질문	
1	남들이 신경 쓰지 않는 부분까지 고려하여 절차대로 업무(연구)를 수행하여 성과를 낸 경험을 구체적으로 말해 보시오.
2	조직의 원칙과 절차를 철저히 준수하며 업무(연구)를 수행한 것 중 성과를 향상시킨 경험에 대해 구체적으로 말해 보시오.
3	세부적인 절차와 규칙에 주의를 기울여 실수 없이 업무(연구)를 마무리한 경험을 구체적으로 말해 보시오.
4	조직의 규칙이나 원칙을 고려하여 성실하게 일했던 경험을 구체적으로 말해 보시오.
5	타인의 실수를 바로잡고 원칙과 절차대로 수행하여 성공적으로 업무를 마무리하였던 경험에 대해 말해 보시오.

후속 질문		
상황 (Situation)	상황	구체적으로 언제, 어디에서 경험한 일인가?
		어떤 상황이었는가?
	조직	어떤 조직에 속해 있었는가?
		그 조직의 특성은 무엇이었는가?
		몇 명으로 구성된 조직이었는가?
	기간	해당 조직에서 얼마나 일했는가?
		해당 업무는 몇 개월 동안 지속되었는가?
	조직규칙	조직의 원칙이나 규칙은 무엇이었는가?
임무 (Task)	과제	과제의 목표는 무엇이었는가?
		과제에 적용되는 조직의 원칙은 무엇이었는가?
		그 규칙을 지켜야 하는 이유는 무엇이었는가?
	역할	당신이 조직에서 맡은 역할은 무엇이었는가?
		과제에서 맡은 역할은 무엇이었는가?
	문제의식	규칙을 지키지 않을 경우 생기는 문제점 / 불편함은 무엇인가?
		해당 규칙이 왜 중요하다고 생각하였는가?
역할 및 노력 (Action)	행동	업무 과정의 어떤 장면에서 규칙을 철저히 준수하였는가?
		어떻게 규정을 적용시켜 업무를 수행하였는가?
		규정은 준수하는 데 어려움은 없었는가?
	노력	그 규칙을 지키기 위해 스스로 어떤 노력을 기울였는가?
		본인의 생각이나 태도에 어떤 변화가 있었는가?
		다른 사람들은 어떤 노력을 기울였는가?
	동료관계	동료들은 규칙을 철저히 준수하고 있었는가?
		팀원들은 해당 규칙에 대해 어떻게 반응하였는가?
		규칙에 대한 태도를 개선하기 위해 어떤 노력을 하였는가?
		팀원들의 태도는 당신에게 어떤 자극을 주었는가?
	업무추진	주어진 업무를 추진하는 데 규칙이 방해되진 않았는가?
		업무수행 과정에서 규정을 어떻게 적용하였는가?
		업무 시 규정을 준수해야 한다고 생각한 이유는 무엇인가?

결과 (Result)	평가	규칙을 어느 정도나 준수하였는가?
		그렇게 준수할 수 있었던 이유는 무엇이었는가?
		업무의 성과는 어느 정도였는가?
		성과에 만족하였는가?
		비슷한 상황이 온다면 어떻게 할 것인가?
	피드백	주변 사람들로부터 어떤 평가를 받았는가?
		그러한 평가에 만족하는가?
		다른 사람에게 본인의 행동이 영향을 주었다고 생각하는가?
	교훈	업무수행 과정에서 중요한 점은 무엇이라고 생각하는가?
		이 경험을 통해 느낀 바는 무엇인가?

2. 상황 면접

① 상황 면접의 특징

직무 관련 상황을 가정하여 제시하고 이에 대한 대응능력을 직무관련성 측면에서 평가하는 면접입니다.

- 상황 면접 과제의 구성은 크게 2가지로 구분
  - 상황 제시(Description) / 문제 제시(Question or Problem)
- 현장의 실제 업무 상황을 반영하여 과제를 제시하므로 직무분석이나 직무전문가 워크숍 등을 거쳐 현장성을 높임
- 문제는 상황에 대한 기본적인 이해능력(이론적 지식)과 함께 실질적 대응이나 변수 고려능력(실천적 능력) 등을 고르게 질문해야 함

상황 면접의 형태

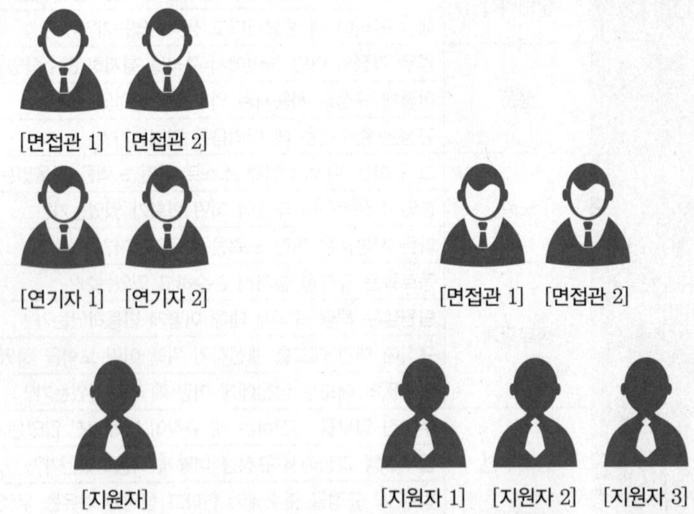

〈시뮬레이션〉 〈문답형〉

② 상황 면접 예시

상황 제시	인천공항 여객터미널 내에는 다양한 용도의 시설(사무실, 통신실, 식당, 전산실, 창고 면세점 등)이 설치되어 있습니다.	실제 업무 상황에 기반함
	금년에 소방배관의 누수가 잦아 메인 배관을 교체하는 공사를 추진하고 있으며, 당신은 이번 공사의 담당자입니다.	배경 정보
	주간에는 공항 운영이 이루어져 주로 야간에만 배관 교체 공사를 수행하던 중, 시공하는 기능공의 실수로 배관 연결 부위를 잘못 건드려 고압배관의 소화수가 누출되는 사고가 발생하였으며, 이로 인해 인근 시설물에 누수에 의한 피해가 발생하였습니다.	구체적인 문제 상황
문제 제시	일반적인 소방배관의 배관연결(이음)방식과 배관의 이탈(누수)이 발생하는 원인에 대해 설명해 보시오.	문제 상황 해결을 위한 기본 지식 문항
	담당자로서 본 사고를 현장에서 긴급히 처리하는 프로세스를 제시하고, 보수완료 후 사후적 조치가 필요한 부분 및 재발방지 방안에 대해 설명해 보시오.	문제 상황 해결을 위한 추가 대응 문항

3. 발표 면접

① 발표 면접의 특징

- 직무관련 주제에 대한 지원자의 생각을 정리하여 의견을 제시하고, 발표 및 질의응답을 통해 지원자의 직무능력을 평가하는 면접입니다.
- 발표 주제는 직무와 관련된 자료로 제공되며, 일정 시간 후 지원자가 보유한 지식 및 방안에 대한 발표 및 후속 질문을 통해 직무적합성을 평가합니다.

- 주요 평가요소
  - 설득적 말하기 / 발표능력 / 문제해결능력 / 직무관련 전문성
- 이미 언론을 통해 공론화된 시사 이슈보다는 해당 직무분야에 관련된 주제가 발표면접의 과제로 선정되는 경우가 최근 들어 늘어나고 있음
- 짧은 시간 동안 주어진 과제를 빠른 속도로 분석하여 발표문을 작성하고 제한된 시간 안에 면접관에게 효과적인 발표를 진행하는 것이 핵심

발표 면접의 형태

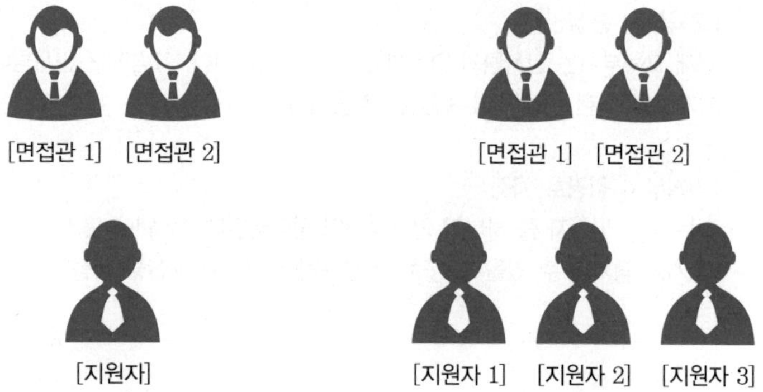

〈개별 과제 발표〉 〈팀 과제 발표〉

※ 면접관에게 시각적 효과를 사용하여 메시지를 전달하는 쌍방향 커뮤니케이션 방식
※ 심층면접을 보완하기 위한 방안으로 최근 많은 기업에서 적극 도입하는 추세

② 발표 면접 예시

1. 지시문

당신은 현재 A사에서 직원들의 성과평가를 담당하고 있는 팀원이다. 인사팀은 지난주부터 사내 조직문화관련 인터뷰를 하던 도중 성과평가제도에 관련된 개선 니즈가 제일 많다는 것을 알게 되었다. 이에 팀장님은 인터뷰 결과를 종합하려 성과평가제도 개선 아이디어를 A4용지에 정리하여 신속 보고할 것을 지시하셨다. 당신에게 남은 시간은 1시간이다. 자료를 준비하는 대로 당신은 팀원들이 모인 회의실에서 5분 간 발표할 것이며, 이후 질의응답을 진행할 것이다.

2. 배경자료

〈성과평가제도 개선에 대한 인터뷰〉

최근 A사는 회사 사세의 급성장으로 인해 작년보다 매출이 두 배 성장하였고, 직원 수 또한 두 배로 증가하였다. 회사의 성장은 임금, 복지에 대한 상승 등 긍정적인 영향을 주었으나 업무의 불균형 및 성과보상의 불평등 문제가 발생하였다. 또한 수시로 입사하는 신입직원과 경력직원, 퇴사하는 직원들까지 인원들의 잦은 변동으로 인해 평가해야 할 대상이 변경되어 현재의 성과평가제도로는 공정한 평가가 어려운 상황이다.

[생산부서 김상호]
우리 팀은 지난 1년 동안 생산량이 급증했기 때문에 수십 명의 신규인력이 급하게 채용되었습니다. 이 때문에 저희 팀장님은 신규 입사자들의 이름조차 기억 못할 때가 많이 있습니다. 성과평가를 제대로 하고 있는지 의문이 듭니다.

[마케팅 부서 김흥민]
개인의 성과평가의 취지는 충분히 이해합니다. 그러나 현재 평가는 실적기반이나 정성적인 평가가 많이 포함되어 있어 객관성과 공정성에는 의문이 드는 것이 사실입니다. 이러한 상황에서 평가제도를 재수립하지 않고, 인센티브에 계속 반영한다면, 평가제도에 대한 반감이 커질 것이 분명합니다.

[교육부서 홍경민]
현재 교육부서는 인사팀과 밀접하게 일하고 있습니다. 그럼에도 인사팀에서 실시하는 성과평가제도에 대한 이해가 부족한 것 같습니다.

[기획부서 김경호 차장]
저는 저의 평가자 중 하나가 연구부서의 팀장님인데, 일 년에 몇 번 같이 일하지 않는데 어떻게 저를 평가할 수 있을까요? 특히 연구팀은 저희가 예산을 배정하는데, 저에게는 좋지만⋯.

4. 토론 면접

① 토론 면접의 특징

- 다수의 지원자가 조를 편성해 과제에 대한 토론(토의)을 통해 결론을 도출해가는 면접입니다.
- 의사소통능력, 팀워크, 종합인성 등의 평가에 용이합니다.

> • 주요 평가요소
>   – 설득적 말하기, 경청능력, 팀워크, 종합인성
> • 의견 대립이 명확한 주제 또는 채용분야의 직무 관련 주요 현안을 주제로 과제 구성
> • 제한된 시간 내 토론을 진행해야 하므로 적극적으로 자신 있게 토론에 임하고 본인의 의견을 개진할 수 있어야 함

토론 면접의 형태

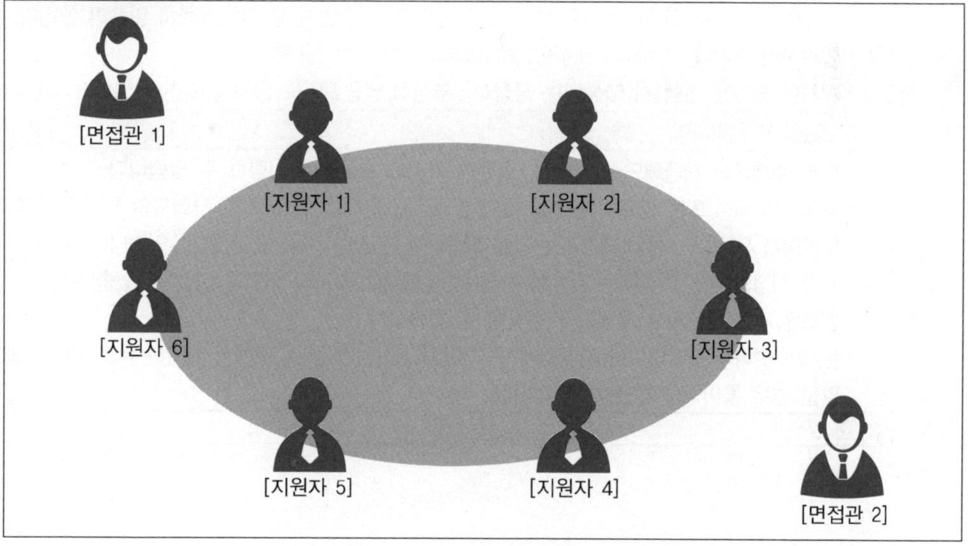

PART 4

② 토론 면접 예시

고객 불만 고충처리
1. 들어가며
최근 우리 상품에 대한 고객 불만의 증가로 고객고충처리 TF가 만들어졌고 당신은 여기에 지원해 배치받았다. 당신의 업무는 불만을 가진 고객을 만나서 애로사항을 듣고 처리해 주는 일이다. 주된 업무로는 고객의 니즈를 파악해 방향성을 제시해 주고 그 해결책을 마련하는 일이다. 하지만 경우에 따라서 고객의 주관적인 의견으로 인해 제대로 된 방향으로 의사결정을 하지 못할 때가 있다. 이럴 경우 설득이나 논쟁을 해서라도 의견을 관철시키는 것이 좋을지 아니면 고객의 의견대로 진행하는 것이 좋을지 결정해야 할 때가 있다. 만약 당신이라면 이러한 상황에서 어떤 결정을 내릴 것인지 여부를 자유롭게 토론해 보시오.
2. 1분 자유 발언 시 준비사항
• 당신은 의견을 자유롭게 개진할 수 있으며 이에 따른 불이익은 없습니다. • 토론의 방향성을 이해하고, 내용의 장점과 단점이 무엇인지 문제를 명확히 말해야 합니다. • 합리적인 근거에 기초하여 개선방안을 명확히 제시해야 합니다. • 제시한 방안을 실행 시 예상되는 긍정적 · 부정적 영향요인도 동시에 고려할 필요가 있습니다.
3. 토론 시 유의사항
• 토론 주제문과 제공해드린 메모지, 볼펜만 가지고 토론장에 입장할 수 있습니다. • 사회자의 지정 또는 발표자가 손을 들어 발언권을 획득할 수 있으며, 사회자의 통제에 따릅니다. • 토론회가 시작되면, 팀의 의견과 논거를 정리하여 1분간의 자유발언을 할 수 있습니다. 순서는 사회자가 지정합니다. 이후에는 자유롭게 상대방에게 질문하거나 답변을 하실 수 있습니다. • 핸드폰, 서적 등 외부 매체는 사용하실 수 없습니다. • 논제에 벗어나는 발언이나 지나치게 공격적인 발언을 할 경우, 위에서 제시한 유의사항을 지키지 않을 경우 불이익을 받을 수 있습니다.

03 면접 Role Play

1. 면접 Role Play 편성

- 교육생끼리 조를 편성하여 면접관과 지원자 역할을 교대로 진행합니다.
- 지원자 입장과 면접관 입장을 모두 경험해 보면서 면접에 대한 적응력을 높일 수 있습니다.

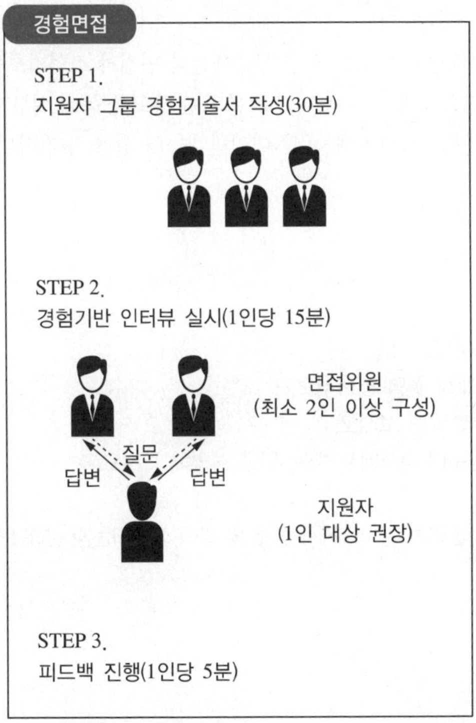

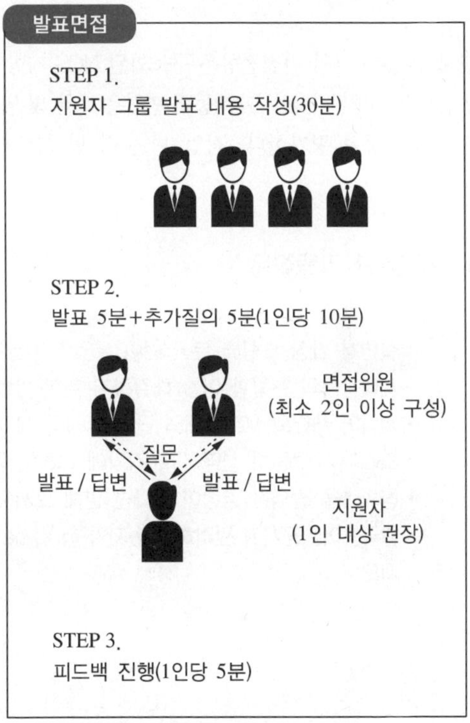

Tip

면접 준비하기

1. 면접 유형 확인 필수
   - 기업마다 면접 유형이 상이하기 때문에 해당 기업의 면접 유형을 확인하는 것이 좋음
   - 일반적으로 실무진 면접, 임원면접 2차례에 거쳐 면접을 실시하는 기업이 많고 실무진 면접과 임원 면접에서 평가요소가 다르기 때문에 유형에 맞는 준비방법이 필요
2. 후속 질문에 대한 사전 점검
   - 블라인드 채용 면접에서는 주요 질문과 함께 후속 질문을 통해 지원자의 직무능력을 판단
     → STAR 기법을 통한 후속 질문에 미리 대비하는 것이 필요

CHAPTER

05 한국농어촌공사 면접 기출질문

한국농어촌공사의 면접전형은 구조화된 NCS 기반의 블라인드 면접으로, 직무수행능력 면접과 직업기초능력 면접으로 진행된다. 직무수행능력 면접은 토론 및 발표 면접으로, 과제에 대한 토론 또는 발표를 통해 실무지식, 직무역량 등을 평가한다. 직업기초능력 면접은 직업윤리, 조직이해능력, 대인관계능력 등을 평가한다.

1. 2024년 기출질문

- 살면서 가장 노력해 본 경험이 무엇인지 말해 보시오.
- 세대갈등의 현황과 이를 해결하기 위한 방법에 대해 설명해 보시오.
- 시니어 세대와 MZ 세대의 단점을 각각 세 가지씩 말해 보시오.
- ESG가 무엇인지 설명하고, 각각에 대하여 한국농어촌공사에서 하는 일을 설명해 보시오.
- 창의력을 발휘한 경험이 있다면 말해 보시오.
- 한국농어촌공사가 관리하는 농지가 총 몇 ha인지 설명하고, 1ha에서 몇 톤의 쌀이 생산되는지 말해 보시오.

2. 2023년 기출질문

- 통합물관리 사업의 활용방안에 대해 말해 보시오.
- 통합물관리 사업과 관련하여 타 기업과 한국농어촌공사의 차이점에 대해 말해 보시오.
- 토목 공사에서 안전사고를 예방하기 위한 위험요소 제거 방안을 말해 보시오.
- 농어촌 지역에서의 신재생 에너지 활용방안을 말해 보시오.
- 현장에서 근무할 때 본인만의 프로세스에 대해 말해 보시오.
- 안전사고가 발생하는 이유에 대해 말해 보시오.
- 안전 관련 경험에 대해 말해 보시오.
- 회의 문화에 대해 말해 보시오.
- 한국농어촌공사 채용 과정에서 준비한 것을 말해 보시오.
- 한국농어촌공사 채용을 준비하면서 인상 깊었던 공사의 사업을 말해 보시오.
- 동료 또는 상사로부터 받은 긍정적인 피드백에 대해 말해 보시오.
- 동료 또는 상사로부터 받은 부정적인 피드백에 대해 말해 보시오.
- 갈등해결을 위해 중요하다고 생각하는 부분에 대해 말해 보시오.
- 한국농어촌공사에 입사하기 위해 가장 필요한 역량을 말해 보시오.

3. 2022년 기출질문

- 농어촌에 필요한 시설에 대해 말해 보시오.
- 타인과 소통하는 데 어려움이 있으면 어떻게 해결할 것인지 말해 보시오.
- 갈등을 해결한 경험에 대해 말해 보시오.
- 한국농어촌공사의 미래먹거리 산업에 대해 말해 보시오.
- 조직원들에게 신뢰를 얻을 수 있는 방법에 대해 말해 보시오.
- 농지연금에 대해 설명해 보시오.
- 직업을 선택할 때 가장 중요하게 생각하는 것을 말해 보시오.
- 코로나 시대에 한국농어촌공사의 역할은 무엇인가?
- 한국농어촌공사의 사업 중에서 관심이 있는 사업에 대해 말해 보시오.
- 입사 후 관심 사업과 관련해 가장 먼저 하고 싶은 것은 무엇인가?
- 청년 일손이 부족한 문제에 대한 해결방법을 말해 보시오.
- 도농 소득격차 문제를 해소할 수 있는 방안에 대해 말해 보시오.
- 스마트팜을 활성화할 수 있는 방안에 대해 말해 보시오.
- 농지가 소멸하는 문제의 원인과 개선 방법에 대해 말해 보시오.
- 농지은행과 관련된 업무를 하게 되면 어떻게 수행할 것인지 말해 보시오.
- 본인은 주변 사람들로부터 어떤 사람으로 여겨지는지 말해 보시오.
- 공익과 사익 중에 무엇이 더 중요한가?
- 무임승차하는 직원이 있다면 어떻게 할 것인지 말해 보시오.
- 규칙을 어기거나 타인이 규칙을 어기는 것을 본 사례가 있었는가?
- 농어촌과 관련하여 최근 본 기사에 대해 말해 보시오.
- 본인이 타인보다 한국농어촌공사에 더 기여할 수 있는 부분이 있는가?
- 한국농어촌공사의 일자리 창출 방안에 대해 말해 보시오.
- 농어촌을 살리기 위해 본인이 할 수 있는 일이 무엇인지 말해 보시오.
- 한국농어촌공사가 나아가야 할 방향에 대해 말해 보시오.
- 한국농어촌공사의 ESG경영에 대해 말해 보시오.
- 민원인이 지속적으로 불합리한 요구를 하는 경우 어떻게 대처할 것인지 말해 보시오.
- 창의적으로 문제를 해결한 경험에 대해 말해 보시오.
- 농촌에서 봉사한 경험에 대해 말해 보시오.

4. 2021년 기출질문

- 자신을 희생하여 다른 사람에게 도움이 된 경험에 대해 말해 보시오.
- 신입사원으로 입사하게 된다면 어떤 상사와 같이 일하고 싶은지 말해 보시오.
- 한국농어촌공사의 사업에 대해 아는 대로 말해 보시오.
- 유체의 정의에 대해 말해 보시오.
- 다른 직원들이 관습상 규정을 지키지 않을 때 어떻게 행동할 것인지 말해 보시오.
- 악성 민원이 접수되면 어떻게 행동할 것인지 말해 보시오.
- 금속과 비금속의 차이점에 대해 말해 보시오.
- 용적형 펌프와 비용적형 펌프의 차이점에 대해 말해 보시오.
- 지원한 직무에서 어떻게 일할 것인지 말해 보시오.
- 자신이 실수한 경험과 이를 극복했던 방법에 대해 말해 보시오.
- 관수로와 개수로에 대해 설명해 보시오.
- 농지은행에 대해 설명해 보시오.
- 농촌 인구감소를 완화할 수 있는 대안을 말해 보시오.
- 저출산의 원인과 대책에 대해 말해 보시오.
- 청년실업에 대한 자신의 견해와 대책에 대해 말해 보시오.
- 스마트워크에 대해 설명해 보시오.
- 침체된 농어촌을 활성화하기 위한 방안을 말해 보시오.
- 농촌 고령화 현상의 대책을 말해 보시오.
- 공기업은 공익과 사익 중 어느 것을 우선하여 추구해야 하는지 말해 보시오.
- FTA가 농업에 미치는 영향에 대해 말해 보시오.
- 도농 교류 증진 방안에 대해 말해 보시오.
- 귀농인을 위한 정부 정책에 대해 말해 보시오.
- 수도권 규제에 대한 자신의 견해를 말해 보시오.
- 한국농어촌공사의 기업 이미지 홍보 방안에 대해 말해 보시오.
- 농촌 사회기반시설 확충 방안에 대해 말해 보시오.

5. 과년도 기출질문

- 스트레스를 어느 상황에서 주로 받는 편이며, 어떻게 해결하고 있는지 말해 보시오.
- 한국농어촌공사가 하고 있는 사업 중에서 가장 잘한 사업이 무엇이라고 생각하며, 그 이유는 무엇인가?
- 비오는 날 근무를 서는 것에 대해 어떻게 생각하는가?
- 4차 산업에서 한국농어촌공사가 할 수 있는 역할과 사업은 무엇이 있는가?
- 한국농어촌공사의 핵심가치를 본인의 가치관과 연관 지어 말해 보시오.
- 본인의 장점에 대해 말해 보시오.
- 순환근무를 할 수도 있는데 괜찮은가?
- 입사 후 맡고 싶은 직무는 무엇인가?
- 입사한다면 어떤 일을 가장 잘할 수 있는가?
- 내부고발자에 대해 어떻게 생각하는가?
- 타인에게 신뢰받았던 경험에 대해 말해 보시오.
- 사람 만나는 것을 좋아하는가?
- 희생했던 경험과 그것을 통해 주변 사람들로 어떤 평가를 받을 수 있었는지 말해 보시오.
- 어릴 적부터 지금까지 농촌에 대한 경험에 대해 말해 보시오.
- 대인관계에서 갈등이 생겼을 때 어떻게 해결하는가?
- 지역과 연관 지어 한국농어촌공사에서 시행할 수 있는 사업에 대하여 제시해 보시오.
- 조직 생활에서 가장 필요한 것은 무엇이라고 생각하는가? 사례를 들어 말해 보시오.
- 고객을 대할 때 가장 중요한 것이 무엇이라고 생각하는가?
- 조직에 적응하기 위해 어떠한 노력을 했는지 말해 보시오.
- 저수지에서 악취발생 민원이 발생했다면 어떻게 조치할 것인가?
- 본인의 별명이 무엇인가?
- 한국농어촌공사가 본인을 뽑아야 하는 이유는 무엇인가?
- 본인의 좌우명은 무엇이고, 왜 그것을 좌우명으로 삼게 되었는가?
- 역량과 성과가 우선인가, 협력과 관계가 우선인가?
- 본인이 면접관이라면 일을 잘하는 사람을 뽑겠는가, 최선을 다하는 사람을 뽑겠는가?
- 도전정신을 가지고 임했던 경험을 말해 보시오.
- 한국농어촌공사는 공무원으로 봐야 하는가, 민간인으로 봐야 하는가?
- 공익과 사익의 차이가 무엇이라고 생각하는가?
- 개발과 보전이 상충할 때, 어떻게 할 것인가?
- 조례와 규칙의 차이를 아는가?

합격의 공식 시대에듀

SDEDU

"오늘 당신의 노력은 아름다운 꽃의 물이 될 것입니다."

그러나, 이 꽃을 볼 때 사람들은 이 꽃의 아름다움과 향기만을 사랑하고 칭찬하였지, 이 꽃을 그렇게 아름답게 어여쁘게 만들어 주는 병 속의 물은 조금도 생각지 않는 것이 보통입니다.

만일 이 꽃병 속에 들어 있는 물을 죄다 쏟아 버리고 빈 병에다 이 꽃을 꽂아 보십시오.

아무리 아름답고 어여쁜 꽃이기로서니 단 한 송이의 꽃을 피울 수 있으며, 단 한 번이라도 꽃 향기를 날릴 수 있겠습니까?

우리는 여기서 아무리 본바탕이 좋고 아름다운 꽃이라도 보이지 않는 물의 숨은 힘이 없으면 도저히 그 빛과 향기를 자랑할 수 없는 것을 알았습니다.

－방정환의 「우리 뒤에 숨은 힘」 중－

S D E U

합격의
공 식
시대에듀

작은 기회로부터 종종 위대한 업적이 시작된다.

– 데모스테네스 –

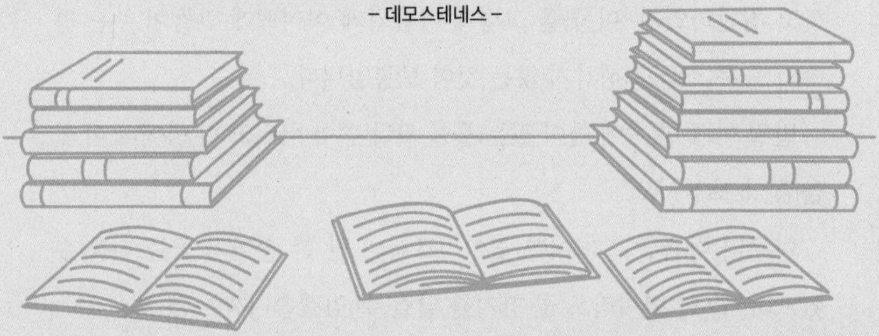

시대에듀

공기업 취업을 위한 NCS 직업기초능력평가 시리즈

NCS부터 전공까지 완벽 학습 "통합서" 시리즈

공기업 취업의 기초부터 차근차근! 취업의 문을 여는 **Master Key!**

NCS 영역 및 유형별 체계적 학습 "집중학습" 시리즈

영역별 이론부터 유형별 모의고사까지! 단계별 학습을 통한 **Only Way!**

2025 최신판

한국 농어촌공사 5·6급

정답 및 해설

NCS+전공+모의고사 3회

편저 | SDC(Sidae Data Center)

판매량 1위 YES24 한국농어촌공사 5·6급

기출복원문제부터 대표기출유형 및 모의고사까지

한 권으로 마무리!

SDC

SDC는 시대에듀 데이터 센터의 약자로 약 30만 개의 NCS·적성 문제 데이터를 바탕으로 최신 출제경향을 반영하여 문제를 출제합니다.

시대에듀

Add+

특별부록

CHAPTER

01 2024년 하반기 주요 공기업 NCS 기출복원문제

01	02	03	04	05	06	07	08	09	10	11	12	13	14	15	16	17	18	19	20
④	③	⑤	③	③	③	④	④	③	⑤	③	④	②	①	③	④	⑤	④	③	④
21	22	23	24	25	26	27	28	29	30	31	32	33	34	35	36	37	38	39	40
⑤	③	②	⑤	⑤	③	③	③	①	①	③	①	②	①	④	③	④	④	④	③
41	42	43	44	45	46	47	48	49	50										
②	③	⑤	③	①	④	④	⑤	②	②										

01

정답 ④

쉼이란 대화 도중에 잠시 침묵하는 것을 말한다. 쉼을 사용하는 대표적인 경우는 다음과 같다.

- 이야기의 전이 시(흐름을 바꾸거나 다른 주제로 넘어갈 때)
- 양해, 동조, 반문의 경우
- 생략, 암시, 반성의 경우
- 여운을 남길 때

위와 같은 목적으로 쉼을 활용함으로써 논리성, 감정 제고, 동질감 등을 확보할 수 있다.

반면, 연단공포증은 면접이나 발표 등 청중 앞에서 이야기할 때 가슴이 두근거리고, 입술이 타고, 식은땀이 나고, 얼굴이 달아오르는 생리적인 현상으로, 쉼과는 관련이 없다. 연단공포증은 90% 이상의 사람들이 호소하는 불안이므로 극복하기 위해서는 연단공포증에 대한 걱정을 떨쳐내고 이러한 심리현상을 잘 통제하여 의사 표현하는 것을 연습해야 한다.

02

정답 ③

미국의 심리학자인 도널드 키슬러는 대인관계 의사소통 방식을 체크리스트로 평가하여 8가지 유형으로 구분하였다. 이 중 친화형은 따뜻하고 배려심이 깊으며, 타인과의 관계를 중시하는 유형이다. 또한 협동적이고 조화로운 성격으로, 자기희생적인 경향이 강하다.

키슬러의 대인관계 의사소통 유형

- 지배형 : 자신감이 있고 지도력이 있으나 논쟁적이고 독단이 강하여 대인 갈등을 겪을 수 있으므로 타인의 의견을 경청하고 수용하는 자세가 필요하다.
- 실리형 : 이해관계에 예민하고 성취 지향적으로 경쟁적인 데다 자기중심적이어서 타인의 입장을 배려하고 관심을 갖는 자세가 필요하다.
- 냉담형 : 이성적인 의지력이 강하고 타인의 감정에 무관심하며 피상적인 대인관계를 유지하므로 타인의 감정 상태에 관심을 가지고 긍정적인 감정을 표현하는 것이 필요하다.
- 고립형 : 혼자 있는 것을 선호하고 사회적 상황을 회피하며 지나치게 자신의 감정을 억제하므로 대인관계의 중요성을 인식하고 타인에 대한 비현실적인 두려움의 근원을 성찰하는 것이 필요하다.
- 복종형 : 수동적이고 의존적이며 자신감이 없으므로 적극적인 자기표현과 주장이 필요하다.
- 순박형 : 단순하고 솔직하며 자기주관이 부족하므로 자기주장을 하는 노력이 필요하다.
- 친화형 : 따뜻하고 인정이 많고 자기희생적이나 타인의 요구를 거절하지 못하므로 타인과의 정서적인 거리를 유지하는 노력이 필요하다.
- 사교형 : 외향적이고 인정하는 욕구가 강하며, 타인에 대한 관심이 많아서 간섭하는 경향이 있고 흥분을 잘 하므로 심리적 안정과 지나친 인정욕구에 대한 성찰이 필요하다.

03

정답 ⑤

철도사고는 달리는 도중에도 발생할 수 있으므로 먼저 인터폰을 통해 승무원에게 사고를 알리고, 열차가 멈춘 후에 안내방송에 따라 비상핸들이나 비상콕크를 돌려 문을 열고 탈출해야 한다. 만일 화재가 발생했을 경우에는 승무원에게 사고를 알리고 곧바로 119에도 신고를 해야 한다.

오답분석

① 침착함을 잃고 패닉에 빠지게 되면, 적절한 행동요령에 따라 대피하기 어렵다. 따라서 사고현장에서 대피할 때는 승무원의 안내에 따라 질서 있게 대피해야 한다.
② 화재사고 발생 시 승객들은 여유가 있을 경우 전동차 양 끝에 비치된 소화기로 초기 진화를 시도해야 한다.
③ 역이 아닌 곳에서 열차가 멈췄을 경우 감전의 위험이 있으므로 반드시 승무원의 안내에 따라 반대편 선로의 열차 진입에 유의하며 대피 유도등을 따라 침착하게 비상구로 대피해야 한다.
④ 전동차에서 대피할 때는 부상자, 노약자, 임산부 등 탈출이 어려운 사람부터 먼저 대피할 수 있도록 배려하고 도와주어야 한다.

04

정답 ③

하향식 읽기 모형은 독자의 배경지식을 바탕으로 글의 맥락을 먼저 파악하는 읽기 전략이다. ③의 경우 제품 설명서를 통해 세부 기능과 버튼별 용도를 파악하고 기계를 작동시켰으므로 상향식 읽기를 수행한 사례이다. 제품 설명서를 하향식으로 읽는다면 제품 설명서를 읽기 전 제품을 보고 배경지식을 바탕으로 어떤 기능이 있는지 예측하고, 해당 기능을 수행하는 세부 방법을 제품 설명서를 통해 찾아봐야 한다.

오답분석

① 회의의 주제에 대한 배경지식을 가지고 회의 안건을 예상한 후 회의 자료를 파악하였으므로 하향식 읽기 모형에 해당한다.
② 헤드라인을 먼저 읽어 배경지식을 바탕으로 전체적인 내용을 파악하고 상세 내용을 읽었으므로 하향식 읽기 모형에 해당한다.
④ 요리에 대한 경험과 지식을 바탕으로 요리 과정을 파악하였으므로 하향식 읽기 모형에 해당한다.
⑤ 해당 분야에 대한 기본적인 지식을 바탕으로 서문이나 목차를 통해 책의 전체적인 흐름을 파악하였으므로 하향식 읽기 모형에 해당한다.

05

정답 ③

농도가 15%인 소금물 200g의 소금의 양은 $200\times\frac{15}{100}=30$g이고, 농도가 20%인 소금물 300g의 소금의 양은 $300\times\frac{20}{100}=60$g이다. 따라서 두 소금물을 섞었을 때의 농도는 $\frac{30+60}{200+300}\times100=\frac{90}{500}\times100=18$%이다.

06

정답 ③

여직원끼리 인접하지 않는 경우는 남직원과 여직원이 번갈아 앉는 경우뿐이다. 이때 여직원 D의 자리를 기준으로 남직원 B가 옆에 앉는 경우를 다음과 같이 나눌 수 있다.

• 첫 번째, 여섯 번째 자리에 여직원 D가 앉는 경우
남직원 B가 여직원 D 옆에 앉는 경우는 1가지뿐으로, 남은 자리에 남직원, 여직원이 번갈아 앉아 경우의 수는 $2\times1\times2!\times2!=8$가지이다.
• 두 번째, 세 번째, 네 번째, 다섯 번째 자리에 여직원 D가 앉는 경우
각 경우에 대하여 남직원 B가 여직원 D 옆에 앉는 경우는 2가지이다. 남은 자리에 남직원, 여직원이 번갈아 앉으므로 경우의 수는 $4\times2\times2!\times2!=32$가지이다.

따라서 구하고자 하는 경우의 수는 $8+32=40$가지이다.

07

정답 ④

제시된 수열은 홀수 항일 때 +12, +24, +48, …이고, 짝수 항일 때 +20인 수열이다.
따라서 빈칸에 들어갈 수는 13+48=61이다.

08

정답 ④

2022년에 중학교에서 고등학교로 진학한 학생의 비율은 99.7%이고, 2023년에 중학교에서 고등학교로 진학한 학생의 비율은 99.6%이다. 따라서 진학한 비율이 감소하였으므로 중학교에서 고등학교로 진학하지 않은 학생의 비율은 증가하였음을 알 수 있다.

오답분석

① 중학교의 취학률이 가장 낮은 해는 97.1%인 2020년이다. 이는 97% 이상이므로 중학교의 취학률은 매년 97% 이상이다.
② 매년 초등학교의 취학률이 가장 높다.
③ 고등교육기관의 취학률은 2020년 이후로 계속해서 70% 이상을 기록하였다.
⑤ 고등교육기관의 취학률이 가장 낮은 해는 2016년이고, 고등학교의 상급학교 진학률이 가장 낮은 해 또한 2016년이다.

09

정답 ③

오답분석

① B기업의 매출액이 가장 많은 때는 2024년 3월이지만, 그래프에서는 2024년 4월의 매출액이 가장 많은 것으로 나타났다.
② 2024년 2월에는 A기업의 매출이 더 많지만, 그래프에서는 B기업이 더 많은 것으로 나타났다.
④ A기업의 매출액이 가장 적은 때는 2024년 4월이지만, 그래프에서는 2024년 3월의 매출액이 가장 적은 것으로 나타났다.
⑤ A기업과 B기업의 매출액의 차이가 가장 큰 때는 2024년 1월이지만, 그래프에서는 2024년 5월과 6월의 매출액 차이가 더 큰 것으로 나타났다.

10

정답 ⑤

스마트 팜 관련 정부 사업 참여 경험은 K사의 강점요인이다. 또한 정부의 적극적인 지원은 스마트 팜 시장 성장에 따른 기회요인이다. 따라서 스마트 팜 관련 정부 사업 참여 경험을 바탕으로 정부의 적극적인 지원을 확보하는 것은 내부의 강점을 통해 외부의 기회요인을 극대화하는 SO전략에 해당한다.

오답분석

①·②·③·④ 외부의 기회를 이용하여 내부의 약점을 보완하는 WO전략에 해당한다.

11

정답 ③

A~F 모두 문맥을 무시하고 일부 문구에만 집착하여 뜻을 해석하고 있으므로 '과대해석의 오류'를 범하고 있다. 과대해석의 오류는 전체적인 상황이나 맥락을 고려하지 않고 특정 단어나 문장에만 집착하여 의미를 해석하는 오류로, 글의 의미를 지나치게 확대하거나 축소하여 생각하고, 문자 그대로의 의미에만 너무 집착하여 다른 가능성이나 해석을 배제하게 되는 논리적 오류이다.

오답분석

① 무지의 오류 : '신은 존재하지 않는다가 증명되지 않았으므로 신은 존재한다.'처럼 증명되지 않았다고 해서 그 반대의 주장이 참이라고 생각하는 오류이다.
② 연역법의 오류 : '조류는 날 수 있다. 펭귄은 조류이다. 따라서 펭귄은 날 수 있다.'처럼 잘못된 삼단논법에 의해 발생하는 논리적 오류이다.
④ 허수아비 공격의 오류 : '저 사람은 과거에 거짓말을 한 적이 있으니 이번에 일어난 사기 사건의 범인이다.'처럼 개별적 인과관계를 입증하지 않고 전혀 상관없는 별개의 논리를 만들어 공격하는 논리적 오류이다.
⑤ 권위나 인신공격에 의존한 논증 : '제정신을 가진 사람이면 그런 주장을 할 수가 없다.'처럼 상대방의 주장 대신 인격을 공격하거나, '최고 권위자인 A교수도 이런 말을 했습니다.'처럼 자신의 논리적인 약점을 권위자를 통해 덮으려는 논리적 오류이다.

12

정답 ④

A~E열차의 운행시간 단위를 시간 단위로, 평균 속력의 단위를 시간당 운행거리로 통일하여 정리하면 다음과 같다.

구분	운행시간	평균 속력	운행거리
A열차	900분=15시간	50m/s=(50×60×60)m/h=180km/h	15×180=2,700km
B열차	10시간 30분=10.5시간	150km/h	10.5×150=1,575km
C열차	8시간	55m/s=(55×60×60)m/h=198km/h	8×198=1,584km
D열차	720분=12시간	2.5km/min=(2.5×60)km/h=150km/h	12×150=1,800km
E열차	10시간	2.7km/min=(2.7×60)m/h=162km/h	10×162=1,620km

따라서 C열차의 운행거리는 네 번째로 길다.

13

정답 ②

K대학교 기숙사 운영위원회는 단순히 '기숙사에 문제가 있다.'라는 큰 문제에서 벗어나 식사, 시설, 통신환경이라는 세 가지 주요 문제를 파악하고 문제별로 다시 세분화하여 더욱 구체적으로 인과관계 및 구조를 파악하여 분석하고 있다. 따라서 제시문에서 나타난 문제해결 절차는 '문제 도출'이다.

문제해결 절차 5단계

1. 문제 인식 : 해결해야 할 전체 문제를 파악하여 우선순위를 정하고 선정 문제에 대한 목표를 명확히 하는 단계
2. 문제 도출 : 선정된 문제를 분석하여 해결해야 할 것이 무엇인지를 명확히 하는 단계로, 현상에 대한 문제를 분해하여 인과관계 및 구조를 파악하는 단계
3. 원인 분석 : 파악된 핵심 문제에 대한 분석을 통해 근본 원인을 도출해 내는 단계
4. 해결안 개발 : 문제로부터 도출된 근본 원인을 효과적으로 해결할 수 있는 최적의 해결 방안을 수립하는 단계
5. 실행 및 평가 : 해결안 개발을 통해 만들어진 실행 계획을 실제 상황에 적용하는 단계로, 해결안을 통해 문제의 원인들을 제거해 나가는 단계

14

정답 ①

공공사업을 위해 투입된 세금을 본래의 목적에 사용하지 않고 무단으로 다른 곳에 쓴 상황이므로 '예정되어 있는 곳에 쓰지 아니하고 다른 데로 돌려서 씀'을 의미하는 '전용(轉用)'이 가장 적절한 단어이다.

오답분석

② 남용(濫用) : 일정한 기준이나 한도를 넘어서 함부로 씀
③ 적용(適用) : 알맞게 이용하거나 맞추어 씀
④ 활용(活用) : 도구나 물건 따위를 충분히 잘 이용함
⑤ 준용(遵用) : 그대로 좇아서 씀

15

정답 ③

시조새는 비대칭형 깃털을 가진 최초의 동물로, 현대의 날 수 있는 조류처럼 바람을 맞는 곳의 깃털은 짧고, 뒤쪽은 긴 형태로 이루어졌으며, 이와 같은 비대칭형 깃털이 양력을 제공하여 짧은 거리의 활강을 가능하게 하였다. 따라서 비행을 하기 위한 시조새의 신체 조건은 날개의 깃털이 비대칭 구조로 형성되어 있는 것이다.

오답분석

① 제시문에서 언급하지 않은 내용이다.
②·④ 세 개의 갈고리 발톱과 척추뼈가 꼬리까지 이어지는 구조는 공룡의 특징을 보여주는 신체 조건이다.
⑤ 시조새는 현대 조류처럼 가슴뼈가 비행에 최적화된 형태로 발달되지 않았다고 언급하고 있다.

16
정답 ④

제시문은 서양의학에 중요한 영향을 준 히포크라테스와 갈레노스에 대해 소개하고 있다. 히포크라테스는 자연적 관찰을 통해 의사를 과학적인 기반 위의 직업으로 만들었으며, 히포크라테스 선서와 같이 전문직업으로써의 윤리적 기준을 마련한 서양의학의 상징이라고 소개하고 있으며, 갈레노스는 실제 해부와 임상 실험을 통해 의학 이론을 증명하고 방대한 저술을 남겨 후대 의학 발전에 큰 영향을 주었음을 설명하고 있다. 따라서 '히포크라테스와 갈레노스가 서양의학에 끼친 영향과 중요성'이 제시문의 주제로 가장 적절하다.

오답분석

① 갈레노스의 의사로서의 이력은 언급하고 있지만, 생애에 대해 구체적으로 밝히는 글은 아니다.
② 갈레노스가 해부와 실험을 통해 의학 이론을 증명하였음을 설명할 뿐이며, 해부학의 발전 과정에 대해 설명하는 글은 아니다.
③ 히포크라테스 선서는 히포크라테스가 서양의학에 남긴 중요한 윤리적 기준이지만, 이를 중심으로 설명하는 글은 아니다.
⑤ 히포크라테스와 갈레노스 모두 4체액설과 같은 부분에서는 현대 의학과는 거리가 있었음을 밝히고 있다.

17
정답 ⑤

'비상구'는 '화재나 지진 따위의 갑작스러운 사고가 일어날 때에 급히 대피할 수 있도록 특별히 마련한 출입구'이다. 따라서 이와 가장 비슷한 단어는 '갇힌 곳에서 빠져나가거나 도망하여 나갈 수 있는 출구'를 의미하는 '탈출구'이다.

오답분석

① 진입로 : 들어가는 길
② 출입구 : 나갔다가 들어왔다가 하는 어귀나 문
③ 돌파구 : 가로막은 것을 쳐서 깨뜨려 통과할 수 있도록 뚫은 통로나 목
④ 여울목 : 여울물(강이나 바다 따위의 바닥이 얕거나 폭이 좁아 물살이 세게 흐르는 곳의 물)이 턱진 곳

18
정답 ④

A열차의 속력을 V_a, B열차의 속력을 V_b라 하고, 터널의 길이를 l, 열차의 전체 길이를 x라 하자.

A열차가 터널을 진입하고 빠져나오는 데 걸린 시간은 $\frac{l+x}{V_a}=14$초이다. B열차가 A열차보다 5초 늦게 진입하고 5초 빠르게 빠져나왔으므로 터널을 진입하고 빠져나오는 데 걸린 시간은 $14-5-5=4$초이다. 그러므로 $\frac{l+x}{V_b}=4$초이다.

따라서 $V_a=14(l+x)$, $V_b=4(l+x)$이므로 $\frac{V_a}{V_b}=\frac{14(l+x)}{4(l+x)}=3.5$배이다.

19
정답 ③

A팀은 5일마다, B팀은 4일마다 회의실을 사용하므로 두 팀이 회의실을 사용하고자 하는 날은 20일마다 겹친다. 첫 번째 겹친 날에 A팀이 먼저 사용했으므로 20일 동안 A팀이 회의실을 사용한 횟수는 4회이다. 두 번째 겹친 날에는 B팀이 사용하므로 40일 동안 A팀이 회의실을 사용한 횟수는 7회이고, 세 번째로 겹친 날에는 A팀이 회의실을 사용하므로 60일 동안 A팀은 회의실을 11회 사용하였다. 이를 표로 정리하면 다음과 같다.

겹친 횟수	첫 번째	두 번째	세 번째	네 번째	다섯 번째	…	$(n-1)$번째	n번째
회의실 사용 팀	A팀	B팀	A팀	B팀	A팀	…	A팀	B팀
A팀의 회의실 사용 횟수	4회	7회	11회	14회	18회	…		

겹친 날을 기준으로 A팀은 9회, B팀은 8회를 사용하였으므로 다음으로는 B팀이 회의실을 사용할 순서이다. 이때, B팀이 m번째로 회의실을 사용할 순서라면 A팀이 이때까지 회의실을 사용한 횟수는 $7m$회이다. 따라서 B팀이 겹친 날을 기준으로 회의실을 8회까지 사용하였고, 9번째로 사용할 순서이므로 이때까지 A팀이 회의실을 사용한 횟수는 최대 $7\times9=63$회이다.

20

정답 ④

마지막 조건에 따라 광물 B는 인회석이고, 광물 B로 광물 C를 긁었을 때 긁힘 자국이 생기므로 광물 C는 인회석보다 무른 광물이다. 한편, 광물 A로 광물 C를 긁었을 때 긁힘 자국이 생기므로 광물 A는 광물 C보다 단단하고, 광물 A로 광물 B를 긁었을 때 긁힘 자국이 생기지 않으므로 광물 A는 광물 B보다는 무른 광물이다. 따라서 가장 단단한 광물은 B이며, 그다음으로 A, C 순으로 단단하다.

오답분석

① 광물 C는 인회석보다 무른 광물이므로 석영이 아니다.
② 광물 A는 인회석보다 무른 광물이지만, 방해석인지는 확인할 수 없다.
③ 가장 무른 광물은 C이다.
⑤ 광물 B는 인회석이므로 모스 굳기 단계는 5단계이다.

21

정답 ⑤

J공사의 지점 근무 인원이 71명이므로 가용 인원수가 부족한 B오피스는 제외된다. 또한, 시설 조건에서 스튜디오와 회의실이 필요하다고 했으므로 스튜디오가 없는 D오피스도 제외된다. 나머지 A, C, E오피스는 모두 교통 조건을 충족하므로 임대비용만 비교하면 된다. A, C, E오피스의 5년 임대비용은 다음과 같다.

- A오피스 : 600만×71×5=213,000만 원 → 21억 3천만 원
- C오피스 : 3,600만×12×5=216,000만 원 → 21억 6천만 원
- E오피스 : (3,800만×12×0.9)×5=205,200만 원 → 20억 5천 2백만 원

따라서 사무실 이전 조건을 바탕으로 가장 저렴한 공유 오피스인 E오피스로 이전할 것이다.

22

정답 ③

에너지바우처를 신청하기 위해서는 소득기준과 세대원 특성기준을 모두 충족해야 한다. C는 생계급여 수급자이므로 소득기준을 충족하고, 65세 이상이므로 세대원 특성기준도 충족한다. 그러나 C의 경우 보장시설인 양로시설에 거주하는 보장시설 수급자이므로 지원 제외 대상이다. 따라서 C는 에너지바우처를 신청할 수 없다.

오답분석

① A의 경우 의료급여 수급자이므로 소득기준을 충족하고, 7세 이하의 영유아가 있으므로 세대원 특성기준도 충족한다. 따라서 에너지바우처를 신청할 수 있다.
② B의 경우 교육급여 수급자이므로 소득기준을 충족하고, 한부모가족이므로 세대원 특성기준도 충족한다. 또한 4인 이상 세대에 해당하므로 바우처 지원금액은 716,300원으로 70만 원 이상이다.
④ 동절기 에너지바우처 지원방법은 요금차감과 실물카드 2가지 방법이 있다. 이 중 D의 경우 연탄보일러를 이용하고 있으므로 실물카드를 받아 연탄을 직접 결제하는 방식으로 지원받아야 한다.
⑤ E의 경우 생계급여 수급자이므로 소득기준을 충족하고, 희귀질환을 앓고 있는 어머니가 세대원으로 있으므로 세대원 특성기준도 충족한다. 또한 2인 세대에 해당하므로 하절기 바우처 지원금액인 73,800원이 지원된다. 이때, 하절기는 전기요금 고지서에서 요금을 자동으로 차감해 주므로 전기비에서 73,800원이 차감될 것이다.

23

정답 ②

A가족과 B가족 모두 소득기준과 세대원 특성기준이 에너지바우처 신청기준을 충족한다. A가족의 경우 5명이므로 총 716,300원을 지원받을 수 있다. 그러나 이미 연탄쿠폰을 발급받았으므로 동절기 에너지바우처는 지원받을 수 없다. 따라서 하절기 지원금액인 117,000원을 지원받는다. B가족의 경우 2명이므로 총 422,500원을 지원받을 수 있으며, 지역난방을 이용 중이므로 하절기와 동절기 모두 요금차감의 방식으로 지원받는다. 따라서 두 가족의 에너지바우처 지원 금액은 117,000+422,500=539,500원이다.

24

정답 ⑤

제시된 프로그램은 'result'의 초기 값을 0으로 정의한 후 'result' 값이 2를 초과할 때까지 하위 명령을 실행하는 프로그램이다. 이때 'result' 값을 1 증가시킨 후 그 값을 출력하고, 다시 1을 빼므로 0 → 1 → 1 출력 → 0 → 1 → 1 출력 → 0 → 1 → 1 출력 → … 과정을 무한히 반복하게 된다. 따라서 1이 무한히 출력된다.

25

정답 ⑤

ROUND 함수는 인수를 지정한 자릿수로 반올림한 값을 구하는 함수로, 「=ROUND(인수,자릿수)」로 표현한다. 이때 자릿수는 다음과 같이 나타낸다.

만의 자리	천의 자리	백의 자리	십의 자리	일의 자리	소수점 첫째 자리	소수점 둘째 자리	소수점 셋째 자리
−4	−3	−2	−1	0	1	2	3

따라서 「=ROUND(D2,−1)」는 [D2] 셀에 입력된 117.3365의 값을 십의 자리로 반올림하여 나타내므로, 출력되는 값은 120이다.

26

정답 ③

제시문은 ADHD의 원인과 치료 방법에 대한 글이다. 첫 번째 문단에서는 ADHD가 유전적 원인에 의해 발생한다고 설명하고, 두 번째 문단에서는 환경적 원인에 의해 발생한다고 설명하고 있다. 이를 종합하면 ADHD가 다양한 원인이 복합적으로 작용하는 질환임을 알 수 있다. 또한 빈칸 뒤에서도 다양한 원인에 부합하는 맞춤형 치료와 환경 조성이 필요하다고 하였으므로 빈칸에 들어갈 내용으로 가장 적절한 것은 ③이다.

27

정답 ③

~율/률의 앞 글자가 'ㄱ' 받침을 가지고 있으므로 '출석률'이 옳은 표기이다.

~율과 ~률의 구별

- ~율 : 앞 글자의 받침이 없거나 받침이 'ㄴ'인 경우 → 비율, 환율, 백분율
- ~률 : 앞 글자의 받침이 있는 경우(단, 'ㄴ' 받침 제외) → 능률, 출석률, 이직률, 합격률

28

정답 ③

남성 합격자 수와 여성 합격자 수의 비율이 2 : 3이므로 여성 합격자는 48명이다.
남성 불합격자 수와 여성 불합격자 수가 모두 a명이라 하면 다음과 같이 정리할 수 있다.

(단위 : 명)

구분	합격자	불합격자	전체 지원자
남성	$2b=32$	a	$a+2b$
여성	$3b=48$	a	$a+3b$

남성 전체 지원자 수는 $(a+32)$명이고, 여성 전체 지원자 수는 $(a+48)$명이다.

$(a+32):(a+48)=6:7$

→ $6\times(a+48)=7\times(a+32)$

→ $a=(48\times6)-(32\times7)$

∴ $a=64$

따라서 전체 지원자 수는 $2a+5b=(64\times2)+(16\times5)=128+80=208$명이다.

29

정답 ①

A씨는 2023년에는 9개월 동안 K공사에 근무하였다. (건강보험료)=(보수월액)×(건강보험료율)이고, 2023년 1월 1일 이후 (장기요양보험료)=(건강보험료)×$\frac{\text{(장기요양보험료율)}}{\text{(건강보험료율)}}$이므로 (장기요양보험료)=(보수월액)×(건강보험료율)×$\frac{\text{(장기요양보험료율)}}{\text{(건강보험료율)}}$이다.

그러므로 (보수월액)=$\frac{\text{(장기요양보험료)}}{\text{(장기요양보험료율)}}$이다.

따라서 A씨의 2023년 장기요양보험료는 35,120원이므로 보수월액은 $\frac{35,120}{0.9082\%}=\frac{35,120}{0.9082}\times100 ≒ 3,866,990$원이다.

30

정답 ①

'가명처리'란 개인정보의 일부를 삭제하거나 일부 또는 전부를 대체하는 등의 방법으로 추가 정보가 없이는 특정 개인을 알아볼 수 없도록 처리하는 것을 말한다(개인정보보호법 제2조 제1의2호).

오답분석

② 개인정보보호법 제2조 제3호
③ 개인정보보호법 제2조 제1호 가목
④ 개인정보보호법 제2조 제2호

31

정답 ③

「=COUNTIF(범위,조건)」 함수는 조건을 만족하는 범위 내 인수의 개수를 셈하는 함수이다. 이때, 열 전체에 적용하려면 해당 범위에서 숫자를 제외하면 된다. 따라서 B열에서 값이 100 이하인 셀의 개수를 구하는 함수는 「=COUNTIF(B:B,"<=100")」이다.

32

정답 ①

- 초등학생의 한 달 용돈의 합계는 B열부터 E열까지 같은 행에 있는 금액의 합이다. 따라서 (A)에 들어갈 함수는 「=SUM(B2:E2)」이다.
- 한 달 용돈이 150,000원 이상인 학생 수는 [F2] 셀부터 [F7] 셀까지 금액이 150,000원 이상인 셀의 개수로 구할 수 있다. 따라서 (B)에 들어갈 함수는 「=COUNTIF(F2:F7,">=150,000")」이다.

33

정답 ②

빅데이터 분석을 기획하고자 할 때는 먼저 범위를 설정한 다음 프로젝트를 정의해야 한다. 그 후에 수행 계획을 수립하고 위험 계획을 수립해야 한다.

34

정답 ①

㉠ 짜깁기 : 기존의 글이나 영화 따위를 편집하여 하나의 완성품으로 만드는 일
㉡ 뒤처지다 : 어떤 수준이나 대열에 들지 못하고 뒤로 처지거나 남게 되다.

오답분석

- 짜집기 : 짜깁기의 비표준어형
- 뒤쳐지다 : 물건이 뒤집혀서 젖혀지다.

35

정답 ④

공문서에서 날짜를 작성할 때 날짜 다음에 괄호를 사용할 경우에는 마침표를 찍지 않아야 한다.

공문서 작성 시 유의사항

- 한 장에 담아내는 것이 원칙이다.
- 마지막엔 반드시 '끝'자로 마무리한다.
- 날짜 다음에 괄호를 사용할 경우에는 마침표를 찍지 않는다.
- 복잡한 내용은 항목별로 구분한다('–다음–', 또는 '–아래–').
- 대외문서이며 장기간 보관되는 문서이므로 정확하게 기술한다.

36

정답 ③

영서가 1시간 동안 빚을 수 있는 만두의 수를 x개, 어머니가 1시간 동안 빚을 수 있는 만두의 수를 y개라 할 때 다음 식이 성립한다.

$\frac{2}{3}(x+y)=60$ ⋯ ㉠

$y=x+10$ ⋯ ㉡

㉠$\times\frac{3}{2}$에 ㉡을 대입하면

$x+(x+10)=90$

$\rightarrow 2x=80$

$\therefore\ x=40$

따라서 영서는 혼자서 1시간 동안 40개의 만두를 빚을 수 있다.

37

정답 ④

- 1,000 이상 10,000 미만
  맨 앞과 맨 뒤의 수가 같은 경우는 $1\sim9$의 수가 올 수 있으므로 9가지이고, 각각의 경우에 따라 두 번째 수와 네 번째 수로 $0\sim9$의 수가 올 수 있으므로 경우의 수는 10가지이다. 그러므로 모든 네 자리 대칭수의 개수는 $9\times10=90$개이다.
- 10,000 이상 50,000 미만
  맨 앞과 맨 뒤의 수가 같은 경우는 1, 2, 3, 4의 수가 올 수 있으므로 4가지이고, 각각의 경우에 따라 두 번째 수와 네 번째 수로 $0\sim9$의 수가 올 수 있으므로 경우의 수는 10가지, 그 각각의 경우에 따라 세 번째에 올 수 있는 수 또한 $0\sim9$의 수가 올 수 있으므로 경우의 수는 10가지이다. 그러므로 $10,000\sim50,000$ 사이의 대칭수의 개수는 $4\times10\times10=400$개이다.

따라서 1,000 이상 50,000 미만의 모든 대칭수의 개수는 $90+400=490$개이다.

38

정답 ④

어떤 자연수의 모든 자릿수의 합이 3의 배수일 때, 그 자연수는 3의 배수이다. 그러므로 2+5+□의 값이 3의 배수일 때, 25□는 3의 배수이다. 2+5=7이므로, 7+□의 값이 3의 배수가 되도록 하는 □의 값은 2, 5, 8이다. 따라서 가능한 모든 수의 합은 2+5+8=15이다.

39

정답 ④

바이올린(V), 호른(H), 오보에(O), 플루트(F) 중 첫 번째 조건에 따라 호른과 바이올린을 묶었을 때 가능한 경우는 $3!=6$가지로 다음과 같다.

- (HV) – O – F
- (HV) – F – O
- F – (HV) – O
- O – (HV) – F
- F – O – (HV)
- O – F – (HV)

이때 두 번째 조건에 따라 오보에는 플루트 왼쪽에 위치하지 않으므로 (HV) – O – F, O – F – (HV) 2가지는 제외된다.
따라서 왼쪽에서 두 번째 칸에는 바이올린, 호른, 오보에만 위치할 수 있으므로 플루트는 배치할 수 없다.

40

정답 ③

사회적 기업은 수익 창출을 통해 자립적인 운영을 추구하고, 사회적 문제 해결과 경제적 성장을 동시에 달성하려는 특징을 가진 기업 모델로, 영리 조직에 해당한다.

영리 조직과 비영리 조직

- 영리 조직 : 이윤 추구를 주된 목적으로 하는 집단으로, 일반적인 사기업이 해당된다.
- 비영리 조직 : 사회적 가치 실현을 위해 공익을 추구하는 집단으로 자선단체, 의료기관, 교육기관, 비정부기구(NGO) 등이 해당된다.

41

정답 ②

$(\text{영업이익률})=\frac{(\text{영업이익})}{(\text{매출액})}\times 100$이고, 영업이익을 구하기 위해서는 매출총이익을 먼저 계산해야 한다. 따라서 2022년 4분기의 매출총이익은 $60-80=-20$십억 원이고, 영업이익은 $-20-7=-27$십 억 원이므로 영업이익률은 $-\frac{27}{60}\times 100=-45\%$이다.

42

정답 ③

1시간은 3,600초이므로 36초는 $36\text{초}\times\frac{1\text{시간}}{3,600\text{초}}=0.01$시간이다. 그러므로 무빙워크의 전체 길이는 $5\times 0.01=0.05$km이다.

따라서 무빙워크와 같은 방향으로 4km/h의 속력으로 걸을 때의 속력은 $5+4=9$km/h이므로 걸리는 시간은 $\frac{0.05}{9}=\frac{5}{900}=\frac{5}{900}\times\frac{3,600\text{초}}{1\text{시간}}=20$초이다.

43

정답 ⑤

제시된 순서도는 result 값이 6을 초과할 때까지 2씩 증가하고, result 값이 6을 초과하면 그 값을 출력하는 순서도이다.
따라서 result 값이 5일 때 2를 더하여 $5+2=7$이 되어 6을 초과하므로 출력되는 값은 7이다.

44

정답 ③

방문 사유 → 파손 관련(NO) → 침수 관련(NO) → 데이터 복구 관련(YES) → ◎ 출력 → STOP
따라서 출력되는 도형은 ◎이다.

45

정답 ①

상품코드의 맨 앞 자릿수가 '9'이므로 2～7번째 자릿수의 이진코드 변환 규칙은 'ABBABA'를 따른다. 이를 변환하면 다음과 같다.

3	8	7	6	5	5
A	B	B	A	B	A
0111101	0001001	0010001	0101111	0111001	0110001

따라서 주어진 수를 이진코드로 바르게 변환한 것은 ①이다.

46

정답 ④

안전 스위치를 누르는 동안에만 스팀이 나온다고 하였으므로 안전 스위치를 누르는 등의 외부 입력이 없다면 스팀은 발생하지 않는다.

오답분석

① 기본형 청소구로 카펫를 청소하면 청소 효율이 떨어질 뿐이며, 카펫 청소는 가능하다고 언급되어 있다.
② 스팀 청소 완료 후 충분히 식지 않은 상태에서 통을 분리하면 뜨거운 물이 새어 나와 화상의 위험이 있다고 언급되어 있다.
③ 기본형 청소구의 돌출부를 누른 상태에서 잡아당기면 좁은 흡입구를 꺼낼 수 있다고 언급되어 있다.
⑤ 스팀 청소구의 물통에 물을 채우는 작업, 걸레판에 걸레를 부착하는 작업 모두 반드시 전원을 분리한 상태에서 진행해야 한다고 언급되어 있다.

47

정답 ④

바닥에 물이 남는다면 스팀 청소구를 좌우로 자주 기울이지 않도록 주의하거나 젖은 걸레를 교체해야 한다.

48

정답 ⑤

팀 목표를 달성하도록 팀원을 격려하는 환경을 조성하기 위해서는 동료의 피드백이 필요하다. 긍정이든 부정이든 피드백이 없다면 팀원들은 개선을 이루거나 탁월한 성과를 내고자 하는 노력을 게을리하게 된다.

동료의 피드백을 장려하는 4단계

1. 간단하고 분명한 목표와 우선순위를 설정하라.
2. 행동과 수행을 관찰하라.
3. 즉각적인 피드백을 제공하라.
4. 뛰어난 수행성과에 대해 인정하라.

49

정답 ②

업무적으로 내적 동기를 유발하기 위해서는 업무 관련 교육을 꾸준히 하여야 한다.

내적 동기를 유발하는 방법

- 긍정적 강화법 활용하기
- 새로운 도전의 기회 부여하기
- 창의적인 문제해결법 찾기
- 자신의 역할과 행동에 책임감 갖기
- 팀원들을 지도 및 격려하기
- 변화를 두려워하지 않기
- 지속적인 교육 실시하기

50

정답 ②

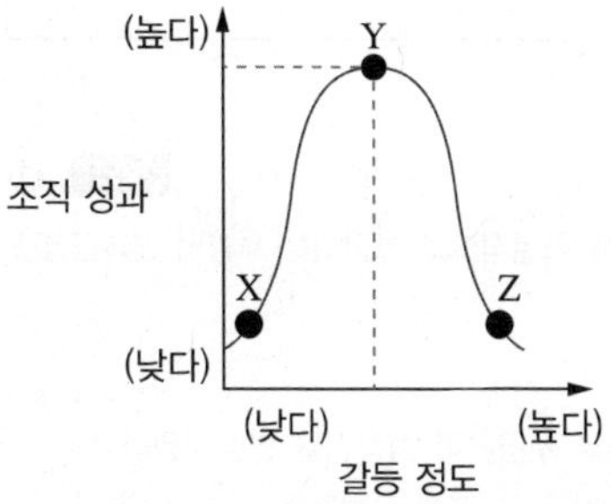

갈등 정도와 조직 성과에 대한 그래프에서 갈등이 X점 수준일 때에는 조직 내부의 의욕이 상실되고 환경의 변화에 대한 적응력도 떨어져 조직 성과가 낮아진다. 갈등이 Y점 수준일 때에는 갈등의 순기능이 작용하여 조직 내부에 생동감이 넘치고 변화 지향적이며 문제해결능력이 발휘되어 조직 성과가 높아진다. 반면, 갈등이 Z점 수준일 때에는 오히려 갈등의 역기능이 작용하여 조직 내부에 혼란과 분열이 발생하고 조직 구성원들이 비협조적이 되어 조직 성과는 낮아지게 된다.

02 2024 ~ 2023년 주요 공기업 전공 기출복원문제

01 경영학

01	02	03	04	05	06	07	08	09	10	11	12	13	14	15	16	17	18	19	20
③	⑤	④	③	⑤	④	③	③	①	①	④	②	①	③	④	①	④	③	③	④
21	22	23	24	25															
④	③	③	④	④															

01

정답 ③

테일러의 과학적 관리법은 하루 작업량을 과학적으로 설정하고 과업 수행에 따른 임금을 차별적으로 설정하는 차별적 성과급제를 시행한다.

오답분석

①·② 시간연구와 동작연구를 통해 표준 노동량을 정하고 해당 노동량에 따라 임금을 지급하여 생산성을 향상시킨다.
④ 각 과업을 전문화하여 관리한다.
⑤ 근로자가 노동을 하는 데 필요한 최적의 작업조건을 유지한다.

02

정답 ⑤

기능목록제도는 종업원별로 기능보유색인을 작성하여 데이터베이스에 저장하여 인적자원관리 및 경력개발에 활용하는 제도이며, 근로자의 직무능력 평가에 있어 필요한 정보를 파악하기 위해 개인능력평가표를 활용한다.

오답분석

① 자기신고제도 : 근로자에게 본인의 직무내용, 능력수준, 취득자격 등에 대한 정보를 직접 자기신고서에 작성하여 신고하게 하는 제도이다.
② 직능자격제도 : 직무능력을 자격에 따라 등급화하고 해당 자격을 취득하는 경우 직위를 부여하는 제도이다.
③ 평가센터제도 : 근로자의 직무능력을 객관적으로 발굴 및 육성하기 위한 제도이다.
④ 직무순환제도 : 담당직무를 주기적으로 교체함으로써 직무 전반에 대한 이해도를 높이는 제도이다.

03

정답 ④

데이터베이스 마케팅(DB 마케팅)은 고객별로 맞춤화된 서비스를 제공하기 위해 정보 기술을 이용하여 고객의 정보를 데이터베이스로 구축하여 관리하는 마케팅 전략이다. 이를 위해 고객의 성향, 이력 등 관련 정보가 필요하므로 기업과 고객 간 양방향 의사소통을 통해 1 : 1 관계를 구축하게 된다.

04

정답 ③

공정성 이론에 따르면 공정성 유형은 크게 절차적 공정성, 상호작용적 공정성, 분배적 공정성으로 나누어진다.
- 절차적 공정성 : 과정통제, 접근성, 반응속도, 유연성, 적정성
- 상호작용적 공정성 : 정직성, 노력, 감정이입
- 분배적 공정성 : 형평성, 공평성

05

정답 ⑤

e−비즈니스 기업은 비용절감 등을 통해 더 낮은 가격으로 우수한 품질의 상품 및 서비스를 제공할 수 있다는 장점이 있다.

06

정답 ④

조직시민행동은 조직 구성원의 내재적 만족으로 인해 촉발되므로 구성원에 대한 처우가 합리적일수록 자발적으로 일어난다.

07

정답 ③

협상을 통해 공동의 이익을 확대(Win − Win)하는 것은 통합적 협상의 특징이다.

분배적 협상과 통합적 협상의 비교
- 분배적 협상
  - 고정된 자원을 대상으로 합리적인 분배를 위해 진행하는 협상이다.
  - 한정된 자원량으로 인해 제로섬 원칙이 적용되어 갈등이 발생할 가능성이 많다.
  - 당사자 간 이익 확보를 목적으로 하며, 협상 참여자 간 관계는 단기적인 성격을 나타낸다.
- 통합적 협상
  - 당사자 간 이해관계를 조율하여 더 큰 이익을 추구하기 위해 진행하는 협상이다.
  - 협상을 통해 확보할 수 있는 자원량이 변동될 수 있어 갈등보다는 문제해결을 위해 노력한다.
  - 협상 참여자의 이해관계, 우선순위 등이 달라 장기적인 관계를 가지고 통합적인 문제해결을 추구한다.

08

정답 ③

워크 샘플링법은 전체 작업과정에서 무작위로 많은 관찰을 실시하여 직무활동에 대한 정보를 얻는 방법으로, 여러 직무활동을 동시에 기록하기 때문에 전체 직무의 모습을 파악할 수 있다.

오답분석

① 관찰법 : 조사자가 직접 조사대상과 생활하면서 관찰을 통해 자료를 수집하는 방법이다.
② 면접법 : 조사자가 조사대상과 직접 대화를 통해 자료를 수집하는 방법이다.
④ 질문지법 : 설문지로 조사내용을 작성하고 자료를 수집하는 방법이다.
⑤ 연구법 : 기록물, 통계자료 등을 토대로 자료를 수집하는 방법이다.

09

정답 ①

가구, 가전제품 등은 선매품에 해당한다. 전문품에는 명품제품, 자동차, 아파트 등이 해당한다.

10

정답 ①

연속생산은 동일제품을 대량생산하기 때문에 규모의 경제가 적용되어 여러 가지 제품을 소량생산하는 단속생산에 비해 단위당 생산원가가 낮다.

오답분석

② 연속생산의 경우 표준화된 상품을 대량으로 생산함에 따라 운반에 따른 자동화 비율이 매우 높고, 속도가 빨라 운반비용이 적게 소요된다.
③·④ 제품의 수요가 다양하거나 제품의 수명이 짧은 경우 단속생산 방식이 적합하다.
⑤ 연속생산은 작업자의 숙련도와 관계없이 작업에 참여가 가능하다.

11

정답 ④

ELS는 주가연계증권으로, 사전에 정해진 조건에 따라 수익률이 결정되며 만기가 있다.

오답분석

① 주가연계펀드(ELF)에 대한 설명이다.
② 주가연계파생결합사채(ELB)에 대한 설명이다.
③ 주가지수연동예금(ELD)에 대한 설명이다.
⑤ 주가연계신탁(ELT)에 대한 설명이다.

12

정답 ②

브룸은 동기 부여에 대해 기대이론을 적용하여 기대감, 수단성, 유의성을 통해 구성원의 직무에 대한 동기 부여를 결정한다고 주장하였다.

오답분석

① 로크의 목표설정이론에 대한 설명이다.
③ 매슬로의 욕구 5단계이론에 대한 설명이다.
④ 맥그리거의 XY이론에 대한 설명이다.
⑤ 허즈버그의 2요인이론에 대한 설명이다.

13

정답 ①

시장세분화 단계에서는 시장을 기준에 따라 세분화하고, 각 세분시장의 고객 프로필을 개발하여 차별화된 마케팅을 실행한다.

오답분석

②·③ 표적시장 선정 단계에서는 각 세분시장의 매력도를 평가하여 표적시장을 선정한다.
④ 포지셔닝 단계에서는 각각의 시장에 대응하는 포지셔닝을 개발하고 전달한다.
⑤ 재포지셔닝 단계에서는 자사와 경쟁사의 경쟁위치를 분석하여 포지셔닝을 조정한다.

14

정답 ③

수익이 많고 안정적이어서 현상을 유지하는 것이 필요한 사업은 현금젖소(Cash Cow)이다. 스타(Star)는 성장률과 시장 점유율이 모두 높아 추가적인 자금흐름을 통해 성장시킬 필요가 있는 사업을 의미한다.

BCG 매트릭스의 영역

- 물음표(Question Mark) : 성장률은 높으나 점유율이 낮아 수익이 적고 현금흐름이 마이너스인 사업이다.
- 스타(Star) : 성장률과 시장 점유율이 모두 높아 수익이 많고, 더 많은 투자를 통해 수익을 증대하는 사업이다.
- 현금젖소(Cash Cow) : 성장률은 낮으나 점유율이 높아 안정적인 수익이 확보되는 사업으로, 투자 금액이 유지·보수 차원에서 머물게 되어 자금 투입보다 자금 산출이 많다.
- 개(Dog) : 성장률과 시장 점유율이 모두 낮아 수익이 적거나 마이너스인 사업이다.

15

정답 ④

변혁적 리더십에서는 구성원의 성과 측정뿐만 아니라 구성원들을 리더로 얼마나 육성했는지도 중요한 평가 요소라 할 수 있다.

16

정답 ①

감정적 치유는 서번트 리더십의 구성요소에 해당한다.

변혁적 리더십의 구성요소

- 카리스마 : 변혁적 리더십의 가장 핵심적인 구성요소로, 명확한 비전을 제시하고 집합적인 행동을 위해 동기를 부여하며, 환경 변화에 민감하게 반응하는 일련의 과정을 의미한다.
- 영감적 동기화 : 구성원에게 영감을 주고 격려를 통해 동기를 부여하는 것을 의미한다.
- 지적 자극 : 구성원들이 기존 조직의 가치관, 신념, 기대 등에 대해 끊임없이 의문을 가지도록 지원하는 것을 의미한다.
- 개별 배려 : 구성원을 개별적으로 관리하며, 개인적인 욕구, 관심 등을 파악하여 만족시키고자 하는 것을 의미한다.

17

정답 ④

매트릭스 조직은 기존의 기능별 조직 구조 상태를 유지하면서 특정한 프로젝트를 수행할 때는 다른 부서의 인력과도 함께 일하는 조직설계 방식으로, 서로 다른 부서 구성원이 함께 일하면서 효율적인 자원 사용과 브레인스토밍을 통한 창의적인 대안 도출도 가능하다.

오답분석

① 매트릭스 조직은 조직목표와 외부 환경 간 발생하는 갈등이 내재하여 갈등과 혼란을 초래할 수 있다.
② 복수의 상급자를 상대해야 하므로 역할에 대한 갈등 등으로 구성원이 심한 스트레스에 노출될 수 있다.
③ 힘의 균형이 치우치게 되면 조직의 구성이 깨지기 때문에 경영자의 개입 등으로 힘의 균형을 유지하기 위한 노력이 필요하다.

18

정답 ③

가치사슬(Value Chain)은 기업의 경쟁적 지위를 파악하고 이를 향상할 수 있는 지점을 찾기 위해 사용하는 모형으로, 고객에게 가치를 제공함에 있어서 부가가치 창출에 직·간접적으로 관련된 일련의 활동·기능·프로세스의 연계를 뜻한다. 가치사슬의 각 단계에서 가치를 높이는 활동을 어떻게 수행할 것인지, 비즈니스 과정이 어떻게 개선될 수 있는지를 조사·분석하여야 한다.

가치사슬 분석의 효과
- 프로세스 혁신 : 생산, 물류, 서비스 등 기업의 전반적 경영활동을 혁신할 수 있다.
- 원가 절감 : 낭비요소를 사전에 파악하여 제거함으로써 원가를 절감할 수 있다.
- 품질 향상 : 기술개발 등을 통해 더욱 양질의 제품을 생산할 수 있다.
- 기간 단축 : 조달, 물류, CS 등을 분석하여 고객에게 제품을 더욱 빠르게 납품할 수 있다.

19

정답 ③

- (당기순이익)=(총수익)−(총비용)=35억−20억=15억 원
- (기초자본)=(기말자본)−(당기순이익)=65억−15억=50억 원
- (기초부채)=(기초자산)−(기초자본)=100억−50억=50억 원

20

정답 ④

상위에 있는 욕구를 충족시키지 못하면 하위에 있는 욕구는 더욱 크게 증가하여, 하위욕구를 충족시키기 위해 훨씬 더 많은 노력이 필요하게 된다.

오답분석

① 심리학자 앨더퍼가 인간의 욕구에 대해 매슬로의 욕구 5단계설을 발전시켜 주장한 이론이다.
②·③ 존재욕구를 기본적 욕구로 정의하며, 관계욕구, 성장욕구로 계층화하였다.

21

정답 ④

사업 다각화는 무리하게 추진할 경우 수익성에 악영향을 줄 수 있다는 단점이 있다.

오답분석

① 지속적인 성장을 추구하여 미래 유망산업에 참여하고, 구성원에게 더 많은 기회를 줄 수 있다.
② 기업이 한 가지 사업만 영위하는 데 따르는 위험에 대비할 수 있다.
③ 보유자원 중 남는 자원을 활용하여 범위의 경제를 실현할 수 있다.

22

정답 ③

종단분석은 시간과 비용의 제약으로 인해 표본 규모가 작을수록 좋으며, 횡단분석은 집단의 특성 또는 차이를 분석해야 하므로 표본이 일정 규모 이상일수록 정확하다.

23

정답 ③

채권이자율이 시장이자율보다 높아지면 채권가격은 액면가보다 높은 가격에 거래된다. 단, 만기에 가까워질수록 채권가격이 하락하여 가격위험에 노출된다.

오답분석

①·②·④ 채권이자율이 시장이자율보다 낮은 할인채에 대한 설명이다.

24

정답 ④

물음표(Question Mark) 사업은 신규 사업 또는 현재 시장점유율은 낮으나, 향후 성장 가능성이 높은 사업이다. 기업 경영 결과에 따라 개(Dog) 사업 또는 스타(Star) 사업으로 바뀔 수 있다.

오답분석

① 스타(Star) 사업 : 성장 가능성과 시장점유율이 모두 높아서 계속 투자가 필요한 유망 사업이다.
② 현금젖소(Cash Cow) 사업 : 높은 시장점유율로 현금창출은 양호하나, 성장 가능성은 낮은 사업이다.
③ 개(Dog) 사업 : 성장 가능성과 시장점유율이 모두 낮아 철수가 필요한 사업이다.

25

정답 ④

테일러의 과학적 관리법에서는 작업에 사용하는 도구 등을 표준화하여 관리 비용을 낮추고 효율성을 높이는 것을 추구한다.

오답분석

① 과학적 관리법의 특징 중 동기부여에 대한 설명이다.
② 과학적 관리법의 특징 중 표준화에 대한 설명이다.
③ 과학적 관리법의 특징 중 통제에 대한 설명이다.

02 경제학

01	02	03	04	05	06	07	08	09	10	11	12	13	14	15					
⑤	②	①	④	⑤	①	④	③	③	③	④	③	①	③	②					

01

정답 ⑤

가격탄력성이 1보다 크면 탄력적이라고 할 수 있다.

오답분석

①·② 수요의 가격탄력성은 가격의 변화에 따른 수요의 변화를 의미하는 것으로, 분모는 상품 가격의 변화량을 상품 가격으로 나눈 값이고, 분자는 수요량의 변화량을 수요량으로 나눈 값이다.
③ 대체재가 많을수록 해당 상품 가격 변동에 따른 수요의 변화는 더 크게 반응하게 된다.

02

정답 ②

GDP 디플레이터는 명목 GDP를 실질 GDP로 나누어 물가상승 수준을 예측할 수 있는 물가지수로, 국내에서 생산된 모든 재화와 서비스 가격을 반영한다. 따라서 GDP 디플레이터를 구하는 계산식은 (명목 GDP)÷(실질 GDP)×100이다.

03

정답 ①

한계소비성향은 소비의 증가분을 소득의 증가분으로 나눈 값으로, 소득이 1,000만 원 늘었을 때 현재 소비자들의 한계소비성향이 0.7이므로 소비는 700만 원이 늘었다고 할 수 있다. 따라서 소비의 변화폭은 700이다.

04

정답 ④

㉠ 환율이 상승하면 제품을 수입하기 위해 더 많은 원화를 필요로 하고, 이에 따라 수입이 감소하게 되므로 순수출이 증가한다.
㉡ 국내이자율이 높아지면 국내자산 투자수익률이 좋아져 해외로부터 자본유입이 확대되고, 이에 따라 환율은 하락한다.
㉢ 국내물가가 상승하면 상대적으로 가격이 저렴한 수입품에 대한 수요가 늘어나 환율은 상승한다.

05

정답 ⑤

독점적 경쟁시장은 광고, 서비스 등 비가격경쟁이 가격경쟁보다 더 활발히 진행된다.

06

정답 ①

케인스학파는 경기침체 시 정부가 적극적으로 개입하여 총수요의 증대를 이끌어야 한다고 주장하였다.

오답분석

② 고전학파의 거시경제론에 대한 설명이다.
③ 케인스학파의 거시경제론에 대한 설명이다.
④ 고전학파의 이분법에 대한 설명이다.
⑤ 케인스학파의 화폐중립성에 대한 설명이다.

07

정답 ④

오답분석

① 매몰비용의 오류 : 이미 투입한 비용과 노력 때문에 경제성이 없는 사업을 지속하여 손실을 키우는 것을 의미한다.
② 감각적 소비 : 제품을 구입할 때, 품질, 가격, 기능보다 디자인, 색상, 패션 등을 중시하는 소비 패턴을 의미힌다.
③ 보이지 않는 손 : 개인의 사적 영리활동이 사회 전체의 공적 이익을 증진시키는 것을 의미한다.
⑤ 희소성 : 사람들의 욕망에 비해 그 욕망을 충족시켜 주는 재화나 서비스가 부족한 현상을 의미한다.

08

정답 ③

- (실업률)=(실업자)÷(경제활동인구)×100
- (경제활동인구)=(취업자)+(실업자)

∴ 5,000÷(20,000+5,000)×100=20%

09

정답 ③

(한계비용)=(총비용 변화분)÷(생산량 변화분)

- 생산량이 50일 때 총비용 : 16(평균비용)×50(생산량)=800
- 생산량이 100일 때 총비용 : 15(평균비용)×100(생산량)=1,500

따라서 한계비용은 700÷50=14이다.

10

정답 ③

노트북 1대를 생산할 때 A국이 B국보다 기회비용이 더 적으므로 A국은 노트북 생산에 비교우위가 있고, TV 1대를 생산할 때 B국이 A국보다 기회비용이 더 적으므로 B국은 TV 생산에 비교우위가 있다.

구분	노트북 1대	TV 1대
A국	TV 0.75	노트북 1.33
B국	TV 1.25	노트북 0.8

11

정답 ④

다이내믹 프라이싱의 단점은 소비자 후생이 감소해 소비자의 만족도가 낮아진다는 것이다. 이로 인해 기업이 소비자의 불만에 직면할 수 있다는 리스크가 발생한다.

12

정답 ③

㉡ 빅맥 지수는 동질적으로 판매되는 상품의 가치는 동일하다는 가정에서 나라별 화폐로 해당 제품의 가격을 평가하여 구매력을 비교하는 것이다.

㉢ 맥도날드의 대표적 햄버거인 빅맥 가격을 기준으로 한 이유는 전 세계에서 가장 동질적으로 판매되고 있기 때문이며, 이처럼 품질, 크기, 재료가 같은 물건이 세계 여러 나라에서 팔릴 때 나라별 물가를 비교하기 수월하다.

오답분석

㉠ 빅맥 지수는 영국 경제지인 이코노미스트에서 최초로 고안하였다.

㉣ 빅맥 지수에 사용하는 빅맥 가격은 제품 가격만 반영하고 서비스 가격은 포함하지 않기 때문에 나라별 환율에 대한 상대적 구매력 평가 외에 다른 목적으로 사용하기에는 측정값이 정확하지 않다.

13

정답 ①

확장적 통화정책은 국민소득을 증가시켜 이에 따른 보험료 인상 등 세수확대 요인으로 작용한다.

오답분석

② 이자율이 하락하고, 소비 및 투자가 증가한다.

③·④ 긴축적 통화정책이 미치는 영향이다.

14

정답 ③

토지, 설비 등이 부족하면 한계 생산가치가 떨어지기 때문에 노동자를 많이 고용하는 게 오히려 손해이다. 따라서 노동 수요곡선은 왼쪽으로 이동한다.

오답분석

① 노동 수요는 재화에 대한 수요가 아닌 재화를 생산하기 위해 파생되는 수요이다.

② 상품 가격이 상승하면 기업은 더 많은 제품을 생산하기 위해 노동자를 더 많이 고용한다.

④ 노동에 대한 인식이 긍정적으로 변화하면 노동시장에 더 많은 노동력이 공급된다.

15

정답 ②

S씨가 최선의 선택을 하려면 순편익이 가장 높은 운동을 골라야 한다.

- 헬스 : $5-3=2$만 원
- 수영 : $7-2=5$만 원
- 자전거 : $8-5=3$만 원
- 달리기 : $4-3=1$만 원

따라서 S씨가 할 수 있는 최선의 선택은 수영이다.

03 법학

01	02	03	04	05															
④	①	③	⑤	②															

01

정답 ④

근로자참여 및 협력증진에 관한 법은 집단적 노사관계법으로, 노동조합과 사용자단체 간의 노사관계를 규율한 법이다. 노동조합 및 노동관계조정법, 근로자참여 및 협력증진에 관한 법, 노동위원회법, 교원의 노동조합설립 및 운영 등에 관한 법률, 공무원직장협의회법 등이 이에 해당한다.

나머지는 근로자와 사용자의 근로계약을 체결하는 관계에 대해 규율한 법으로, 개별적 근로관계법이라고 한다. 근로기준법, 최저임금법, 산업안전보건법, 직업안정법, 남녀고용평등법, 선원법, 산업재해보상보험법, 고용보험법 등이 이에 해당한다.

02

정답 ①

용익물권은 타인의 토지나 건물 등 부동산의 사용가치를 지배하는 제한물권으로, 민법상 지상권, 지역권, 전세권이 이에 속한다.

용익물권의 종류
- 지상권 : 타인의 토지에 건물이나 수목 등을 설치하여 사용하는 물권
- 지역권 : 타인의 토지를 자기 토지의 편익을 위하여 이용하는 물권
- 전세권 : 전세금을 지급하고 타인의 토지 또는 건물을 사용·수익하는 물권

03

정답 ③

- 선고유예 : 형의 선고유예를 받은 날로부터 2년이 경과한 때에는 면소된 것으로 간주한다(형법 제60조).
- 집행유예 : 양형의 조건을 참작하여 그 정상에 참작할 만한 사유가 있는 때에는 1년 이상 5년 이하의 기간 형의 집행을 유예할 수 있다(형법 제62조 제1항).

04

정답 ⑤

몰수의 대상(형법 제48조 제1항)
1. 범죄행위에 제공하였거나 제공하려고 한 물건
2. 범죄행위로 인하여 생겼거나 취득한 물건
3. 제1호 또는 제2호의 대가로 취득한 물건

05

정답 ②

상법상 법원에는 상사제정법(상법전, 상사특별법령, 상사조약), 상관습법, 판례, 상사자치법(회사의 정관, 이사회 규칙), 보통거래약관, 조리 등이 있다. 조례는 해당되지 않는다.

04 행정학

01	02	03	04	05	06	07	08	09	10	11	12	13	14	15	16	17			
④	④	③	④	③	②	④	②	②	④	①	②	②	②	②	①	②			

01

정답 ④

목적세는 통일성의 원칙에 대한 예외이다. 통일성의 원칙에 대한 예외로는 특별회계, 기금, 목적세, 수입대체경비, 수입금마련지출이 있다.

오답분석

① 단일성의 원칙에 대한 예외로는 추가경정예산, 특별회계, 기금이 있다.
② 사전의결의 원칙에 대한 예외로는 준예산, 사고이월, 예비비 지출, 전용, 긴급재정경제처분이 있다.
③ 한계성의 원칙에 대한 예외로는 예산의 이용, 전용, 국고채무부담행위, 계속비, 이월(명시이월, 사고이월), 지난 연도 수입, 지난 연도 지출, 조상충용, 추가경정예산, 예비비가 해당된다.

02

정답 ④

정책의 대략적인 방향을 정책결정자가 정하고 정책집행자들은 이 목표의 구체적인 집행에 필요한 폭넓은 재량권을 위임받아 정책을 집행하는 유형은 재량적 실험가형에 해당한다.

03

정답 ③

현대에는 민주주의의 심화 및 분야별 전문 민간기관의 성장에 따라 정부 등 공식적 참여자보다 비공식적 참여자의 중요도가 높아지고 있다.

오답분석

① 의회와 지방자치단체는 정부, 사법부 등과 함께 대표적인 공식적 참여자에 해당된다.
② 정당과 NGO, 언론 등은 비공식적 참여자에 해당된다.
④ 사회적 의사결정에서 정부의 역할이 줄어들면 비공식적 참여자가 해당 역할을 대체하므로 중요도가 높아진다.

04

정답 ④

효율 증대에 따른 이윤 추구라는 경제적 결정이 중심인 기업경영의 의사결정에 비해, 정책문제는 사회효율 등 수단적 가치뿐만 아니라 형평성, 공정성 등 목적적 가치들도 고려가 필요하므로 고려사항이 더 많고 복잡하다는 특성을 갖는다.

05

정답 ③

회사모형은 사이어트와 마치가 주장한 의사결정 모형으로, 준독립적이고 느슨하게 연결되어 있는 조직들의 상호 타협을 통해 의사결정이 이루어진다고 설명한다.

오답분석

① 드로어는 최적모형에 따른 의사결정 모형을 제시했다.
② 합리적 결정과 점증적 결정이 누적 및 혼합되어 의사결정이 이루어진다고 본 것은 혼합탐사모형이다.
④ 정책결정 단계를 초정책결정 단계, 정책결정 단계, 후정책결정 단계로 구분하여 설명한 것은 최적모형이다.

06

정답 ②

ㄱ. 호혜조직의 1차적 수혜자는 조직 구성원이 맞으나, 은행, 유통업체는 사업조직에 해당되며, 노동조합, 전문가단체, 정당, 사교클럽, 종교단체 등이 호혜조직에 해당된다.

ㄷ. 봉사조직의 1차적 수혜자는 이들과 접촉하는 일반적인 대중이다.

07

정답 ④

특수한 경우를 제외하고 일반적으로 해당 구성원 간 동일한 인사 및 보수 체계를 적용받는 구분은 직급이다.

08

정답 ②

실적주의에서는 개인의 역량, 자격에 따라 인사행정이 이루어지기 때문에 정치적 중립성 확보가 강조되지만, 엽관주의에서는 정치적 충성심 및 기여도에 따라 인사행정이 이루어지기 때문에 조직 수반에 대한 정치적 정합성이 더 강조된다.

오답분석

③ 공공조직에서 엽관주의적 인사가 이루어지는 경우 정치적 충성심에 따라 구성원이 변경되므로, 정치적 사건마다 조직 구성원들의 신분유지 여부에 변동성이 생겨 불안정해진다.

09

정답 ②

발생주의 회계는 거래가 발생한 기간에 기록하는 원칙으로, 영업활동 관련 기록과 현금 유출입이 일치하지 않지만, 수익 및 비용을 합리적으로 일치시킬 수 있다는 장점이 있다.

오답분석

①·③·④·⑤ 현금흐름 회계에 대한 설명이다.

10

정답 ④

ㄴ. X이론에서는 부정적인 인간관을 토대로 보상과 처벌, 권위적이고 강압적인 지도성을 경영전략으로 강조한다.

ㄹ. Y이론의 적용을 위한 대안으로 권한의 위임 및 분권화, 직무 확대, 업무수행능력의 자율적 평가, 목표 관리전략 활용, 참여적 관리 등을 제시하였다.

오답분석

ㄷ. Y이론에 따르면 인간은 긍정적이고 적극적인 존재이므로, 직접적 통제보다는 자율적 통제가 더 바람직한 경영전략이라고 보았다.

11

정답 ①

독립합의형 중앙인사기관의 위원들은 임기를 보장받으며, 각 정당의 추천인사나 초당적 인사로 구성되는 등 중립성을 유지하기 유리하다는 장점을 지닌다. 이로 인해 행정부 수반에 의하여 임명된 기관장 중심의 비독립단독형 인사기관에 비해 엽관주의 영향을 최소화하고, 실적 중심의 인사행정을 실현하기에 유리하다.

오답분석

② 비독립단독형 인사기관은 합의에 따른 의사결정 과정을 거치지 않으므로, 의견 불일치 시 조율을 하는 시간이 불필요하여 상대적으로 의사결정이 신속히 이루어진다.

③ 비독립단독형 인사기관은 기관장의 의사가 강하게 반영되는 만큼 책임소재가 분명한 데 비해, 독립합의형 인사기관은 다수의 합의에 따라 의사결정이 이루어지므로 책임소재가 불분명하다.

④ 독립합의형 인사기관의 개념에 대한 옳은 설명이다.

12

정답 ②

㉠ 정부가 시장에 대해 충분한 정보를 확보하는 데 실패함으로써 정보 비대칭에 따른 정부실패가 발생한다.
㉢ 정부행정은 단기적 이익을 중시하는 정치적 이해관계의 영향을 받아 사회에서 필요로 하는 바보다 단기적인 경향을 보인다. 이처럼 정치적 할인율이 사회적 할인율보다 높기 때문에 정부실패가 발생한다.

오답분석

㉡ 정부는 독점적인 역할을 수행하기 때문에 경쟁에 따른 개선효과가 미비하여 정부실패가 발생한다.
㉣ 정부의 공공재 공급은 사회적 무임승차를 유발하여 지속가능성을 저해하기 때문에 정부실패가 발생한다.

13

정답 ②

공익, 자유, 복지는 행정의 본질적 가치에 해당한다.

행정의 가치
- 본질적 가치(행정을 통해 실현하려는 궁극적인 가치) : 정의, 공익, 형평, 복지, 자유, 평등
- 수단적 가치(본질적 가치 달성을 위한 수단적인 가치) : 합법성, 능률성, 민주성, 합리성, 효과성, 가외성, 생산성, 신뢰성, 투명성

14

정답 ②

영국의 대처주의와 미국의 레이거노믹스는 경쟁과 개방, 위임의 원칙을 강조하는 신공공관리론에 입각한 정치기조이다.

오답분석

① 뉴거버넌스는 시민 및 기업의 참여를 통한 공동생산을 지향하며, 민영화와 민간위탁을 통한 서비스의 공급은 뉴거버넌스가 제시되기 이전 거버넌스의 내용이다.
③ 뉴거버넌스는 정부가 사회의 문제해결을 주도하는 것이 아니라, 민간 주체들이 논의를 주도할 수 있도록 조력자의 역할을 하는 것을 추구한다.
④ 신공공관리론은 정부실패의 대안으로 등장하였으며, 작고 효율적인 시장지향적 정부를 추구한다.

15

정답 ②

네트워크를 통한 기기 간의 연결을 활용하지 않으므로 사물인터넷을 사용한 것이 아니다.

오답분석

① 스마트 팜을 통해 각종 센서를 기반으로 온도와 습도, 토양 등에 대한 정보를 정확하게 확인하고 필요한 영양분(물, 비료, 농약 등)을 시스템이 알아서 제공해 주는 것은 사물인터넷을 활용한 경우에 해당된다.
③ 커넥티드 카는 사물인터넷 기술을 통해 통신망에 연결된 차량으로, 가속기, 브레이크, 속도계, 주행 거리계, 바퀴 등에서 운행 데이터를 수집하여 운전자 행동과 차량 상태를 모두 모니터링할 수 있다.

16

정답 ①

ㄱ. 강임 : 현재보다 낮은 직급으로 임명하는 것으로, 수직적 인사이동에 해당한다.
ㄴ. 승진 : 직위가 높아지는 것으로, 수직적 인사이동에 해당한다.

오답분석

ㄷ. 전보 : 동일 직급 내에서 다른 관직으로 이동하는 것으로, 수평적 인사이동에 해당한다.
ㄹ. 전직 : 직렬을 변경하는 것으로, 수평적 인사이동에 해당한다.

17

정답 ②

국립공원 입장료는 2007년에 폐지되었다.

오답분석

ㄱ. 2023년 5월에 문화재보호법이 개정되면서 국가지정문화재 보유자 및 기관에 대해 정부 및 지방자치단체가 해당 비용을 지원할 수 있게 되어, 많은 문화재에 대한 관람료가 면제되었다. 그러나 이는 요금제가 폐지된 것이 아니라 법규상 유인책에 따라 감면된 것에 해당된다. 원론적으로 국가지정문화재의 소유자가 관람자로부터 관람료를 징수할 수 있음은 유효하기도 했다. 2023년 8월 새로운 개정을 통해 해당 법에서 칭하던 '국가지정문화재'가 '국가지정문화유산'으로 확대되었다.

05 토목학

01	02	03	04	05															
②	⑤	①	⑤	②															

01

정답 ②

집중하중 P에 의한 B지점에서의 작용 모멘트는 $M_{B,1}=\frac{P\times a^2\times b}{L^2}$ 이다.

등분포하중 w에 의한 B지점에서의 작용 모멘트는 $M_{B,2}=\frac{wL^2}{12}$ 이다.

따라서 중첩의 원리에 의해 B지점에서 작용하는 전체 모멘트는 $M_{B,1}+M_{B,2}=\frac{P\times a^2\times b}{L^2}+\frac{wL^2}{12}=\frac{12Pa^2b+wL^4}{12L^2}$ 이다.

02

정답 ⑤

오답분석

① 삼각측량 : 삼각형의 한 변의 길이와 두 각을 측정하여 다른 두 변의 길이를 산정하는 측량이다.
② 수준측량 : 레벨과 표적 등을 이용하여 지표 위에 있는 점의 표고를 측정하는 측량이다.
③ 측지측량 : 지구의 형상, 크기, 곡률을 고려하여 반경 11km를 초과하는 구간을 측정하는 측량으로, 1등 삼각측량이 이에 속한다.
④ 평면측량 : 지구의 형상, 크기, 곡률을 고려하지 않고 반경 11km 이내인 구간을 평면으로 가정하여 실시하는 측량이다.

03

정답 ①

표고가 1,000m, 해발이 3,000m이므로 촬영고도는 3,000−1,000=2,000m이다. 초점거리가 200mm인 사진기를 이용하므로 사진 축척은 $m=\frac{H}{f}=\frac{2,000}{0.2}=10,000$이고, 유효면적은 $A=\{(10,000\times0.2)\times(1-0.5)\}\times\{(10,000\times0.2)\times(1-0.4)\}=1,200,000\text{m}^2$ 이다.

따라서 안전율이 0.2이고 사진 매수가 180매이므로 $180=\frac{F}{1,200,000}\times(1+0.2)$에서 실제 면적은 $F=180\times\frac{1,200,000}{1.2}=180,000,000\text{m}^2=180\text{km}^2$ 이다.

04

정답 ⑤

평면선형의 구성요소는 크게 직선, 원곡선, 완화곡선으로 나뉜다. 이때 배향곡선과 복합곡선은 원곡선의 종류 중 하나이다.

05

정답 ②

길이가 L인 단순보에 등분포하중 w가 작용할 때, 중앙점에서의 최대처짐량(δ)은 $\frac{5wL^4}{384EI}$이다. 따라서 $k=\frac{5}{384}$이다.

행운이란 100%의 노력 뒤에 남는 것이다.

– 랭스턴 콜만 –

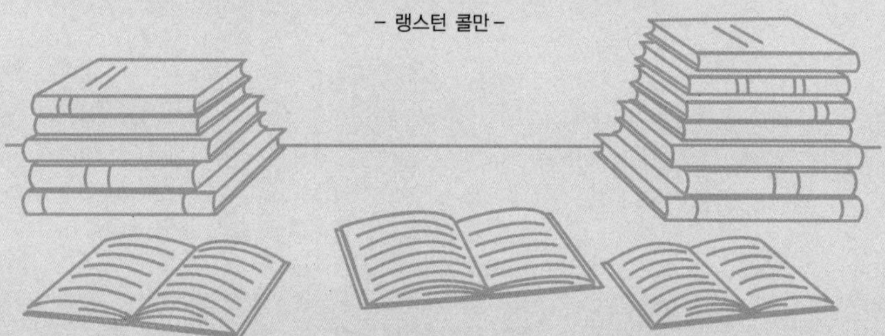

PART 1

직업기초능력

대표기출유형 01 기출응용문제

01

정답 ③

제시문에 따르면 역사의 가치는 변하는 것이며, 시대나 사회의 흐름에 따라 달라지는 상대적인 것이다. 따라서 제시문의 내용으로 적절하지 않은 것은 ③이다.

02

정답 ③

제시문에 따르면 할랄식품 시장의 확대로 많은 유통업계들이 할랄식품을 위한 생산라인을 설치하는 등의 노력을 하고 있다.

오답분석

①·② 할랄식품은 엄격하게 생산·유통되기 때문에 일반 소비자들에게도 평이 좋다.
④ 세계 할랄 인증 기준은 200종에 달하고 수출하는 국가마다 별도의 인증을 받아야 한다.
⑤ 표준화되지 않은 할랄 인증 기준은 무슬림 국가들의 수입장벽이 될 수 있다.

03

정답 ④

아이들이 따뜻한 구들에 누워 자는 것이 습관이 되어 사지의 활동량이 적어져 발육이 늦어진 것이지, 체온을 높였기 때문에 발육이 늦어진 것은 아니다.

오답분석

①·②·③·⑤ 두 번째 문단을 통해 알 수 있다.

04

정답 ②

'에너지 하베스팅은 열, 빛, 운동, 바람, 진동, 전자기 등 주변에서 버려지는 에너지를 모아 전기를 얻는 기술을 의미한다.'라는 내용을 통해서 버려진 에너지를 전기라는 에너지로 다시 만든다는 것을 알 수 있다.

오답분석

① 무체물인 에너지도 재활용이 가능하다고 했으므로 적절하지 않은 내용이다.
③ 에너지 하베스팅은 열, 빛, 운동, 바람, 진동, 전자기 등 주변에서 버려지는 에너지를 모아 전기를 얻는 기술이라고 하였고, 다른 에너지에 대한 언급은 없으므로 적절하지 않은 내용이다.
④ 태양광을 이용하는 광 에너지 하베스팅, 폐열을 이용하는 열에너지 하베스팅이라고 구분하여 언급한 내용을 통해 다른 에너지원에 속한다는 것을 알 수 있다.
⑤ '사람이 많이 다니는 인도 위에 버튼식 패드를 설치하여 사람이 밟을 때마다 전기가 생산되도록 하는 것이다.'라고 했으므로 사람의 체온을 이용한 신체 에너지 하베스팅 기술이라기보다 진동이나 압력을 가해 이용하는 진동 에너지 하베스팅에 해당한다.

대표기출유형 02 기출응용문제

01

정답 ④

제시된 기사는 대기업과 중소기업 간의 상생경영의 중요성을 강조하는 글로, 기존에는 대기업이 시혜적 차원에서 중소기업에게 베푸는 느낌이 강했지만, 현재는 협력사의 경쟁력 향상이 곧 기업의 성장으로 이어질 것으로 보고 상생경영의 중요성을 높이고 있다고 하였다. 또한 대기업이 지원해 준 업체의 기술력 향상으로 더 큰 이득을 보상받는 등 상생 협력이 대기업과 중소기업 모두에게 효과적임을 알 수 있다. 따라서 '시혜적 차원에서의 대기업 지원의 중요성'은 기사의 제목으로 적절하지 않다.

02

정답 ①

제시문의 첫 번째 문단에서는 사회적 자본이 늘어나면 정치 참여도가 높아진다는 주장을 하였고, 두 번째 문단에서는 사회적 자본의 개념을 사이버공동체에 도입하였으나 현실과 잘 맞지 않는다고 하면서 사회적 자본의 한계를 서술했다. 그리고 마지막 문단에서는 사회적 자본만으로는 정치 참여가 늘어나기 어렵고 정치적 자본의 매개를 통해서 정치 참여가 활성화된다는 주장을 하고 있다. 따라서 제시문의 주제로 가장 적절한 것은 ①이다.

03

정답 ④

제시문은 중세 유럽에서 유래된 로열티 제도가 산업 혁명부터 현재까지 지적 재산권에 대한 보호와 가치 확보를 위해 발전되었음을 설명하고 있다. 따라서 제시문의 제목으로 가장 적절한 것은 ④이다.

대표기출유형 03 기출응용문제

01

정답 ②

제시문은 상품 생산자와 상품의 관계에 있어서 인간이 소외되는 현상에 대해 설명하는 글이다. 따라서 (가) 상품 생산자와 상품의 관계 – (다) '자립적인 삶'에 대한 부연 설명 – (라) 시장 법칙의 지배 아래에서 사람과 사람 간의 관계 – (나) 인간의 소외 현상의 순으로 나열해야 한다.

02

정답 ②

제시문은 일본의 라멘과 한국 라면의 차이점에 대해 설명하는 글이다. 따라서 (가) 라면의 유래와 일본의 라멘에 대한 설명 – (라) 한국의 라면에 대한 설명 – (나) 일본의 라멘 맛과 한국의 라면 맛의 차이 – (다) 한국의 라면의 독자성의 순으로 나열해야 한다.

03

정답 ②

제시문은 나무를 가꾸기 위해 고려해야 하는 사항에 대해 설명하는 글이다. 따라서 (가) 나무를 가꾸기 위해 고려해야 할 사항과 가장 중요한 생육조건 – (라) 나무를 양육할 때 주로 저지르는 실수인 나무 간격을 촘촘하게 심는 것 – (다) 그러한 실수를 저지르는 이유 – (나) 또 다른 식재계획 시 고려해야 하는 주의점의 순으로 나열해야 한다.

04

정답 ⑤

제시문은 자본주의의 발생과 한계, 그로 인한 수정자본주의의 탄생과 수정자본주의의 한계로 인한 신자유주의의 탄생에 대해 다루고 있다. 제시된 문단의 마지막 문장인 '이러한 자본주의는 어떻게 발생하였을까?'를 통해 이어질 내용이 자본주의의 역사임을 유추할 수 있다. 따라서 (라) 자본주의의 태동 – (나) 자본주의의 학문화를 통한 영역의 공고화 – (가) 고전적 자본주의의 문제점을 통한 수정자본주의의 탄생 – (다) 수정자본주의의 문제점을 통한 신자유주의의 탄생의 순서로 나열해야 한다.

대표기출유형 04 기출응용문제

01

정답 ②

㉠ 첫 번째 문단에 따르면 들뜬 상태의 전자들이 원래의 자리, 즉 바닥 상태로 되돌아갈 때 빛 등의 에너지가 방출되므로 적절한 내용이다.

㉢ 두 번째 문단에 따르면 메이먼은 들뜬 전자가 빛을 방출하는 동안 거울을 통해 다른 들뜬 전자들이 빛을 방출하도록 유도하는 방식으로 빛을 증폭시켰다. 따라서 전자가 들뜬 상태에 머무는 시간이 긴 루비를 이용하여 빛의 증폭에 유리한 조건을 만들었음을 추론할 수 있다.

오답분석

㉡ 첫 번째 문단에 따르면 보유하는 에너지가 낮은 전자부터 원자핵에 가까운 에너지 준위를 채워나가므로 원자핵에 가까울수록 에너지 준위가 낮은 것을 알 수 있다. 따라서 들뜬 상태의 전자들은 바닥 상태, 즉 에너지 준위가 낮은 상태로 되돌아가려는 경향이 있으므로 결국 원자핵에 가까운 에너지 준위로 이동할 것이다.

㉣ 두 번째 문단에 따르면 메이먼은 루비의 특정 전자들을 들뜨게 함으로써 바닥 상태의 전자 수보다 들뜬 상태의 전자 수를 많게 만들었으므로 적절하지 않다.

02

정답 ④

화폐 통용을 위해서는 화폐가 유통될 수 있는 시장이 성장해야 하고, 농업생산력이 발전해야 한다. 그러나 서민들은 물품화폐를 더 선호하였고, 일부 계층에서만 화폐가 유통되었다. 따라서 광범위한 동전 유통이 실패한 것이다. 화폐수요량에 따른 공급은 화폐가 유통된 이후의 조선 후기에 해당하는 내용이다.

03

정답 ③

핵융합발전은 원자력발전에 비해 같은 양의 원료로 3～4배의 전기를 생산할 수 있다고 하였으나, 핵융합발전은 수소의 동위원소를 원료로 사용하는 반면 원자력발전은 우라늄을 원료로 사용한다. 즉, 전력 생산에 서로 다른 원료를 사용하므로 생산된 전력량만으로 연료비를 비교할 수 없다.

오답분석

① 핵융합 에너지는 화력발전을 통해 생산되는 전력 공급량을 대체하기 어려운 태양광에 대한 대안이 될 수 있으므로 핵융합발전이 태양열발전보다 더 많은 양의 전기를 생산할 수 있음을 추론할 수 있다.
② 원자력발전은 원자핵이 분열하면서 방출되는 에너지를 이용하며, 핵융합발전은 수소 원자핵이 융합해 헬륨 원자핵으로 바뀌는 과정에서 방출되는 에너지를 이용해 전기를 생산한다. 따라서 원자의 핵을 다르게 이용한다는 것을 알 수 있다.
④ 미세먼지와 대기오염을 일으키는 오염물질은 전혀 나오지 않고 헬륨만 배출된다는 내용을 통해 헬륨은 대기오염을 일으키는 오염물질에 해당하지 않음을 알 수 있다.
⑤ 발전장치가 꺼지지 않도록 정밀하게 제어하는 것이 중요하다는 내용을 통해 알 수 있다.

대표기출유형 05 기출응용문제

01

정답 ③

기분조정 이론은 현재 시점에만 초점을 맞추고 있는 기분관리 이론을 보완한 이론으로, 기분조정 이론을 검증하기 위한 실험에서 피실험자들은 한 시간 후의 상황을 생각하며 미리 다른 음악을 선택하였다. 즉, 기분조정 이론은 사람들이 현재 시점뿐만 아니라 다음에 올 상황을 고려하여 현재의 기분을 조정한다는 것이다. 따라서 빈칸에 들어갈 내용으로 가장 적절한 것은 ③이다.

02

정답 ③

두 번째 문단에서 전통의 유지와 변화에 대한 견해 차이는 보수주의와 진보주의의 차이로 이해될 성질의 것이 아니며, 한국 사회의 근대화는 앞으로도 계속되어야 할 광범하고 심대한 '사회 구조적 변동'이라고 하였다. 또한, 마지막 문단에 따르면 '근대화라고 하는 사회 구조적 변동이 문화 변화를 결정지을 것이기 때문'이라고 하였으므로 전통문화의 변화 문제를 사회 변동의 시각에서 다루어야 한다. 따라서 빈칸에 들어갈 내용으로 가장 적절한 것은 ③이다.

03

정답 ①

갑돌의 성품이 탁월하다고 볼 수 있는 것은 그의 성품이 곧고 자신감이 충만하고, 다수의 옳지 않은 행동에 대하여 비판의 목소리를 낼 것이며 그렇게 하는 데에 별 어려움을 느끼지 않을 것이기 때문이다. 또한, 세 번째 문단에 따르면 탁월한 성품은 올바른 훈련을 통해 올바른 일을 바르고 즐겁게 그리고 어려워하지 않으며 처리할 수 있는 능력을 뜻한다. 따라서 아리스토텔레스의 입장에서는 엄청난 의지를 발휘하고 자신과의 힘든 싸움을 해야 했던 병식보다는 잘못된 일에 별 어려움 없이 비판의 목소리를 내는 갑돌의 성품을 탁월하다고 여길 것이다. 따라서 빈칸에 들어갈 내용으로 가장 적절한 것은 ①이다.

대표기출유형 06 기출응용문제

01

정답 ③

'선연하다'는 '실제로 보는 것같이 생생하다.'는 의미의 단어이다. 따라서 이와 유사한 단어는 '엉클어지거나 흐리지 않고 아주 분명하다.'는 의미를 가진 '뚜렷하다'이다.

02

정답 ①

- 떠올리다 : 기억을 되살려 내거나 잘 구상되지 않던 생각을 나게 하다.
- 회상하다 : 지난 일을 돌이켜 생각하다.

오답분석

② 연상하다 : 하나의 관념이 다른 관념을 불러일으키다.
③ 상상하다 : 실제로 경험하지 않은 현상이나 사물에 대하여 마음속으로 그려 보다.
④ 남고하다 : 고적(古跡)을 찾아보고 당시의 일을 회상하다.
⑤ 예상하다 : 어떤 일을 직접 당하기 전에 미리 생각하여 두다.

03

정답 ④

'시간적인 사이를 두고서 가끔씩'이라는 의미의 부사는 '간간이'이다.

오답분석

① 쉬이 : 어렵거나 힘들지 아니하게
② 소홀히 : 대수롭지 아니하고 예사롭게. 또는 탐탁하지 아니하고 데면데면하게
③ 깊숙이 : 위에서 밑바닥까지. 또는 겉에서 속까지의 거리가 멀고 으슥하게
⑤ 틈틈이 : 겨를이 있을 때마다

CHAPTER

02 문제해결능력

대표기출유형 01 기출응용문제

01

정답 ②

다음의 논리 순서를 따라 주어진 조건을 정리하면 쉽게 접근할 수 있다.

- 첫 번째, 네 번째 조건 : A는 반드시 F와 함께 외근을 나간다.
- 두 번째 조건 : F는 A와 외근을 나가므로 B는 반드시 D와 함께 외근을 나간다. 즉, C는 E와 함께 외근을 나간다.

따라서 A와 F, B와 D, C와 E가 함께 외근을 나간다.

02

정답 ⑤

E는 교양 수업을 신청한 A보다 나중에 수강한다고 하였으므로 목요일 또는 금요일에 강의를 들을 수 있다. 이때, 목요일과 금요일에는 교양 수업이 진행되므로 'E는 반드시 교양 수업을 듣는다.'는 항상 참이 된다.

오답분석

① A가 수요일에 강의를 듣는다면 E는 교양2 또는 교양3 강의를 들을 수 있다.
② B가 수강하는 전공 수업의 정확한 요일을 알 수 없으므로 C는 전공1 또는 전공2 강의를 들을 수 있다.
③ C가 화요일에 강의를 듣는다면 D는 교양 강의를 듣는다. 이때, 교양 수업을 듣는 A는 E보다 앞선 요일에 수강하므로 E는 교양2 또는 교양3 강의를 들을 수 있다.

구분	월 (전공1)	화 (전공2)	수 (교양1)	목 (교양2)	금 (교양3)
경우1	B	C	D	A	E
경우2	B	C	A	D	E
경우3	B	C	A	E	D

④ D는 전공 수업을 신청한 C보다 나중에 수강하므로 전공 또는 교양 수업을 들을 수 있다.

03

정답 ④

주어진 조건을 정리해 보면 다음과 같다.

구분	미국	영국	중국	프랑스
올해	D	C	B	A
작년	C	A	D	B

따라서 항상 참인 것은 ④이다.

04

정답 ①

'물을 녹색으로 만든다.'를 p, '냄새 물질을 배출한다.'를 q, '독소 물질을 배출한다.'를 r, '물을 황색으로 만든다.'를 s라고 하면 $p \rightarrow q$, $r \rightarrow \sim q$, $s \rightarrow \sim p$가 성립한다. 첫 번째 조건의 대우인 $\sim q \rightarrow \sim p$가 성립함에 따라 $r \rightarrow \sim q \rightarrow \sim p$가 성립한다. 따라서 '독소 물질을 배출하는 조류는 물을 녹색으로 만들지 않는다.'는 항상 참이 된다.

05

정답 ②

조건에 따라 갑, 을, 병, 정의 사무실 위치를 정리하면 다음과 같다.

구분	2층	3층	4층	5층
경우1	부장	을과장	대리	갑부장
경우2	을과장	대리	부장	갑부장
경우3	을과장	부장	대리	갑부장

따라서 을이 과장이므로 대리가 아닌 갑은 부장의 직위를 가진다.

오답분석

① 갑부장 외의 또 다른 부장은 2층, 3층 또는 4층에 근무한다.
③ 대리는 3층 또는 4층에 근무한다.
④ 을은 2층 또는 3층에 근무한다.
⑤ 병의 직급은 알 수 없다.

06

정답 ②

첫 번째 조건과 두 번째 조건에 따라 물리학과 학생은 흰색만 좋아하는 것을 알 수 있으며, 세 번째 조건과 네 번째 조건에 따라 지리학과 학생은 흰색과 빨간색만 좋아하는 것을 알 수 있다. 전공별로 좋아하는 색을 정리하면 다음과 같다.

경제학과	물리학과	통계학과	지리학과
검은색, 빨간색	흰색	빨간색	흰색, 빨간색

이때 검은색을 좋아하는 학과는 경제학과뿐이므로 C가 경제학과임을 알 수 있으며, 빨간색을 좋아하지 않는 학과는 물리학과뿐이므로 B가 물리학과임을 알 수 있다. 따라서 항상 참이 되는 것은 ②이다.

오답분석

① A는 통계학과이거나 지리학과이다.
③ C는 경제학과이다.
④ D는 통계학과이거나 지리학과이다.
⑤ C는 빨간색을 좋아하지만 B는 흰색을 좋아한다.

대표기출유형 02 기출응용문제

01

정답 ②

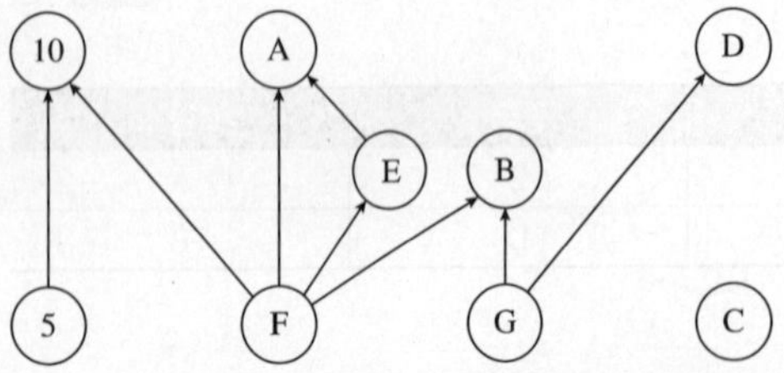

A, B, C를 제외한 빈칸에 적힌 수를 각각 D, E, F, G라고 하자.
F는 10의 약수이고 원 안에는 2에서 10까지의 자연수가 적혀 있으므로 F는 2이다.
10을 제외한 2의 배수는 4, 6, 8이고, A는 E와 F의 공배수이다. 즉, A는 8, E는 4이고, B는 6이다.
6의 약수는 1, 2, 3, 6이므로 G는 3이고, D는 3의 배수이므로 9이며, 남은 7은 C이다.
따라서 A～C에 해당하는 수의 합은 8+6+7=21이다.

02

정답 ①

모든 암호는 각 자릿수의 합이 21이 되도록 구성되어 있다.

• K팀 : $9+0+2+3+x=21 \rightarrow x=7$

• L팀 : $7+y+3+5+2=21 \rightarrow y=4$

$\therefore x+y=7+4=11$

03

정답 ④

• 1단계 : 주민등록번호 앞 12자리 숫자에 가중치를 곱하면 다음과 같다.

숫자	2	4	0	2	0	2	8	0	3	7	0	1
가중치	2	3	4	5	6	7	8	9	2	3	4	5
결과	4	12	0	10	0	14	64	0	6	21	0	5

• 2단계 : 1단계에서 구한 값의 합을 계산한다.

$4+12+0+10+0+14+64+0+6+21+0+5=136$

• 3단계 : 2단계에서 구한 값을 11로 나누어 나머지를 구한다.

$136 \div 11=12 \cdots 4$

• 4단계 : 11에서 3단계의 나머지를 뺀 수를 10으로 나누어 나머지를 구한다.

$(11-4) \div 10=0 \cdots 7$

따라서 빈칸에 들어갈 수는 7이다.

04

정답 ④

파일 이름에 주어진 규칙을 적용하여 암호를 구하면 다음과 같다.

1. 비밀번호 중 첫 번째 자리에는 파일 이름의 첫 문자가 한글일 경우 @, 영어일 경우 #, 숫자일 경우 *로 특수문자를 입력한다.
   • 2022매운전골Cset3인기준recipe8 → *
2. 두 번째 자리에는 파일 이름의 총 자리 개수를 입력한다.
   • 2022매운전골Cset3인기준recipe8 → *23
3. 세 번째 자리부터는 파일 이름 내에 숫자를 순서대로 입력한다. 숫자가 없을 경우 0을 두 번 입력한다.
   • 2022매운전골Cset3인기준recipe8 → *23202238
4. 그 다음 자리에는 파일 이름 중 한글이 있을 경우 초성만 순서대로 입력한다. 없다면 입력하지 않는다.
   • 2022매운전골Cset3인기준recipe8 → *23202238ㅁㅇㅈㄱㅇㄱㅈ
5. 그 다음 자리에는 파일 이름 중 영어가 있다면 뒤에 덧붙여 순서대로 입력하되, a, e, i, o, u만 'a=1, e=2, i=3, o=4, u=5'로 변형하여 입력한다(대문자·소문자 구분 없이 모두 소문자로 입력한다).
   • 2022매운전골Cset3인기준recipe8 → *23202238ㅁㅇㅈㄱㅇㄱㅈcs2tr2c3p2

따라서 주어진 파일 이름의 암호는 '*23202238ㅁㅇㅈㄱㅇㄱㅈcs2tr2c3p2'이다.

대표기출유형 03 기출응용문제

01

정답 ①

ㄱ. 부패금액이 산정되지 않은 6번의 경우에도 고발하였으므로 옳지 않은 설명이다.
ㄴ. 2번의 경우 해임당하였음에도 고발되지 않았으므로 옳지 않은 설명이다.

오답분석

ㄷ. 직무관련자로부터 금품을 수수한 사건은 2번, 4번, 5번, 7번, 8번으로 총 5건 있었다.
ㄹ. 2번과 4번은 모두 '직무관련자로부터 금품 및 향응 수수'로 동일한 부패행위 유형에 해당함에도 2번은 해임, 4번은 감봉 1월의 처분을 받았으므로 옳은 설명이다.

02

정답 ③

주어진 조건에서 해당되지 않는 쇼핑몰을 체크하여 선택지에서 하나씩 제거하는 방법으로 푸는 것이 좋다.

- 철수 : C, D, F는 포인트 적립이 안 되므로 해당 사항이 없다(②・④ 제외).
- 영희 : A는 배송비가 없으므로 해당 사항이 없다.
- 민수 : A, B, C는 주문 취소가 가능하므로 해당 사항이 없다(①・⑤ 제외).
- 철호 : 환불 및 송금수수료, 배송비가 포함되었으므로 A, D, E, F는 해당 사항이 없다.

따라서 상품을 구입한 쇼핑몰을 바르게 나열한 것은 ③이다.

03

정답 ③

제시된 조건을 항목별로 정리하면 다음과 같다.

- 부서배치
  - 성과급 평균은 48만 원이므로, A는 영업부 또는 인사부에서 일한다.
  - B와 D는 비서실, 총무부, 홍보부 중에서 일한다.
  - C는 인사부에서 일한다.
  - D는 비서실에서 일한다.

  따라서 A – 영업부, B – 총무부, C – 인사부, D – 비서실, E – 홍보부에서 일한다.
- 휴가
  - A는 D보다 휴가를 늦게 간다. 따라서 C – D – B – A 또는 D – A – B – C 순으로 휴가를 간다.
- 성과급
  - D사원 : 60만 원
  - C사원 : 40만 원

오답분석

① A : 20만×3=60만 원, C : 40만×2=80만 원
② C가 제일 먼저 휴가를 갈 경우, A가 제일 마지막으로 휴가를 가게 된다.
④ 휴가를 가지 않은 E는 두 배의 성과급을 받기 때문에 총 120만 원의 성과급을 받게 되고, D의 성과급은 60만 원이므로 두 사람의 성과급 차이는 두 배이다.
⑤ C가 제일 마지막에 휴가를 갈 경우, B는 A보다 휴가를 늦게 출발한다.

대표기출유형 04 기출응용문제

01

정답 ②

경쟁자의 시장 철수로 인한 새로운 시장으로의 진입 가능성은 K공사가 가지고 있는 내부환경의 약점이 아닌 외부환경에서 비롯되는 기회에 해당한다.

02

정답 ③

리스크 관리 능력의 부족은 기업 내부환경의 약점 요인에 해당한다. 위협은 외부환경요인에 해당하므로 위협요인에는 회사 내부를 제외한 외부에서 비롯되는 요인이 들어가야 한다.

대표기출유형 01 기출응용문제

01

정답 ①

• 7명의 학생이 원탁에 앉는 경우의 수 : $(7-1)!=6!$가지

• 7명의 학생 중 여학생 3명이 원탁에 이웃해서 앉는 경우의 수 : $(5-1)!\times3!$가지

∴ 7명의 학생 중 여학생 3명이 원탁에 이웃해서 앉는 확률 : $\frac{4!\times3!}{6!}=\frac{1}{5}$

02

정답 ③

하루 동안 A, B, C가 할 수 있는 일의 양은 각각 $\frac{1}{10}$, $\frac{1}{20}$, $\frac{1}{40}$이다.

4일간 A와 B가 먼저 일하고 남은 일의 양은 $1-\left(\frac{1}{10}+\frac{1}{20}\right)\times4=1-\frac{3}{5}=\frac{2}{5}$이다.

C가 남은 일을 혼자하는 기간을 x일이라고 하자.

$\frac{2}{5}=\frac{1}{40}x$

∴ $x=16$

따라서 C가 혼자 일하는 기간은 16일이다.

03

정답 ①

소금물 A의 농도를 $x\%$, 소금물 B의 농도를 $y\%$라고 하면 다음 두 식이 성립한다.

$\frac{x}{100}\times200+\frac{y}{100}\times300=\frac{9}{100}\times500 \rightarrow 2x+3y=45 \cdots$ ㉠

$\frac{x}{100}\times300+\frac{y}{100}\times200=\frac{10}{100}\times500 \rightarrow 3x+2y=50 \cdots$ ㉡

따라서 ㉠, ㉡을 연립하면 $x=12$, $y=7$이 나오므로 소금물 A의 농도는 12%이고, 소금물 B의 농도는 7%이다.

04

정답 ③

희경이가 본사에서 나온 시각을 구하려면 오후 3시에서 본사에서 지점까지 가는 데 걸린 시간만큼을 제하면 된다. 본사에서 지점까지 가는 데 걸린 시간은 $\frac{20}{60}+\frac{30}{90}=\frac{2}{3}$시간, 즉 40분이므로 오후 2시 20분에 본사에서 나왔다는 것을 알 수 있다.

05

정답 ③

주사위의 눈의 합이 7이 나오는 경우의 수 : (1, 6), (2, 5), (3, 4), (4, 3), (5, 2), (6, 1) → 6가지

i) 주사위의 눈의 합이 7이 나올 확률 : $\frac{6}{36}=\frac{1}{6}$

ii) 동전이 둘 다 앞면이 나올 확률 : $\frac{1}{2}\times\frac{1}{2}=\frac{1}{4}$

$\therefore \frac{1}{6}\times\frac{1}{4}=\frac{1}{24}$

따라서 주사위의 눈의 합이 7이 나오면서 동전이 둘 다 앞면이 나올 확률은 $\frac{1}{24}$이다.

PART 1

06

정답 ③

제품의 원가를 x원이라고 하자.

제품의 정가는 $(1+0.2)x=1.2x$원이고, 판매가는 $1.2x\times(1-0.15)=1.02x$원이다.

50개를 판매한 금액이 127,500원이므로 다음 식이 성립한다.

$1.02x\times50=127,500$

$\rightarrow 1.02x=2,550$

$\therefore x=2,500$

따라서 제품의 원가는 2,500원이다.

07

정답 ④

처음 500g의 설탕물에 녹아있는 설탕의 양을 xg이라고 하자.

농도 3%의 설탕물 200g에 들어있는 설탕의 양은 $\frac{3}{100}\times200=6$g이다.

$\frac{x+6}{500+200}\times100=7$

$\rightarrow x+6=49$

$\therefore x=43$

따라서 처음 500g의 설탕물에 녹아있던 설탕의 양은 43g이다.

08

정답 ④

A, B기차의 속력은 일정하며 두 기차가 터널 양 끝에서 동시에 출발하면 $\frac{1}{3}$ 지점에서 만난다고 했으므로 두 기차 중 하나는 다른 기차 속력의 2배인 것을 알 수 있다. 또한, A기차보다 B기차가 터널을 통과하는 시간이 짧으므로 B기차의 속력이 더 빠르다.

A기차의 길이를 xm, 속력을 ym/s라고 하면 B기차의 속력은 $2y$m/s이다.

$570+x=50\times y$ … ㉠

$570+(x-60)=23\times2y$ … ㉡

㉠과 ㉡을 연립하면

$60=4y$

$\therefore y=15$

이를 ㉠에 대입하면

$x=50\times15-570$

$\therefore x=180$

따라서 A기차의 길이는 180m이다.

09

정답 ⑤

조건에서 a, b, c의 나이를 식으로 표현하면 $a\times b\times c=2,450$, $a+b+c=46$이다.

세 명의 나이의 곱을 소인수분해하면 $a\times b\times c=2,450=2\times 5^2\times 7^2$이다.

2,450의 약수 중에서 19 ~ 34세에 해당하는 나이를 구하면 25세이므로 甲의 동생 a는 25세이다.

그러므로 아들과 딸 나이의 합은 $b+c=21$이다.

따라서 甲과 乙 나이의 합은 $21\times 4=84$이며, 甲은 乙과 동갑이거나 乙보다 연상이라고 했으므로 乙의 나이는 42세 이하이다.

대표기출유형 02 기출응용문제

01

정답 ③

참여율이 4번째로 높은 해는 2021년이다.

(전년 대비 참여율의 증가율)$=\frac{\text{(해당연도 참여율)}-\text{(전년도 참여율)}}{\text{(전년도 참여율)}}\times 100$이므로 2021년 참여율의 증가율은 $\frac{6.9-5.7}{5.7}\times 100 \fallingdotseq$ 21%이다.

02

정답 ①

업체별로 구매가격을 정리하면 다음과 같다.

- S전자 : 8대 구매 시 2대를 무료로 증정하기 때문에 32대를 사면 8개를 무료로 증정 받아 32대 가격으로 총 40대를 살 수 있다. 32대의 가격은 $80,000\times 32=2,560,000$원이고, 구매금액 100만 원당 2만 원이 할인되므로 구매가격은 $2,560,000-40,000=2,520,000$원이다.
- B마트 : 40대 구매금액인 $90,000\times 40=3,600,000$원에서 40대 이상 구매 시 7% 할인 혜택을 적용하면 $3,600,000\times 0.93=3,348,000$원이다. 1,000원 단위 이하는 절사하므로 구매가격은 3,340,000원이다.

따라서 S전자가 B마트에 비해 $3,340,000-2,520,000=82$만 원 저렴하다.

대표기출유형 03 기출응용문제

01

정답 ①

㉠ 연령대별 '매우 불만족'이라고 응답한 비율은 10대가 19%, 20대가 17%, 30대가 10%, 40대가 8%, 50대가 3%로 연령대가 높아질수록 그 비율은 낮아진다.

㉢ 연령대별 부정적인 답변을 한 비율을 구하면 다음과 같다.

- 10대 : $28+19=47\%$
- 20대 : $28+17=45\%$
- 30대 : $39+10=49\%$
- 40대 : $16+8=24\%$
- 50대 : $23+3=26\%$

따라서 모든 연령대에서 부정적인 답변이 50% 미만이므로 긍정적인 답변은 50% 이상이다.

오답분석

㉡ 연령대별 '매우 만족'과 '만족'이라고 응답한 비율은 다음과 같다.

- 10대 : 8+11=19%
- 20대 : 3+13=16%
- 30대 : 5+10=15%
- 40대 : 11+17=28%
- 50대 : 14+18=32%

따라서 비율이 가장 낮은 연령대는 30대이다.

㉣ • 50대에서 '불만족' 또는 '매우 불만족'이라고 응답한 비율 : 23+3=26%

- 50대에서 '만족' 또는 '매우 만족'이라고 응답한 비율 : 14+18=32%

따라서 $\frac{26}{32}\times 100=81.25\%$로 80% 이상이다.

02

정답 ④

같은 물질에 대한 각 기관의 실험오차율의 크기 비교는 실험오차의 크기 비교로 할 수 있다.
물질 2에 대한 각 기관의 실험오차를 구하면 다음과 같다.

- A기관 : |26−11.5|=14.5
- B기관 : |7−11.5|=4.5
- C기관 : |7−11.5|=4.5
- D기관 : |6−11.5|=5.5

B, C, D기관의 실험오차의 합은 4.5+4.5+5.5=14.5이다.
따라서 물질 2에 대한 A기관의 실험오차율은 물질 2에 대한 나머지 기관의 실험오차율의 합과 같다.

오답분석

① • 물질 1에 대한 B기관의 실험오차 : |7−4.5|=2.5

- 물질 1에 대한 D기관의 실험오차 : |2−4.5|=2.5

따라서 두 기관의 실험오차와 유효농도가 동일하므로 실험오차율도 동일하다.

② 실험오차율이 크려면 실험오차가 커야 한다. 물질 3에 대한 각 기관의 실험오차를 구하면 다음과 같다.

- A기관 : |109−39.5|=69.5
- B기관 : |15−39.5|=24.5
- C기관 : |16−39.5|=23.5
- D기관 : |18−39.5|=21.5

따라서 물질 3에 대한 실험오차율은 A기관이 가장 크다.

③ • 물질 1에 대한 B기관의 실험오차 : |7−4.5|=2.5

- 물질 1에 대한 B기관의 실험오차율 : $\frac{2.5}{4.5}\times 100 \fallingdotseq 55.56\%$
- 물질 2에 대한 A기관의 실험오차 : |26−11.5|=14.5
- 물질 2에 대한 A기관의 실험오차율 : $\frac{14.5}{11.5}\times 100 \fallingdotseq 126.09\%$

따라서 물질 1에 대한 B기관의 실험오차율은 물질 2에 대한 A기관의 실험오차율보다 작다.

⑤ 자료를 보면 A기관의 실험결과는 모든 물질에 대해서 평균보다 높다. 따라서 A기관의 실험결과를 제외한다면 유효농도 값(평균)은 제외하기 전보다 작아진다.

03

정답 ⑤

㉡ B국의 대미무역수지와 GDP 대비 경상수지 비중은 각각 742억 달러, 8.5%로 X요건과 Y요건을 충족한다.

㉢ 세 가지 요건 중 두 가지 요건만 충족하면 관찰대상국으로 지정된다.

- X요건과 Y요건을 충족하는 국가 : A, B, C, E
- X요건과 Z요건을 충족하는 국가 : C
- Y요건과 Z요건을 충족하는 국가 : C, J

C국가는 X, Y, Z요건을 모두 충족한다.
따라서 관찰대상국으로 지정되는 국가는 A, B, E, J로 4곳이다.

㉣ X요건의 판단기준을 '대미무역수지 150억 달러 초과'로 변경할 때, 새롭게 X요건을 충족하는 국가는 H국이다. 그러나 H국은 Y요건과 Z요건을 모두 충족하지 않으므로 환율조작국이나 관찰대상국으로 지정될 수 없다. 따라서 옳은 설명이다.

오답분석

㉠ X, Y, Z요건을 모두 충족하면 환율조작국으로 지정된다. 각 요건을 충족하는 국가를 나열하면 다음과 같다.

- X요건을 충족하는 국가 : A, B, C, D, E, F, G
- Y요건을 충족하는 국가 : A, B, C, E, J
- Z요건을 충족하는 국가 : C, J

따라서 환율조작국으로 지정되는 국가는 C국가이다.

04

정답 ②

2021년과 2024년 처리 건수 중 인용 건수 비율은 2021년은 $\frac{3,667}{32,737}\times100≒11.20\%$, 2024년은 $\frac{3,031}{21,080}\times100≒14.38\%$로, 2024년과 2021년 처리 건수 중 인용 건수 비율의 차이는 14.38−11.20=3.18%p이다. 따라서 처리 건수 중 인용 건수 비율은 2024년이 2021년에 비해 3%p 이상 높다.

오답분석

ㄱ. 기타처리 건수의 전년 대비 감소율은 다음과 같다.

- 2022년 : $\frac{12,871-16,674}{16,674}\times100≒-22.81\%$
- 2023년 : $\frac{10,166-12,871}{12,871}\times100≒-21.02\%$
- 2024년 : $\frac{8,204-10,166}{10,166}\times100≒-19.30\%$

따라서 기타처리 건수의 전년 대비 감소율은 매년 감소하였다.

ㄷ. 처리 건수 대비 조정합의 건수의 비율은 2022년은 $\frac{2,764}{28,744}\times100≒9.62\%$로, 2023년의 $\frac{2,644}{23,573}\times100≒11.22\%$보다 낮다.

ㄹ. 조정합의 건수 대비 의견표명 건수 비율은 2021년에는 $\frac{467}{2,923}\times100≒15.98\%$, 2022년에는 $\frac{474}{2,764}\times100≒17.15\%$, 2023년에는 $\frac{346}{2,644}\times100≒13.09\%$, 2024년에는 $\frac{252}{2,567}\times100≒9.82\%$이다. 조정합의 건수 대비 의견표명 건수 비율이 높은 순서로 나열하면 2022년 → 2021년 → 2023년 → 2024년이다. 또한, 평균처리일이 짧은 순서로 나열하면 2022년 → 2024년 → 2021년 → 2023년이다. 따라서 평균처리일 기간과 조정합의 건수 대비 의견표명 건수 비율의 순서는 일치하지 않는다.

05

정답 ⑤

ㄷ. 2024년에 케이블PP를 제외한 나머지 매체들의 광고매출액을 더하면 16,033억 원이다. 따라서 2024년 케이블PP의 광고매출액은 15,008억 원이므로 케이블PP의 광고매출액은 매년 감소한다.

ㄹ. 모바일은 거의 2배 가까이 증가한 반면, 나머지는 이에 한참 미치지 못하고 있다.

오답분석

ㄱ. 2022년의 경우 전년에 비해 약 8,000억 원 증가하였고 2023년과 2024년에는 약 9,000억 원씩 증가하였다. 이는 각각 28,659억 원, 36,618억 원, 45,678억 원의 0.3배보다 작다.

ㄴ. 2022년 방송 매체 중 지상파TV 광고매출액이 차지하는 비중은 $\frac{14}{35}$이고, 온라인 매체 중 인터넷(PC)이 차지하는 비중은 $\frac{20}{57}$이므로 인터넷(PC) 광고매출액이 차지하는 비율이 더 작다.

CHAPTER

04 정보능력

PART 1

대표기출유형 01 기출응용문제

01

정답 ③

ⓛ 데이터베이스를 이용하면 다량의 데이터를 정렬하여 저장하게 되므로 검색 효율이 개선된다.
ⓒ 데이터가 중복되지 않고 한 곳에만 기록되어 있으므로, 오류 발견 시 그 부분만 수정하면 되기 때문에 데이터의 무결성을 높일 수 있다.

오답분석

ⓖ 대부분의 데이터베이스 관리시스템은 사용자가 정보에 대한 보안등급을 정할 수 있게 해 준다. 따라서 부서별로 읽기 권한, 읽기와 쓰기 권한 등을 구분해 부여하므로 안정성을 높일 수 있다.
ⓔ 데이터베이스를 형성하여 중복된 데이터를 제거하면 데이터 유지비를 감축할 수 있다.

02

정답 ④

World Wide Web(WWW)에 대한 설명으로, 웹은 3차 산업혁명에 큰 영향을 미쳤다.

오답분석

① 스마트 팜에 대한 설명이다.
② 3D프린팅에 대한 설명이다.
③ 클라우드 컴퓨팅에 대한 설명이다.
⑤ 사물인터넷에 대한 설명이다.

03

정답 ③

세탁기 신상품의 컨셉이 중년층을 대상으로 하기 때문에 성별이 아닌 연령에 따라 자료를 분류하여 중년층의 세탁기 선호 디자인에 대한 정보가 필요함을 알 수 있다.

04

정답 ④

전략정보 시스템은 기업의 전략을 실현하여 경쟁우위를 확보하기 위한 목적으로 사용되는 정보 시스템으로, 기업의 궁극적 목표인 이익에 직접 영향을 줄 수 있는 시장점유율 향상, 매출신장, 신상품 전략, 경영 전략 등의 전략계획에 도움을 준다.

오답분석

① 비즈니스 프로세스 관리 : 기업 내외의 비즈니스 프로세스를 드러나게 하고, 비즈니스의 수행과 관련된 사람 및 시스템을 프로세스에 맞게 실행·통제하며, 비즈니스 프로세스를 효율적으로 관리하고 최적화할 수 있는 변화 관리 및 시스템 구현 기법이다.
② 전사적 자원관리 : 인사·재무·생산 등 기업의 전 부문에 걸쳐 독립적으로 운영되던 각종 관리시스템의 경영자원을 하나의 통합시스템으로 재구축함으로써 생산성을 극대화하려는 경영혁신기법이다.
③ 경영정보 시스템 : 기업 경영정보를 총괄하는 시스템으로, 의사결정 등을 지원하는 종합시스템이다.
⑤ 의사결정 지원 시스템 : 컴퓨터의 데이터베이스 기능과 모델 시뮬레이션 기능을 이용하여 경영의 의사결정을 지원하는 시스템이다.

05

정답 ③

〈Alt〉+〈오른쪽 화살표〉는 앞으로 이동한다.

오답분석

① 〈Alt〉+〈Esc〉 : 열린 순서대로 항목을 순환한다.
② 〈Alt〉+〈Enter〉 : 선택한 항목의 속성을 표시한다.
④ 〈Alt〉+〈Space Bar〉 : 활성창에 대한 바로 가기 메뉴를 연다.
⑤ 〈Alt〉+〈Page Down〉 : 한 화면 아래로 이동한다.

06

정답 ③

정보를 관리하지 않고 그저 머릿속에만 기억해 두는 것은 정보관리의 허술한 사례이다.

오답분석

①·④ 정보검색의 바람직한 사례이다.
②·⑤ 정보전파의 바람직한 사례이다.

대표기출유형 02 기출응용문제

01

정답 ①

「=MID(데이터를 참조할 셀번호, 왼쪽을 기준으로 시작할 기준 텍스트, 기준점을 시작으로 가져올 자릿수)」로 표시되기 때문에 「=MID(B2,5,2)」가 옳다.

02

정답 ②

「=SMALL(B3:B9,2)」은 [B3:B9] 범위에서 2번째로 작은 값을 구하는 함수이므로 7이 출력된다. 「=MATCH(7,B3:B9,0)」는 [B3:B9] 범위에서 7의 위치 값을 나타내므로 값은 4가 나온다. 따라서 「=INDEX(A3:E9,4,5)」의 결괏값은 [A3:E9]의 범위에서 4행, 5열에 위치한 대전이다.

03

정답 ②

- [D11] 셀에 입력된 COUNTA 함수는 범위에서 비어있지 않은 셀의 개수를 구하는 함수이다. [B3:D9] 범위에서 비어있지 않은 셀의 개수는 숫자 '1' 10개와 '재제출 요망'으로 입력된 텍스트 2개로, 「=COUNTA(B3:D9)」의 결괏값은 12이다.
- [D12] 셀에 입력된 COUNT 함수는 범위에서 숫자가 포함된 셀의 개수를 구하는 함수이다. [B3:D9] 범위에서 숫자가 포함된 셀의 개수는 숫자 '1' 10개로, 「=COUNT(B3:D9)」의 결괏값은 10이다.
- [D13] 셀에 입력된 COUNTBLANK 함수는 범위에서 비어있는 셀의 개수를 구하는 함수이다. [B3:D9] 범위에서 비어있는 셀의 개수는 9개로, 「=COUNTBLANK(B3:D9)」의 결괏값은 9이다.

04

정답 ⑤

- COUNTIF 함수 : 지정한 범위 내에서 조건에 맞는 셀의 개수를 구한다.
- 함수식 : =COUNTIF(D3:D10,“>=2024-07-01”)

오답분석

① COUNT 함수 : 범위에서 숫자가 포함된 셀의 개수를 구한다.
② COUNTA 함수 : 범위가 비어있지 않은 셀의 개수를 구한다.
③ SUMIF 함수 : 주어진 조건에 의해 지정된 셀들의 합을 구한다.
④ MATCH 함수 : 배열에서 지정된 순서상의 지정된 값에 일치하는 항목의 상대 위치 값을 찾는다.

05

정답 ③

오답분석

①·② AND 함수는 인수의 모든 조건이 참(TRUE)일 경우에 성별을 구분하여 표시할 수 있으므로 옳지 않다.
④ 함수식에서 “남자”와 “여자”가 바뀌었다.
⑤ 함수식에서 “2”와 “3”이 아니라 “1”과 “3”이 들어가야 한다.

CHAPTER

05 자원관리능력

대표기출유형 01 기출응용문제

01

정답 ③

A씨가 쓸 수 있는 항공료는 최대 450,000원이다. 항공료 지원율을 반영해 실제 비용을 계산하면 다음과 같다.

• 중국 : 130,000×2×2×0.9=468,000원

• 일본 : 125,000×2×2×0.7=350,000원

• 싱가포르 : 180,000×2×2×0.65=468,000원

따라서 A씨는 일본여행만 가능하며, 8월 3～4일은 휴가가 불가능하다고 하였으므로 A씨가 선택할 여행기간은 16～19일이다.

02

정답 ④

주어진 선택지에서 요일은 두 요일씩 짝지어져 있으므로 8시간의 윤리교육을 같은 요일에 이수하기 위해서는 해당 요일의 오전 일정이 4일간 비워져 있어야 한다. 월요일에는 14일 최과장 연차로 가능한 날이 3일뿐이고, 화요일에는 8일 오전 워크숍, 29일 오전 성대리 외근으로 가능한 날이 3일뿐이라 수강할 수 없다. 또한 목요일도 3일 오전 본사 회장 방문으로 가능한 날이 3일뿐이다. 수요일에는 30일 오전 임원진 간담회가 있지만, 이 날을 제외하고도 4일 동안 윤리교육 수강이 가능하며, 금요일에는 25일에 김대리의 반차가 있지만 오후이므로 4일 동안 윤리교육 수강이 가능하다. 따라서 윤리교육이 가능한 요일은 수요일과 금요일이다.

03

정답 ①

두 번째 조건에서 경유지는 서울보다 +1시간, 출장지는 경유지보다 −2시간이므로 출장지는 서울과 −1시간 차이다.

김대리가 서울에서 경유지를 거쳐 출장지까지 가는 과정을 서울 시각 기준으로 정리하면 다음과 같다.

• 서울 5일 오후 1시 35분 출발 → 오후 1시 35분+3시간 45분=오후 5시 20분 경유지 도착 → 오후 5시 20분+3시간 50분(대기시간)=오후 9시 10분 경유지에서 출발 → 오후 9시 10분+9시간 25분=6일 오전 6시 35분 출장지 도착

따라서 출장지에 도착했을 때 현지 시각은 서울보다 1시간 느리므로 오전 5시 35분이다.

04

정답 ③

밴쿠버 지사에 메일이 도착한 밴쿠버 현지 시각은 4월 22일 오전 12시 15분이지만, 업무 시간이 아니므로 메일을 읽을 수 없다. 따라서 밴쿠버 지사에서 가장 빠르게 메일을 읽을 수 있는 시각은 전력 점검이 끝난 4월 22일 오전 10시 15분이다. 모스크바는 밴쿠버와 10시간의 시차가 있으므로 이때의 모스크바 현지 시각은 4월 22일 오후 8시 15분이다.

대표기출유형 02 기출응용문제

01

정답 ②

성과급 지급 기준에 따라 영업팀의 성과를 평가하면 다음과 같다.

구분	성과평가 점수	성과평가 등급	성과급 지급액
1분기	(8×0.4)+(8×0.4)+(6×0.2)=7.6점	C	80만 원
2분기	(8×0.4)+(6×0.4)+(8×0.2)=7.2점	C	80만 원
3분기	(10×0.4)+(8×0.4)+(10×0.2)=9.2점	A	100만+10만=110만 원
4분기	(8×0.4)+(8×0.4)+(8×0.2)=8.0점	B	90만 원

따라서 영업팀에게 1년간 지급된 성과급의 총액은 80+80+110+90=360만 원이다.

02

정답 ④

먼저 조건과 급여명세서가 바르게 표시되어 있는지 확인해 보면, 국민연금과 고용보험은 조건의 금액과 일치한다. 4대 보험 중 건강보험과 장기요양을 계산하면 건강보험은 기본급의 6.24%로 회사와 50%씩 부담한다고 하였으므로 2,000,000×0.0624×0.5=62,400원이지만 급여명세서에는 67,400−62,400=5,000원이 더 공제되었으므로 다음 달에 5,000원을 돌려받게 된다. 또한 장기요양은 건강보험료의 7.0% 중 50%로 2,000,000×0.0624×0.07×0.5=4,368원이며, 약 4,360원이므로 바르게 지급되었다.

네 번째 조건에서 야근수당은 기본급의 2%로 2,000,000×0.02=40,000원이며, 이틀 동안 야근하여 8만 원을 받고, 상여금은 5%로 2,000,000×0.05=100,000원을 받아야 하지만 급여명세서에는 5만 원으로 명시되어 있다.

A대리가 다음 달에 받게 될 소급액은 덜 받은 상여금과 더 공제된 건강보험료로 50,000+5,000=55,000원이다.

소급액을 반영한 다음 달 급여명세서는 다음과 같다.

〈급여명세서〉

(단위 : 원)

성명 : A	직책 : 대리	지급일 : 2025-4-25	
지급항목	지급액	공제항목	공제액
기본급	2,000,000	소득세	17,000
상여금	–	주민세	1,950
기타	–	고용보험	13,000
식대	100,000	국민연금	90,000
교통비	–	장기요양	4,360
복지후생	–	건강보험	62,400
소급액	55,000	연말정산	–
		공제합계	188,710
지급총액	2,155,000	차감수령액	1,966,290

따라서 A대리가 받게 될 다음 달 수령액은 1,966,290원이다.

03

정답 ⑤

- A씨 부부의 왕복 비용 : (59,800×2)×2=239,200원
- 만 6세 아들의 왕복 비용 : (59,800×0.5)×2=59,800원
- 만 3세 딸의 왕복 비용 : 59,800×0.25=14,950원

따라서 A씨 가족이 지불한 교통비는 239,200+59,800+14,950=313,950원이다.

04

정답 ③

정규시간 외에 초과근무가 있는 날의 시간외근무시간을 구하면 다음과 같다.

근무 요일	초과근무시간			1시간 공제
	출근	야근	합계	
1～15일	–	–	–	770분
18(월)	–	70분	70분	10분
20(수)	60분	20분	80분	20분
21(목)	30분	70분	100분	40분
25(월)	60분	90분	150분	90분
26(화)	30분	160분	190분	130분
27(수)	30분	100분	130분	70분
합계	–	–	–	1,130분

따라서 총 시간외근무시간인 1,130분은 18시간 50분이고, 1시간 미만은 절사하므로 7,000원×18시간=126,000원을 받는다.

대표기출유형 03 기출응용문제

01

정답 ⑤

각 업체의 선정점수를 항목별로 동일한 가중치로 합산하여 계산하면 다음과 같다.

(단위 : 점)

구분	A업체	B업체	C업체	D업체	E업체
선정점수	67	75	72	71	73

세 번째 조건에 따라 건축안정성 점수가 17점 미만인 D업체는 제외되고, 네 번째 조건에 따라 입찰가격 점수가 10점 미만인 B업체는 제외된다. 또한, 마지막 조건에 따라 C업체는 내진설계를 포함하지 않아 제외된다. 따라서 나머지 업체인 A, E업체 중 선정점수가 가장 높은 E업체가 선정된다.

02

정답 ⑤

오답분석

① 예산이 150만 원이므로 예산을 초과하여 적절하지 않다.
② 신속한 A/S가 조건이므로 해외 A/S만 가능하여 적절하지 않다.
③ 조명도가 5,000lx 미만이므로 적절하지 않다.
④ 가격과 조명도도 적절하고 특이사항도 문제없지만 가격이 저렴한 제품을 우선으로 한다고 하였으므로 E가 더 적절하다.

03

정답 ④

제작하려는 홍보자료는 20×10=200부이며, 200×30=6,000페이지이다. 이를 활용하여 업체당 인쇄 비용을 구하면 다음과 같다.

인쇄소	페이지 인쇄 비용	유광표지 비용	제본 비용	할인을 적용한 총비용
A	6,000×50=30만 원	200×500=10만 원	200×1,500=30만 원	30+10+30=70만 원
B	6,000×70=42만 원	200×300=6만 원	200×1,300=26만 원	42+6+26=74만 원
C	6,000×70=42만 원	200×500=10만 원	200×1,000=20만 원	42+10+20=72만 원 → 200부 중 100부 5% 할인 → (할인 안 한 100부 비용) +(할인한 100부 비용) =36+(36×0.95) =70만 2천 원
D	6,000×60=36만 원	200×300=6만 원	200×1,000=20만 원	36+6+20=62만 원
E	6,000×100=60만 원	200×200=4만 원	200×1,000=20만 원	60+4+20=84만 원 → 총비용 20% 할인 84×0.8=67만 2천 원

따라서 가장 저렴한 비용으로 인쇄할 수 있는 업체는 D인쇄소이다.

04

정답 ①

조건에 따라 가중치를 적용한 후보 도서들의 점수를 나타내면 다음과 같다.

(단위 : 점)

도서명	흥미도 점수	유익성 점수	1차 점수	2차 점수
재테크, 답은 있다	6×3=18	8×2=16	34	34
여행학개론	7×3=21	6×2=12	33	33+1=34
부장님의 서랍	6×3=18	7×2=14	32	–
IT혁명의 시작	5×3=15	8×2=16	31	–
경제정의론	4×3=12	5×2=10	22	–
건강제일주의	8×3=24	5×2=10	34	34

따라서 최종 선정될 도서는 '재테크, 답은 있다'와 '여행학개론'이다.

대표기출유형 04 기출응용문제

01

정답 ③

오답분석

- A지원자 : 9월에 복학 예정이기 때문에 인턴 기간이 연장될 경우 근무할 수 없으므로 적합하지 않다.
- B지원자 : 경력사항이 없으므로 적합하지 않다.
- D지원자 : 근무 시간(9 ~ 18시) 이후에 업무가 불가능하므로 적합하지 않다.
- E지원자 : 포토샵을 활용할 수 없으므로 적합하지 않다.

02

정답 ④

승진시험 성적은 100점 만점이므로 제시된 점수를 그대로 반영하고 영어 성적은 5를 나누어서 반영한다. 성과 평가의 경우는 2를 나누어서 합산해, 그 합산점수가 가장 큰 사람을 선발한다. 합산점수는 다음과 같다.

(단위 : 점)

구분	A	B	C	D	E	F	G	H	I	J	K
합산점수	220	225	225	200	277.5	235	245	220	260	225	230

이때, 합산점수가 높은 E와 I는 동료평가에서 하를 받았으므로 승진 대상에서 제외된다. 따라서 다음 순위자인 F, G가 승진 대상자가 된다.

03

정답 ②

- C사원 : 혁신성, 친화력, 책임감이 '상 – 상 – 중'으로 영업팀의 핵심역량가치에 부합하며, 창의성과 윤리성은 '하'이지만 영업팀에서 중요하게 생각하지 않는 역량이므로 영업팀으로의 부서배치가 적절하다.
- E사원 : 혁신성, 책임감, 윤리성이 '중 – 상 – 하'로 지원팀의 핵심역량가치에 부합하므로 지원팀으로의 부서배치가 적절하다.

06 기술능력

대표기출유형 01 기출응용문제

01

정답 ④

'피재해자는 전기 관련 자격이 없었으며, 복장은 일반 안전화, 면장갑, 패딩점퍼를 착용한 상태였다.'라는 내용에서 불안전한 행동·상태, 작업 관리상 원인, 작업 준비 불충분이란 것을 확인할 수 있다. 그러나 기술적 원인은 제시문에서 찾을 수 없다.

오답분석

① 불안전한 행동 : 위험 장소 접근, 안전장치 기능 제거, 보호 장비의 미착용 및 잘못 사용, 운전 중인 기계의 속도 조작, 기계·기구의 잘못된 사용, 위험물 취급 부주의, 불안전한 상태 방치, 불안전한 자세와 동작, 감독 및 연락 잘못 등이 해당한다.
② 불안전한 상태 : 시설물 자체 결함, 전기 시설물의 누전, 구조물의 불안정, 소방기구의 미확보, 안전 보호 장치 결함, 복장·보호구의 결함, 시설물의 배치 및 장소 불량, 작업 환경 결함, 생산 공정의 결함, 경계 표시 설비의 결함 등이 해당한다.
③ 작업 관리상 원인 : 안전 관리 조직의 결함, 안전 수칙 미제정, 작업 준비 불충분, 인원 배치 및 작업 지시 부적당 등이 해당한다.
⑤ 작업 준비 불충분 : 작업 관리상 원인의 하나이며, 피재해자는 경첩의 높이가 높음에도 불구하고 작업 준비에 필요한 자재를 준비하지 않은 채 불안전한 자세로 일을 시작하였다.

02

정답 ①

시스템적인 관점에서 인식하는 능력은 기술적 능력에 대한 것으로, 기술경영자의 역할보다는 기술관리자의 역할에 해당하는 내용이다.

03

정답 ②

벤치마킹은 경쟁력을 제고하기 위한 방법의 일환으로, 타사에서 배워오는 혁신 기법이다. 그러나 복제나 모방과는 다른 개념이다. 벤치마킹은 단순히 경쟁 기업이나 선도 기업의 제품을 복제하는 수준이 아니라 장·단점을 분석해 자사의 제품을 한층 더 업그레이드해 시장 경쟁력을 높이고자 하는 개념이다.

오답분석

① 벤치마크 : 기준이 되는 점, 측정기준으로 비교평가 대상으로 볼 수 있다.
③ 표절 : 다른 사람의 저작물의 일부 또는 전부를 몰래 따다 쓰는 행위를 의미한다.
④ 모방 : 다른 것을 본떠서 흉내 내는 행위를 말한다.
⑤ 차용 : 돈이나 물건 따위를 빌려서 쓰는 행위를 말한다.

04

정답 ②

②는 간접적 벤치마킹의 단점이다. 간접적 벤치마킹은 인터넷, 문서자료 등 간접적인 형태로 조사·분석하게 됨으로써 대상의 본질보다는 겉으로 드러나 보이는 현상에 가까운 결과를 얻을 수 있는 단점을 가진다.

05

정답 ②

기술선택을 위한 절차

- 외부환경 분석 : 수요 변화 및 경쟁자 변화, 기술 변화 등 분석
- 중장기 사업목표 설정 : 기업의 장기비전, 중장기 매출목표 및 이익목표 설정
- 내부역량 분석 : 기술능력, 생산능력, 마케팅 / 영업능력, 재무능력 등 분석
- 사업전략 수립 : 사업 영역 결정, 경쟁 우위 확보 방안 수립
- 요구기술 분석 : 제품 설계 / 디자인 기술, 제품 생산 공정, 원재료 / 부품 제조기술 분석
- 기술전략 수립 : 기술획득 방법 결정

대표기출유형 02 기출응용문제

01

정답 ③

1 ~ 2월 이앙기 관리방법에 모두 방청유를 발라 녹 발생을 방지하는 내용이 있다.

오답분석

① 트랙터의 브레이크 페달 작동 상태는 2월의 점검 목록이다.
② 이앙기에 커버를 씌워 먼지 및 이물질에 의한 부식을 방지하는 것은 1월의 점검 목록이다.
④ 트랙터의 유압실린더와 엔진 누유 상태의 점검은 트랙터 사용 전 점검이 아니라 보관 중 점검 목록이다.
⑤ 매뉴얼에 없는 내용이다.

02

정답 ④

제품에는 배터리 보호를 위하여 과충전 보호회로가 내장되어 있어 적정 충전시간을 초과하여도 배터리에 큰 손상이 없으므로 고장의 원인으로 적절하지 않다.

03

정답 ③

청소기 전원을 끄고 이물질 제거 후 전원을 켜면 파워브러시가 재작동하며, 평상시에도 파워브러시가 멈추었을 때는 전원 스위치를 껐다 켜면 재작동한다.

04

정답 ⑤

사용 중 갑자기 흡입력이 떨어지는 이유는 흡입구를 커다란 이물질이 막고 있거나, 먼지 필터가 막혀 있거나, 먼지통 내에 오물이 가득 차 있을 경우이다.

05

정답 ③

사용 전 알아두기에 따르면 제습기의 물통이 가득 찰 경우 작동이 멈춘다고 하였으므로 서비스센터에 연락해야 한다.

오답분석

① 실내 온도가 18℃ 미만일 때 냉각기에 결빙이 시작되어 제습량이 줄어들 수 있다.
② 컴프레서 작동으로 실내 온도가 올라갈 수 있다.
④ 제습기가 작동하지 않는 경우 10분 꺼두었다가 다시 켜서 작동하면 정상이라고 하였다.
⑤ 희망 습도에 도달하면 운전이 멈추고, 습도가 높아지면 다시 자동 운전으로 작동한다.

06

정답 ①

보증서가 없으면 영수증이 대신하는 것이 아니라, 제조일로부터 3개월이 지난 날이 보증기간 시작일이 된다.

오답분석

② 보증기간 안내에 따르면 제품 보증기간은 제조사 또는 제품 판매자가 소비자에게 정상적인 상태에서 자연 발생한 품질 성능 기능 하자에 대하여 무료 수리해 주겠다고 약속한 기간이므로 옳은 내용이다.

③·④ 제습기 보증기간은 일반제품을 기준으로 1년이고, 2017년 이전에 구입한 제품은 2년이다.

⑤ 제습기 부품 보증기간에 따르면 2016년 1월 이후 생산된 인버터 컴프레서의 보증기간은 10년이다.

많이 보고 많이 겪고 많이 공부하는 것은 배움의 세 기둥이다.

- 벤자민 디즈라엘리 -

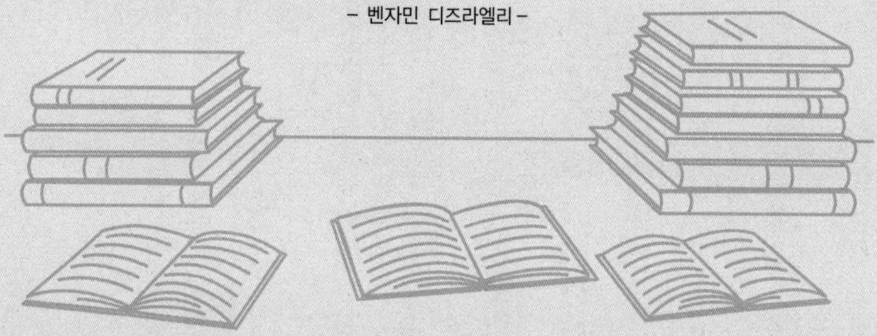

PART 2

직무수행능력

CHAPTER

01 경영학 적중예상문제

01	02	03	04	05	06	07	08	09	10	11	12	13	14	15	16	17	18	19	20
①	②	①	③	⑤	①	④	⑤	②	⑤	②	⑤	⑤	④	③	③	①	③	③	③

01

정답 ①

컨글로머리트는 사업내용이 전혀 다른 기업을 최대한 많이 흡수 또는 합병해서 지배하는 결합 형태로, 대기업의 문어발식 기업 확장에 가장 많이 사용되는 결합방식이다.

02

정답 ②

마케팅 활동은 본원적 활동에 해당한다.

오답분석

① 기업은 본원적 활동 및 지원적 활동을 통하여 이윤을 창출한다.
③ 물류 투입, 운영, 산출, 마케팅 및 서비스 활동은 모두 본원적 활동에 해당한다.
④ 인적자원관리, 기술 개발, 구매, 조달 활동 등은 지원적 활동에 해당한다.
⑤ 가치사슬 모형은 기업의 내부적 핵심 역량을 파악하는 모형으로, 지원적 활동에 해당하는 항목도 핵심 역량이 될 수 있다.

03

정답 ①

제품믹스란 특정 판매업자가 구매자들에게 제공하는 제품계열과 품목들의 집합을 의미하는데, 어떤 제품믹스이든 폭과 깊이 및 다양성·일관성의 면에서 분석될 수 있다.

04

정답 ③

유한책임회사는 2012년 개정된 상법에 도입된 회사의 형태이다. 내부관계에 관하여는 정관이나 상법에 다른 규정이 없으면 합명회사에 관한 규정을 준용한다. 신속하고 유연하며 탄력적인 지배구조를 가지고 있고, 출자자가 직접 경영에 참여할 수 있다. 또한 각 사원이 출자금액만을 한도로 책임지므로 초기 상용화에 어려움을 겪는 청년 벤처 창업에 적합하다.

05

정답 ⑤

발기설립이란 설립 시 주식의 전부를 발기인만이 인수하여 설립하는 것을 말하고, 모집설립이란 설립 시 주식의 일부를 발기인이 우선 인수하고 주주를 모집하여 그 나머지를 인수하게 하는 설립방법을 의미한다. 이사와 감사는 취임 후 지체 없이 회사의 설립에 관한 모든 사항이 법령 또는 정관의 규정에 위반되지 않는지의 여부를 조사하여야 하는데 발기설립의 경우 이를 발기인에게 보고하고, 모집설립의 경우 창립총회에 보고한다.

06

정답 ①

주제품과 함께 사용해야 하는 종속제품을 높은 가격으로 책정하여 마진을 보장하는 전략을 종속제품 가격결정이라고 한다.

오답분석

② 묶음 가격결정 : 몇 개의 제품들을 하나로 묶어서 할인된 가격으로 판매하는 전략이다.
③ 단수 가격결정 : 제품 가격의 끝자리를 단수로 표시하여 소비자들이 제품의 가격이 저렴하다고 느껴 구매하도록 하는 가격 전략이다.
④ 침투 가격결정 : 빠른 시일 내에 시장에 깊숙이 침투하기 위해 신제품의 최초가격을 낮게 설정하는 전략이다.
⑤ 스키밍 가격결정 : 신제품이 시장에 진출할 때 가격을 높게 책정한 후 점차적으로 그 가격을 내리는 전략이다.

07

정답 ④

오답분석

① 아웃소싱 : 경영 효과 및 효율의 극대화를 위한 방안으로, 기업 업무의 일부 프로세스를 제3자에게 위탁해 처리하는 것이다.
② 인소싱 : 기업이나 조직의 서비스와 기능을 조직 안에서 총괄적으로 제공·조달하는 방식이다.
③ 오픈소싱 : 원청업체와 납품업체의 개방적인 납품 – 하청 관계를 만드는 경영전략이다.
⑤ 스마트소싱 : 기업이 핵심 역량에만 집중하기 위해 비핵심 부문을 과감히 아웃소싱하는 경영전략이다.

08

정답 ⑤

버즈 마케팅은 소비자들이 자발적으로 상품 및 서비스에 대한 긍정적인 소문을 내도록 하는 마케팅 기법이다.

09

정답 ②

그린메일은 특정기업의 주식을 대량 매입한 뒤 경영진에게 적대적 M&A를 포기하는 대가로 매입한 주식을 시가보다 훨씬 높은 값에 되사도록 요구하는 행위로, 적대적 M&A에 대한 사후 방어 전략에 해당한다.

오답분석

① 황금주 : 단 1주 만으로도 주주총회 결의사항에 대해 거부권을 행사할 수 있는 권리를 가진 주식을 발행하는 전략이다.
③ 황금낙하산 : 기업임원이 적대적 M&A로 인해 퇴사하는 경우 거액의 퇴직위로금을 지급받도록 하는 전략이다.
④ 포이즌 필 : 현재 주가 대비 현저히 낮은 가격에 신주를 발행하는 것을 허용하여 매수자가 적대적 M&A를 시도할 때 엄청난 비용이 들도록 하는 전략이다.
⑤ 포이즌 풋 : 채권자가 미리 약정한 가격에 채권을 상환할 것을 청구할 수 있는 권리를 부여하여 적대적 M&A를 시도하는 매수자가 인수 직후 부채 상환 부담을 갖게 하는 전략이다.

10

정답 ⑤

기업의 생산이나 판매과정 전후에 있는 기업 간의 합병으로, 주로 원자재 공급의 안정성 등을 목적으로 하는 것은 수직적 합병이다. 수평적 합병은 동종 산업에서 유사한 생산단계에 있는 기업 간의 합병으로, 주로 규모의 경제적 효과나 시장지배력을 높이기 위해서 이루어진다.

11

정답 ②

침투가격정책은 수요가 가격에 대하여 민감한 제품(수요의 가격탄력성이 높은 제품)에 많이 사용하는 방법이다.

12

정답 ⑤

사내유보 이익은 대차대조표를 통해 확인할 수 있다.

오답분석

①·②·③ 손익계산서는 일정기간 동안 기업의 경영활동 성과를 나타내는 회계보고서이다.

④ 손익계산서는 비용과 수익으로 나뉘며, 비용에는 매출원가, 판매비, 관리비, 영업외비용, 특별손실, 법인세비용 등이 있다.

13

정답 ⑤

경험곡선효과는 학습효과라고도 하며, 동일한 제품이나 서비스를 생산하는 두 기업을 비교할 때 일정기간 내에 상대적으로 많은 제품이나 서비스를 생산한 기업의 비용이 낮아지는 것을 의미한다. 이는 경험이 축적되면서 노동자들의 숙달로 인한 능률의 향상, 규모의 경제 확대, 기술혁신으로 인한 비용의 감축, 지속적인 업무 개선과 작업의 표준화 등으로 인해 원가를 최소화할 수 있는 것이다.

14

정답 ④

불안정한 환경에서 복잡한 의사결정과 빈번한 변화에 적절하게 대응이 가능한 매트릭스 조직은 기능별 작업 단위와 사업·제품별 작업 단위 두 유형을 포개어 놓은 구조이다. 이를 통하여 두 명의 상사를 갖게 되어 역할 갈등의 문제가 발생할 수 있다는 단점이 있다. 반면 기능부서 내에서의 규모의 경제 효과가 달성 가능한 조직 구조는 기능 조직이다.

15

정답 ③

당기순이익은 영업이익에서 판매 물건을 생산하기 위해 발생한 비용 외 기타비용(예 관리비, 이자비용)이나 기타수익(예 이자수익, 잡이익 등), 법인세비용을 가감한 금액을 의미한다. 주어진 자료를 이용하여 계산해 보면 다음과 같다.

영업이익	+300,000
영업외 수익	+50,000
이자비용	−10,000
법인세비용	−15,000
합계	325,000

16

정답 ③

고정비는 10,000,000원이고, 단위당 판매가격은 10,000원이며 단위당 변동비가 5,000원이므로 변동비율은 0.5이다.

- $(\text{손익분기점의 매출액})=\frac{(\text{고정비})}{(\text{공헌이익률})}=\frac{(\text{고정비})}{1-(\text{변동비율})}=\frac{10,000,000}{1-0.5}=20,000,000$원
- $(\text{손익분기점 매출수량})=\frac{(\text{고정비})}{(\text{단위당 공헌이익})}=\frac{(\text{고정비})}{(\text{단위당 판매가격})-(\text{단위당 변동비})}=\frac{10,000,000}{10,000-5,000}=2,000$개

17

정답 ①

- 선입선출법 : (8월 20일 분) 400×90+(8월 11일 분) 100×85=₩44,500
- 후입선출법 : (전기이월) 300×70+(8월 11일 분) 200×85=₩38,000

18

정답 ③

질문지법은 구조화된 설문지를 이용하여 직무에 대한 정보를 얻는 직무분석 방법이다.

19

정답 ③

영업고정비의 비중이 클수록 즉, 영업레버리지가 클수록 매출액 변동에 따른 영업이익의 변동은 더 증가한다.

20

정답 ③

SWOT 분석은 기업을 Strength(강점), Weakness(약점), Opportunity(기회), Threat(위협)의 4가지 요인으로 분석하여 마케팅 전략을 세우는 방법이다. ①·②·④·⑤는 Strength(경쟁기업과 비교하여 소비자로부터 강점으로 인식되는 것이 무엇인지)에 해당하지만, ③은 Opportunity(외부환경에서 유리한 기회요인), Threat(외부환경에서 불리한 위협요인)에 해당한다.

CHAPTER

02 경제학 적중예상문제

01	02	03	04	05	06	07	08	09	10	11	12	13	14	15	16	17	18	19	20
④	④	⑤	⑤	②	④	③	④	④	④	④	⑤	④	④	⑤	③	②	③	⑤	⑤

01

정답 ④

조세부담의 전가란 조세가 부과되었을 때 세금이 납세의무자에게 부담되지 않고 경제주체들의 가격조정 과정을 통해 조세부담이 다른 경제주체에게 이전되는 현상을 말한다. 한편, 조세부담의 전가는 해당 재화의 시장에서 수요와 공급의 가격탄력성에 따라 결정된다. 즉, 수요의 가격탄력성이 작으면 소비자가 조세를 더 많이 부담하고, 공급의 가격탄력성이 작으면 판매자가 조세를 더 많이 부담한다.

02

정답 ④

항상소득가설에 의하면 항상소득의 증가는 소비의 증가에 크게 영향을 미치지만, 임시소득의 증가는 소비에 거의 영향을 미치지 않는다. 따라서 항상소득의 한계소비성향은 일시소득의 한계소비성향보다 크다.

03

정답 ⑤

물은 우리 삶에 필수적으로 필요한 유용하고 사용가치가 높은 재화이지만 다이아몬드의 가격이 더 비싸다. 이는 다이아몬드가 물보다 희소성이 크기 때문이다. 여기서 희소성이란 인간의 욕망에 비해 그것을 충족시키는 수단이 질적으로나 양적으로 한정되어 있거나 부족한 상태를 의미한다.

04

정답 ⑤

지현 · 진솔 : 필수재일수록, 또는 소득에서 차지하는 비중이 큰 지출일수록 가격에 대한 수요의 가격탄력성이 크다.

오답분석

- 보검 : 가격에 대한 수요가 탄력적인 경우에 가격이 인상되면, 가격 인상률보다 수요 하락률이 더 커지기 때문에 매출은 감소하게 된다.
- 지철 : 우하향하는 직선의 수요곡선상에서 가격탄력성은 무한대로 시작하여 가격이 낮아질수록 작아지다가 가격이 '0'일 때는 '0'의 값을 갖는다.

05

정답 ②

구축효과에 대한 설명이다.

채권가격 변화에 의한 구축효과의 경로
정부의 국공채 발행 → 채권의 공급 증가 → 채권가격 하락 → 이자율 상승(채권가격과 이자율과는 음의 관계) → 투자 감소

06

정답 ④

공공재의 시장수요곡선은 각각의 수요곡선의 합이다. 그러므로 K시 공공재의 시장수요곡선 $P=(10-Q)+(10-0.5Q)=20-1.5Q$이고, 한계비용 $MC=5$이므로 $20-1.5Q=5$이다. 따라서 $Q=10$이다.

07

정답 ③

'공짜 점심은 없다.'라는 말은 무엇을 얻고자 하면 보통 그 대가로 무엇인가를 포기해야 한다는 뜻으로 해석할 수 있다. 즉, 어떠한 선택에는 반드시 포기하게 되는 다른 가치가 존재한다는 의미이다. 이와 같이 시간이나 자금의 사용은 다른 활동에의 시간 사용, 다른 서비스나 재화의 구매를 불가능하게 만들어 기회비용을 유발한다. 정부의 예산배정, 여러 투자상품 중 특정 상품의 선택, 경기활성화와 물가안정 사이의 상충관계 등이 기회비용의 사례가 될 수 있다.

08

정답 ④

비교우위를 계산하기 위해서는 각 상품을 생산할 때의 기회비용을 계산해야 한다. 두 국가의 기회비용을 표로 나타내면 다음과 같다.

구분	C상품	D상품
A국가	$\frac{6}{10}$	$\frac{10}{6}$
B국가	$\frac{6}{2}$	$\frac{2}{6}$

따라서 A국가는 B국가에 C상품을, B국가는 A국가에 D상품을 수출하면 두 국가 모두에게 이득이다.

09

정답 ④

오답분석

① 후생경제학 제1정리는 효율적 자원배분은 시장구조가 완전경쟁적인 경우에 달성될 수 있음을 보여준다.
② 후생경제학 제2정리는 효율적 자원배분은 정부가 초기부존자원을 적절히 재분배할 때 시장기구에 의해 달성될 수 있음을 보여준다.
③ 차선의 이론에 따르면 모든 효율성이 충족되지 못하는 상태에서 더 많은 효율성 조건이 충족된다고 해서 효율적인 자원배분을 보장할 수 없다.
⑤ 공리주의 주장에 따르면 사회후생함수(SW)는 각 개인의 효용의 합으로 나타난다. 즉, 사회가 2인(A와 B)으로 구성되고 각각의 효용을 U_A, U_B라 할 경우 사회후생함수(SW)는 $SW=U_A+U_B$로 표현된다.

10

정답 ④

무관세 자유무역과 비교하면 관세부과 때문에 $CGH+FIK$라는 총 잉여가 감소했으며, 관세에 의한 경제적 순손실이 발생하였다. CGH는 과잉생산으로 인한 경제적 순손실이며, FIK는 과소소비에 의한 경제적 순손실이다.

11

정답 ④

어떤 재화 1단위의 산출에 필요한 요소 i의 투입량이 $a_i=(i=1,\ 2,\ \cdots,\ n)$로 고정되어 있을 때, 투입$(x_1,\ \cdots,\ x_n)$으로부터 얻을 수 있는 산출량 y는 $y=\min\{x_1/a_1,\ \cdots,\ x_n/a_n\}$이고, 이러한 생산함수를 레온티에프 생산함수라 한다. 레온티에프 생산함수에서는 하나의 요소투입을 감소시키면 다른 요소를 아무리 증가시키더라도 결코 원래의 산출량을 생산할 수 없기 때문에 요소 간에 대체가 불가능함을 내포하고 있다. 이때 제시된 레온티에프형 생산함수로부터 $L=\frac{Q}{2}$, $K=Q$를 도출할 수 있다. $TC=\mathrm{w}L+rK$이므로 $TC=2\left(\frac{Q}{2}\right)+5Q=6Q$이다. 따라서 $MC=6$이다.

12

정답 ⑤

오답분석

① 콥 - 더글라스 생산함수 $Q = AL^{\alpha}K^{\beta}$에서 $\alpha+\beta>1$인 경우 규모에 대한 수익은 체증한다. 문제의 경우 1.5이므로 규모에 대한 수익 체증이다.

② 노동의 한계생산 $MP_L = \frac{\partial Q}{\partial L} = 0.5L^{-0.5}K$가 된다. 이때 노동을 늘릴수록 노동의 한계생산은 감소한다.

③ 자본의 한계생산 $MP_K = \frac{\partial Q}{\partial K} = L^{0.5}$가 된다. 이때, 노동을 늘릴수록 자본의 한계생산은 증가한다.

④ • 최적상태의 도출 : $\min C = wL + rK$, $s.t\ L^{0.5}K = Q$

• 비용극소화 조건 : $MRTS_{LK} = \frac{MP_L}{MP_K} = \frac{0.5L^{-0.5}K}{L^{0.5}} = \frac{K}{2L} = \frac{w}{r} \Rightarrow 2Lw = rK$

따라서 노동과 자본의 단위당 가격이 동일하다면 $2L = K$이므로 자본투입량은 노동투입량의 2배가 된다.

13

정답 ④

필립스곡선이란 인플레이션율과 실업률 간에 단기 상충관계가 존재함을 보여주는 곡선이다. 하지만 장기적으로 인플레이션율과 실업률 사이에는 특별한 관계가 성립하지 않는다. 대상기간이 길어지면 사람들의 인플레이션에 대한 기대가 바뀔 수 있고 오일쇼크와 같은 공급 충격도 주어질 수 있기 때문에 장기적으로는 필립스곡선이 성립하지 않는 것이다. 따라서 인플레이션 기대나 원자재 가격 상승 때문에 물가가 상승할 때는 실업률이 하락하지 않을 수 있다.

14

정답 ④

제1급 가격차별은 각 소비자의 수요가격으로 가격을 차별한 완전가격차별로, 소비자잉여가 전부 독점기업에 귀속된다. 제1급 가격차별의 경우 가격과 한계비용이 일치하여 자중손실이 발생하지 않으므로 자원배분이 효율적으로 이루어진다. 제2급 가격차별은 구매량이 클수록 가격을 낮추는 가격차별로, 서로 다른 구매량에 적용되는 단위당 가격이 달라 소비자가 지불하는 가격은 구매량에 따라 다르다. 제2급 가격차별의 일종인 이부가격제는 최대 소비자잉여만큼의 기본료가 부과되어 소비자잉여가 독점기업에 귀속된다. 반면 제3급 가격차별은 수요의 가격탄력도가 높은 시장에 낮은 가격, 낮은 시장에 높은 가격을 매기는 가격차별이다.

15

정답 ⑤

펀더멘털(Fundamental)은 국가나 기업의 경제 상태를 가늠할 수 있는 기초경제여건이다. 경제성장률, 물가상승률, 실업률, 경상수지 등 경제 상태를 표현하는 데 기초적인 자료가 되는 주요 거시경제지표가 이에 해당한다.

16

정답 ③

통화승수는 통화량을 본원통화로 나눈 값이다.

통화승수 $m = \frac{1}{c+z(1-c)}$이므로, 현금통화비율(c)이 하락하거나 지급준비율(z)이 낮아지면 통화승수가 증가한다.

17

정답 ②

신용경색으로 은행들이 기업에게 대출을 제대로 공급하지 않으면 투자가 위축되고, 부동산 가격의 하락으로 민간이 보유한 자산가치가 하락하면 소비도 감소한다. 투자와 소비가 감소하면 총수요곡선이 왼쪽으로 이동하므로 물가수준이 하락하고, 국민소득도 감소한다. 국민소득이 감소하면 고용량도 줄어든다.

18

정답 ③

원자재가격 상승으로 인한 기업 생산비의 증가는 총공급곡선을 왼쪽으로 이동시킨다. 한편, 기준금리 인상으로 이자율이 상승하면 투자와 소비가 위축되므로 총수요곡선도 왼쪽으로 이동한다. 이 경우 실질 GDP는 크게 감소하게 되는 반면, 물가는 증가하는지 감소하는지 알 수 없다.

19

정답 ⑤

오답분석

① 완전고용은 실업률이 0인 상태를 의미하지는 않는다. 일자리를 옮기는 과정에 있는 사람들이 실업자로 포함될 가능성이 있기 때문이다.
② 경기적 실업이나 구조적 실업은 비자발적 실업이다. 자발적 실업에는 마찰적 실업과 탐색적 실업이 있다.
③ 실업률은 실업자 수를 경제활동인구 수로 나누고 100을 곱한 수치이다.
④ 취업의사가 있더라도 지난 4주간 구직활동을 하지 않았다면 구직단념자로 보고, 이들은 비경제활동인구로 분류된다.

PART 2

20

정답 ⑤

총수입 TR은 다음과 같이 나타낼 수 있다.

$TR=P\times Q=(100-2Q)\times Q=100Q-2Q^2$

독점기업의 이윤극대화의 조건은 $MR=MC$이다.

$MC=60$, $MR=\dfrac{\Delta TR}{\Delta Q}=100-4Q$이므로

$100-4Q=60$

$\rightarrow 4Q=40$

$\therefore\ Q=10$

이 값을 시장수요곡선인 $P=100-2Q$에 대입하면 $P=80$이다.

따라서 이 독점기업의 이윤극대화 가격은 80원이고, 생산량은 10개이다.

CHAPTER

03 법학 적중예상문제

01	02	03	04	05	06	07	08	09	10	11	12	13	14	15	16	17	18	19	20
①	④	④	①	④	②	①	⑤	④	③	⑤	⑤	③	⑤	③	②	①	③	④	④

01

정답 ①

건축허가는 법률행위적 행정행위 중 명령적 행위에 속한다.

행정행위의 구분

법률행위적 행정행위	명령적 행위	하명, 허가, 면제
	형성적 행위	특허, 인가, 대리
준법률행위적 행정행위		확인, 공증, 통지, 수리

02

정답 ④

법원에 계속되어 있는 사건에 대하여 당사자는 다시 소를 제기하지 못한다(민사소송법 제259조). 이를 중복제소의 금지 또는 이중소송의 금지원칙이라고 한다. 동일한 사건에 대하여 다시 소제기를 허용하는 것은 소송제도의 남용으로, 법원이나 당사자에게 시간, 노력, 비용을 이중으로 낭비하게 하므로 소송경제상 좋지 않고, 판결이 서로 모순되거나 저촉될 우려가 있기 때문에 허용되지 않는다는 취지이다.

03

정답 ④

대통령은 중대한 재정·경제상의 위기에 있어서 국가의 안전보장 또는 공공의 안녕질서를 유지하기 위하여 최소한으로 필요한 재정·경제상의 처분을 할 수 있다(헌법 제76조 제1항). 따라서 국무총리가 아니라 대통령의 긴급재정경제처분권을 규정하고 있다.

오답분석

① 헌법 전문·헌법 제5조·제6조 등에서 국제평화주의를 선언하고 있다.
② 헌법 제77조 제1항
③ 헌법 제1조 제1항
⑤ 실질적 의미의 헌법은 규범의 형식과 관계없이 국가의 통치조직·작용의 기본원칙에 대한 규범을 총칭한다.

04

정답 ①

역사적으로 속인주의에서 속지주의로 변천해 왔으며, 오늘날 국제사회에서 영토의 상호존중과 상호평등원칙이 적용되므로 속지주의가 원칙이며 예외적으로 속인주의가 적용된다.

05

정답 ④

㉠은 시공자의 흠이라는 위법한 행정행위에 대한 것이므로 손해배상에 해당하고, ㉡은 정당한 법집행에 대한 것이므로 손실보상에 해당한다.

06

정답 ②

행정행위(처분)의 부관이란 행정행위의 일반적인 효과를 제한하기 위하여 주된 의사표시에 붙여진 종된 의사표시로, 행정처분에 대하여 부가할 수 있다. 부관의 종류에는 조건, 기한, 부담 등이 있다.

- 조건 : 행정행위의 효력의 발생 또는 소멸을 발생이 불확실한 장래의 사실에 의존하게 하는 행정청의 의사표시로, 조건성취에 의하여 당연히 효력을 발생하게 하는 정지조건과 당연히 그 효력을 상실하게 하는 해제조건이 있다.
- 기한 : 행정행위의 효력의 발생 또는 소멸을 발생이 장래에 도래할 것이 확실한 사실에 의존하게 하는 행정청의 의사표시로, 기한의 도래로 행정행위가 당연히 효력을 발생하는 시기와 당연히 효력을 상실하는 종기가 있다.
- 부담 : 행정행위의 주된 의사표시에 부가하여 그 상대방에게 작위·부작위·급부·수인의무를 명하는 행정청의 의사표시로, 특허·허가 등의 수익적 행정행위에 붙여지는 것이 보통이다.
- 철회권의 유보 : 행정행위의 주된 의사표시에 부수하여 장래 일정한 사유가 있는 경우에 그 행정행위를 철회할 수 있는 권리를 유보하는 행정청의 의사표시이다(숙박업 허가를 하면서 윤락행위를 하면 허가를 취소한다는 경우).

PART 2

07

정답 ①

형벌불소급의 원칙에 반한다고 할 수는 없다(대판 97도3349).

오답분석

② 제1항의 규정에 의한 보호관찰의 기간은 집행을 유예한 기간으로 하고, 다만 법원은 유예기간의 범위 내에서 보호관찰의 기간을 정할 수 있다고 규정되어 있는 바, 위 조항에서 말하는 보호관찰은 형벌이 아니라 보안처분의 성격을 갖는 것으로, 과거의 불법에 대한 책임에 기초하고 있는 제재가 아니라 장래의 위험성으로부터 행위자를 보호하고 사회를 방위하기 위한 합목적적인 조치이므로, 그에 관하여 반드시 행위 이전에 규정되어 있어야 하는 것은 아니며, 재판 시의 규정에 의하여 보호관찰을 받을 것을 명할 수 있다고 보아야 할 것이고, 이와 같은 해석이 형벌불소급의 원칙 내지 죄형법정주의에 위배되는 것이라고 볼 수 없다(대판 97도703).

③ 농업협동조합법상 벌칙 규정들의 체계적인 위치나 그 입법 목적 내지 취지에 비추어 보면, 벌칙 규정들은 규정하고 있는 내용의 준수를 담보하기 위해 그에 위반하는 경우를 처벌하는 조항이라고 할 것이고, 따라서 그 제171조 제1호에 규정한 '감독기관의 인가 또는 승인을 얻어야 할 사항'은 그 구체적인 내용이 같은 법 자체에 명시적으로 규정되어 있는 사항에 한한다(예외적으로 위임입법의 필요성에 의하여 그 구체적인 내용을 시행령으로 정하도록 위임할 수 있다고 하더라도 같은 법 자체에서 인가 또는 승인사항의 대강을 정한 다음 그 위임사항이 인가 또는 승인사항임을 분명히 하여 위임한 경우에 한한다)고 해석함이 형벌법규의 명확성의 원칙 등 죄형법정주의의 원칙에 부합한다고 할 것이다(대판 2003도3600).

④ 식품위생법 제11조 제2항이 과대광고 등의 범위 및 기타 필요한 사항을 보건복지부령에 위임하고 있는 것은 과대광고 등으로 인한 형사처벌에 관련된 법규의 내용을 빠짐없이 형식적 의미의 법률에 의하여 규정한다는 것은 사실상 불가능하다는 고려에서 비롯된 것이고, 또한 같은 법 시행규칙 제6조 제1항은 처벌대상인 행위가 어떠한 것인지 예측할 수 있도록 구체적으로 규정되어 있다고 할 것이므로 식품위생법 제11조 및 같은 법 시행규칙 제6조 제1항의 규정이 위임입법의 한계나 죄형법정주의에 위반된 것이라고 볼 수는 없다(대판 2002도2998).

⑤ 반대로 구법의 위임에 의한 유효한 법규명령이 법개정으로 위임의 근거가 없어지게 되면 그 때부터 무효인 법규명령이 된다(대판 93추83).

08

정답 ⑤

ㄱ. 전세권은 설정계약, 취득시효, 양도 또는 상속에 의하여 취득할 수 있다.
ㄴ. 민법 제319조
ㄷ. 후순위 전세권자가 경매를 신청하여 매각되면, 선순위 저당권과 후순위 전세권 모두 소멸한다.
ㄹ. 임대인과 임차인이 임대차계약을 체결하면서 임대차보증금을 전세금으로 하는 전세권설정등기를 경료한 경우 임대차보증금은 전세금의 성질을 겸하게 되므로, 당사자 사이에 다른 약정이 없는 한 임대차보증금 반환의무는 민법 제317조에 따라 전세권설정등기의 말소의무와도 동시이행관계에 있다(대판 2011.3.24., 2010다95062).

09

정답 ④

채권이 이중으로 양도된 경우의 양수인 상호 간의 우열은 통지 또는 승낙에 붙여진 확정일자의 선후에 의하여 결정할 것이 아니라, 채권양도에 대한 채무자의 인식, 즉 확정일자 있는 양도통지가 채무자에게 도달한 일시 또는 확정일자 있는 승낙의 일시의 선후에 의하여 결정하여야 한다(대판 1994.4.26., 93다24223).

오답분석

① 대판 1969.12.23., 69다1745
② 지명채권(이하 '채권')의 양도라 함은 채권의 귀속주체가 법률행위에 의하여 변경되는 것, 즉 법률행위에 의한 이전을 의미한다. 여기서 '법률행위'란 유언 외에는 통상 채권이 양도인에게서 양수인으로 이전하는 것 자체를 내용으로 하는 그들 사이의 합의(채권양도계약)를 가리키고, 이는 이른바 준물권행위 또는 처분행위로서의 성질을 가진다(대판 2011.3.24., 2010다100711).
③ 대판 2003.12.11., 2001다3771
⑤ 민법 제450조 제1항

10

정답 ③

오답분석

㉠ 우리 민법은 정주의 사실을 요건으로 하여 주소를 결정하는 객관주의 태도를 취하고 있다.
㉣ 우리 민법은 주소가 두 곳 이상일 수 있는 복수주의 태도를 취하고 있다.

11

정답 ⑤

추인은 취소의 원인이 소멸된 후에 하여야만 효력이 있으나, 법정대리인 또는 후견인이 추인하는 경우에는 취소원인이 소멸되지 않아도 추인할 수 있다(민법 제144조).

오답분석

① 취소된 법률행위는 처음부터 무효인 것으로 본다(민법 제141조).
② 불공정한 법률행위로서 무효인 경우에는 추인에 의하여 무효인 법률행위가 유효로 될 수 없다(대판 1994.6.24., 94다10900).
③ 취소된 법률행위에 기하여 이미 이행된 급부는 법률상 원인이 없게 되므로 민법 제741조에 따라 부당이득으로 반환되어야 한다.
④ 취소할 수 있는 법률행위는 제140조에 규정한 자가 추인할 수 있고 추인 후에는 취소하지 못한다(민법 제143조 제1항).

12

정답 ⑤

오답분석

① 민법상 조합원은 조합의 존속기간이 정해져 있는 경우 등을 제외하고는 원칙적으로 언제든지 조합에서 탈퇴할 수 있고(민법 제716조), 조합원이 탈퇴하면 그 당시의 조합재산상태에 따라 다른 조합원과 사이에 지분의 계산을 하여 지분환급청구권을 가지게 되는바(민법 제719조), 조합원이 조합을 탈퇴할 권리는 그 성질상 조합계약의 해지권으로서 그의 일반재산을 구성하는 재산권의 일종이라 할 것이고 채권자대위가 허용되지 않는 일신전속적 권리라고는 할 수 없다(대판 2007.11.30., 자 2005마1130).
② 민법 제404조 소정의 채권자대위권은 채권자가 자신의 채권을 보전하기 위하여 채무자의 권리를 자신의 이름으로 행사할 수 있는 권리라 할 것이므로, 채권자가 채무자의 채권자취소권을 대위행사하는 경우, 제소기간은 대위의 목적으로 되는 권리의 채권자인 채무자를 기준으로 하여 그 준수 여부를 가려야 할 것이고, 따라서 채권자취소권을 대위행사하는 채권자가 취소원인을 안 지 1년이 지났다 하더라도 채무자가 취소원인을 안 날로부터 1년, 법률행위가 있은 날로부터 5년 내라면 채권자취소의 소를 제기할 수 있다(대판 2001.12.27., 선고 2000다73049).
③ 채권자는 자기의 채무자에 대한 부동산의 소유권이전등기청구권 등 특정채권을 보전하기 위하여 채무자가 방치하고 있는 그 부동산에 관한 특정권리를 대위하여 행사할 수 있고 그 경우에는 채무자의 무자력을 요건으로 하지 아니하는 것이다(대판 1992.10.27., 선고 91다483).
④ 채권자가 자기의 금전채권을 보전하기 위하여 채무자의 금전채권을 대위행사하는 경우 제3채무자로 하여금 채무자에게 지급의무를 이행하도록 청구할 수도 있지만, 직접 대위채권자 자신에게 이행하도록 청구할 수도 있다(대판 2016.8.29., 선고 2015다236547).

13

정답 ③

헌법의 개정은 헌법의 동일성을 유지하면서 의식적으로 헌법전의 내용을 수정·삭제·추가하는 것을 말한다.

14

정답 ⑤

행정주체와 국민과의 관계는 행정주체인 국가의 물품공급계약관계, 공사도급계약관계, 국가의 회사주식매입관계, 국채모집관계 등과 같이 상호 대등한 당사자로서 사법관계일 때도 있고, 행정주체와 국민이 법률상 지배자와 종속관계의 위치로 인·허가 및 그 취소, 토지의 수용 등과 같이 행정주체가 국민에게 일방적으로 명령·강제할 수 있는 공법관계일 때도 있다.

15

정답 ③

주채무자의 부탁으로 보증인이 된 자가 과실 없이 변제 기타의 출재로 주채무를 소멸하게 한 때에는 주채무자에 대하여 구상권이 있다(민법 제441조 제1항).

16

정답 ②

ㄱ. 헌법 제117조, 제118조가 제도적으로 보장하고 있는 지방자치의 본질적 내용은 '자치단체의 보장, 자치기능의 보장 및 자치사무의 보장'이라고 할 것이나, … 마치 국가가 영토고권을 가지는 것과 마찬가지로, 지방자치단체에게 자신의 관할구역 내에 속하는 영토, 영해, 영공을 자유로이 관리하고 관할구역 내의 사람과 물건을 독점적, 배타적으로 지배할 수 있는 권리가 부여되어 있다고 할 수는 없다(헌재결 2006.3.30., 2003헌라2).

ㄷ. 지방자치법은 지방자치단체장의 계속 재임을 3기로 제한하고 있는데, 지방자치단체의 폐지·통합 시 지방자치단체장의 계속 재임을 3기로 제한함에 있어 폐지되는 지방자치단체장으로 재임한 것까지 포함시킬지 여부는 입법자의 재량에 달려 있다. 이처럼 우리 헌법 어디에도 지방자치단체의 폐지·통합 시 새로 설치되는 지방자치단체의 장으로 선출된 자에 대하여 폐지되는 지방자치단체장으로 재임한 기간을 포함하여 계속 재임을 3기로 제한하도록 입법자에게 입법 위임을 하는 규정을 찾아볼 수 없으며, 달리 헌법 해석상 그러한 법령을 제정하여야 할 입법자의 의무가 발생하였다고 볼 여지 또한 없다. 따라서 이 사건 입법부작위에 대한 심판청구는 진정입법부작위에 대하여 헌법소원을 제기할 수 있는 경우에 해당하지 아니한다(헌재결 2010.6.24., 2010헌마167).

ㅁ. 감사원의 지방자치단체에 대한 감사는 합법성 감사에 한정되지 않고 자치사무에 대하여도 합목적성 감사가 가능하여, 국가감독권 행사로서 지방자치단체의 자치사무에 대한 감사원의 사전적·포괄적 감사가 인정된다(헌재결 2009.5.28., 2006헌라6).

오답분석

ㄴ. 지방자치단체의 폐지·분합은 지방자치단체의 자치권의 침해 문제와 더불어 그 주민의 헌법상 보장된 기본권의 침해 문제도 발생시킬 수 있다. 지방자치단체의 폐치·분합을 규정한 법률의 제정과정에서 주민 투표를 실시하지 아니하였다 하여 적법절차원칙을 위반하였다고 할 수 없다(헌재결 1995.3.23., 94헌마175).

ㄹ. 지방자치단체는 법령의 범위 안에서 그 사무에 관하여 조례를 제정할 수 있다. 다만, 주민의 권리 제한 또는 의무 부과에 관한 사항이나 벌칙을 정할 때에는 법률의 위임이 있어야 한다. 조례에 대한 법률의 위임은 법규명령에 대한 법률의 위임과 같이 반드시 구체적으로 범위를 정하여 할 필요가 없으며 포괄적인 것으로 족하다(헌재결 1995.4.20., 92헌마264).

17

정답 ①

질권에 대한 설명이다(민법 제329조).

오답분석

② 유치권 : 타인의 물건이나 유가증권을 점유한 자가 그 물건이나 유가증권에 관하여 생긴 채권이 변제기에 있는 경우에 그 채권을 변제받을 때까지 그 물건이나 유가증권을 유치할 수 있는 법정담보물권이다(민법 제320조).
③ 저당권 : 채권자가 채무자 또는 제3자로부터 점유를 옮기지 않고 그 채권의 담보로 제공된 부동산에 대하여 일반 채권자에 우선하여 변제를 받을 수 있는 약정담보물권이다(민법 제356조).
④ 양도담보권 : 채권담보의 목적으로 물건의 소유권을 채권자에게 이전하고 채무자가 이행하지 아니한 경우에는 채권자가 그 목적물로부터 우선변제를 받게 되지만, 채무자가 이행을 하는 경우에는 목적물을 다시 원소유자에게 반환하는 비전형담보물권이다.
⑤ 임차권 : 임대차계약에 의하여 임차인이 임차물을 사용・수익하는 권리이다(민법 제618조).

18

정답 ③

실종선고를 받아도 당사자가 존속한다면 그의 권리능력은 소멸되지 않는다. 실종선고기간이 만료한 때 사망한 것으로 간주된다(민법 제28조).

19

정답 ④

비례의 원칙(과잉금지의 원칙)이란 행정주체가 구체적인 행정목적을 실현함에 있어 목적과 수단 간에는 합리적인 비례관계가 유지되어야 한다는 원칙이다.

오답분석

① 자기구속의 원칙 : 행정청은 자기 스스로 정한 시행기준을 합리적 이유 없이 이탈할 수 없다는 원칙이다.
② 신뢰보호의 원칙 : 행정기관의 어떤 행위가 존속될 것이라는 정당한 신뢰는 보호되어야 한다는 원칙이다.
③ 부당결부금지의 원칙 : 실질적인 관련이 없는 상대방의 반대급부를 결부시켜서는 안 된다는 원칙이다.
⑤ 평등의 원칙(자의금지의 원칙) : 행정작용을 함에 있어 그 상대방인 국민을 공평하게 대우해야 한다는 원칙이다.

20

정답 ④

④는 단기소멸시효 3년에 해당하고, 나머지는 1년의 소멸시효에 해당한다.

단기소멸시효 1년과 3년의 비교

1년의 소멸시효 (민법 제164조)	1. 여관, 음식점, 대석, 오락장의 숙박료, 음식료, 대석료, 입장료, 소비물의 대가 및 체당금의 채권 2. 의복, 침구, 장구 기타 동산의 사용료의 채권 3. 노역인, 연예인의 임금 및 그에 공급한 물건의 대금채권 4. 학생 및 수업자의 교육, 의식 및 유숙에 관한 교주, 숙주, 교사의 채권
3년의 소멸시효 (민법 제163조)	1. 이자, 부양료, 급료, 사용료 기타 1년 이내의 기간으로 정한 금전 또는 물건의 지급을 목적으로 한 채권 2. 의사, 조산사, 간호사 및 약사의 치료, 근로 및 조제에 관한 채권 3. 도급받은 자, 기사 기타 공사의 설계 또는 감독에 종사하는 자의 공사에 관한 채권 4. 변호사, 변리사, 공증인, 공인회계사 및 법무사에 대한 직무상 보관한 서류의 반환을 청구하는 채권 5. 변호사, 변리사, 공증인, 공인회계사 및 법무사의 직무에 관한 채권 6. 생산자 및 상인이 판매한 생산물 및 상품의 대가 7. 수공업자 및 제조자의 업무에 관한 채권

04 행정학 적중예상문제

01	02	03	04	05	06	07	08	09	10	11	12	13	14	15	16	17	18	19	20
⑤	④	①	③	④	②	②	③	⑤	①	②	③	③	③	①	②	③	②	⑤	⑤

01

정답 ⑤

윌슨의 정치행정이원론에 따르면 행정의 비정치성이란 행정은 정치적 이념 혹은 집안이나 특정 개인의 선호도를 고려하지 않고 중립적으로 이루어져야 한다는 것을 의미한다.

02

정답 ④

ㄴ. 국가재정법 제17조에는 '한 회계연도의 모든 수입을 세입으로 하고, 모든 지출은 세출로 한다.'는 내용이 명시되어 있다.
ㄷ. 지방재정법 제34조 제3항에 따르면 해당 경우는 적용 예외사항으로 규정되어 있다.

오답분석

ㄱ. 명료성의 원칙에 대한 설명이다. 반면 예산총계주의는 세입과 세출에 대해 누락 없이 예산에 계상해야 한다는 완전성에 대한 원칙이다.

03

정답 ①

행정지도는 상대방의 임의적 협력을 구하는 비강제적 행위로, 법적 분쟁을 사전에 회피할 수 있다는 장점이 있다.

오답분석

② 행정주체가 행정객체를 유도하는 행위이므로 행정환경의 변화에 대해 탄력적으로 적용이 가능하다는 것이 행정지도의 장점이다.
③ 행정지도는 비권력적 행위로, 강제력을 갖지 않는다.
④ 강제력 없이 단순 유도하는 행위로, 이와 관련해 행정주체는 감독권한을 갖지 못한다.
⑤ 행정지도는 비권력적 사실행위에 해당된다.

04

정답 ③

ㄱ. 신공공관리론은 기업경영의 논리와 기법을 정부에 도입·접목하려는 노력이다.
ㄷ. 신공공관리론은 거래비용이론, 공공선택론, 주인 – 대리인이론 등을 이론적 기반으로 한다.
ㅁ. 신공공관리론은 가격과 경쟁에 의한 행정서비스 공급으로 공공서비스의 생산성을 강조하기 때문에 형평의 저해 가능성이 있다.

오답분석

ㄴ. 신공공관리론은 법규나 규칙중심의 관리보다는 임무와 사명중심의 관리를 강조한다.
ㄹ. 중앙정부의 감독과 통제를 강화하는 것은 전통적인 관료제 정부의 특징이다. 신공공관리론은 분권을 강조한다.

05

정답 ④

우리나라는 행정의 양대 가치인 민주성과 능률성에 대해 규정하고 있다.

목적(국가공무원법 제1조)
이 법은 각급 기관에서 근무하는 모든 국가공무원에게 적용할 인사행정의 근본 기준을 확립하여 그 공정을 기함과 아울러 국가공무원에게 국민 전체의 봉사자로서 행정의 민주적이며 능률적인 운영을 기하게 하는 것을 목적으로 한다.

목적(지방공무원법 제1조)
이 법은 지방자치단체의 공무원에게 적용할 인사행정의 근본 기준을 확립하여 지방자치행정의 민주적이며 능률적인 운영을 도모함을 목적으로 한다.

목적(지방자치법 제1조)
이 법은 지방자치단체의 종류와 조직 및 운영, 주민의 지방자치행정 참여에 관한 사항과 국가와 지방자치단체 사이의 기본적인 관계를 정함으로써 지방자치행정을 민주적이고 능률적으로 수행하고, 지방을 균형 있게 발전시키며, 대한민국을 민주적으로 발전시키려는 것을 목적으로 한다.

06

정답 ②

(가) 1910년대 과학적 관리론 → (다) 1930년대 인간관계론 → (나) 1940년대 행정행태론 → (라) 1990년대 후반 신공공서비스론의 순서이다.

07

정답 ②

중앙정부가 지방자치단체별로 지방교부세를 교부할 때 사용하는 기준지표는 지방재정자립도가 아닌 재정력지수[=(기준재정수입액)÷(기준재정수요액)]이다. 중앙정부는 지방자치단체의 재정력지수가 1보다 클 경우 보통교부세를 교부하지 않는다.

08

정답 ③

개방형 인사관리는 인사권자에게 재량권을 주어 정치적 리더십을 강화하고 조직의 장악력을 높여준다.

개방형 인사관리의 장단점

장점	• 행정의 대응성 제고 • 조직의 신진대사 촉진 • 정치적 리더십 확립을 통한 개혁 추진 • 세력 형성 및 조직 장악력 강화 • 행정의 전문가주의적 요소 강화 • 권위주의적 행정문화 타파 • 우수인재의 유치 • 행정의 질적 수준 증대 • 공직 침체 및 관료화의 방지 • 재직공무원의 자기개발 노력 촉진
단점	• 조직의 응집성 약화 • 직업공무원제와 충돌 • 정실임용의 가능성 • 구성원 간의 불신 • 공공성 저해 가능성 • 민·관 유착 가능성 • 승진기회 축소로 재직공무원의 사기 저하 • 빈번한 교체근무로 행정의 책임성 저하 • 복잡한 임용절차로 임용비용 증가

09

정답 ⑤

롤스(J. Rawls)는 정의의 제1원리(평등)가 제2원리(차등조정의 원리)에 우선하고, 제2원리 중에서는 기회균등의 원리가 차등의 원리에 우선되어야 한다고 보았다.

10

정답 ①

새로운 정책문제보다는 선례가 존재하는 일상화된 정책문제가 더 쉽게 정책의제화된다.

정책의제설정에 영향을 미치는 요인

문제의 중요성	중요하고 심각한 문제일수록 의제화 가능성이 크다.
집단의 영향력	집단의 규모·영향력이 클수록 의제화 가능성이 크다.
선례의 유무	선례가 존재하는 일상화된 문제일수록 의제화 가능성이 크다.
극적 사건	극적 사건일수록 의제화 가능성이 크다.
해결가능성	해결책이 있을수록 의제화 가능성이 크다.
쟁점화 정도	쟁점화된 것일수록 의제화 가능성이 크다.

11

정답 ②

재의요구권은 자치단체장의 권한에 속하는 사항으로, 단체장이 위법·부당한 지방의회의 의결사항에 재의를 요구하는 것이다. 지방자치단체장의 재의요구 사유는 다음과 같다.

- 조례안에 이의가 있는 경우
- 지방의회의 의결이 월권 또는 법령에 위반되거나 공익을 현저히 해한다고 인정된 때
- 지방의회의 의결에 예산상 집행할 수 없는 경비가 포함되어 있는 경우, 의무적 경비나 비상재해복구비를 삭감한 경우
- 지방의회의 의결이 법령에 위반되거나 공익을 현저히 해한다고 판단되어 주무부장관 또는 시·도지사가 재의요구를 지시한 경우

오답분석

①·③·④·⑤ 지방의회 의결사항이다.

지방의회 의결사항(지방자치법 제47조)

1. 조례의 제정·개정 및 폐지
2. 예산의 심의·확정
3. 결산의 승인
4. 법령에 규정된 것을 제외한 사용료·분담금·지방세 또는 가입금의 부과와 징수
5. 기금의 설치·운용
6. 대통령령으로 정하는 중요 재산의 취득·처분
7. 대통령령으로 정하는 공공시설의 설치·처분
8. 법령과 조례에 규정된 것을 제외한 예산 외의 의무부담이나 권리의 포기
9. 청원의 수리와 처리
10. 외국 지방자치단체와의 교류협력에 관한 사항
11. 그 밖에 법령에 따라 그 권한에 속하는 사항

12

정답 ③

비용이 소수 집단에게 좁게 집중되고 편익은 넓게 분산되는 것은 기업가정치에 해당한다.

윌슨(Wilson)의 규제정치이론

구분		감지된 편익	
		넓게 분산됨	좁게 집중됨
감지된 비용	넓게 분산됨	대중정치(Majoritarian Politics)	고객정치(Client Politics)
	좁게 집중됨	기업가정치(Entrepreneurial Politics)	이익집단정치(Interest-group Politics)

13

정답 ③

중첩성은 동일한 기능을 여러 기관들이 혼합적인 상태에서 협력적으로 수행하는 것을 의미한다. 동일한 기능을 여러 기관들이 독자적인 상태에서 수행하는 것은 중복성(반복성)이다.

14

정답 ③

크리밍효과에 대한 설명이다. 크리밍효과는 정책효과가 나타날 가능성이 높은 집단을 의도적으로 실험집단으로 선정함으로써 정책의 영향력이 실제보다 과대평가된다. 반면 호손효과는 실험집단 구성원이 실험의 대상이라는 사실로 인해 평소와 달리 특별한 심리적 또는 감각적 행동을 보이는 현상으로, 외적타당도를 저해하는 대표적 요인이다. 이는 실험조작의 반응효과라고도 하며, 1927년 호손실험으로 발견되었다.

15

정답 ①

오답분석

ㄴ. 성과주의 예산제도(PBS)는 예산배정 과정에서 필요사업량이 제시되므로 사업계획과 예산을 연계할 수 있다. (세부사업별 예산액)=(사업량)×(단위원가)이다.

ㅁ. 목표관리제도(MBO)는 기획예산제도(PPBS)와 달리 예산결정 과정에 관리자의 참여가 이루어져 분권적·상향적인 예산편성이 이루어진다.

16

정답 ②

수입대체경비란 국가가 용역 또는 시설을 제공하여 발생하는 수입과 관련되는 경비를 의미한다. 여권발급 수수료나 공무원시험 응시료와 같이 공공 서비스 제공에 따라 직접적인 수입이 발생하는 경우 해당 용역과 시설의 생산·관리에 소요되는 비용을 수입대체경비로 지정하고, 그 수입의 범위 내에서 초과지출을 예산 외로 운용할 수 있다(통일성·완전성 원칙의 예외).

오답분석

수입금마련지출 제도는 정부기업예산법상의 제도로, 특정 사업을 합리적으로 운영하기 위해 예산초과수입이 발생하거나 예산초과수입이 예상되는 경우 이 수입에 직접적으로 관련하여 발생하는 비용에 지출하도록 하는 제도이며, 수입대체경비와는 구별된다.

17

정답 ③

합병, 흡수통합, 전부사무조합 등은 광역행정의 방식 중 통합방식에 해당한다. 일부사무조합은 공동처리방식에 해당하며, 도시공동체는 연합방식에 해당한다.

광역행정

특정 사무를 자치단체 간 협력적으로 처리하기 위하여 독립된 법인격을 부여하여 설치하는 특별자치단체이다.

- 일부사무조합 : 한 가지 사무처리(공동처리방식과 유사)
- 복합사무조합 : 두 가지 이상 사무처리(연합방식과 유사)
- 전부사무조합 : 모든 사무처리(사실상 통합방식 · 종합적 처리방식)

18

정답 ②

ㄱ. 분배정책은 정부가 가지고 있는 권익이나 서비스 등 자원을 배분하는 정책이다. 수혜자들은 서비스와 편익을 더 많이 취하기 위해서 다투게 되므로 포크배럴(구유통), 로그롤링과 같은 정치적 현상이 발생하기도 한다.

ㄷ. 재분배정책은 누진소득세, 임대주택 건설사업 등이 대표적이다.

오답분석

ㄴ. 재분배정책에 대한 설명이다. 분배정책은 갈등이나 반발이 별로 없기 때문에 가장 집행이 용이한 정책이다.

ㄹ. 분배정책이 재분배정책에 비해서 안정적 정책을 위한 루틴화의 가능성이 높고 집행을 둘러싼 논란이 적어 집행이 용이하다.

19

정답 ⑤

품목별 예산제도는 지출대상 중심으로 분류를 사용하기 때문에 지출의 대상은 확인할 수 있으나, 지출의 주체나 목적은 확인할 수 없다.

20

정답 ⑤

정직은 1개월 이상 3개월 이하의 기간으로 하고, 정직 처분을 받은 자는 그 기간 중 공무원의 신분은 보유하나 직무에 종사하지 못하며 보수는 전액을 감한다.

오답분석

① 직위해제 : 신분을 박탈하는 처분은 아니고, 신분은 유지하되 직위만을 해제한다.

② 직권면직 : 정원의 변경으로 직위의 폐지나 과원 등의 사유가 발생한 경우에 직권으로 신분을 박탈하는 면직처분을 말한다.

③ 해임 : 공무원을 강제로 퇴직시키는 처분으로, 3년간 재임용이 불가하다. 연금법에는 크게 영향을 주지 않으나, 금품 및 향응수수, 공금의 횡령 · 유용으로 징계 해임된 경우에는 퇴직급여의 1/8 내지는 1/4을 감한다.

④ 파면 : 공무원을 강제로 퇴직시키는 처분으로, 5년간 재임용이 불가하고 퇴직급여의 1/4 내지는 1/2을 지급 제한한다.

징계의 종류

- 견책(譴責) : 전과(前過)에 대하여 훈계하고 회개하게 한다.
- 감봉 : 1개월 이상 3개월 이하의 기간 동안 보수의 3분의 1을 감한다.
- 정직 : 1개월 이상 3개월 이하의 기간으로 하고, 정직 처분을 받은 자는 그 기간 중 공무원의 신분은 보유하나 직무에 종사하지 못하며 보수는 전액을 감한다.
- 강등 : 1계급 아래로 직급을 내리고(고위공무원단에 속하는 공무원은 3급으로 임용하고, 연구관 및 지도관은 연구사 및 지도사로 한다) 공무원 신분은 보유하나 3개월간 직무에 종사하지 못하며 그 기간 중 보수는 전액을 감한다.
- 해임 : 공무원을 강제로 퇴직시키는 처분으로, 3년간 재임용이 불가하다. 연금법에는 크게 영향을 주지 않으나, 금품 및 향응수수, 공금의 횡령 · 유용으로 징계 해임된 경우에는 퇴직급여의 1/8 내지는 1/4을 감한다.
- 파면 : 공무원을 강제로 퇴직시키는 처분으로, 5년간 재임용 불가하고, 퇴직급여의 1/4 내지는 1/2을 지급 제한한다.

CHAPTER

05 토목학 적중예상문제

01	02	03	04	05	06	07	08	09	10	11	12	13	14	15	16	17	18	19	20
②	③	③	②	②	③	②	④	②	②	④	③	②	④	②	④	④	④	③	④

01

정답 ②

(정사각형의 면적)$=h^2$, (원의 면적)$=\dfrac{\pi D^2}{4}$

정사각형과 원의 단면적이 같으므로 다음 식이 성립한다.

$$h^2=\frac{\pi D^2}{4} \rightarrow h=\frac{\sqrt{\pi}\,D}{2}$$

$$Z_1=\frac{bh^2}{6}=\frac{h^3}{6}=\frac{\left(\dfrac{\sqrt{\pi}\,D}{2}\right)^3}{6}=\frac{\pi\sqrt{\pi}\,D^3}{48},\ Z_2=\frac{\pi D^3}{32}$$

$$\therefore\ Z_1 : Z_2=\frac{\pi\sqrt{\pi}\,D^3}{48} : \frac{\pi D^3}{32}=\frac{\sqrt{\pi}}{48} : \frac{1}{32} \fallingdotseq 1 : 0.85$$

따라서 단면적이 같은 정사각형과 원의 단면계수비는 $1 : 0.85$이다.

02

정답 ③

$$\sigma=\frac{My}{I}=\frac{12\times270\times10^6}{200\times300^3}\times100=60\text{MPa}$$

03

정답 ③

$$\sigma=\frac{My}{I}=\frac{6M}{bh^2}$$

$$M=\frac{1}{6}\sigma bh^2=\frac{1}{6}\times80\times20\times30^2=240{,}000\text{kg}\cdot\text{cm}=2.4\text{t}\cdot\text{m}$$

04

정답 ②

탄성계수 E와 체적탄성계수와의 관계는 $K=\dfrac{E}{3(1-2\nu)}$이고, 탄성계수 E와 전단탄성계수와의 관계는 $G=\dfrac{E}{2(1+\nu)}$임을 알 수 있다.

05

정답 ②

$S_{max} = \frac{(\sigma_1 - \sigma_2)}{2}$ 이므로 최대 주응력과 최소 주응력의 차이는 2τ임을 알 수 있다.

06

정답 ③

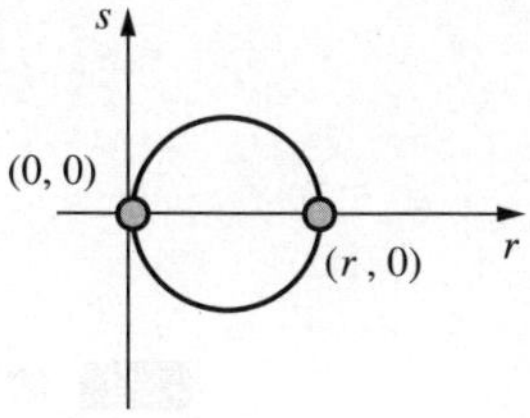

응력원 그림에서 90° 회전시키면, 전단응력은 $\tau = \tau_{max} = \frac{\sigma}{2}$ 가 되고, $\sigma_n = \frac{\sigma}{2}$ 이다.

$\therefore \sigma_n = \tau$

07

정답 ②

$\sum M_B = 0$

$R_A \times 10^{-8} \times 4 = 0,\ R_A = 4\text{t}$

$\therefore M_C = 16\text{t} \cdot \text{m}$

08

정답 ④

- $\sum H = 0$

  $2t - PDl = 0$

  $\therefore t = \frac{PDl}{2}$

- $t = \sigma tl$

  $\therefore \sigma = \frac{PD}{2t} = \frac{10 \times 120}{2 \times 0.6} = 1{,}000\text{kg/cm}^2$

09

정답 ②

겹침의 원리는 외력과 변형이 탄성한도 이하의 관계에서만 성립하므로 ②는 옳지 않다.

10

정답 ②

20분 동안의 최대강우강도는 다음과 같다.

- $I_{5\sim20} = 20$
- $I_{10\sim25} = 35 - 2 = 33$
- $I_{15\sim30} = 40 - 5 = 35$
- $I_{20\sim35} = 43 - 10 = 33$

$\therefore I_{max} = \frac{35}{20} \times \frac{60}{1} = 105\text{mm/h}$

PART 2

11
정답 ④

(정체압력수두)=(압력수두)+(속도수두)이므로 $P_s = P + V$이다.

12
정답 ③

$Q = CAV = c \cdot bd\sqrt{2gh}$

$200 \times 10^{-3} = 0.62 \times (0.2 \times 0.05) \times \sqrt{2 \times 9.8 \times h}$

$\therefore \ h \fallingdotseq 53$

따라서 수면으로부터의 오피리스 설치 위치는 53m이다.

13
정답 ②

홍수량 $Q = \dfrac{1}{360} CIA$에서 $I = \dfrac{6{,}000}{(5+35)} = 150$이므로

$Q = \dfrac{1}{360} \times 0.6 \times 150 \times 20 = 5\text{m}^3/\text{s}$이다.

14
정답 ④

(일 증발량)=(증발율)×(수면적)이므로 $1.44 \times 10^{-3} \times 10 \times 1{,}000^2 = 14{,}400\text{m}^3$/일이다.

15
정답 ②

$P = \dfrac{A_1P_1 + A_2P_2 + A_3P_3}{A_1 + A_2 + A_3} = \dfrac{(20 \times 40) + (30 \times 30) + (50 \times 20)}{20 + 30 + 50} = 27\text{mm}$이다.

16
정답 ④

$$\sigma_{\max} = \frac{M_{\max}}{Z} = \frac{\frac{PL}{4}}{\frac{bh^2}{6}} = \frac{6PL}{4bh^2} = \frac{6(25 \times 10^3)(4 \times 10^3)}{4(250)(300)^2} = 6.67 \fallingdotseq 6.7\text{MPa}$$

17
정답 ④

비에너지 $H_e = h + \dfrac{\alpha V^2}{2g}$에서 $V = \dfrac{Q}{A}$이므로

비에너지 H_e를 구하는 식은 $H_e = h + \dfrac{\alpha}{2g}\left(\dfrac{Q}{A}\right)^2$임을 알 수 있다.

18
정답 ④

$M_c = 0$

$-10P + (30 \times 20) + (50 \times 10) = 0$

$\therefore \ P = 110\text{kg}$

따라서 A점에 필요한 무게는 110kg이다.

19

정답 ③

한계수심으로 흐를 때 최대유량이 되며, 한계수심(h_c)은 다음과 같다.

$$h_c=\left(\frac{\alpha Q^2}{gb^2}\right)^{\frac{1}{3}}=\left(\frac{1\times Q^2}{9.8\times 1^2}\right)^{\frac{1}{3}}$$

다음으로 한계수심과 비에너지(H_e) 관계는 $h_c=\frac{2}{3}H_e$ 이므로

$$\left(\frac{1\times Q^2}{9.8\times 1}\right)^{\frac{1}{3}}=\frac{2}{3}\times 1.5$$

$$\rightarrow \left(\frac{1\times Q^2}{9.8\times 1}\right)=\left(\frac{2}{3}\times 1.5\right)^3$$

$$\therefore\ Q\fallingdotseq 3.13$$

따라서 최대유량은 약 $3.13\text{m}^3/\text{s}$이다.

20

정답 ④

공액 보법에 의해 B점의 반력을 구하면 B점의 처짐각을 알 수 있다.

$$\sum M_A=0$$

$$\frac{M_A}{EI}\times\frac{l}{2}\times\frac{l}{3}-R_B{}'l=0$$

$$\therefore\ R_B{}'=\theta_B=\frac{M_A l}{6EI}$$

따라서 B점의 처짐각은 $\frac{M_A l}{6EI}$ 이다.

우리 인생의 가장 큰 영광은 절대 넘어지지 않는 데 있는 것이 아니라
넘어질 때마다 일어서는 데 있다.

- 넬슨 만델라 -

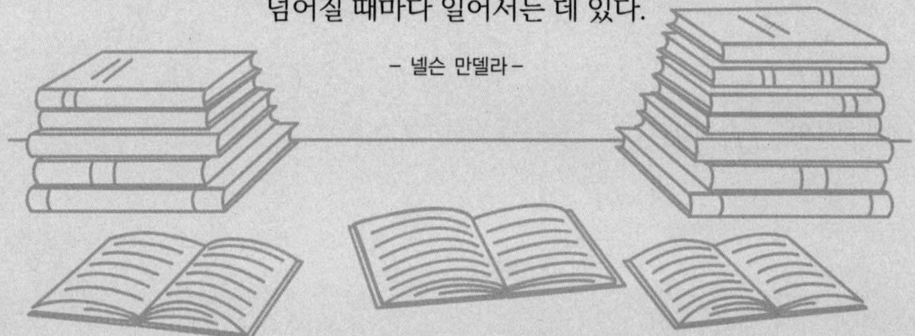

PART 3

최종점검 모의고사

PART 3 최종점검 모의고사

01 직업기초능력

| 01 | 공통

01	02	03	04	05	06	07	08	09	10	11	12	13	14	15	16	17	18	19	20
①	①	④	⑤	④	②	②	④	④	④	①	②	④	③	④	④	③	②	②	④
21	22	23	24	25	26	27	28	29	30	31	32	33	34	35	36	37	38	39	40
②	①	④	①	①	④	④	④	④	③	③	②	②	④	④	①	③	①	③	②

01 문서 내용 이해 **정답** ①

제시문에서는 외래어가 국어에 들어오면 국어의 음운적 특징에 따라 발음이나 운율적 자질에 따라 외국어 원래의 모습을 잃어버린다고 하였으나, 우리말의 로마자 표기를 실제 우리말 발음과 다르게 읽어야 함을 암시하는 내용은 없다.

02 문단 나열 **정답** ①

제시문은 아리스토텔레스의 목적론에 대한 논쟁을 설명하는 글이다. 따라서 (가) 근대에 등장한 아리스토텔레스의 목적론에 대한 비판 – (나) 근대 사상가들의 구체적인 비판 – (라) 근대 사상가들의 비판에 대한 반박 – (다) 근대 사상가들의 비판에 대한 현대 학자들의 비판의 순서로 나열해야 한다.

03 어휘 **정답** ④

포상(褒賞) : 1. 칭찬하고 장려하여 상을 줌
2. 각 분야에서 나라 발전에 뚜렷한 공로가 있는 사람에게 정부가 칭찬하고 장려하여 상을 줌. 또는 그 상

오답분석

① 보훈(報勳) : 공훈에 보답함
② 공훈(功勳) : 나라나 회사를 위하여 두드러지게 세운 공로
③ 공로(功勞) : 일을 마치거나 목적을 이루는 데 들인 노력과 수고. 또는 일을 마치거나 그 목적을 이룬 결과로서의 공적
⑤ 공적(功績) : 노력과 수고를 들여 이루어 낸 일의 결과

04 문서 내용 이해 **정답** ⑤

택견이 내면의 아름다움을 중시한다는 내용은 제시문에서 언급하고 있지 않다.

오답분석

① 두 번째 문단의 '진정한 고수는 상대를 다치게 하지 않으면서도 물러나게 하는 법을 안다.'와 세 번째 문단에서 택견은 상대에 대한 배려와 수비 기술을 더 많이 가르친다고 언급한 부분을 통해 알 수 있다.

② 마지막 문단에서 '걷고 차는 다양한 기술을 통해 공격과 방어의 조화를 이루는 실질적이고 통합된 무술'이라고 설명하고 있다.
③ 첫 번째 문단에서 '택견 전수자는 우아한 몸놀림으로 움직이며 부드러운 곡선을 만들어 내지만, 이를 통해 유연성뿐만 아니라 힘도 보여준다.'라고 언급한 부분을 통해 알 수 있다.
④ 마지막 문단에서 택견의 특징 중 하나가 '자연스럽고 자발적인 무술'이라고 설명하고 있다.

05 글의 제목

정답 ④

제시문은 서양에서 아리스토텔레스가 강요한 중용과 동양의 중용을 번갈아 설명하며 그 차이점에 대해 설명하고 있다. 따라서 글의 제목으로 ④가 가장 적절하다.

오답분석

① 아리스토텔레스의 중용은 글의 주제인 서양과 우리의 중용에 대한 차이점을 말하기 위해 언급한 것일 뿐이다.
② 우리는 의학에 있어서도 중용관에 입각했다는 것을 말하기 위해 부연 설명한 것이다.
③ 중용을 바라보는 서양과 우리의 차이점을 말하고 있다.
⑤ 서양과 대비해서 우리의 중용관이 균형에 신경 쓰고 있다는 내용을 다루고 있지만, 전체적으로 서양과 우리의 차이에 대해 쓰여진 글이다.

PART 3

06 맞춤법

정답 ②

'마음에 들 만하지 아니하다.'는 의미를 가진 어휘는 '마뜩잖다'이다(마뜩찮게 → 마뜩잖게).

오답분석

① 가무잡잡하다 : 약간 짙게 가무스름하다.
③ 불그스름하다 : 조금 붉다.
④ 괘념하다 : 마음에 두고 걱정하거나 잊지 아니하다.
⑤ 흐리멍덩하다 : 정신이 맑지 못하고 흐리다.

07 글의 주제

정답 ②

제시문에서는 환경오염이 급격한 기후변화의 촉매제 역할을 하고 있으며, 이는 농어촌과 식량 자원에 악영향을 미치고 있다고 이야기하고 있으므로 글의 주제로 ②가 가장 적절하다.

08 내용 추론

정답 ④

충전지를 최대 용량을 넘어서 충전할 경우 발열로 인한 누액이나 폭발의 위험이 있다. 따라서 충전지를 충전하는 과정에서 충전지의 온도가 과도하게 상승한다면 최대 용량을 넘은 과충전을 의심할 수 있으므로 충전을 중지하는 것이 좋다.

오답분석

① 충전기의 전원 전압은 충전지의 공칭 전압보다 높아야 한다. 이때, 용량과 관계없이 리튬 충전지의 공칭 전압은 3.6V이므로 전원 전압이 3.6V보다 높은 충전기를 사용해야 한다.
② 충전지를 크게 만들면 충전 용량과 방전 전류 세기를 증가시킬 수 있으나, 전극의 물질을 바꾸지 않는 한 공칭 전압은 변하지 않는다.
③ 충전지를 방전 하한 전압 이하까지 방전시키면 충전지의 수명이 줄어들기 때문에 오래 사용하기 위해서는 방전 하한 전압 이하까지 방전시키지 않는 것이 좋으나, 니켈카드뮴 충전지의 경우 메모리 효과로 인해 완전히 방전되기 전 충전을 반복하면 충·방전 용량이 줄어든다.
⑤ 충전기로 리튬 충전지를 충전할 경우 만충전 전압에 이르면 정전압 회로로 전환하여 정해진 시간 동안 충전지에 공급하는 전압을 일정하게 유지한다. 그러나 공칭 전압은 변화하는 단자 전압의 평균일 뿐이므로 리튬 충전지의 만충전 전압이 3.6V인 것은 아니다.

09 빈칸 삽입

정답 ④

탄소배출권거래제는 의무감축량을 초과 달성했을 경우 초과분을 거래할 수 있는 제도이다. 따라서 온실가스의 초과 달성분을 구입 혹은 매매할 수 있음을 추론할 수 있으며, 빈칸 이후 문단에서도 탄소배출권을 일종의 현금화가 가능한 자산으로 언급함으로써 이러한 추론을 돕고 있다. 따라서 ④가 빈칸에 들어갈 내용으로 가장 적절하다.

10 어휘

정답 ④

제시문의 밑줄 친 부분과 ④의 '사이'는 '어떤 일에 들이는 시간적인 여유나 겨를'을 의미한다.

오답분석

① 어떤 한정된 모임이나 범위 안
② 사람과 사람과의 관계
③ 어떤 때에서 다른 때까지의 시간적인 동안
⑤ 사이에 두다.

11 규칙 적용

정답 ①

조건에 따라 소괄호 안에 있는 부분을 순서대로 풀이하면 다음과 같다.

'1 A 5'에서 A는 좌우의 두 수를 더하는 것이지만, 더한 값이 10 미만이면 좌우에 있는 두 수를 곱해야 한다. $1+5=6$으로 10 미만이므로 두 수를 곱하여 5가 된다.

'3 C 4'에서 C는 좌우의 두 수를 곱하는 것이지만 곱한 값이 10 미만일 경우 좌우에 있는 두 수를 더한다. 이 경우 $3\times4=12$로 10 이상이므로 12가 된다.

중괄호를 풀어보면 '5 B 12'이다. B는 좌우에 있는 두 수 가운데 큰 수에서 작은 수를 빼는 것이지만, 두 수가 같거나 뺀 값이 10 미만이면 두 수를 곱한다. $12-5=7$로 10 미만이므로 두 수를 곱해야 한다. 따라서 60이 된다.

'60 D 6'에서 D는 좌우에 있는 두 수 가운데 큰 수를 작은 수로 나누는 것이지만, 두 수가 같거나 나눈 값이 10 미만이면 두 수를 곱해야 한다. 이 경우 나눈 값이 10이 되므로 답은 10이다.

12 자료 해석

정답 ②

A호텔 연꽃실은 2시간 이상 사용할 경우 추가비용이 발생하고, 수용 인원도 부족하다. B호텔 백합실은 1시간 초과 대여가 불가능하며, C호텔 매화실은 이동수단을 제공하지만 수용 인원이 적절하지 않다. 나머지 C호텔 튤립실과 D호텔 장미실을 비교했을 때, C호텔의 튤립실은 예산초과로 예약할 수 없으므로 이대리는 대여료와 수용 인원의 조건이 맞는 D호텔 연회장을 예약해야 한다. 따라서 이대리가 지불해야 하는 예약금은 D호텔 대여료 150만 원의 10%인 15만 원이다.

13 자료 해석

정답 ④

예산이 200만 원으로 증액되었을 때, 조건에 해당하는 연회장은 C호텔 튤립실과 D호텔 장미실이다. 예산 내에서 더 저렴한 연회장을 선택해야 한다는 조건이 없고, 이동수단이 제공되는 연회장을 우선적으로 고려해야 하므로 이대리는 C호텔 튤립실을 예약할 것이다.

14 자료 해석

정답 ③

제시된 직원 투표 결과를 정리하면 다음과 같다.

(단위 : 표)

여행상품	1인당 비용(원)	총무팀	영업팀	개발팀	홍보팀	공장1	공장2	합계
A	500,000	2	1	2	0	15	6	26
B	750,000	1	2	1	1	20	5	30
C	600,000	3	1	0	1	10	4	19
D	1,000,000	3	4	2	1	30	10	50
E	850,000	1	2	0	2	5	5	15
합계		10	10	5	5	80	30	140

㉠ 가장 인기가 많은 여행상품은 D이다. 그러나 공장1의 고려사항은 회사에 손해를 줄 수 있으므로, 2박 3일 여행상품이 아닌 1박 2일 여행상품 중 가장 인기 있는 B가 선택된다. 따라서 750,000×140=105,000,000원이 필요하므로 옳다.

㉢ 공장1의 A, B 투표 결과가 바뀐다면 여행상품 A, B의 투표 수가 각각 31, 25표가 되어 선택되는 여행상품이 A로 변경된다.

오답분석

㉡ 가장 인기가 많은 여행상품은 D이므로 옳지 않다.

15 SWOT 분석

정답 ④

ㄴ. 다수의 풍부한 경제자유구역 성공 사례를 활용하는 것은 강점에 해당하지만, 외국인 근로자를 국내주민과 문화적으로 동화시키려는 시도는 위협을 극복하는 것과는 거리가 멀다. 따라서 해당 전략은 ST전략으로 적절하지 않다.

ㄹ. 경제자유구역 인근 대도시와의 연계를 활성화하면 오히려 인근 기성 대도시의 산업이 확장된 교통망을 바탕으로 경제자유구역의 사업을 흡수할 위험이 커진다. 또한 인근 대도시와의 연계 확대는 경제자유구역 내 국내·외 기업 간의 구조 및 운영상 이질감을 해소하는 데 직접적인 도움이 된다고 보기 어렵다.

오답분석

ㄱ. 경제호황으로 인해 자국을 벗어나 타국으로 진출하려는 해외기업이 증가하는 기회상황에서 성공적 경험으로 축적된 우리나라의 경제자유구역 조성 노하우로 이들을 유인하여 유치하는 전략은 SO전략으로 적절하다.

ㄷ. 기존에 국내에 입주한 해외기업의 동형화 사례를 활용하여 국내기업과 외국계 기업의 운영상 이질감을 해소하여 생산성을 증대시키는 전략은 WO전략으로 적절하다.

16 명제 추론

정답 ④

제시된 조건들을 순서대로 논리 기호화하면 다음과 같다.

- 첫 번째 조건 : 재고
- 두 번째 조건 : ~설비 투자 → ~재고(대우)
- 세 번째 조건 : 건설투자 → 설비 투자('~때에만'이라는 한정 조건이 들어가면 논리 기호의 방향이 바뀐다)

첫 번째 조건이 참이므로 두 번째 조건의 대우(재고 → 설비 투자)에 따라 설비를 투자한다. 세 번째 조건은 건설투자를 늘릴 때에만이라는 한정 조건이 들어갔으므로 역(설비 투자 → 건설투자) 또한 참이다. 따라서 이를 토대로 공장을 짓는다는 결론을 얻기 위해서는 '건설투자를 늘린다면, 공장을 짓는다(건설투자 → 공장건설).'라는 명제가 필요하다.

17 명제 추론

정답 ③

주어진 조건에 의하면 D면접자와 E면접자는 2번과 3번 의자에 앉아 있고, A면접자는 1번과 8번 의자에 앉을 수 없다. B면접자는 6번 또는 7번 의자에 앉을 수 있다는 조건과 A면접자와 C면접자 사이에는 2명이 앉는다는 조건까지 모두 고려하면 A면접자와 B면접자가 서로 이웃해 있을 때, 다음과 같은 두 가지 경우를 확인할 수 있다.

• B면접자가 6번에 앉을 경우

구분	1	2	3	4	5	6	7	8
경우 1		D	E		A	B		C
경우 2		D	E	C		B	A	
경우 3		D	E	A		B	C	
조건	A(×) C(×)							A(×)

• B면접자가 7번에 앉을 경우

구분	1	2	3	4	5	6	7	8
경우 1		D	E	C(×)		A	B	
경우 2		D	E			A	B	C(×)
경우 3		D	E		A		B	C
조건	A(×) C(×)							A(×)

→ B면접자가 7번에 앉는 경우 1과 경우 2에서는 A면접자와 C면접자 사이에 2명이 앉는다는 조건이 성립되지 않는다.
따라서 A면접자와 B면접자가 서로 이웃해 앉는다면 C면접자는 4번 또는 8번 의자에 앉을 수 있다.

오답분석

① 주어진 조건을 살펴보면 A면접자는 1번, 8번 의자에 앉지 않는다고 하였고 2번과 3번 의자는 D면접자와 E면접자로 확정되어 있다. 그리고 C면접자와의 조건 때문에 6번 의자에도 앉을 수 없다. 따라서 A면접자는 4번, 5번, 7번 의자에 앉을 수 있다. 따라서 A면접자가 4번에 앉는 것이 항상 옳다고 볼 수는 없다.

② 주어진 조건에서 C면접자는 D면접자와 이웃해 앉지 않는다고 하였다. D면접자는 2번 의자로 확정되어 있으므로 C면접자는 1번 의자에 앉을 수 없다.

④ B면접자가 7번 의자에 앉고 A면접자와 B면접자 사이에 2명이 앉도록 하면, A면접자는 4번 의자에 앉아야 한다. 그런데 A면접자와 C면접자 사이에 2명이 앉는다는 조건이 성립되려면 C면접자는 1번 의자에 앉아야 하는데, C면접자는 D면접자와 이웃해 있지 않다고 하였으므로 옳지 않다.

⑤ C면접자가 8번에 앉는 것과는 상관없이 B면접자는 6번 또는 7번 의자에 앉을 수 있다. 따라서 B면접자가 6번에 앉는다는 것이 항상 옳다고 볼 수는 없다.

18 규칙 적용

정답 ②

분류코드에서 알 수 있는 정보를 순서대로 나열하면 다음과 같다.

• 발송코드(c4) : 충청지역에서 발송
• 배송코드(304) : 경북지역으로 배송
• 보관코드(HP) : 고가품
• 운송코드(115) : 15톤 트럭으로 배송
• 서비스코드(01) : 당일 배송 서비스 상품

따라서 옳지 않은 것은 ②이다.

19 규칙 적용

정답 ②

제품 A의 분류코드는 앞에서부터 순서대로 수도권인 경기도에서 발송되었으므로 a1, 울산지역으로 배송되므로 062, 냉동보관이 필요하므로 FZ, 5톤 트럭으로 운송되므로 105, 배송일을 7월 7일로 지정하였으므로 02로 구성된 'a1062FZ10502'이다.

20 자료 해석

정답 ④

주어진 자료를 바탕으로 보기의 정보열람인들이 지급할 금액을 정리하면 다음과 같다. 이때 정보열람인들이 열람하거나 출력한 공개 대상의 첫 장만 가격이 다른 경우를 주의해야 한다.

구분	정보공개수수료
A	$(5\times1{,}000)\times2+\{300+(25-1)\times100\}=12{,}700$원
B	$2{,}000+(13\times200)+(6\times3{,}000)=22{,}600$원
C	$(2\times1{,}000)+(3\times5{,}000)+\{200+(8-1)\times50\}=17{,}550$원
D	$\{250+(35-1)\times50\}+\{200+(22-1)\times50\}=3{,}200$원

따라서 지급할 정보공개수수료가 많은 사람부터 나열하면 'B－C－A－D' 순서이다.

21 응용 수리

정답 ②

- 10% 설탕물에 들어있는 설탕의 양 : $\frac{10}{100}\times480=48\text{g}$
- 20% 설탕물에 들어있는 설탕의 양 : $\frac{20}{100}\times120=24\text{g}$
- 두 설탕물을 섞었을 때의 농도 : $\frac{48+24}{480+120}\times100=12\%$
- 컵으로 퍼낸 설탕의 양 : $\frac{12}{100}x\text{g}$(x : 컵으로 퍼낸 설탕물의 양)

컵으로 퍼낸 만큼 물을 부었을 때의 농도는 $\frac{(48+24)-\frac{12}{100}x}{600-x+x}\times100=11\%$이므로 다음과 같다.

$$\frac{\left(72-\frac{12}{100}x\right)\times100}{600}=11$$

→ $7{,}200-12x=600\times11$

→ $12x=600$

$\therefore x=50$

따라서 컵으로 퍼낸 설탕물의 양은 50g이다.

22 응용 수리

정답 ①

8명의 선수 중 4명을 뽑는 경우의 수는 ${}_8C_4=\frac{8\times7\times6\times5}{4\times3\times2\times1}=70$가지이고, A, B, C를 포함하여 4명을 뽑는 경우의 수는 A, B, C를 제외한 5명 중 1명을 뽑으면 되므로 ${}_5C_1=5$가지이다.

따라서 8명의 후보 선수 중 4명을 뽑을 때 A, B, C를 포함하여 뽑을 확률은 $\frac{5}{70}=\frac{1}{14}$이다.

23 자료 계산

정답 ④

5만 미만에서 10만～50만 미만까지의 투자건수 비율을 합하면 된다. 따라서 28+20.9+26=74.9%이다.

24 자료 계산

정답 ①

100만～500만 미만에서 500만 미만까지의 투자건수 비율을 합하면 11.9+4.5=16.4%이다.

25 응용 수리

정답 ①

나영이와 현지가 같이 간 거리는 $150 \times 30 = 4,500$m이고, 집에서 공원까지의 거리는 $150 \times 50 = 7,500$m이다. 나영이가 집에 가는 데 걸린 시간은 $4,500 \div 300 = 15$분이고, 다시 공원까지 가는 데 걸린 시간은 $7,500 \div 300 = 25$분이다.
따라서 둘이 헤어진 후 현지가 공원에 도착하기까지 걸린 시간은 20분이고, 나영이가 걸린 시간은 40분이므로 나영이는 현지가 도착하고 20분 후에 공원에 도착한다.

26 자료 이해

정답 ④

온실가스 총량은 2022년에 한 번 감소했다가 다시 증가한다.

오답분석

① 이산화탄소는 2020 ~ 2024년 동안 가장 큰 비중을 차지한다.
② 2024년 가계와 산업 부문의 배출량 차이는 42,721.67ppm으로 가장 큰 값을 가진다.
③ 제시된 자료를 보면 지속적으로 증가하고 있다.
⑤ 모든 시기에 메탄은 아산화질소보다 더 많이 배출되고 있다.

27 자료 계산

정답 ④

- 2020 ~ 2024년 동안 경기전망지수가 40점 이상인 해가 2개인 것은 B와 C이다.
- 2022년에 경기전망지수가 전년 대비 증가한 산업은 A와 C이다.
- 산업별 전년 대비 2021년 경기전망지수의 증가율은 다음과 같다.
  - A : $\frac{48.9-45.8}{45.8} \times 100 \fallingdotseq 6.8\%$
  - B : $\frac{39.8-37.2}{37.2} \times 100 \fallingdotseq 7.0\%$
  - C : $\frac{40.6-36.1}{36.1} \times 100 \fallingdotseq 12.5\%$
  - D : $\frac{41.1-39.3}{39.3} \times 100 \fallingdotseq 4.6\%$

  따라서 D의 전년 대비 2021년 경기전망지수의 증가율이 가장 낮다.
- 매년 5개의 산업 중 경기전망지수가 가장 높은 산업은 A이다.

따라서 A – 제조업, B – 보건업, C – 조선업, D – 해운업이다.

28 자료 이해

정답 ④

전년 대비 하락한 항목은 2022년 종합청렴도, 2022년 외부청렴도, 2022년 정책고객평가, 2023년 내부청렴도, 2024년 내부청렴도, 2024년 정책고객평가이다. 항목별 하락률을 구하면 다음과 같다.

- 2022년
  - 종합청렴도 : $\frac{8.21-8.24}{8.24} \times 100 \fallingdotseq -0.4\%$
  - 외부청렴도 : $\frac{8.35-8.56}{8.56} \times 100 \fallingdotseq -2.5\%$
  - 정책고객평가 : $\frac{6.90-7.00}{7.00} \times 100 \fallingdotseq -1.4\%$
- 2023년
  - 내부청렴도 : $\frac{8.46-8.67}{8.67} \times 100 \fallingdotseq -2.4\%$
- 2024년
  - 내부청렴도 : $\frac{8.12-8.46}{8.46} \times 100 \fallingdotseq -4.0\%$
  - 정책고객평가 : $\frac{7.78-7.92}{7.92} \times 100 \fallingdotseq -1.8\%$

따라서 전년 대비 가장 크게 하락한 항목은 2024년 내부청렴도이다.

오답분석

① • 최근 4년간 내부청렴도 평균 : $\frac{8.29+8.67+8.46+8.12}{4} \fallingdotseq 8.4$

• 최근 4년간 외부청렴도 평균 : $\frac{8.56+8.35+8.46+8.64}{4} \fallingdotseq 8.5$

따라서 최근 4년간 내부청렴도의 평균이 외부청렴도의 평균보다 낮다.

② 2022 ~ 2024년 외부청렴도와 종합청렴도의 증감추이는 '감소 - 증가 - 증가'로 같다.

③·⑤ 그래프를 통해 알 수 있다.

29 응용 수리

정답 ④

전체 일의 양을 1이라고 하면 갑이 하루에 할 수 있는 일의 양은 $\frac{1}{12}$이고, 을이 하루에 할 수 있는 일의 양은 $\frac{1}{10}$이다.

둘이 같이 일한 날을 x일이라고 하면 다음 식이 성립한다.

$$\left(\frac{1}{12}+\frac{1}{10}\right)\times x+\frac{1}{12}\times(7-x)=1$$

$$\rightarrow 11x+5(7-x)=60$$

$$\therefore x=\frac{25}{6}=4\frac{1}{6}$$

따라서 둘이 같이 일한 날은 5일이다.

30 자료 이해

정답 ③

부산(1.9%) 및 인천(2.5%) 지역에서는 증가율이 상대적으로 낮게 나와 있으나, 서울(1.1%) 또한 마찬가지이다.

오답분석

㉠·㉡ 자료를 통해 확인할 수 있다.

㉣ 2024년 에너지 소비량은 경기(9,034천 TOE), 충남(4,067천 TOE), 서울(3,903천 TOE)의 순서이다.

㉤ 전국 에너지 소비량은 2014년이 28,588천 TOE, 2024년이 41,594천 TOE로 13,006천 TOE의 증가를 보이고 있다.

31 정보 이해

정답 ③

정보화 사회의 심화로 정보의 중요성이 높아지면, 그 필요성에 따라 정보에 대한 요구가 폭증한다. 또한 방대한 지식을 토대로 정보 생산 속도도 증가하므로 더 많은 정보가 생성된다. 따라서 이러한 정보들을 토대로 사회의 발전 속도는 더욱 증가하므로 정보의 변화 속도도 증가한다.

오답분석

① 개인 생활을 비롯하여 정치, 경제, 문화, 교육, 스포츠 등 거의 모든 분야의 사회생활에서 정보에 의존하는 경향이 점점 더 커지기 때문에 정보화 사회는 정보의 사회적 중요성이 가장 많이 요구된다.

② 정보화의 심화로 인해 정보 독점성이 더욱 중요한 이슈가 되어 국가 간 갈등이 발생할 수 있지만, 이보다는 실물 상품뿐만 아니라 노동, 자본, 기술 등의 생산 요소와 교육과 같은 서비스의 국제 교류가 활발해져 세계화가 진전된다.

④ 정보관리주체들이 존재하지만, 정보이동 경로가 다양화되는 만큼 개인들에게는 개인정보 보안, 효율적 정보 활용 등을 위한 정보관리의 필요성이 더욱 커진다.

⑤ 정보화 사회는 지식정보와 관련된 산업이 부가가치를 높일 수 있는 산업으로 각광받으나, 그렇다고 해서 물질이나 에너지 산업의 부가가치 생산성이 저하되지 않는다. 오히려 풍부한 정보와 지식을 토대로 다른 산업의 생산성이 증대될 수 있다.

32 정보 이해

정답 ②

비프음이 길게 1번, 짧게 1번 울릴 때는 메인보드의 오류이므로 메인보드를 교체하거나 A/S 점검을 해야 한다.

33 엑셀 함수

정답 ②

MOD 함수는 어떤 숫자를 특정 숫자로 나누었을 때 나오는 나머지를 알려주는 함수로, 짝수 혹은 홀수를 구분할 때에도 사용할 수 있는 함수이다.

오답분석

① SUMIF 함수 : 조건에 맞는 셀의 값들의 합을 알려주는 함수이다.
③ INT 함수 : 실수의 소숫점을 제거하고 정수로 변경할 때 사용하는 함수이다.
④ NOW 함수 : 현재의 날짜와 시간을 알려주는 함수이며, 인수는 필요로 하지 않는다.
⑤ VLOOKUP 함수 : 특정 범위의 첫 번째 열에 입력된 값을 이용하여 다른 열에 있는 값을 찾을 때 사용하는 함수이다.

34 정보 이해

정답 ④

4차 산업혁명이란 사물인터넷, 인공지능, 빅데이터, 블록체인 등 정보통신기술의 '융합'으로 새로운 서비스와 산업이 창출되는 차세대 혁명이다. 또한 4차 산업혁명은 2016년 1월 'WEF(World Economic Forum, 세계경제포럼)'에서 클라우스 슈밥 회장이 사용하면서 전 세계에 영향을 미쳤다.

- 융합 : 다른 종류의 것이 녹아서 서로 구별이 없게 하나로 합하여지거나 그렇게 만듦. 또는 그런 일

오답분석

- 복합 : 여러 개를 합침
- 집합 : 어떤 조건에 따라 결정되는 요소의 모임
- IMD : 국제경영개발대학원

35 정보 이해

정답 ④

비교적 가까운 거리에 흩어져 있는 컴퓨터들을 서로 연결하여 여러 가지 서비스를 제공하는 네트워크는 근거리 통신망에 해당한다. 근거리 통신망의 작업 결과를 공유하기 위해서는 네트워크상의 작업 그룹명을 동일하게 하여야 한다.

36 엑셀 함수

정답 ①

「=VLOOKUP(SMALL(A2:A10,3),A2:E10,4,0)」 함수를 해석해 보면, 우선 SMALL(A2:A10,3) 함수는 [A2:A10]의 범위에서 3번째로 작은 숫자이므로 그 값은 '3'이 된다. VLOOKUP 함수는 VLOOKUP(첫 번째 열에서 찾으려는 값,찾을 값과 결과로 추출할 값들이 포함된 데이터 범위,값이 입력된 열의 열 번호,일치 기준)로 구성되므로 VLOOKUP(3,A2:E10,4,0) 함수는 A열에서 값이 3인 4번째 행, 그리고 4번째 열에 위치한 '82'가 옳다.

37 정보 이해

정답 ③

메일 내용에서 검색기록 삭제 시 기존에 체크되어 있는 항목 외에도 모든 항목을 체크하라고 되어 있으나, 단서로 '즐겨찾기 웹사이트 데이터 보존 부분은 체크 해제할 것'이라고 명시되어 있으므로 모든 항목을 체크하는 행동은 옳지 않다.

38 정보 이해

정답 ①

데이터베이스(DB; Data Base)란 어느 한 조직의 여러 응용 프로그램들이 공유하는 관련 데이터들의 모임이다. 대학 내 서로 관련 있는 데이터들을 하나로 통합하여 데이터베이스로 구축하게 되면 학생 관리 프로그램, 교수 관리 프로그램, 성적 관리 프로그램은 이 데이터베이스를 공유하며 사용하게 된다. 이처럼 데이터베이스는 여러 사람에 의해 공유되어 사용될 목적으로 통합하여 관리되는 데이터의 집합을 말하며, 자료항목의 중복을 없애고 자료를 구조화하여 저장함으로써 자료 검색과 갱신의 효율을 높인다.

오답분석

② 유비쿼터스 : 사용자가 네트워크나 컴퓨터를 의식하지 않고 장소에 상관없이 자유롭게 네트워크에 접속할 수 있는 정보통신 환경을 의미한다.

③ RFID : 극소형 칩에 상품정보를 저장하고 안테나를 달아 무선으로 데이터를 송신하는 장치를 말한다.

④ NFC : 전자태그(RFID)의 하나로, 13.56MHz 주파수 대역을 사용하는 비접촉식 근거리 무선통신 모듈이며, 10cm의 가까운 거리에서 단말기 간 데이터를 전송하는 기술을 말한다.

⑤ 와이파이 : 무선접속장치(AP; Access Point)가 설치된 곳에서 전파를 이용하여 일정 거리 안에서 무선인터넷을 할 수 있는 근거리 통신망을 칭하는 기술이다.

39 정보 이해

정답 ③

〈Shift〉+〈Insert〉는 선택한 항목을 붙여 넣는다.

40 엑셀 함수

정답 ②

RANK 함수는 범위에서 특정 데이터의 순위를 구할 때 사용하는 함수이다. RANK 함수의 형식은 「=RANK(인수,범위,논리값)」인데, 논리값의 경우 0이면 내림차순, 1이면 오름차순으로 나타나게 된다. 발전량이 가장 높은 곳부터 순위를 매기려면 내림차순으로 나타내야 하므로 (B) 셀에는 「=RANK(F5,$F$5:$F$12,0」를 입력해야 한다.

| 02 | 자원관리능력

41	42	43	44	45	46	47	48	49	50
②	①	③	②	②	③	③	③	④	③

41 비용 계산

정답 ②

인건비란 제품 생산에 직접적으로 소비된 것으로 직접비에 해당하며, 출장비 역시 제품 생산 또는 서비스를 창출하기 위해 출장이나 타 지역으로의 이동이 필요한 경우와 기타 과제 수행상에서 발생하는 다양한 비용을 포함하며 이는 제품 생산을 위해 직접적으로 소비된 것에 해당한다.

오답분석

① 통신비 : 회사의 업무 용도로 개인 휴대폰을 이용하였을 경우 지급되는 사용료로, 제품 생산을 위해 간접적으로 소비된 간접비에 해당한다.
③ 광고비 : 광고 활동을 위해 사용되는 비용으로, 광고 선전비라고도 불리며 이는 제품 생산에 직접적으로 소비되지 않는 간접비에 해당한다.
④ 보험료 : 보험계약자가 보험계약에 의거하여 보험자에게 지급하는 요금으로, 제품 생산에 직접적으로 소비되지 않는 간접비에 해당한다.
⑤ 사무비품비 : 사무실에서 사용하는 도구나 부속품에 사용되는 비용으로, 제품 생산에 직접적으로 소비되지 않는 간접비에 해당한다.

42 시간 계획

정답 ①

화상회의의 진행 시각(한국 기준 오후 4시 ~ 오후 5시)을 각국 현지 시각으로 변환하면 다음과 같다.
- 파키스탄 지사(−4시간) : 오후 12시 ~ 오후 1시는 점심시간이므로, 회의에 참석 불가능하다.
- 불가리아 지사 (−6시간) : 오전 10시 ~ 오전 11시이므로, 회의에 참석 가능하다.
- 호주 지사(+1시간) : 오후 5시 ~ 오후 6시이므로, 회의에 참석 가능하다.
- 영국 지사(−8시간) : 오전 8시 ~ 오전 9시이므로, 회의에 참석 가능하다(시차는 −9시간이지만, 서머타임을 적용한다).
- 싱가포르 지사(−1시간) : 오후 3시 ~ 오후 4시이므로, 회의에 참석 가능하다.

따라서 파키스탄 지사는 화상회의에 참석할 수 없다.

43 품목 확정

정답 ③

각 과제의 최종 평가 점수를 구하기 전에 항목당 최하위 점수가 부여된 과제는 제외하므로, 중요도에서 최하위 점수가 부여된 B, 긴급도에서 최하위 점수가 부여된 D, 적용도에서 최하위 점수가 부여된 E를 제외한다. 나머지 두 과제에 대하여 주어진 조건에 의해 각 과제의 최종 평가 점수를 구해보면 다음과 같다. 이때 가중치는 별도로 부여되므로 추가 계산한다.
- A : $(84+92+96)+(84\times0.3)+(92\times0.2)+(96\times0.1)=325.2$점
- C : $(95+85+91)+(95\times0.3)+(85\times0.2)+(91\times0.1)=325.6$점

따라서 점수가 더 높은 C를 가장 먼저 수행해야 한다.

44 인원 선발

정답 ②

주어진 자료를 토대로 모델별 향후 1년 동안의 광고효과를 계산하면 다음과 같다.

(단위 : 백만 원, 회)

모델	1년 광고비	1년 광고횟수	1회당 광고효과	총 광고효과
A	180−120=60	60÷2.5=24	140+130=270	24×270=6,480
B	180−80=100	100÷2.5=40	80+110=190	40×190=7,600
C	180−100=80	80÷2.5=32	100+120=220	32×220=7,040
D	180−90=90	90÷2.5=36	80+90=170	36×170=6,120
E	180−70=110	110÷2.5=44	60+80=140	44×140=6,160

따라서 광고효과가 가장 클 것으로 예상되는 모델은 B이다.

45 시간 계획

정답 ②

하루에 6명 이상 근무해야 하기 때문에 2명까지만 휴가를 중복으로 쓸 수 있다. G사원이 4일 동안 휴가를 쓰면서 최대 휴가 인원이 2명만 중복되게 하려면 6 ~ 11일만 가능하다.

PART 3

오답분석

① G사원은 4일 이상 휴가를 사용해야 하기 때문에 3일인 5 ~ 7일은 불가능하다.

③·④·⑤ 4일 이상 휴가를 사용하지만 하루에 6명 미만의 인원이 근무하게 되어 불가능하다.

46 인원 선발

정답 ③

인적자원 배치의 세 가지 유형

- 양적 배치 : 작업량과 조업도, 여유 또는 부족 인원을 감안하여 소요인원을 결정하고 배치하는 것이다.
- 질적 배치 : 적재적소주의에 따른 배치를 의미한다.
- 적성 배치 : 팀원의 적성 및 흥미에 따라 배치하는 것이다.

47 비용 계산

정답 ③

급여지급계는 지급내역의 총합이므로 1,800,000+70,000+100,000=1,970,000원이다.

공제내역별 계산방법을 참고하여 각 빈칸의 공제액을 계산하면 다음과 같다.

- 건강보험료
  - 전체 : 1,800,000×0.0612=110,160원
  - 명세서에 기입될 건강보험료 : 110,160×0.5=55,080원
- 고용보험료
  - 전체 : 1,800,000×0.013=23,400원
  - 명세서에 기입될 고용보험료 : 23,400×0.5=11,700원
- 국민연금액
  - 전체 : 1,800,000×0.09=162,000원
  - 명세서에 기입될 국민연금액 : 162,000×0.5=81,000원
- 장기요양보험료
  - 전체 : 110,160×0.065=7,160.4≒7,200원
  - 명세서에 기입될 장기요양보험료 : 7,200×0.5=3,600원
- 공제총액 : 15,110+55,080+11,700+81,000+3,600+1,510+20,000=188,000원

따라서 실수령액은 1,970,000−188,000=1,782,000원이다.

48 인원 선발

정답 ③

A ~ E의 성과급 점수를 계산해 보면 다음과 같다.

- A대리 : (85×0.5)+(90×0.5)=87.5점
- B과장 : (100×0.3)+(85×0.1)+(80×0.6)=86.5점
- C사원 : (95×0.6)+(85×0.4)=91점
- D차장 : (80×0.2)+(90×0.3)+(85×0.5)=85.5점
- E과장 : (100×0.3)+(85×0.1)+(80×0.6)=86.5점

따라서 성과급 점수가 90점 이상인 S등급에 해당하는 사람은 C사원이다.

49 비용 계산

정답 ④

- 일비 : 하루에 10만 원씩 지급 → 100,000×3=300,000원
- 숙박비 : 실비 지급 → B호텔 2박 → 250,000×2=500,000원
- 식비 : 8 ~ 9일까지는 3식이고 10일에는 점심 기내식을 제외하여 아침만 포함
  → (10,000×3)+(10,000×3)+(10,000×1)=70,000원
- 교통비 : 실비 지급 → 84,000+10,000+16,300+17,000+89,000=216,300원
- 합계 : 300,000+500,000+70,000+216,300=1,086,300원

따라서 T차장이 받을 수 있는 여비는 1,086,300원이다.

50 품목 확정

정답 ③

회의실에 2인용 테이블이 4개 있었고 첫 번째 주문 후 2인용 테이블 4개가 더 생겨 총 8개지만 16명만 앉을 수 있기 때문에 테이블 1개를 추가로 주문해야 한다. 또한 의자는 회의실에 9개, 창고에 2개, 주문한 1개를 더하면 총 12개로 5개를 더 주문해야 한다.

| 03 | 기술능력

41	42	43	44	45	46	47	48	49	50
①	⑤	②	③	④	③	①	⑤	①	⑤

41 기술 이해

정답 ①

벤치마킹 데이터를 수집하고 분석하는 과정에서는 여러 보고서를 동시에 보고 붙이고 자르는 작업을 용이하게 해주는 문서 편집 시스템을 이용하는 것이 매우 유용하다.

42 기술 이해

정답 ⑤

에디슨이 전등회사, 전구 생산 회사 등을 설립하고 통합하여 다양한 회사들을 소유·통제한 것은 기술시스템 발전단계에서 1단계 중 혁신의 단계에 속한다.

43 기술 이해

정답 ②

지속가능한 기술은 이용 가능한 자원과 에너지를 고려하고, 자원의 사용과 그것이 재생산되는 비율의 조화를 추구하며, 자원의 질을 생각하고, 자원이 생산적인 방식으로 사용되는가에 주의를 기울이는 기술이라고 할 수 있다. 즉, 지속가능한 기술은 되도록 태양 에너지와 같이 고갈되지 않는 자연 에너지를 활용하며, 낭비적인 소비 형태를 지양하고, 기술적 효용만이 아닌 환경효용(Eco－Efficiency)을 추구하는 것이다. ㉠·㉡·㉣은 낭비적인 소비 형태를 지양하고, 환경효용도 추구하므로 지속가능한 기술의 사례로 볼 수 있다.

오답분석

㉢·㉤ 환경효용이 아닌 생산수단의 체계를 인간에게 유용하도록 발전시키는 사례로, 기술발전에 해당한다.

44 기술 적용

정답 ③

배터리의 방전 유무를 확인한 후 충전하는 조치는 트랙터 시동모터가 회전하지 않을 경우 점검해야 하는 사항이다.

45 기술 적용

정답 ④

상부링크, 체크체인 확인, 링크볼의 일치 여부 점검은 작업기 연결 전에 확인해야 할 사항들이다. 시동 전에 점검해야 할 사항은 윤활유, 연료, 냉각수량이다.

46 기술 적용

정답 ③

체온 측정을 위한 주의사항에 따르면 체온을 측정할 때는 정확한 측정을 위해 과다한 귀지가 없도록 해야 한다.

오답분석

① 체온을 측정하기 전 새 렌즈필터를 부착해야 한다.
② 오른쪽 귀에서 측정한 체온과 왼쪽 귀에서 측정한 체온은 다를 수 있으므로 항상 같은 귀에서 체온을 측정해야 한다.
④ 영점 조정에 대한 사항은 설명서에서 확인할 수 없는 내용이다.
⑤ 체온을 측정하기 전 새 렌즈필터를 부착해야 하며, 렌즈를 알코올 솜으로 닦는 사항은 설명서에서 확인할 수 없는 내용이다.

47 기술 적용

정답 ①

'POE' 에러 메시지는 체온계가 렌즈의 정확한 위치를 감지할 수 없어 정확한 측정이 어렵다는 메시지이다. 따라서 〈ON〉 버튼을 3초간 길게 눌러 화면을 지운 다음 정확한 위치에 체온계를 넣어 다시 측정해야 한다.

48 기술 이해

정답 ⑤

기술교양을 지닌 사람들의 특징

- 기술학의 특성과 역할을 이해한다.
- 기술과 관련된 이익을 가치화하고 위험을 평가할 수 있다.
- 기술에 의한 윤리적 딜레마에 대해 합리적으로 반응할 수 있다.
- 기술체계가 설계되고, 사용되고, 통제되는 방법을 이해한다.

49 기술 이해

정답 ①

제시문은 컴퓨터 연결, 원하는 시간만큼 학습 가능, 멀티미디어 이용 등의 특징을 볼 때, E-Learning(전자 매체를 통한 학습 시스템)을 활용한 기술교육을 설명한 글이다.

오답분석

④ OJT : 조직 안에서 피교육자인 종업원이 직무에 종사하면서 받게 되는 교육 훈련방법이다. 직장 상사나 선배가 지도·조언을 해주는 형태로 훈련이 이루어지기 때문에, 교육자와 피교육자 사이에 친밀감을 조성하며, 시간의 낭비가 적고, 조직의 필요에 합치되는 교육훈련을 할 수 있다는 장점이 있다. 그러나 지도자의 높은 자질이 요구되며, 교육훈련 내용의 체계화가 어렵다는 등의 단점도 있다.

50 기술 이해

정답 ⑤

전기산업기사, 건축산업기사, 정보처리산업기사 등의 자격 기술은 구체적 직무수행능력 형태를 의미하는 기술의 협의의 개념으로 볼 수 있다.

오답분석

① 사회는 기술 개발에 영향을 준다는 점을 볼 때, 산업혁명과 같은 사회적 요인은 기술 개발에 영향을 주었다고 볼 수 있다.
② 로봇은 인간의 능력을 확장시키기 위한 하드웨어로 볼 수 있으며, 기술은 이러한 하드웨어와 그것의 활용을 뜻한다.
③ 컴퓨터의 발전으로 개인이 정보를 효율적으로 활용하고 관리하게 됨으로써 현명한 의사결정이 가능해졌음을 알 수 있다.
④ 기술은 하드웨어를 생산하는 과정이며, 하드웨어는 소프트웨어에 대비되는 용어로 건물, 도로, 교량, 전자장비 등 인간이 만들어 낸 모든 물질적 창조물을 뜻한다.

02 직무수행능력

| 01 | 경영학

01	02	03	04	05	06	07	08	09	10
③	③	④	④	⑤	①	⑤	①	⑤	②
11	12	13	14	15	16	17	18	19	20
③	⑤	①	③	④	③	②	⑤	④	①
21	22	23	24	25	26	27	28	29	30
①	③	⑤	④	②	②	③	④	③	②
31	32	33	34	35	36	37	38	39	40
⑤	④	⑤	①	④	③	④	③	⑤	④

01

정답 ③

트러스트는 경제적 자립권과 독립성을 둘 다 포기한 채, 시장 독점이라는 하나의 목적으로 여러 기업이 뭉쳐서 이뤄진 하나의 통일체이다.

오답분석

① 카르텔(Kartell) : 기업연합을 의미하는 용어로, 동종 산업에 종사하는 다수의 기업들이 서로 경제적인 자립권과 법률상 독립권을 유지한 채 시장독점을 목적으로 한 연합체이다.

② 신디케이트(Syndicate) : 공동판매 카르텔로, 가장 고도화된 카르텔의 형태이다. 생산은 독립성을 유지하나, 판매는 공동판매회사를 통해서 이루어진다.

④ 콘체른(Konzern) : 법률상의 독립권만 유지되는 형태의 기업연합이다.

⑤ 컨글로머리트(Conglomerate) : 합병 또는 매수에 의해서 상호 관련 없는 이종기업을 결합하는 기업집중형태이다.

02

정답 ③

ㄴ. 황금낙하산 : 적대적 M&A로 당해 기존 임원이 해임되는 경우 거액의 보상금을 지급하도록 미리 규정해 M&A를 저지하는 전략을 말한다.

ㄹ. 팩맨 : 적대적 M&A를 시도하는 공격 기업을 거꾸로 공격하는 방어 전략이다.

ㅁ. 독약조항 : M&A 공격을 당했을 때 기존 주주들이 회사 주식을 저가에 매입할 수 있는 권리를 행사할 수 있도록 콜옵션을 부여해 공격 측의 지분 확보를 어렵게 하는 방어법이다.

오답분석

ㄱ. 그린메일 : 투기성 자본이 경영권이 취약한 기업의 지분을 사들인 뒤에 대주주에게 M&A 포기 대가로 보유 지분을 되사줄 것을 요구하는 것으로, 초록색인 미국 달러화를 요구하는 편지를 보낸다는 점에서 그린메일이란 이름이 붙여졌다.

ㄷ. 곰의 포옹 : 적대적 M&A 전략으로, 예고를 하지 않고 경영진에 매수를 제의하여 빠른 결정을 요구하는 방법이다.

03

정답 ④

내용이론은 무엇이 사람들을 동기부여 하는지에, 과정이론은 사람들이 어떤 과정을 거쳐 동기부여가 되는지에 초점을 둔다. 애덤스(Adams)의 공정성 이론은 과정이론에 해당하며, 자신과 타인의 투입 대비 산출율을 비교하여 산출율이 일치하지 않는다고 느끼게 되면 불공정하게 대우받고 있다고 느끼며, 이를 해소하기 위해 동기부여가 이루어진다고 주장한다.

동기부여 이론

유형	이론
내용이론	• 욕구단계 이론 • XY 이론 • 2요인 이론 • ERG 이론 • 성취동기 이론
과정이론	• 기대이론 • 공정성 이론 • 목표설정 이론
내재적 동기이론	• 직무특성 이론 • 인지적 평가이론 • 자기결정 이론

04

정답 ④

공정가치모형은 최초 측정 시 원가로 기록한 후 감가상각을 하지 않고, 회계연도 말에 공정가치로 평가하여 평가손익을 '당기손익'에 반영하는 방법이다. 즉, 투자부동산에 대해 공정가치모형을 적용할 경우 공정가치 변동으로 발생하는 손익은 발생한 기간의 당기손익에 반영한다.

05

정답 ⑤

[동기유발력(MF)]$=\sum VIE$

상황별로 VIE의 값을 구하면 유인성(V)은 10점, 수단성(I)은 80%이며, 기대치(E)는 70%이다. 브룸의 기대이론에 따르면 동기유발력은 유인성과 기대치, 그리고 수단성을 서로 곱한 결과를 모두 합한 값이므로 동기유발력은 $VIE=10\times0.8\times0.7=5.6$이다.

06

정답 ①

3C는 Company, Customer, Competitor로 구성되어 있다. 자사, 고객, 경쟁사로 기준을 나누어 현 상황을 파악하는 분석방법으로, PEST 분석 후 PEST 분석 내용을 기반으로 3C의 상황 및 행동을 분석, 예측한다.

- Company : 자사의 마케팅 전략, 강점, 약점, 경쟁우위, 기업 사명, 목표 등을 파악(SWOT 분석 활용)한다.
- Customer : 고객이 원할 필요와 욕구를 파악하고, 시장 동향과 고객(표적 시장)을 파악한다.
- Competitor : 경쟁사의 미래 전략, 경쟁우위, 경쟁 열위(자사와의 비교 시 장점, 약점)를 파악하고, 경쟁사의 기업 사명과 목표를 파악한다.

07

정답 ⑤

마이클 포터의 산업구조분석모델은 산업에 참여하는 주체를 기존기업, 잠재적 진입자, 대체제, 공급자, 구매자로 나누고 이들 간의 경쟁 우위에 따라 기업 등의 수익률이 결정되는 것으로 본다.

오답분석

① 정부의 규제 완화 : 정부의 규제 완화는 시장 진입장벽이 낮아지게 만들며 신규 진입자의 위협으로 볼 수 있다.
② 고객 충성도 : 고객의 충성도의 정도에 따라 진입자의 위협도가 달라진다.
③ 공급 업체 규모 : 공급 업체의 규모에 따라 공급자의 교섭력에 영향을 준다.
④ 가격의 탄력성 : 소비자들은 가격에 민감할 수도 둔감할 수도 있기에 구매자의 교섭력에 영향을 준다.

08

정답 ①

지수평활법은 가장 최근 데이터에 가장 큰 가중치가 주어지고 시간이 지남에 따라 가중치가 기하학적으로 감소되는 가중치 이동 평균 예측 기법으로, 평활상수가 클수록 최근 자료에 더 높은 가중치를 부여한다.

오답분석

② 회귀분석법은 인과관계 분석법에 해당한다.
③ 수요예측과정에서 발생하는 예측오차들의 합은 영(Zero)에 수렴하는 것이 바람직하다.
④ 이동평균법에서 과거자료 개수를 증가시키면 예측치를 평활하는 효과는 크지만, 예측의 민감도는 떨어뜨려서 수요예측의 정확도는 오히려 낮아진다.
⑤ 회귀분석법은 실제치와 예측치의 오차를 자승한 값의 총합계가 최소화되도록 회귀계수를 추정한다.

09

정답 ⑤

포드 시스템은 설비에 대한 투자비가 높아져 손익분기점까지 걸리는 시간이 장기화될 가능성이 높아 사업진입장벽을 형성하며, 이에 따라 조업도가 낮아지면서 제조원가가 증가한다는 단점이 있다.

10

정답 ②

분류법은 직무평가의 방법 중 정성적 방법으로 등급법이라고도 하며, 직무의 가치를 단계적으로 구분하는 등급표를 만들고 평가직무를 이에 맞는 등급으로 분류한다.

오답분석

① 서열법 : 직원들의 근무성적을 평정함에 있어서 평정 대상자들을 서로 비교해서 서열을 정하는 평정 방법이다.
③ 점수법 : 직무를 그 구성요소별로 나누고 각 요소에 점수를 매겨 평가하는 직무평가의 방법이다.
④ 요소비교법 : 직무를 몇 개의 중요 요소로 나누고 이들 요소를 기준직위의 평가 요소와 비교하여 평가하는 직무평가의 방법이다.
⑤ 순위법 : 피평정자의 근무성적을 서로 비교해서 그들 간의 서열을 정하여 평정하는 서열법과 동일한 방법이다.

11

정답 ③

- 기업 전략(Corporate Strategy) : 조직의 사명(Mission) 실현을 위한 전략으로, 기업의 기본적인 대외경쟁방법을 정의한 것
  예 안정 전략, 성장 전략, 방어 전략 등
- 사업 전략(Business Strategy) : 특정 산업이나 시장부문에서 기업이 제품이나 서비스의 경쟁력을 확보하고 개선하기 위한 전략
  예 원가우위 전략, 차별화 전략, 집중화 전략 등
- 기능별 전략 (Functional Strategy) : 기업의 주요 기능 영역인 생산 및 마케팅, 재무, 인사, 구매 등을 중심으로 상위 전략인 기업 전략 내지 사업 전략을 지원하고 보완하기 위해 수립되는 전략
  예 R&D 전략, 마케팅 전략, 생산 전략, 재무 전략, 구매 전략 등

12

정답 ⑤

부가가치 노동생산성은 국내에서 생산된 부가가치의 총합인 국내총생산(GDP)을 전체 고용자 수로 나눠 산출한다(단순화하면 노동자 한 명이 얼마를 버느냐를 확인하는 척도이다). 이 때문에 노동자의 능력과 관계없이 해당 노동에 대한 대가가 낮게 책정되어 있다면 노동생산성은 떨어질 수밖에 없다.

- $(\text{노동생산성})=\dfrac{\text{GDP}}{(\text{노동인구수})\times(\text{평균노동시간})}$

• (K국가 노동생산성)= $\frac{3,200}{40 \times 0.5}$ → $\frac{3,200}{20}$ =160

따라서 K국가의 노동생산성은 시간당 160달러로 고임금 노동자가 많은 국가로 볼 수 있다.

13

정답 ①

마일즈 & 스노우 전략(Miles&Snow Strategy)의 4유형

1. 방어형(Defender)
   - 기존 제품으로 기존 시장 공략
   - 현상 유지 전략
   - 비용 및 효용성 확보가 관건
2. 혁신형(Prospector)
   - 신제품 또는 신시장 진출
   - M/S 확보, 매출액 증대 등 성장 전략
   - Market Insight 및 혁신적 마인드가 필요
3. 분석형(Analyzer)
   - 방어형과 혁신형의 중간
   - Fast Follower가 이에 해당
   - Market Insight가 관건
4. 반응형(Reactor)
   - 무반응, 무전략 상태
   - 시장도태상태

14

정답 ③

맥그리거(Mcgregor)는 두 가지의 상반된 인간관 모형을 제시하고, 인간모형에 따라 조직관리 전략이 달라져야 한다고 주장하였다.

• X이론 : 소극적·부정적 인간관을 바탕으로 한 전략
  – 천성적 나태, 어리석은 존재, 타율적 관리, 변화에 저항적
• Y이론 : 적극적·긍정적 인간관을 특징으로 한 전략
  – 변화지향적, 자율적 활동, 민주적 관리, 높은 책임감

15

정답 ④

㉠ 피들러(Fiedler)의 리더십 상황이론에 따르면 리더십 스타일은 리더가 가진 고유한 특성으로, 한 명의 리더가 과업지향적 리더십과 관계지향적 리더십을 모두 가질 수 없다. 그렇기 때문에 어떤 상황에 어떤 리더십이 어울리는가를 분석한 것이다.

㉢ 상황이 호의적인지, 비호의적인지를 판단하는 상황변수로서 리더－구성원 관계, 과업구조, 리더의 직위권력을 고려하였다.

㉣ 상황변수들을 고려하여 총 8가지 상황을 분류하였고, 이를 다시 호의적인 상황, 보통의 상황, 비호의적인 상황으로 구분하였다. 상황이 호의적이거나 비호의적인 경우, 과업지향적 리더십이 적합하다. 그리고 상황이 보통인 경우에는 관계지향적 리더십이 적합하다.

오답분석

㉡ LPC 설문을 통해 리더의 특성을 측정하였다. LPC 점수가 낮으면 과업지향적 리더십, 높으면 관계지향적 리더십으로 정의한다.

㉤ 리더가 처한 상황이 호의적이거나 비호의적인 경우, 과업지향적 리더십이 적합하다.

16

정답 ③

페이욜은 경영활동을 크게 기술활동, 상업활동, 재무활동, 보호활동, 회계활동, 관리활동으로 구분하였다. 그중 관리활동을 계획, 조직, 지휘, 조정, 통제로 구분하여 관리 5요소론을 정립하였다. 분업은 14가지 관리일반원칙에 해당한다.

17

정답 ②

서브리미널 광고는 자각하기 어려울 정도의 짧은 시간 동안 노출되는 자극을 통하여 잠재의식에 영향을 미치는 현상을 의미하는 서브리미널 효과를 이용한 광고이다.

오답분석

① 애드버커시 광고 : 기업과 소비자 사이에 신뢰관계를 회복하려는 광고이다.
③ 리스폰스 광고 : 광고 대상자에게 직접 반응을 얻고자 메일, 통신 판매용 광고전단을 신문·잡지에 끼워 넣는 광고이다.
④ 키치 광고 : 설명보다는 기호와 이미지를 중시하는 광고이다.
⑤ 티저 광고 : 소비자의 흥미를 유발시키기 위해 처음에는 상품명 등을 명기하지 않다가 점점 대상을 드러내어 소비자의 관심을 유도하는 광고이다.

18

정답 ⑤

테일러(Taylor)의 과학적 관리법은 전문적인 지식과 역량이 요구되는 일에는 적합하지 않으며, 노동자들의 자율성과 창의성은 무시한 채 효율성의 논리만을 강조했다는 비판을 받았다. 이러한 테일러의 과학적 관리법은 단순노동과 공정식 노동에 적합하다.

19

정답 ④

최종 소비자에게 마케팅 노력을 홍보하는 전략은 풀(Pull) 전략에 해당한다.

푸시 전략과 풀 전략의 비교

비교 기준	푸시 전략	풀 전략
의미	채널 파트너에게 마케팅 노력의 방향을 포함하는 전략	최종 소비자에게 마케팅 노력을 홍보하는 전략
목표	고객에게 제품이나 브랜드에 대해 알릴 수 있음	고객이 제품이나 브랜드를 찾도록 권장
용도	영업 인력, 중간상 판촉, 무역 진흥 등	광고, 소비자 판촉 및 기타 의사소통 수단
강조	자원 할당	민감도
적당	브랜드 충성도가 낮을 때	브랜드 충성도가 높을 때
리드타임	길다	짧다

20

정답 ①

모집단에 대한 관찰과 통계적 추론을 위해 관심 모집단의 부분집합(표본)을 선택하는 통계학적 과정을 표본추출(Sampling)이라고 한다. 표본추출방법은 크게 확률 표본추출과 비확률 표본추출로 나뉜다.

- 확률 표본추출(Probability Sampling)법
  확률 표본추출법은 모집단에 속한 모든 단위가 표본으로 선택받을 확률을 동일하게 가지고 있는 경우이다. 그리고 이 과정에서 무작위(랜덤)로 추출되어야만 한다. 단순무작위 표본추출법, 체계적(계통) 표본추출법, 층화 표본추출법, 군집 표본추출법이 이에 해당한다.
- 비확률 표본추출(Non－Probability Sampling)법
  비확률 표본추출법은 모집단에 속한 모든 단위가 표본으로 선택받을 확률이 정확하게 결정되지 않은 상황의 표집 기법이다. 따라서 이 방법은 표집 편향에 영향을 받을 수 있으며, 모집단을 일반화하기 어렵다는 단점이 있다. 편의 표본추출법, 판단 표본추출법, 할당 표본추출법, 눈덩이 표본추출법 등이 이에 해당한다.

21

정답 ①

기능별 조직은 전체 조직을 기능별 분류에 따라 형성시키는 조직의 형태이다. 해당 회사는 수요가 비교적 안정된 소모품을 납품하는 업체이기 때문에 환경적으로도 안정되어 있으며, 부서별 효율성을 추구하므로 기능별 조직이 이 회사의 조직구조로 적합하다.

22

정답 ③

수요예측기법

- 정성적
  - 전문가 의견 활용
  - 컨조인트 분석
  - 인덱스 분석
- 정량적
  - 시계열 분석
  - 회귀 분석
  - 확산 모형
- 시스템
  - 정보 예측 시장
  - 시스템 다이나믹스
  - 인공 신경망

23

정답 ⑤

1. 상대평가 : 선별형 인사평가
   - 상대평가의 개념
     상대평가는 피평가자들 간에 비교를 통하여 피평가자를 평가하는 방법으로, 피평가자들의 선별에 초점을 두는 인사평가이다.
   - 평가기법 : 서열법, 쌍대비교법, 강제할당법 등
     - 서열법 : 피평가자의 능력·업적 등을 통틀어 그 가치에 따라 서열을 매기는 기법
     - 쌍대비교법 : 두 사람씩 쌍을 지어 비교하면서 서열을 정하는 기법
     - 강제할당법 : 사전에 범위와 수를 결정해 놓고 피평가자를 일정한 비율에 맞추어 강제로 할당하는 기법
2. 절대평가 : 육성형 인사평가
   - 절대평가의 개념
     절대평가는 피평가자의 실제 업무수행 사실에 기초한 평가방법으로, 피평가자의 육성에 초점을 둔 평가방법이다.
   - 평가기법 : 평정척도법, 체크리스트법, 중요사건기술법 등
     - 평정척도법 : 피평가자의 성과, 적성, 잠재능력, 작업행동 등을 평가하기 위하여 평가요소들을 제시하고, 이에 따라 단계별 차등을 두어 평가하는 기법
     - 체크리스트법 : 직무상 행동들을 구체적으로 제시하고 평가자가 해당 서술문을 체크하는 기법
     - 중요사건기술법 : 피평가자의 직무와 관련된 효과적이거나 비효과적인 행동을 관찰하여 기록에 남긴 후 평가하는 기법

24

정답 ④

분석결과에 따라 초기 기업 목적, 그리고 시작 단계에서의 평가수정이 가능하다는 것이 앤소프의 의사결정의 장점이다.

앤소프의 의사결정의 세 가지 유형

- 전략적 의사결정
  - 기업의 목표, 목적을 설정하고 그에 따른 각 사업에 효율적인 자원배분을 전략화한다.
  - 비일상적이며, 일회적 의사결정이라는 특징이 있다.
- 운영적 의사결정
  - 기업 현장에서 일어나는 생산 판매 등 구체적인 행위와 관련된 의사결정이다.
  - 일상적이면서 반복적이다.
- 관리적 의사결정
  - 결정된 목표와 전략을 가장 효과적으로 달성하기 위한 활동들과 관련되어 있다.
  - 전략적 의사결정과 운영적 의사결정의 중간 지점이다.

25

정답 ②

성과를 이루지 못하여도 미숙련 근로자들에게도 최저 생활을 보장해 주는 급여 방식은 맨체스터 플랜이다.

오답분석

① 테일러식 복률성과급 : 테일러가 고안한 것으로, 과학적으로 결정된 표준작업량을 기준으로 하여 고 – 저 두 종류의 임금률로 임금을 계산하는 방식이다.

③ 메리크식 복률성과급 : 메리크가 고안한 것으로, 테일러식 복률성과급의 결함을 보완하여 고 – 중 – 저 세 종류의 임금률로 초보자도 비교적 목표를 쉽게 달성할 수 있도록 자극하는 방법이다.

④ 할증성과급 : 최저한의 임금을 보장하면서 일정한 표준을 넘는 성과에 대해서 일정한 비율의 할증 임금을 지급하는 방법이다.

⑤ 표준시간급 : 비반복적이고 많은 기술을 요하는 과업에 이용할 수 있는 제도이다.

26

정답 ②

$$(\text{부가가치율})=\frac{(\text{매출액})-(\text{매입액})}{(\text{매출액})}\times 100$$

$$25\%=\frac{r-150{,}000}{r}\times 100$$

$\therefore\ r=200{,}000$

따라서 매출액은 ₩200,000이다.

27

정답 ③

마이클 포터(Michael Porter)의 가치사슬 모형에서 부가가치를 추가하는 기본 활동들은 크게 본원적 활동과 지원적 활동으로 구분할 수 있다.

- 본원적 활동(Primary Activities)
  기업의 제품과 서비스의 생산과 분배에 직접적으로 관련되어 있다. 유입 물류, 조업, 산출 물류, 판매와 마케팅, 서비스 등이 포함된다.
- 지원적 활동(Support Activities)
  본원적 활동이 가능하도록 하며, 기업의 하부구조(일반관리 및 경영활동), 인적자원관리(직원 모집, 채용, 훈련), 기술(제품 및 생산 프로세스 개선), 조달(자재 구매) 등으로 구성된다.

28

정답 ④

CPM이란 천 명의 소비자들에게 도달하는 데 필요한 광고비로, 구하는 식은 다음과 같다.

CPM=(광고비용)×[1,000÷(구독자 수)]

즉, (광고비용)=(CPM÷1,000)×(구독자 수)이다.

∴ (광고비용)=(5,000÷1,000)×100,000=500,000

따라서 광고비용은 500,000원이다.

29

정답 ③

㉡ 명성가격은 가격이 높으면 품질이 좋다고 판단하는 경향으로 인해 설정되는 가격이다.

㉢ 단수가격은 가격을 단수(홀수)로 적어 소비자에게 싸다는 인식을 주는 가격이다(예 9,900원).

오답분석

㉠ 구매자가 어떤 상품에 대해 지불할 용의가 있는 최고가격은 유보가격이다.

㉣ 심리적으로 적당하다고 생각하는 가격 수준은 준거가격이라고 한다. 최저수용가격이란 소비자들이 품질에 대해 의심 없이 구매할 수 있는 가장 낮은 가격을 의미한다.

30

정답 ②

부채는 유동부채와 비유동부채로 구분되며, 그중 비유동부채는 장기차입금, 임대보증금, 퇴직급여충당부채, 장기미지급금 등이 있다.

31 정답 ⑤

라인 확장은 기존 제품 카테고리에서 새로운 세분시장으로 진입할 때, 새롭게 개발된 제품에 모 브랜드를 적용하여 확장하는 것이다. 해당 기업은 불닭볶음면이라는 브랜드 라인을 적용하여 확장한 대표적인 사례이다.

오답분석

① 대의명분 마케팅(Cause Related Marketing) : 기업이나 상표(브랜드)를 자선이나 대의명분과 연관지어 이익을 도모한다는 전략적 위치설정의 도구이다.
② 카테고리 확장(Category Extension) : 모 브랜드의 제품군과 전혀 다른 범주의 제품군으로 진입할 때, 모 브랜드를 적용하여 확장하는 것이다. 라인 확장 전략과 함께 이분법으로 구분된다.
③ 구전 마케팅(Word of Mouth Marketing) : 구전 마케팅은 소비자 또는 그 관련인의 입에서 입으로 전달되는 제품, 서비스, 기업 이미지 등에 대한 마케팅을 말한다.
④ 귀족 마케팅(Noblesse Marketing) : VIP 고객을 대상으로 차별화된 서비스를 제공하는 것을 말한다.

32 정답 ④

합자회사(合資會社)는 무한책임사원과 유한책임사원으로 이루어지는 회사로, 무한책임사원이 사업을 경영하고 집행하며, 양도 시 무한책임사원의 동의가 필요하다.

33 정답 ⑤

차변과 대변

차변	대변
자산의 증가	자산의 감소
부채의 감소	부채의 증가
자본의 감소	자본의 증가
비용의 발생	수익의 발생

34 정답 ①

고정자산비율은 비유동비율이라고도 하며, 자기자본 중 비유동자산에 투입되어 있는 비율을 의미한다. 고정자산비율이 낮을수록 고정설비투자가 많지 않음을 의미한다.

오답분석

② 활동성비율(Activity Ratio) : 기업들이 보유한 자산을 얼마나 효율적으로 활용하고 있느냐를 판단할 수 있는 지표다. 이 비율이 100%를 밑돌면 기업이 자산을 100% 활용하지 않고 일부가 잠자고 있다는 의미다.
③ 자본회전율(Turnover Ratio of Capital) : 자기자본과 순매출액과의 관계를 표시하는 비율로, 자기자본의 회전속도를 표시한다.
④ 유동비율(Current Ratio) : 회사가 1년 안에 현금으로 바꿀 수 있는 유동자산을 1년 안에 갚아야 할 유동부채로 나눈 값이다. 통상 유동비율이 150%를 넘으면 기업의 재무 상태가 안정적이라고 평가한다.
⑤ 부채비율(Debt Ratio) : 어떤 기업의 재정상태나 재무건전성을 분석할 때 대표적으로 활용되는 지표 중 하나로, 기업이 가진 자산 중에 부채가 어느 정도의 비중을 차지하는지를 나타내는 비율이다. 부채비율을 구하는 방법은 부채총액을 자본총계(자기자본)로 나눈 뒤 100을 곱해 산출한다.

35 정답 ④

오답분석

가. 재무상태표상에 자산과 부채를 표시할 때는 유동자산과 비유동자산, 유동부채와 비유동부채로 구분하지 않고 유동성 순서에 따라 표시하는 방법도 있다.
다. 비용의 성격에 대한 정보가 미래현금흐름을 예측하는 데 유용하기 때문에 비용별 포괄손익계산서를 사용하는 경우에는 성격별 분류에 따른 정보를 추가로 공시하여야 한다.
라. 포괄손익계산서와 재무상태표를 연결시키는 역할을 하는 것은 총포괄이익이다.

36 정답 ③

(영업레버리지도)=(공헌이익)÷(영업이익)

- (공헌이익)=(총매출액)−(총변동원가)=5억 원(=10,000개×50,000원)−2천만 원(=10,000개×2,000원)=4억 8천만 원
- (영업이익)=(공헌이익)−(총고정원가)=4억 8천만 원−1억 6천만 원(=10,000×16,000원)=3억 2천만 원

따라서 영업레버리지도는 4억 8천만 원÷3억 2천만 원=1.5이다.

37 정답 ④

손익분기점 매출액이 주어진 경우 총고정원가를 구하는 문제에서는 손익분기점 매출액 공식을 활용한다.

$$(\text{고정원가})=\frac{(\text{고정비})}{(\text{공헌이익률})}$$

- (공헌이익률) : $\frac{200,000-150,000}{200,000}=25\%$
- (고정원가) : $\frac{[\text{고정원가}(x)]}{25\%}$=₩120,000(매출액)

∴ $[\text{고정원가}(x)]$=₩30,000

따라서 총고정원가는 ₩30,000이다.

38

정답 ③

수직적 통합은 원료를 공급하는 기업이 생산기업을 통합하는 등의 전방 통합과 유통기업이 생산기업을 통합하거나 생산기업이 원재료 공급기업을 통합하는 등의 후방 통합이 있다. 이는 원료 독점으로 경쟁자 배제, 원료 부문에서의 수익, 원료부터 제품까지의 기술적 일관성 등의 장점이 있다.

오답분석

①·②·⑤ 수평적 통합은 동일 업종의 기업이 동등한 조건에서 합병·제휴하는 일로, 수평적 통합의 장점에 해당된다.

④ 대규모 구조조정은 수직적 통합의 이유와 관련이 없다.

39

정답 ⑤

자기자본비용(k_e)과 타인자본비용(k_d)이 주어졌을 때의 가중평균자본비용($WACC$) 공식을 이용한다. 제시된 부채비율이 100%이므로, 자기자본 대비 기업가치의 비율$\left(\frac{S}{V}\right)$과 타인자본 대비 기업가치의 비율$\left(\frac{B}{V}\right)$은 $\frac{1}{2}$임을 알 수 있다.

$$WACC = k_e \times \frac{S}{V} + k_d(1-t) \times \frac{B}{V}$$

$$\rightarrow 10\% = k_e \times \frac{1}{2} + 8\%(1-0.25) \times \frac{1}{2}$$

$$\therefore\ k_e = 14$$

따라서 자기자본비용은 14%이다.

40

정답 ④

인간관계론은 행정조직이나 민간조직을 단순한 기계적인 구조로만 보고, 오직 시스템의 개선만으로 능률성을 추구하려 하였다는 과거의 과학적 관리론과 같은 고전적 조직이론의 개념을 탈피하여 한계점을 수용하고, 노동자들의 감정과 기분 같은 사회·심리적 요인과 비경제적 보상을 고려하며 인간중심적 관리를 중시하였다.

| 02 | 경제학

01	02	03	04	05	06	07	08	09	10
④	⑤	②	②	①	③	③	⑤	②	④
11	12	13	14	15	16	17	18	19	20
⑤	⑤	⑤	②	②	①	③	③	②	③
21	22	23	24	25	26	27	28	29	30
①	①	①	③	③	②	④	②	④	①
31	32	33	34	35	36	37	38	39	40
③	③	①	①	①	④	①	⑤	⑤	⑤

01

정답 ④

수요곡선과 공급곡선의 일반적인 형태란 우하향하는 수요곡선과 우상향하는 공급곡선을 의미한다. 공급곡선이 상방으로 이동하면 생산량(Q)이 감소하고 가격(P)이 상승한다.

오답분석

① 수요곡선이 하방으로 이동하면 생산량이 감소하고 가격도 하락한다.

② 공급곡선이 하방으로 이동하면 생산량이 증가하고 가격이 하락한다.

③ 수요곡선이 상방으로 이동하면 생산량이 증가하고 가격도 상승한다.

⑤ 수요곡선과 공급곡선이 모두 하방으로 이동하면 가격은 하락한다. 이때 생산량은 두 곡선의 하방이동폭에 따라 증가할 수도, 불변일 수도, 감소할 수도 있다.

02

정답 ⑤

㉠ 밴드왜건 효과(편승 효과) : 유행에 따라 상품을 구입하는 소비현상으로, 특정 상품에 대한 어떤 사람의 수요가 다른 사람들의 수요에 의해 영향을 받는다.

㉡ 베블런 효과 : 다른 보통사람과 자신을 차별하고 싶은 욕망으로 나타나는데, 가격이 아닌 다른 사람의 소비에 직접 영향을 받는다.

오답분석

- 외부불경제 효과 : 시장실패와 관련된 효과로, 경제적 활동이 제3자에게 의도하지 않은 편익이나 비용을 발생시키면서 그에 대한 대가가 지불되지 않는 것을 의미한다. 자가용 운전자가 주변 사람들에게 배출가스 피해를 입히는 것도 하나의 예이다.

03

정답 ②

주어진 효용함수는 두 재화가 완전보완재일 때이다. 효용함수가 $U=min(X,\ Y)$이므로 효용을 극대화하려면 X재와 Y재를 항상 1 : 1로 소비해야 한다.
소득이 100이고 Y재의 가격이 10일 때, X재와 Y재의 양은 항상 같으므로 두 재화를 같은 양 X라고 설정하고 예산선식($M=P_X X+P_Y Y$)에 대입해 보면, $100=P_X\times X+10\times X$이다. 이를 정리하면, $X=\frac{100}{P_X+10}$임을 알 수 있다.

04

정답 ②

수요의 가격탄력성이 1보다 크다면 가격이 1% 하락할 때, 판매량은 1%보다 크게 증가하므로 판매자의 총수입은 증가한다. 따라서 수요의 가격탄력성이 탄력적이라면 가격인하는 총수입을 증가시키는 좋은 전략이다.

오답분석

① 수요곡선이 우하향하는 직선이면 수요곡선상에서 우하방으로 이동할수록 수요의 가격탄력성이 점점 작아진다.
③ 열등재는 수요의 소득탄력성이 1보다 작은 재화가 아니라 수요의 소득탄력성이 음수(−)인 재화이다.
④ 시간이 경과될수록 대체재가 생겨날 가능성이 크기 때문에 수요의 가격탄력성이 커진다.
⑤ 두 재화 수요의 교차탄력성은 $\varepsilon_{XY}=\frac{\frac{\triangle Q_Y}{Q_Y}}{\frac{\triangle P_X}{P_X}}=\frac{10\%}{5\%}$
=2이고, 두 재화는 대체재이다.

05

정답 ①

수요의 가격탄력성(ε)이란 가격이 변화할 때, 수요량의 변화 정도를 나타낸다.

가격탄력성(ε)의 크기	용어
$\varepsilon=0$	완전비탄력적
$0<\varepsilon<1$	비탄력적
$\varepsilon=1$	단위탄력적
$1<\varepsilon<\infty$	탄력적
$\varepsilon=\infty$	완전탄력적

사례1의 경우 비탄력적인 재화이다. 비탄력적인 재화의 경우 다른 조건이 일정할 때, 가격 상승 시 기업의 총수입은 증가한다.
사례2의 경우 탄력적인 재화이다. 탄력적인 재화의 경우 다른 조건이 일정할 때, 가격 상승 시 기업의 총수입은 감소한다.

가격탄력성의 크기	판매자의 총수입	
	가격 인상 시	가격 인하 시
$0<\varepsilon<1$	증가	감소
$\varepsilon=1$	불변	불변
$\varepsilon>1$	감소	증가

06

정답 ③

콥 – 더글라스 생산함수인 $Q=L^2K^2$를 미분하여 계산한 한계기술대체율($MRTS_{LK}$)은 $\frac{K}{L}$이다.

$MRTS_{LK}=\frac{K}{L}$에 등량곡선과 등비용선이 접하는 점에서 비용 극소화가 달성되므로 $MRTS_{LK}=\frac{w}{r}\rightarrow\frac{w}{r}=\frac{4}{6}=\frac{K}{L}$이다.

식을 정리하면 $K=\frac{4}{6}L$이며,
예산제약식인 $TC=wL+rK=4L+6K$에 대입하면
$120=4L+6K$
$\rightarrow 120=4L+6\times\frac{4}{6}L$
$\rightarrow 120=8L$
$\therefore L=15$
따라서 노동의 최적 투입량은 15이다.

07

정답 ③

한계수입과 수요의 가격탄력성이 주어져 있으므로 아모로소 – 로빈슨(Amoroso – Robinson) 공식을 이용하여 자동차 가격을 구할 수 있다.
아모로소 – 로빈슨 공식 : $MR=P\left(1-\frac{1}{\varepsilon}\right)$
$225=P\left(1-\frac{1}{4}\right)$
$\therefore P=300$
따라서 B기업이 판매하는 자동차의 1단위당 가격은 300이다.

08

정답 ⑤

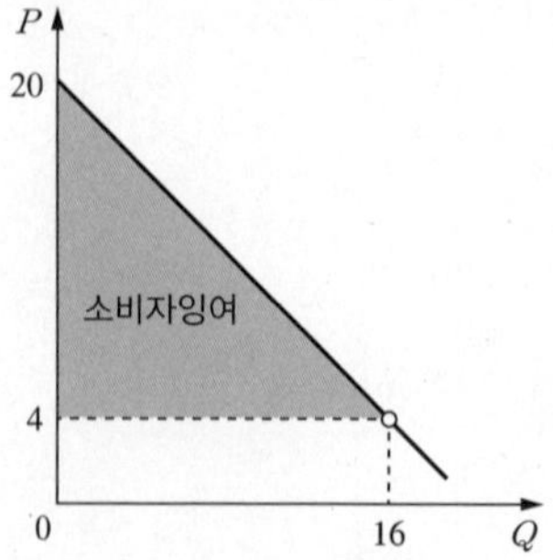

이부가격 설정을 통해 이윤을 극대화하고자 한다면 사용요금은 한계비용과 일치시키고, 소비자잉여에 해당하는 만큼 고정요금으로 설정한다. 따라서 총비용함수(TC)를 미분하면 한계비용(MC)은 4이므로, 사용요금(P)은 4가 된다. 이를 수요함수에 대입하면 $4=20-Q$이고, 소비자의 구입량(Q)은 16으로 계산된다. 따라서 고정요금으로 받을 수 있는 최대 금액은 소비자잉여에 해당하는 삼각형 면적인 $(20-4)\times16\times\frac{1}{2}=128$이다.

09 정답 ②

'A국 통화로 표시한 B국 통화 1단위의 가치'란 A국 통화의 명목환율을 의미한다.
명목환율을 e, 실질환율을 ε, 외국 물가를 P_f, 국내 물가를 P라고 할 때, 실질환율은 $\varepsilon=\frac{e\times P_f}{P}$로 표현된다.
이를 각 항목의 변화율에 대한 식으로 바꾸면 $\frac{\Delta\varepsilon}{\varepsilon}=\frac{\Delta e}{e}+\frac{\Delta P_f}{P_f}-\frac{\Delta P}{P}$이 된다.
제시된 자료에서 명목환율은 15%, A국(자국)의 물가지수는 7%, B국(외국)의 물가지수는 3% 증가하였으므로,
이를 식에 대입하면 실질환율(ε)의 변화율은 $15+3-7=11\%$(상승)이다.
또한, 실질환율이 상승하면 수출품의 가격이 하락하게 되므로 수출량은 증가한다.

10 정답 ④

균형국민소득식은 $Y=C+I+G+X-M$이므로(Y : 국내총생산, C : 소비지출, I : 투자, G : 정부지출, X : 수출, M : 수입) 다음과 같이 계산할 수 있다.
$900=200+50+300+X-100$
$\therefore X=450$
따라서 K국의 수출은 450조 원이다.

11 정답 ⑤

이자율평가설이 성립하기 위해서는 국가 간 자본이동이 완전히 자유로워야 하며, 거래비용과 조세가 존재하지 않아야 한다.

12 정답 ⑤

[한계소비성향(c)]$=0.5$
투자승수는 $\frac{1}{1-c(1-t)}$이므로 $\frac{1}{1-0.5(1-0)}=2$
(균형국민소득의 증가분)$=1$조 원$\times2=2$조 원
조세승수는 $\frac{-c}{1-c(1-t)}$이므로 $\frac{-0.5}{1-0.5(1-0)}=-1$
(균형국민소득의 감소분)$=0.5$조 원$\times-1=-0.5$조 원
따라서 균형국민소득은 2조-0.5조$=1.5$조 원 증가한다.

13 정답 ⑤

- [한계소비성향(MPC)]$=\frac{\Delta C}{\Delta Y_d}$, 처분가능소득이 1단위 증가할 때 소비가 증가하는 비율
- [한계저축성향(MPS)]$=\frac{\Delta S}{\Delta Y_d}$, 처분가능소득이 1단위 증가할 때 저축이 증가하는 비율
- [평균소비성향(APC)]$=\frac{C}{Y_d}$, 처분가능소득에서 소비가 차지하는 비중
- [평균저축성향(APS)]$=\frac{S}{Y_d}$, 처분가능소득에서 저축이 차지하는 비중

따라서 $APC+APS=1$이다.

오답분석

① 평균소비성향(APC)는 항성 정(+)의 값을 가진다.
② 한계소비성향(MPC)는 항상 $0<MPC<1$의 값을 가진다.
③ $APC+APS=1$
④ $MPC+MPS=1$

14 정답 ②

㉠ 케인스의 유동성 선호설에 따르면 자산은 화폐와 채권 두 가지만 존재한다고 가정하며, 화폐공급이 증가하더라도 증가된 통화량이 모두 화폐수요로 흡수되는 구간을 유동성함정이라고 한다.
㉢ 유동성함정에서의 화폐수요곡선은 수평형태를 가지고, 화폐수요의 이자율탄력성이 무한대인 상태이다.

오답분석

㉡ 유동성함정은 화폐수요곡선이 수평인 구간이다.
㉣ 케인스의 유동성 선호설에 따른 투기적 동기의 화폐수요는 화폐수요함수와 반비례관계에 있다. $\left[\frac{M^d}{P}=kY\right.$(거래적 동기의 화폐수요)$-hr$(투기적 동기의 화폐수요)$\left.\right]$

15

정답 ②

노동자가 10명일 때 1인당 평균생산량이 30단위이므로 총생산량은 10×30=300단위이다. 노동자가 11명일 때 1인당 평균생산량이 28단위이므로 총생산량은 11×28=308이다. 따라서 11번째 노동자의 한계생산량은 8단위이다.

16

정답 ①

통화승수는 총통화량을 본원통화로 나눈 값으로, 총통화량을 구하는 공식은 다음과 같다.

- (총통화량)=(현금통화)+(예금통화)
- (통화승수)=$\frac{(\text{총통화량})}{(\text{본원통화})}$
- [총통화량(M)]=$\frac{1}{c+\gamma(1-c)}B$

(c : 현금통화비율, γ : 지급준비율, B : 본원통화)

이때 $c=\frac{150}{600}=0.25$, $\gamma=\frac{90}{450}=0.2$이므로 통화승수는

$\frac{1}{c+\gamma(1-c)}=\frac{1}{0.25+0.2(1-0.25)}=2.5$이다.

17

정답 ③

은행보유 시재금은 현금통화에 포함되지 않는다.

- $M1$(협의통화)
  =현금통화+요구불예금+수시입출식 저축성 예금
- $M2$(광의통화)
  =$M1$+시장형 상품+실배당형 상품+금융채+기타
- Lf(금융기관 유동성)
  =$M2$+2년 이상 장기금융상품+생명보험계약준비금
- L(광의유동성)
  =Lf+기타금융기관상품+국채·회사채·지방채

18

정답 ③

고정환율제도는 정부가 환율을 일정수준으로 정하고, 지속적인 외환시장 개입을 통해 정해진 환율을 유지하는 제도이다. 이 제도하에서 확대금융정책의 경우 중앙은행의 외환매각으로 통화량이 감소한다.

19

정답 ②

실업률과 고용률은 다음 공식에 의해서 구할 수 있다.

- (실업률)=(실업자 수)÷[(취업자 수)+(실업자 수)]×100
- (고용률)=(취업자 수)÷(15세 이상 인구)×100

경제활동인구는 취업자 수와 실업자 수를 더한 인구이다. 즉, 경제활동인구가 2,000만 명이고, 취업자 수가 1,200만 명이므로 실업자 수는 800만 명이다.

- 실업률 : 800만 명÷2,000만 명×100=40%
- 고용률 : 1,200만 명÷4,800만 명×100=25%

따라서 실업률과 고용률의 차이는 40−25=15%p이다.

20

정답 ③

케인스(Keynes)의 유동성 선호이론은 실질화폐공급과 실질화폐수요로 이루어진 화폐시장을 설명하는 이론으로, 경제가 유동성함정에 빠지면 통화량의 증가 등이 물가에 영향을 미치지 못하고, 늘어난 통화량은 투자적 화폐 수요로 흡수된다.

오답분석

① 총공급곡선이 우상향 형태일 때 물가수준이 하락하면 총공급곡선 자체가 이동하는 것이 아니라 총공급곡선상에서 좌하방으로 이동한다.

② 확장적 재정정책을 실시하면 이자율이 상승하여 민간투자가 감소하는 구축효과가 발생하게 되는데, 변동환율제도하에서는 확장적 재정정책을 실시하면 환율하락으로 인해 추가적으로 총수요가 감소하는 효과가 발생한다. 즉, 확장적 재정정책으로 이자율이 상승하면 자본유입이 이루어지므로 외환의 공급이 증가하여 환율이 하락한다. 이렇게 평가절상이 이루어지면 순수출이 감소하므로 폐쇄경제에서보다 총수요가 더 큰 폭으로 감소한다.

④ 장기균형 상태에 있던 경제에서 원유가격이 일시적으로 상승하면 단기에는 물가가 상승하고 국민소득이 감소하지만, 장기적으로는 원유가격이 하락하여 총공급곡선이 다시 오른쪽으로 이동하므로 물가와 국민소득은 변하지 않는다.

⑤ 단기 경기변동에서 소비와 투자가 모두 경기순응적이며, 소비의 변동성은 투자의 변동성보다 작다.

21

정답 ①

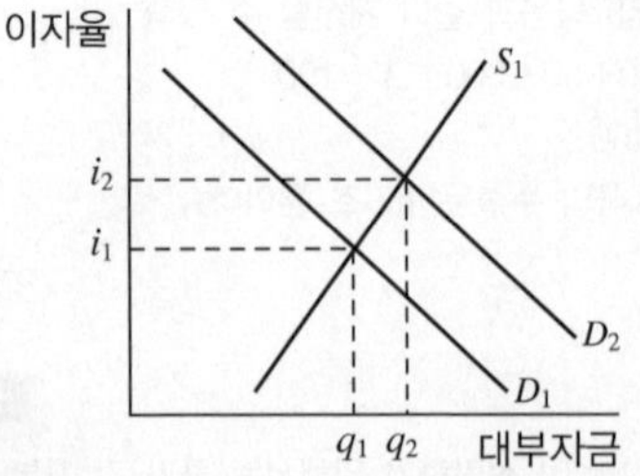

기업들에 대한 투자세액공제가 확대되면, 투자가 증가하므로 대부자금에 대한 수요가 증가($D_1 \rightarrow D_2$)한다. 이렇게 되면 실질이자율이 상승($i_1 \rightarrow i_2$)하고 저축이 늘어난다. 그 결과, 대부자금의 균형거래량은 증가($q_1 \rightarrow q_2$)한다.

22 정답 ①

정부지출의 효과가 크기 위해서는 승수효과가 커져야 한다. 승수효과란 확대 재정정책에 따른 소득의 증가로 인해 소비지출이 늘어나게 되어 총수요가 추가적으로 증가하는 현상을 말한다. 즉, 한계소비성향이 높을수록 승수효과는 커진다. 한계소비성향이 높다는 것은 한계저축성향이 낮다는 것과 동일한 의미이다.

23 정답 ①

(테일러 법칙)=(균형 이자율)+(인플레이션 갭)−(산출 갭)
(인플레이션 갭)=(실제 인플레이션율)−(목표 인플레이션율)
(목표 이자율)$=0.03+\frac{1}{4}\times$[실제 인플레이션율(4%)-0.02] $-\frac{1}{4}\times$[GDP 갭(1%)]$=0.03+\frac{1}{4}\times(0.04-0.02)-\frac{1}{4}\times 0.01=0.0325$
따라서 목표 이자율(3.25%)은 균형 이자율(3%)보다 높다.

24 정답 ③

소국의 수입관세 부과 시 국내가격은 상승하고 생산량은 증가한다. 그에 따라 생산자잉여도 증가하게 된다.

오답분석

① 부과한 관세만큼 국내가격이 상승하게 된다.
② 국내가격이 상승하므로 소비량은 감소하게 된다.
④ 수입관세 부과 시 정부는 관세수입을 얻고, 관세 부과로 인한 가격 조정에 따른 사회적 후생손실이 발생한다.
⑤ 소국은 국제 시장에서의 가격설정능력이 없다. 따라서 관세를 부과해도 교역조건은 변화하지 않는다. → 대국의 경우 수입관세 부과 시 교역조건이 개선된다.

25 정답 ③

㉡ 경제적 후생이란 사회구성원이 느끼는 행복을 물질적 이익 또는 소득으로 측정한 것을 말한다.
㉢ 가격이 하락하면 수요곡선상 가격의 이동으로 신규 또는 추가 소비자잉여가 발생하므로 소비자잉여가 증가한다.

오답분석

㉠ 완전경쟁시장은 외부효과가 없는 것으로 가정한다.
㉣ 생산자잉여는 생산자가 수취하는 금액에서 생산비용을 뺀 것을 말한다.

26 정답 ②

담배연기는 부정적 외부성이 있는 재화로, 갑이 담배를 피우면 을이 악영향을 받으므로 담배연기의 사회적 한계비용은 갑의 개인적 한계비용보다 높다. 갑은 개인적 한계편익과 개인적 한계비용이 같아지도록 흡연량을 결정하며, 갑과 을이 협상을 하면 효율적인 수준에 도달할 수 있다(코즈의 정리).

27 정답 ④

(나)국의 지니계수는 점차 커지므로 로렌츠 곡선이 대각선에서 점차 멀어진다고 할 수 있다. 지니계수란 소득분배의 불평등도를 나타내는 수치로, 소득이 어느 정도 균등하게 분배되어 있는가를 평가하는 데 주로 이용된다. 지니계수는 로렌츠 곡선으로부터 도출된다. 로렌츠 곡선은 가로축에 저소득층부터 인원의 분포도를 표시하고 세로축에 저소득층부터 소득액 누적 백분율을 표시하면 그려지는 소득분배그래프이다. 여기에 가상적인 소득분배균등선(45도선)을 긋는다. 지니계수는 대각선과 로렌츠 곡선 사이의 면적을 대각선과 종축, 횡축이 이루는 삼각형의 면적으로 나눈 비율이다. 따라서 지니계수는 0과 1 사이의 값이고, 소득 불균형이 심할수록 1에 가깝다.

28 정답 ②

누적된 비용인 총비용을 단위생산량으로 나눈 평균이 평균비용이다. 반면에 한계비용은 총비용의 변화분에 따라서 생산량이 하나씩 늘어날 때마다 바뀌는 비용을 말한다. 그래서 한계비용이 하락하는 구간에서는 평균비용도 하락하는 것이고, 반대로 한계비용이 증가하면서부터는 바로 평균비용이 증가하진 않지만, 평균비용의 최저점에서 한계비용이 만나고 이후부터는 평균비용도 증가하게 된다. 이러한 이유는 고정비용의 존재 때문이다. 그러므로 평균비용곡선이 상승하면 한계비용곡선은 상방에 위치한다.

29 정답 ④

시장균형점은 수요곡선과 공급곡선이 만나는 지점이므로 이를 식으로 정리하면 다음과 같다.
$7-0.5Q=2+2Q$
$\rightarrow 2.5Q=5$
$\therefore\ Q=2,\ P=6$
공급의 가격탄력성은 가격이 1% 변할 때, 공급량이 몇 %가 변하는지를 나타낸다.
[공급의 가격탄력성(η)]

$$=\frac{\frac{\Delta Q}{Q}}{\frac{\Delta P}{P}}=\frac{\Delta Q}{\Delta P}\times\frac{P}{Q}=\frac{1}{2}\times\frac{6}{2}=\frac{3}{2}=1.5$$

$\left(\because\ P=2+2Q\text{에서 } Q=\frac{1}{2}P-1\text{이므로 } \frac{\Delta Q}{\Delta P}=\frac{1}{2}\right)$

30 정답 ①

㉠·㉡ 자본유입이 발생하므로 외환의 공급이 증가하여 환율이 하락한다(원화가치 상승).

오답분석

㉢·㉣ 미국의 이자율이 상승하면서 자본유출이 발생하므로 외환의 수요가 증가하여 환율이 상승한다(원화가치 하락).

31 정답 ③

오답분석

마. 정책 실행 시차가 부재한다면 정부정책이 더 효과적으로 시행된다.

32 정답 ③

GDP는 한 나라에서 일정 기간에 생산된 모든 최종 재화와 서비스의 시장가치다. GDP는 총생산, 총소득, 총지출의 세 측면에서 파악할 수 있는데 총지출의 경우 소비(C), 투자(I), 정부지출(G), 순수출(NX, 수출 – 수입)로 구성된다.

ㄱ. 정부지출의 증가로 인해 GDP가 증가한다.
ㄴ. 해외유입 관광객의 소비 증가로 인해 GDP가 증가한다.
ㄹ. 한국에서 생산된 중간재의 수출로 인한 순수출증가로 GDP가 증가한다.

오답분석

ㄷ. 주택가격의 상승은 GDP 증가에 직접적인 영향을 미치지 않는다.

33 정답 ①

독점시장의 경우 시장지배력을 갖고 있으므로 가격설정자로 행동한다. 따라서 완전경쟁시장과 달리 독점기업은 시장별로 서로 다른 가격을 매기는 가격차별이 가능하다.

34 정답 ①

칼도어(N.Kaldor)는 1958년 선진국을 대상으로 수행한 세계 경제성장과정의 연구를 통하여 다음과 같은 6가지 정형화된 사실(Stylized Facts)을 밝혔다.

- 1인당 산출량(Y/L)은 지속적으로 증가한다.
- 1인당 자본량(K/L)은 지속적으로 증가한다.
- 산출량 – 자본비율(Y/K)은 대체로 일정한 지속성(Steady)을 보인다.
- 자본수익률은 대체로 일정하다.
- 총소득에서 자본에 대한 분배와 노동에 대한 분배 간의 비율은 일정하다.
- 생산성 증가율은 국가 간 차이를 보인다.

35 정답 ①

가. 인플레이션이 예상되지 못한 경우, 부와 소득의 재분배가 일어난다. 인플레이션으로 인해 화폐 가치가 하락하면 고정된 금액을 받아야 하는 채권자는 불리해지고, 반대로 채무자는 유리해진다. 즉, 채권자에게서 채무자에게로 부가 재분배된다. 이러한 부의 재분배는 인플레이션이 완전히 예상된 경우에는 발생하지 않는다.
나. 메뉴비용이란 인플레이션 상황에서 생산자가 제품의 가격을 수정하면서 발생하는 비용을 의미한다. 메뉴비용은 예상된 인플레이션과 예상되지 못한 인플레이션 두 경우 모두에서 발생한다.

오답분석

다. 인플레이션으로 인해 현금의 가치가 하락하고, 현금 외의 실물자산의 가치가 상대적으로 상승한다. 즉, 현금 보유의 기회비용이 증가한다.
라. 인플레이션이 발생하면 국내에서 생산되는 재화의 상대가격이 상승한다. 이는 세계 시장에서의 가격경쟁력을 약화시킨다. 따라서 수출이 감소하고, 경상수지가 악화된다.

36 정답 ④

제시된 그래프는 필립스곡선이다. 영국의 경제학자 필립스는 실업률과 인플레이션율 사이에 단기적으로 마이너스 상관관계가 있음을 밝혀냈으며, 그것이 필립스곡선이다. 필립스곡선은 단기적으로 실업률이 낮을 땐 인플레이션이 높고, 실업률이 높은 해에는 인플레이션이 낮음을 보여준다. 하지만 장기적으로는 인플레이션율과 실업률 사이에 상충관계는 존재하지 않는다. 장기 필립스곡선은 수직이 되며 인플레이션이 아무리 높아져도 실업률은 일정한 수준, 즉 자연실업률 이하로 하락하지 않는다.

37 정답 ①

코즈의 정리란 민간 경제주체들이 자원 배분 과정에서 거래비용 없이 협상할 수 있다면 외부효과로 인해 발생하는 비효율성을 시장 스스로 해결할 수 있다는 이론이다. 한편, 코즈의 정리에 따르면 재산권이 누구에게 부여되는지는 경제적 효율성 측면에서 아무런 차이가 없지만 소득분배 측면에서는 차이가 발생한다.

38

정답 ⑤

$[\text{평균노동생산성}(AP_L)]=\dfrac{[\text{총 생산량}(TP)]}{[\text{노동투입량}(L)]}$은 원점에서의 기울기 크기와 같다. 따라서 평균노동생산성이 가장 낮은 기업은 원점에서 기울기가 가장 낮은 E기업이다.

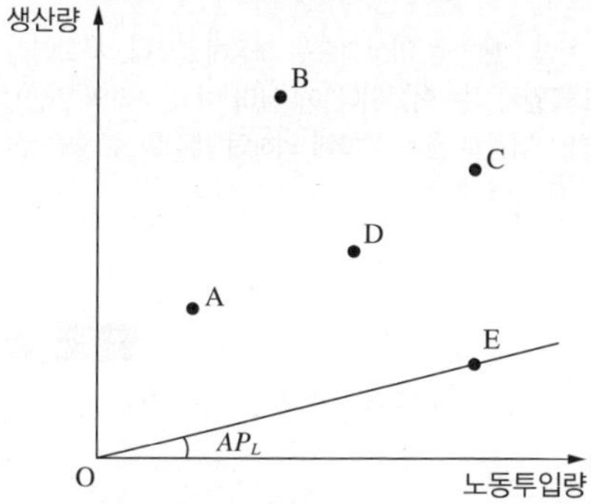

39

정답 ⑤

완전경쟁시장은 같은 상품을 취급하는 수많은 공급자·수요자가 존재하는 시장이다. 시장 참여자는 가격의 수용자일 뿐 가격 결정에 전혀 영향력을 행사하지 못한다. 기업들은 자유롭게 시장에 진입하거나 퇴출할 수 있다. 완전경쟁시장에서 기업의 이윤은 P(가격)$=AR$(평균수입)$=MC$(한계비용)인 균형점에서 극대화된다.

그래프에서 이 기업의 평균가변비용의 최소점은 80원이다. 시장가격은 90원으로 평균가변비용을 충당할 수 있어 이 기업은 계속해서 생산을 한다. 균형점($P=AR=MC=$90원)에서 이윤을 얻을 수 있는지는 고정비용의 크기에 달려 있으므로 주어진 그래프만으로는 알 수 없다.

40

정답 ⑤

다. 디플레이션이 발생하면 기업의 실질적인 부채부담이 증가한다.

라. 기업의 채무불이행이 증가하면 금융기관 부실화가 초래된다.

오답분석

가. 피셔효과에 따르면 '(명목이자율)=(실질이자율)+(예상인플레이션율)'의 관계식이 성립하므로 예상인플레이션율이 명목이자율을 상회할 경우 실질이자율은 마이너스(−) 값이 될 수 있다. 하지만 명목이자율은 마이너스(−) 값을 가질 수 없다.

나. 명목임금이 하방경직적일 때 디플레이션으로 인해 물가가 하락하면 실질임금은 상승하게 된다.

| 03 | 법학

01	02	03	04	05	06	07	08	09	10
③	④	①	③	④	②	③	③	④	③
11	12	13	14	15	16	17	18	19	20
⑤	①	④	⑤	④	②	②	②	②	④
21	22	23	24	25	26	27	28	29	30
③	⑤	④	⑤	②	③	①	④	①	⑤
31	32	33	34	35	36	37	38	39	40
④	①	①	④	②	④	④	⑤	①	①

01

정답 ③

오답분석

① 확정력에는 형식적 확정력(불가쟁력)과 실질적 확정력(불가변력)이 있다.

② 불가쟁력은 행정행위의 상대방 기타 이해관계인이 더 이상 그 효력을 다툴 수 없게 되는 힘을 의미한다.

④ 강제력에는 행정법상 의무위반자에게 처벌을 가할 수 있는 제재력과 행정법상 의무불이행자에게 의무의 이행을 강제할 수 있는 자력집행력이 있다.

⑤ 불가변력은 일정한 행정행위의 그 성질상 행정청 스스로도 직권취소나 변경이 제한되는 경우를 의미한다.

02

정답 ④

오답분석

① 조건이 법률행위의 당시 이미 성취한 것인 경우에는 그 조건이 정지조건이면 조건 없는 법률행위로 하고 해제조건이면 그 법률행위는 무효로 한다(민법 제151조 제2항).

② 조건이 법률행위의 당시에 이미 성취할 수 없는 것인 경우에는 그 조건이 해제조건이면 조건 없는 법률행위로 하고 정지조건이면 그 법률행위는 무효로 한다(민법 제151조 제3항).

③ 조건이 선량한 풍속 기타 사회질서에 위반한 것인 때에는 그 법률행위는 무효로 한다(민법 제151조 제1항).

⑤ 어떠한 법률행위가 조건의 성취 시 법률행위의 효력이 발생하는 소위 정지조건부 법률행위에 해당한다는 사실은 그 법률행위로 인한 법률효과의 발생을 저지하는 사유로서 그 법률효과의 발생을 다투려는 자에게 주장, 입증책임이 있다고 할 것이다(대판 1993.9.28., 93다20832).

PART 3

03

정답 ①

헌법 제12조 제1항에서 규정하고 있다.

오답분석

② 우리 헌법은 구속적부심사청구권을 인정하고 있다(헌법 제12조 제6항).
③ 심문은 영장주의 적용대상이 아니다(헌법 제12조 제3항).
④ 영장발부신청권자는 검사에 한한다(헌법 제12조 제3항).
⑤ 모든 국민은 형사상 자기에게 불리한 진술을 강요당하지 않는다(헌법 제12조 제2항).

04

정답 ③

기본권은 국가안전보장, 질서유지 또는 공공복리라고 하는 세 가지 목적을 위하여 필요한 경우에 한하여 그 제한이 가능하며 제한하는 경우에도 자유와 권리의 본질적인 내용은 침해할 수 없다(헌법 제37조 제2항).

05

정답 ④

청원권은 청구권적 기본권에 해당한다. 자유권적 기본권에는 인신의 자유권(생명권, 신체의 자유), 사생활의 자유권(거주·이전의 자유, 주거의 자유, 사생활의 비밀과 자유, 통신의 자유), 정신적 자유권(양심의 자유, 종교의 자유, 언론·출판의 자유, 집회·결사의 자유, 학문의 자유, 예술의 자유), 사회·경제적 자유권(직업선택의 자유, 재산권의 보장)이 있다.

06

정답 ②

법정과실은 반드시 물건의 사용대가로서 받는 금전 기타의 물건이어야 한다. 사용에 제공되는 것이 물건이 아닌 근로의 임금·특허권의 사용료, 사용대가가 아닌 매매의 대금·교환의 대가, 받는 것이 물건이 아닌 공작물의 임대료청구권 등은 법정과실이 아니다.

오답분석

①·③ 법정과실에 해당한다.
④·⑤ 천연과실에 해당한다.

07

정답 ③

헌법의 제정 주체에 따른 분류 중 흠정헌법(군주헌법)에 대한 설명이다. 흠정헌법은 군주가 제정한다 하여 군주헌법이라고도 한다. 전제군주제를 취했던 나라에서 군주의 권력을 유보하고 국민에게 일정한 권리나 자유를 은혜적으로 인정하면서 제정한 헌법(입헌군주제로의 이행)을 말하는데, 일본의 명치헌법, 19세기 전반의 독일 각 연방헌법 등이 이에 해당한다.

오답분석

① 국약헌법 : 둘 이상의 국가 간의 합의의 결과로 국가연합을 구성하여 제정한 헌법이다(예 미합중국 헌법).
② 민정헌법 : 국민의 대표자로 구성된 제헌의회를 통하여 제정된 헌법이다(예 오늘날 자유민주주의 국가 대부분이 해당).
④ 명목적 헌법 : 헌법을 이상적으로 제정하였으나, 사회여건은 이에 불일치하는 헌법이다(예 남미 여러 나라의 헌법).
⑤ 연성헌법 : 법률과 같은 절차에 의하여 개정할 수 있는 헌법이다(예 영국 헌법).

08

정답 ③

헌법 제111조 제1항 제4호에 해당하는 내용이다.

오답분석

①·⑤ 헌법재판소 재판관의 임기는 6년으로 하며, 법률이 정하는 바에 의하여 연임할 수 있다(헌법 제112조 제1항).
② 헌법 중 제5장 법원에 관한 부분에서 '재판의 전심절차로서 행정심판을 할 수 있다(헌법 제107조 제3항).'라고 규정하고 있다.
④ 헌법재판소에서 법률의 위헌결정, 탄핵의 결정, 정당해산의 결정 또는 헌법소원에 관한 인용결정을 할 때에는 재판관 6인 이상의 찬성이 있어야 한다(헌법 제113조 제1항).

09

정답 ④

종물은 주물의 처분에 수반된다는 민법 제100조 제2항은 임의규정이므로, 당사자는 주물을 처분할 때에 특약으로 종물을 제외할 수 있고 종물만을 별도로 처분할 수도 있다(대판 2012. 1. 26., 2009다76546).

10

정답 ③

Ⓛ·Ⓒ 법령보충적 행정규칙이라도 상위 법령과 결합하여 일체가 되는 한도 내에서 상위 법령의 일부가 됨으로써 대외적 구속력이 발생되는 것일 뿐, 그 행정규칙 자체는 대외적 구속력을 갖는 것은 아니라 할 것이다(헌재결 99헌바91).

오답분석

㉠ 행정규칙이 재량준칙이 되는 준법규의 효력을 갖는 경우 헌법재판소의 헌법소원 대상이 된다(헌재결 2004헌마49).
㉣ 헌법재판소는 행정규칙에 대한 위임입법이 허용되면 헌법상 위임입법에 관한 규정이 열거적인 것이 아니라 예시적인 것으로 보았으며, 행정규칙인 고시 등에 일정한 사항을 위임하더라도 헌법에 위반되는 것은 아니다.

11

정답 ⑤

무권대리행위에 대한 추인은 무권대리행위로 인한 효과를 자기에게 귀속시키려는 의사표시이니만큼 무권대리행위에 대한 추인이 있었다고 하려면 그러한 의사가 표시되었다고 볼 만한 사유가 있어야 하고, 무권대리행위가 범죄가 되는 경우에 대하여 그 사실을 알고도 장기간 형사고소를 하지 아니하였다 하더라도 그 사실만으로 묵시적인 추인이 있었다고 할 수는 없는 바, 권한 없이 기명날인을 대행하는 방식에 의하여 약속어음을 위조한 경우에 피위조자가 이를 묵시적으로 추인하였다고 인정하려면 추인의 의사가 표시되었다고 볼 만한 사유가 있어야 한다(대판 1998.2.10., 97다31113).

12

정답 ①

오답분석

② 민법 제450조 소정의 채무자의 승낙은 채권양도의 사실을 채무자가 승인하는 뜻으로서 동조가 규정하는 채권양도의 대항요건을 구비하기 위하여서는 채무자가 양도의 사실을 양도인 또는 양수인에 대하여 승인함을 요한다(대판 1986.2.25., 85다카1529).

③ 근로자가 그 임금채권을 양도한 경우라 할지라도 그 임금의 지급에 관하여는 근로기준법 제36조 제1항에 정한 임금 직접지급의 원칙이 적용되어 사용자는 직접 근로자에게 임금을 지급하지 아니하면 안 되고, 그 결과 비록 적법 유효한 양수인이라도 스스로 사용자에 대하여 임금의 지급을 청구할 수 없으며, 그러한 법리는 근로자로부터 임금채권을 양도받았거나 그의 추심을 위임받은 자가 사용자의 집행 재산에 대하여 배당을 요구하는 경우에도 그대로 적용된다(대판 1996.3.22., 95다2630).

④ 채무자는 채권양도를 승낙한 후에 취득한 양도인에 대한 채권으로써 양수인에 대하여 상계로써 대항하지 못한다(대판 1984.9.11., 83다카2288).

⑤ 채권양도의 경우 권리이전의 효과는 원칙적으로 당사자 사이의 양도계약 체결과 동시에 발생하며 채무자에 대한 통지 등은 채무자를 보호하기 위한 대항요건일 뿐이므로, 채권양도행위가 사해행위에 해당하지 않는 경우에 양도통지가 따로 채권자취소권 행사의 대상이 될 수는 없다(대판 2012.8.30., 2011다32785, 32792).

13

정답 ④

오답분석

① 계약의 합의해제는 명시적으로뿐만 아니라 당사자 쌍방의 묵시적인 합의에 의하여도 할 수 있으나, 묵시적인 합의해제를 한 것으로 인정되려면 계약이 체결되어 그 일부가 이행된 상태에서 당사자 쌍방이 장기간에 걸쳐 나머지 의무를 이행하지 아니함으로써 이를 방치한 것만으로는 부족하고, 당사자 쌍방에게 계약을 실현할 의사가 없거나 계약을 포기할 의사가 있다고 볼 수 있을 정도에 이르러야 한다(대판 2011.2.10., 2010다77385).

② 계약의 합의해제에 있어서도 민법 제548조의 계약해제의 경우와 같이 이로써 제3자의 권리를 해할 수 없다(대판 1991.4.12., 91다2601).

③ 계약이 합의해제된 경우에는 그 해제 시에 당사자 일방이 상대방에게 손해배상을 하기로 특약하거나 손해배상청구를 유보하는 의사표시를 하는 등 다른 사정이 없는 한 채무불이행으로 인한 손해배상을 청구할 수 없다(대판 1989.4.25., 86다카1147, 86다카1148).

⑤ 당사자 사이에 약정이 없는 이상 합의해제로 인하여 반환할 금전에 그 받은 날로부터의 이자를 가하여야 할 의무가 있는 것은 아니다(대판 1996.7.30., 95다16011).

14

정답 ⑤

오답분석

① 지상물이 양도되었으므로 임차인은 매수청구권을 행사할 수 없다.

② 전3조의 규정은 건물의 임차인이 그 건물의 소부분을 타인에게 사용하게 하는 경우에 적용하지 아니한다(민법 제632조).

③ 임대차계약이 임차인의 채무불이행으로 인하여 해지된 경우에는 임차인은 민법 제646조에 의한 부속물매수청구권이 없다(대판 1990.1.23., 88다카7245, 88다카7252).

④ 임차보증금을 피전부채권으로 하여 전부명령이 있을 경우에도 제3채무자인 임대인은 임차인에게 대항할 수 있는 사유로서 전부채권자에게 대항할 수 있는 것이어서 건물임대차보증금의 반환채권에 대한 전부명령의 효력이 그 송달에 의하여 발생한다고 하여도 위 보증금반환채권은 임대인의 채권이 발생하는 것을 해제조건으로 하는 것이므로 임대인의 채권을 공제한 잔액에 관하여서만 전부명령이 유효하다(대판 1988.1.19., 87다카1315).

15

정답 ④

민법은 인간이 사회생활을 영위함에 있어 상호 간에 지켜야 할 법을 의미한다. 즉, 사법(私法) 중 일반적으로 적용되는 일반사법이다.

16

정답 ②

채무의 변제를 받는 것은 이로 인하여 권리를 상실하는 것이므로, 단순히 권리만 얻거나 의무만을 면하는 행위에 속하지 않는다. 따라서 미성년자 단독으로 유효하게 할 수 없고 법정대리인의 동의를 얻어서 해야 하는 행위에 속한다.

미성년자의 행위능력

- 원칙
  - 법정대리인의 동의를 요하고 이를 위반한 행위는 취소 가능
- 예외(단독으로 할 수 있는 행위)
  - 단순히 권리만을 얻거나 또는 의무만을 면하는 행위
  - 처분이 허락된 재산의 처분행위
  - 허락된 영업에 관한 미성년자의 행위
  - 혼인을 한 미성년자의 행위(성년의제)
  - 대리행위
  - 유언행위(만 17세에 달한 미성년자의 경우)
  - 법정대리인의 허락을 얻어 회사의 무한책임사원이 된 미성년자가 사원자격에 기해서 한 행위(상법 제7조)
  - 근로계약과 임금의 청구(근로기준법 제67조 · 제68조)

17

정답 ②

오답분석

① 집행기관은 의결기관 또는 의사기관에 대하여 그 의결 또는 의사결정을 집행하는 기관이나 행정기관이며, 채권자의 신청에 의하여 강제집행을 실시할 직무를 가진 국가기관이다.

③ 자문기관은 행정기관의 자문에 응하여 행정기관에 전문적인 의견을 제공하거나, 자문을 구하는 사항에 관하여 심의 · 조정 · 협의하는 등 행정기관의 의사결정에 도움을 주는 행정기관을 말한다.

④ 의결기관은 의사결정에만 그친다는 점에서 외부에 표시할 권한을 가지는 행정관청과 다르고, 행정관청을 구속한다는 점에서 단순한 자문적 의사의 제공에 그치는 자문기관과 다르다.

⑤ 독임제 행정청이 원칙적인 형태이고, 지자체의 경우 지자체장이 행정청에 해당한다.

18

정답 ②

항소는 판결서가 송달된 날부터 2주 이내에 하여야 한다. 다만, 판결서 송달 전에도 할 수 있다(민사소송법 제396조 제1항).

19

정답 ②

오답분석

① 일반적으로 자기의 노력과 재료를 들여 건물을 건축한 사람이 그 건물의 소유권을 원시취득하는 것이지만, 도급계약에 있어서는 수급인이 자기의 노력과 재료를 들여 건물을 완성하더라도 도급인과 수급인 사이에 도급인 명의로 건축허가를 받아 소유권보존등기를 하기로 하는 등 완성된 건물의 소유권을 도급인에게 귀속시키기로 합의한 것으로 보일 경우에는 그 건물의 소유권은 도급인에게 원시적으로 귀속된다(대판 2003.12.18., 98다43601).

③ 공사에 관한 채권의 소멸시효는 3년이다.

④ 부동산공사의 수급인은 전조의 보수에 관한 채권을 담보하기 위하여 그 부동산을 목적으로 한 저당권의 설정을 청구할 수 있다(민법 제666조).

⑤ 도급인이 완성된 목적물의 하자로 인하여 계약의 목적을 달성할 수 없는 때에는 계약을 해제할 수 있다. 그러나 건물 기타 토지의 공작물에 대하여는 그러하지 아니하다(민법 제668조).

20

정답 ④

오답분석

① 민법 제758조 제1항은 일종의 무과실책임을 인정한 것이다(대판 1983.12.13., 82다카1038).

② 불법행위의 증명책임은 피해자가 부담한다.

③ 수인이 공동의 불법행위로 타인에게 손해를 가한 때에는 연대하여 그 손해를 배상할 책임이 있다(민법 제760조 제1항).

⑤ 타인의 명예를 훼손한 자에 대하여는 법원은 피해자의 청구에 의하여 손해배상에 갈음하거나 손해배상과 함께 명예회복에 적당한 처분을 명할 수 있다(민법 제764조).

21

정답 ③

오답분석

① 소송사건에서 일방 당사자를 위하여 증인으로 출석하여 증언하였거나 증언할 것을 조건으로 어떤 대가를 받을 것을 약정한 경우, 증인은 법률에 의하여 증언거부권이 인정되지 않은 한 진실을 진술할 의무가 있는 것이므로 그 대가의 내용이 통상적으로 용인될 수 있는 수준(예컨대 증인에게 일당과 여비가 지급되기는 하지만 증인이 법원에 출석함으로써 입게 되는 손해에는 미치지 못하는 경우 그러한 손해를 전보해 주는 정도)을 초과하는 경우에는 그와 같은 약정은 금전적 대가가 결부됨으로써 선량한 풍속 기타 사회질서에 반하는 법률행위가 되어 민법 제103조에 따라 효력이 없다고 할 것이다(대판 1999.4.13., 선고 98다52483).

② 종래 이루어진 보수약정의 경우에는 보수약정이 성공보수라는 명목으로 되어 있다는 이유만으로 민법 제103조에 의하여 무효라고 단정하기는 어렵다. 그러나 대법원이 이 판결을 통하여 형사사건에 관한 성공보수약정이 선량한 풍속 기타 사회질서에 위반되는 것으로 평가할 수 있음을 명확히 밝혔음에도 불구하고 향후에도 성공보수약정이 체결된다면 이는 민법 제103조에 의하여 무효로 보아야 한다(대판 2015.7.23., 선고 2015다200111).
④ 적법한 절차에 의하여 이루어진 경매에 있어서 경락가격이 경매부동산의 시가에 비하여 저렴하다는 사유는 경락허가결정에 대한 적법한 불복이유가 되지 못하는 것이고 경매에 있어서는 불공정한 법률행위 또는 채무자에게 불리한 약정에 관한 것으로서 효력이 없다는 민법 제104조, 제608조는 적용될 여지가 없다(대결 1980.3.21., 80마77).
⑤ 거래 상대방이 배임행위를 유인·교사하거나 배임행위의 전 과정에 관여하는 등 배임행위에 적극 가담하는 경우에는 실행행위자와 체결한 계약이 반사회적 법률행위에 해당하여 무효로 될 수 있고, 선량한 풍속 기타 사회질서에 위반한 사항을 내용으로 하는 법률행위의 무효는 이를 주장할 이익이 있는 자는 누구든지 무효를 주장할 수 있다. 따라서 반사회질서 법률행위를 원인으로 하여 부동산에 관한 소유권이전등기를 마쳤더라도 그 등기는 원인무효로서 말소될 운명에 있으므로 등기명의자가 소유권에 기한 물권적 청구권을 행사하는 경우에, 권리 행사의 상대방은 법률행위의 무효를 항변으로서 주장할 수 있다(대판 2016.3.24., 선고 2015다11281).

22

정답 ⑤

후임 이사가 유효히 선임되었는데도 그 선임의 효력을 둘러싼 다툼이 있다고 하여 그 다툼이 해결되기 전까지는 후임 이사에게는 직무수행권한이 없고 임기가 만료된 구 이사만이 직무수행권한을 가진다고 할 수는 없다(대판 2006.4.27., 2005도8875).

23

정답 ④

국채를 모집하거나 예산 외에 국가의 부담이 될 계약을 체결하려 할 때에는 정부는 미리 국회의 의결을 얻어야 한다(헌법 제58조).

오답분석

① 국회의 임시회는 대통령 또는 국회재적의원 4분의 1 이상의 요구에 의하여 집회된다(헌법 제47조 제1항).
② 국회의원은 현행범인인 경우를 제외하고는 회기 중 국회의 동의 없이 체포 또는 구금되지 아니한다(헌법 제44조 제1항).
③ 국회는 의원의 자격을 심사하며, 의원을 징계할 수 있다(헌법 제64조 제2항).
⑤ 정부는 회계연도마다 예산안을 편성하여 회계연도 개시 90일 전까지 국회에 제출하고, 국회는 회계연도 개시 30일 전까지 이를 의결하여야 한다(헌법 제54조 제2항).

24

정답 ⑤

오답분석

① 보증 채무에 대한 소멸시효가 중단되는 등의 사유로 완성되지 아니하였다고 하더라도 주채무에 대한 소멸시효가 완성된 경우에는 시효완성 사실로써 주채무가 당연히 소멸되므로 보증채무의 부종성에 따라 보증채무 역시 당연히 소멸된다(대판 2012.7.12., 선고 2010다51192).
② 보증은 그 의사가 보증인의 기명날인 또는 서명이 있는 서면으로 표시되어야 효력이 발생한다. 다만, 보증의 의사가 전자적 형태로 표시된 경우에는 효력이 없다(민법 제428조의2 제1항).
③ 주채무자의 항변포기는 보증인에게 효력이 없다(민법 제433조 제2항).
④ 보증계약이 성립한 후에 보증인이 알지도 못하는 사이에 주채무의 목적이나 형태가 변경되었다면, 그 변경으로 인하여 주채무의 실질적 동일성이 상실된 경우에는 당초의 주채무는 경개로 인하여 소멸하였다고 보아야 할 것이므로 보증채무도 당연히 소멸하고, 그 변경으로 인하여 주채무의 실질적 동일성이 상실되지 아니하고 동시에 주채무의 부담 내용이 축소·감경된 경우에는 보증인은 그와 같이 축소·감경된 주채무의 내용에 따라 보증 책임을 질 것이지만, 그 변경으로 인하여 주채무의 실질적 동일성이 상실되지는 아니하고 주채무의 부담내용이 확장·가중된 경우에는 보증인은 그와 같이 확장·가중된 주채무의 내용에 따른 보증 책임은 지지 아니하고, 다만 변경되기 전의 주채무의 내용에 따른 보증 책임만을 진다(대판 2000.1.21., 선고 97다1013).

25

정답 ②

의사표시의 효력발생시기에 관하여 우리 민법은 도달주의를 원칙으로 하고(민법 제111조 제1항), 격지자 간의 계약의 승낙 등 특별한 경우에 한하여 발신주의를 예외적으로 취하고 있다.

26

정답 ③

무효란 그 행위가 성립하던 당초부터 당연히 법률효과가 발생하지 못하는 것이며, 비진의 표시(심리유보), 통정허위표시, 강행법규에 반하는 법률행위 등이 그 예이다.

27

정답 ①

사적자치의 원칙은 신분과 재산에 관한 법률관계를 개인의 의사에 따라 자유롭게 규율하는 것이다. 즉, 계약의 내용 및 형식에 있어서 국가 또는 타인의 간섭을 배제하는 원칙을 말한다.

28

정답 ④

취소권, 추인권, 해제권과 같은 형성권에 있어서는 권리만 있고 그에 대응하는 의무는 존재하지 않는다.

29

정답 ①

집세나 이자 등은 원물을 타인에게 사용시킨 대가로 얻는 과실로, 법정과실이다(민법 제101조 제2항).

오답분석

② 유체물 및 전기 기타 관리할 수 있는 자연력은 물건인데(민법 제98조), 부동산(토지 및 그 정착물) 이외의 물건은 동산이므로(민법 제99조 제2항) 관리할 수 있는 자연력은 동산이다.
③·④ 토지 및 그 정착물은 부동산이므로 건물은 토지로부터 독립한 부동산으로 다루어질 수 있다(민법 제99조 제1항).
⑤ 물건의 사용대가로 받는 금전 기타의 물건은 법정과실로 한다(민법 제101조 제2항).

30

정답 ⑤

정당의 목적이나 활동이 민주적 기본질서에 위배될 때 정부는 헌법재판소에 그 해산을 제소할 수 있고, 정당은 헌법재판소의 심판에 의하여 해산된다(헌법 제8조 제4항).

오답분석

① 헌법 제8조 제1항
②·③ 헌법 제8조 제2항
④ 헌법 제8조 제3항

31

정답 ④

행정쟁송제도 중 행정소송에 대한 설명이다. 행정심판은 행정관청의 구제를 청구하는 절차를 말한다.

32

정답 ①

과잉금지원칙은 국가의 권력은 무제한적으로 행사되어서는 안 되고 국민의 기본권을 제한하는 법률은 목적의 정당성·방법의 적절성·침해의 최소성·법익의 균형성을 갖추어야 한다는 원칙이다. 헌법 제37조 제2항에서는 과잉금지의 원칙을 '필요한 경우에 한하여' 법률로써 기본권을 제한할 수 있다고 표현하고 있다.

오답분석

② 헌법유보원칙 : 헌법에서 직접 기본권 제한에 대한 내용을 규정하는 것으로, 헌법은 정당의 목적과 활동(헌법 제8조 제4항), 언론·출판의 자유(헌법 제21조 제4항), 군인·공무원·경찰공무원 등의 국가배상청구권(헌법 제29조 제2항), 공무원의 근로 3권(헌법 제33조 제2항) 등에 대하여 규정하고 있다.
③ 의회유보원칙 : 국민의 권리와 의무에 관련된 영역에서 그 본질적인 사항은 입법자로서 국민 스스로가 결정해야 한다는 원칙이다. 단, 헌법상의 국민의 자유와 권리를 제한할 때는 그 본질적인 사항에 대해 법률로 규율해야 할 것이다. 우리 헌법은 국가안전보장·질서유지·공공복리를 위하여 필요한 경우에 법률로써 제한할 수 있다고 규정하고 있다(헌법 제37조 제2항).
④ 포괄위임입법금지원칙 : 법률에서 구체적으로 범위를 정하지 않고 일반적·포괄적으로 위임하는 것을 금지하는 원칙이다.
⑤ 법률불소급원칙 : 법은 그 시행 이후에 성립하는 사실에 대하여만 효력을 발하고, 과거의 사실에 대하여는 소급 적용될 수 없다는 원칙이다.

33

정답 ①

행정상 강제집행 수단 중 대체적 작위의무의 불이행에 대하여 행정청이 의무자가 행할 작위를 스스로 행하거나 제3자로 하여금 이를 행하게 하고 그 비용을 의무자로부터 징수하는 것은 행정대집행이다(행정대집행법 제2조).

34

정답 ④

오답분석

① 참여기관(의결기관)이 행정관청의 의사를 구속하는 의결을 하는 합의제 기관이다(경찰위원회, 소청심사위원회 등).
② 의결기관이 아닌 집행기관에 대한 설명이다.
③ 국무조정실, 각 부의 차관보·실장·국장 등은 행정조직의 보좌기관이다.
⑤ 행정조직의 내부기관으로서 행정청의 권한 행사를 보조하는 것을 임무로 하는 행정기관은 보조기관이다.

35

정답 ②

행정행위는 법률에 근거를 두어야 하고(법률유보), 법령에 반하지 않아야 한다(법률우위). 따라서 법률상의 절차와 형식을 갖추어야 한다.

36

정답 ④

우리 재판소는 새로운 입법으로 과거에 소급하여 과세하거나 이미 납세의무가 존재하는 경우에도 소급하여 중과세하는 것은 소급입법 과세금지원칙에 위반된다는 일관된 태도를 취하여 왔다(헌재 2002헌바63).

오답분석

① 다만 일반적으로 국민이 소급입법을 예상할 수 있었거나 법적 상태가 불확실하고 혼란스러워 보호할 만한 신뢰이

익이 적은 경우와 소급입법에 의한 당사자의 손실이 없거나 아주 경미한 경우 그리고 신뢰보호의 요청에 우선하는 심히 중대한 공익상의 사유가 소급입법을 정당화하는 경우 등에는 예외적으로 진정소급입법이 허용된다(헌재 97헌바76).

② 부진정소급입법은 원칙적으로 허용되지만 소급효를 요구하는 공익상의 사유와 신뢰보호의 요청 사이의 교량과정에서 신뢰보호의 관점이 입법자의 형성권에 제한을 가하게 된다(헌재 94헌바12).

③ 개발이익환수에 관한 법률 시행 전에 개발에 착수하였지만, 아직 개발이 완료되지 아니하고 진행 중인 사업에 개발부담금을 부과하는 것은 부진정소급입법에 해당하는 것으로 원칙적으로 허용되며, 법률 시행 전의 개발 부분은 환수대상에서 제외하고 있으므로 신뢰보호의 원칙에 위배되지 아니한다(헌재 98헌바19).

⑤ 기존 퇴직연금 수급자의 경우에도 연금 외의 사업소득금액이나 근로소득금액이 있고 소득월액이 전년 평균임금월액을 초과한 때에는 퇴직연금 중 일부(1/2의 범위 내)의 지급이 정지되지만, 이는 청구인들이 이 사건 심판대상조항 시행일(2005. 7. 1.) 이후에 지급 받는 퇴직연금부터 적용된다(법 부칙 제1조). 즉, 이 사건 심판대상조항은 이미 발생하여 이행기에 도달한 퇴직연금 수급권의 내용을 변경함이 없이 이 사건 심판대상조항 시행 이후의 법률관계, 다시 말해 장래 이행기가 도래하는 퇴직연금 수급권의 내용을 변경함에 불과하므로, 이미 종료된 과거의 사실관계 또는 법률관계에 새로운 법률이 소급적으로 적용되어 과거를 법적으로 새로이 평가하는 진정소급입법에는 해당하지 아니한다(헌재 2004헌바42).

37

정답 ④

자유민주적 기본질서의 내용에 기본적 인권의 존중, 권력분립주의, 법치주의, 사법권의 독립은 포함되지만, 계엄선포 및 긴급명령권, 복수정당제는 포함되지 않는다.

38

정답 ⑤

기판력은 사실심 변론 종결 시(표준시)를 기준으로 하여 발생한다. 기판력은 표준시에 있어서의 권리관계의 존부판단에 대하여 생기므로, 전소 변론 종결 시 이전에 제출(주장)할 수 있었으나 변론 종결 시까지 제출하지 않은 공격방어방법은 후소에서 제출하지 못한다(주장했던 공격방어방법은 당연히 차단된다).

오답분석

① 행정처분의 적법 여부는 그 행정처분이 행하여 진 때의 법령과 사실을 기준으로 하여 판단하는 것이므로 거부처분 후에 법령이 개정·시행된 경우에는 개정된 법령 및 허가기준을 새로운 사유로 들어 다시 이전의 신청에 대한 거부처분을 할 수 있으며 그러한 처분도 행정소송법 제30조 제2항에 규정된 재처분에 해당된다(대판 1998.1.7., 97두22).

② 행정소송법 제30조 제2항의 규정에 의하면 행정청의 거부처분을 취소하는 판결이 확정된 경우에는 그 처분을 행한 행정청이 판결의 취지에 따라 이전의 신청에 대하여 재처분할 의무가 있으나, 이때 확정판결의 당사자인 처분 행정청은 그 행정소송의 사실심 변론 종결 이후 발생한 새로운 사유를 내세워 다시 이전의 신청에 대한 거부처분을 할 수 있고 그러한 처분도 위 조항에 규정된 재처분에 해당된다(대판 1997.2.4., 96두70).

③ 처분 등을 취소하는 확정판결은 그 사건에 관하여 당사자인 행정청과 그 밖의 관계행정청을 기속한다(행정소송법 제30조 제1항). 기속력은 인용판결에 인정되며 기판력은 인용판결과 기각판결 모두에 인정된다.

④ 취소판결의 기판력은 소송물로 된 행정처분의 위법성 존부에 관한 판단 그 자체에만 미치는 것이므로 전소와 후소가 그 소송물을 달리하는 경우에는 전소 확정판결의 기판력이 후소에 미치지 아니한다(대판 1996.4.26., 95누5820).

39

정답 ①

㉠ 헌법 제10조에 의거한 행복추구권은 헌법에 열거된 기본권으로서 행복추구의 수단이 될 수 있는 개별적 기본권들을 제외한 헌법에 열거되지 아니한 권리들에 대한 포괄적인 기본권의 성격을 가지며, '일반적 행동자유권', '개성의 자유로운 발현권', '자기결정권', '계약의 자유' 등이 그 보호영역 내에 포함된다(2002헌마677).

㉡ 행복추구권은 다른 기본에 대한 보충적 기본권으로서의 성격을 지니므로, 공무담임권이라는 우선적으로 적용되는 기본권이 존재하여 그 침해여부를 판단하는 이상, 행복추구권 침해 여부를 독자적으로 판단할 필요가 없다(99헌마112).

오답분석

㉢ "행복추구권은 국민이 행복을 추구하기 위하여 필요한 급부를 국가에게 적극적으로 요구할 수 있는 것을 내용으로 하는 것이 아니라, 행복추구활동을 국가권력의 간섭 없이 자유롭게 할 수 있다는 포괄적인 의미의 자유권으로서의 성격을 갖는다."를 보아 적극적 성격을 부정하고 포괄적 자유권으로 보고 있다(93헌가14).

㉣ 이 사건 분묘는 구 법 제17조가 적용되지 아니하여 그 설치기간에 제한이 없으나, 이를 이장하여 새로 설치하는 분묘는 새로운 분묘로 취급되어 이 사건 부칙 조항에 의해 구 법 제17조의 설치기간 제한을 받게 되는 바, 이로써 청구인은 부모의 분묘를 가꾸고 봉제사를 하고자 하는 권리를 제한당한다고 할 수 있다. 청구인은 이러한 권리가 헌법 제34조의 사회보장권이라고 하나, 이는 헌법 제10조의 행복추구권의 한 내용으로 봄이 타당하다(2007헌마872).

40

정답 ①

소는 피고의 보통재판적이 있는 곳의 법원이 관할한다(민사소송법 제2조).

오답분석

②·⑤ 민사소송법 제3조
③ 민사소송법 제6조
④ 민사소송법 제5조

| 04 | 행정학

01	02	03	04	05	06	07	08	09	10
①	③	④	③	②	②	③	③	①	⑤
11	12	13	14	15	16	17	18	19	20
⑤	①	②	⑤	⑤	③	①	④	⑤	④
21	22	23	24	25	26	27	28	29	30
②	①	④	①	⑤	①	③	②	③	④
31	32	33	34	35	36	37	38	39	40
③	④	②	②	①	④	④	①	④	②

01

정답 ①

정책참여자의 범위는 이슈네트워크, 정책공동체, 하위정부모형 순으로 넓다.

02

정답 ③

ㄴ·ㄷ. 강제배분법은 점수의 분포비율을 정해놓고 평가하는 상대평가방법으로, 집중화, 엄격화, 관대화 오차를 방지하기 위해 도입되었다.

오답분석

ㄱ. 첫머리 효과(시간적 오류) : 최근의 실적이나 능력을 중심으로 평가하려는 오류이다.
ㄹ. 선입견에 의한 오류(고정관념에 기인한 오류) : 평정자의 편견이 평가에 영향을 미치는 오류이다.

03

정답 ④

정부의 결산 과정은 ⓜ 해당 행정기관의 출납 정리·보고 – ⓛ 중앙예산기관의 결산서 작성·보고 – ⓖ 감사원의 결산 확인 – ⓡ 국무회의 심의와 대통령의 승인 – ⓓ 국회의 결산 심의 순서로 진행된다.

04

정답 ③

기획재정부장관은 국무회의 심의를 거쳐 대통령 승인을 얻은 다음 연도의 예산안편성지침을 매년 3월 31일까지 각 중앙관서의 장에게 통보하여야 한다(국가재정법 제29조 제1항).

05

정답 ②

공공선택론은 유권자, 정치가, 그리고 관료를 포함하는 정치제도 내에서 자원배분과 소득분배에 대한 결정이 어떻게 이루어지는지를 분석하고, 그것을 기초로 하여 정치적 결정의 예측 및 평가를 목적으로 한다.

오답분석

① 과학적 관리론 : 최소의 비용으로 최대의 성과를 달성하고자 하는 민간기업의 경영합리화 운동으로, 객관화된 표준과업을 설정하고 경제적 동기 부여를 통하여 절약과 능률을 달성하고자 하였던 고전적 관리연구이다.
③ 행태주의 : 면접이나 설문조사 등을 통해 인간행태에 대한 규칙성과 유형성·체계성 등을 발견하여 이를 기준으로 종합적인 인간관리를 도모하려는 과학적·체계적인 연구를 말한다.
④ 발전행정론 : 환경을 의도적으로 개혁해 나가는 행정인의 창의적·쇄신적인 능력을 중요시한다. 또한 행정을 독립변수로 간주해 행정의 적극적 기능을 강조한 이론이다.
⑤ 현상학 : 사회적 행위의 해석에 있어서 이러한 현상 및 주관적 의미를 파악하여 이해하는 철학적·심리학적 접근법, 주관주의적 접근(의식적 지향성 중시)으로, 실증주의·행태주의·객관주의·합리주의를 비판하면서 등장하였다.

06

정답 ②

규제 피라미드는 규제가 규제를 낳은 결과, 피규제자의 규제부담이 점점 증가하는 현상이다.

오답분석

①·③·④·⑤ 규제의 역설에 대한 설명이다.

07

정답 ③

소극적 대표성은 관료의 출신성분이 태도를 결정하는 것이며, 적극적 대표성은 태도가 행동을 결정하는 것을 말한다. 이때 대표관료제는 소극적 대표성이 반드시 적극적 대표성으로 이어져 행동하지 않을 수도 있는 한계성이 제기된다. 따라서 적극성 대표성을 자동적으로 확보한다는 것은 옳지 않다.

08

정답 ③

오스트롬은 정부의 규제가 아닌 이해당사자들 간의 자발적인 합의를 통해 행위규칙(제도)을 형성하여 공유자원의 고갈을 방지할 수 있다고 하였다.

오답분석

① 정부가 저소득층을 대상으로 의료나 교육혜택을 주는 등의 방식으로 개입할 수 있다.
② 개인적 합리성을 추구하는 사용자들로 인해 공유재의 비극이 발생하기도 한다.
④ 공공재는 비배제성·비경합성을 띠므로 시장에 맡겼을 때 바람직한 수준 이하로 공급될 가능성이 높다.
⑤ 개인적 합리성에 기초한 개인의 행동이 사회적인 합리성을 달성하지 못하는 경우 발생하는 문제들이다.

09

정답 ①

구조적 분화와 전문화는 집단 간 갈등을 조성한다. 이는 분화된 조직을 통합하거나, 인사교류를 통해 갈등을 해소할 수 있다.

10

정답 ⑤

잘 개발된 균형성과표(BSC)는 조직구성원들에게 조직의 전략과 목적 달성에 필요한 성과가 무엇인지 알려주기 때문에 조직전략의 해석지침으로 적절하다.

11

정답 ⑤

예산제도는 품목별 예산(LIBS, 1920) → 성과주의 예산(PBS, 1950) → 기획 예산(PPBS, 1965) → 영기준 예산(ZBB, 1979) → 신성과주의 예산(프로그램 예산, 1990) 등의 순으로 발전해 왔다.

12

정답 ①

공식화의 수준이 높을수록 구성원들의 재량은 줄어들게 된다. 공식화의 수준이 높다는 것은 곧 하나의 직무를 수행할 때 지켜야 할 규칙이 늘어난다는 것을 의미한다. 지나친 표준화는 구성원들의 재량권을 감소시키고 창의력을 저해시키게 된다.

13

정답 ②

성과규제에 대한 설명이다. 관리규제는 수단과 성과가 아닌 과정을 규제하는 것이다.

규제의 유형

유형	내용
성과규제	정부가 사회 문제 해결을 위해서 피규제자에게 목표를 정해주고 이를 달성할 것을 요구하는 규제
수단규제	정부가 사전적으로 목표달성을 위한 기술 등의 수단을 규제
관리규제	수단이나 성과가 아닌 과정을 규제

14

정답 ⑤

성과와 보상 간의 관계에 대한 인식은 수단성에 해당되는 설명이다. 브룸(Vroom)의 기대이론에 의하면 기대치는 자신의 노력이 일정한 성과를 달성한다는 단계를 의미한다.

15

정답 ⑤

신고전적 조직이론의 대표적인 이론인 인간관계론은 인간의 조직 내 사회적 관계를 중시하였으나, 이를 지나치게 중시하여 환경과의 관계를 다루지 못한 한계가 있다. 즉, 신고전적 조직이론은 고전적 조직이론과 마찬가지로 폐쇄적인 환경관을 가진다.

16

정답 ③

사회자본은 사회 구성원들의 신뢰를 바탕으로 사회 구성원의 협력적 행태를 촉진시켜 공동목표를 효율적으로 달성할 수 있게 하는 자본을 말한다. 사회자본은 구성원의 창의력을 증진시켜 조직의 혁신적 발전을 이끌어 낼 수 있다.

오답분석

①·② 네트워크에 참여하는 당사자들이 공동으로 소유하는 자산이므로 한 행위자가 배타적으로 소유권을 주장할 수 없다.

④·⑤ '신뢰'를 기본으로 하기 때문에 사회적 관계에서 일어나는 불필요한 가외의 비용을 줄이고 거래비용을 감소시켜 준다.

17

정답 ①

상동적 오차는 유형화의 착오로, 편견이나 선입견 또는 고정관념(Stereotyping)에 의한 오차를 말한다.

오답분석

② 연속화의 오차(연쇄효과) : 한 평정 요소에 대한 평정자의 판단이 다른 평정 요소에도 영향을 주는 현상이다.

③ 관대화의 오차 : 평정결과의 점수 분포가 우수한 쪽에 집중되는 현상이다.

④ 규칙적 오차 : 다른 평정자들보다 항상 후하거나 나쁜 점수를 주는 현상이다.

⑤ 시간적 오차 : 최근의 사건·실적이 평정에 영향을 주는 근접오류 현상이다.

18

정답 ④

상황론적 리더십

- 추종자(부하)의 성숙단계에 따라 리더십의 효율성이 달라진다는 주장은 Hersey & Blanchard의 삼차원이론(생애주기이론)이다.
- 리더의 행동이나 특성이 상황에 따라 달라진다는 것은 상황론적 리더십에 대한 설명이다.
- 상황이 유리하거나 불리한 조건에서는 과업을 중심으로 한 리더십이 효과적이라는 것은 Fiedler의 상황조건론이다.

19

정답 ⑤

정부사업에 대한 회계책임을 묻는 데 유용한 예산제도는 품목별 예산제도(LIBS)이다. 성과주의 예산제도는 기능별·활동별 예산제도이므로 의회의 예산통제가 곤란하고, 회계책임을 묻기가 어렵다.

20

정답 ④

국가재정법 제4조에 따르면 특별회계는 국가에서 특정한 사업을 운영하고자 할 때나 특정한 자금을 보유하여 운용하고자 할 때, 특정한 세입으로 특정한 세출에 충당함으로써 일반회계와 구분하여 회계처리할 필요가 있을 때에 '법률'로써 설치한다.

21

정답 ②

근무성적평정은 모든 공무원이 대상이다. 다만 5급 이하의 공무원은 원칙적으로 근무성적평가제에 의한다. 4급 이상 공무원은 평가대상 공무원과 평가자가 체결한 성과계약에 따라 성과목표 달성도 등을 평가하는 성과계약 등 평가제로 근무성적평정을 실시한다.

22

정답 ①

스캔런 플랜은 보너스 산정방식에 따라 3가지로 분류된다. 단일비율 스캔런 플랜은 노동비용과 제품생산액의 산출 과정에서 제품의 종류와 관계없이 전체 공장의 실적을 보너스 산출에 반영한다. 또한 분할비율 스캔런 플랜은 노동비용과 제품생산액을 산출할 때 제품별로 가중치를 둔다. 그리고 다중비용 스캔런 플랜은 노동비용뿐만 아니라 재료비와 간접비의 합을 제품생산액으로 나눈 수치를 기본비율로 사용한다. 이러한 모든 공식에는 재료 및 에너지 등을 포함하여 계산한다.

오답분석

② 러커 플랜(Rucker Plan) : 러커(Rucker)는 스캔런 플랜에서의 보너스 산정 비율은 생산액에 있어서 재료 및 에너지 등 경기 변동에 민감한 요소가 포함되어 있어, 종업원의 노동과 관계없는 경기 변동에 따라 비효율적인 수치 변화가 발생할 수 있는 문제점이 있다고 제시하였다. 이에 따라 노동비용을 판매액에서 재료 및 에너지, 간접비용을 제외한 부가가치로 나누는 것을 공식으로 하였다.

③·⑤ 임프로쉐어 플랜(Improshare Plan) : 회계처리 방식이 아닌 산업공학의 기법을 사용하여 생산단위당 표준노동시간을 기준으로 노동생산성 및 비용 등을 산정하여 조직의 효율성을 보다 직접적으로 측정, 집단성과급제들 중 가장 효율성을 추구한다.

④ 커스터마이즈드 플랜(Customized Plan) : 집단성과배분제도를 각 기업의 환경과 상황에 맞게 수정하여 사용하는 방식이다. 플랜은 성과측정의 기준으로서 노동비용이나 생산비용, 생산 이외에도 품질 향상, 소비자 만족도 등 각

기업이 중요성을 부여하는 부분에 초점을 둔 새로운 지표를 사용한다. 성과를 측정하는 항목으로 제품의 품질, 납기준수실적, 생산비용의 절감, 산업 안전 등 여러 요소를 정하고, 분기별로 각 사업부서의 성과를 측정하고 성과가 목표를 초과하는 경우에 그 부서의 모든 사원들이 보너스를 지급받는 제도이다.

23 정답 ④

직무평가란 직무의 각 분야가 기업 내에서 차지하는 상대적 가치의 결정으로, 크게 비계량적 평가 방법과 계량적 평가 방법으로 나눌 수 있다. 비계량적 평가 방법에는 서열법과 분류법이 있으며, 계량적 평가 방법에는 점수법과 요소비교법이 있다.

직무평가 방법

구분		설명
계량적	점수법	직무를 구성 요소별로 나누고, 각 요소에 점수를 매겨 평가하는 방법
	요소 비교법	직무를 몇 개의 중요 요소로 나누고, 이들 요소를 기준직위의 평가 요소와 비교하여 평가하는 방법
비계량적	서열법	직원들의 근무 성적을 평정함에 있어 평정 대상자(직원)들을 서로 비교하여 서열을 정하는 방법
	분류법	미리 작성한 등급기준표에 따라 평가하고자 하는 직위의 직무를 어떤 등급에 배치할 것인가를 결정하는 방법

24 정답 ①

오답분석

ㄱ. 과정설에 대한 설명이다.
ㄴ. 롤스의 사회정의의 원리에 따르면 제2원리 내에서 충돌이 생길 때에는 기회균등의 원리가 차등의 원리에 우선되어야 한다.
ㄷ. 실체설에 대한 설명이다.
ㄹ. 베를린은 간섭과 제약이 없는 상태를 소극적 자유라고 하고, 무엇을 할 수 있는 자유를 적극적 자유라고 하였다.

25 정답 ⑤

신공공관리론은 폭넓은 행정재량권을 중시하고, 신공공서비스론은 재량의 필요성은 인정하나 제약과 책임이 수반된다고 본다. 신공공관리론은 시장의 책임을 중시하고, 신공공서비스론은 행정책임의 복잡성과 다면성을 강조한다.

26 정답 ①

교통체증 완화를 위한 차량 10부제 운행은 불특정 다수의 국민이 이익을 보고 불특정 다수의 국민이 비용을 부담하는 상황에 해당하기 때문에 대중정치에 해당한다.

오답분석

② 고객정치 : 수혜집단은 신속히 정치조직화하며 입법화를 위해 정치적 압력을 행사하여 정책의제화가 비교적 용이하게 이루어진다. 경제적 규제가 여기에 속한다.
③ 기업가정치 : 고객정치 상황과 반대로 환경오염규제, 소비자보호입법 등과 같이 비용은 소수의 동질적 집단에 집중되어 있으나 편익은 불특정 다수에게 넓게 확산되어 있는 경우이다. 사회적 규제가 여기에 속한다.
⑤ 이익집단정치 : 정부규제로 예상되는 비용, 편익이 모두 소수의 동질적 집단에 귀속되고, 그 크기도 각 집단의 입장에서 볼 때 대단히 크다. 그러므로 양자가 모두 조직화와 정치화의 유인을 강하게 갖고 있고 조직력을 바탕으로 각자의 이익 확보를 위해 상호 날카롭게 대립하는 상황이다. 규제가 경쟁적 관계에 있는 강력한 두 이익집단 사이의 타협과 협상에 좌우되는 특징을 보이며 일반적으로 소비자 또는 일반국민의 이익은 거의 무시된다.

27 정답 ③

품목별 분류는 지출대상별 분류이기 때문에 사업의 성과와 결과에 대한 측정이 어렵다.

오답분석

① 기능별 분류는 시민을 위한 분류라고도 하며, 행정수반의 재정정책을 수립하는 데 도움을 준다.
② 조직별 분류는 부처 예산의 전모를 파악할 수 있지만 사업의 우선순위 파악이나 예산의 성과 파악이 어렵다.
④ 경제 성질별 분류는 국민소득, 자본형성 등에 관한 정부활동의 효과를 파악하는 데 유리하다.
⑤ 품목별 분류는 예산집행기관의 신축성을 저해한다.

28 정답 ②

정보의 비대칭성에 의한 시장실패는 보조금이나 정부규제로 대응한다.

오답분석

① 공공재로 인한 시장실패는 공적공급으로 대응한다.
③ 자연독점은 공적공급 또는 정부규제로 대응한다.
④ 관료의 사적 목표의 설정은 정부실패의 원인으로, 민영화가 필요하다.
⑤ 정부개입에 의한 파생적 외부효과는 정부실패의 원인으로, 정부보조금 삭감 또는 규제완화가 필요하다.

29 정답 ③

오답분석

① 신공공관리론은 조직 간 관계보다 조직 내 관계를 주로 다루고 있다.
② 신공공서비스론(New Public Service)에 대한 설명이다. 신공공관리론은 행정의 효율성을 더 중시한다.
④ 정부 주도의 공공서비스 전달 또는 공공문제 해결을 넘어 협력적 네트워크 구축 및 관리라는 대안을 제시하는 것은 뉴거버넌스론(New Governance)에 대한 설명이다.
⑤ 경제적 생산활동의 결과가 일단의 규칙에 달려 있다는 것은 신제도주의에 대한 설명이다.

30 정답 ④

오답분석

ㄱ. 엽관주의는 정당에 대한 충성도와 공헌도를 기준으로 관직에 임용하는 방식의 인사제도이다.
ㄴ. 엽관주의는 국민과의 동질성 및 일체감을 확보하고, 선거를 통해 집권정당과 관료제의 책임성을 확보하고자 하는 민주주의의 실천원리로써 대두되었다.
ㅁ. 엽관주의는 국민에 대한 관료의 대응성을 높일 수 있다는 장점이 있다.

31 정답 ③

오답분석

ㄱ. 보수주의 정부관에 따르면 정부에 대한 불신이 강하고 정부실패를 우려한다.
ㄴ. 공공선택론은 정부를 공공재의 생산자로 규정하고 있다. 그러나 대규모 관료제에 의한 행정은 효율성을 극대화하지 못한다고 비판하므로 옳지 않다.

보수주의 · 진보주의 정부관

구분	보수주의	진보주의
추구하는 가치	• 자유 강조(국가로부터의 자유) • 형식적 평등, 기회의 평등 중시 • 교환적 정의 중시	• 자유를 열렬히 옹호(국가에로의 자유) • 실질적 평등, 결과의 평등 중시 • 배분적 정의 중시
인간관	• 합리적이고 이기적인 경제인	• 오류 가능성의 여지 인정
정부관	• 최소한의 정부 → 정부 불신	• 적극적인 정부 → 정부 개입 인정
경제 정책	• 규제완화, 세금감면, 사회복지정책의 폐지	• 규제옹호, 소득재분배 정책, 사회보장정책
비고	• 자유방임적 자본주의	• 복지국가, 사회민주주의, 수정자본주의

32 정답 ④

책임경영 방식은 정부가 시장화된 방식을 이용하여 직접 공급하는 것을 말한다.

민간위탁 방식

- 계약 : 정부의 책임하에 민간이 서비스를 생산하는 방식이다.
- 면허 : 민간조직에게 일정한 구역 내에서 공공서비스를 제공하는 권리를 인정하는 협정을 체결하는 방식으로, 시민 · 이용자는 서비스 제공자에게 비용을 지불하며, 정부는 서비스 수준과 질을 규제한다.
- 보조금 : 요건을 구체적으로 명시하기 곤란하거나, 기술적으로 복잡하고, 목표달성 방법이 불확실한 경우 사용한다.
- 바우처 : 금전적 가치가 있는 쿠폰 또는 카드를 제공하는 방식이다.
- 자원봉사 : 직접적인 보수를 받지 않으면서 정부를 위해 봉사하는 사람들을 활용하는 방식이다.
- 자조활동 : 공공서비스의 수혜자와 제공자가 같은 집단에 소속되어 서로 돕는 형식으로 활동하는 방식이다.

33 정답 ②

오답분석

ㄴ. X이론은 매슬로의 욕구계층 중 하위욕구를, Y이론은 상위욕구를 중요시한다.
ㄷ. 형평이론은 자신의 노력과 그에 따른 보상이 준거인물과 비교하였을 시 불공정할 때 동기가 유발된다고 보았다.

34 정답 ②

ㄱ. 예산총계주의 원칙은 회계연도의 모든 수입은 세입으로, 모든 지출은 세출로 해야 하는 원칙이다. 하지만 자치단체의 행정목적 달성, 공익상 필요에 의하여 재산을 보유하거나 특정 자금의 운용을 위한 기금 운영, 기타 손실부담금 및 계약보증금 등의 사무관리상 필요에 의하여 자치단체가 일시 보관하는 경비 등의 예외사항이 있다.
ㄷ. 회계연도 독립의 원칙이란 각 회계연도의 경비는 당해의 세입으로 충당해야 하며, 매 회계연도의 세출예산은 다음 해에 사용할 수 없다는 원칙이다. 하지만 계속비 외에 예산의 이월, 세계잉여금의 세입이입, 과년도 수입 및 지출 등의 예외사항이 있다.

35 정답 ①

중앙행정기관의 장과 지방자치단체의 장이 사무를 처리할 때 의견을 달리하는 경우 이를 협의·조정하기 위하여 신청에 의해 국무총리 소속으로 행정협의조정위원회를 설치한다. 단, 실질적인 구속력은 없다.

36 정답 ④

ㄱ. 강임이 아닌 강등에 대한 설명이다. 강임은 징계가 아니라 직제·정원의 변경, 예산감소 등을 이유로 직위가 폐직되거나 하위의 직위로 변경되어 과원이 된 경우, 같은 직렬이나 다른 직렬의 하위 직급으로 임명하는 것이다.
ㄴ. 직위해제가 아닌 직권면직의 대상이다.
ㄷ. 징계의결요구의 소멸시효는 3년이지만, 금품 및 향응 수수, 공금의 횡령·유용의 경우에는 5년이다.

징계의 종류

- 경징계
  - 견책 : 전과에 대하여 훈계하고 회개하게 하며 6개월간 승급 정지
  - 감봉 : 1 ~ 3개월간 보수의 1/3을 삭감하고 1년 간 승급 정지
- 중징계
  - 정직 : 1 ~ 3개월간 신분은 보유, 직무수행 정지, 보수는 전액을 감하고 1년 6개월간 승급 정지
  - 강등 : 1계급 하향 조정, 신분은 보유, 3개월간 직무수행 정지, 보수는 전액을 삭감하고 1년 6개월간 승급 정지
  - 해임 : 강제 퇴직, 3년간 공무원 재임용 불가
  - 파면 : 강제 퇴직, 5년간 공무원 재임용 불가, 퇴직급여의 1/4 ~ 1/2 지급 제한

37 정답 ④

오답분석

ㄱ. 허즈버그의 욕구충족요인 이원론에 의하면, 만족요인을 충족시켜 줘야 조직원의 만족감을 높이고 동기를 유발할 수 있다.
ㄹ. 호손실험을 바탕으로 하는 인간관은 사회적 인간관이다.

38 정답 ①

예산개혁의 경향은 '통제 지향 → 관리 지향 → 기획 지향 → 감축 지향 → 참여 지향'의 순서로 발달하였다.

39 정답 ④

제도를 개인들 간의 선택적 균형에 기반한 결과물로 보는 것은 합리적 선택 제도주의고, 제도를 제도적 동형화과정의 결과물로 보는 것은 사회학적 제도주의이다. 따라서 사회학적 제도주의는 사회문화적 환경에 의해 형성된 제도가 개인의 선호에 영향을 미친다는 이론이다.

40 정답 ②

총체적 품질관리(Total Quality Management)는 서비스의 품질은 구성원의 개인적 노력이 아니라 체제 내에서 활동하는 모든 구성원에 의하여 결정된다고 본다. 구성원 개인의 성과평가를 위한 도구는 MBO 등이 있다.

총체적 품질관리(TQM)의 특징

- 고객이 품질의 최종결정자
- 전체 구성원에 의한 품질 결정
- 투입과 절차의 지속적 개선
- 품질의 일관성(서비스의 변이성 방지)
- 과학적 절차에 의한 결정

| 05 | 토목학

01	02	03	04	05	06	07	08	09	10
④	④	②	①	④	②	④	②	③	②
11	12	13	14	15	16	17	18	19	20
①	②	④	④	②	①	③	③	⑤	⑤
21	22	23	24	25	26	27	28	29	30
④	④	③	②	②	②	①	②	⑤	①
31	32	33	34	35	36	37	38	39	40
③	⑤	②	②	③	②	①	③	③	⑤

01

정답 ④

$\frac{1}{R}=\frac{M}{EI}$

$\therefore\ R=\frac{EI}{M}=\frac{1\times10^5\times\frac{20\times30^3}{12}}{2\times10^5}=22,500\text{cm}=225\text{m}$

따라서 곡률반지름의 크기는 225m이다.

02

정답 ④

$I_p=I_x+I_y$

$=\frac{bh^3}{12}+\frac{b^3h}{12}$

$=\frac{bh}{12}(b^2+h^2)$

03

정답 ②

$V=ki$이므로, 지하수의 유속은 $0.3\times\frac{0.4}{2.4}=0.05\text{m/s}$이다.

04

정답 ①

전단탄성계수 공식은 $G=\frac{E}{2(1+\nu)}$이다.

따라서 이를 푸아송비로 표현하면

$\nu=\frac{E}{2G}-1=\frac{230,000}{2(60,000)}-1\fallingdotseq0.917$이다.

05

정답 ④

$\tau=\mu\cdot\frac{dV}{dy}$이므로 $0.01\times\frac{200}{0.5}=4\text{N/cm}^2$이다.

따라서 전단응력은 4N/cm^2이다.

06

정답 ②

하상계수(F)는 $F=\frac{A}{L^2}$로 나타낼 수 있다. 이때 F가 크면 유료연장에 비해서 폭이 넓은 유역으로, 유하시간이 짧고 최대유량은 크다.

07

정답 ④

투수계수의 차원 $V=Ki$이므로 속도차원(LT^{-1})이다.

08

정답 ②

$Q=CAV$이므로

$Q=0.6\times20\times\sqrt{2\times980\times300}$

$=9,200\text{cm}^3/\text{s}=0.0092\text{m}^3/\text{s}$

따라서 유출수의 유량은 $0.0092\text{m}^3/\text{s}$이다.

09

정답 ③

유체흐름에서 펌프수두는 $-$, 터빈수두는 $+$한다.

따라서 베르누이 정리에 대한 표현식은 다음과 같다.

$\frac{v_1^2}{2g}+\frac{p_1}{\gamma}+z_1=\frac{v_2^2}{2g}+\frac{p_2}{\gamma}+z_2-E_P+E_T+h_L$

10

정답 ②

$Q=AV=bd\cdot\frac{1}{n}R^{2/3}\cdot I^{1/2}$이므로

$14.56=(4\times2)\times\frac{1}{n}\times\left(\frac{4\times2}{4+2\times2}\right)^{2/3}\times0.0004^{1/2}$이다.

따라서 $n\fallingdotseq0.01099$이므로 수로표면 조도계수(n)는 약 0.01099이다.

11

정답 ①

Francis 공식을 적용한 직사각형 위어의 경우

$Q=1.84b_0h^{\frac{3}{2}}$이므로

단수축을 고려한 월류 수맥 폭(b_o)은 $b_o=b-\frac{1}{10}nh$이다.

이때, 양단수축의 경우 $n=2.0$이므로 $b_o=b-\frac{1}{5}h$이다.

12
정답 ②

굴착정(Q)의 계산식은 다음과 같다.

$$Q=2\pi bk\frac{H-h_o}{l_n\left(\frac{R}{r_o}\right)}$$

이에 대입하면

$$Q=2\times\pi\times10\times0.3\times\frac{20-10}{l_n\left(\frac{100}{50}\right)}$$

$$\fallingdotseq\frac{271.9\text{m}^3}{hr}\times\frac{hr}{3{,}600\text{sec}}\fallingdotseq7.5\times10^{-2}\text{m}^3/\text{s}$$

따라서 양수량은 약 $7.5\times10^{-2}\text{m}^3/\text{s}$이다.

13
정답 ④

이중누가우량곡선법은 강수량 자료의 일관성을 검증하는 방법이다. 이때 이중누가곡선은 자료의 일관성을 검증하기 위해 주변에 있는 여러 관측소의 연 또는 계절 강우량의 누적 총량의 평균을 문제가 된 관측점에서의 연 또는 계절 강우량의 누적 총량과 비교한 것이다.

14
정답 ④

$$Q=AV=A\sqrt{\frac{2gh}{f_i+f\frac{\ell}{D}+f_o}}$$ 이므로

$$0.0628=\frac{\pi\cdot0.2^2}{4}\times\sqrt{\frac{2\times9.8\times h}{0.5+0.035\frac{200}{0.2}+1.0}}$$

$\therefore\ h=7.44\text{m}$

따라서 A저수지와 B저수지 사이의 수위차는 7.44m이다.

15
정답 ②

$\tau=G\gamma$이므로

전단변형률 $\gamma=\frac{\tau}{G}=\frac{510}{850{,}000}=0.0006$이다.

16
정답 ①

수리상 유리한 단면을 볼 때,

최대유량은 $Q_{\max}=A\times V_{\max}=A\times C\sqrt{R_{\max}I}$이며,

여기서 동수반경을 살펴보면, $R=\frac{A}{P}$에서 윤변(P)이 최소일 때 동수반경(R)이 최대가 된다.

17
정답 ③

카스틸리아노의 정리는 변형에너지와 하중(모멘트), 처짐량(처짐각)의 관계에 대한 법칙이다. 변형에너지가 변위만의 함수일 때, 하중은 변형에너지를 변위에 대해 편미분한 값이다. 또한 변형에너지가 하중(휨모멘트)만의 함수일 때, 처짐량(처짐각)은 변형에너지를 하중(휨모멘트)에 대해 편미분한 값이다.

18
정답 ③

물의 단위중량 $w=9.8\text{kN/m}^3$이며,

[정체압력(P)]=(정압력)+(동압력)이므로

$P=wh+\frac{wv^2}{2g}$이다.

이에 대입하면 $P=(9.8\times3)+\left(\frac{9.8\times3^2}{2\times9.8}\right)=33.9\text{kN/m}^2$이다.

따라서 정체압력은 33.90kN/m^2이다.

19
정답 ⑤

$\sum F_y=0,\ (F_A+F_y)\cos60°=P$

$2F_B\cos60°=1$

$\therefore\ F_B=1\text{t}$

$\sum F_x=0,\ F_A\sin60°=F_B\sin60°$

$\therefore\ F_A=F_B$

(A)는 $\frac{P}{2}$만큼의 하중을 한 끈이 지탱한다.

(B)는 $0.707P$만큼의 하중을 한 끈이 지탱한다.

(C)는 P만큼의 하중을 한 끈이 지탱한다.

따라서 힘의 크기를 바르게 나열한 것은 ⑤이다.

20
정답 ⑤

마찰손실수두(h_L)의 계산식은 $h_L=f\frac{L}{D}\frac{v^2}{2g}$이며, 손실수두 중 가장 큰 값으로, 마찰손실계수에 유속수두와 관의 길이를 곱한 후 관의 지름으로 나누어 계산한다.

21
정답 ④

상류 상태로 흐르는 하천에 댐을 구축했을 때, 저수지의 수면곡선은 배수곡선에 해당한다.

오답분석

①·②·③·⑤ 배수곡선에 해당하는 수면곡선이 아니다.

PART 3

22 정답 ④

$$\sigma_{\max} = \frac{P}{A}\left(1+\frac{e_x}{e_{x_{\max}}}+\frac{e_y}{e_{y_{\max}}}\right)$$
$$= \frac{200}{5\times4}\left(1+\frac{6\times0.5}{5}+\frac{6\times0.8}{4}\right)$$
$$=28\text{kPa}$$

23 정답 ③

$$P=\frac{AE}{l}\delta=\frac{1\times2.1\times10^4}{100}\times1=210\text{kN}$$

24 정답 ②

$$R_A=\frac{3}{8}wl,\ R_B=\frac{5}{8}wl$$
$$\therefore\ R_A=\frac{3}{8}\times2\times10=7.5\text{t}$$

따라서 A지점의 반력은 7.5t이다.

25 정답 ②

$$M_B=-\{(4\times2)+(2\times0.5)\}=-9\text{t}\cdot\text{m}$$

26 정답 ②

공액 보법 이용

실제 보의 $\theta_i=\frac{M}{EI}$ 도를 하중으로 실은 공액보에서의 V_i 이다.

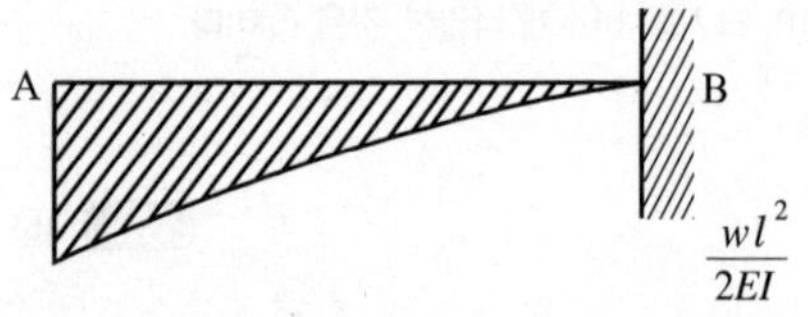

$$\therefore\ \theta_B=\frac{1}{3}(l)\left(\frac{wl^2}{2EI}\right)=\frac{wl^3}{6EI}$$

27 정답 ①

오일러의 좌굴 공식 $P_{cr}=\frac{\pi^2EI}{(2L)^2}$ 에서

$$L_1=\sqrt{\frac{\pi^2EI}{4P_{cr}}}=\sqrt{\frac{\pi^2\times2,100,000\times\frac{10\times5^3}{12}}{4\times20,000}}$$
$$≒164\text{cm}=1.64\text{m}$$

$$L_2=\sqrt{\frac{\pi^2EI}{4P_{cr}}}=\sqrt{\frac{\pi^2\times2,100,000\times\frac{5\times10^3}{12}}{4\times20,000}}$$
$$≒328\text{cm}=3.28\text{m}$$

따라서 단면 2차 모멘트(I)가 작은 값을 택하므로 약 1.64m 이다.

28 정답 ②

S.F.D가 2차 이상의 함수이므로 하중은 1차 이상의 함수이다.

29 정답 ⑤

단위유량도 이론의 가정에 따르면 동일한 기저시간을 가진 모든 직접유출 수문곡선의 종거들은 각 수문곡선에 의하여 주어진 총 직접유출 수문곡선에 비례한다.

30 정답 ①

$$V=\sqrt{\frac{2gh}{f_o+f\frac{\ell}{D}+f_i}}$$ 이므로

여기에 대입하면

$$V=\sqrt{\frac{2\times9.8\times20}{1+0.03\times\frac{500}{0.3}+0.5}}=2.75\text{m/s}$$

따라서 관 내의 유속은 2.75m/s이다.

31 정답 ③

$$I_y=\frac{b^3h}{12}=\frac{10^3\times20}{12}≒1,667\text{cm}^4$$

따라서 y축에 대한 단면 2차 모멘트의 값은 약 1,667cm^4 이다.

32 정답 ⑤

최대 휨모멘트 지점은 전단력이 0인 곳이다.

$$M_B=0,\ R_A\times l-w\times\frac{l}{2}\times\frac{3}{4}l=0 \rightarrow R_A=\frac{3}{8}wl$$
$$\frac{3}{8}wl-w\times x=0$$
$$\therefore\ x=\frac{3}{8}l$$

33 정답 ②

$\sum M_F=\sum M_p=0$을 이용한다.

$\therefore\ F=400\text{kg},\ P=200\text{kg}$

34

정답 ②

$\sum F_y = 0$에서 $F_{CB} = F_{AB}$

$\sum F_y = 0$에서 $F_{CB}\sin30° + F_{AB}\sin30° - 2 = 0$

$2F_{CB}\sin30° = 2$

$\therefore F_{CB} = 2\text{t}$

따라서 CB 부재의 부재력은 2t이다.

35

정답 ③

$$I_b = I_x + A\overline{y}^2 = \frac{bh^3}{36} + \frac{bh}{2}\left(\frac{h}{3}\right)^2 = \frac{bh^3}{12}$$

36

정답 ②

전단력도에서 어느 점의 기울기는 그 점의 하중 강도이다.

$\therefore w = \dfrac{400+400}{4} = 200\text{kg/m}$

따라서 등분포하중 w의 크기는 200kg/m이다.

37

정답 ①

$\tau = \dfrac{VQ}{Ib}$

$I = \dfrac{bh^3}{12} = \dfrac{1}{12}(40\times60^3 - 30\times50^3) = 407{,}500\text{cm}^4$

$Q = 40\times5\times(25+2.5) = 5{,}500\text{cm}^3$

$\therefore \tau = \dfrac{6{,}000\times5{,}500}{407{,}500\times10} \fallingdotseq 8.10\text{kg/cm}^2$

따라서 최대 전단응력은 8.10kg/cm^2이다.

38

정답 ③

AB부재에서

$M_{B1} = \dfrac{\omega(2L)^2}{8} = \dfrac{\omega L^2}{2} = 2M(+)$

BC부재에서

$M_{B2} = \dfrac{2\omega L^2}{8} = \dfrac{\omega L^2}{4} = M(-)$

두 부재의 분배비는 1 : 2이므로 다음과 같다.

$M_B = 2M - (2M - M)\times\dfrac{1}{3} = \dfrac{\omega L^2}{2} - \dfrac{\omega L^2}{12} = \dfrac{5\omega L^2}{12}$

39

정답 ③

$\sum M_B = 0$이고

$(R_A\times6) - (w\times6\times3) + (2{,}400\times\sin150°\times3) = 0$

$R_A = 0$이므로 $w = 200\text{kg/m}$이다.

40

정답 ⑤

펌프의 동력 $E = 9.8\times\dfrac{Q\times(H+\sum H_L)}{\eta}$이므로

$20{,}000 = 9.8\times\dfrac{Q\times(150+10)}{0.88}$

$\therefore Q \fallingdotseq 11.2$

따라서 양수량은 $11.2\text{m}^3/\text{s}$이다.

계속 갈망하라. 언제나 우직하게.

– 스티브 잡스 –

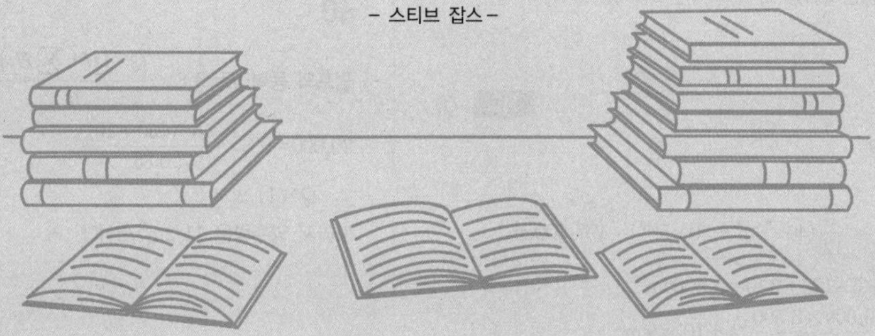

한국농어촌공사 필기전형 답안카드

성 명

지원 분야

문제지 형별기재란	
(　　)형	Ⓐ Ⓑ

수 험 번 호						
⓪	⓪	⓪	⓪	⓪	⓪	⓪
①	①	①	①	①	①	①
②	②	②	②	②	②	②
③	③	③	③	③	③	③
④	④	④	④	④	④	④
⑤	⑤	⑤	⑤	⑤	⑤	⑤
⑥	⑥	⑥	⑥	⑥	⑥	⑥
⑦	⑦	⑦	⑦	⑦	⑦	⑦
⑧	⑧	⑧	⑧	⑧	⑧	⑧
⑨	⑨	⑨	⑨	⑨	⑨	⑨

감독위원 확인
㊞ 인

NCS						전공			
1	① ② ③ ④ ⑤	21	① ② ③ ④ ⑤	41	① ② ③ ④ ⑤	1	① ② ③ ④ ⑤	21	① ② ③ ④ ⑤
2	① ② ③ ④ ⑤	22	① ② ③ ④ ⑤	42	① ② ③ ④ ⑤	2	① ② ③ ④ ⑤	22	① ② ③ ④ ⑤
3	① ② ③ ④ ⑤	23	① ② ③ ④ ⑤	43	① ② ③ ④ ⑤	3	① ② ③ ④ ⑤	23	① ② ③ ④ ⑤
4	① ② ③ ④ ⑤	24	① ② ③ ④ ⑤	44	① ② ③ ④ ⑤	4	① ② ③ ④ ⑤	24	① ② ③ ④ ⑤
5	① ② ③ ④ ⑤	25	① ② ③ ④ ⑤	45	① ② ③ ④ ⑤	5	① ② ③ ④ ⑤	25	① ② ③ ④ ⑤
6	① ② ③ ④ ⑤	26	① ② ③ ④ ⑤	46	① ② ③ ④ ⑤	6	① ② ③ ④ ⑤	26	① ② ③ ④ ⑤
7	① ② ③ ④ ⑤	27	① ② ③ ④ ⑤	47	① ② ③ ④ ⑤	7	① ② ③ ④ ⑤	27	① ② ③ ④ ⑤
8	① ② ③ ④ ⑤	28	① ② ③ ④ ⑤	48	① ② ③ ④ ⑤	8	① ② ③ ④ ⑤	28	① ② ③ ④ ⑤
9	① ② ③ ④ ⑤	29	① ② ③ ④ ⑤	49	① ② ③ ④ ⑤	9	① ② ③ ④ ⑤	29	① ② ③ ④ ⑤
10	① ② ③ ④ ⑤	30	① ② ③ ④ ⑤	50	① ② ③ ④ ⑤	10	① ② ③ ④ ⑤	30	① ② ③ ④ ⑤
11	① ② ③ ④ ⑤	31	① ② ③ ④ ⑤			11	① ② ③ ④ ⑤	31	① ② ③ ④ ⑤
12	① ② ③ ④ ⑤	32	① ② ③ ④ ⑤			12	① ② ③ ④ ⑤	32	① ② ③ ④ ⑤
13	① ② ③ ④ ⑤	33	① ② ③ ④ ⑤			13	① ② ③ ④ ⑤	33	① ② ③ ④ ⑤
14	① ② ③ ④ ⑤	34	① ② ③ ④ ⑤			14	① ② ③ ④ ⑤	34	① ② ③ ④ ⑤
15	① ② ③ ④ ⑤	35	① ② ③ ④ ⑤			15	① ② ③ ④ ⑤	35	① ② ③ ④ ⑤
16	① ② ③ ④ ⑤	36	① ② ③ ④ ⑤			16	① ② ③ ④ ⑤	36	① ② ③ ④ ⑤
17	① ② ③ ④ ⑤	37	① ② ③ ④ ⑤			17	① ② ③ ④ ⑤	37	① ② ③ ④ ⑤
18	① ② ③ ④ ⑤	38	① ② ③ ④ ⑤			18	① ② ③ ④ ⑤	38	① ② ③ ④ ⑤
19	① ② ③ ④ ⑤	39	① ② ③ ④ ⑤			19	① ② ③ ④ ⑤	39	① ② ③ ④ ⑤
20	① ② ③ ④ ⑤	40	① ② ③ ④ ⑤			20	① ② ③ ④ ⑤	40	① ② ③ ④ ⑤

※ 본 답안지는 마킹연습용 모의 답안지입니다.

〈절취선〉

한국농어촌공사 필기전형 답안카드

성 명

지원 분야

문제지 형별기재란	
( )형	Ⓐ Ⓑ

수 험 번 호						
⓪	⓪	⓪	⓪	⓪	⓪	⓪
①	①	①	①	①	①	①
②	②	②	②	②	②	②
③	③	③	③	③	③	③
④	④	④	④	④	④	④
⑤	⑤	⑤	⑤	⑤	⑤	⑤
⑥	⑥	⑥	⑥	⑥	⑥	⑥
⑦	⑦	⑦	⑦	⑦	⑦	⑦
⑧	⑧	⑧	⑧	⑧	⑧	⑧
⑨	⑨	⑨	⑨	⑨	⑨	⑨

감독위원 확인
㉖ 인

NCS						전공			
1	① ② ③ ④ ⑤	21	① ② ③ ④ ⑤	41	① ② ③ ④ ⑤	1	① ② ③ ④ ⑤	21	① ② ③ ④ ⑤
2	① ② ③ ④ ⑤	22	① ② ③ ④ ⑤	42	① ② ③ ④ ⑤	2	① ② ③ ④ ⑤	22	① ② ③ ④ ⑤
3	① ② ③ ④ ⑤	23	① ② ③ ④ ⑤	43	① ② ③ ④ ⑤	3	① ② ③ ④ ⑤	23	① ② ③ ④ ⑤
4	① ② ③ ④ ⑤	24	① ② ③ ④ ⑤	44	① ② ③ ④ ⑤	4	① ② ③ ④ ⑤	24	① ② ③ ④ ⑤
5	① ② ③ ④ ⑤	25	① ② ③ ④ ⑤	45	① ② ③ ④ ⑤	5	① ② ③ ④ ⑤	25	① ② ③ ④ ⑤
6	① ② ③ ④ ⑤	26	① ② ③ ④ ⑤	46	① ② ③ ④ ⑤	6	① ② ③ ④ ⑤	26	① ② ③ ④ ⑤
7	① ② ③ ④ ⑤	27	① ② ③ ④ ⑤	47	① ② ③ ④ ⑤	7	① ② ③ ④ ⑤	27	① ② ③ ④ ⑤
8	① ② ③ ④ ⑤	28	① ② ③ ④ ⑤	48	① ② ③ ④ ⑤	8	① ② ③ ④ ⑤	28	① ② ③ ④ ⑤
9	① ② ③ ④ ⑤	29	① ② ③ ④ ⑤	49	① ② ③ ④ ⑤	9	① ② ③ ④ ⑤	29	① ② ③ ④ ⑤
10	① ② ③ ④ ⑤	30	① ② ③ ④ ⑤	50	① ② ③ ④ ⑤	10	① ② ③ ④ ⑤	30	① ② ③ ④ ⑤
11	① ② ③ ④ ⑤	31	① ② ③ ④ ⑤			11	① ② ③ ④ ⑤	31	① ② ③ ④ ⑤
12	① ② ③ ④ ⑤	32	① ② ③ ④ ⑤			12	① ② ③ ④ ⑤	32	① ② ③ ④ ⑤
13	① ② ③ ④ ⑤	33	① ② ③ ④ ⑤			13	① ② ③ ④ ⑤	33	① ② ③ ④ ⑤
14	① ② ③ ④ ⑤	34	① ② ③ ④ ⑤			14	① ② ③ ④ ⑤	34	① ② ③ ④ ⑤
15	① ② ③ ④ ⑤	35	① ② ③ ④ ⑤			15	① ② ③ ④ ⑤	35	① ② ③ ④ ⑤
16	① ② ③ ④ ⑤	36	① ② ③ ④ ⑤			16	① ② ③ ④ ⑤	36	① ② ③ ④ ⑤
17	① ② ③ ④ ⑤	37	① ② ③ ④ ⑤			17	① ② ③ ④ ⑤	37	① ② ③ ④ ⑤
18	① ② ③ ④ ⑤	38	① ② ③ ④ ⑤			18	① ② ③ ④ ⑤	38	① ② ③ ④ ⑤
19	① ② ③ ④ ⑤	39	① ② ③ ④ ⑤			19	① ② ③ ④ ⑤	39	① ② ③ ④ ⑤
20	① ② ③ ④ ⑤	40	① ② ③ ④ ⑤			20	① ② ③ ④ ⑤	40	① ② ③ ④ ⑤

※ 본 답안지는 마킹연습용 모의 답안지입니다.

한국농어촌공사 필기전형 답안카드

성 명

지원 분야

문제지 형별기재란	
(　　　)형	Ⓐ Ⓑ

수 험 번 호						
⓪	⓪	⓪	⓪	⓪	⓪	⓪
①	①	①	①	①	①	①
②	②	②	②	②	②	②
③	③	③	③	③	③	③
④	④	④	④	④	④	④
⑤	⑤	⑤	⑤	⑤	⑤	⑤
⑥	⑥	⑥	⑥	⑥	⑥	⑥
⑦	⑦	⑦	⑦	⑦	⑦	⑦
⑧	⑧	⑧	⑧	⑧	⑧	⑧
⑨	⑨	⑨	⑨	⑨	⑨	⑨

감독위원 확인
㉤인

NCS						전공			
1	① ② ③ ④ ⑤	21	① ② ③ ④ ⑤	41	① ② ③ ④ ⑤	1	① ② ③ ④ ⑤	21	① ② ③ ④ ⑤
2	① ② ③ ④ ⑤	22	① ② ③ ④ ⑤	42	① ② ③ ④ ⑤	2	① ② ③ ④ ⑤	22	① ② ③ ④ ⑤
3	① ② ③ ④ ⑤	23	① ② ③ ④ ⑤	43	① ② ③ ④ ⑤	3	① ② ③ ④ ⑤	23	① ② ③ ④ ⑤
4	① ② ③ ④ ⑤	24	① ② ③ ④ ⑤	44	① ② ③ ④ ⑤	4	① ② ③ ④ ⑤	24	① ② ③ ④ ⑤
5	① ② ③ ④ ⑤	25	① ② ③ ④ ⑤	45	① ② ③ ④ ⑤	5	① ② ③ ④ ⑤	25	① ② ③ ④ ⑤
6	① ② ③ ④ ⑤	26	① ② ③ ④ ⑤	46	① ② ③ ④ ⑤	6	① ② ③ ④ ⑤	26	① ② ③ ④ ⑤
7	① ② ③ ④ ⑤	27	① ② ③ ④ ⑤	47	① ② ③ ④ ⑤	7	① ② ③ ④ ⑤	27	① ② ③ ④ ⑤
8	① ② ③ ④ ⑤	28	① ② ③ ④ ⑤	48	① ② ③ ④ ⑤	8	① ② ③ ④ ⑤	28	① ② ③ ④ ⑤
9	① ② ③ ④ ⑤	29	① ② ③ ④ ⑤	49	① ② ③ ④ ⑤	9	① ② ③ ④ ⑤	29	① ② ③ ④ ⑤
10	① ② ③ ④ ⑤	30	① ② ③ ④ ⑤	50	① ② ③ ④ ⑤	10	① ② ③ ④ ⑤	30	① ② ③ ④ ⑤
11	① ② ③ ④ ⑤	31	① ② ③ ④ ⑤			11	① ② ③ ④ ⑤	31	① ② ③ ④ ⑤
12	① ② ③ ④ ⑤	32	① ② ③ ④ ⑤			12	① ② ③ ④ ⑤	32	① ② ③ ④ ⑤
13	① ② ③ ④ ⑤	33	① ② ③ ④ ⑤			13	① ② ③ ④ ⑤	33	① ② ③ ④ ⑤
14	① ② ③ ④ ⑤	34	① ② ③ ④ ⑤			14	① ② ③ ④ ⑤	34	① ② ③ ④ ⑤
15	① ② ③ ④ ⑤	35	① ② ③ ④ ⑤			15	① ② ③ ④ ⑤	35	① ② ③ ④ ⑤
16	① ② ③ ④ ⑤	36	① ② ③ ④ ⑤			16	① ② ③ ④ ⑤	36	① ② ③ ④ ⑤
17	① ② ③ ④ ⑤	37	① ② ③ ④ ⑤			17	① ② ③ ④ ⑤	37	① ② ③ ④ ⑤
18	① ② ③ ④ ⑤	38	① ② ③ ④ ⑤			18	① ② ③ ④ ⑤	38	① ② ③ ④ ⑤
19	① ② ③ ④ ⑤	39	① ② ③ ④ ⑤			19	① ② ③ ④ ⑤	39	① ② ③ ④ ⑤
20	① ② ③ ④ ⑤	40	① ② ③ ④ ⑤			20	① ② ③ ④ ⑤	40	① ② ③ ④ ⑤

※ 본 답안지는 마킹연습용 모의 답안지입니다.

〈절취선〉

한국농어촌공사 필기전형 답안카드

성 명

지원 분야

문제지 형별기재란	
(　　　)형	Ⓐ Ⓑ

수 험 번 호						
⓪	⓪	⓪	⓪	⓪	⓪	⓪
①	①	①	①	①	①	①
②	②	②	②	②	②	②
③	③	③	③	③	③	③
④	④	④	④	④	④	④
⑤	⑤	⑤	⑤	⑤	⑤	⑤
⑥	⑥	⑥	⑥	⑥	⑥	⑥
⑦	⑦	⑦	⑦	⑦	⑦	⑦
⑧	⑧	⑧	⑧	⑧	⑧	⑧
⑨	⑨	⑨	⑨	⑨	⑨	⑨

감독위원 확인
인

NCS						전공			
1	① ② ③ ④ ⑤	21	① ② ③ ④ ⑤	41	① ② ③ ④ ⑤	1	① ② ③ ④ ⑤	21	① ② ③ ④ ⑤
2	① ② ③ ④ ⑤	22	① ② ③ ④ ⑤	42	① ② ③ ④ ⑤	2	① ② ③ ④ ⑤	22	① ② ③ ④ ⑤
3	① ② ③ ④ ⑤	23	① ② ③ ④ ⑤	43	① ② ③ ④ ⑤	3	① ② ③ ④ ⑤	23	① ② ③ ④ ⑤
4	① ② ③ ④ ⑤	24	① ② ③ ④ ⑤	44	① ② ③ ④ ⑤	4	① ② ③ ④ ⑤	24	① ② ③ ④ ⑤
5	① ② ③ ④ ⑤	25	① ② ③ ④ ⑤	45	① ② ③ ④ ⑤	5	① ② ③ ④ ⑤	25	① ② ③ ④ ⑤
6	① ② ③ ④ ⑤	26	① ② ③ ④ ⑤	46	① ② ③ ④ ⑤	6	① ② ③ ④ ⑤	26	① ② ③ ④ ⑤
7	① ② ③ ④ ⑤	27	① ② ③ ④ ⑤	47	① ② ③ ④ ⑤	7	① ② ③ ④ ⑤	27	① ② ③ ④ ⑤
8	① ② ③ ④ ⑤	28	① ② ③ ④ ⑤	48	① ② ③ ④ ⑤	8	① ② ③ ④ ⑤	28	① ② ③ ④ ⑤
9	① ② ③ ④ ⑤	29	① ② ③ ④ ⑤	49	① ② ③ ④ ⑤	9	① ② ③ ④ ⑤	29	① ② ③ ④ ⑤
10	① ② ③ ④ ⑤	30	① ② ③ ④ ⑤	50	① ② ③ ④ ⑤	10	① ② ③ ④ ⑤	30	① ② ③ ④ ⑤
11	① ② ③ ④ ⑤	31	① ② ③ ④ ⑤			11	① ② ③ ④ ⑤	31	① ② ③ ④ ⑤
12	① ② ③ ④ ⑤	32	① ② ③ ④ ⑤			12	① ② ③ ④ ⑤	32	① ② ③ ④ ⑤
13	① ② ③ ④ ⑤	33	① ② ③ ④ ⑤			13	① ② ③ ④ ⑤	33	① ② ③ ④ ⑤
14	① ② ③ ④ ⑤	34	① ② ③ ④ ⑤			14	① ② ③ ④ ⑤	34	① ② ③ ④ ⑤
15	① ② ③ ④ ⑤	35	① ② ③ ④ ⑤			15	① ② ③ ④ ⑤	35	① ② ③ ④ ⑤
16	① ② ③ ④ ⑤	36	① ② ③ ④ ⑤			16	① ② ③ ④ ⑤	36	① ② ③ ④ ⑤
17	① ② ③ ④ ⑤	37	① ② ③ ④ ⑤			17	① ② ③ ④ ⑤	37	① ② ③ ④ ⑤
18	① ② ③ ④ ⑤	38	① ② ③ ④ ⑤			18	① ② ③ ④ ⑤	38	① ② ③ ④ ⑤
19	① ② ③ ④ ⑤	39	① ② ③ ④ ⑤			19	① ② ③ ④ ⑤	39	① ② ③ ④ ⑤
20	① ② ③ ④ ⑤	40	① ② ③ ④ ⑤			20	① ② ③ ④ ⑤	40	① ② ③ ④ ⑤

※ 본 답안지는 마킹연습용 모의 답안지입니다.

2025 최신판 시대에듀 한국농어촌공사 5 · 6급
NCS + 전공 + 모의고사 3회 + 무료NCS특강

개정12판1쇄 발행	2025년 05월 20일 (인쇄 2025년 04월 21일)
초 판 발 행	2014년 10월 10일 (인쇄 2014년 09월 19일)
발 행 인	박영일
책 임 편 집	이해욱
편 저	SDC(Sidae Data Center)
편 집 진 행	김재희 · 김미진
표지디자인	김도연
편집디자인	유가영 · 장성복
발 행 처	(주)시대고시기획
출 판 등 록	제10-1521호
주 소	서울시 마포구 큰우물로 75 [도화동 538 성지 B/D] 9F
전 화	1600-3600
팩 스	02-701-8823
홈 페 이 지	www.sdedu.co.kr

I S B N	979-11-383-9203-7 (13320)
정 가	25,000원

한국
농어촌공사
5·6급

NCS+전공+모의고사 3회

최신 출제경향 전면 반영

시대에듀가 합격을 준비하는
당신에게 제안합니다.
성공의 기회
시대에듀를 잡으십시오.
NEXT STEP
시대에듀
기회란 포착되어 활용되기 전에는 기회인지조차 알 수 없는 것이다.
– 마크 트웨인 –